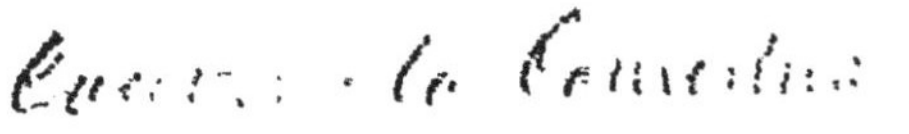

EUGÈNE DROT

RECUEIL DE DOCUMENTS

TIRÉS DES

ANCIENNES MINUTES DE NOTAIRES

DÉPOSÉES

AUX ARCHIVES DÉPARTEMENTALES DE L'YONNE

(XVe-XVIIIe SIÈCLE)

Ouvrage honoré d'une subvention ministérielle.

TIRÉ A PART A 50 EXEMPLAIRES

PARIS

ALPHONSE PICARD ET FILS, LIBRAIRES-ÉDITEURS

82, rue Bonaparte, 82.

1903

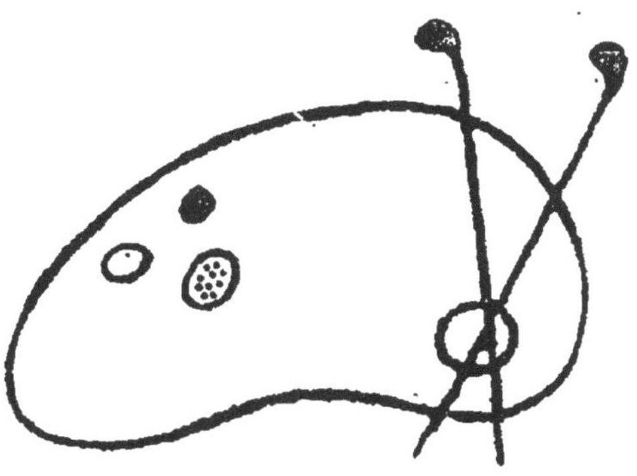

Fin d'une série de documents
en couleur

EUGÈNE DROT

RECUEIL DE DOCUMENTS

TIRÉS DES

ANCIENNES MINUTES DE NOTAIRES

DÉPOSÉES

AUX ARCHIVES DÉPARTEMENTALES DE L'YONNE

EXTRAIT DU *Bulletin de la Société des Sciences historiques et naturelles de l'Yonne*, 1er SEMESTRE 1899.

AUXERRE
IMPRIMERIE DE LA CONSTITUTION, RUE DE PARIS, 31.

1900

RECUEIL DE DOCUMENTS

TIRÉS DES ANCIENNES MINUTES DE NOTAIRES DÉPOSÉES AUX ARCHIVES DÉPARTEMENTALES DE L'YONNE (1).

INTRODUCTION

Le travail dont nous donnons aujourd'hui le premier chapitre, quoique devant être assez considérable, n'a pas la prétention d'être une œuvre savante. Il n'est en réalité, ainsi que son titre l'indique, qu'un recueil de documents. Mais ces documents intéressent tant de sujets, de localités, de familles, qu'ils peuvent fournir

(1) Pour éviter de répéter à chaque document, la source : « Archives de l'Yonne, minutes de... notaire à..., nous croyons devoir indiquer ici en bloc, que ces minutes se composent : de celles mentionnées à l'inventaire départemental sous les cotes E 368 à 510, et remontant à 1481, de celles numérotées par M. Quantin, E 648 à 763, quoique non inventoriées, provenant des notaires de Tonnerre, Petitjehan, Levuyt, Jazu et Bouldrey (1543-1646) ; de 19 liasses de minutes des notaires du comté de Chastellux, déposées en 1883 aux archives de l'Yonne par M. Chevillotte, notaire à Quarré-les-Tombes et conseiller général de ce canton (xvie-xviie siècles); et enfin de 15 articles des minutes de notaires du Tonnerrois, des xve-xviiie siècles, réintégrés en 1894 par les archives de la Côte-d'Or à celles de l'Yonne ; au total 291 registres ou liasses.

Les articles non numérotés seront indiqués sous les initiales N. N, après l'indication de leur fonds.

En outre, pour ne pas surcharger inutilement un travail déjà très long, nous avons pensé que, sans altérer l'authencité du texte, nous pouvions sans inconvénient négliger, quand ils ne sont pas indispensables, les préambules et fins d'actes, même formule pour tous, les interminables *item, pour ce, prisé*, etc. ; et convertir en chiffres arabes les dates ou nombres en toutes lettres, ou en chiffres romains.

des éléments à quantité de travailleurs (1). C'est du reste, le seul mobile qui nous a amené à les publier.

Ce travail nous a coûté plusieurs années de recherches, et s'il est susceptible de pouvoir rendre de réels services, son étendue ne sera plus un défaut.

Ce recueil sera divisé en onze chapitres qui auront pour titres : Chapitre Ier, *Inventaires après décès.* — Chap. II, *Marchés de travaux de construction.* — Chap. III, *Travaux d'art et artistes.* — Chap. IV, *Clergé*, affaires générales, baux d'amodiation de cures, liste de prêtres de paroisses, antérieurs aux registres d'état-civil. — Chap. V, *Biens*, mutations, baux avec obligation de construire et autres, baux à cheptel, marchés de culture à façon. — Chap. VI, *Contrats divers* (apprentissage, mariage, entre patrons et ouvriers ou domestiques); *Donations, partages, testaments.* — Chap. VII, *Industrie et Commerce*; *Moulins et usines*; *Navigation* (fabrication et réparations de bateaux, marchés de transports, associations, etc.); *fabrication d'objets mobiliers, vente de produits divers.* — Chap. VIII, *Communautés d'habitans et Instruction publique.* — Chap. IX, *Mœurs et usages*, procédures, transactions, etc. — Chap. X. *Liste de nobles et personnages marquants, signatures et marques.* — Chap. XI, *Varia.*

Chacun de ces chapitres sera précédé d'un avant-propos qui lui sera particulier et qui en réalité formera un travail distinct.

En adoptant la division par matières, nous avons pensé que la consultation en serait rendue plus facile, et qu'en second lieu les documents publiés par parties pourraient être plus tôt utilisés que s'ils étaient compris dans un travail d'ensemble qu'on ne pourrait mettre à contribution qu'après sa publication achevée.

Cet important fonds des archives de notre département a déjà fourni les éléments des articles suivants : De l'intérêt historique des anciens dépots d'actes notariés (2). — Histoire du Tiers-Etat à Tonnerre (3). — A propos du contrat de mariage d'un vigneron auxerrois en 1483 (4). — Scènes de mœurs au XVIe siècle (5). —

(1) Nous pouvons déjà en citer un exemple qui nous fait le plus grand honneur. M. Levasseur, de l'Académie des Sciences morales et politiques, à la recherche de nouveaux matériaux pour la réédition de son important ouvrage, l'*Histoire des classes ouvrières en France*, n'a pas dédaigné, lors de son passage à Auxerre, de prendre des notes dans les contrats entre patrons et ouvriers, que nous avons recueillis.

(2) Quantin, *Bulletin de la Société des Sciences de l'Yonne*. Année 1848.

(3) Id. ibid. 1886.

(4) Drot, *Annuaire de l'Yonne*, 1894.

(5) Id. *Bulletin de la Société des Sciences de l'Yonne*, supplément au tome 50 (1897).

Un épisode inconnu de l'histoire de Tonnerre (1). — Marché de construction de divers bâtiments au château fort de Montigny le Roi (Haute-Marne (1550) (2).

Il ne nous reste plus, pour terminer, qu'à dire comment nous avons été incité à préparer ce recueil. La lecture des articles du savant M. Quantin nous parut si intéressante, que, nous reportant aux documents eux-mêmes, nous acquimes la certitude qu'il n'en avait tiré que les éléments indispensables à la justification de son commentaire et que la récolte du champ était loin d'être faite. Heureusement qu'où les moissonneurs ont passé trop vite il reste de nombreux et beaux épis à glaner. Ce sont eux que nous avons ramassés pour que d'autres s'en nourrissent.

CHAPITRE Ier

Inventaires après décès.

AVANT-PROPOS.

Aucuns documents ne peuvent mieux que ceux dont il est question ici, initier à la vie sociale de nos ancêtres. Par la promenade qu'ils font faire de la cave au grenier, par la description qu'ils donnent des objets contenus dans chaque pièce, ils sont une véritable photographie sur laquelle il suffit de jeter les yeux pour en saisir l'ensemble.

Habitation, mobilier, costume, linge, vaisselle d'argenterie, d'étain ou de terre, armes, bijoux, objets rares ou curieux, intérieurs de boutiques, matériel et outillage professionnels, enfin tout ce qui constitue l'existence d'autrefois, s'y trouve représenté.

Le sujet n'est pas complètement inédit, c'est vrai; mais il est vrai aussi que les historiens et économistes tels que MM. Quicherat, Havard, Clément, Leber, Labarte, Rambaud, d'Avenel, etc., ne s'en sont occupés qu'au point de vue général et presque toujours en s'appuyant sur des inventaires de maisons princières ou tout au moins de grandes familles.

Pour fortifier ce qu'il convient d'appeler plutôt une observation qu'une critique, nous avons relevé les inventaires se rapportant, dans la mesure du possible, un peu à toutes les fractions du tiers-état.

Malheureusement les plus nombreux intéressent surtout la

(1) Drot, *Bulletin de la Société des Sciences* (1898).

(2) id. Bulletin archéologique de 1898 du comité des travaux historiques.

bourgeoisie et les négociants, dont les successions importantes ou les marchandises en magasin, mettent les héritiers ou les enfants dans la nécessité d'en faire dresser. L'inventaire après décès n'était, semble-t-il, pas plus obligatoire autrefois qu'il ne l'est aujourd'hui. De là une lacune regrettable pour nombre de corps d'états modestes.

Mais tous confirment ce que disent les historiens, qu'antérieurement à Louis XIV les appartements et le mobilier étaient encore très sommaires. Dans les meilleures maisons d'Auxerre, on voit bien la trace « *d'une salle*, » parodiant les splendides galeries de ces immenses châteaux dans lesquels il ne restait souvent pour coucher que d'affreux galetas. Une cheminée monumentale avec ses hauts chenets à pomme de cuivre, un buffet, un bahut, une table « *qui se tire* » quelques « caquetoires » et chaises, des tapisseries et des tableaux à dimensions colossales pour cacher les murs, un chandelier à plusieurs branches constituent l'ameublement de cette pièce où avaient lieu les grandes manifestations de la vie mondaine et de famille.

Ceci dit, nous allons, si le voulez bien, examiner ensemble succinctement, ce qu'on y trouve et aussi ce... qu'on n'y trouve que peu ou pas du tout.

Dans ce qu'on y trouve, on remarque tout particulièrement une grande quantité de bijoux (1) et de linge tant ordinaire « qu'ouvré de Venise, » même après le sac d'Auxerre par les huguenots en 1567; de riches étoffes malgré les édits somptuaires successifs; on y décrit le matériel industriel et l'outillage de boucher (1505), boulanger (1507), menuisier (1551), apothicaire (1559 — et 1694

(1) Au moyen-âge, les banques n'existant pas (la première a été crée à Lyon sous François Ier) les bijoux et pierreries étaient un capital que l'on pouvait engager dans un moment pressant. Une partie des économies, d'un placement difficile à cette époque, étaient converties en joyaux faciles à dissimuler en cas de danger.

Cependant un joyau réellement de luxe pour les femmes du peuple, était le demi-ceint d'argent. M. Quicherat, dans son *Histoire du costume* le décrit ainsi à l'époque de Richelieu : « Une large tresse de soie, « décorée sur la moitié de son pourtour de plaques d'orfèvrerie ciselées « ou émaillées. De simples chambrières ne reculaient pas à mettre « trente et quarante écus à leur demi-ceint, sans préjudice de la chaîne, « aussi d'argent, qui était pour tenir suspendu au flanc tout l'équipement « d'une bonne ménagère : des clés, des ciseaux, un couteau, une « bourse, etc. »

Il se rencontre en effet dans des inventaires de gens de modeste condition.

pour rapprochement de produits pharmaceutiques), pelletier (1562), tonnelier (1571), vinaigrier (1572), chirurgien-barbier (1580), voiturier par eau (1586-1603-1612), cordonnier (1583), marchand mercier (1586) (1), peintre-verrier (1586) (2), pâtissier (1586) orfèvre (1611), relevés de livres de commerçants (1570 (3) et 1586).

Tapisseries : une tapisserie où il y a deux licornes ; deux chaises tapissées ; l'une des trois cerfs en écusson, l'autre de l'histoire de Salomon (1571), ciel de tapisserie figurant trois rois (1572), tapisserie de haute lisse représentant les sibylles Agrippa et Tibur (1572), une tapisserie de haute lisse sans mention de sujet (1585), dix pièces de tapisserie de haute lisse : neuf représentant l'histoire de l'enfant prodigue et la dixième celle de Persée, une vieille tapisserie ou sont figurées les sibylles (1615).

(1) M. Levasseur dans son *Histoire des classes ouvrières en France*, t. Ier, p. 332, dit que : « les merciers étaient à peu près à cette époque « (XIIIe et XIVe siècles), ce que sont aujourd'hui nos marchands de nou- « veautés. Ils vendaient toute espèce d'étoffes, d'articles de toilette et « d'ameublement, sans rien fabriquer par eux-mêmes. Dans un fabliau « du moyen-âge, un mercier énumère ses diverses marchandises ; il suffit « d'en citer quelques vers pour faire connaître la nature d'un commerce « alors fort répandu et fort riche :

« J'ai les mignotes ceinturières,
« J'ai beaux ganz a demoiselètes,
« J'ai ganz fourez, doubles et sangles,
« J'ai de bonnes boucles à cengles,
« J'ai chainetes de fer bèles,
« J'ai bonnes cordes à vièles,
« J'ai les guinples ensafranées,
« J'ai aiguilles encharnelées,
« J'ai escrins à mettre joiax,
« J'ai bourse de cuir à noiax. »

A la fin du XVIe siècle, non seulement le genre de commerce n'avait pas changé, mais il s'était peut être encore plus étendu, car dans cet inventaire de 1586, figurent des articles de librairie, chapellerie, coutellerie, armurerie, etc. Il est surtout curieux par l'origine de fabrication des produits.

(2) C'est celui de Jean Cornouaille, fils de Guilleume qui fit à la cathédrale d'Auxerre des vitraux qui existent encore. (Voir note sur cette famille au chapitre des artistes).

(3) Dans le préambule de cet inventaire, il est dit qu'au nombre des obligations citées, une partie provient de « plusieurs souldars depuis la reprinse de la ville d'Aucerre en l'an V^e^ soixante-huit. » (Voir note en bas de page de la copie de ce document).

Armoiries : celles de noble Nicolas Tribolé (1) se trouvent sur un grand bassin d'argent, sur les deux chenets et au milieu d'une grande couverture (1615); celles des familles Housset et du Broc (2) figurées sur un tapis de table, d'une grande richesse (1632).

Portraits de famille : Deux « tableaux » des père et mère de Marie Bouvier, veuve de Pierre Crethé, receveur des décimes pour

(1) Les armes de cette famille ne figurent pas dans l'armorial de l'Yonne publié par M. Dey.

L'inventaire après décès de Nicolas Tribolé dont il est question ici, est celui du fougueux ligueur auxerrois. Il n'y a aucun doute à ce sujet. Il s'appelle Nicolas et est avocat au bailliage d'Auxerre, comme le prénomment et le qualifient, l'abbé Lebeuf dans ses Mémoires et M. Challe dans son histoire du Calvinisme et de la Ligue; il a de la literie et des objets mobiliers à Perrigny dont les Tribolé étaient seigneurs en partie, il habitait la rue Saint-Regnobert où le fait demeurer M. Quantin dans son Histoire anecdotique des rues d'Auxerre, ainsi qu'on peut le voir dans l'inventaire après décès de Germaine Fauleau, sa femme (1619).

On en trouve encore une forte présomption sinon une preuve dans la présence à l'inventaire après décès de sa femme (1619) du portrait de « *feu M. de Guise* » le seul exemplaire rencontré dans les nombreux inventaires consultés. Il est vrai que Nicolas Tribolé devait à l'influence de la maison de Guise, sa *nomination* de maire d'Auxerre en 1594, que M. Chardon dans son Histoire d'Auxerre rapporte ainsi : « On soumit « au jeune duc de Guise, alors à Auxerre, le différend survenu à propos « de l'élection du maire, il l'annula et fit procéder en sa présence à une « nouvelle élection qui donna le résultat qu'il désirait, ce fut l'avocat « Tribolé qui fut nommé en remplacement de Henri Leclerc. »

L'abbé Lebeuf dans ses Mémoires donne à entendre que Tribolé devint ardent pour la Ligue, uniquement parce qu'il « n'avait point été « agréé du roi pour l'office de lieutenant général. »

Ce Nicolas Tribolé eut neuf enfants ; huit filles mariées à divers et qui toutes se présentent et signent à l'acte de partage des meubles de leur père (1616) et un garçon qui n'assista pas au partage mais qui, d'après la liste des officiers du bailliage d'Auxerre, publiée par M. Molard dans l'Annuaire de 1891, fait l'objet de la notice qui suit :

« 1620 Lieutenant criminel, Nicolas Tribolé, seigneur de Perrigny Il était fils de Nicolas, *avocat* et de *Germaine Fouleau* [Fauleau]. Il était, « substitut du procureur général au Parlement de Paris le 20 novem- « bre 1616, et maitre des requêtes de la Reine-mère le 3 avril 1644. Il « eut deux femmes : Perret Jeanne et Lelièvre Charlotte. »

Ce dernier fut lui-même remplacé en 1657 comme lieutenant criminel par son fils Nicolas, époux de Françoise de Villiers, de Coulanges-sur-Yonne.

(2) Ces armes ne figurent pas non plus dans l'armorial de l'Yonne, publié par M. Dey.

le roi au diocèse d'Auxerre et un plâtre représentant le dit Crethé (1591); deux portraits sur toile de Nicolas Tribolé et de Germaine Fauleau, sa femme (1619); trois portraits : l'un de « *feu M. lesleu Chrestien* », le second de « *Madame lesleue Chrestien* », le troisième du sieur Thierriat « *père de la dite deffuncte* » (1629). Tableaux divers figurant : Marcus Crassus (1561); une Lucrèce (1570); un paysage (1572); l'Histoire de Théophile (1572); celle de Tobie (1586); plusieurs petits personnages (1612); un paysage, un des jugements de Salomon, la Charité Romaine, la mémoire de la passion et création de l'homme (1615); « feu M. de Guise » (1619); un tableau à deux visages, un duc et une duchesse de Bourgogne (1629), les quatre saisons, une nudité, Eve, Jules César, Auguste (1662) (1).

Armes et armures : Une armure à écailles (2) (1572); une masse d'armes, une giberne de velours, un pistolet, un arc de fer, une épée, une cotte de mailles, une dague à fourreau de velours (1573); un corps de cuirasse, une bourguignotte (3), une hache d'armes (1573), une épée et une dague façon de Verdun (4) (1573), une épée dont la garde est « *ouvraigée* » et vernie (1580); une arquebuse façon de Milan (1580).

Livres divers 1568, 1570, 1572, 1580, 1586, 1610. (Dans l'inventaire de 1586, il s'agit d'un livre d'heures en parchemin, avec enluminures, couvert de velours, les coins et fermoirs en argent).

Céramique : Une grande quantité de vases et ustensiles de ménage en terre de Nevers et Cosne (1595); un plat et deux salières de terre de Beauvais (1612); de la vaisselle de « *Fagence* » et de Nevers (1615).

Objets divers rarement signalés : Deux pots de chambre (1559); trois bassins « ouvrez de cuivre à estaler à lhuis » d'un apothicaire (1559); une douzaine de serviettes ouvrées « à mettre sur lespaule » (1568); fers pour prisonniers (2 paires à mettre aux pieds, trois paires de menottes et trois cadenas) (1568); robes et coiffes d'épousées (1569, 1571); un grand plat de cuivre

(1) Nous ne donnons pas ici l'énumération des nombreux tableaux représentant des saints à l'exception de deux que voici : la Vierge, tableau de l'école flamande (1615), un tableau à l'huile de la Vierge Jésus et plusieurs personnages dans un cadre de 8 à 10 pieds de hauteur. On trouvera les autres dans les documents.

(2) Espèce de cuirasse à lames obéissant aux mouvements du corps.

(3) Coiffure garnie de larges oreillons.

(4) Arme en forme de carrelet... qui a donné naissance à son tour au fleuret (Quicherat, *Histoire du Costume*).

où figurent deux hommes portant un raisin (1570); un lange de drap rouge (1573); une robe de chambre d'homme (1585); habillements et literie d'enfants (1585); une horloge, une horloge réveille-matin (1585); tambourins (1585); robe et cape de deuil (1585); toilettes et coiffures de lit pour femme malade ou accouchée (1585, 1586); toilette et coiffure de nuit (1586); un chandelier « de salle à six branches verny en rouge » (1586); jeux de tarots, de cartes (1586); une cuillère en argent pour nettoyer la langue (1610); un petit bassin en argent pour cracher (1615); une cassette « peinturée » de Flandre (1615); un cure-dents en or (1615).

Dans ce qu'on trouve peu, il faut signaler : 1° les chemises, par comparaison à la grande quantité de linge. Ainsi dans l'inventaire après décès de 1551, Defrance père et fils menuisiers à Auxerre, où l'on constate 18 draps de lit, un grand drap de 12 aunes (14 m. 40), une nappe à œuvre de Venise, dix nappes unies, 36 serviettes à œuvre de Venise et 72 unies, il n'y a pas une chemise. Il en est de même dans l'inventaire de 1559 (Ducrot apothicaire). Cependant il s'y trouve 25 grands draps de lit et cinq petits, une nappe à mettre sur l'autel, trois touailles (serviettes) à œuvre de Venise dont une pour porter le pain bénit, 12 nappes unies, huit serviettes « banquetières » dont deux de soie, deux ouvrées et quatre unies, 60 serviettes ouvrées et 24 unies, 8 tabliers (nappes) à œuvre de Venise. Comme on pourrait objecter que les chemises ont pu être omises, voici ce que contient l'inventaire (1585) de Claude Petitfou, contrôleur pour le roi à Auxerre : 39 draps, 4 grands tabliers (nappes) ouvrés, 26 nappes, 5 serviettes banquetières ouvrées, 3 « cuissynières de toile de gros lin », 48 serviettes ouvrées, 276 unies, 36 serviettes de cuisine, et seulement *sept chemises* du défunt, qui sont délaissées au tuteur pour l'usage d'un garçon mineur, plus 4 petites chemises à usage de fille. Donc si au XIVᵉ siècle, comme le prétend M. Rambaud (1) « l'usage de la « chemise est tellement répandu que les valets de ferme en por- « tent » on est forcé d'avouer que l'usage ne s'en était pas maintenu avec autant de vogue. Si elle s'était tant propagée au XIVᵉ siècle, il n'y faut voir qu'une affaire de mode qui a seulement perdu un peu de son intensité, car cette mode dure encore malgré la question d'hygiène qui en rend aujourd'hui l'usage constant.

M. Quicherat (2) nous apprend, page 331, que sous Charles VIII et Louis XII « les élégants à bourse plate font apparaître à la fente

(1) *Histoire de la civilisation française* t. I, page 446.
(2) *Histoire du Costume*.

« de leur pourpoint, un fin mouchoir que l'on prend pour leur « chemise, mais dit Coquillart :

« Mais la chemise elle est souvent
« Grosse comme un sac de moulin. »

page 389, parlant des chemises de femme, « qu'on laissa voir, au « dégagement de la robe, une encolure de chemise délicatement « brodée. La chemise apparut encore aux manches de la cotte » ; page 343 « que les Bayards, c'est-à-dire ceux qui mettaient de « l'affectation dans cette partie du vêtement (le haut de chausses) « laissaient sortir la chemise entre le haut de chausses et le pour-« point » ; page 387, que sous Henri II et François II, les fils de familles patriciennes montraient par un large col rabattu, leur chemise brodée d'or ; page 448, que Henri IV, en 1598, n'avait qu'une douzaine de chemises « dont plusieurs étaient trouées »... page 456, que vers 1620, « les taillades de pourpoint furent moins « nombreuses. Elles servirent à mettre en montre, non plus la « doublure, mais la fine chemise » etc. Est-ce que les chemises à jabot de l'ancien régime n'étaient pas plutôt une question de mode que de propreté ? N'en est-il pas de même de nos chemises brodées, à petits plis, de la chemise du dimanche de l'ouvrier ou du cultivateur, amidonnée jusqu'à offrir la résistance d'une plaque de métal, et qu'il fait voir avec tant d'affectation ?

2° Les mouchoirs. — Malgré nos recherches les plus conscien-cieuses nous n'en avons trouvé qu'un en 1570, encore est-il ouvré et au point coupé. Il est prisé 20 sous, au moins 10 fr. de notre mon-naie. Ce n'est évidemment pas ce que nous appelons un mouchoir de poche, mais bien un linge de luxe pour s'essuyer le visage ; le suaire des anciens. Nous savons par le savant ouvrage de M. Qui-cherat (1) que sous Charles IX encore, il se mettait dans l'escar-celle avec l'argent, les gants et les papiers et que Henri IV, en 1598, n'en possédait que cinq. Cependant au XVIe siècle il était destiné au même emploi qu'aujourd'hui puisque Rabelais l'appelle *mouschenez*. Son absence amène à croire que l'usage n'en était pas très répandu et que nos ancêtres se servaient volontiers du mou-choir du père Adam. N'avons-nous pas tous pu nous convaincre *de visu*, que cette mode primitive n'est pas encore complètement tombée en désuétude. En 1870 les soldats allemands et même les officiers n'en employaient guère d'autres. Même au cas ou cet article aurait été négligé aux inventaires, il n'en faudrait pas

(1) *Histoire du Costume.*

moins conclure ou qu'il n'existait pas ou qu'il n'existait qu'en nombre insuffisant pour qu'il en soit tenu compte.

3° Fourchettes. — A cette époque c'était encore le père Adam qui fournissait la fourchette de table, malgré M. Rambaud (1) qui avance que l'usage de cet ustensile devint général au XVIe siècle.

M. le baron de Saint-Venant, Inspecteur des forêts à Nevers qui nous a fait l'honneur d'assister aux fêtes du cinquantenaire de notre société, et à enrichi notre bulletin de sa si spirituelle et si humoristique étude sur « *la cuillère à travers les âges et son inséparable sœur la fourchette* » (2) détruit cette opinion. En effet, après l'exposé de recherches consciencieuses sur l'origine de cette dernière, qui n'était utilisée au moyen-âge que pour prendre des fruits, compotes, épices, *succades*, etc., il conclut ainsi : « On peut « avancer que l'usage de la fourchette de table ne se répandit « dans les *hautes classes que pendant la deuxième moitié du* « *XVIIe siècle*, grâce à l'influence de l'honnête et délicat duc de « Montausier, et Rœderer, dans son *Histoire de la Société polie*, « se félicite d'avoir fait adopter des grands couverts, mode qui fut « lente à pénétrer en province. »

Nos inventaires donnent pleinement raison à ce dernier. Nous avons eu la curiosité de compter les cuillères et fourchettes d'argent qui s'y trouvent et nous sommes arrivé à ce résultat : 93 cuillères et seulement deux fourchettes. L'une est dans l'inventaire de Jean de Montempuis (1610) pour 21 cuillères, l'autre chez Nicolas Tribolé (1615) pour 12 cuillères. Pourtant chez ce dernier il y a le splendide service d'argenterie suivant : un grand bassin à ses armes, deux aiguières, un vase, un coquemard, quatre salières, trois coupes, quatre chandeliers, une écuelle à oreilles, une assiette, douze cuillères, un vinaigrier, une gondole et un petit bassin à cracher.

Or, il semble incontestable que si l'usage de la fourchette avait été aussi général au XVIe siècle que l'avance M. Rambaud, il s'en fut trouvé plus d'une dans le service précédent, qui date du XVIIe siècle.

Encore convient-il d'ajouter que ces fourchettes ne servaient que pour le service et non pour manger.

(1) *Histoire de la civilisation française*, t. Ier, p. 448.

(2) *Bulletin de la Société des Sciences*, supplément au tome 50 (1897).

12 Juillet 1505. — Inventaire de meubles après décès de Etienne Lebrun, boucher, et de sa femme Jeanne Rogeot, appartenant à Jean Lebrun leur fils mineur (1).

Premièrement :

Troys lictz garniz de coetes cuissins, une couverture blanche, une autre perse telle et quelle, et une de sarge roge.

Ung ciel de lict et une courtine blanche.

Quatre orilliers de plume et ung lodier.

Vingt draps de lictz, deux de troys toilles et les aultres de deux toilles et demye dont il en y a demy douzenne de neufz et les aultres telz et quelz.

Quinze serviettes de plain, six neufves et les aultres my uséez.

Demy douzaine de naperons à laver mains dont il y en a deux qui tiennent ensemble.

Quinze nappes destourpes (d'étoupe), dix neufves et les aultres my uséez.

Ung grand tablier contenant cinq aulnes.

Cinq toielles ouvrés à louvrage de Venize.

Une pièce de toille tant plain que estoppés, contenant vingt-deux aulnes.

Cinq chemises à usage de hommes.

Deux surpelis à usage de femme telz et quelz.

Neuf covrechefz, deux neuf et les aultres my usez.

Deux aulnes et demye de gros plain.

Unze pinte, une tierce, une quarte, deux chopines, une grande et une petite qui a ung pertuys au melieu; ung chopineau, deux sallières une à pié et une petite sans cloiquues (?) ung benoistier, neuf escuelles neuf saulcières, dont il en y a deux grande, une à oreille et les aultres communes, une chopine de mort estain à mesuré seel et une grande mappe (?) destain et troys platz dont il en y a ung qui est fondu au bot.

Troys chandeliers de cuivre.

Une grant chaudière à deux ances tenant cinq seillées ou environ.

Une aultre tenant troys seillées.

Une aultre tenant environ deux seillées.

Une aultre tenant une seillée.

Ung aultre tenant une aultre seillée.

Une aultre tenant une seillée.

Une aultre contenant une demy seillée.

Une grant pesle darin à queue contenant quatre seilléos ou environ.

(1) Malgré le défaut de prisée des meubles et objets, cet inventaire, le plus ancien de nos archives, a été donné in extenso, quant au mobilier, le chapitre des titres n'offrant aucun intérêt.

Une aultre pesle tenant une seillée.

Une aultre tenant demy seillée.

Deux petitz paslons.

Deux cuillers de fert.

Deux cuillers darin dont lune est à queue et lautre nen a point.

Deux crochets à tirer la cher.

Deux potz de cuivre lun tenant quatre pintes et lautre tenant trois chopines.

Une leschefrite darin telle et quelle.

Ung lavoir à laver mains et ung bassin de cuivre avec ung trepier à mettre dessoubz le dit bassin de fert.

Deux chenetz de fert, une haste, ung treppier, ung crochet à tirer fien, ung gris, troys verges de fert à courtines.

Troys seellées.

Ung soflet tel et quel.

Troys plateaulx de boys lun grant et les deux aultres moyens telz et quelz.

Troys sebilles.

Quatre barris lun tenant deux pintes, lautre troys pintes, lautre une pinte et lautre une pinte.

Une estrille.

Deux douzenes de tranchoez.

Ung botillon (panier rond) dozieres blanches avec ung chrique (cric) dessus.

Ung bressoer.

Deux faictz à passer farine.

Demy dayene (douzaine) de escabelles.

Une livre et demye de fillet tant plain que lain.

Cinq livres et demye destoppes.

Demye livre de chambre (chanvre) à filler.

Troys courtines de toille noire telles et quelles.

Deux faictz à mectre blé.

Deux demye aulnes de drap gris.

Troys aulnes de langes.

Une robe noire fourrée dagneaux noirs à usage de homme.

Une aultre robe de tanne telle et quelle.

Ung ocqueton de drap noir sans marche (manche) tel et quel.

Une jacquette de drap tanné telle et quelle.

Ung propoint de drapt noir tel et quel.

Ung manteau de tanne tel et quel.

Une robe noire à usage de femme, musne (munie de) sangle.

Une autre robe noire au dit usage doublé de drap telle et quelle.

Une autre robe de pers (1) doublé de drap telle et quelle.

Ung cotton de drapt noir doublé de drapt tel et quel.

Ung autre cotton de pers doublé de drapt tel et quel.

Deux viel chapperons vielz à usage de femme telz et quelz.

Une paire de chausses noires a usage de homme.

Une chemise de blanchet.

Deux paire de verge à nestoyer robes.

En ung couffre neuf ouvré a esté trouvé une robe de gris gonin (?) à usage de homme fourrée daigneaulx crespé.

Une autre robe noire a usage de femme fourrée de panne grise, estant au dit coffre.

Une autre robe au dit usage de drap morée fourrée de menu vers, estant au dit coffre.

Ung cotton de drap roge fourré d'aigneaulx crespé, estant au dit coffre.

Une aulne de drap noire.

Une paire de chausses de drap gris à usage de homme.

Ung chapperon descarlate et ung autre chapperon noir à usage à la dite deffunct.

Ung autre chapperon noir.

Une pièce de drapt tanné brun contenant cinq aulnes.

Deux aulnes de drapt noir en deux pièces lune plus bonne que lautre.

Dix aulnes de drap noir.

Ung drap de lictz en quoy sont envelopées les dites robes.

Six covrechefz, deux neufz et les autres demy uséz.

Quatre autres couvrechefz en une pièce de toille estant aux dits covrechez.

Une sainture large ferré dargent avec le tissus noir.

Une autre petite sainture ferré dargent avec le tissus noir.

Une autre petite sainture ferré dargent avec le tissus noir.

Une verge ronde dargent doré, ung fremillet, ung geillet (?) dargent et une petite verge dor à chesne (chaine) avec une bourse de soye dedans laquelle le dit argent est, et le tout estant au dit couffre.

Ung autre grant coffre de noyer non ouvré fermant de clef.

Ung buffet neuf ouvré, à deux guichets et deux layettes fermant à chef (clef) auquel a esté trouvé une serviette neufve à lœuvre de Venize.

Ung couvreché de lain estant au dit buffet.

Dix devantiers (tabliers) à usage de femme, estant au dit buffet.

Une paire de patenostres de getz, estant au dit buffet.

(1) Pers, étoffe couleur bleue (Havard. — Dictionnaire de l'ameublement et de la décoration, au mot Pers, t. IV, p. 248.

Une croix dargent deux botons dargent et une en chassure à mettre ung coral, dargent, estant au dit buffet.

En argent six escuz au soleil, ung escu vielz, demy escu au soleil, trante ung solz, huit deniers, trouver au devantier de la boucherie, seize livres tournois, troys sols, six deniers tournois (la poche de ce tablier servait sans doute de caisse).

Quarente quatre livres dix solz tournois provenant de la vente des moutons qui estoient au jour du trespas du dit deffunct.

Soixante solz tournois du foyn, dix solz tournois pour les noys, vingt deux livres, neuf solz, quatre deniers dargent que le dit Estienne Rogeot a receu de plusieurs personnes, tant pour vente et délivrance de blé, foyn, lard et autres choses du mestier du dit deffunct, qui se pouvoient dépérir, lesquelles parties montrantes à la somme de cent xi l. 6 s. 8 d. t. que le dit Rogeot a pour ce confessé avoir eu et reçeu en ses mains et promis et rendu le compte et reliqua toutes et quantes foys que mestier sera.

Ung coffre de chesne fermant à clefz, de six piedz de long.

Ung autre grant coffre de noyer de six piedz de long, trouvez au dit hostel.

Deux chalictz de grand lictz.

Mosles de boys, chacun mosle 20 d. vallant 3 s. 4 d t.

Troys muys de vin vielz prisez chacun muy 10 s. vallant 30 s. t., venduz cest assavoir les deux au dit Estienne Rogeot et lautre à Didier Loys.

Une pane de gris qui estoit commune entre les héritiers de la vefve Gillet Le Brun, mère du dit deffunct, et laquelle a esté vendue au dit Didier Loys 55 s. t., dont ils sont cinq héritiers dicelle vefve, qui est pour la part du dit myneur 11 s. t.

(Suit l'énumération des papiers, titres, lettres d'obligations, etc., ne relatant rien d'intéressant).

(E 375).

Inventaire des meubles et effets après-décès de Jean Tribert, boulanger à Auxerre (*in-extenso*).

(3 Décembre 1507).

Inventoyre des biens du désès de feu Jehan Tribert en son vivent boulanger demorent à Aucerre et prisés par Jehan de Serre priseux juré de la ville le IIIe jour de dessanbre lan mil V^c et sept.

Une robe de tanne basané doblé de frize perce prizé 100 s. t.

Une jaquette de gris à lusage du dit deffunct 20 s. t.

Ung prepoint à lusage du dit defunt ensamble une perre de chausses de blanchet 25 s. t.

3 chemizes à lusage du dit deffunct 6 s. t.
6 servietes ouvrés 6 s. t.
Ung tablier ouvré de lin, contenent environ 5 aulnes, prizé tant en chanble, questopes (fil ou filet) 20 s. t.
Une nappe destopes de 3 aulnes ou environ 5 s. t.
Une nappe telle et quelle contenant environ 4 aulnes 3 s. 4 d. t.
Deulx dras destoppes contenant chacun 6 aulnes, prizé ensanble 6 s. 8 d. t.
5 aulnes telle destoppes 6 s. 8 d. t.
En estain 17 l. prizé 6 bl. 3 d. la livre 2 s. 9 d. t.
Un pot de cuivre contenent de 4 a 5 pintes 12 s. t.
Une lyviere (?) quourte (courte) de fer 4 s. t.
Une perre chenes (paire chenets) de funte 10 s. t.
Ung cuvesqulx de foux de fer (couvercle de four, de fer) 4 s. t.
Ung petit mortier de fer de funte 5 s. t.
Une cramillère de fer 2 s. t.
Ung banc à dolx, une table en quorme, deulx treteaux et une forme, tout prizé 20 s. t.
Ung viel quoffre à quatre piés 5 s. t.
Ung petite escrin de bois tel et quel 4 s. t.
Une chaudière darain, deulx petites pelles ronde et ung pallon (poêlon), le tout prizé ensanble 20 s. t.
3 molles de bois 7 s. 6 d. t.
Une truye 30 s. t.
Ung muyd de vin 6 fr. (sic)
Une robe de gris brun, doblé de frize vert (vendue 3 fr.) 3 fr.
Ung hoquetond dranoir (*sic*) fourré de pane blanche 2 fr.
2 perres de vielle chausse et ung meschant prepoint, tout prizé ensanble (vendues 12 blancs) 5 s. t.
6 aulnes telle destoppes 6 s. 8 d. t.
Une nappe destoppe contenent 3 aulnes et demy 5 s. t.
Une vielle nappe de plain et estoppes 4 s. t.
Ung drap de 12 aulnes 20 s. t.
Ung drap destoppes tel et quel (vendu 3 s. 4 d. t.) 2 s. 6 d. t.
6 servietes ouvrés 6 s. 3 d. t.
Ung gris, ung crible, ung piot desmanché, ung feullet, tout prizé ensanble 4 s. t.
En fillet, 6 s. 3 d. t.
Une pelle de fer et une hate et ung hanot, tout prizé ensanble 7 s. 6 d. t.
Une grant pelle (poêle) ronde contenent de deulx à 3 selles (seilles), et ung bassin à barbier, et quatre meschant

chandeliers ronpus, et une culler de fer, et une culler dairain, et ung trepier de fer, tout prizé ensanble 30 s. t.

(vendu le trépied de fer 3 s. 4 d. t.)

En estain 17 l. prizé la livre 6 bl. 3 d. (vendu 7 blancs la livre).

Ung quoffre à soubassement et fermé à clé, et ung petit guichet 35 s. t.

Ung scribator ? (escriptoir ?) 10 s. t.

Une quve (cuve) tenent de 6 à 7 muis 2 fr. 1/2 (sic)

Ung muy de vin cleret 6 fr.

Il a esté pryzé par les charpantier et massons, la part et porcyon de la maisson du bour Saint-husybe (Saint-Eusèbe) séant en la grant rue tenant etc. 90 l. t.

La part et porcyon de Saint-husybe 40 l. t.

Item baillé au priseux (priseur-juré) 6 s. t.

Item ung quartier de vigne séant en Piédaloup, et part et porcyon de vigne et terre séant au Pertuis au borne, et une porcyon de quorty (courtil) auprès de Saint-Amatre, et une part de 20 s. t. de rante, tout 36 l. t.

Somme toute 166 l. t.

Baillé a seulx qui ont prizés les biens à Saint-Morize et pour les despans, la somme de 25 s. t.

(E 375).

Vers 1550. — Inventaire après décès de Thiénon Ythéron, voiturier par eau à Auxerre, dans lequel on remarque :

Objets divers. — Ung verjussier contenant environ troys septiers, prizé avec le verjus y estant 5 s. t.

Une demie picque ferrée au bout, ung grand costeau et six traictz d'arbaleste, prizés le tout 5 s. t.

Une tasse dargent (1) 8 l. t.

Ung goé (2) et ung viel brequins (villebrequin) 10 s. t.

Quarante-cinq grands cloux neufs à bateau 10 s. t.

Une corde à avaller (descendre) vin 10 s. t.

Un trubleau neuf à pescher 7 s. t. 6 d. t.

Une botte ferrée à mettre poisson 10 s. t.

Un charriot à cordes 20 s. t.

En lestable une vache 6 l. t.

(E 386).

(1) Une tasse pour goûter le vin, encore en usage aujourd'hui.

(2) Mot encore employé dans l'Auxerrois, son orthographe est *gouet*. Lacurne l'indique goé, avec les variantes : goil, goiz, goy.

Inventaire après décès de Jean Defrance et Germain Defrance père et fils, menuisiers, à la requête des tuteur et curateur de Jeannin, fils du dit Germain et de Germaine Ancelot. Les objets ont été prisés par Pierre Clopet *courratier* de vins et Michel Mocquot, menuisier (*in-extenso*).

(8 et 10 Mars 1551).

8 Mars 1551. — Premièrement :

En la cave de la maison des dictz deffunctz a esté trouvé 37 muydz de vin viel, prizé chacun muyd	60 s. t.
Une cuve tenant environ 12 muydz de vendange	100 s. t.
2 tynes et 2 coloers, ung grand pot et ung petit, le tout prizé ensemble	6 s. 6 d. t.
En louvroir de la d. maison a esté trouvé 8 muydz de vin nouveau, prizé chacun muyd 4 l. 10 s. t., pour ce	36 l. t.
5 feuillettes de vin nouveau, prizée chacune 2 l. 5 d.	11 l. 5 d. t.
1 cuat (petite cuve) tenant environ 4 muydz	4 l. t.
En la chambre basse ou est décédé le dit deffunct Jehan Defrance, a esté trouvé deux chenetz de fonte, une pelle, une cramillère, le tout de fer	30 s. t.
Ung chaslit faict à paneaux, avec ung lict garny de coéte, cuissin, couverture, ciel, doulzciel et custodes	12 l. t.
Ung buffet à deux guichez	6 l. 8 s. t.
Ung coffre de noyer taillé par le devant, non ferré	4 l. 12 s. t.
Ung aultre petit coffre de boys	20 s. t.
Une monstre dargent et une cuiller dargent pesant,	» »
Une petite chaize carrée à seoir à table	7 s. 6 d. t.
Une petite couchette de boys garnie de lict, couverture de sarge et son cuissin, le tout prizé	60 s. t.
Une table, ung banc et deux treteaux	30 s. t.
Ung banc à doulzciel	50 s. t.
Ung tour à tourner avec deux popées	20 s. t.
Une cochette fourée alentour	20 s. t.
Deux establis de chaisne	25 s. t.
Deux blauchairs (1) à doler	20 s. t.
Plusieurs utilz du mestier de menuisier comme rabotz, herminettes, davidz, haches, varlets, sciriaux, (ciseaux) cousteaux, formoez, molures et autres utilz, prisez ensemble	4 l. 12 s. t.
Deux couvrechez de lain et troys couvrechez de chamble	6 s. t.
18 draps de lict telz quelz, prisez lung pourtant laultre 10 l. 16 s., qui est pour chacun 12 s.	10 s. 16 s. t.

(1) Espèce de billot sur lequel retombait la doloire. On appelle encore dans l'Auxerrois blochet, un morceau de bois assez épais sur lequel les vignerons aiguisent les échalas.

Troys douzaines de serviettes ouvrées à euvre de Venise, prisée chacune douzaine 40 s. 6 l. t.

6 douzaines de lain plaines (unies), prisée chacune douzaine lune pourtant laultre 40 s. 12 l. t.

6 douzaines de serviettes de plain, prizées chacune 40 s. 12 l. t.

Une longère (1) euvrée à euvre de Venise 40 s. t.

Ung grand drap de lain, de 12 aulnes 60 s. t.

6 nappes, 4 de lain et 2 de plain, prisées lune pourtant laultre 40 s. 12 l. t.

4 nappes telles quelles, prisées chacune 5 s. 20 s. t.

4 orilliers 12 s. t.

En la cuisine de la dite maison a esté trouvé une grande pesle ronde de cuyvre 30 s. t.

Ung bassin à laver mains avec lesguière, le tout de cuyvre 20 s. t.

5 chandeliers de cuyvre, tels quelz, prisés ensemble 25 s. t.

1 chandelier avec la lumière (lampe) 5 s. t.

2 chauldières avec une poesle, telle *quelle* 18 s. t.

Une chauldière tenant environ (blanc à l'original), avec une petite poesle 12 s. t.

2 potz de cuyvre *telz quelz* 10 s. t.

2 chaufferettes telles quelles 10 s. t.

Une chauldière, une petite poesle ronde et une petite lavoere (baignoire) à enffens 5 s. t.

2 chappeletz et ung petit aubenoistier de cuivre 8 s. t.

3 poesions telz quelz et une petite lumière (lampe) 5 s. t.

Une poesle, ung poesion et une cuiller, le tout de fer 6 s. t.

Ung pot de fer, une petite marmite et une petite leschefroys (lèchefrite), et une haste (2) de fer 14 s. t.

Ung coquemard de cuyvre 8 s. t.

Estain : sept vingts six livres (146) et demye destain en 5 quartes, 2 tierces, 4 pintes, 4 esguières, 1 flascon, 4 sallières, 2 garde nappes, une douzaine de tranchoez, 1 moutardier, 28 escuelles, 10 saulcières, 11 platz et aultre vesselle destain, revenant au prix dessus dit.

En la chambre haulte en laquelle le dit Germain Defrance est allé de vie à trespas, a esté trouvé deux chenetz à chaufferette, une crémaillière et une pelle de fer 40 s. t.

Ung chaslit à 2 pilliers et garny de lict, coete, cuissin, ciel, doulzciel, custodes, couverture de serge, non prisé » »

(1) Longère, nappe (Lacurne de Sainte-Pallaye, glossaire).

(2) *Haste*, broche (Glossaire, Lacurne de Sainte-Pallaye).

Ung coffre de chaisne, non ferré	35 s. t.
Ung viel banc à doulzciel	50 s. t.
Ung bahu de cuyr	15 s. t.
Ung buffet à ung guichet, ferré	6 l. 15 s. t.
Une chaise dantique, de boys de chaisne	4 l. t.
Une table, 2 treteaux, ung banc à seoir à table et 4 scabelles	8 l. t.
En la chambre de derrière a esté trouvé 22 pièces de boys tant noyer que chaisne	50 s. t.
Ung buffet imparfaict (1)	6 l. t.
En une place située et assise au bourg sainct Père d'Aucerre a esté trouvé des pièces de boys de chaisne, prisé chacun cent 46 s. t.	13 l. 8 s. t.
80 pièces de boys de membrures	6 l. 15 s. t.
17 pièces de grande membrures de boys de chaisne, avec 12 poulteaux	8 l. 5 s. t.
22 pièces de boys darable	4 l. t.

Du 10e jour du dit moys de mars 1551 ont esté les meubles cy après, inventoriez et prisez par Jehan Baron, cousturier demourant à Aucerre, pris et esleu du consentement des parties, et en presence de Germain Tangy et Thomas Le Tourneur, peintre (2), demourant à Aucerre.

Un casaquin (3) de drap noir doublé de petit drap rouge, bordé de velours	100 s. t.
Une cappe de drap noir, bordée de velours	7 l. t.
Une robbe de drap noir sans manche, à us d'homme	6 l. t.
Ung pourpoint de satin, doublé de drap rouge	100 s. t.
Une robbe noire, doublée de taffetas, à us d'homme	15 l. t.
Ung pourpoint de demye ostade (4), doublé de rouge	30 s. t.
Ung pourpoint de taffetas, doublé de futaine	20 s. t.
Une paire de chausses de drap noir, doublée de taffetas, bandée de velours	50 s. t.

(1) Ce buffet non terminé, le tour à tourner et les outils qui sont mentionnés plus haut, indiquent suffisamment la profession de tourneur-menuisier, que l'on appelait encore à cette époque *chambrilleur. Nous avons trouvé dans nos* actes le même individu qualifié indistinctement de menuisier ou de chambrilleur. Cette dernière désignation disparait complètement dans les 20 premières années du XVIe siècle (1517).

(2) Ce Thomas Le Tourneur était un peintre verrier.

(3) Casaquin, sorte de petite casaque (manteau à larges manches) à l'usage des hommes (Lacurne, Glossaire).

(4) Mi-ostade, serge de fabrication hollandaise (Quicherat, Histoire du costume).

Ung casaquin de drap noir, bandé de velours à grandes bandes large, doublé de frize d'Angleterre 10 l. t.

Ung aultre casaquin de tanne garance, doublé de frize grise 46 s. t.

Une robbe à us de femme, doublée de demye ostande, les manches doublées de satin 8 l. t.

Une cotte noire à us de femme, doublée de rouge par le bas 60 s. t.

Une robbe de drap de viconte, à us de femme 70 s. t.

Une cotte de migraine (1), doublée de noir 6 l. t.

Une robbe de drap noir sanglé, à us de femme 12 l. t.

Plusieurs pièces descarlate 40 s. t.

Une paire de mancherons de satin cramoisy, une aultre paire, de migraine 60 s. t.

Ung bonnet noir à us du d. deffunct 10 s. t.

Une paire de manchettes de blanchet 20 s. t.

Une robbe de drap noir, fourrée de pane noire, à us de femme 28 l. t.

Une cotte de drap noir, doublée de rouge 6 l. t.

Plusieurs pièces de pane noire 20 s. t.

Une verge dor en laquelle y a ung diamant, prisez ensemble 12 l. 16 s. t.

Ung synct dor, une verge dor en laquelle y a une jarcynte, une verge appellée molinet, une verge appellée doublet, une verge ronde et une aultre verge tortillée, le tout prisé ensemble 17 l. 2 s. t.

Ung demy seint (2) dargent pourtant sa chesne, avec un anus dei (agnus dei) et une bague à mettre à ung bonnet, prisez ensemble 15 l. t.

(E 386).

Inventaire après décès de Jean Ducrot apothicaire à Auxerre (*in extenso*). (6 Mars 1559).

Inventaire faict par moy Pierre Armant notaire à Aucerre, des biens délaissez par le décès et trespas de deffunct honorable homme Jehan Ducrot, en son vivant marchant apoticaire, demeurant à Aucerre. Pour et à la requeste de honorables hommes Nicollas Dumont, Grand Bourdin, marchants demeurant au dit Aucerre, tuteurs et curateurs de Jehan et Nicollas Ducrotz, enffans myneurs d'ans du dit deffunct et de Jehanne

(1) Etoffe teinte en écarlate (Lacurne, Glossaire).
(2) Sorte de ceinture pour dame. (Voir sa description à l'avant-propos).

Le Conte sa vefve. Et aussi de honorables hommes Jehan de Chaulne à cause de Marye Ducrot sa femme, Jehan de Coiffy à cause de Jehanne sa femme, et Claude de Tournay à cause de Anne Ducrot, tous enffans et héritiers du d. deffunct Jehan Ducrot. Le d. inventaire fait en la présence de Jehanne Le Conte vefve du d. deffunct Jehan Ducrot, et encoures de Françoys Rémond et Nicollas Guillaume, apoticaires de ceste ville d'Aucerre, nommez et accordez par les dessus d. héritiers et vefve, pour le regard de la prisée des meubles qui se trouveront en la bouticle du d. deffunct et ailleurs, concernant leur estat dappoticaire seulement. Et pour ce faire ont fait le serment solennel par devant Monsieur le prévost d'Aucerre ainsi quilz ont dict. Et aussi de Philippes Chasneau priseur-juré du dit Aucerre, pour le regard des aultres meubles trouvez en la d. maison et ailleurs, non concernant le faict de la bouticle, et encoures en la présence de Simon Théveneau, Droin Nigot, marchants d'Aucerre, appelez pour tesmoings.

Premièrement : du sixiesme jour de mars cinq cens cinquante neuf.

En la cave de la maison soubz la boticle où est décédé le d. deffunct, a esté trouvé ce qui sensuit :

Une monstre de sentiers telz	20 s. t.
Ou caveron attenant à la d. cave a esté trouvé ce qui s'ensuit :	
Deux pots de terre dans lezquels y a environ six livres de miel	5 s. t.
Ung pot de terre dans lequel y a environ cinq livres de tac (1)	7 s. 6 d. t.
Troys potz de terres à mettre huilles, dans lesquelz n'a esté aucune chose trouvé, avec une boete de boys	3 s. t.
Une quesse ferrée dans laquelle na aulcune chose esté trouvé	5 s. t.
Troys aultres quesses de boys de chaisne telles quelles, dans lesquelles na semblablement aulcune chose esté trouvé	12 s. t.
En la fenestre du dit caveron a esté trouvé ung pot de terre dans lequel y a du sain (saindoux) de porc, avec ung pot de terre à mettre huilles, dans lequel na aulcune chose esté trouvé. Remis en la d. fenestre	4 s. t.
Ung lardier non fermant à clef	10 s. t.
dans lequel a esté trouvé quantité de quartiers de lard	6 l. t.
En une petite fenestre dans la d. cave a esté trouvé deux potz de terre dans lesquelz y a environ troys livres gras-	

(1) Talk, terre savonneuse.

sées dhuilles, avec ung pot de terre dans lequel y a environ une livre de sain de porc. Le tout remis en la d. fenestre 7 s. 6 d. t.

Un broc de boys ferré, tel quel 2 s. t.

Une pierre ronde en forme de tenau (tonneau), tenant environ ung muid 70 s. t.

Ung toneau en forme de demy muid 3 s. t.
dans lequel a esté trouvé six livres de suif 10 s. t.

Ung lardier sans couvesqle tel quel 3 s. t.

En aultre petite cave soubz le derrière de la cuysine a esté trouvé : troys tenaulx à faire lecive, ung grand et deux petitz 24 s. t.

Ung cuvyer en forme de tenau avec son couvescle non fermant à clef 7 s. 6 d. t.
dans lequel a esté trouvé environ cinquante livres dhuilles dollives 6 l. t.

Ung aultre cuvier avec son couvesqle 5 s. t.
dans lequel a esté trouvé environ huit pinctes dhuilles de noye 29 s. t.

Sur la d. petite cave a esté trouvé cinq membreuses de boys de poerier avec un aseau, deux trappans de boys de poerier 13 s. t.

Une macienne de lians 3 s. t.

Vingt coupples de lians 8 l. t.

En la boticle de la maison du dit deffunct ont esté trouvez les meubles qui sensuivent :

Une quesse 20 d. t.
dans laquelle a esté trouvé cinq livres troys quartz de cyre blanche 10 l. 2 s. t.

41 chevrettes (1) blanc prisé 20 d. la pièce 68 s. 3 d. t.

11 aultres chevrettes blanches façon de Paris prisé 4 s. la pièce 44 s. t.

10 chevrettes façon de Vallance prisé chacune 7 s. 6 d. 3 l. 15 s. t.

3 aultres chevrettes façon de Paris prisé pièce 5 s. 15 s. t.

34 potz de terre façon de Paris prisé pièce 3 s. 6 d. t. 5 l. 19 s. t.

16 boettes en forme de boissaux, prisé 20 d. t. pièce 26 s. 7 d. t.

100 boettes prisé 2 s. t. pièce 10 l. t.

34 coffretz telz quelz prizé 9[illegible] d. t. pièce 53 s. 7 d. t.

57 petites boettes prisé pièce 6 d. t. 28 s. 6 d. t.

18 potz de terre à hongantz prisé pièce 10 d. t. 15 s. t.

2 livres en plastre pro matrice (2) 20 s. t.

(1) Chappa, receptatulum, (Ducange) — récipient.

(2) Emplâtre oxycroceum (contre les duretés de la matrice.)

1/2 livre emplastre pro stomaquo (1) 5 s. t.
3 quarterons emplastre de melillot 6 s. t.
1 livre 6 onces plastrum divinum (2) 4 s. 6 d. t.
1/2 livre emplastrum ozecrocum (3) 7 s. 6 d. t.
6 onces cirotum sandalinum (4) prisé à raison de 12 s. 6 d. t. pour livre 4 s. 6 d. t.
6 onces en plastre de mucy lumgibus (5) prisé à raison de 8 s. t. la livre 3 s. t.
3 quarterons emplastrum ceronium (6) prisé à raison de 16 s. t. la livre 12 s. t.
1 livre, 4 onces emplastrum de Janina (7) prisé à raison de 5 s. t. la livre (sic) 3 s. 9 d. t.
Emplastrum gratia Dei (8) 1 livre 5 s. t.
1 livre 1/2 diambre (ambre (?) blanc, prisé à raison de 3 s. t. la livre 4 s. 6 d. t.
Une petite boette dans laquelle a esté trouvé du vif argent (mercure) pesant 1/2 livre 12 s. 6 d. t.
1 livre, 6 onces emplastrum de bazis loris (9) prisé à raison de 4 s. t. la livre 5 s. 6 d. t.
Dans toutes lesquelles boettes cy dessus déclarée a esté trouvé ce qui sensuit :

Premièrement :

3 quarterons de seme temstroy (?) à raison de 3 s. t. la livre 2 s. 3 d. t.
1/2 Livre semen carvi (10) prizé à raison de 4 s. t. la livre 2 s. t.
3 quarterons balaustre (11) 2 s. 3 d. t.
1/2 livre colophone 10 d. t.
1/2 livre noys de cyprès 21 d. t.
3 livres 3/4 de toelle gaulthier (12) prisé 2 s. 6 d. t. la livre 9 s. 6 d. t.

(1) Emplâtre stomachique.
(2) Emplâtre divin (emplâtre d'acétate de cuivre).
(3) Emplâtre oxycroceum (emplâtre de Gallam safrané).
(4) Sirop de Santal.
(5) Emplâtre de mucilage.
(6) Emplastrum ceroneum (emplâtre de ceroène).
(7) Emplâtre de Janin.
(8) Ce doit être l'emplâtre qu'on appelait au XVIIIe siècle l'emplâtre de l'abbé de Grâce (Bauné).
(9) Emplâtre de baies de laurier.
(10) Semence de Carvi.
(11) Grenade (du mot balaustier, grenadier).
(12) Toile Gauthier (sparadrap).

1 livre 1/2 de lupains (1)	3 s. t.
1 livre 1/4 de jancienne	3 s. t.
1 livre 1/2 environ semence de lain	10 d. t.
3 livres 1/4 darment (armoise ?)	4 s. 10 d. t.
3 onces de thutie (2)	7 s. 6 d. t.
1/2 livre custre (?)	5 s. t.
3/4 de gomme	9 s. 9 d. t.
3 onces moches cantaliques (3)	2 s. 6 d. t.
5 onces ecados scitrim (?) avec 1/2 livre secados a rabic (?)	3 s. 3 d. t.
2 onces lapis daicy (?)	2 s. 5 d. t.
1 once lapis agaphis (4)	12 d. t.
1/2 once saphis (5)	3 s. t.
2 onces 1/2 aymant	12 d. t.
2 onces grenatz	5 s. t.
1/2 livre cristal (6)	3 s. t.
1 once lapis limis (?)	3 d. t.
1/2 once margarite (7)	5 s. t.
2 onces pouldre de yere (8)	5 s. t.
3 onces 1/2 pouldre de yarodon (9)	10 s. 6 d. t.
1/2 once aromaticum rosatum (10)	4 s. t.
Pouldre de diaisy ?	6 d. t.
3 trezeaux de pouldre rose novelle (11)	18 d. t.
1 once pouldre diadiagrant (12)	2 s. t.
4 trezeaux dia camerium (?)	2 s. t.
2 trezeaux dia corali (13)	12 d. t.
1/2 once dia yris salomonie (14)	15 d. t.
1 once dia margaritum frigidum (perle froide)	8 s. t.
3 trezeaux tria seandalli (?) en pouldre	2 s. t.

(1) Lupin (lupinius albus).
(2) Tuthie (oxyde de zinc).
(3) Mouches cantharides.
(4) Agathe.
(5) Saphir.
(6) Cristal de roche.
(7) Perles.
(8) Lierre (?)
(9) Poudre de diarrhodon.
(10) Poudre aromatique rosat.
(11) Poudre de feuilles de roses nouvelles.
(12) Poudre de gomadugathe (?)
(13) Corail.
(14) Seean de Salomas.

2 onces trocis albiracis (1)	4 s. t.
1 once trauxis alippele (?) muscate	7 s. 6 d. t.
5 trezeaux troxis alque quamque (?)	12 d. t.
2 trezeaux trocis de terra sigillata (2)	12 d. t.
2 trezeaux trocis de quam fora (3)	12 d t.
1/2 once trocis quorum de mira (myrrhe)	15 d. t.
1/2 once trocis quorum de rebabraro (4)	4 s. t.
3 trezeaux trocis quorum de spodio (?)	12 d. t.
6 trezeaux trocis quorum dia ani (?)	10 d. t.
6 trezeaux trocis quorum de carabe (5)	3 s. t.
1 once 1/2 trocis quorum de caparis (6)	7 s. 6 d. t.
6 trezeaux trocis corum diacodum (7)	4 s, t.
1/2 livre 3 onces a catia (?)	15 d. t.
1 once de cuberbue (cubèbe)	2 s. t.
2 livres, 11 onces vert de terre	10 s. t.
1 once 1/2 laque ronde	3 s. t.
3 onces 1/2 vert de vesye	2 s. 6 d. t.
6 onces semen agni casti (8)	18 d. t.
5 onces carable (karabé)	2 s. 6 d. t.
1 once 1/2 de coraline (9)	9 d. t.
1 livre 1/2 commun (?) (sic)	3 s. t.
6 onces dallangat (?)	7 s. 6 d. t.
5 onces juyeubes (jujube)	20 d. t.
6 trezeaux macie (10)	3 s. t.
1 once 1/2 gomy elenny (11)	12 d. t.
4 onces gomy lacca	4 s. t.
4 onces gome armoniac (12)	4 s. t.
4 onces gomme serapam (13)	4 s. t.
1/2 once oppoponat (opoponax)	12 d. t.
2 onces assa fetida	2 s. t.

(1) Trochisque blaros de Rhazis.
(2) Trochisque de terre sigillée.
(3) Camphre.
(4) Rhubarbe.
(5) Ambre jaune (Karabé).
(6) Câprier.
(7) Pavot.
(8) Agnus Castus.
(9) Coraline blanche.
(10) Macis.
(11) Gomme élemy.
(12) Gomme ammoniaque.
(13) Gomme séraphique (sagapenum).

5 onces eusforbe (euphorbe)	5 s. t.
7 livres scandarac (sandaraque)	35 s. t.
7 onces olibam (1)	21 d. t.
14 onces elebore	3 s. t.
6 onces coral (corail) rouge	3 s. t.
3 quarterons coral blanc	6 s. t.
1 livre calamue aromatique (2)	4 s. t.
1 once spica celletica (3)	20 d. t.
2 trezeaux spica nardy (4)	2 s. 3 d. t.
4 onces boys distoye (?)	2 s. t.
2 onces lapdanum (labdanum)	2 s. t.
1 livre 4 onces séné delvant (du Levant)	10 s. t.
2 trezeaux carpo balsami (5)	6 d. t.
Couriaidre crue (?)	4 s. t.
1/2 livre blanc de plomb (6)	18 d. t.
Environ 1 livre de stie de grain (7)	3 s. t.
Environ 1/2 livre de massiquot (massicot)	20 d. t.
6 onces huide ou binde (?)	3 s. t.
6 onces fleurée (?)	3 s. t.
Environ 5 livres myne	12 s. 6 d. t.
2 livres orpain (8)	8 s. t.
1 once pirêtre	6 d. t.
5 onces semen contra	5 s. t.
3 quarterons yreaux (?)	3 s. 9 d. t.
1 livre, 3 quarterons de pierre callaume (9) avec 6 onces de la dite pierre callaume	4 s. t.
1 livre amidon	2 s. 6 d. t.
1 livre siclamen (cyclamen)	4 s. t.
3 onces beem album (10)	18 d. t.
2 onces porthicum tamarroy (?)	18 d. t.
1 livre mirthilles (myrthille)	6 s. t.
1/2 livre pierre senguines (sanguine)	2 s. t.

(1) Oliban, encens.
(2) Calamus aromaticus.
(3) Nard celtigo.
(4) Nard indien (spicanard).
(5) Carpobalsamum (fruit de Baumée).
(6) Carbonate de plomb.
(7) Stil de grain.
(8) Orpiment.
(9) Pierre calamine (carbonate de zinc).
(10) Behen blanc (centaurea behen).

1/2 livre ciperum (1)	15 d. t.
2 livres poix chiches	2 s. t.
5 quarterons aspaltum (asphalte)	5 s. t.
3 quarterons ypoquistidos (2)	17 s. 6 d. t.
2 onces momye (3)	3 s. 4 d. t.
3 quarterons semences froides	3 s. t.
5 quarterons mirabolant esblic (4)	31 s. 3 d. t.
1/2 once mirabolant indie (5)	15 s. t.
3 *onces* mirabolant quebus (6)	3 s. t.
1 livre, 4 onces mirabolant celeris (7)	18 s. t.
1 once agaric	18 d. t.
1 livre 1/2 staphisagre (8)	4 s. 6 d. t.
1 quarteron de drayée (dragée) commune	3 s. t.
1 livre 4 onces semen quardi benedicti (9)	5 s. t.
6 onces cents de dragon (10)	5 s. t.
2 onces succus requilice (11)	12 d. t.
5 quarterons calamus aromatiqua (aromaticus)	3 s. t.
3 *quarterons* tournesol en drappeau	6 s. t.
4 livres grenes de lozier (?)	4 s. t.
1 livre, 1 quarteron de racines de toirmentilles (tormentille)	3 s. 9 d. t.
2 onces colloquintes	9 d. t.
3 onces alloy (aloès)	3 s. 6 d. t.
Semen de terre	2 s. t.
1 livre letarge en pouldre	3 s. t.
4 onces semen amers	12 d. t.
1 once 1/2 semen protulasse (12)	8 d. t.
9 onces de semen rappé	2 s. 2 d. t.
6 onces semen s. p. (silly ?)	2 s. t.
5 onces semen Rulho (?)	15 d. t.
4 onces semen erdinier (?)	12 d. t.

(1) Cyprès (noix de).
(2) Suc d'hyopociste.
(3) Poudre de momie.
(4) Myrabolans emblices.
(5) Myrabolans indien.
(6) Myrabolans chébules.
(7) Myrabolans citrius.
(8) Staphisaigre (Delphineum staphisagria).
(9) Grain de charbon bénit.
(10) Sangdragon.
(11) Suc de réglisse.
(12) Semence de pourpier (portulaca).

4 onces semen plantagnus (1)	12 d. t.
4 onces sumain (Cumin ?)	18 d. t.
3 onces semen a panees nigri (2)	9 d. t.
1 once 1/2 spouldre(?)	18 d. t.
2 onces radicie diphtanu (3)	5 d. t.
5 onces semen aphi (?)	15 d. t.
11 onces 1/2 semen miliisolys (?)	3 s. t.
3 onces radix tormentille (4)	8 d. t.
15 douzaines estain de toutes colleurs, baptu	25 s. t.
1 once 1/2 rubarbe	15 s. t.

Du septiesme jour du dit moys au dit an en la présence des dessus d. en la d. boticle :

1/2 livre conserve acoris (5)	5 s. t.
3 onces cyrot de cychorée (6)	5 s. t.
4 onces diamicum (?)	2 s. t.
4 onces cyrot	12 d. t.
4 onces cyrot de coings	2 s. t.
1/2 livre cyrot magistral	4 s. t.
1/2 livre cyrot de mirthilles	8 s. t.
4 onces sthorax liquid (7)	5 s. t.
1/2 livre concerve emollé (8)	2 s. 6 d. t.
2 onces confectu Hamel (9)	4 s. t.
2 onces diafinicum (10)	4 s. t.
4 onces diaponnis simple (11)	4 s. t.
6 onces yere (?)	5 s. t.
1 livre catholiqum (12)	20 s. t.
4 onces diaponnis laxati (13)	5 s. t.
4 onces metondal (?)	2 s. t.
1 livre conserve de rose	8 s. t.

(1) Semence de plantain.
(2) Semence de panais.
(3) Racine de dictame.
(4) Racine de tormentille.
(5) Conserve d'acore.
(6) Sirop de chicorée.
(7) Storax liquide.
(8) Conserve émolliente.
(9) Confection Harnich.
(10) Electuaire diaphanix.
(11) Electuaire diapruni ?
(12) Electuaire catholicon.
(13) Electuaire diaphenix.

2 onces lantz sanum (?)	12 d. t.
2 livres cirot de berberie (1)	12 s. t.
1/2 livre cirot de fumeterre	4 s. t.
1/2 livre simple cirot de endive (2)	4 s. t.
3 quarterons cyrot de bug lausat (3)	6 s. t.
1/2 livre sirot depistoriont (4)	4 s. t.
1 livre 1/2 sirot de rose verte	15 s. t.
1 livre sirot Viollat	12 s. t.
2 onces conserve de scolopandre	6 d. t.
1/2 livre trifera magna	3 s. t.
1/2 livre noix conficte	3 s. t.
1 livre escorces de citrons confictz	10 s. t.
4 onces sirot de liqulicis (réglisse)	2 s. 6 d. t.
3 livres niel despume (5)	3 s. t.
4 onces niel rosa	12 d. t.
1 livre occimel dieuritic (6)	2 s. 6 d. t.
1/2 livre huille mastic	2 s. t.
4 onces huille caparene (?)	20 d. t.
2 onces huille de spire (spir)	2 s. t.
1/2 livre terebentine	6 d. t.
1/2 livre huille danthos (?)	2 s. t.
4 onces huille de lumbris (7)	12 d. t.
4 onces huille ypericum (8)	12 d, t.
1/2 livre huille de rue	2 s. t.
4 onces huille de melilot	12 d. t.
4 onces aulium nardinum (huile de nard ?)	20 d. t.
1 livre huille dabcinte	4 s. t.
3 quarterons huille de euphorbe	4 s. t.
4 onces huille de scorpium (scorpion)	2 s. t.
4 onces huille de mante (menthe)	12 d. t.
4 onces huille de pavot	12 d. t.
1/2 livre huille de sangbœuf	2 s. t.
4 onces oleye geneste (genêt)	12 d. t.
1 livre oley reyry (?)	3 s. t.

(1) Sirop de Berberis.
(2) Sirop d'endive.
(3) Sirop de buglose.
(4) Sirop de pistaches ?
(5) Miel despumé.
(6) Oxymel scillitigra.
(7) Huile de lombrics.
(8) Huile d'hypericum.

2 onces huille amendes doulces	12 d. t.
1/2 livre huille amendes amères	4 s. t.
1 livre huille viollat	4 s. t.
1 livre huille de lye (lys)	4 s. t.
1 livre huille danect (d'Aneth)	4 s. t.
1/2 livre blanc de feulle	3 s. t.
1/2 livre apostolorum (?)	4 s. t.
1/2 livre barolicum (?)	2 s. t.
1 livre Pouphiligos (?)	8 s. t.
1/2 livre de ciculis rouge (?)	2 s. t.
1 livre ongantumnea politanum (?)	7 s. 6 d. t.
1 once trocis dagaric	18 d. t.
1 trezeau trocis dalandat	6 d. t.
1 once 1/2 pilleures (pillures) de rubarbe	9 s. t.
3 onces 1/2 pilleures amées (amères ?)	7 s. t.
1 once 1/2 pilleures assageret (?)	3 s. t.
1 once 1/2 pilleures impérialles	4 s. 6 d. t.
1 once pilleures dagaric	3 s. t.
6 trezeaux pilleures couchée	2 s. t.
6 trezeaux pilleures de fumeterre	2 s. t.
1 livre 1/2 gingembre bellodic (?)	21 s. t.
8 livres 1/2 or scendre dazeul (?) nectz en 4 sacqs (1)	48 s. t.
Ung mourtier de métal servant à lestat dapoticaire pesant quatre vingts unze livres prisé à raison de quatre solz tournois la livre	18 l. 4 s. t.
Ung aultre grand mourtier de métal pesant neuf vingts huit livres (188 l.) prisé à raison de quatre solz la livre.	37 l. 12 s. t.
Ung petit mourtier de métal pesant quatre livres	15 s. t.
Ung aultre petit mourtier de fert	2 s. t.
Deux pillons de fert servant aux mourtiers cy dessus	10 s. t.
Une espinette de cuyvre telle quelle	4 s. t.
Demye livre éponges grosses	4 s. t.

(1) Nous devons à l'obligeance de notre savant collègue, M. Henri Monceaux, pharmacien à Auxerre, l'identification des produits pharmaceutiques qui font l'objet de notes. Malheureusement, ainsi qu'on a pu le remarquer, il lui a été impossible de les déterminer tous. Néanmoins, nous nous faisons un devoir ici, de lui offrir tous nos remerciements.

A propos d'identification de mots peu familiers aux notaires ou clercs, rédacteurs d'actes de cette nature, nous pensons que souvent on doit se trouver en face d'une orthographe faussée au point de dénaturer les noms des objets. Ainsi, dans cet inventaire de produits pharmaceutiques notamment, *on sent* que le rédacteur, à défaut d'indication écrite lui donnant le nom exact, écrivait comme il avait entendu ou cru entendre.

Une grande paire de balances telles quelles 10 s. t.
Une aultre paire de balances de cuyvre 7 s. 6 d. t.
Quatre paires de balances tant grand que petites telles quelles 20 s. t.
Ung pot à cristaire (clystère) avec une seringue destain garnye de son estuy 15 s. t.
Troys livres et demye de succre blanc 35 s. t.
Deux livres et demye ris (riz) 3 s. t.
Un pain doings 3 s. t.
Ung pot et demy de beurre posant quarente cinq livres nect 4 l. 10 s. t.
Ung marc à peser ou il y a deffaut quelques grains 3 s. t.
Une pierre en façon de marbre 7 s. 6 d. t.
En une bouticle haulte sur la boticle de la rue a esté trouvé ce qui sensuit ;
Une livre huille ypericum 4 s. t.
Deux livres huilles viollat 8 s. t.
Quarente cinq botailles de verres avec les eaues estans dedans, telles quelles 40 s. t.
Quatre douzaines de petites botailles de verre 6 s. 8 d. t.
Troys livres coriande crue 2 s. 6 d. t.
Deux centz boettes plattes d'Auvergnes à mectre confictures tant grand que petites 25 s. t.
Deux grands thamictz couvertz à passer de la pouldre 12 s. c d. t.
Quatre flasques de fert blanc à mettre huilles 7 s. t.
Ung interbastouer tel quel 5 s. t.
Une quesse de boys de foul sans couvesqle 2 s. 6 d. t.
dans laquelle a esté trouvé :
Vingt troys peaulx de parchemin tant grand que petit, tel quel 25 s. t.
(Remis dans la d. quesse).
Ung chappiteau de plomb à faire eaues, garny de son fond 25 s. t.
(Le tout délaissé dans la d. bouticle haulte).
En la d. boticle dembas :
Ung fléau de fert avec son crochet, deux bacins garniz de leurs cordes 60 s. t.
Cent soixante treize livres de poix de fert assavoir : deux poix chacun de cinquante livres, deux chacun de vingt cinq, ung de douze et aultre de six, le tout 100 s. t.
En la chambre ou est décédé le d. deffunct a esté trouvé ce qui s'ensuit :
Une cramillière de fert à chesne 3 s. 6 d. t.

Ung gris a sept brochées 3 s. 3 d. t.
Deux chenetz de fert portant leurs chauferettes 40 s. t.
Deux barres de fert, une pelle, telle quelle 10 s. t.
Ung banc de boys de chesne à deux guichetz, l'un fermant à clef et laultre non, avec une table, deux treteaux et marchepier 20 s. t.
(dans lequel na aulcune chose a esté trouvé).
Une chaize a doulciel fermant à clef, de boys de chesne 30 s. t.
dans laquelle a esté trouvé largenterie qui a esté pesée et prisée en la présence des dessus d. vefve, héritiers et tesmoings, par Pierre Sappin dict Mathieu marchant dAucerre, ainsi qui sensuit :
Deux grandes tasses dargent a pied doré, marquée de deux poinssons, pesant six marcs troys onces et demye
Deux esguières dargent dorré, marquée à deux poinssons, pesant troys marcs six onces et demye.
Deux sallières dargent dorré par les bords, ung gobelet dargent garny de son couvesqle avec une petite cuillier dargent trouvée dedans le d. godet, sept cuilliers dargent à fresre (1).
Le tout pesant troys marcs troys onces et demye. Prizé chacun marc à raison de seize livres tournoys
Le tout remis dans la d. chaize).
Ung chaslit de boys de chesne 20 s. t.
sur lequel a esté trouvé ung lict garny de coete, cuissin, deux draps, lodier, couverture 7 l. 10 s. t.
Ung ciel garny de franges vert et rouges, troys courtines de serges, troys verges de fert, le tout tel et quel 50 s. t.
Deux chaises à asseoir à table, de boys dairable 20 s. t.
Troys scabelles de boys de chesne telles quelles 7 s. 6 d. t.
Deux petites scabelles de boys de chesne telles quelles 3 s. 4 d. t.
Ung banc à doulciel où il y a coffre à coucher, de boys de chaisne 60 s. t.
dans lequel na esté aulcune chose trouvé.
Une couchette de boys de chaisne, à pommes, garnie de son doulciel 40 s. t.
sur laquelle a esté trouvé ung lict garny de coete et cuyssin, deux draps, une couverture de laine rouge, telle quelle 100 s. t.
Ung buffet de boys de chaisne à ung guichet et une laiette fermant à clef 60 s. t.
dans lequel a esté trouvé :

(1) Sans doute une ornementation, peut-être fraisées.

Une petite laiette de boys de fol non prisée pour la petite valleur dicelle,
en laquelle a esté trouvé demy cent dor fin 10 s. t.

Ung cent et demy argent et demy quarteron drobel (?) prisé le tout ensemble et remis dans la d. laiette 6 s. t.

Dans ung sacq de toille a esté trouvé ung escu, ung lion, une demye impérialle de quarente solz, six deniers et vingt solz de monnaye, remis dans le d. buffet 8 l. 8 s. t.

Du VIIIe jour du dit moys du dit an.

En la chambre haulte, sur la chambre où est déceddé le d. deffunct a esté trouvé :

Ung banc à ung guichet fermant à clef avec une laiette, garny de sa perche, une table, deux treteaux, le tout de boys de noyer 40 s. t.

Une presse à presser chaperons 5 s. t.

Ung petit coffre de boys de chaisne, de deux pieds et demy dans lequel na esté aulcune chose trouvé 12 s. 6 d. t.

Ung chaslit à pilliers, ouvré, portant ung chosiot (1) dessoubz 40 s. t.
sur lequel a esté trouvé ung lict garny de coete, lodier, couverture de laine rouge telle quelle 8 l. t.

Ung ciel de toille garny de ses franges tel et quel 20 s. t.

Ung coffre de boys de fol fermant à clef 10 s. t.
dans lequel a esté trouvé :

Ung carraquin bordé de pane de leurre et doublé de de frize noire 25 s. t.

Une robbe longue à us dhomme, fourrée 4 l. t.

Diver aultres habitz appartenant à la chambrière de la d. vefve, le tout remis dans ledit coffre.

Ung grand coffre de boys de chaisne tout plain, fermant à clef 50 s. t.
dans lequel a esté trouvé ce qui sensuit :

Une robbe longue à us dhomme, de drap noir ès paremens de taffetas fort dun bort et demy gect de vellours allentour 11 l. t.

Aultre robbe à usage d'homme, drap noir, paremens de taffetas 6 l. t.

Une aultre robbe de drap noir à us dhomme, simple 7 l. 10 s. t.

Ung aultre coffre de boys de chaisne fermant à clef, à

(1) Charriot à coucher les enfants. (Voir l'inventaire du 29 mars 1562 où se trouve la description.)

pilliers, ouvré et à paneaux 4 l. t.
dans lequel a esté trouvé ce qui sensuit :

4 draps de toelle de plain a my usez prisez chacun diceulx 15 s. t. 60 s. t.

Ung aultre drap de toelle de lain 50 s. t.

Ung petit drap de lain de deux toelles 30 s. t.

19 draps de toelle destouppe neufz, prisé chacun drap 15 s. t. 14 l. 5 d. t.

5 aultres petitz draps de toelle destouppe my usez, prisé pièce 7 s. 6 d. t. 37 s. 6 d. t.

3 livres 1/2 de lain prisée chacune livre 10 s. t. 35 s. t.

2 livres 1/2 de fil de plain prisée chacune livre 5 s. t. 12 s. 6 d. t.

1 livre 1/2 destoppes prisée la livre 3 s. t. 4 s. 6 d. t.

Le tout remis dans ledit coffre :

Ung coffre de boys de noyer ouvré, fermant à clef 100 s. t.
dans lequel a esté trouvé une monstre de noix, environ ung muyd 60 s. t.

Ung buffet à ung guichet et une laiette fermant à clef 30 s. t.
dans lequel a esté trouvé deux escheveaux de fillet, 2 s. t.
remis au d. buffet.

Ung coffre de boys de chaisne plain, sans ouvrage, fermant à clef 20 s. t.
dans lequel a esté trouvé :

Ung ceris (1) 7 s. 6 d. t.

15 livres de lain prisé chacune livre 3 s. t. 45 s. t.

2 chandelliers de cuyvre à branches, pesant 9 livres 1/2 chacune livre prisé 5 s. t. 47 l. t.

Sept vingts quatorze livres (154) destain, chacune livre prisée 5 s. t. 30 l. 15 s. t.

Le tout remis dans le d. coffre.

Ung coffre de boys de chaisne faict à paneaux, de longueur de troys pieds, fermant à clef 20 s. t.

En la chambre haulte sur la cuysine :

Deux chenetz de fert 15 s. t.

Ung mantellet de tapisserie tel quel 4 s. t.

Ung chaslit faict à paneaux, de boys de chaisne 30 s. t.
sur lequel a esté trouvé :

Ung lict garny de coete, deux cuyssins, lodier, couverture de laine blanche 100 s. t.

(1) Ceris, serpe ou faucille. « Deux sarpes et un ceris pour couper espines » Faut-il voir là un dérivé du bas latin *verra*, faucille ? (Glossaire Lacurne de Sainte-Pallaye).

Ung ciel de tapisserie, garny de franges rouges et vert, tel et quel 40 s. t.

Une table ronde à chaize 40 s. t.

Ung coffre de boys de noyer ouvré fermant à clef, 6 l. t. dans lequel a esté trouvé :

Troys quarreaux de tapisserie faicte à leguille 60 s. t.

Troys courtines de serge rouge 30 s. t.

Une couverture de lict de tapisserie 7 l. t.

Une aultre couverture de couchette de tapis serge 4 l. 40 s. t.

Une aultre couverture de lict, aussy de tapisserye 6 l. t.

Ung tappis de tapisserie 50 s. t.

Ung tappis faict à lesguille pour mettre à une chaise 60 s. t.

Le tout remis dans le dit coffre.

Une chaize persée, de boys de chaisne 5 s. t. sur laquelle a esté trouvé ung livre contenant la bible en françois (*sic*) 15 s. t.

En la chambre devant les Cordelliers (chambre dont les ouvertures donnent du côté du couvent des Cordeliers d'Auxerre). a esté trouvé ung coffre bahut fermant à clef 4 l. 40 s. t. dans lequel a esté trouvé ce qui s'ensuit :

8 tabliers ouvrez à ouvrage de Venise, my usez, prisez lun portant laultre 4 livres 32 l. t.

Une thoaille à porter pain benist à ouvrage de Venise 30 s. t.

Une aultre thoaille à porter pain benist à ouvrage du desise (Venise) 40 l. 5 d. t. (1)

3 nappes de plain 6 l. t.

Deux aultres nappes de fil de plain 30 s. t.

5 nappes neufves prisée chacune dicelles 12 s. t. 60 s. t.

Une nappe à mettre sur l'autel 40 s. t.

2 aultres nappes prisée chacune 7 s. 6 d. t. 15 s. t.

2 serviettes de soyes, bancquetières 30 s. t.

Une serviette bancquetière de plain 20 s. t.

Une thoaille à porter pain benist, ouvrée à ouvrage de Venise 20 s. t.

5 dozaines (douzaines) de serviettes ouvrées, prisez à raison de 40 s. t. la dozaine lune pourtant laultre 10 l. t.

2 douzaines de serviettes de plain à demy usez, prisé à raison de 2 s. 6 d. t. pièce 60 s. t.

5 serviettes bancquetières, deux ouvrées et troys aultres de plain 20 s. t.

(1) Environ 105 fr. de notre monnaie, d'après Leber (Appréciation de la fortune privée au moyen-âge).

5 cravechers (couvrechef) de toelle de plain 8 s. 4 d. t.
11 scabelles de boys de chaisne, prisé pièce 2 s. 6 d. t. lune portant laultre 27 s. 6. t.
Au grenier sur les d. chambres a esté trouvé ce qui s'ensuit :
20 mosles douzières . 30 s. t.
Une petite chappelle de cuyvre, le chapiteau de plomb, à faire des eaues 25 s. t.
9 serviettes salles (*sic*) 9 s. t.
Ung boisseau ferré 4 s. t.
Grande quantité de bastons de trochées (1) 12 s. t.
Au grenier sur la maison du corps de devant esté trouvé une grand poesle de franc cuyvre 40 s. t.
Une monstse de foing 40 s. t.
Une monstre de chevilles montant environdouze milliers 30 s. t.
Une poele à mettre cendres 5 s. t.
Du IXe jour dudit moys ou dit an, en présence des dessus dictz.
En la court a esté trouvé ce qui sensuit :
Une chauldière darin tenant ung seau ou environ 15 s. t.
Une table de franc cuyvre pesant 14 livres, prisée chacune livre 4 s. 6 d. t. 63 s. 6 d. t.
2 petites chauldières darin 10 s. t.
Une aultre chauldière darin, telle quelle 5 s. t.
Une aultre chauldière darin 5 s. t.
Une aultre petite chauldière darin 3 s. t.
Ung bacin à barbier 8 s. t.
Une meschant casse (2) rompue, telle quelle, avec une cuiller, le tout darin, garny dune queue de fert 2 s. 6 d. t.
3 poeslons darin telz quelz 12 s. t.
2 chandelliers portant leurs lumières rondes 12 s. t.
3 chandelliers telz quelz 10 s. t.
2 lechefroyes (léchefrites) 10 s. t.
2 potz de fert avec leur couvesqle, telz quelz 8 s. t.
Une haste de fert 2 s. 6 d. t.
En la cuysine a esté trouvé :
Une cramillère à chaisne 3 s. t.
Deux chenetz de fert avec un treppier 15 s. t.
Ung chaslit de couchette, de boys de chaisne 15 d. t.
sur lequel a esté trouvé ung ciel de drappeau, tel et quel 7 s. 6 d. t.

(1) Ensemble, bouquet (Lacurne) Trochète, Trochet, fleurs ou fruits qui croissent par bouquets (Larousse).

(2) Casse, sorte de poëlon à longue queue servant à puiser de l'eau (Lacurne). On en trouve encore dans l'Auxerrois; on lui a laissé le même nom.

Ung buffet à six guichetz, tel quel 15 s. t.

Une fontaine tenant environ troys seaulx, garnye de son couvesqle, le tout darin 4 l. t.

Une grande chauldière darin, à boucle de fert 50 s. t.

3 poeslons sortye, tant grand que petites, darin 70 s. t.

5 chauldières que grand que petites, le tout darin 60 s. t.

2 collouères darin 8 s. t.

2 potz de chambres telz quelz 5 s. t.

4 chaulferettes de cuyvre, telles quelles 30 s. t.

2 potz de cuyvre 20 s. t.

Ung coquemard de fonte tenant environ troys choppines 30 s. t.

Ung ouygnier de cuyvre avec son couvesqle 15 s. t.

3 grands chandelliers 45 s. t.

2 aultres chandelliers de cuyvre, moyens 20 s. t.

2 lavemains de cuyvre 40 s. t.

2 potz de fert 40 s. t.

Ung bacin à laver mains, de cuyvre 16 s. t.

3 bacins ouvrez, de cuyvre, à étaller à lhuys 30 s. t.

2 aultres vielz bacins darin 15 s. t.

En la viné près le poncellot a esté trouvé :

Une cuve tenant environ 15 muyds 8 l. t.

Une aultre petite queve moyenne, tenant environ de 9 à 10 muyds 100 s. t.

Ung petit cuvat 45 s. t.

Ung grand antonnouer et quatre tinnes 7 s. 6 d. t

17 muyds huidance (vides) et 7 feuillettes huidances 50 s. t.

En la vinée de derrière à esté trouvé ce qui sensuit :

15 muyds de vin clairet, marqué à la marque du marchant, lesquelz *ont esté vanduz* par la vefve du dit deffunct à 8 livres 10 solz, ainsi que lont déclaré les dits héritiers et vefve, 6 muydz, deux feullettes de vin clairet de ceste année, non prisée. »»

20 scentiers (chantiers de cave) de boys de chesne 40 s. t.

2 antonnoers à cebilles 3 s. t.

(Suit l'inventaire des titres et papiers).

(E 409).

24 Juillet 1561. — Dans l'inventaire après décès de Toussaint Béry, voiturier par eau à Auxerre, on remarque :

Ung grand tableau où est en figure Marcus Cressus, enchassé de boys 20 s.

(E. 109).

29 Mars 1562. — Extrait de l'inventaire après décès de Germain Bergeron, marchant pelletier à Auxerre :

MATÉRIEL PROFESSIONNEL. — Ung paire de forces servant à lestat de pelletier 5 s. t.

Ung quarreau de fert collé de fonte, sur lequel est une petite ance de fert battu 2 s. 6 d. t.

Ung grand poesle darin tenant environ troys seaulx 4 l. t.

7 chauldières darin tant grandes que petites 105 s. t.

Ung grand estably avec deux grands treteaux de boys de chesne 15 s. t.

Ung comptoer de boys de chesne, tel quel 7 s. 6 d. t.

Ung tournoer de boys de noyer 3 s. t.

Une folloère à foller les peaux 3 l. t.

Ung covallot où est attachée une harpe dun costé et ung fert à corrégé (corroyer) peaulx 15 s. t.

MOBILIER. — Ung chaslict de boys de chesne faict à drapperye, auquel y a ung chariot dessoulz à coucher enffans, avec deux verges de fert pour porter les cortines (rideaux) 3 l. t.

Ung buffet de boys de chaisne à deux guichetz et deux laiettes, portant ung verrier de menuzerie dessus 4 l. t.

Ung tappictz de poil à mettre sur la table, à fleurs de lys 20 s. t.

(E 409).

2 Juin 1568. — Inventaire après décès de Guillaume Delorme, marchand voiturier par eau, à Auxerre *(in extenso).*

Premièrement :

En la chambre de la maison sur la rue ou soulloyt demourer le d. deffunct, a esté trouvé :

Deux chenetz de fert à chauferette 4 l. t.

Une chèze à doulciel, de boys de noyer, ouvrée 8 l. t.

Ung chaslict de boys de noyer ouvré 15 l. t. (1)

sur lequel a esté trouvé ung lict garny de coete, cuissin, lodier, couverture de mante (2) vert, custodes de serges vert et rouge, avec ung sciel de tapisserye garny de ses franges 35 l. t. (1)

Ung buffet de boys de noyer, à deux guichetz et deux laiettes, ouvré 12 l. 10 s. t.

(1) D'après les tableaux publiés par Leber, le chalit (15 l.) et le lit (35 l.), au total 50 l., équivalaient en 1847 à 515 fr. 63.

(2) De la fabrication de Mantes.

Une couchette à pomme, de boys de noyer ouvré 8 l. t.
sur laquelle a esté trouvé ung lict garny de lodier, couverte (1) de mante vert 10 l. t.

Deux chaises de boys de noyer, à pilliers quarrés 30 s. t.

Une table de boys de noyer, *qui se tire*, faict à ouvrage de gouldron (2) 15 s. t.

Deux caquetoires (3) faicte à doulciel, couverte de tapisserye 12 s. t.

Ung banc de boys de noyer 20 s. t.

Deux verges de courtines de fert 6 s. t.

Ung bahut de cuyr bolly, couvert de fert blanc, fermant à deux serrures 12 l. 10 s. t.
dans lequel a esté trouvé du linge qui sera cy après inventorié.

Un hault de chausses de couleur de propre (?), garny de troys bandes de velours, à us du d. deffunct, avec ung bas de mesme coleur 8 l. t

Ung manteau de serge descot (Escaut), fourré, à us dud. deffunct 3 l. t.

Ung bacin à laver main, deux vazes, deux sallières et deux esguières, le tout destain 4 l. 10 s. t.

En la chambre de derrière de la maison a esté trouvé :

Deux chenetz de fert portant leurs chauferettes 10 l. t.

Deux pelles de fert, lune grande et laultre petite, ung garde pot et une cramillère, le tout de fert 20 s. t.

Ung chaslict de boys de noyer, à pilliers, tournez 6 l. t.
sur lequel a esté trouvé ung lict garny de coete, cuissin, lodier, une couverture de serge rouge, avec un sciel de thoille, garny de ses franges 20 l. t.

Une table enfonsée de boys de chesne 40 s. t.

7 escarbelles de boys tant de chesne que de noyer, avec une aultre petite escabelle, prisée la pièce 6 solz 48 s. t.

Une harquebuse de quatre piedz et demy de canon, à rouet 10 l. 10 s. t.

Ung grand bacin dairin 35 s. t.

Une poesle ronde de cuyvre 15 s. t.

Une aultre poesle ronde 12 s. t.

Une bacynoere dairin 36 s. t.

Ung grand pot dairin 30 s. t.

(1) Couverte, abréviation de couverture.

(2) Godron, ornements taillés sur des moulures (Lacurne).

(3) Caquetoire, siège auquel on donne aujourd'hui le nom de *causeuse* (Lacurne).

Ung coquemard de cuyvre	30 s. t.
Une grande chauldière dairin, tenant ung seau	12 s. t.
Une petite chauldière	7 s. 6 d. t.
Quatre poeslons darin, à queue	25 s. t.
Ung grand pot de fert	20 s. t.
Une léchefroye de fert	20 s. t.
Une colloère dairin, à queue	8 s. t.
Troys chauferettes de cuyvre	45 s. t.
Ung honnier (oignier) de cuyvre	40 s. t.
5 chandelliers de cuyvre, tant grand que petit	55 s. t.
4 poesles de fert, tant grand que petites, avec leurs queues	20 s. t.
Deux léchefroyes de fert	15 s. t.
Troys cuillers de fert	7 s. 6 d. t.
Une marmytte de fert, garnye de son couvescle	12 s. t.
Deux grand hastes de fert	10 s. t.
3 aultres hastes de fert, petites	10 s. t.
3 potz de fert, ung grand et deux moyens, garnys de leurs couvescles	20 s. t.
Une chauldière de fonte	12 s. t.
Une grande chauldière de fonte, tenant environ 2 seaulx	25 s. t.
3 chandelliers de cuyvre, lun à lumière	25 s. t.
Plus en estain a esté trouvé huit vingt quatre livres et demye (164 1/2) prisé chacune livre 4 s. 6 d. t.	(37 l. 3 d. t.)
Ung flasque (1) de corne, ferré	30 s. t.
En la cave de la dite maison a esté trouvé :	
12 muidz et demy de vin clairet, prisé chacun muid 100 s. t.	(62 l. 10 s. t.)
4 chantiers et 6 pièces de boys	60 s. t.
12 muidz vuidances prisé la pièce 10 s. t.	6 l. t.
3 feullettes et ung dizain	12 s. t.
Une monstre dhais et trappans	60 s. t.
Ung grand anthonnoer, ung petit à platteau, 4 tisnes, ung tenau (tonneau) à faire lecyve, avec ung lardier	50 s. t.
Une mect de boys de fol (2) avec une farynoere et deux hottes	30 s. t.
En une place près de la d. maison a esté trouvé :	
Une cuve contenant environ 15 muyds	10 l. t.
Une monstre de pièces de boys	20 s. t.

Sensuit le linge et ce qui a esté trouvé dans le bahut de cuyr bolly, en la dite chambre sur la rue :

(1) Flasque, Flasquet, poire à poudre (Lacurne, Glossaire).
(2) Foul, bois de hêtre.

Une grand couverture de haulte lisse	10 l. t.
Ung tappis de tapisserye	4 l. t.
Une couverture de laine rouge	10 l. t.
Ung saye de drap noir à manches, bandé de velours, à us du d. deffunct	100 s. t.
Ung saye de satin sans manche, à troys bandes de velours	7 l. t.
Une robbe de drap noir bandé de velours et doublé de satin, à us du d. deffunct	35 s. t.
Une juppe de camelot de Teurquie, bandé de velours	4 l. t.
Ung callemard (1) couvert de cuyr bolly	12 s. t.
Deux grands draps de lain, de 7 aulnes	12 l. t.
Ung grand tablier ouvré	7 l. t.
Deux aultres petitz draps de lin	50 s. t.
1 serviette bancquetière de soye, ouvrée	4 l. t.
2 serviettes bancquetières de lain plaine	40 s. t.
6 nappes neufves de thoille de plain, de 4 aulnes au lé de Paris	9 l. t.
5 nappes de plain, de 4 aulnes, au lé de Paris	6 l. 6 s. t.
4 nappes de plain, my usée	3 l. t.
7 nappes de plain et estouppes neufves, de 4 aulnes, au lé de Paris	7 l. t.
7 draps de plain, neufz, de 7 aulnes, au lé de Paris	14 l. t.
2 taiz de lict destouppe de plain	40 s. t.
5 courtines de lin, 3 grandes et 2 petites	3 l. t.
9 grands draps de lain et estouppe, au ley commun, de 7 aulnes	13 l. 10 s. t.
4 grands vieulx draps destouppes, demy usez	50 s. t.
4 grands draps destouppe, au ley de la ville	4 l. t.
6 grands draps de plain, au ley de Paris	4 l. 10 s. t.
2 draps neufz de couchette, destouppe	40 s. t.
10 draps de couchette, de thoille destouppe, telz quelz	100 s. t.
2 nappes destouppe, my usée, au lay de Paris	40 s. t.
Ung serviette bancquetière, ouvrée	30 s. t.
Une aultre bancquetière, ouvrée	15 s. t.
Une douzaine de serviettes ouvrées à mettre sur lespaulle	100 s. t.
Une douzaine de serviettes de plain	4 l. 10 s. t.
4 douzaines de serviettes de plain, my useez, prisée chacune douzaine 30 s. t.	6 l. t.
3 serviettes bancquetières, ouvrée	20 s. t.
2 serviettes ouvrée, telles quelles	7 s. t.
2 scielz de thoille de plain, garnys de leurs franges	100 s. t.

(1) Calmar. Etui à plumes pour écrire.

4 chemises à us d'homme, de thoille de plain, neufves 4 l. t.
2 chemises de lain à us dhomme 20 s. t.
Ung mantellet de tapisserie faict à lesguille 50 s. t.
Ung saye de taffetas noir bandé de velours, à us du d. deffunct 100 s. t.
Ung pourpoinct de satin noir, tel quel 40 s. t.
8 livres de fillet destouppes 24 s. t.
2 couvertures de Mante, blanche 4 l. t.

En la chambre haulte a esté trouvé :

2 manteras (*sic*) (1) 4 l. 10 s. t.
Ung grand lict de plume, une couchette et 3 orilliers 20 l. t.
Une couverture de couchette, de serge rouge, telle quelle 15 s. t.
Une chaize de boys de chesne 50 s. t.
Une douzaine de serviettes, de plain et une nappe de plain 3 l. 10 s. t.
Une table de boys dairable avec ses treteaux, et ung banc de boys de chesne 3 l. 10 s. t.
Ung lodier servant à couchette 20 s. t.

Au grenier de la maison a esté trouvé ;

Ung buffet de boys de chesne, à deux guichetz et deux laiettes 6 l. t.
Une cramillière, ung gris, deux petitz chenetz, une grand et petite poesle à chastaigne, quatre bandes de fert, sept chevilles servant à batteau, avec quelque ferruze, estant en ung monseau 100 l. t.
3 quarreaux faictz à lesguille 6 l. t.
Ung bourdon couvert de cuyr tanné, dans lequel y a une espée 50 s. t.
Une espée garnie de son forreau de cuyr noir 50 s. t.
Une paire de chenetz sans chauferette 50 s. t.
4 bichetz de noix, prisé chacun bichet 12 s. t. 48 s. t.
2 muidz vuidances 15 s. t.
Une paire de tenaille, une pelle de fert et une grande cheville de fert servant à batteau 20 s. t.
Ung chaslict de boys de chesne, faict à pilliers 6 l. t.
Ung boisseau ferré et ung crible 20 s. t.
3 caquetoères de boys de chesne 20 s. t.
Une chaize persée, de boys de chesne 20 s. t.
Une paire de balanses darin, garnie du poix de 2 livres, de plomb 8 s. t.
Une couverture de serge rouge 20 s. t.
Ung chaslict de boys dairable 6 l. t.

(1) Matelas.

4 avirons servant à batteau	15 s. t.
Ung coffre de boys de chesne, fermant à clef	30 s. t.
Ung chaslict de boys de chesne avec ung aultre coffre aussi de boys de chesne, fermant à clef	10 l. t.
Ung manteau de chemynée	30 s. t.
Une couverture telle quelle	7 s. 6 d. t.
Deux boutz de corde	20 s. t.
Une corbeille douzière, ung damier et ung feullet	30 s. t.
Une couverture de laine blanche, telle quelle	5 s. t.

En ung aultre grenier a esté trouvé :

Sept cents de quarreau et ung cent de bricque	40 s. t.

Tous lesquelz biens cy dessus ont esté délaissez, avec les dits tiltres, à la garde et charge de la dite vefve qui sen est chargée.

La dite vefve a déclaré avoir en ung port appartenant à Jehan Selan

19 muyds de vin prizez chacun	100 s. t.
Ung bahu de cuyr bolly, fermant à clef	50 s. t.
Ung coffre de boys de chesne fermant à clef	4 l. t.
Deux maigles et ung pic servant à lestat de vigneron	10 s. t.

La d. vefve a déclaré avoir une vache en sa maison, soubz poil rouge.

Une petite thourre (taure) soubz semblable poil, qui est tenue à chestel par ung homme de Gurgy dont il ny a contract passé.

(Suit l'inventaire des titres et obligations) (1).

(E. 409.)

10 Juillet 1568. — Extrait de l'inventaire après décès de Germain Creux, marchand voiturier par eau à Auxerre, à la requête de honorable homme Jacques Creux (2), tuteur et curateur des enfants mineurs dudit *Germain*. La veuve Thiennette Duclou, renonce « à la communauté des meubles et conquestz » mais entend bénéficier de son contrat de mariage. Cet inventaire ne mentionne pas la prisée des objets.

Ung chaslict de boys de noyer à ouvrage de goudron.

(1) Le total de la prisée du mobilier, des effets d'habillement et du linge seulement, donne le chiffre de 604 l. 18 s. 9 d. valant en 1847, d'après les tableaux de Leber, 6,200 fr. environ. Encore convient-il de remarquer que dans cet inventaire ne figurent ni l'argenterie, ni les bijoux que l'on rencontre ordinairement dans un acte de cette importance. Il ne faut pas oublier que ce document est du 2 juin 1568 et que la ville d'Auxerre ne fut reprise sur les Huguenots qui l'occupaient depuis septembre 1587, qu'en avril 1568. Rien d'étonnant à ce que ces objets aient été vendus, donnés en paiement ou pris par les réformés.

(2) Ce Jacques Creux, dit Brusquet, d'une famille de mariniers, concierge

Ung grand coffre de boys de noyer fermant à clef, faict à *ouvrage*.

Une table de boys de noyer qui se tire, sur quatre pilliers, avec une fronce à seoir à table, de semblable boys.

Ung petit coffre de boys de chesne fermant à clef, faict à ouvrage, dans lequel a esté trouvé :

3 carreaux scavoir : deux de tapisserie neufz et ung de trippe de velours.

Ung sciel de tapisserie garny de ses franges.

Ung mantellet de chemynée de tapisserye garny de ses franges.

Ung pourpoinct de satin rouge cramoisi picqué, à us du d. deffunct.

Ung collet de taffetas à us du d. deffunct, bordé de velours de couppe.

Une paire de chausse destameet viollet, bandé de velours.

Deux robbes de surhonin à us de la d. vefve.

. . . .

Une robbe de drap noir doublée de taffetas, qui a ung gect de velours.

Une thoille ouvrée à mettre sur un buffet.

. . . .

Ung petit poeslon de fer à faire bolie (bouillie) aux enffans.

. . . .

Ung eschené *(sic)* à faire lecyve.

Deux paires de fertz à mettre aux piedz pour enforger des prisonniers.

Troys paires de menottes de fert à mettre aux bras des prisonniers.

Troys cadenatz de fert telz quelz, deux ampastrez de fert (1).

Ung pourpoinct picqué de *fil blanc d'huilletz* (?), tel quel.

Ung riste (2) de drap noir doublé de blanc à us du d. deffunct, avec ung pourpoinct de taffetas noir bordé de velours.

Ung hault de chausse de drap viollet.

Ung bonet de serge Florence, doublé de taffetas.

des prisons du roi à Auxerre et capitaine de la milice bourgeoise, contribua pour une grande part à la reprise d'Auxerre sur les Huguenots. Il opéra ensuite, sous le nom de capitaine Brusquet, aux environs, notamment à Régennes qu'il reprit, et à Vézelay.

(1) La présence de pareils objets donne d'autant plus à croire que Germain Creux était chargé du transport par eau des prisonniers, que Jacques Creux, tuteur de ses enfants et probablement leur oncle, était, avant la prise d'Auxerre par les Huguenots, concierge des prisons d'Auxerre. (Voir plus haut note sur ce personnage.)

(2) Riste, collet de linge posé par dessus le pourpoint comme en portaient les reîtres (Larousse).

Ung saye de drap noir arrière poincte à us du d. deffunct.

Deux chemises de thoille de chamble neufves et deux autres vieilles.

Vaisselle. — 17 escuelles plattes destain, 3 platz, 3 escuelles à ouroilles (oreilles) creuses, 16 assiettes rondes, 3 broucs (brocs), une tierce (1), 2 esguières, ung choppigneau, ung bercher (2), 2 moutardiers, 6 sallières et une petite coquetière.

. . . .

20 conollée (3) de chamble non serisé (4).

Livres. — Une bible en latin en grand volume, couverte de peau noyre.

Ung livre intitulé linstitution de la relligion chrestienne, couvert de veau rouge.

Outillage. — Ung ancre de fert servant à lestat de marinier.

Troys perches servant au d. estat, ferrées.

Deux avirons telz quelz.

20 blochetz (5) servant à mettre des batteaux en santier.

Ung cuvat dessamblé (6) que la d. vefve a déclaré tenir environ 7 ou 8 muids.

(E. 409).

11 Octobre 1568. — Inventaire après décès de Perrette Mouret, femme de Guillaume François, d'Auxerre.

(Extrait.)

Parmi les personnes « requises pour la prisée des meubles et objets », on remarque une femme et Michel Costereau, faiseur de « foretz ou de toretz » (7), puis les objets suivants :

Un lit où il y a « ung sciel de tapisserye faict à point dongrie ».

Ung tableau ou est pinct ung crucifix 12 s. t.

(1) Tiercière, mesure pour les liquides (Lacurne).

(2) Lacurne ne donne pas ce mot. Il est cependant encore usité dans les classes pauvres de nos régions pour désigner une cruche de terre.

(3) Connoille, quenouille (Lacurne, glossaire).

(4) Dérivé de ceris, faucille, serpe (Lacurne). (20 *quenouillées* de chanvre non *teillé.*)

(5) Pièce de bois. Ce nom est encore usité. (Voir inventaire du 8-10 mars 1551.)

(6) Désassemblé, disjoint.

(7) On peut aussi bien lire foretz que toretz. Ces deux mots sont usités dans nos pays vignobles. Le foret est un petit instrument de fer avec lequel on perce une futaille pour en déguster le contenu. Le toret est la clef d'une cannelle ; on l'appelle encore ainsi dans l'Auxerrois.

Une ymage nostre Dame, enchassée en du boys 3 s. t.

Une robbe de drap de surbonin 3 l. t.

Une robbe de drap noir à us de la d. deffuncte, doublée de taffetas à la queue, ung gect de velours a lentour, avec les poignetz de satin 20 l. t.

Ung tapis damiens 5 s. t.

(E. 392).

13 Février 1569. — Extrait de l'inventaire après décès de Jeanne Pocques, femme de honorable homme Yves Dechousse, marchand bourgeois d'Auxerre.

4° Effets d'habillement de femme :

Une coeffe despourée (d'épousée) telle quelle, dor faulx avec huit passes tant de velours que satin, garnies denrichisseures de cuyvre, le tout tel quel, et six paires de chesnes de cuyvre, troys paires de mancherons de satin, troys paires de patenostres dembre, le tout servant à espousée 50 s. t.

Unze colletz de thoille de plain, deux paires de faulce manche, quatre coeffes, le tout à us de la d. deffuncte 12 s. t.

Ung devantier de demye ostade 7 s. 6 d. t.

Une testière de chapperon et ung bonnet, le tout servant à porter le dueil 2 s. 6 d. t.

Une robbe de drap noir à us de la d. deffuncte, fourrée de pane de Lombardie à la queue et aux manches, avec deux geclz de pane servant à la d. robbe 20 l. t.

Une robbe corte de drap noir sans corps, à us de la d. deffuncte 100 s. t.

Une robbe de drap noir à us de la d. deffuncte, doublée de camelot de Turquie 10 l. t.

Une aultre robbe de drap noir à us de la d. deffuncte, doublée de taffetas, ayant ung gect de velours à lentour 20 l. t.

Une robbe descarlatte sanglé, avec les poignets de velours noir, la d. robbe garnie de sa pièce 10 l. t.

Une cotte de drap noir à us de la d. deffuncte, ayant ung gect de velours à lentour 100 s. t.

Une cotte descarlatte à us de la d. deffuncte 10 l. t.

Une robbe de serge d'Arras à us de la d. deffuncte 60 s. t.

Deux chapperons de drap noir à us de la d. deffuncte 6 l. t.

Il a été trouvé dans un bahut : Une robbe servant à espousée, garny de sa pièce de drap rouge, garnie de leurs poignetz de velours usez, ung chemisot (1) de drap rouge,

(1) Camisot, camise, camisole, chemise, chemisot, petite chemise (Lacurne).

une robbe de surbonin, le tout tel quel, à us de la d. deffuncte 8 l. t.

· Ung manteau de serge drappée, fourré 100 s. t.

Ung chapperon et ung corps de drap noir, telz quelz 25 s. t.

Une douzaine de covrechers neufz, de thoille de plain 50 s. t.

7 covrechers de thoille de chamble my usez 14 s. t.

5 tabliers ouvrez à ouvrage de Venise 10 l. t.

Ung mantellet de trippe de velours vert, garny de ses franges 12 s. t.

Ung mantellet de tapisserie faict à lesguille, à petit poinct, garny de ses franges 4 l. t.

Une robbe de drap noir à us de la d. deffuncte 7 l. 10 s. t.

Ung manteau de serge d'Orléans fourré, à us de la d. deffuncte 12 l. t.

Une robbe servant à habiller les espousée, de drap rouge, de la demy ostade à la queue, avec sa pièce, garny de deux poignetz de velours (1) 100 s. t.

2° Bijoux :

Plus (le mari) a exhibé et monstré ung demy seings dargent garny de chesnes, quil dict avoir dégaigé pour la somme de 30 l. t. de Noël Vathaire, marchand, demourant à Champ Cornaille 30 l. t.

16 boutlons dargent servant à mettre à une bourse, pesant ensemble une once 40 s. t.

Dix marques dor servants à patenostre avec, les fers de garniture dune scinture, le tout dor pesant deux onces et ung trézeau 20 l. t.

Délivré au d. Dechousse, suyvant la quictance de son préciput :

Une monstre dargent pesant 3 onces 6 trézeaus et demy, prisé à raison de 40 s. t. lonce.

Deux verges dor à mettre au doigs, pesant deux trézeaus et demy, prisé 20 l. t. lonce.

Unze cuilliers dargent esquelles y a une petite freze dorée au bout, pesant ensemble 10 onces, 6 trézeaus, prisé à raison de 40 s. t. lonce.

Plus une cuillier dargent.

3° Valeurs monnayées :

Plus en monnaye blanche a exhibé et monstré la somme de 33 l. 8 s. t.

(1) Cet inventaire est aussi riche en linge qu'en effets d'habillement, et cependant il n'y figure pas une chemise.

En or, deux portugoises (portugaises) vaillant chacune 28 l. t., pour ce — 56 l. t.
9 angellotz et demy vaillant ensemble — 40 l. 17 s. t.
3 nobles à la rose vaillant ensemble — 21 l. t.
13 escuz dor soleil vaillant 53 s. t. pièce, pour ce — 34 l. 9 s. t.
9 escuz pistolletz vaillant pièce 51 s. t., pour ce — 22 l. 19 s. t.
2 ducatz à la petite croix et 2 aultres ducatz à potance vaillant ensemble — 11 l. t.
5 doubles ducatz vaillant ensemble — 30 l. t.
9 doubles ducaz et demy Hanry vaillant ensemble — 53 l. 2 s. t.

Total des valeurs (1).......... 302 l. 15 s. t.

(E. 409).

19 Décembre 1569. — Extrait de l'inventaire après décès de Guy Bourg, voiturier par eau à Auxerre.

En la cave de la d. maison a esté trouvé : quatre avirons neuf, quatre parche garnies de leur fert chacune, deux bastons de querra (2), deux estaiz telz quelz, deux morsures, ung thourel (3) avec deux hobans, deux garres (4) et ung tournant (5) et la fermure du d. batteau de la longueur dune esloigne (6) — 6 l. t.

(E. 409).

20 Mars 1570. — Extrait de l'inventaire après décès de Germain de Charmoy, marchand à Auxerre, dans le préambule duquel on remarque que 3 femmes ont été choisies par les parties pour faire l'estimation et prisée du linge et « qui pour ce leur ont donné leur advis et oppynion. »

1° Armes :

Deux espées garnies de leur forreaux — 60 s. t.

(1) Cette somme aurait fait en 1847, d'après Leber, environ 3,100 francs.

(2) *Querra*, bâton de chêne (quercus).

(3) *Thourel*, probablement un *treuil d'avant*.

(4) *Garre*, cordage qu'aujourd'hui encore on appelle *gard*. Il sert à attacher et suspendre le gouvernail à l'arrière du bateau.

(5) *Tournant*, cordage appelé aujourd'hui *collier*. Il sert à fixer le gouvernail dans les deux demi-lunes pratiquées à la souche et au jeancul du bateau.

(6) *Esloigne*, comme il s'agit d'une fermure, c'est assurément la *corde d'avant*, qui varie suivant les dimensions du bateau.

Nous devons ces intéressantes identifications à la bienveillance de M. Auguste Jossier, agent général à Auxerre de la Compagnie Havre-Paris-Marseille, dont la compétence en cette matière n'est pas contestable. Il s'est mis à notre disposition avec tant de bonne volonté, que nous serons peut-être tenté d'en abuser lors de la publication du chapitre dans lequel entreront les actes relatifs à la marine.

Une harbaleste à la Gelfe (Guelfe), garnie de son bandange, de traiz et dun estuict à les metire 50 s. t.

Ung morion 30 s. t.

Une herquebuse à mèche garnie de son flasque de corne, avec sept charges de fert blanc 7 l.10 s. t.

Une dague dacier avec sa garniture et houppe 4 l.10 s. t.

2° Livres :

En lune des laiettes duquel (buffet) a esté trouvé les livres qui sensuivent, scavoir :

Le téaltre du monde, couvert en parchemain.

Baptiste, platine de lonne le volupté, couvert en veau noir.

Petit habrégé de cronicque des Roys de France, couvert de rouge.

Les triomphes de Pétrarque, couvert de noir.

Les offices de Cycero en francoys, couvert de noir.

Marguerite de la Marguerite des princesses, reyne de Navarre, couvert de rouge.

La fleur des commandemens de Dieu, couvert en noir.

Le grand herbier en francoys, couvert de parchemain, tel quel.

Lexposition de loraison domminicalle, couvert en parchemyn.

Le parangon de vertu, couvert de rouge.

Les œuvres de Clysandre, couvert de rouge.

Le grand Olympe, couvert de noir.

Lesquels livres ensemble luug pourtant laultre ont esté prisez 30 s. t.

3° Objets divers :

Une petite tapisserye où y a deux licornes 70 s. t.

5 chemises à homme 4 l. t.

Ung mouchoer (1) ouvré au poinct couppé 20 s. t.

Ung chemisot de petit drap rouge servant à lusage du d. deffunct 70 s. t.

Ung tableau de verre cassé par le millieu, où y a une lucresse 8 s. 6 d. t.

Ung grand plat de cuyvre où y a deulx hommes portantz ung raisin 20 s. t.

Ung petit tableau rond où y a une anniverçarium divinis 7 s. 6 d. t.

Ung fouet de la façon de Cottereau, avec une mouchette 8 s. t.

Ung bacin à barbier, de cuyvre 7 s. 6 d. t.

Une bouteille de verre blanc, couverte dausière 8 s. t.

Une paire de gaufriers de fonte 17 s. 6 d. t.

Une robbe à us de femme, de demy ostade, la queue doublée de damas 18 l. t.

(1) Voir l'avant-propos.

Une petite monstre de boys à mettre du drap devant lhuys (1) 5 s. t.

4° Marchandises de la boutique :

En la bouticle du d. deffunct a esté trouvé une paire daulmoires (armoires) à mettre draps 110 s. t.

Dans lesquelles a esté trouvé les draps qui sensuivent, c'est assavoir :

Deux aulnes ung quart et demy de drap blanchet, prisée chacune aulne 27 s. 6 d. t.

Une aultre pièce de drap blanchet contenant neuf aulnes ung tiers, prisée chacune aulne 37 s. 6 d. t.

Une aulne quart et demy de drap noir, prisée à raison de laulne 57 s. 6 d. t.

Une pièce de drap noir contenant huit aulnes et demy juste, prisée à raison de laulne 60 s. t.

Une aulne quart et demy de drap bureau, prisée laulne 25 s. t.

Cinq aulnes deux tiers de drap bureau, prisée chacune aulne 30 s. t.

Un petit copon de drap canelié, prisé l'aulne 65 s. t.

Deux aulnes et demyes, demy quart de drap noir, prisée chacune aulne 35 s. t.

Demye aulne ung saizin (2) de drap jaulne, prisée à raison de laulne 27 s. 6 d. t.

Trois quartiers et demy et ung saisin de drap bleue teurlin (3), prisée laulne 50 s. t.

Sept aulnes troys quarts de drap rouge, prisée chacune aulne pour aultant quil cest trouvé fort dommagé 40 s. t.

Quatre aulnes et demyes destamet noir, prisée chacune aulne 65 s. t.

Troys aulnes quart et demy destamet noir, prisée chacune aulne et le reste à la d. raison 77 s. 6 d. t.

Une aulne ung tiers destamet jaulne, prisée à raison de chacune aulne 40 s. t.

Troys aulnes ung quart de drap jaulne fort dommagé, prisée attandu le dommage à raison laulne 35 s. t.

Troys aulnes deux tiers escarlatin gris, prisée chacune aulne 45 s. t.

Une aulne destamet teurlin 45 s. t.

Une aulne destamet noir en deux coppons 60 s. t.

(1) Matériel pour faire l'étalage devant la maison.

(2) Seizième.

(3) Turquin, bleu turquin, foncé et mat (Larousse).

Deux aulnes demy quart de drap canellé, prisée laulne 57 s. 6 d. t.
Quatre aulnes et demyes de drap vert en deux couppons, prisée laulne 36 s. 3 d. t.
Une aulne de drap bureau 20 s. t.
Deux aulnes demy quart juste, de drap blanché, laulne prisée 20 s. t.
Une aulne ung tiers de drap blanchet, prisée l'aulne 32 s. 6 d. t.
Quatre aulnes ung saizin destamet vert, prisée laulne à raison de 50 s. t.
Huit aulnes de drap blangis tanné, prisée laulne 16 s. t.
Troys aulnes troys quartz estamect tanné, prisée laulne 57 s. 6 d. t.
Troys aulnes troys quartz canellé cramoysy, prisée laulne 67 s. 6 d. t.
Quarente quatre aulnes de doubleures tant noir, vert, rouge que bleue, prisée à raison chacune aulne 6 s. 6 d. t.
Deux aulnes descarlatin rouge en deux coupons, prisée chacune aulne 60 s. t.
Ung tiers (d'aune) de drap bleue 10 s. t.
Tous les d. draps remis dans les d. aulmoères.

(E. 409).

2 Juin 1570. — Inventaire des obligations, lectres, tiltres et enseignemens trouvez en la possession de honorable homme Guillaume Delorme, marchand, demourant à Aucerre, quil a dict avoir recouvertes tant en la maison de Françoys Delorme, que retirées de plusieurs souldars depuis la reprinse de la ville dauxerre qui fut en lan V[c] soixante huit (1568), le d. inventaire faict à la requeste de honorable femme Maxime Michel, vefve de feu M[e] Baptiste Ramonet, tutrice légitime des enffans myneurs dans du d. deffunct Delorme (François) et de feue Anne Ramonet, sa première femme, etc., etc. (1).

29 janvier 1565. — Bardot reconnaît devoir à Delorme (2) 40 s. t. pour prest faict.

29 janvier 1563. — Dallendat, 80 l. t. pour prest à luy faict.

27 mars 1555. — Bussière, tonnelier, 100 s. t. pour une feuillette de vin.

(1) Cet inventaire est plutôt un livre de commerçant. Il nous a paru intéressant de relever les obligations consenties pour un motif déterminé, afin de faire voir à quelles opérations multiples se livrait un marchand non spécialiste, à une époque où la banque ne fonctionnait pas encore dans les petites villes (la première a été créée à Lyon, par les soins du cardinal de Tournon sous François Ier). Ces extraits sont donnés dans l'ordre qu'ils occupent au document.

(2) Les mots « reconnaît devoir à Delorme » étant communs à tous les articles, ne seront pas répétés pour chacun d'eux.

13 novembre 1561. — Tiercelin, 105 s. t. pour 5 quartiers de drap tanné et une paire de chaulces à us de femme.

12 août 1566. — Thomas Damoé, 6 l. t. pour 6 muyds neufz.

Id. — Pierre Gauthier, 9 l. t. pour 9 muyds neufz.

9 décembre 1566. — Michel Guespier, 22 l. t. pour un manteau de drap noir.

11 octobre 1563. — Joseph Dallendat, 268 l. 10 s. t. avec la quantité de 20 mosles de bois, pour 22 muydz de vin clairet.

27 février 1565. — Pelerin Guéneau, 17 l. t. pour ung barry de haran.

14 août 1565. — Marmagne, 18 l. t. pour une juppe de satin.

4 avril 1567. — Germain Desbordes, 21 l. 12 s. 6 d. t. pour drap et argent presté.

24 mai 1560. — Jean Chullier, 107 s. 3 d. t. pour cinq quartiers destamect violet.

4 décembre 1566. — Ancelot, 16 l. 10 s. t. pour ung manteau de drap noir.

26 décembre 1566. — Jean Bertrand vend à François Delorme 100 muydz neufz pour 60 l. t. (1).

2 février 1561. — Guillaume Thuault doit à Delorme 26 l. t. pour ung muyd de vin.

21 novembre 1561. — Nicolas Grenerat, 18 l. 10 s. t. pour 3 aulnes de drap et 10 bichetz de bled.

10 décembre 1566. — Jean Mirault, 50 s. t. pour une aulne de drap.

24 février 1559. — Jean Bogault, 7 l. 14 s. t. pour 14 bichetz daveine.

4 juin 1561. — Etienne Chaffot, 45 s. t. pour 2 bichetz de froment.

17 juillet 1562. — Gastron, 18 s. t. pour une aulne et demye de dobleure.

9 novembre 1558. — Jean Maison, 10 l. t. pour prest à luy faict.

3 juin 1557. — Jean Martin, 47 s. t. pour prest à luy faict.

9 décembre 1556. — Jean Martin, 7 l. 10 s. t. pour prest à luy faict.

27 juillet 1566. — Adrien Duru, 22 l. 10 s. t. pour drap et vesseaux.

30 mars 1557. — Jean Morin, 70 s. t. pour 6 bichetz dorge.

25 février 1565. — Claude Vigner, 6 l. 5 d. t. pour drap et bled.

25 juillet 1567. — Marceau Chartier, 53 s. t. et ung bichet de bled pour prest à luy faict.

21 septembre 1567. — Jean Maçon, 12 l. t. pour muydz neufz.

(1) Il ne s'agit pas là d'un paiement en nature comme cela devait se faire souvent à défaut d'argent et de banquier, mais bien d'une spéculation, car s'il achète 60 l. t. ces 100 muids, nous le voyons plus haut en vendre à 1 l. t. la pièce.

6 avril 1565. — Nicolas Dubiez, 20 l. t. pour ung barry de haran et mollue (morue).

14 avril 1567. — Thévenin Abert, 16 l. 15 s. t. pour lappréciation de 10 bichetz de bled froment.

30 novembre 1564. — Mathurin Séguin doit quatre tombelerées de fien (fumier) pour les causes contenues en son obligation.

1er décembre 1566. — Colas Guénier, 6 tombelerées de fien pour les causes contenues en son obligation.

14 décembre 1566. — Isaac Boizot, 14 l. t. pour drap et bled.

25 mars 1563. — Claude Régnier donne décharge à Delorme pour une robbe qu'il a retirée de chez luy (1).

1er mars 1560. — Antoine Lardery, 18 l. t. pour 18 bichetz de bled froment.

12 avril 1562. — Jean Jullien, curé de Leugny, 65 s. t. et 2 bichets de blé pour fourniture de drap.

6 juin 1561. — Simon Marmagne, 63 s. t. pour 3 bichetz et demy de bled froment.

22 octobre 1560. — id. 13 l. 10 s. t. pour drap.

29 juillet 1561. — id. 6 l. t. pour ung quart de merrein à vin.

23 janvier 1560. — id. 8 l. t. pour 8 bichetz de bled froment.

25 février 1568. — Fernier, 6 l. t. pour 2 aulnes de drap blanc.

2 mars 1568. — Alexandre Malleteste, 6 l. t. pour ung bichet de bled froment, ung mosle de boys et « aultre marchandise ».

25 février 1568. — Veuve Proullot, 55 s. t. pour 3 quartiers de drap noir.

11 février 1568. — Philippe Laurent, 20 l. t. pour prest à luy faict.

15 septembre 1564. — Nicolas Delacroix, 14 l. 10 s. pour 8 aulnes de drap gris et blanc.

14 août 1564. — Germain Martin, 6 l. 6 s. pour 7 muydz neufz.

21 juillet 1563. — id. 11 l. 7 s. 6 d. t. pour 12 muydz neufz et drap.

28 février 1562. — id. 9 l. t. pour 4 bichetz de bled froment et drap.

21 novembre 1567. — Claude Henry, 4 l. 10 s. t. pour 2 aulnes de drap blanchet.

6 mai 1561. — Antoine Martin vend à Delorme 100 muydz neufz pour 50 l. t.

(1) Le compte ne fait pas connaître si c'est une garantie pour objets vendus ou un prêt sur valeurs comme nos monts de piété actuels. Mais la conséquence est la même.

17 août 1566. — Guillaume Renté doit à Delorme 6 l. 8 s. t. pour 8 muydz neufz et 1/2 aulne de petit drap.

20 juillet 1558. — Edmond Guyot cède à Edme Delapierre, couturier, 700 fallordes flottées pour fourniture dun manteau de drap.

8 août 1568 *(sic)*. — Le dit Delapierre fait à Delorme un transport des 700 falourdes ci-dessus (1).

(E. 409).

1571. — Inventaire après décès de Jeanne Mourreau, femme de Pierre Cochon, marchand d'Auxerre, dans lequel on remarque :

Une chaire (chaise) de tapisserie en laquelle il y a troys cers (cerfs) en escusson 30 s. t.

Une chaire de boys de noyer ouvrée avec sa tapisserie où il y a lhistoire de Salomon 10 l. t.

Une Samaritaine painte en toille 12 s. t

Ung tableau où il y a une Magdelene 25 s. t.

Ung chandelier de cuyvre à six branches 100 s. t.

Ung grand bassin de cuyvre où il y a au millieu ung Sainct Georges 18 s. t.

(E. 495).

15 Septembre 1571. — Inventaire après décès de Edme Mathieu dit Sapin, marchand à Auxerre.

Du chapitre de la boutique ont été extraits les articles suivants, en observant l'ordre de leur inscription :

En la bouticque de la d. maison a esté trouvé premièrement ung comptouer de boys se levant à ung couvescle, et une liette dans lequel a esté trouvé : 35 s. t.

Deux peaulx de lièvre et une peau de regnardeau 40 s. t.

Troys chemises, lune garnye de coullet à ouvrage blanc, laultre à ouvrage rouge et la troysiesme à ouvrage noir 30 s. t.

Une bource de marchant, à poignée 5 s. t.

Troys peaulx de maroquin 40 s. t.

Deulx petites peaulx de mouton 6 s. t.

Sept escarcelles telles quelles 16 s. t.

Une douzaine de bources de cuyr 3 s. t.

Deulx grandz peaulx blanches 10 s. t.

Deulx chappeaulx, lung picqué de soye, laultre chappeau

(1) L'article ne donnant pas le prix du transport, on est presque admis à supposer que Delorme aurait fourni le drap au couturier qui, dans ce cas, aurait perdu le prix de la façon du manteau.

de feutre passementé	25 s. t.
Une grosse esguillette de peau	3 s. t.
5 bources à quarré de velours	15 s. t.
11 paires de brasseletz de soye	20 s. t.
8 paires de brasseletz de cappitan (1)	5 s. t.
Deulx petites paires dheures, lune couverte de velours vert et laultre violet	10 s. t.
Une petite boeste couverte de cuyr noir, fermant à clef, dans laquelle a esté trouvé :	
3 oppes (houppes) d'or fin	25 s. t.
3 oppes garnies de perles de verre	30 s. t.
3 petites (houppes) qui ont esté pourtées à	20 s. t.
2 oppes, lune couverte dor et laultre dargent	10 s. t.
Une cordelière dor	4 l. 10 s. t.
Une boubine dargent pesant une once	50 s. t.
Deulx demyes boubines dor	50 s. t.
Sept pièces cordons de soye à enfisler des pastenostres	11 s. t.
Une ceinture de soye garnye dor	15 s. t.
3 onces passements dor et dargent	7 l. 10 s. t.
Ung rolleau dargent faulx	10 s. t.
3 onces de fine soye	30 s. t.
Une coyllière de gay (jais) garnie dargent par les boutz	50 s. t.
Une autre boeste couverte de cuyr noir, fermant à clef, dans laquelle a esté trouvé (notamment) :	20 s. t.
2 colletz de toile garnys dor	30 s. t.
Six doubleures de colletz, de toille blanche	40 s. t.
Ung collet garny dor	10 s. t.
Deulx colletz de chemise	10 s. t.
Deulx plis dargent	12 s. t.
Une guimpe dor	20 s. t.
Une coiffe de satin rouge brodée d'or, semée de grenats et perles, avec des estoilles et grains dor, pour une espousée	8 l. 5 s. t.
16 onces 1/2 dor en coiffes	17 l. 10 s. t.
Ung banc à doulcier, façon de chaire non fermant à clef dans lequel a esté trouvé (notamment) :	25 s. t.
3 douzaines de petitz sacz de toille à mettre papiers	18 s. t.
2 morillons (morions) gravés	100 s. t.
Une bourguynotte (2) et ung morion non gravé	30 s. t.
2 paires de ganteletz	15 s. t.
2 cuyrasses telles quelles	4 s. t.

(1) Capiton, bourre de soie (Larousse).
(2) Bourguignotte, armure de tête, heaume (Lacurne).

2 aultres cuyrasses, lune à coquille ; 2 paires de brassars et 2 paires cuissartz, et encores ung aultre corsellet dalement (d'allemand)	7 l. t.
Une espée à deulx mains	30 s. t.
(Trouvé en ladite boutique) :	
5 paires dheures à lusaige de Jean Lecoq	13 s. t.
2 aultres paires dheures nommées Deulx Picardz	20 s. t.
Ung bréviaire à usaige de Rome	3 s. 6 d. t.
2 chappeaulx de velours	24 s. t.
3 quartiers trippe de velours	18 s. t.
Une douzaine et demye de cartes fines	18 s. t.
10 plumes	8 s. t.
3 aultres plumes	5 s. t.
2 dagues	24 s. t.
4 escarcelles de cuyr	5 s. t.
Une corde de patenostres destrain	35 s. t.
2 bonnetz de taffetas picqué	12 . t.
14 pièces de patenostres	40 s. t.
6 cordes de patenostres blanches	5 s. t.
30 patenostres destrin	10 s. t.
Une chemise de laine à femme	10 s. t.
4 bourserons de velours	4 s. t.
Une bourse de velours bordée dor et le bourseron de mesmes	15 s. t.
2 demy ceinct de velours avec une ceincture de pendantz, et ung bauldrier ferré destain, le tout de velours	15 s. t.
5 rames de papier fin (16 s. t. la rame)	4 l. t.
2 tocques de velours blanc	20 s. t.
2 coiffes de soye à usaige de femme	45 s. t.
14 bonnetz de soye	14 l. t.
2 bonnetz de velours pour petitz enfans	20 s. t.
2 bonnetz rouges, troys petitz bonnetz blancs à enfant, et ung bonnet gris, avec ung meschant chappeau de velours	20 s. t.
1/2 douzaine escarcelles de velours	30 s. t.
8 oppes de soye noire et verte	8 s. t.
8 bonnetz de prestre	55 s. t.
2 grosses de cordons de chemises	10 s. t.
Ung petit crucifix dallebastre	20 s. t.
3 cordelières de soye rouge, verte et noire	20 s. t.
Une cordelière de soye cramoysy faicte dor	55 s. t.
5 quarterons de poivre	31 s. 4 d. t.
Une douzaine et demye de bourses blanches	10 s. t.
3 quartiers futaine Augsbourg	5 s. t.

3 grosses de boutons	15 s. t.
6 paires de gans	12 s. t.
5 paires de gans	10 s. t.
Une aulne deulx tiers et demy satin à 50 s. t. laulne	4 l. 11 s. 8 d. t.
Une aulne troys quartz damars (damas) gris, façon nouvelle	5 l. 5 s. t.
17 aulnes sarge dArras	12 l. t.
4 aulnes 1/4 sarge à drapper en estroict	3 l. 3 s. t.
7 aulnes futaine Augsbourg blanche	3 l. 10 s. t.
5 aulnes futaine noire Augsbourg	50 s. t.
Une aulne 1/2 sarge d'Orléans, large	3 l. t.
— — petite	21 s. t.
10 aulnes toille rayé en blanc, jaulne et rouge	4 l. t.
2 pièces de futaine de Pimont (Piémont)	8 l. t.
Une coiffe despousée de fil dor pesant 4 onces	3 l. t.
4 aulnes moins ung seiziesme, taffetas à huict filz (à 60 s. t. l'aune)	11 l. 16 s. 4 d. t.
9 aulnes taffetas à quatre filz (à 25 s. t. l'aune)	11 l. 5 s. t.
Une aulne 1/2 taffetas à six filz	3 l. 5 s. t.
Ung devantier de taffetas	20 s. t.
2 aulnes 3/4 ruban à faire ceintures dhommes, à 5 s. t. laulne, avec ung petit escheveau de soye	15 s. t.
Une livre 4 onces de soye de coulleurs	10 l. t.
Une livre fleuret (1)	4 l. t.
11 trézeaulx soye cramoysie	27 s. 5 d. t.
4 rames de fin papier	3 l. 4 s. t.
2 aulnes 1/2 bonbazin (2) de crénone (Crémone)	40 s. t.
Une pièce futaine de Crénone	5 l. 10 s. t.
2 bourses de velours, lune violete et laultre verte	20 s. t.
1/2 grosse esguillettes de fil blanc	4 s. t.
10 douzaines 1/2 desguillettes de capitton de couleurs	8 s. 4 d. t.
Une bource de marchant, à poygnée	8 s. t.
5 quartiers de futaine à grains dorge	22 s. 6 d. t.
4 aulnes futaine de Milan	50 s. t.
3 aulnes 2/3 camelot de lisle (Lille) en deulx coppons (à 8 s. t. l'aune)	28 s. 8 d. t.
4 douzaines flusteaulx (3)	2 s. t.

(1) Fil fait de la partie la plus grossière de la soie.

(2) Basin, étoffe croisée dont la chaîne est de fil et la trame de coton (Larousse).

(3) Diminutif de flûte, fluteau, locution populaire encore employée aujourd'hui dans l'Auxerrois pour désigner un sifflet.

16 paires de gans de fil, picqués de soye (à 40 s. t. la douzaine) 53 s. 4 d. t.
34 peaulx de parchemin, à 30 s. t. la douzaine 4 l. 5 s. t.
1 aulne velours à bande, tanné 4 l. t.
6 onces capitton 18 s. t.
6 aulnes passements à jour 10 s. t.
Une boutte fiscelle pesant une livre 1/2 3 s. t.
2 rames grand papier 20 s. t.
6 peignes dyvoire 6 s. t.
38 aulnes canevas (3 s. t. l'aune) 5 l. 14 s. t.
10 pintes navette (huile ?) (12 s. t. la pinte) 10 s. t.
2 tablettes à mettre largenterye, 40 s. t.
dans lesquelles a esté trouvé :

28 unzes (onces) dargent en euvre de bacques à mettre au doibtz, curedantz, carneaulx (1) crouches de devantier, marques de patenostres, enseignes à mettre à chappeaulx, dez à couldre et aultres besognes dargent, prisés lonce 42 s. 6 d. t. 59 l. 10 s. t.
7 collicques à pendre au col 56 s. t.
4 onces et ung trézeau et demy de patenostre denbre (ambre) 32 s. t.
2 douzaines crappaudines (2) 6 s. 8 d. t.
11 canajeux (camayeux) dagate 50 s. t.
2 douzaines boutons émaillez 2 s. t.
140 verges de verre 6 s. t.
16 images de Limoges 16 s. t.
20 collicques non enchassées 6 s. t.
1 paire de cousteaulx 4 s. t.
1 manche dung cousteau garny dargent 4 s. t.
1 mirouer garny dargent 10 s. t.
8 fourreaulx despées 16 s. t.

4 tasses dargent, 3 demi ceintz, 3 ceintures dargent, fertz dargent croches garnys de chesne dargent, ung cent et demy de grains dargent, deulx brodures dargent et aultres bacques, le tout pesant six marcz cinq onces, prisé 45 s. t. l'once 130 l. 15 s. t. *(sic)* (3)

Dans une boiste fermant à clef a esté trouvé : plusieurs bacques dor à mettre au doibt pesant troys onces, six

(1) Lacurne donne le mot carnau, « attaché par les liens de la chair ». Un joyau correspondant à nos *alliances*, etc.

(2) Amulette. Voir Lacurne de Sainte-Pallaye au mot crapaud.

(3) Le calcul fait à 8 onces au marc ne donne que 119 l. 5 s. t.

tréseaulx deulx deniers, prisé au pris de vingt l. t. lonce »

Plusieurs aultres besognes dor, bacques à mettre au col, fers dor, boutons, douzures (dorures), signez, enseignes à mettre au bonnet, petites perles, le tout pesant treize onces et demye, au pris de 20 l. t. lonce 270 l. t.

Une corde de grenardz et grains dor avec les marques 12 l. t.

2 petites cordes de grenatz 25 s. t.

A esté trouvé dans une aultre bouette :

Une coiffe à espousée de velours noir, brodée dor, semée de perles et grenatz 27 l. t.

Une aultre coueffe de satin cramoysi rouge, brodée d'or, semée de perles 12 l. t.

Etc., etc.

(E. 495).

1571. — Extrait de l'inventaire après décès (sans prisée) de Benoit Pollet, vigneron et tonnelier à Auxerre.

ARTICLES DE TONNELLERIE :

Deulx hasses, troys delouères, ung david, ung trectouère, ung rablot, une jablouère, ung barrouer, deulx compas, une plaine, une verlouppe, une coignée, une colomne, deux feuillez (1), quatre serpes, une parouère, deulx conynes (?), une hassette, ung marteau de fer, ung petit poulain de boys, ung boys de colomne.

(E. 495).

16 Janvier 1572. — Inventaire après les décès de Philibert Grasset, avocat au bailliage d'Auxerre, « soupesonné destre mort de maladie de peste », et de Madeleine Fernier, sa femme ; dans lequel on remarque les objets suivants :

BIJOUX :

Dans un coffre a esté trouvé une petite bogette (2) de cuyr noyr fermant à clef, laquelle clef estoyt pendante et attachée à celle du d. coffre, prisée la d. bougette 10 s. t.

dedans laquelle a esté trouvé, assavoir :

En une bourse de tapisserye telle quelle, rompue, quatre cuilliers dargent pesant quatre onces moings ung trézeau 7 l. 15 s. t.

Une paire de patenostre dor avec la houppe. — A la fin du chapitre, se trouve cette mention : La d. houppe des d. patenostres dor cy dessus a esté prisée par le d. Paris .

(1) Sorte de scie tournante à l'usage des tonneliers (Larousse).

(2) Bouge, bourse ; diminutif bougette, devenu en anglais budget.

10 s. t.; a esté paié au d. Paris ung solz t. pour ses sallaires.

Une aultre paire de patenostre de coral garnie de douze marques dor, fourniz de grains dor.

Boutons dor esmallez.

Douze fertz dor servant à mettre à mancherons, faicfz en façons desglans.

Item, une pomme dor au bout de laquelle y a une parle pendant et aussi pendant une petite chesne dor, en laquelle chesne y a quatre bouttons dor, quarrez, et une petite table dor pendant à la d. chesne.

Plus deux petitz boutons ronds le tout dor, et pesant le d. or cy dessus six onces, deux trézeaux à raison de vingt livres lune 125 l. t.

Ung petit camayeu non en œuvre 5 s. t.

Le tout remis dans la d. bougette; le d. or et argent prisé par Nicollas Paris, orfèvre, qui a esté mandé pour ce faire.

Objets divers :

Ung escoffron (1) de soye cramoisy semé de perles en plusieurs lieux et de fleurs de lys dor de Chippre, prisé par le d. Paris 70 s. t.

Ung drappeau à porter enffans au baptesme, de thoille de Cambray 20 s. t.

Une robbe de drap noir à us du deffunct à porter au siège (2), prisée par le d. Beschot, tailleur dabictz 15 l. t.

2 chemises à us d'homme, telles quelles 8 s. t.

5 chemises à us d'homme, my usez, de thoille de chamble et telles quelles 20 s. t.

6 chemises à us d'homme, telles quelles, fort usée 30 s. t.

Une chemise à us de fille 2 s. 6 d. t.

Ung tableau de paysage 20 s. t.

Une petite monstre dorrologe 40 s. t.

Armes :

Une pistolle à rouet encornée, garnie de son forreau 4 l. t.

Une anyme (3) faicte à escaille 50 s. t.

(1) Escoffion, habillement de tête de femme (Lacurne).

(2) La robe d'avocat.

(3) Anime, espèce de cuirasse, altération du mot lamine, lame, composée de lames obéissant aux mouvements du corps. Cette armure est le hallecret (écrevisse de fer) des bandes suisses et allemandes au XVIe siècle (Lacurne).

LIVRES :

Ung livre des costumes et statutz particulliers de la pluspart des bailliages et sénéchaussée de France, couvert de rouge.

Aultre livre couvert de veau noyr en grand marge, appellé ordonnances royaulx.

Troys aultres petitz livres de loix en latin, couvertz deux de rouge et ung de vert.

(E. 409).

20 Février 1572. — Inventaire après décès d'Etienne Espaullard, marchand vinaigrier à Auxerre.

On y remarque :

Une gybecière couver de velours noir 2 s. 6 d. t.

Une lavoere à enffant, dairin 2 s. 6 d. t.

Ung tableau de thoille peincte où est figuré la Samarytaine 7 s. 6 d. t.

Une pièce de tapisserye de haulte lisse où sont deux cibilles en figures, lune escripte cibille Tibeaf (Tibur) avec son escripteau, aagée de vingt ans, et laultre cibille Agrippa ayant un escripteau qui porte aagée de trante ans 12 l. t.

Une petite boete de boys ronde y estant six verges dor à mettre au doigt et ung synet aussi dor

Une boucle dargent douzé (doré) avec le bout dune scinture et six boutons aussi dargent douzé, et une petite marque dor non prisé et servant à une scinture à us de femme, qui a esté délaissé à la d. vefve suyvant son contrat de mariage et comme elle la requis.

Plus la d. vefve a exhibé ung demy saings dargent avec les chesnes dune bource et une autre chesne à mettre des clefs, le tout dargent, aussi non prisée parce que la d. vefve a requis luy estre délaissé suyvant son contract de mariage, ce qui a esté faict.

Plus une tasse dargent pesant quatre onces, prisée lonce 37 solz 6 deniers 7 l. 10 s. t.

OUTILS ET MATÉRIEL :

Ung mosle de boys de noyer à faire chandelle, garny de son couvescle, faict à façon de vinaigrier, garny de sa tablette et le dégot (1) 50 s. t.

(1) Dégot ou degoult, égout, gouttière. (Voir Lacurne au mot degoult.)

13 broches de mostalliers (1) plaines, pesant chacune broche garnie des d. mostalliers cinq quarterons, prisé 4 solz chacune — 54 s. t.

Ung héhon (?) à mettre chandelles, de boys de chesne, garny de son ratellier — 10 s. t.

Ung héon à faire chandelles, de boys de chesne, à trois estaige — 40 s. t.

16 paniers à liz (lie) — 8 s. t.

20 muidz relliez, couchez sur chantiers, garniz chacun dune brouche de boys, ausquelz on mect le vinaigre ; dans tous lesquelz muydz, suyvant la mesure et pige que les dessus d. ont faicte du vinaigre trouvé en iceulx, ont dict quil y peult avoir environ huit muydz de vinaigre, prisé chacun muyd, comprins les d. muydz cy dessus, 9 l. t. — 72 l. t.

Une paire daulmoère servant à mettre des verres, où y a troys haiz lun sur laultre — 9 s. t.

2 paniers douziere servant à mettre verres — 2 s. t.

3 chauldières dairin garnies de leurs ances, tenans environ deux seaulx chacune — 70 s. t.

Une colloere dairin, commode à passer du sang — 7 s. 6 d. t.

Deux douzaines de sacqs de thoille à mettre lys (sic) telz quelz — 10 s. t.

Deux barrilz à vinaigre — 6 s. t.

Ung demy muyd dans lequel a esté trouvé une quantité de verges à mettre chandelle — 8 s. t.

2 grandes poesles rondes dairin tenant environ six seaulx chacune — 36 s. t.

Une grande poesle dairin tenant environ six seaulx, — 30 s. t.
dans laquelle a esté trouvé cinq livres et demyes de suïf à faire chandelle, prisée chacune livre 2 solz — 11 s. t.

2 pelletons (pelotons) de coton fillé à faire chandelle — 7 s. 6 d. t.

2 couppoers servant à lestat de vinaigrier et à chouppér la chandelle — 12 s. t.

En la bouticle de la d. maison a esté trouvé :

8 boutailles de verres couvertes douzières, prisez 4 solz et demy la pièce — 36 s. t.

Une paire de balances dairin portant le faiz de 10 à 12 livres — 15 s. t.

Plus une aultre paire de balances dairin faictes à escuisson, garnie de leur fléau portant le faictz de 12 à 15 livres — 40 s. t.

(1) Ce mot ne viendrait-il pas de mostaige (moût de vin), mot donné par Lacurne ?

Une esvante (1) de boys de chesne propre à mettre chandelle sur le contoer 3 s. t.

Une pinte et une choppyne de boys à mesurer greins 3 s. t.

Plus treize livres de poix de fert en plusieurs espèces, forgez et marquez 30 s. t.

Un banc à doulciel de boys de chesne, faict à paneaulx, 25 s. t. dans lequel a esté trouvé ung marteau servant à battre le molin à moutarde 2 s. t.

Ung ferot de fert de fonte 6 s. t.

2 baucquetz de boys à mettre moutarde 10 s. t.

Une grand boutaille de verre couverte douzière, tenant environ troys painctes 5 s. t.

Une coinchotte (2) servant à mettre sel, garnie dune paincte, choppine, demye choppine et tréquillon, le tout de boys 10 s. t.

Ung bacin servant à mesurer huille, ung antonoer de fert blanc, une paincte destain, choppine, tréquillon et demy tréquillon 20 s. t.

Ung panier de boys de chesne à crier (sic) chandelle, avec une esguille de fert à enfiller chandelle 18 d. t.

Ung héon à mettre chandelle en la bouticle, de boys de chesne 3 s. t.

4 héons à mettre chandelle devant lhuis, de boys de chesne 8 s. t.

2 paires de forcas à rougner les mouches des chandelles telles quelles 4 s. t.

Ung devedoer à devider fillet, servant à lestat du d. deffunct 2 s. t.

Ung fleau de fert garny de ses bacins de boys, avec crochetz, avec deux demy cents et deux quarterons de fert de fonte marquez 9 l. t.

Ung molin à faire moustarde, garny de son équipage 60 s. t.

Ung dizain où y a quelque peu de vinaigre dedans, prisé avec le d. vinaigre 6 s. t.

Dans la cave, outre les futailles, il y a ung pressouer à presser les lyes.

(E 409).

(1) Eventaire ?

(2) Petit cuvier de bois. Ce mot est encore employé aujourd'hui dans l'Auxerrois.

3 Juillet 1572. — Inventaire après décès de Germain Billard, marchand d'Auxerre, dans lequel on remarque :

Ung pan de seiel de tapisserye où sont figurez troys roys 25 s. t.

Une couverture de tapisserye telle quelle, où y a en figure des oyseaux 60 s. t.

Dans un petit coffre, cest trouvé les chemises servant à lusage de la d. vefve, non inventoriez.

Tableaux :

Deux ymaiges Nostre-Dame, lun enchassé en boys et verre par devant enlevé, et laultre couché sur platte painture, enchassé en boys 20 s. t.

Plus ung aultre tableau où est figuré limage Saint-André enchassé en boys, de verre par dessus, de longueur dun pied 10 s. t.

Ung ymage Sainte-Avoye aussi enchassé en boys et verre par devant 12 s. t.

Ung ymage sainct-Pierre figuré, couvert d'un verre, dun pied de longueur 5 s. t.

Ung ymage sainte-Anne painturée, trouvé sur le buffet, estant dans un petit estuy de boys 20 s. t.

Ung tableau en thoille paincte, tel quel, garny dun chassis ou est figuré listoère de Theophille 7 s. 6 d. t.

Ung viel tableau de thoille ou est figuré le Seine (la Cène), tel quel, sous chassis 3 s. t.

Ung viel tableau de thoille paincte ouquel est figuré listoire du paralethicque, sans chassis 12 s. t.

Plus ung aultre viel tableau de thoille paincte, sans chassis, ouquel est figuré la Nativité Nostre Seigneur 7 s. t.

Bijoux et argenterie :

Cet inventaire est suivi d'un acte passé devant Gilles Thierriat, par lequel tous les héritiers ont juré et affermé avoyr mys en évidance tous et chacungs les biens du d. deffunct Germain Billard, nen avoyr aulcungs recellé et nen scavoir aultres que ceux qui sont contenuz au présent inventaire, synon que lad. Boneau (la femme du deffunct) a dict que en lan mil V^c soixante sept, pendant que lad. ville daucerre estoyt tenue et occuppée par force par ceulx de la prétendue relligion réformée, ung nommé Sébastien Thoinot qui est de Chablics luy rapporta que la d. Anne Foliot (Anne Foleau ou Foliot (1),

(1) Son nom est écrit des deux façons. Foliot est le nom d'une vieille famille de Chablis et Foleau ou Fauleau, celui d'une vieille famille d'Auxerre. Mais ils peuvent avoir la même origine.

femme de Germain Billard fils), luy mandoyt quelle baillast sa vesselle dargent à ung de ceulx de la prétendue relligion qui estoit en garnison au d. Aucerre, appellé monsieur de Magny, pour la porter au d. Chablies afin de la saulver, et suyvant ce mandament elle bailla au d. Magny dix huit cuilliers, deux goubelletz, une tasse, ung Agnus Dei avec une petite chesne ou le d. Agnus estoit ataché, le tout dargent; deux petites croix dor et une aultre dargent douzé, deux Jocondalles dourée, une petite boette de buys dans laquelle y avoyt ung petit bouton de perle, trois pierres à mettre en bagues dor, unze verges dor à mettre au doigs, en lune desquelles y avoyt ung rubys, laultre ung dyamant, en laultre une jacynte, et encoures en une aultre ung petit rubys. Lequel Magny sen chargea en la présence des chambrières et servante de la d. Boneau, et promis le d. Magny porter tout ce que dessus à la d. Folliot aud. Chablies ; ne scayt toutes foys quil en a faict. Oultre, ont tous les dessus d. promis que, cy par après ils ont cognoissance daultres meubles appartenant au d. deffunct que ceulx qui sont contenuz au d. inventaire et déclarez par lad. vefve, ilz le déclareront et recelleront pour les comprandre et faire adjouster au d. inventaire. Sur quoy avons ordonné que soubz les d. promesses et déclarations, le présent inventaire demeurera cloux et arresté.

Signé : Thierriat (1).

(E. 409).

13 Mai 1573. — Inventaire après décès de Gilles de Moneau, secrétaire du seigneur de Saint-Amand (Nièvre), dans lequel on remarque les effets d'habillement et objets suivants :

HABILLEMENTS, OBJETS ET ÉTOFFES DE LUXE :

2 manches à usage dhomme, de satin cramoysy viollet, my usez	25 s. t.
2 aultres manches à us dhomme, de satin gris	25 s. t.
2 aultres manches de taffetas blanc, plus queusez	7 s. 6 d. t.
Ung caban de feutre blanc, fort usé	» »
2 sayes de drap noyr : lung fandu aux coutez, picqué à lentour de soye noyre doublé de (blanc à l'original) d'Allemagne, et laultre saye de drap noyr tel quel	8 l. t. 30 s. t.
1 saye de velours rayé fandu aux coustez, à demy manches, doublé de bougran	100 s. t.
1 paleton de satin gris, canetillé à lantour, doublé de fustaine	7 l. t.

(1) Dans le même art. : E 409, pièce n° 37 (1554), ce même Gilles Thierriat est désigné prévôt d'Auxerre, à la fin d'un acte de même nature. C'est assurément en cette qualité qu'il préside à ces opérations.

1 saye de velours noyr à manche, canetillé à lantour, doublé de *(blanc à l'original)* 15 l. t.

1 saye de satin noyr à manches, doublée de fustaine noyre et passemant de soye à dantelle 9 l. t.

1 saye de tafetas noyr, à demye manche doublé de bougueran, ung torquin (collet, collier) sorty alantour 60 s. t.

1 saye de drap noyr, doublé de thoylle noyre, fort usé 40 s. t.

1 propoinct de satin blanc décoppé, fort usé 10 s. t.

1 aultre porpoinct de thoylle blanche faict en broderye de soye rouge, doublée de fustaine grise 8 l. t.

Ung porpoinct de damas blanc, doublé de boucassain blanc 3 l. t.

1 aultre porpoinct de tafetas blanc, doublé de tricq blanc 20 s. t.

1 aultre porpoinct de satin cramoysy roge, doublé de fustaine blanche 4 l. t.

1 porpoinct de thafetas gris, doublée de fustaine grise 3 l. t.

1 aultre porpoinct de satin vert couttoné, doublé de fustaine grise 4 l. t.

1 saye de drap noyr doublé de bougueran, bandé à lantour de velours déchicqueté, fort usé 3 l. t.

1 saye de drap de Parpignan, bordé de velours gris, usé »

1 saye de damas tanné, usé 12 s. t.

1 collet de maroqin, bordé à lantour de velours vert 40 s. t.

1 petit manteau de velours figuré, doublée de tafetas 12 l. t.

1 cappe de drap noyr 7 l. t.

1 aultre cappe de serge de Florance, bordée de satin 3 l. t.

1 paire de chausses de drap noyr, le fond dicelle de velours, fort usé 40 s. t.

1 aultre paire de chaulse de drap noyr, le fond de velours, tel quel 40 s. t.

1 aultre paire de chaulse de drap tanné, le fond de velours 50 s. t.

1 paire de chause descarlatin violet, le hault de satin gris, doublé de trasse blanche 3 l. t.

1 aultre paire de chause de drap vert, le hault de satin vert 40 s. t.

1 aultre paire de chaulse de drap blanc 25 s. t.

1 paire de chausse de drap rouge, le fond de satin rouge passemanté 30 s. t.

1 aultre paire de chaulse de drap rouge, fort usez 15 s. t.

1 porpoinct de thafetas gris, doublé de fustaine grise 30 s. t.

1 cappe de drap noir, bordée de velours noyr 12 l. t.

1 saye de tafetas noyr, doublé de thoille 30 s. t.

1 robbe à usage dhomme, de serge — 1 l. t.
2 bonnetz de drap — 20 s. t.
1 aultre bonnet de velours, fort usé — 10 s. t.
1 chapeau de feutre — 5 s. t.
1 aulne de satin vert — 50 s. t.
1/2 aulne de satin orange — 20 s. t.
1/2 aulne de satin roge figuré — 25 s. t.
1 tiers de damas blanc — 16 s. t.
3 quartyers de satin rouge cramoysy — 100 s. t.
3 quartiers de tafetas violet — 40 s. t.
3 quartiers de tafetas rouge — 20 s. t.
3 aulnes de serge drappée, noyre, prisée quinze solz laulne — »
1 quartier de demy estamet escarlatin violet — 25 s. t.
3 quartiers de drap rouge — 40 s. t.
3 quartiers destamet orange — 40 s. t.
1 tiers de drap rouge — 20 s. t.
2 peaulx de maroqin velourté — 50 s. t.
30 esguillettes de soye noyre, ferrées dor aux deux boutz,
2 douzaines de boutons dor à 20 l. t. lonce vaillent — 10 l. 15 s. t.
18 boutons dor à émalle à 20 l. t. lonce — 10 l. 10 s. t.
3 onces dargent prisez 26 s. t. lonce pour ce — 7 l. t.
9 chemises de plain à usage dhomme, les coletz fraizés, deux desquelles sont neufves et les autres fort usez, les deux neufves prisées chascune 15 sols et les 7 aultres chascune 7 s. 6 d. t. — »
5 chemises froncés au colet : assavoir deux de soye rouge et deux de soye noyre, fort usez, prisés chascune 7 s. 6 d. t. — »

Armes et équipement :

1 gainne ou a esté trouvé unggrant cousteau et ung petit — 10 s. t.
1 giberne de velours avec son fert — 7 s. 6 d. t.
1 pistolet à feu et à royetz (rouet)
1 mace darmes de fer noyr — »
2 arbalestes darcier, avec leur bandage, prisée chascune — 25 s. t.
1 arc de fer à main — »
1 espée sans foureau — 20 s. t.
1 cotte de maille à us du d. deffunct — 100 s. t.
1 dague qui a le foureau de velours — 20 s. t.

Meubles de luxe :

1 buffet de boys de noyer ouvré, contenant deux fenestres et deux laiettes ouvrez, avec neuf petitz pilliers ouvrez — 10 l. t.

(E 409).

26 Novembre 1573 — Extrait de l'inventaire après décès de Jeanne Barrault, femme de Guillaume Chrestien, marchand drapier à Auxerre :

ARMES :

Une harbaleste à hausse, garnie de son bandage 4 l. 10 s. t.

Une harbaleste droicte, garnie de son bandage 40 s. t.

Une arquebuse à mecche, de 4 piedz et demy de longueur de canon, garnye de son flasque 6 l. t.

Une aultre harquebuse de deux piedz et demy de canon, à rouet 10 l. t.

Une pistolle à rouet, garnie de son fourreau 100 s. t.

Une espée sans fourreau 7 s. 6 d. t.

Ung corps de curasse de fert, avec une bourguignotte de teste et une hache darme 100 s. t.

MOBILIER ET EFFETS :

Ung grand coffre de boys de noyer, faict à ouvraige de médalles, que le dict Chrestien a dict tenir de gaige pour 15 l. t.

Une robbe de fin drap noir, doublée de damas et bandée de velours, à us de la d. deffuncte, garnie de ses pougnets de velours 35 s. t.

Ung lange de drap rouge 46 s. t.

BIJOUX :

Ung demy seing dargent à us de la d. deffuncte et un hochet dargent, le tout pesant 6 onces, prisé chacune 40 s. t. 12 l. t.

(E 409).

1576. — Dans l'inventaire après décès de Jean Sajat, boulanger à Auxerre, on trouve les armes suivantes :

Au rastellier estant dessus la cheminée où sont les armes :

Une harquebuse à mecche, sans fourniture 7 l. 10 s. t.

Une pistolle à rouet, aussi sans fourniture 60 s. t.

Une espée courte et large 50 s. t.

Une aultre espée avec une dague en façon de Verdun (1) 70 s. t.

Une grande dague de 2 pieds de longueur 16 s. t.

Ung fourniment darquebuse avec ung collevrin garny de franges 60 s. t.

Ung morion tel quel 10 s. t.

(E 495).

(1) Arme en forme de carrelet..... qui a donné naissance à son tour au fleuret (Quicherat, *Histoire du costume*, p. 372).

7 Juillet 1580. — Extrait de l'inventaire après décès de Laurent Delatour, chirurgien barbier à Auxerre.

LIVRES :

Ung livre appellé les Institutions cirsurgiques de Jehan Jagot, couvert de veau noir — 20 s. t.

Une aultre livre appellé la Métode curatyve des plaiz, composé par Me Ambroise Paré, cisurgien, couvert de veau noir — 20 s. t.

Ung livre de la Cisurgie de M. Ambroise Paré, couvert de veau rouge — 20 s. t.

Ung *liber* intitullé la Cisurgie de Paulvé Ageneta, qui est le sixiesme livre — 10 s. t.

Deux livres de Vigo et la Cisurgie de M. Jehan Canaple — 15 s. t.

Ung livre appellé des Hargnes (hernies), couvert de parchemin blanc — 2 s. 6 d. t.

Ung livre intitullé Ancheridion, avec une métode pour guérir de la verolle, couvert de parchemin blanc — 7 s. 6 d. t.

Deux petitz livres couvertz de parchemin, lun intitullé le treiziesme livre de la Métode therapeticque de Gallien, lautre intitullé les Aporymes d'Hypocrates — 4 s. t.

Ung petit livre couvert de veau intitullé l'Anatonye du corps humain — 2 s. 6 d. t.

Ung livre appellé Notables anatomisques du corps humayn, couvert de veau noir — 5 s. t.

Ung aultre livre couvert de veau rouge intitullé la Retoricorum adherenum libri quatuor — 4 s. t.

Ung petit livre couvert de veau appellé la Métode de Gallien — 2 s. 6 d. t.

Ung autre livre couvert de parchemin intitullé le Somaire de toute la cisurgie, contenant six livres — 2 s. 6 d. t.

Ung aultre petit livret des Simples de Galien, couvert de noir — 2 s. 6 d. t.

Ung aultre petit livre intitullé le second livre de Gallien, contenant le remède de curer toutes apostumes — 18 d. t.

Ung aultre petit livret couvert de parchemyn, intitullé Claudii Galleni — 12 d. t.

Ung aultre livre intitullé la Cisurgie de M. Jacques Hollier — 20 d. t.

Ung aultre petite livre appellé les Fleurs du grand Guidon — 12 d. t.

Ung livre appellé les Notables de M. Jehan Defalque, couvert de noir, tel quel — 18 d. t.

Le quatriesme livre de la Métode therapeuticque de Claude Gallien, couvert de parchemin — 12 d. t.

Ung petit livre appellé la Propriété et vertu des eaux 12 d. t.

Ung aultre livre couvert de parchemin intitullé le Traité des harnies 3 s. t.

Ung aultre livre intitullé la magie naturelle, couvert de parchemin 2 s. 6 d. t.

Boutique :

En la bouticle de la d. maison a esté trouvé :

2 chaises de boys servant à lestat de barbier 30 s. t.

Sept bacins dairin servant à lestat de barbier, prisé la pièce 15 solz 1 écu 2/3 et 5 s. t.

3 aultres bacins dairin usez, avec 5 palettes dairin, telles quelles 30 s. t.

3 coquemars et une esguière de cuyvre 1 écu 1/3

1 petit estuyt garny de 3 lansettes garnies dargent, 6 petitz ferz de fert, 1 esprevette dargent, 1 canon dargent, 1 esprouvette, une histoire (bistouri) garnie dargent, 1 paire de cireaux (ciseaux), le d. estuyt et ce que dessus 3 écus

1 grand estuyt de barbier garni de 2 paires de cireaux, ung cureoraille doix (*sic*) garnie d'argent par le bout, 4 razoers garniz dargent par les deux boutz, et 2 pignes 2 écus 1/3

1 aultre estuyt garny de quatre razoers, 2 paires de cireaux et 1 pigne 30 s. t.

4 lancettes estans dedans un petit papier 2 écus

1 boestier de bouy (buis), les charnières dargent 18 s. t.

4 vantouses de verres 5 s. t.

Eaux :

1 botaille deaue damas contenant une paincte 10 s. t.

1 botaille deaue de Ville 5 s. t.

1 botaille deaue de malice (mélisse ?) 20 s. t.

2 petites boutailles deaue de Solastron 5 s. t.

1 petite boutaille deaue de Belnotte 2 s. 6 d. t.

1 botaille deaue rouze, environ troys demy septiers 7 s. 6 d. t.

1 aultre botaille deaue rouse deux paincte 10 s. t.

2 petites botailles deaue de plantin 6 s. t.

1 petite botaille de 3 tréquillons deaue de fenoul 4 s. t.

1 botaille de chardon benedict 2 s. 6 d. t.

Armes :

1 espée neufve, garnie de sa garde ouvraigée et vernye, avec son poignard aussi verny 1 écu 1/2

1 aultre espée garny dun poignard quarré 40 s. t.

1 harquebouse à mocche avec son forniment, façon de Millan, garnye de son cordon, sans colevrin 2 écus 1/3

1 pistolle à rouet ayant le fer rompu, telle quelle, avec son flasque de corne 30 s. t.

PARMI LE LINGE :

40 crovechers servans à lestat de barbier, tant vieulx que neufz, prisez 2 escuz sol, qui est à raison de 3 solz pièce, le fort portant le foible 2 écus

5 chemises à us du d. deffunct 40 s. t.

3 chemises à usage du d. deffunt, telles quelles 20 s. t.

(E 409).

28 février 1581. — *Dans l'inventaire après décès de* Bergerat, procureur au bailliage d'Auxerre et de Marie Soard, sa femme, cependant très riche en linge, il ne figure qu'une chemise « à us du d. deffunct, neufve » prisée 20 s. t.

(E 409).

13 Juillet 1581. — Inventaire des meubles d'un marchand d'Auxerre, Jean Delaponge, l'aîné, qui se retire chez son fils Jean Delaponge, chanoine du dit Auxerre, « pour s'y louger et héberger et serrer les ditz meubles pour tel et si longtemps qui plaira au dict Me Jehan Delaponge. »

En la dite chambre haulte cest trouvé un chaslict de boys de chesne, faict à pilliers, sur lequel cest aussy trouvé ung lict de plume garny de cuissin, troys petitz oreillers, ung laudier tel quel, une couverture de cerge rouge et une demye couverture de refilure grix, troys courtines de cerge verte et rouge, ung viel ciel de tapicerie, avec deux pommes dorées estant sur le feste du d. chaslict.

1 chaise à douciel de boys de chesne, faicte à paneaulx, fermant à cler (clef), dans laquelle ne cest aucune chose trouver.

1 buffet de boys de chesne faict à viel ouvrage de draperies, fermant à cler, ayant deux guichets et deux laiettes ; les clers (clefs) desquelz guichets ledict Delaponge laisnel a dict avoir iceulx guichets ; ensemble de la dite chaise à douciel il a fait ouverture et a déclarer y avoir aucune chose dedans, ainsy comme il nous est apparu après louverture faicte.

1 chaise de boys de chesne, telle quelle.

1 table de boys de chesne enboytées par les doux botz, avec ung ban aussy de boys de chesne, servant à la dicte table.

1 table ronde de boys de noyer, assise sur une chaise de boys de chesne, faicte à paneaulx.

4 escabelles à asseoir à table, de boys de chesne.

Une paire de chenetz de fert portant leurs chauferettes et chascunes troys boyttes avec une peulle (1) et une barre de fert.

(1) Corruption de pelle. Par extension, on appelle peullon les vignerons de l'Auxerrois.

1 couffre de bois de chesne fermant à cler, faict à paneaulx, ouvragé de draperye, dans lequel cest trouvé une roubbe courte de drap tanné brung à usage du d. Delapongo laisnel, quil a dict être celle quil mect aux *bons jours*.

1 saye demiostade noyre, ayant les manches de futaine renforcée.

6 draps telz quelz.

4 cerviettes, 2 ouvrées et 2 non ouvrées, telles quelles.

2 escuelles et 2 tranchoez, 2 éguières, 1 sallière, 1 chopineau, 1 pinte, 1 broc de chopine, 1 tierce et 1 terquillon, le tout destaing.

1 chandellier de cuyvre et 1 bassin à laver mains, de cuyvre, 1 rudelle de cuyr, 1 petite espée, une albarde, 1 mantelet de vielle tapisserye, 2 tableaux : lung auquel est figuré ung crucifiement et lautre lannunciation et ung sainct Pierre, ung tableau de la Vénonicque, enchassé en boys, avec verre par dessus.

2 armoiryes sur du papier.

Lesquelz meubles le dict Delaponge laisnel a dict lui aparteuir et nen avoir aporter dautres en la maison du dict Delaponge son filz.

(E 403).

23 Décembre 1581. — Extrait de l'inventaire après décès de Maxime de Marizy, veuve de Jean Chauchefoin, marchand drapier à Auxerre.

Armes :

1 longue arquebuse à rouet, de longueur de quatre piedz et demy, garnye de sa clef	2 écus
1 morion et une hache darme	30 s. t.
1 viel coursellet avec un porpoinct dallenotz (d'agneau)	40 s. t.
1 rudache (1) couvert de cuyr	5 s. t.
1 espieu avec sa couverture	15 s. t.
5 chemises à us de femme, my usée, prisées 7 s. 6 d. la pièce	37 s. 6 d. t.
3 chemises à us du d. deffunct	40 s. t.

(E 409).

8 Mai 1582. — Extrait de l'Inventaire après décès de Claude Martin, voiturier par eau à Auxerre.

Bateaux et agrès :

1 cornemuse de douze pilles, garny de son gouvernel et levée, avec ung singe (2) mis dans icelluy, avec la fuzée (3)	130 écus

(1) Rondache. — Bouclier de métal. — (Quicherat, *Histoire du costume*, p. 375.)

(2) Single, voile (Lacurne).

(3) Fusée, bâton ferré (Lacurne).

1 cornemuse de dix pilles, garnie de son gouvernel et levée — 110 écus

1 batteau de neuf pilles, garny de son gouvernel — 60 écus

1 batteau de dix pilles, appellé le *Perreau*, garny de son gouvernel et levée — 33 écus 1/3

1 batteau de neuf pilles, marnoys, garny de son gouvernel et levée — 63 écus 1/3

1 bariquelle de huit pilles, garnie de son gouvernel et levée — 40 écus

1 bachot portant singe et corde — 12 écus

La quantité de 48 escoppes servant à batteaux prisé, la pièce 4 solz — 3 écus 12 s. t.

La quantité de 11 escoppes — 44 s. t.

9 avirons neufs — 9 écus

2 avirons scerclés servans à batteaux — 12 s. t.

35 avirons prisé chacun aviron lun portant laultre 40 solz — 23 écus 1/3

2 manequains (panier) plains de clou dencosturement — 2 écus 1/2

La quantité de 50 livres de clou à tingler, prisée la livre 3 s. t. — 7 l. 10 s. t.

1 pollye de fonte enmofflée de fert — 1 écu

1 pollie de cuyvre enmofflée de fert — 1 écu 2/3

2 chableaux (1) codrannez (goudronnés) neufz, 2 chableaux vieulx qui ont été codrannez, un demy chableau qui a esté codranné, 1 alongne (allonge) neufve codrannée, 2 longue feste novice (?) codrapnées, 1 sinsenelle, ensemble léquipage de deux traiz de sallaige : scavoir du mas couplure, compiluse, marnoyse et aultres cordaiges, servant en trait chargé, le tout prisé et estimé — 63 écus 2/3

3 mureaux (2) de fert servant à batteaux — 2 écus 1/2

30 fers de perche servans à batteaux — 1 écu 2/3

7 bandes de fert servant à batteau — 1 écu

Des agnains de clain (?) de fert aussi servant à batteau — 10 s. t.

40 perches ferrée servant à batteaux, prisées lune portant laultre 5 solz la pièce — 10 l.

La quantité de 18 corbes servant à batteau — 3 écus

Ung quart et un tiers de quart de tinglaige vellu, avec quelque peu denfonsure — 5 écus

6 ancres de fert servans à batteaux, prisez lune portant laultre — 17 écus

(1) Chableau, câble de halage. Voir Ducange aux mots Cabulus, Cayblee, Chablus, etc., et Lacurne au mot Chaable.

(2) Museau, nez.

2 poullains de boys servans à charger vin dans les batteaux 2 écus

1 paire de grandes quillettes et une paire de petites, de boys de chesne 50 s. t.

22 estaiz de boys de chesne, servant à batteaux 2 écus 1/3

20 arches aussi servant à batteaux 1 écu 1/3

Ung mas à batteau, de boys de chesne 10 s. t.

ARGENTERIE :

Une douzaine de cuilliers dargent dans leur estuy, les d. cuillieres pesant 12 onse moings demy trezeau.

Plus 2 tasses dargent pareille lune à laultre, lune pesant 5 onces 1/2 et laultre 5 onse 1/2 et ung trezeau et demy, pesez par Benigne Lesgaré, orfèvre à Aucerre.

(E 409).

19 septembre 1583. — Extrait de l'inventaire après décès de Thomas Lessouré (1), marchand cordonnier à Auxerre.

MARCHANDISES ET OUTILLAGE PROFESSIONNEL :

Dans la boutique : Une douzaine et demye de moutons tannez, prisée la douzaine 45 s. t. 67 s. 6 d. t.

7 douzaines de soulliers à double semelle de vache et veau prisée lun pourtant laultre, 9 l. t. la douzaine 21 écus

6 paires descarpins de mouton estimez 5 s. t. la paire 36 s. t.

1 douzaine descarpins de plusieurs sortes, tant de vache que veau 2 écus

10 paires tant soulliers que pantofle à liège 2 écus 12 s. t.

Une peau de maroquin entaumée 15 sous

10 paires de petitz soulliers 50 s. t.

Une tige de bouttes de vacche avec ses avant piedz 1 écu 1/3

Une douzaine de veaux bauldriers, tant enthiers que entaulmez, avec 3 petitz coppons de veau 110 s. t.

4 moutons tannez 20 s. t.

6 moutons passez en galle (2) 1 écu

Une bazane et deux morseaux de moutons passez en galle 10 s. t.

Deux maroquains et demy passez en galle 36 s. t.

25 paires de anpignes à soulliers, de vacche tant grands que petitz 2 écus

(1) Aujourd'hui Lesserré par suite d'altérations successives.

(2) Galler, frotter, gratter (Lacurne de Sainte-Pallaye), à moins qu'il ne s'agisse de peaux noircies à la noix de Galle, ce qui est plus probable.

Une paire de pantoffle trouvez en forme, avec la forme 7 s. t.
Deux grands chaussepiedz de corne 3 s. t.

Dans la chambre haute :

9 douzaines de grandes paires de *formes* tant vielles que neufves 3 écus 1/3 et 6 s. t.

3 douzaines de paires de petites formes 36 s. t.

Une paire de pantoffle de trippe de velours non prisée, qui appartiennent à labbé de Qure (Chors, Cure, près Domecy sur Cure) luy délivrant lesquelles, la d. vefve a dict quil devra 50 s. t. tant pour les d. pantofles que aultres besongnes à luy délivrée.

Le tout mis pour la *conservation* des choses sus d., trouvez en la d. bouticle, en un grand coffre de boys de chesne fermant à clef.

Dans la cave :

2 douzaines et 11 vacches tannées, et 3 petitz couppons de vacche estimez à la valleur dune vacche, le tout revenant à 3 douzaines de vacche, prisez par Lazare Tulou, cordonnier à Aucerre, en la présence du d. priseur et des tesmoings, à la *somme* de 18 *écus* la douzaine 54 écus

7 livres de suif 17 s. 6 d. t.

Dans une chambre basse :

3 escoffretz (1) servant à lestat de cordonnier 25 s. t.

1 rabot, 2 cotteau à pied 10 s. t.

5 rappes servant à lestat de cordonnier 7 s. 6 d. t.

3 selles de cordonnier 6 s. t.

1 marque de fert à marquer du cuyr, avec ung petit fert à dantelle 15 deniers

1 monstre de liège servant à lestat de cordonnier, de 60 livres, prisée 3 écus le cent » »

1 paire de balances avec ung poids de troys livres, ung aultre de deux, ung dune livre, ung de demye livre et ung dung quarteron 20 s. t.

On remarque en outre dans cet inventaire :

14 chemises à us du d. deffunct tant vielles que neufves, garnies de leurs frézains de thoille blanche 3 *écus* 1/3

(E 409, E 495).

(1) Escofraie, grosse table ou madrier qui sert à plusieurs artisans pour tailler et préparer leur besogne. (Lacurne de Ste-Pallaye).

A rapprocher du mot *Escoffier*, nom donné au cordonnier en patois savoyard (Lacurne). (Ducange) au mot *escofferius*.

26 Août 1584. — Inventaire après décès de Claude Petitfou, avocat au bailliage d'Auxerre, seigneur de Rounon (commune de Merry-Sec, Yonne), dans lequel on remarque les bijoux suivants :

Deux couppes, quatre cuilliers, une tasse dargent, prisez par Claude Chevallier, marchand orfèvre à Aucerre, pour ce faire mandé, le tout pesant ensemble troys marcs, une once, deux trézeaux, prisé le marc 18 l. t. 66 l. 16 s. t.

Deux bracelletz, dor à table, une petite chesne quarrée à pendre au col, six bouttons ronds, deux petites bagues dor et 28 fers dor à mancherons, le tout pesé parle d. Chevalier, et pesant cinq onces, cinq trézeaux, prisé à raison de 26 l. t. chacune once pour ce vi^{xx} xiiii l. vii s. t. 134 l. 7 s. t. (1)

(E 409).

30 Octobre 1585. — Extrait de l'inventaire après décès de Claude Petitfou, contrôleur pour le Roi à Auxerre, et de Laurence Vincent, sa femme, la dite Laurence *décédée de la maladie contagieuse* (2).

Habillements d'enfants :

4 petites chemises à lusage de feue Jehanne Petitfou, lune des d. myneures, décédées 20 s. t.

Une cotte de camelot jaulne, bandée de velours vert, telle quelle, à lusage de lad. deffuncte Jehanne, myneure 15 s. t.

1 petite robbe de camelot rouge unie à lusage de deffuncte Anne Petifou, myneure, bandée de velours vert, telle quelle 40 s. t.

1 autre petite cotte de drap tanné, avec le corps de serge vert, telle quelle, à lusage de la d. Jehanne, myneure 12 s. t.

3 coiffures de rézeau de fil de lyn et une coiffe de soye vert avec son bourelet 12 s. t.

1 petit coifferon de velours rouge cramoisy, garny de passement dor et dargent 35 s. t.

1 coiffure de satin blanc garnye de boullons (bouillons), de taffetas et fleurs dor dessus les d. boullons 10 s. t.

1 coiffure de thoille de Cambray, garnye de dantelle 10 s. t.

(1) Dans cet inventaire excessivement riche, il n'y est mentionné que « 12 chemises, 5 neufves et les aultres my usées » 3 écus
Aucun mouchoir n'y figure.

(2) Cet inventaire très complet, de riches bourgeois d'Auxerre, a été trouvé trop long pour être publié in extenso. Il n'en est donné que les articles les plus saillants.

1 coiffure de velours noir, bordée dun passement dor 50 s. t.

1 coiffure de thoille semée de fleurs dor, doublée de thoille dargent, bordée dune dantelle dor, telle quelle 10 s. t.

2 petitz bonnetz de velours, lun vert et laultre rouge, telz quelz 10 s. t.

1 petite robbe de serge frippée, à lusage de la d. Jehanne, myneure 10 s. t.

1 aultre petite robbe de drap escarlatte violet, bandée de velours noir, à chaisnettes de soye rouge cramoisye, doublée de thoillette vert 10 s. t.

OBJETS DIVERS :

7 chemises neufves de thoille de plain, sans garnitures, à lusage du deffunct père des d. myneurs, delaissées au tuteur pour lusage du d. Laurent Petitfou, un des d. myneurs, pour la prisée dicelles à raison de 12 s. t. pièce 4 l. 4 s. t.

1 paire de manchettes de satin blanc, passementées dor, à usage de femme *gisant* (1) 60 s. t.

1 aultre paire de manchettes de serge blanche, doublée de fustaine blanche, à usage de femme *gisant* 25 s. t.

1 robe de chambre destamect, de couleur de pourpre, doublée de frise violet, à l'usage du d. défunct 6 l. t.

1 robbe de drap noir à lusage de la d. défuncte, à queue, doublée de satin, bandée dune bande large, à troys chaisnettes et ung bord de velours, avec deux manches froncées 10 écus

1 robbe de dœul, à queue, de drap noir, à usage de la d. défuncte, garnye de ses courtes manches, avec quatre poignetz à grandes manches 6 écus

1 cappe de dœul à lusage de la d. défuncte, de serge noire 25 s. t.

1 vieulx ciel de tapisserye *haulte lisse*, garny de ses franges vert et rouge, figuré 50 s. t.

1 vielle couverture de tapisserie *haulte lisse* 30 s. t.

1 aultre couverture de tapisserye *haulte lisse*, servant à couchette, telle quelle, rompue 15 s. t.

1 *orloge raveille matin* tel quel, non complect de ses roues et mouvement 10 s. t.

2 *tabourins* 4 l. t.

ARGENTERIE :

2 coppes et 2 demys ceintz dargent, pesant ensemble 3 marcz 2 trézeaulx, qui ont été vendus à raison de 46 s. t. lonce

(1) Vêtement d'une femme au lit.

BIJOUTERIE :

6 boutons dor à mettre à ung pourpoinct, 2 aultres plus gros boutons dor de semblable façon, 1 estraincte, 2 charnyères, 2 boucles et un bout, le tout dor émaillée, servant de garniture à ung scinturon, et encores 2 boucles et ung aultre bout dor, 25 petites gerbes dor, 23 petitz grains dor, 1 signet dor, 1 aneau mariage dor, le tout pesant 1 once 1/2 et quart de trézeau.

Plus huict vingt trois (163) grains et troys grilotz (grelots) dargent, une petite chaisne et un petit vase dargent, le tout pesant trois onces et demy, ung trézeau

Plus en douzures, boutons et fers dor, 2 onces moings ung trézeaux et demy, qui ont esté venduz à raison de 23 l. t. lonce, revenant à 41 l. 13 s. 9 d. t., et encores ung hochet dargent pesant 5 onces 1/2 et 3 trézeaux, compris le poix de la dan estant aud. hochet, lequel a esté vendu à raison de 46 solz t. lonce, revenant compris lad. dan, à 13 livres 5 solz t.

(E 409).

24 Avril 1586. — Inventaire après décès de Perrette Sainctyon, femme de Laurent Leprince, marchand d'Auxerre, seigneur de Soleine (Venoy, Yonne), dans lequel on remarque, outre les marchandises de drap trouvées dans la boutique, les objets suivants :

HABILLEMENTS COIFFURES DE FEMME :

Ung chapperon de lymestre (1) neuf, doublé de satin	8 l. t.
Une paire de mancherons de velours blanc, à fond de satin blanc, garnyz de passements dor	3 escus
Ung collet de thoille blanche, couvert destoille de soye rouge, prisé avec un bout de mochouer ouvré, avec les manches de taffetas rouge, telles quelles	30 s. t.
Une doubleure de collet ouvragé, les faussemanches et ung collet, le tout semé dor	8 escus
Ung quarré de femme, tel quel, passementé dor	30 s. t.
Une thoillette de nuict, de satin rouge et blanc, avec ung quartier de satin blanc et ung quartier de taffetas jaulne	4 l. t.
Une coeffure servant à couché, garnye de thoille dargent	20 s. t.

(1) Limestre, ancienne espèce de serge croisée qu'on appelait aussi drap de limestre, et qu'on fabriquait à Rouen (Larousse).

Une paire de manchettes dacouchée, de vellours noyr, garnye dun corps 2 escus

Une robbe de serge de soye, bandée de vellours et chevronnée, à deux petites bandes des deux costez 20 escus

Une robbe de fin drap du Seau (1) à queue, doublée de satin, bandée dune bande de vellours à compartiment, garnye de deux poignectz de vellours 16 livres

Une juppe de vellours jaulne, semée de broderie dor 15 l. t.

Une aultre juppe de vellours jaulne, brodée de vellours blanc 6 l. t.

Une aultre juppe de drap jaulne, brodée de vellours rouge 6 l. t.

Literie d'enfants :

Ung berseau de boys de chaisne plain, dans lequel a esté trouvé ung cuissin servant de lict et ung orizillier (oreiller) servant de cuissin à coucher enffant, ung demy drap et ung tappis de table servant de couverture, le tout tel quel 4 l. t.

Ung berseau à enffant, tourné 10 s. t.

Objets divers (en suivant l'ordre à l'original) :

Une paire dheure enluminée, de parchemain, couverte de velours, les quares et coings dargent, et ung fermillet 1 escu

La garniture dun pavillon de rézeau, recouvert 4 escus

Ung cresme à baptizer enfant, ouvragé de soye, avec le drappeau 20 s. t.

Ung panache 10 s. t.

Ung chandellier de salle à six branches, de boys verny en rouge 4 escus

Deux tableaux painctz 20 s. t.

Deux chenetz de fert, garniz de deux pommes de cuyvre 4 l. t.

Ung chaslict de pavillon, de boye de noyer goudronné (2) 6 escus

Ung pavillon de drap cramoysy rouge, garny de franges 20 l. t.

Ung chappeau à femme, à aller aux champs 7 s. 6 d. t.

Une scelle à femme pour monter à cheval 20 s. t.

Ung ferot (3) à mettre du feu à la boticle 20 s. t.

Le harnoys dun cheval *qui tyre*, garny de sa selle, surselle, manserons avec ung cuissuinet de plume 20 s. t.

(1) C'est-à-dire de la marque de Rouen. (Quicherat, *Histoire du costume*, p. 410.)

(2) A godrons, moulures ovales.

(3) Sans doute une espèce de brasero.

JOYAUX ET VALEURS :

A esté trové en ung coufre de boys ung petit babu divoire dens lequel cest trové ung livre dor, une damye dor, six boutons dor à tombeaux, vingt quatre esguillettes dor, une enseigne dor (1), le tout pesant 4 onces, prizée chacune once 20 l. t.	80 l. t.
A esté trouvé dans le d. couffre une bourse de soye faicte à petit poinct	4 escus
Une chesne de gerbe dor	6 l. t.
Ung disin en fason dagatte, ayant une croys dor au bot	1 escu
Une bague dor en laquelle y ha une esmeraude	15 l. t.
Une pierre arangée appellé jascincte au bout de laquelle y a une perle	15 l. t.
Une bague dor en laquelle y lya ung dyament	12 l. t.
Une bague dor en laquelle y a ung safis	4 escus
Une petite chesne dor en façon de jarasincte (jacinthe) dor	6 l. t.
Ung catechy (?) en fason dauvalle, dargent doré, et ung ymage de sainct Jehan, aussy dargent doré	1 escu
Une hope de soye rouge et or	10 s. t.
Pour le couffre dyvoire dans lequel a esté remis toutes les bagues sy dessus	40 s. t.

A esté trouvé dans le dit couffre ung cuyssan (2) de peau blanche, dans lequel cest trouvé cent escut et cent pissetoulletz

A esté trouvé dans un petit sac de thoille en pièces de quinze soubz, trente escut.

Nota. — Parmi les titres, on remarque la mention d'un contrat du 27 juin 1403, portant « vante faict par Mᵉ Guillaume de Val de Mercy, fils de feu Gilles de Val de Mercy, à honorable homme et saige sire Jehan Coingnet (3), seigneur de Soulaine et trésorier de France, d'une pièce de pré contenant environ troys arpans, céant ou lieu que lon dict de soubz les murailles de Gymet (4), ès justice de Soulaynes, Egriselles et Saint-Germain. »

(E 409).

(1) Ornement qui se portait à la coiffure.

(2) Le mot *cuyssan* a été substitué au mot *sac* primitivement écrit.

(3) Probablement un des ancêtres des Coignet de la Tuilerie devenus plus tard comtes de Courson.

(4) Gymoy (commune de Venoy) Gémoy, abbaye Saint-Germain, lieu détruit. (Quantin, *Dictionnaire topographique de l'Yonne)*.

1586. — Inventaire après décès de Perrette Rue, femme de Soullier, pâtissier à Auxerre, dans lequel on remarque les armes et bijoux ci-après :

Une harquebuse à rouet garnye de son flasque de corne et clef 3 escus

Une aultre petite arquebuse en façon poytrynal, garnye de son rouet 1 escu

Une pistolle à rouet 100 s. t.

Deux espée 100 s. t.

Une petite harbaleste dacier avec son bandage 25 s. t.

Deux petitz pulverains à mectre esmorce de pouldre 7 s. 6 d. t.

Une hallebarde 40 s. t.

Un poignart avec son foreau prisé 1 teston 14 s. 6 d. t.

Ung demy seings dargent, garny de troys chesnes, pesant le tout ung marc, six onces, deux trézeaulx.

Six cuilliers dargent pesant 6 onces, 6 trézeaulx.

Deux tasses dargent et une petite, pesant ensemble neuf onces et demye, prisée chacune once 45 s. t.

Cinq aigneaulx (anneaux) assavoir : un mariage, deux camayeulx et deux aultres aigneaulx, le tout pesant ensemble demy once, prisé à raison de 24 francs lonce.

Une retraincte dor pesant 1/2 once prisé à la raison que dessus.

Ung chappellet de gey noir avec cinq marques dor et une croix dargent dozé, prisé le tout 2 escus sol.

(E 407).

Inventaire après décès de Jean Cornouaille, peintre verrier à Auxerre *(in extenso)*.

9 Septembre 1586. — Inventaire faict par moy Pierre Armant, notaire royal à Aucerre des biens, meubles, lectres, tiltres, papiers et enseignement délaissez par le décès et trespas de deffunct Jehan Cornaille en son vivant painctre, demeurant à Aucerre (1), pour et à la requeste de Jehanne Prot (2), vefve de feu Guillaume Cornaille d'Aucerre, en la présence et du consentement de Anne Chasneau, vefve du d. Jehan Cornaille, et pour faire la prisée et estimation de ses d. meubles, les parties ont convenu de la personne de Françoys Delorme, sergent royal et priseur vendeur à Aucerre, lequel a icelle faicte le

(1) Membre d'une famille de peintres verriers qui a eu à Auxerre une certaine réputation aux xvie et xviie siècles. (Voir note sur cette famille, chap. III. Travaux d'art et artistes).

(2) Mère du dit Jean décédé sans enfants.

plus justement quil a peu et en sa conscience, ainsi quil a déclaré en la présence de honorable homme Pierre Roussellet, marchant et Loys Hédot, sarrurier demeurant à Aucerre, tesmoings (1).

Premièrement :

Du IXe jour de septembre lan mil cinq cens quatreviugt six.

En la chambre en laquelle le d. deffunct est déceddé a esté trouvé :

Une cramillère	5 s. t.
Une paire de tuailles et une petite pelle, telles quels	3 s. t.
Deux chenetz avec leurs chauferettes, de fert	1 escu 10 s. t.
Ung gris (gril) de fert, à sept broches, avec une haste	8 s. t.
Ung chaslict faict à pilliers canellez, garny de son fond et chassy de sciel	8 escuz
Sur lequel a esté trouvé : ung lict garny de coete, cuissin, une couverture de Mante (Mantes) rouge, deux draps, lodier, troys custodes de serge rouge et verte et ung viel sciel de tapisserye garny de franges	8 escuz
Une table qui se tire, de boys de noyer, sur quatre pilliers canellez	5 escuz
Ung viel coffre de boys de chesne fermant à clef, faict à paneaux médallez	2 escuz 2/3
Dans lequel a esté trouvé : Ung manteau à us du d. deffunct, de drap viollet, doublé de ravesche (2) grise, bandé de passement gris	3 escuz
Ung aultre manteau de drap gris lavande, passemanté à lentour de passemant vert, aussi à us du d. deffunct	2 escuz 1/3
Deux aulnes de drap noir	2 écus 2/3
Ung tappis vert contenant deux aulnes	1 écu 2/3
Ung chappeau à us du d. deffunct, garny dun cordon de crespe noir	15 s. t.
Ung pourpoinct de bonbazin croisé, doublé de fustaine blanche	1 écu 1/3
Ung hault de chausse de drap noir, doublé de doubleure verte, avec le bas des d. chausses de mesme drap	1 écu 2/3
Ung colletin de drap viollet doublé de frize noire	1 écu 1/3

(1) Cet inventaire est donné *in extenso* quant aux meubles, en raison de l'intérêt qu'il offre par rapport à la profession d'artistes qui ont laissé des souvenirs à Auxerre.

(2) Revêche, sorte d'étoffe. D'après les éditeurs de Lacurne de Sainte-Palaye, Nicot, dans son nouveau coutumier général, l'explique par : « frise servant à faire doublure aux habillements, pour raison de la manufacture des draps, des *revesches*, des serges. »

Ung aultre hault de chausse pers (bleu) de drap viollet (*sic*) (1) passemanté, sans bas 1 écu

Ung manteau de drap noir à us du d. deffunct, le collet doublé dune bande de velours et passemanté dun passemant de soye noyre 3 escus 2/3 et 10 s. t.

Ung tableau figuré de lystoire de Thobie 40 s. t.

Ung mantellet de chemyné de vielle tapisserie 15 s. t.

Une chaize à doulciel de boys dairable, fermant à clef 2 écus dans laquelle a esté trouvé treize draps de thoille destouppes fortz usez 36 s. t.

Ung pourtefaiz de thoille destouppe 15 d. t.

Sept livres de chamble, prisé chacune livre troys solz six deniers t. 25 s. t.

Une harquebuse à mecche garnie de son fourniment 3 escus 1/3

Une harbaleste à gallet 40 s. t.

Une espée 1 écu

Une dague telle quelle 3 s. t.

Une scinture de peau avec les pandans à porter espée 5 s. t.

Ung sciel de thoille avec ses franges, garny de son fond 40 s. t.

Cinq scabelles à seoir à table, de boys de noyer, telles quelles 20 s. t.

Une petite scabelle à seoir au feu, de boys de chesne 5 s. t.

Une aultre petite scabelle 3 s. t.

Ung soufflet à souffler feu 7 s. 6 d. t.

Une petite lyette de boys de chesne 5 s. t.

Dans laquelle a esté trouvé ung pelloton de fillet noir 3 s. t.

Une paire de presses à presser chapperons, garnie de ses feulletz de boys et baston de fert 2 écus

Un viel carreau de tapisserye tel quel 5 s. t.

Ung petit coffre de boys de chesne, de la longueur de deux piedz et demy 7 s. t.
dans lequel na esté riens trouvé.

Ung bacin destain sonnant 20 s. t.

20 livres destouppe prisée chacune livre 4 s. 6 d. t. 4 l. 10 s. t.

26 livres de fillet de plain prisé chacune livre 7 s. t. 3 écus 2/3

Une paire de vergettes à netoyer habictz 3 s. 6 d. t.

10 chemises à us dhomme, garniz de leurs colletz à fraize, telles quelles 1 écu 1/3

6 petites nappes telles quelles, de plain 30 s. t.

1 aultre nappe longue, de gras plain, fort usée 10 s. t.

(1) Comment concilier ces deux couleurs puisqu'il est indéniable que pers veut dire bleu.

3 douzaines de serviettes de thoille de chamble, my usée 2 écus
Ung grand drap de thoille blanche, contenant sept aulnes 1 écu 1/3
6 napperons à clou telz quelz 4 s. t.
Une paire de vergettes de poil de pourceau 3 s. t.

En la chambre haulte sur la rue de dessus la d. chambre basse a esté trouvé :

Ung pourpoinct de beuf usé, doublé de petit drap noir 2 écus
Ung aultre pourpoinct de mouton, à us du d. deffunct 30 s. t.
Ung hault de chausse en façon de guoerge (?) de drap viollet, à us du d. deffunct 35 s. t.
Ung aultre hault de chausse fort usé, tel quel, de drap lavande, aussi à us du d. deffunct 30 s. t.
Une mect de boys de fol, telle quelle, prisée avec une farynoère 15 s. t.
Ung sacqs et ung grisble 5 s. t.
Ung muyd vuidance 12 s. t.
Deux cacques (1) et une feullette vuidance 10 s. t.
Ung bahut de cuyr bolly, fermant à clef 30 s. t.
Une demye hotte 5 s. t.
Une sarche (2) de boisseau 2 s. d. t.
Ung sacq tenant environ deux bichetz de bled 5 s. t.
Ung petit treppier de fert et une grande chauldière dairin 20 s. t.
Ung petit teneau (cuveau) à faire lecyve 10 s. t.
Ung lardier garny de son couvescle 10 s. t.
Ung haiz servant à porter pain au four 2 s. t.

Au grenier de dessus la d. chambre haulte a esté trouvé :

Une vuidance garnie de ses fonds 12 s. t.
Une feullette aussi vuidance 6 s. t.
Ung aultre muyd sans fond 7 s. t.
Plusieurs pièces de douves 20 s. t.
Une monstre de javelles contenant ung cent (3) 20 s. t.
Une monstre de charbon 10 s. t.
Ung rouet de fert à tirer planz, servant à un vitrier 5 écus
Sept livres de laine prisé la livre 4 solz t. 28 s. t.
Une paire de petites balances de cuyvre avec ung poix de demye livre 5 s. t.

(1) Caque, baril pour poudre, salpêtre, suif. Fourneau cylindrique sur lequel on fond la cire (Larousse).

(2) Cercle de bois qui forme le pourtour d'un tamis ou d'un crible (Larousse).

(3) Aujourd'hui, le cent de javelles se vend 10 fr., c'est donc 10 fois plus qu'alors, d'où 1 fr. de cette époque en valait 10 de nos jours, au moins dans ce cas.

En la court de la d. maison a esté trouvé une chauldière dairin contenant demy seau 15 s. t.

Une aultre chauldière dairin, garnie de son ance, contenant un seau on environ 15 s. t.

Deux petitz chaulderons dairin, garniz de leurs ances 15 s. t.

Ung grand poeslon dairin, garni de sa queue de fert 15 s. t.

Ung aultre petit poeslon 10 s. t.

Une passouère avec une petite fritière dairin 10 s. t.

Une chauferette de cuyvre 20 s. t.

Une poesle de fert 5 s. t.

Deux lechefrye de fert, lune sans queue 8 s. t.

Une marmitte de fert garnye de son couvescle 10 s. t.

Ung petit pot de fert avec son couvescle dairin et une petite cuillier de fert 10 s. t.

Deux seaulx à eaue 12 s. t.

Ung grand chandellier de cuyvre garny de sa pomme à lumière 30 s. t.

Ung aultre chandellier moyen, de cuyvre 15 s. t.

Deux botailles de verres et deux botillons 3 s. t.

Plus a esté trouvé en plusieurs espèces destain, leur a esté pesé la quantité de 78 livres prisée chacune livre 5 solz 6 écus 1 tiers et 10 s. t.

En la cave de la d. maison a esté trouvé quatre muyds vuidances 40 s. t.

Une feullette vuidance 5 s. d.

Deux tines garniz de leurs tinez 15 s. t.

Une soille à mener leaue 4 s. t.

Ung antonoer à sebille 4 s. t.

Ung rateau servant à queve (cuve) 1 s. 3 d. t.

Ung david et une trétoère servant à enfoncer muydz 10 s. t.

Une feullette de vin clairet nouveau 5 écus 1/2

Soixante neuf liens de verre blanc, prisé chacun lien dix solz 11 écus 2/3 10 s. t.

En la bouticle dicelle maison a esté trouvé :

Six vingts deux liens aussi de verre blanc, prisé chacun lien dix solz 20 écus 1/3

Huit liens en table, prisé chacun lien dix solz 1 écu 1/3

Un marbre à brayer paincture 20 s. t.

Ung petit coffre de boys de sappin 6 s. t.

Dans lequel a esté trouvé une chemise à us du d. deffunct 10 s. t.

Deux servietes ouvrées avec ung petit crovechef 10 s. t.

Une demye livre dazur 12 s. t.

Deux establiz de bois de thillau (tilleul) servant au mestier de painctre 1 écu

En une petite chambrette attenant la chambre haulte du d. logis a esté trouvé une table sans treteaux, de boys de sappin 10 s. t.

94 liens de verre blanc prisé chacun lien dix solz 15 écus 2/3

Plus dix liens de verre de colleur 3 écus

(Suit l'inventaire des titres et papiers)

Ce dit jour et an, lad. vefve et héritiers du d. deffunct, mont requis de me transporter en la maison du d. deffunct pour illec inventorier aulcuns meubles qui sont venuz à la recognoissance de la d. vefve, ce que leur ay accordé. Et y estant, lad. vefve ma exhibé ce qui sensuit, qui a esté prisé et estimé par le d. Delorme et par ladvis de la d. vefve et de Claude et Pierre Cornaille painctres, et inventorié en ceste forme :

Scavoir huit pièces (1) de protaicture en papier 12 s. t.

Six aultres pièces de protaicture aussi en papier 12 s. t.

Une boete avec plusieurs colleurs estant dedans 5 s. t.

Trouvé des esmades (?) servant à painctre 10 s. t.

Cinq vieulx paneaux de verre crotesque, servant à fenestre 1 écu

Plus un paneau de verre painct 5 s. t.

Une buette à huille 2 s. t.

Une tarasse de terre plombée 2 s. t.

Ung grand pot de terre avec son couvescle, tenant deux seaux 10 s. t.

Deux coquasses de terre 5 s. t.

Six pots tant grands que petitz 10 s. t.

Ung petit cuyssinot servant à painctre, pour dourer 3 s. t.

Cinq ronds de verre en figure 12 s. t.

La valeur de unze paneaux de verre, trouvé et signé 2 écus

Plus deux pièces quarrée de verre paincte des douze mois de lannée 5 s. t.

Deux aulmoeres (armoires), avez deux aiz de boys de chesne 9 s. t.

Une cayelle (2) douziere 10 s. t.

Cinq quaisse de boys de chesne 6 s. t.

Une chaize de boys de noyer à seoir à table, telle quelle 10 s. t.

Plus six paneaux de verre, sorty de colleurs, taillé de joincture 2 écus

(1) Ne serait-ce pas le dessin des vitraux faits par son père Guillaume pour le compte de *huit* chanoines d'Auxerre ?

(2) Cayelier, tourneur. Proprement « un faiseur de chaises pour s'asseoir ». (Lacurne Sainte-Pallaye); donc chaise d'ozier.

Deux ferts à souder, servant à painctre 12 s. t.
Troys paneaux de verre blanc, trouvé signé 1 écu
Plus une masse de vieil plomb 26 s. t.
Plus une sebille de boys dans laquelle estoit certaine quantité de plomb, pesant sept livres 9 s. t.
Deux caques tels quels 4 s. t.

(E 407)

17 juin 1586 et jours suivants. — Inventaire après décès de Julien Delafaye, marchand à Auxerre.

ARTICLES DE LINGERIE, NOUVEAUTÉ ET MERCERIE.

En la chambre basse de la maison en laquelle le d. deffunct est décéddé, prouche la bouctique, a esté trouvé ung bahu de cuir bolli fermant à six serrures et ung cadenat, prisé quattre escuz 10 l. t, dans lequel cest trouvé la marchandise qui sensuict, laquelle la d. vefve (Jeanne Bérault) a déclaré estre celle que le d. deffunct a quelque peu auparavant son décez acheptée, laquelle marchandise a esté veue et manyée par les dessus d. priseurs, et icelle revestue suyvant lachapt faict dicelle par le d. deffunct, pour ce fère exhibé, suyvant lequel achapt ilz ont accordé les prisées en la manière qui sensuit.

Premièrement une pièce de serge dascot (d'Escaut) double prisée 35 livres suivant le d. achapt, 35 l. t.
10 aulnes de velours renforcé à 10 l. 10 s. t. 105 l. t.
12 aulnes, façon de Florence, à 15 s. t. laulne 69 l. t.
7 pièces de camelot noir double à 11 l. 10 s. t. pièce 80 l. 10 s. t.
2 pièces de camelot noir à 8 l. 10 s. t. pièce 17 l. t.
2 pièces de camelot de colleurs à 8 l. 10 s. t. 17 l. t.
2 demyes pièces trippes, troys cordes, à 8 l. 10 s. t. pièce 17 l. t.
1 pièce treillys dallemaige (Allemagne) à 8 l. 10 s. t.
3 pièces boucassin blanc et noir à 115 s. t. pièce 17 l. 5 s. t.
5 bouttes de soye noire à 11 l. t. la boutte 55 l. t.
1 pièce de camelot Turquis 39 l. t.
5 pièces carrées à 6 l. 7 s. 6 d. t. 31 l. 2 s. 6 d. t.
10 aulnes et demye velour noir de Gênes, poil et demy à 11 l. 10 s. t. 115 l. t.
1 pièce serge noire double, descot 38 l. t.
10 aulnes satin noir à la Genevoise à 6 l. 15 s. t. 67 l. 10 s. t.
10 aulnes serge de Florance à 8 l. 15 s. t. 87 l. 10 s. t.
16 aulnes demy tiers serge façon dipre (d'Ypres) bon tinct à 45 s. t. 37 l. 7 s. 6 d. t.
1 pièce treillys d'Alemagne à 7 l. t.

1 livre et demye de passementz de soye noire à 15 l. t. la livre 22 l. 10 s. t.

4 pièces estamynes (étoffe) noire à 6 l. 10 s. t. 26 l. t.

3 aulnes, troys quartiers et demy, taffetaz, huit filz, Tours, à 3 l. 18 s. t. laulne 54 l. 2 s. 3 d. t.

7 livres passementz de soye noire 102 l. t.

Demye pièce de toille batiste 16 l. t.

Demye pièce de toille batiste 17 l. 10 s. t.

1 pièce demie ostade large d'Amyens 15 l. 10 s. t.

2 pièces camelotz noir Amyens, gros grain, à 9 l. t. 18 l. t.

17 aulnes de toille escrue, Flandre à 40 s. t. 34 l. t.

Demye pièce toille batiste fine 20 l. t.

30 aulnes de thoille blanche fine à 19 s. t. 28 l. 10 s. t.

2 pièces de serge d'Orléans, deux esteins (?), bon tain, fynes, à 26 l. t. pièce 52 l. t.

2 Demyes pièces trippe de Tournay, lustrées, fynes, six cordes, à 11 l. 10 s. t. 23 l. t.

2 pièces de cameloz d'Amyens, fines, à 8 l. 5 s. t. 16 s. 10 l. t.

57 livres et demye *saguette* fort fyne, d'Amiens, fillé, de plusieurs colleurs, à 36 s. t. la livre 103 l. 10 s. t.

2 livres escarlatte fyne à 3 l. 10 s. t. 7 l. t.

20 aulnes canevas de demye aulne à 7 s. t. l'aulne 7 l. t.

20 aulnes canevas dun quartier à 5 s. t. laulne 5 l. t.

50 livres de saigette (1) de diverses soyes, tant fyne que moyenne, prisée à 28 s. t. la livre 70 l. t.

1 livre 6 onces escarlatte fyne à ung escu sol. la livre 4 l. 2 s. 6 d. t.

2 grosses bouttons à seiglan (ou seiglain) noirs, à 6 l. t. la grosse 12 l. t.

1 grosse 1/2 de bouttons à limasse, à 4 l. t. la grosse 6 l. t.

1 groste 1/2 de bouttons noirs à melons, à 4 l. t. grosse 6 l. t.

1 grosse de bouttons noirs à limasse de 55 s. t.

5 grosses de bouttons à double carreaux faictz de cordon, à 55 s. t. la grosse 13 l. 15 s. t.

2 grosses de bouttons à limasse, moyens, à 3 l. t. la grosse 6 l. t.

9 douzaines de bouttons blancs à limasses, gros à 4 l. t. la grosse 3 l. t.

1 grosse, 9 douzaines de bouttons petitz melons, à 3 l. t. la grosse 105 s. t.

1 douzaine de ganz de Vandôme à 48 s. t.

(1) Lacurne ne donne pas ce mot, mais il indique, d'après Cotgrave, *Saitte*, ruban de soie grossière, et *Sayette*, étoffe de laine mêlée de soie. L'idendification n'est plus douteuse.

5 milliers de crouchetz à 13 s. t. le millier 3 l. 5 s. t.

4 milliers despingles blanches à 18 deniers 16 s. t.

1 douzaine esperons de 3 l. 10 s. t. 3 l. 10 s. t.

13 onces de ruban de Flandres, blanc de 29 s. t.

1 livre, 4 onces passementz de soye; galons de couleur à 16 l. t. la livre 20 l. t.

5 onces, 6 trézeaux cordons de soye noire à boutonière, à 14 l. 10 s. t. la livre 5 l. 4 s. 3 d. t.

10 bourses de cuir brodées de soye à 8 l. t. la douzaine 6 l. 13 s. 4 d. t.

2 livres, 1 once bouttons à queue de soye à 10 l. t. 21 l. 13 s. t.

19 paires bas destamos, noirs et coulleurs à 27 l. t. douzaine 42 l. 15 s. t.

Demye douzaine bas destames d'Angleterre à 3 l. t. pièce 18 l. t.

3 livres 6 onces soye platte à 17 l. t. la livre 57 l. 7 s. 6 d. t.

10 aulnes quart et demy tocque dargent à 15 s. t. laulne 7 l. 15 s. 6 d. t.

8 aulnes tissu de Gênes velourtté à 15 s. t. laulne 6 l. t.

8 douzaines ruban noir à border, à 28 s. t. la douzaine 11 l. 4 s. t.

2 pièces fustaines frizées à 8 l. 10 s. t. 17 l. t.

2 grosses desgluittes (*sic* (?) (éguillettes) de soye de coulleurs à 36 s. t. la grosse 72 s. t.

1 douzaine de bonnetz carré à 9 l. t.

3 livres fil de fert à 9 s. t. la livre 27 s. t.

1 grosse couste de baleyne de 11 l. 4 s. t.

1 douzaine de vergettes de 6 l. 10 s. t.

9 paires vergettes vielles, prisées à 4 l. 10 s. t. la douzaine 3 l. 7 s. 6 d. t.

5 faulconnières à 10 l. t. la douzaine 4 l. 3 s. 4 d. t.

7 pièces de jon à 10 s. t. la pièce 3 l. 10 s. t.

1 damyer de Brésil, garny de ses tables de 4 l. t.

3 pièces de jon de 10 s. t. la boutte 30 s. t.

Ung livre intitulé les Annales de France, couverte de peau de veau de 100 s. t.

Demye douzaine chappeaux noirs doublé de velours à 28 l. t. douzaine 14 l. t.

Demye douzaine chappeaux noirs doublé de taffetas, à grandz bordz à 20 l. t. douzaine 10 l. t.

Demye douzaine chappeaux noirs à bande de velours, garniz de coiffe de taffetas picqué, à 18 l. t. douzaine 9 l. t.

Toutes les marchandises cy dessus mentionnées ont esté remises dans le d. bahu.

A esté trouvé en la bouticque de la d. maison les marchandises cy après déclairez estant dans une quesse de boys fermant à clef, laquelle quesse a esté prisée 40 s. t.

8 aulnes de velours de Gênes, noir, troys poilz, à 13 l. t. laulne 104 l. t.

8 aulnes velour noir de Gênes, à 12 l. 10 s. t. laulne 100 l. t.

4 aulnes 1/2 et demy quart velour de Gêne à 11 l. t. laulne 50 l. 17 s. 6 d. t.

5 aulnes 3/4 velour de Gêne à 10 l. 10 s. t. laulne 60 l. 7 s. 6 d. t.

4 aulnes 3/4 velours de reyé noir à 8 l. t. laulne 38 l. t.

1 aulne 2/3 velours gris de Gêne 16 l. 13 s. 4 d. t.

6 aulnes 3/4 de velour vert Gêne à 10 l. t. laulne 67 l. 10 s. t.

5 aulnes 2/3 velour de Gêne, bleu, à 10 l. t. laulne 66 l. 13 s. 4 d. t.

9 aulnes de vellour noir à carreau, à 10 l. 10 s. t. laulne 94 l. 10 s. t.

10 aulnes velour de couleur vert, jaune et orange à 7 l. t. laulne 70 l. t.

3 aulnes demy tiers de vellour à ramaige à 10 l. t. laulne 31 l. 13 s. 4. d. t.

7 aulnes 1/2 taffetas de Tours, à bordz et façon à (prisée omise) »

Demye aulne de velour rouge en graine à 8 l. t. 8 l. t.

1 aulne taffetas noir frangé à 4 l. t.

Troys quartiers de damas cramoisy rouge à 7 l. t. laulne 5 l. 5 s. t.

Demye aulne et demy quart satin cramoisy à 7 l. t. laulne 4 l. 7 s. 6 d. t.

Demy tiers de velour en grène à 25 s. t.

1 aulne 1/3 taffetas rayé à 3 l. 15 s. t. laulne 5 l. t.

15 aulnes 1/2 damas noir à feulles de chesnes, à 6 l. 5 s. t. laulne 96 l. 17 s. 6 d. t.

13 aulnes 1/2 de taffetas noir rayé, à 100 s. t. laulne 67 l. 10 s. t.

1 aulne demy tiers satin noir à 100 s. t. laulne 5 l. 16 s. 8 d. t.

6 aulnes 1/4 de satin de Lucques à 6 l. 10 s. t. laulne 40 l. 12 s. 6 d. t.

2 aulne 1/2 satin noir au d. prys 16 l. 5 s. t.

9 aulnes 3/4 de satin vert à 6 l. 15 s. t. laulne 65 l. 16 s. 3 d. t.

5 aulnes de satin orange à 6 l. t. laulne 30 l. t.

4 aulnes quart et demy (1) grys et colombin, en deux couppons, à 4 l. t. laulne 17 l. 10 s. t.

12 livres 7 onces taffetas noir, en quattre couppons, à 16 l. 10 s. t. la livre 205 l. 4 s. 4 d. t.

4 aulnes taffetas cramoisy Tours, à 115 s. t. laulne 23 l. t.

10 aulnes 1/2 taffetas de diverses couleurs, en plusieurs couppons, à 40 s. t. laulne 21 l. t.

12 aulnes, quart et demy taffetas, quattre filz, en plusieurs couppons de diverses couleurs, à 28 s. t. laulne 17 l. 6 s. t.

(1) L'étoffe n'est pas indiquée à l'original.

30 aulnes taffetas à deux filz, de plusieurs coulleurs et plusieurs couppons, à 22 s. t. laulne 42 l. 18 s. t.
13 onces soye de coulleur à 16 s. t. lonce 10 l. 8 s. t.
7 onces soye noire à 14 s. t. lonce 4 l. 18 s. t.
2 petites dacquettes avec leur sinture et gibesière 25 s. t.
5 livres 1/2 passemant de soye noire à 13 l. t. la livre 71 l. 10 s. t.
7 livres 4 onces de passementz de plusieurs colleurs, de soye, à 10 l. t. la livre 72 l. 10 s. t.
Demy tiers de taffetas velourté 20 s. t.
5 douzaines chevrons larges à 10 s. t. la douzaine 50 s. t.
14 onces et argent falle (faille) de Chypre à 15 s. t. lonce 38 l. 10 s. t.
15 douzaines de bouttes dor et argent à 25 s. t. la douzaine 18 l. 15 s. t.
14 onces dor et dargent à border, à 24 l. t. le marc 42 l. t.
12 cordons de chappeaux, telz quelz, prisez 20 s. t.
25 onces fil d'Orléans à 60 s. t. la livre 4 l. 13 s. 9 d. t.
4 cordons de crespe de Reims et cinq cordons de crespe ly *(sic)* (lys ?) prisez ensemble 4 l. 10 s. t.
2 douzaines cordons tortillés de crespe à 4 l. t. la douzaine 8 l. t.
6 cordons de crespe rond à 40 s. t. la douzaine 20 s. t.
1 douzaine de cordons de feutre, doublez de soye 24 s. t.
2 crespes de soye et deux cordons rond 45 s. t.
1 sinturon de vellour 10 s. t.
2 douzaines *(sic)* huit aulnes ruban de Floret, à 54 s. t. la douzaine 8 l. 4 s. t.
3 aulnes ung quart crespe de soye noir, à 24 s. t. laulne 3 l. 18 s. t.
Une livre cind (ceints) de soye à 14 l. 10 s. t. la livre 14 l. 10 s. t.
3 guinpes dor et dargent à gros bord, à 9 l. t. la douzaine 45 s. t.
4 masques de satin à 15 l. t. la douzaine 26 s. 8 d. t.
6 aulnes 1/3 tocque dor à 16 s. t. laulne 5 l. 2 s. 4 d. t.
9 aulnes 1/4 de crespe à cresper, à 18 s. t. laulne 8 l. 6 s. 6 d. t.
13 aulnes serge de Mouy (1) noire, tint (teinte) de Paris, à 35 s. t. laulne 22 l. 15 s. t.
1 aulne 1/3 damas noir, et ung quartier et demy taffetas velourté, prisez ensemble 9 l. t.
Du mercredy 18 juin au dit an.
20 aulnes 1/2 canevatz à besongner, dun quartier de largeur, prisé 5 s. t. laulne 5 l. 2 s. 6 d. t.

(1) Probablement Mouy, chef-lieu de canton de l'Oise, où il y a de nombreuses fabriques d'étoffes aujourd'hui.

3 aulnes canevatz de demye aulne de largeur, à 7 s. t. laune — 1 l. 11 s. t.

Une pièce serge blanche d'Orléans prisée — 18 l. t.

Une pièce serge d'Orléans rouge prisée — 17 l. t.

1 pièce serge d'Orléans vert prisée — 17 l. t.

1 pièce serge vert prisée — 17 l. t.

16 aulnes demy tiers cramoisy pourpre à 32 s. 6 d. t. laulne — 27 l. 1 s. 8 d. t.

13 aulnes troys quartz et demy soye d'Orléans, cramoisy rouge, à 32 s. 6 d. t. laulne — 22 l. 11 s. t.

11 aulnes serge d'Orléans viollet et lavande, en deux couppons, prisez ensemble 30 s. t. laulne — 16 l. 10 s. t.

9 aulnes serge noire d'Orléans, bon teint, à 30 s. t. laulne — 13 l. 10 s. t.

1 pièce serge d'Orléans bon teint prisée — 26 l. t.

11 aulnes serge noire d'Orléans à 27 s. t. laulne — 14 l. 17 s. t.

4 aulnes serge d'Orléans à 27 s. t. laulne — 5 l. 8 s. t.

8 aulnes 1/2 serge my soye en deux couppons, façon de Paris, à 30 s. t. laulne — 12 l. 15 s. t.

1 pièce demiostade vert estroicte prisée — 6 l. 10 s. t.

1 pièce demiostade rouge estroicte prisée — 7 l. 10 s. t.

11 aulnes demiostade vert et rouge, en deux couppons, à 14 s. t, laulne — 7 l. 14 s. t.

6 aulnes serge rouge à 18 s. t. laulne — 5 l. 8 s. t.

7 aulnes serge d'Arras, façon de Lisle (Lille), à 46 s. t. laulne — 16 l. 2 s. t.

Demye pièce d'Arras, contenant unze aulnes à 26 s. t. laulne — 14 l. 6 s. t.

17 aulnes serge d'Arras à 23 s. t. laulne — 19 l. 11 s. t.

9 aulnes quart et demy serge d'Arras à 18 s. t. laulne — 8 l. 8 s. 6 d. t.

1 pièce demiostade façon de Lisle (Lille) prisée — 22 l. t.

2 aulnes 1/2, demy quart, de serge de Lisle à 38 s. t. laulne — 4 l. 19 s. 9 d. t.

8 aulnes 1/2 demiostade noire callandrée (1) estroicte à 14 s. t. laulne — 5 l. 19 s. t.

5 aulnes serge de Millan, rouge et noire en 3 couppons à 50 s. t. laulne — 12 l. 10 s. t.

1 pièce de serge noire dascot (d'Escaut), frippée, prisée — 36 l. t.

12 aulnes serge dascot, noire, frippée à 35 s. t. laulne — 21 l. t.

13 aulnes de serge dascot, frippée, en quattre couppons, à 35 s. t. laulne — 22 l. 15 s. t.

(1) Couleur de la calande ou calandre, oiseau du genre des alouettes. (Lacurne et Trévoux).

11 aulnes serge descot, frippée, à 34 solz laulne 18 l. 14 s. t.

17 aulnes 3/4 serge vert descot, teincte en soye, à 42 s. t. laulne 37 l. 5 s. 6 d. t.

1 pièce de serge descot, blanche, frippée 28 l. t.

17 aulnes serge descot, rouge cramoisy, à 33 s. t. laulne 28 l. 11 s. t.

12 aulnes 1/2 serge descot d'Amyens, à 26 s. t. laulne 16 l. 5 s. t.

3 aulnes quart et demy serge descot à 38 s. t. laulne 6 l. 8 s. 3 d. t.

1 aulne 1/2 serge dascot à 32 s. t. laulne 48 s. t.

5 aulnes serge blanche dascot à 25 s. t. laulne 6 l. 5 s. t.

4 aulnes 3/4 de serge de Mouys, verte, à 35 s. t. laulne 8 l. 6 s. 3 d. t.

1 pièce de camelot de Lisle, large 11 l. t.

— — vert Amyens 8 l. 10 s. t.

Demye pièce camelot vert d'Amyens 9 l. t.

1 pièce camelot Amyens orange 9 l. t.

— — bleu 9 l. t.

— cramoisy Amyens 10 l. 10 s. t.

7 aulnes 1/2 de camelot cramoisy Amyens, à 20 s. t. laulne 7 l. 10 s. t.

8 aulnes 1/2 camelot de Lisle à 20 s. t. laulne 8 l. 10 s. t.

20 aulnes camelotz en plusieurs couppons et de diverses coulleurs, à 15 s. t. laulne 15 l. t.

37 aulnes de petit camelot d'Amyens, à ply, en plusieurs couppons et coulleurs, à 9 s. t. laulne 16 l. 13 s. t.

1 pièce camelot Amyens, de viollet, à ply 4 l. 10 s. t.

16 aulnes de camelot ondé (ondulé), de plusieurs coulleurs, en 8 couppons, à 45 s. t. laulne 36 l. t.

3 aulnes 3/4 camelot ondé de soye noire, à 4 l. 15 s. t. laulne 17 l. 16 s. 3 d. t.

5 aulnes bural (bureau, bure) noir d'Auvergne à 10 s. t. laulne 50 s. t.

2 aulnes 1/2 bougran vert et blanc à 6 s. t. laulne 15 s. t.

8 aulnes 3/4 bural noir à 12 s. t. laulne 5 l. 5 s. t.

1 pièce de camelot d'Amyens, changeant 8 l. t.

2 pièces camelot vert boffi (boursouflé) priséez ensemble 19 l. t.

1 pièce camelot changeant d'Amyens 8 l. t.

4 aulnes de camelot changeant jaulne et vert, à 10 s. t. laulne 64 s. t.

6 aulnes de camelot grys boffy à 18 s. t. laulne 5 l. 8 s. t.

5 aulnes de camelot d'Amyens, de plusieurs coulleurs, à 14 s. t. laulne 3 l. 10 s. t.

1 aulne 1/2 camelot jaulne d'Amyens à 16 s. t. laulne 24 s. t.

(1) Moquette.

16 aulnes bural d'Auvergne, vert et grys à 10 s. t. laulne 8 l. t.
10 aulnes 3/4 mocade (moquette) double, à 20 s. t. laulne 10 l. 15 t.
7 aulnes burette, à 7 s. 6 d. t. laulne 52 s. 6 d. t.
2 pièces de bural lys envers, prisez ensemble 36 l. t.
1 pièce bural croissé envers 18 l. t.
15 aulnes bural lys et croissé en deux couppons, prisez ensemble à 30 s. t. laulne 22 l. 10 s. t.
2 aulnes 1/3 de thoille de Flandres, à 38 s. t. laulne 4 l. 8 s. 8 d. t.
15 aulnes 1/2 trippe de vellours vert figuré à 30 s. t. laulne 22 l. 10 s. t.
4 aulnes 3/4 trippe de velours noir, 4 cordes, sans lustre, à 40 s. t. laulne 9 l. 10 s. t.
2 aulnes de trippe lustrée, quattre cordes, à 40 s. t. laulne 4 l. t.
3 aulnes de trippe sans lustre, à 35 s. t. laulne 5 l. 5 s. t.
4 aulnes 1/2 de trippe lustrée, cinq cordes, à 45 s. t. laulne 10 l. 2 s. 6 d. t.
5 quartiers de trippe lustrée, à 40 s. t. laulne 50 s. t.
4 aulnes de trippe de velours noir à façon, à 30 s. t. laulne 6 l. t.
2 aulnes 3/4 de trippe, figurée, à 35 s. t. laulne 4 l. 16 s. 3 d. t.
5 quartiers de trippe de soye, à 4 l. t. laulne 5 l. t.
35 aulnes satin de Beurges (Bruges), de diverses colleurs, à 32 s. 6 d. t. laulne 56 l. 17 s. 6 d. t.
11 aulnes de futaine frangée grise et blanche, à 10 s. laulne 5 l. 10 s. t.
1 pièce bon bazin croissé envers 15 l. t.
id. id. 18 l. t.
8 aulnes 1/2 bon bazin, à 30 s. t. laulne 12 l. 15 s. t.
12 aulnes 3/4 de bon bazin croissé en troys couppons, à 30 s. t. laulne 19 l. 2 s. 6 d. t.
10 aulnes camelot noir Turquys, quatre fils, à 43 s. t. laulne 21 l. 10 s. t.
1 pièce de camelot Turquys ordinaire 16 l. 10 s. t.
8 aulnes quart et demy camelot Turquys ordinaire, à 32 s. laulne 12 l. 13 s. t.
4 aulnes camelot grys Turquys, à 30 s. t. laulne 6 l. t.
7 aulnes 1/4 gros de Naples changeant, à 35 s. t. l'aulne 12 l. 13 s. 9 d. t.
2 aulnes 1/4 thoille de Holande, à 50 s. t. laulne 5 l. 12 s. 6 d. t.
9 aulnes de thoille de Holande, à 30 s. t. laulne 16 l. 4 s. t.
10 aulnes de thoille de Holande, à 40 s. t. laulne 20 l. t.
11 livres fil d'Envers, à 4 s. t. la livre 44 s. t.
2 aulnes 1/2 de serge, my soye, à 38 s. t. laulne 4 l. 15 s. t.

7 buffetins, à 4 l. 10 s. t. pièce	31 l. 10 s. t.
5 peaux de chamoy, à 30 s. t. pièce	7 l. 10 s. t.
1 pièce de thoille de Holande, blanche, fyne, contenant 14 aulnes, à 3 l. 2 s. 6 d. t.	43 l. 15 s. t.
34 aulnes estames d'Auvergne, à 2 s. t. laulne	3 l. 8 s. t.
1 pièce destame dAuvergne	55 s. t.
6 bouttons de fil noir, à 30 s. t. la boutte	9 l. t.
12 onces de bouttes (pelotons) de soye, de plusieurs coulleurs, à 10 l. t. la livre	7 l. 10 s. t.
8 bonnetz en grene, à 8 l. t. la douzaine	5 l. 6 s. 8 d. t.
120 pacquetz fertz Jayet (*sic*), prisez ensemble à	100 s. t.
2 cordons de fournimens darquebeuze et les garnitures du pollevrin	40 s. t.
2 bourses, telles quelles	5 s. t.
7 bourses de velours, garnyz de truffetz (1), à 25 s. t. pièce	8 l. 15 s. t.
34 douzaines bouttons à double carreaux, à 30 s. t. la grosse	4 l. 5 s. t.
5 paires destriers, à 100 s. t. la douzaine	41 s. 8 d. t.
4 rames de papier *à la main*, à 22 s. 6 d. t. la rame	4 l. 10 s. t.
7 rames de papier *à rozette*, à 20 s. t. la rame	7 l. t.
Une garde espée	20 s. t.
40 peaux de mouton, cuyr de Parys, tant blanches que rouges, à 4 s. t. la pièce	9 l. 8 s. t. *(sic)*
Demye douzaine de bonnetz noirs, façon de Paris, prisez 11 l. t. la douzaine	5 l. 10 s. t.
8 bonnetz de la mesme façon et au mesme prys	7 l. 6 s. 8 d. t.
3 bonnetz à 6 l. t. la douzaine	30 s. t.
11 picadilles (2), prisez ensemble	33 s. t.
2 miroirs enluminez	30 s. t.
3 miroirs aussy enluminez, prisez ensemble	24 s. t.
3 miroirs, à 5 s. t. pièce	15 s. t.
3 scintures de beuf, bordées de passementz, à 20 s. t. pièce	3 l. t.
4 scintures de cuir à gibessière, telles quelles, priséez ensemble	16 s. t.
9 scintures de beuf et maroquin, brodées de soye et à pendant, à 6 l. t. la douzaine	4 l. 10 s. t.

(1) Voir Lacurne au mot truffaux. « Sorte d'atour... Ces femmes... ardoient devant tous les atours de leurs costes, comme bourreaux, *truffaux*, pièces de cuir ou de baleinne qu'elles mettoient en leurs chapperons pour estre plus roides..... » *(Journal d'un Bourgeois de Paris).*

(2) Revers des manches (Oudin, cité par Lacurne).

8 bandollières de cuir doré, à 20 s. t. pièce 6 l. t.

10 peaux de mouton passées en chamoy, à 3 l. t. la douzaine 50 s. t.

3 grosses 1/2 desguillettes de cuir, à 12 s. t. la grosse 42 s. t.

2 grosses 1/2 desguillettes de peau, à 6 s. t. la grosse 15 s. t.

22 aulnes 3/4 revesche (1) de Flandres, à 24 s. t. l'aulne 32 l. 2 s. t. *(sic)*

7 feutres longabordz *(sic)* (?), garniz de vellours, à 50 s. t. pièce 18 l. 10 s. t.

2 feutres couvertz de taffetas, à 15 s. t. pièce 30 s. t.

2 feutres façon de castor, prisez ensemble 40 s. t.

1 feutre plat, garny de velour 35 s. t.

id. id. 35 s. t.

3 feutres noirs, garniz de vellours, à 45 s. t. pièce 6 l. 15 s. t.

7 feutres de colleurs, doublez de vellours, à 30 s. t. pièce 10 l. 10 s t.

2 feutres de colleurs, doublé de taffetas 30 s. t.

8 feutres, doublez de taffetas, à 15 l. t. la douzaine 10 l. t.

3 feutres platz, garniz de taffetas et deux poinctuz, vieille façon, prisez ensemble 4 l. t.

14 feutres simples, à 8 l. t. la douzaine 9 l. 6 s. 8 d. t.

14 aulnes 1/2 futaine à menu grain, à 22 s. t. laulne 15 l. 19 s. t.

5 aulnes futaine, ramaige, blanche, à 28 s. t. laulne 7 l. t.

2 fauconnières de cuir, à 15 s. t. pièce 30 s. t.

44 battoners (batonet), à 2 s. 6 d. t. la pièce 5 l. 10 s. t.

Demye douzaine de brosses 20 s. t.

15 pièces de décrottoires, à 15 s. t. la douzaine 19 s. 9 d. t.

26 douzaines cordes de raquettes, à 6 l. t. la grosse 13 l. t.

14 colliers de levriers, prisez 2 s. 6 d. t. pièce 30 s. t.

5 laises de levriers, prisez ensemble 3 s. t.

8 livres de cotton cardé, à 15 s. t. la livre 6 l. t.

300 boucles à cortynes 15 s. t.

20 aulnes de canevatz à scellyer, à 3 s. t. laulne 3 l. t.

15 busques, prisez ensemble 20 s. t.

1 douzaine 1/2 fil en torchette 10 s. t.

7 douzaines 1/2 estiffetz (2) jaulne, à 4 s. t. la douzaine 20 s. t.

6 douzaines estiffetz blanc, à 2 s. 2 d. t. la douzaine 13 s. t.

7 douzaines fertz jaulnes, à chapperon, à 2 s. t. la douzaine 14 s. t.

(1) Revêche, sorte d'étoffe. On trouve ce mot dans Bassompierre (cité par Lacurne).

(2) Estiflet, sifflet (Lacurne). Voir à ce mot.

6 douzaines fertz blanc, à chapperon, prisez ensemble	6 s. t.
5 aulnes *thoille de Parys*, à 10 s. t. laulne	50 s. t.

Du Jeudi 19 Juin dit an :

21 peau de parchemyn, prisez à 36 s. t. la douzaine	3 l. 3 s. t.
5 douzaines troys pièces ruban, ondé, petit, à 30 s. t. la douzaine	7 l. 17 s. t.
4 douzaines ruban moyen, ondé, à 40 s. t. la douzaine	8 l. t.
2 douzaines, ondé, large, à 54 s. t. douzaine	5 l. 8 s. t.
1 douzaine orillons de frize, à 48 s. t. la douzaine	48 s. t.
3 orillons de drapt, à 30 s. t. la douzaine	7 s. t.
9 colletz à homme, de cuir de mouton, à 6 l. t. la douzaine	4 l. 10 s. t.
22 gibesnes (gibernes) de mouton et maroqin, noir et coulleur, à 40 s. t. la douzaine	3 l. 13 s. 4 d. t.
10 bourses de femmes, telles quelles	10 s. t.
3 douzaines espingles, façon de Parys, à 4 l. 10 s. t. la douzaine	13 l. 10 s. t.
2 douzaines 1/2 (1), à 3 l. la douzaine	7 l. 10 s. t.
8 jeux de tarotz, à 40 s. t. la douzaine	26 s. 8 d. t.
1 douzaine de cartes de Jehan Guynier, de 18 s. t. la douzaine (2)	18 s. t.
2 estrilles à cheval, *façon de Rouen*, à 7 *s. t. pièce*	14 *s.* t.
2 douzaines septausmes *(sic)* (3), en parchemyn et papier, à 20 s. t. la douzaine	40 s. t.
17 paires dheures à gros traict, prisez ensemble	17 s. t.
8 paires dheures Piccard, façon de Paris, à 6 l. 12 s. t. la douzaine	4 l. 8 s. t.
4 paires heures demy Piccard, à 6 s. t. pièce	24 s. t.
2 paires dheures brisées, prisez ensemble	8 s. t.
10 paires dheures de Rome, en latin et françoys, à 48 s. t. la douzaine	40 s. t.
9 paires scaultiers (psautiers) en coq (ou du coq) (4) dorées, à 4 l. 10 s. t. la douzaine	3 l. 2 s. 6 d. t.
1/2 douzaine heures en coq (ou du coq), à 36 s. t. la douzaine	18 s. t.

(1) L'objet n'étant pas indiqué à l'original, il s'agit, sans doute, d'épingles comme à l'article précédent.

(2) S'agit-il de cartes à jouer faites par Jean Guinier ?

(3) Il faut, probablement, lire sept psaumes (les sept psaumes de la Pénitence).

(4) Sans doute la marque de la famille Lecoq, libraires et peut-être imprimeurs à Troyes. Un Jean Lecoq est témoin à un acte en 1506 (E. 374).

3 douzaines fattras commun, à 2 s. 6 d. t. la douzaine 7 s. 6 d. t.

1 douzaine 1/2 de ruban ondé petit, à 30 s. t. la douzaine 45 s. t.

2 chemises de cotton, telles quelles, prisez ensemble 50 s. t.

1 douzaine de gertières (1), à 18 s. t. la douzaine 18 s. t.

5 martz 1/2 or et argent de (2) Bassin, à 32 s. t. le marc 8 l. 16 s. t.

1/2 douzaine demy saintz de velours, à 3 l. t. la douzaine 30 s. t.

1/2 douzaine demy saintz de tint *(sic)*, à 30 s. t. la douzaine 15 s. t.

1 douzaine 1/2 demy saintz de satin brodez, à 24 s. t. la douzaine 36 s. t.

4 douzaines traces *(sic)* de Rouen, fort piettre, à 8 s. t. la douzaine 32 s. t.

2 douzaines 1/2 de ruban à scinture, de Rouen, large, à 12 s. t. douzaine 30 s. t.

1 grosse de boucle à boutte, garniz de boutz, avec 8 douzaines boutons dassier, le tout prisé ensemble 3 l. t.

4 grosses de bouttons à carreaux blanc, de fil, à 4 s. t. la grosse 16 s. t.

19 douzaines de bouttons à cocquille, de fil, à 6 s. t. la grosse 9 s. 6 d. t.

6 grosses bouttons de plusieurs façons, à la vieille façon, telz quelz, prisez la grosse 20 s. t. 6 l. t.

3 douzaines 1/2 de pignes, à 5 s. t. douzaine 17 s. 6 d. t.

10 callemartz (écritoires), une douzaine de petitz pignes, prisez ensemble 20 s. t.

13 ganivetz (3), prisez ensemble 20 s. t.

1 douzaine de passementz de Lisle, vingt toilles, prisez la douzaine 10 l. t.

1/2 douzaine de passementz, quinze toilles, telz quelz, prisez 6 l. t. douzaine 3 l. t.

6 livres ponce canelle *(sic)*, à 20 s. t. livre 6 l. t.

2 livres 1/4 de gingembre, à 14 s. t. livre 31 s. 6 d. t.

2 livres de menuz canelle *(sic)*, à 30 s. t. livre 3 l. t.

4 livres ponce de roupe *(sic)*, telles quelles, à 12 s. t. livre 48 s. t.

2 grosses 1/2 grandes esgulettes (aiguillettes) de fillorelle (filoselle), à 32 s. t. grosse 4 l. t.

2 grosses esgulettes de Padou (4), à 45 s. t. grosse 4 l. 10 s. t.

7 grosses esgulettes de fillorelle, à 26 s. t. grosse 9 l. 2 s. t.

(1) Jarretière. Voir Lacurne au mot Gertier.

(2) Le mot Bassin a été substitué à celui de Boutougne qui a été rayé.

(3) Ganivet, couteau (Lacurne).

(4) Nom donné à des rubans de bourre de soie du nom de la ville de Padoue, où ils se fabriquaient.

2 grosses 1/2 esgulettes de soye, à 10 s. t. grosse	5 l. t.
50 deiz (dé) à couldre,	10 s. t.
3 livres 1/2 fil dEspinoy, à 17 s. t. la livre	59 s. 6 d. t.
1 livre fil dEspinoy, à 15 s. t.	15 s. t.
7 bonnetz de soye, à 20 s. t. pièce	7 l. t.
1 livre 10 onces fil vert et rouge, tint en soye de Parys, à 22 s. t. la livre	35 s. 9 d. t.
1 livre 3 onces fil de cloistre, à 100 s. t. la livre	5 l. 18 s. 9 d. t.
20 onces fil de coulleurs, façon de Troye, à 12 s. t. livre	15 s. t.
6 douzaines de gantz, à 11 s. t. la douzaine	15 l. 8 s. t.
18 paires gertières de soye, à 8 l. t. douzaine	12 l. t.
1 grosse cordon de chemise, avec huict pièces bordons de layne	10 s. t.
17 pièces ruban de Rouan à scinture, à 5 s. t. pièce	4 l. 5 s. t.
1 *grosse* bourdon (1), façon de Rouen, de couleur	100 s. t.
1/2 douzaine bonnetz de nuict, destamé et taffetas, prisez douzaine 100 s. t.	50 s. t.
2 paires de chausses de layne, telles quelles	15 s. t.
12 onces cappiton, à 10 s. t. la livre	30 s. t.
2 livres 1/2 floret (2) colleurs, tel quel, à 4 l. t. la livre	10 l. t.
2 douzaines ruban de passementz de fil, et 12 aulnes petites cosstez *(sic)* (?), prisez ensemble	15 s. t.
4 aulnes de toilles bastiste, en troys couppons, à 30 s. t. laulne	6 l. t.
8 aulnes 1/2 thoille de Cambray, à 40 s. t. laulne	17 l. t.
4 aulnes 1/2 thoille de Cambray, à 3 l. 10 s. laulne	15 l. 15 s. t.
4 aulnes 1/2 thoille de Cambray, à 3 l. 8 s. t. laulne	15 l. 6 s. t.
1/2 pièce de thoille de Cambray	14 l. t.
3 aulnes 1/2 thoille de Cambray, à 50 s. t. laulne	8 l. 15 s. t.
3 aulnes de toille de Cambray, à 50 s. t. laulne	7 l. 10 s. t.
4 aulnes de toille de Cambray, telle quelle, à 20 s. t. laulne	4 l. t.
Ung contouer fermant à deux serrures	6 l. t.
Ung banc à se seoir, prisé ensemble le marchepied	3 l. 10 s. t.
Une paire daumoères (armoires), au-dessus de laquelle y a deux fenestres fermant à clef	6 l. t.
2 aultres paires daumoères enfoncées, avec deux trappans et une eschelle de bouticque, prisez ensemble	12 l. t.

(1) S'agit-il de bâtons de pèlerin ou de grains de chapelet? Voir Lacurne au mot Bourdon.

(2) Sans doute *Florete*, soie tirée de la bourre enveloppant le cocon, chape (Lacurne).

8 laiettes, telles quelles, prisez ensemble, et ung tiroer, le tout 50 s. t.

5 ballances, grandes et petites 3 l. t.

Une paire de scireaux, telz quelz 4 s. t.

3 aulnes de canevatz à besongner, à 24 s. t. laulne 3 l. 12 s. t.

8 aulnes de toillat, à 4 s. t. laulne 32 s. t.

Ung marc comblet, pesant seize livres, prisé deux escuz 6 l. t.

Ung marc de dix livres et ung marc dune livre, prisez ensemble 24 s. t.

4 espées, telles quelles 100 s. t.

2 pougnartz 20 s. t.

2 pistollez, et troys huletz de fert, et ung foureau, et deux cartouches, telz quelz 12 l. t.

2 arquebouze, avec ung fournimant de Millan et le poullevrin, prisez ensemble 15 l. t.

2 arbalattre, une droicte et laultre à roullet, prisez ensemble 14 l. t.

Ung morion 40 s. t.

2 petitz espieux 40 s. t.

Ung meschant espieu, tel quel 7 s. 6 d. t.

Une cuirasse 18 l. t.

Une vallize, telle quelle (1) 10 s. t.

Crédit commercial :

Sensuyt les debtes trouvée sur le papier-journal du d. deffunct, escriptes en ces motz et telz que declarez seront cy après :

Doibt mon cosin de Vaulx, pour marchandises prises par sa femme, drès le 20e jour de décembre, la somme de 5 l. 14 s. 7 d. t.

Plus doibt monsieur Hobellain, du 24 avril, 9 aulnes 1/2 disgros (?) de Milan, à 4 livres laulne, dont y a sentence, pour ce 38 l. t.

Plus doibt M. Vincent, de reste de marchandise 43 l. 10 s. t.

Plus doibt Me Anry Regnauld, pour marchandise prinse par sa femme 4 l. 14 s. t.

Ung nommé Pierre Théveneau, de Saint-Cyre (Saint-Cyr-les-Colons), doibt 44 s. 8 d. t.

Plus la fille du sire Guillaume Delorme, femme de Francoys Boucher 5 l. 2 s. t.

Plus doibt M. Lalouat, ladvocat du Roy, pour marchandise 7 l. t.

Plus doibt mon cosin le conseiller Fresnay, par partie 18 l. 12 s. 6 d. t.

(1) Le total de la prisée des marchandises monte à 5,550 l. t. environ, à peu près 30,000 francs d'aujourd'hui.

Plus doibt le sire Pierre Lenfant, pour marchandise 11 l. t.

Plus doibt le sire Jehan Chappotin lesnel, d'Irancy, par partie 48 l. 10 s. t.

Plus doibt le sire Jacques Blandin, marynier 51 s. t.

Plus doibt la vefve Jehan Lelièvre, pour marchandise 9 l. 12 s. 3 d. t.

Plus doibt Me Joachim Ferroul, conseiller, par partie 96 l. t.

Plus doibt Jehan Berthier, demourant à la paroisse Saint-Loup, pour marchandise prinse par sa femme 6 l. 9 s. t.

Plus doibt Madame la greffière Ferroul 13 l. 17 s. 6 d. t.

Plus doibt le sire Jehan Bourgoin, marynier, par partie 35 l. 16 s. t.

Monsieur Gramain, de Collanges-sur-Yonne, doit, par partie 52 s. 6 d. t.

Plus doibt le sire Guillaume Delorme, par partie 8 l. 2 s. t.

Plus doibt le sire Estienne Marcilly, pour marchandise 11 l. 10 s. t.

Mon père me doibt, par partie, pour marchandise 58 l. 15 s. t.

Alexis Chasneau doibt, par partie 24 s. t.

Plus doibt Madame Goureau, par partie, pour marchandise, *la somme* de 10 l. 15 s. t. pour response faicte pour sa fille 10 l. 15 s. t.

Ung nommé Francoys Platard, de Fleury, doibt, pour reste de marchandise 36 s. t.

Plus doibt Madame Agnès Jaru de Tournayre, par partie, à cause de marchandise 16 l. 10 s. t

La vefve du sire Loys Guillon doibt, pour reste de partie 3 l. 16 s. t.

Plus doibt Laurent Fauleau, marynier, pour marchandise 3 l. 6 s. t.

Plus doibt Monsieur Villon, par partie, la somme de 11 l. 7 s. t. drès le moys davril 11 l. 7 s. t.

Edmonne Frouby, vefve de feu Guillaume Bourgoin, doibt 4 l. 4 s. t.

Claude Liau doibt, par partie, la *somme* de 7 l. 8 *s.* t. drès le 6e de juin 7 l. 8 s. t.

Plus doibt Edme Orset, marynier, pour marchandise prinse pour sa femme, la somme de 52 s. 6 d. t. drès le 30e jour de juing 52 s. 6 d. t.

Plus doibt Me Toussainct Daubuz, pour marchandise pour sa femme 49 l. 11 s. t.

Plus doibt Me Michel Pourré, pour marchandise 36 s. t.

Plus doibt dame Marye Pourré, de reste de marchandise, le 16 may 9 l. 15 s. t.

Plus doibt Thoinette Daudier, des Chenetz, par partie 37 s. t.

Plus doibt le sire Germain Marcilly, drès le 13e jour davril, pour marchandise 8 l. 15 s. t.

Plus doibt Laurent Martin, par partie 33 s. t.

Le cousin Laurent Martin doibt 5 l. 10 s. t.

Plus doibt Me Jehan Dabenton, par partie 12 l. 10 s. t.

Plus doibt Edme Delapierre, pour marchandise 5 l. 4 s. t.

Le sire Estienne Théveneau doibt, par partie 3 l. 6 s. t.

Francoys Girard, lieutenant dHéry, doibt, pour marchandise prinse par sez filz 15 l. t.

Mon frère Pierre Berault doibt, par partie, à cause de marchandise 18 l. t.

Le sire Pierre Mamerot doibt, par partie 11 l. 5 s. t.

La fille de Me Estienne Dechombre doibt, pour marchandise 5 l. 18 s. t.

Ung nommé Mourran, recepveur de monsieur dAucerre, doibt la somme de 46 escuz, par sentence 46 écus.

La vefve Jehan Febvre doibt, par sentence 12 l. t.

La d. vefve (Delafaye) a declairé luy estre deub par la vefve Jobeleau, de Serain, quatre escuz soleil, par sentence dont les pièces sont entre les mains de Pierre Mesley 4 écus.

(E. 409).

26 Janvier 1587. — Inventaire après décès de Philippes Le Brioys, femme en secondes noces de Mr Claude Jeannequin, procureur au bailliage d'Auxerre, dans lequel on remarque les objets suivants :

Six boutons dor, émaillez de blanc, noyr et vert, faitz en poincte, pesant »

Ung cueur dor, auquel y a dun costé une Saincte Barbe, et daultre ung Sainct Jehan, emaillez, pesant »

Sept marques de chappellet dor non émaillez ; troys bagues dor à mettre aux doigs, esquelles y a enchassé, scavoir : en lune une agatte, et en laultre une licorne, et laultre une ronde. Le tout remis en une petite boete de satin »

Ung demy seings garny de troys chaisnes, le tout dargent, où y a une bourse et ung bourson, dans lesquelz ne cest trouvé aulcune chose ; le d. demy seing et chesne pesant »

Ung tableau de thoille paincte, où y est figuré la descente de la Croix de Jesus Crist, enchassé en boys de chesne 10 s. t.

Deux tableaux, lun de la Nativité Nr Seigr, et laultre où est figuré une Nostre Dame enchassée en boys de chesne 12 s. t.

(E. 409).

1591. — Extrait de l'inventaire après décès de Pierre Crethé le jeune, en son vivant receveur des décimes pour le roi au diocèse d'Auxerre.

Portraits de famille :

Trois tableaux, savoir : deux diceulx des père et mère de la d.

vefve (1), et ung plattre du dit deffunct son dit mary, prisez ensemble 2 écus.

Argenterie et bijoux :

Deux couppes dargent, pesant dix huict onces, priséez chascune once 50 s. t.; icelles couppes estant dorées par les pognées et aux bordaiges, garnies de leur estuy de cuir boully, prisé 20 s. t., revenant à 15 écus 1/3

Deux sallières et une escuelle, le tout dargent, les deux sallières dorées par le dessus et aux bordaiges, et la d. escuelle par le dessus des deux oreilles et bordaiges, le tout pezant 18 onces, prisée chascune once 50 s. t. 15 écus sol.

Dix cuilliers dargent, pezant ensemble onze onces, prisée chascune once 40 s. t., pour ce 7 écus 1/3

Plus a esté trouvé en ung petit couffre de bois, painturé en façon de bahu, cinq bagues dor à mettre au doigt, une retrainte dor émaillée dazur, une paire de braceletz dor a petites chesnes, et une marque dor en forme de patenostre, le tout pezant trois onces, prisée chascune unce 8 écus sol 24 écus sol.

Plus ung chappelet de corail, avec cinq marques dor, les d. cinq marques pezant ung escu et demy 1 écu 1/2

Plus ung disain de gros cristal, entaillé avec dix gerbes et une croix, le tout dor, et une perle fine au bout dicelle croix 4 écus sol.

Plus ung sainturon de cristal entaillé, garny de cinquante quattre petittes gerbes dor 4 écus sol.

Une croix dargent doré, garnie de son anelet dargent doré, et une fine perle au bout dicelle, le tout pesant demy unce deux trezeaux 45 solz t.

Ung gros corail enchassé dargent 25 s. t.

Plus ung demy ceint garny de sept chesnes dargent, une chaisne à clefz avec la clercelière (serrure probablement), une tasse à gouster vin, le tout dargent, pesant une livre six unces, prisée chascune unce, 40 s. t. 44 l. t.

(E. 435).

1595. — Inventaire après décès de Edmée Billard, femme de Germain Bergeron, marchand à Auxerre, dans lequel on remarque :

Une caisse de bois de sapin 4 l. t.
contenant :

(1) Née Marie Bouvier.

POTERIES :

Deux paires moyens vazes, une paire de vazes canellez, ung peu plus grand ; une aultre paire de vazes pinturés, une paire de vazes demy tiers, quatre paires vazes quartz, quatre paires demy quartz à godirons (1), seize esguières moyennes canellées, une douzaine desguières tant grandes que petites ; vingt sept sallières tant plaines que canellées, six aultres sallières longues ; treize bréchers (2) ; huict petites esguières ; dix beurisiers (beurriers) ; trois goinbeles (gobelles, gobelets ?) ; trois grandz platz bassins pinturez ; une douzaine de grandes bouestes pinturées servant à appoticaire, deux douzaines daultre bouestes moyennes ayant des piedz ; cinq escuelles à oreilles ; onze salladains (saladiers), une douzaine et demye de grande vaisselle, une douzaine petite vesselle à dessert, et encores deux grandz vazes, ung plat bassin. Le tout de poterie façon de Nevers et de Cosne, prisez ensemblement 75 l. t.

(E. 435).

1603. — Extrait de l'inventaire après décès de Claude Servin, voiturier par eau à Auxerre.

MATÉRIEL INDUSTRIEL (trouvé dans le grenier) :

Un châbleau (câble) de cordes fort viel et usé, fautil (fautif, mauvais), à six chevaux ; un aultre chableau à quatre chevaulx, fautil et fort usé ; quatre obans (haubans) servant de fermeure de bateaux et autres menues cordes. Plus neuf avirons, seize perches ferrées, une quillette, une ancre et autres menuz harnois, servant à bateau 64 l. 10 s. t.

BATEAUX (trouvés dans la râcle d'Auxerre) :

Un bateau appelé *passechevaulx*, de huict pilles, portant trois muidz en fond, garny de son gouvernet et levées 100 l. t.

Un grand bateau appelé *Marnois*, de neuf pilles, portant six muidz en fond, garny (comme dessus) 210 l. t.

Un autre bateau de neuf pilles, portant cinq muids en fond, fort viel et gasté, garny (comme dessus) 105 l. t.

(1) Goderon (godrons, moulures ovales faites aux bords de la vaisselle (Lacurne).

(2) Bréchet, sorte de cruche. Nom donné dans l'Auxerrois à une espèce de cruche de terre qui a un petit goulot au-dessous de sa principale ouverture ; semble venir des mots *brocheta* et *bochetus*, de Du Cange. Mesure de liquide (Lacurne).

Un autre bateau de huit pilles, portant quatre muids en fond, appelé *barquelle*, garny (comme dessus) 165 l. t.

Un petit passechevaulx de six pilles, portant deux muids en fond 45 l. t.

Un petit bachot appellé *flambard*, garny de sa chesne 6 l. t.

Un bateau appellé barquelle, portant cinq muids en fond, de huict pilles, garny de son gouvernet 105 l. t.

La prisée des d. bateaux et équipages faicte par Mérat, sergent royal, et aultres prudhommes appellez par les d. parties, comme ilz ont recogneu.

(E. 435).

14 Octobre 1610. — Inventaire après décès de noble Eusèbe Légeron, substitut de MM. les gens du Roi, à Auxerre, dans lequel on remarque :

Ung portret enchassé en filz dargent, qui est le coronnement du deffunct roi Henri quatriesme 20 s. t.

Ung cachet divoire où sont les armes du d. deffunct, en argent 16 s. t.

et les livres ci-après constituant sa bibliothèque :

Dictionarium latino gallicum postremum, couvert de veau rouge 30 s. t.

Platonis opera, couvert de veau noir 50 t. t.

Horatius Flaccus cum commentariis Dionisii Lambini, couvert de veau rouge 40 s. t.

Plinii Caecilii Secondi opera, couvert de bazane vert 25 s. t.

Luciani Samosatensis opera, couvert de veau rouge 20 s. t.

Proverbia Salomonis, couvert de veau rouge 4 s. t.

Epistola domini Petri abatis, couvert de parchemin 16 s. t.

Biblia, couvert de veau noir 32 s. t.

Les Commentaires de Jules Césart, des guerres de la Gaule, couvert de parchemin 40 s. t.

Summa conciliorum et pontificum, couvert de veau rouge 10 s. t.

Selecte similitudines sive colationes, couvert de veau noir 10 s. t.

Emblêmes d'Alciat de nouveau translatez en françoys, couvert de veau rouge 15 s. t.

Natalis Comes, couvert de parchemin 20 s. t.

Institutiones oratoris Quintuliani, couvert de veau noir 25 s. t.

La flanelle amoureuse de M. Jean Bocace, couvert de parchemin 5 s. t.

Le bouclyer de la foy, couvert de parchemin 5 s. t.

Lystoire des successeurs de Alexandre Legrand (*sic*), couvert de parchemin 5 s. t.

Urbani Belluuensii, Institutiones gresse, couvert de veau rouge 8 s. t.

Plinii Secondii naturalis historie libry viginti octo, sans couverture 5 s. t.

Les funéralles et diverses manières dancevelir les Romains, couvert de parchemin 16 s. t.

La bible en françoys, couvert de veau rouge 32 s. t.

Mirouer universel des arts et siances de M. Léonard Formanti, couvert de velin 16 s. t.

Aforismi Ipocratis gresce et latine, couvert de veau rouge 10 s. t.

Discours sur les moiens de bien gouverner et maintenir en paix ung royaulme, couvert de parchemin 5 s. t.

Erisi puteani opera, couvert de parchemin 5 s. t.

Ludovici Gomesencis (? *sic*) episcopi Sarnancis comentaria in regulas causelaris judiciales, couvert de veau noir 16 s. t.

Macrobii Ambrosii Orelii Theodosii viri consularii in somnium Sipionis libri duo, Saturnaliorum libri octo, couvert de parchemin 8 s. t.

Scolia in omnes divi Poli epistolas auctore Joannes Galeo, couvert de veau rouge 8 s. t.

Histoire derodiam, couvert de parchemin 10 s. t.

Leonis pape primi omilie, couvert de parchemin 8 s. t.

Plini Secundy historie mondi libri triginta septem, en ung tome, couvert de parchemin 8 s. t.

Ronsart, couvert de parchemin 5 s. t.

Les bigarures du seigneur des Accordz, couvert de parchemin 5 s. t.

Les Mémoires de messire Philippe de Comines, couvert de parchemin 10 s. t.

Vallerius Maximus, couvert de veau noir 7 s. t.

Homeri Odyssea, couvert de veau rouge 8 s. t.

Commentaria Julii Cezari, couvert de veau rouge 10 s. t.

Déclaration des principaux motifs qui induisent le (illisible) à léglise catholicque 4 s. t.

Discours philosophicque de Carondas, couvert de parchemin 5 s. t.

Œsophie fabule, couvert de peau verte 3 s. t.

Cœlius Lactentius Firmanius, couvert de parchemin 10 s. t.

Quelques œuvres de M. Tulus Ciceronis, couvert de veau rouge 3 s. t.

Ung Virgile latin et françois, couvert en parchemin 10 s. t.

Hesiodus, couvert de parchemin 10 s. t.

Deuxiesme volume des œuvres moralles et meslées de Senecque, estant en parchemin 12 s. t.
Apostefgmata Erasmi, couvert de peau noire 14 s. t.
Dionisius Halicarnasius, couvert de veau rouge 10 s. t.
Psalterium Davidis, couvert de peau noire 4 s. t.
Annotationes Petri Mocellii in libros Gellii 4 s. t.
Briviarium romanum, couvert de peau noire 30 s. t.
Stanilasus Hosus, couvert de parchemin 8 s. t.
Le gouvernement de vivre longuement en santé, couvert de parchemin, bien usé 5 s. t.
Janus Paceratus, couvert de papier bleu 1 s. t.
Institutiones juris canonici, couvert de parchemin 4 s. t.
Aurelius Augustinus Yponensis episcopus, couvert de veau rouge 15 s. t.
Nouveau testament en petit volume, couvert de rouge 12 s. t.
Titus Livius Patavinus, couvert de veau rouge 10 s. t.
Joannes Echinis, couvert de parchemin 3 s. t.
Evangelium secundum Marcum, couvert de rouge 10 s. t.
Chronologia seriem temporum et historiam rerum in orbe gestarum continens, couvert de vellain 8 s. t.
Enchiridium psalmorum, couvert de rouge 4 s. t.
Traité utille et nécessaire composé par Nicolas Théveneau, advocat en la cour présidialle à Poitiers, touchant la nature de tous contratz, pactions et convenances, estant en petit volume et couvert de parchemin 5 s. t.
Institutes de Théophile, couverte de veau rouge, en petit volume 8 s. t.
Forme et ordre de plaidoierie en toutes les cours royalles et subalternes de ce royaulme, couvert de veau noir 8 s. t.
Annotationes Guillellemy Budey in Pandectarum libros, couvert de veau rouge 20 s. t.
Aultre livre contenant les reigles de droit, couvert de parchemin 4 s. t.
Institutes de Justineam, en petit volume, couvertes de parchemin 8 s. t.
Philippy Decidii Mediolani scripta super titulis de regulis juris, couvert de veau rouge 8 s. t.
Les quatre livres des Institutions foraines, comprises en ung thome, couvert de parchemin 12 s. t.
Synoticque sommaire des principaulx moyens du procès dentre Me Guillaume appellant, contre sa femme inthimée 2 s. t.
Paraphraze du droit des dismes eclesiasticques, par Françoys Gribuodet, couvert de parchemin 8 s. t.

Plaidoyer de Me Loys Dolle, advocat en parlement 3 s. t.

Joannis Corazii Tolozatis in universam saserdosiorum materiam, couvert de parchemin 8 s. t.

Praxis rerum criminarium, authore Yediquo Danchoderio Brugensis, couvert de veau noir 16 s. t.

Decisiones parlamenti Dalphinatis, per Guidonem Pape, couvert de veau noir 12 s. t.

Traité de la garentye des rentes, couvert de parchemin 5 s. t.

Institutionum forensium Gallie libri quatuor, couvert de bazane verte 8 s. t.

Les mémoires et recherches de Jehan Dutillet, greffier de la Cour de parlement à Paris, couvert de parchemin 12 s. t.

Les Coustumes du bailliage deTroye, couvert de parchemin 16 s. t.

Le grand Coustumier de France, couvert de veau rouge 12 s. t.

Aymaris Rinallii Allobrogis civilis historie juris, couvert de veau noir 12 s. t.

Coustumes du bailliage d'Aucerre, couvert de parchemin, fort usé 10 s. t.

Œuvres de Dubertas, couvert de parchemin 10 s. t.

Masuerii juris consulti Galii praticqua forensis 10 s. t.

Briefve et succinte manière de procedder tant à linstitution, tant des causes criminelles que civilles, couvert de parchemin 6 s. t.

Erreurs populaires au fait de la médecine, couvert de parchemin 5 s. t.

Epicteti chiridium, en petit volume, couvert de parchemin 3 s. t.

Brevissima et facilima in omnes divi poli epistolas, couvert de veau rouge 8 s. t.

Traitté des loys abrogées et (illisible), couvert de parchemin dun cousté 3 s. t.

Plaidoié de Me Simon Marion, advocat en parlement, couvert de parchemin 8 s. t.

Ordonnances du Roy Charles neufiesme, à l'Assemblée des Estatz, à Moulins, cinq cens soixante six, couvert de parchemin 6 s. t.

Enquiridium du brief recul du droit escript et observé en France, couvert de parchemin 6 s. t.

Isidori de arte rhettorica liber, couvert de veau rouge 5 s. t.

Margarita philosophica, couvert de veau noir 16 s. t.

Virtum in Comia [Virtutum encomia ?], couvert en parchemin 6 s. t.

Sommion Sipionis, couvert en parchemin 5 s. t.

Questiones sacrorum *ordinum*, couvert de parchemin 3 s. t.

Herodium epistole 4 s. t.

Polybii Megalapolitani historiarum libry priores quinque Nicolao Perotto Sepantino interpreto, couvert de bazane 10 s. t.

De ratione syllabarum brevis isagoge, couvert de veau noir 3 s. t.

Clementis Alexandrini opera, couvert de veau rouge 12 s. t.

Justi Lipsi ad libros annalium, couvert de veau rouge 10 s. t.

Theocriti aliorumque poetarum Idilia, couvert de parchemin 8 s. t.

Davidis regis psalmorum liber greco latinus, couvert de veau rouge 5 s. t.

Pharadocye *(sic)* (Paradoxes) *sur lincertitude*, vanité et abus des sciances, couvert de parchemin 12 s. t.

Inquiridium.psalmorum, couvert de veau rouge 3 s. t.

Corpus juris canonici, couvert de bazane verte 4 s. t.

Remonstrance tres humble au Roy tres chrestien 3e (*sic*), couvert de parchemin 6 s. t.

L'Agriculture et Maison rustique de MM. Pierre et Jehan Liebault, docteurs en médecine, *couvert* de parchemin 30 s. t.

Comantaires *sur* la sepmaine de la création du monde de Guillaume Dubertas, couvert de parchemin 16 s. t.

P. Virgilii Maronis opera, cum commentariis Servi Marii et Tiberi Donati (?), en grand volume, couvert de veau rouge 40 s. t.

Vetustissimorum comicorum quinquaginta *opera*, couvert en bazane 12 s. t.

Ciceronis opera *omnia*, couvert de veau noir 3 l. t.

Ung Calpin, couvert de veau rouge 4 l. t.

Lexicom grecom latinom (*sic*), couvert de veau rouge 25 s. t.

Description de l'Africque, tierce partie du monde, couvert de veau rouge 25 s. t.

Ambrosi Calepinus (*sic*) quinque *linguis constans*, couvert de veau noir 25 s. t.

Titi *Livi* opera, couvert de veau rouge 25 s. t.

Plutarchi Chaeronei opera, couvert de veau noir 20 s. t.

Eclesiastice historie auctores, couvert de veau noir 35 s. t.

Quintus Cursius, couvert de veau rouge 8 s. t.

Cornelii Taciti opera, couvert de rouge 10 s. t.

Plinius Secondus, estant en *grand volume*, couvert de peau noire 30 s t.

Les œuvres de Plutarques, en françois, estant en trois volumes et couvert en bazane 60 s. t.

Dictionarium seu latine lingue thesorus, couvert de peau rouge 3 l. t.

Institutiones Clenardi, couvert en parchemin 8 s. t.

Sanctiones eclesiastice, couvert en parchemin 15 s. t.

Commentationes Philippi Beroaldi in sue tranquilum, couvert de peau rouge 20 s. t.

Opera Quinti Septimii Florentini Tertuliani, couvert de peau rouge 25 s. t.

Noblesse antienne remarquable de mérite et dhonneur, couvert de parchemin 5 s. t.

Nicephori Callisti sanctopuli opera, couvert de parchemin 16 s. t.

Opera Erasmi, couvert de veau rouge 10 s. t.

Les quatrins de Pibrac, estimés 12 d. t.

Economia sacra circa pauperum curam, couvert de parchemin 10 s. t.

Histoire de Josèphe, couvert de parchemin 16 s. t.

Aulus Gelius, Auli Geli, couvert de peau rouge 10 s. t.

In Ciceronis particiones commentaria, couvert de parchemin 3 s. t.

Marci Annei Lucani opera, couvert de parchemin 5 s. t.

Chiromencie ephicio gnomie *(sic)* (1), couvert de parchemin 4 s. t.

Les faictz et conquestes d'Alexandre le Grand, couvert de parchemin 10 s. t.

Ung traité de Nicolas Vaul, touchant quelques questions douteuses, couvert en parchemin 10 s. t.

Les édictz et ordonnances du roy François deuxiesme, en françois, couvert en parchemin 15 s. t.

Les décisions notables de Me Gilles Cellié, sur les (mot illisible), couvert en parchemin 10 s. t.

Le Recueil de réglemens tant généraulx que particuliers, donez entre eclesiasticques, pour le célébration du service

(1) Chiromancie et physionomie.

On comprendra qu'une pareille orthographe jointe à la lecture extrêmement difficile de ces minutes de notaires, raturées, interlignées et écrites au pied levé, démontent les plus opiniâtres. Aussi, répétons-nous ici que notre but consiste surtout à exhumer les actes intéressants de cette importante collection et à les copier le plus scrupuleusement possible. Quand à l'identification complète des personnes, des termes techniques, des matières ou des objets, nous n'y avons jamais songé. Nous laissons ce soin à ceux qui, entreprenant l'étude d'un sujet spécial, pourront seuls atteindre ce résultat.

divin, juges, magistratz et aultres, par Jehan Chenu, couvert en parchemin, en moien volume 100 s. t.

Recueil des arrêts notables des cours souveraines de France par Jehan Papon, en parchemin 30 s. t.

Commentaria Bartholomei de Chasse...... super consuetudinibus Burgundie. fort ancien et usé 25 s. t.

Actionum forentium progmasmata, en parchemin 16 s. t.

Commentaria Joanni Constentini in leges regias, en veau rouge 24 s. t.

Francisci Othomani jurisconsulti commentarius de verbi juris, en grand volume en parchemin 35 s. t.

Joacquini Micengeri commentarius in quator libris institutionum, couvert en parchemin, en grand volume, fort usé et mangé des ratz en plusieurs endroitz 30 s. t.

Syntagma juris universi adque legum pene omniom, octore Petro Gregorio Tholosano, relié en veau rouge, en grand volume 9 l. t.

Modus legendi abreviationes, en parchemin 5 s. t.

Les œuvres de Cornelius Tacitus, assavoir : les annalles et histoires des choses advenues en lempire de Rome, depuis (illisible) d'Auguste, en françois, en grand volume, couvert en parchemin 60 s. t.

Les œuvres de François de Coria, parisien, en deux grandz thomes, couvertz en veau noir, dorés sur la tranche, et deux filletz de mesme, en latin 9 l. t.

Particiones juris canonici in quinque libros digeste, estant en grand volume, couvert de veau rouge 100 s. t.

Le code du très chrestien Roy de France et de Navarre, Henri IIIIe, sur le droict civil, tant romain que de la France, en parchemin 6 l. t.

La conférance des ordonnances roiaulx, estant en grand volume, couvert de parchemin 100 s. t.

Annei Roberti opera in Rex indicata (*sic*), couvert en parchemin 40 s. t.

La coustume de la ville prévosté et vicomté de Paris, commentées de Carondas, couvert en parchemin 40 s. t.

Mathei Buden Becii in pendectas juris civilis et codicis, couvert en parchemin 30 s. t.

Institutiones juris canonici ab. Jo : Paulo Lanceloto, estant en veau rouge, avec les glauses et interprétations 40 s. t.

Corpus juris civilis, en deux thomes, couvert de bazane vert 9 l. t.

Claudii Coterei Turonencis jurisconsulti clarissimi de ure priviligis militum 16 s. t.

Dictionarium historicum ac poeticum omnia gentum hominum, couvert en veau rouge 25 s. t.

(E 435).

Décembre 1610. — Inventaire après décès de Jean de Montempuis, marchand à Auxerre. (D'après les objets contenus dans la boutique, il était marchand d'étoffes, mercerie, bonneterie).

On remarque les objets suivants :

ARGENTERIE ET BIJOUX :

Une esguière, une sallière, une escuelle, quatre tasses à gouster vin savoir, trois grandes et une petite, vingt une cuilliers, une cuillier à netoier la langue, une fourchette, ung sainturon de grains dargent. Le out dargent pesant 4 livres 12 onces 2 trezeaux, prisé 20 l. t. le marc.

Une salière de cuivre doré 20 s. t.

Une chesne carrée, une auvalle garnie de sa boucle et perle, cinq grosses marques dor, deux retraintes, une croix, six bagues à mettre au doigt, sans pierres, le tout dor pesant quatre onces cinq trezeaux, le tout prisé chascune once »

Quatre aultres bagues dor pesant trois trezeaux, ou sont enchassées quelques pierres 10 l. t.

Ung sinturon et ung disain destrain garniz de feulles et grains dor, le tout pesant trois onces ung trezeau 25 l. t.

Une monstre de grains dargent pesant trois trezeaux, prisé chascun trezeau 5 s. t. 15 s. t.

(E 435)

Octobre 1611. — Inventaire après décès de Claude Chevallier, le jeune, marchand orfèvre à Auxerre. On y remarque, outre les marchandises de la boutique et l'outillage professionnel énumérés, le lit ci-après, d'une certaine richesse :

Ung chaslit de bois de noier faict à pilliers canelez, garny de son enfonsseure et chassys 24 l. t.

sur lequel sest trouvé une paillace, ung lict garny de couetty, coussin, de deux mantes (1) lune verte et lautre blanche, deux draps, ung ciel de tapisserie faict à trois couleurs, la ruelle et doulciel de mesme façon, montez de soie, des custodes de serge verd, passementées de passements de soie et de laine vert, le tout garny de franges 126 l. t.

(1) Sous-entendu, couvertures de la fabrication de Mantes.

Une garniture de lict à carrez de rezeaul et de poinct couppé, consistant en ciel, doulciel, ruelle, fondz de ciel, drap de dessus le lict, custodes, un drap à mectre devant la cheminée, garny de son mantelet de mesme façon que la garniture de lict cy devant déclarée — 24 l. t.

Une table de bois de noier qui se tire des deux boutz, sur pilliers tournez canelez, avec un banc de mesme bois qui houvre — 21 l. t.

Un grand coffre de bois de noier, façonné de façon ancienne, fermant à clef — 21 l. t.

BOUTIQUE, AMEUBLEMENT, MARCHANDISES, OUTILLAGE, etc.

En la bouticque de la d. maison sest trouvé :

Ung coffre de bois de chesne servant de mect (*maie*) à petrir, tel quel — 20 s. t.

Une farinoire — 30 s. t.

Ung meschant buffect à vielle mode, aiant deux guichetz fermant à clef et deux layettes — 60 s. t.

dans lequel sest trouvé ung bassin de cuivre à laver les mains — 15 s. t.

Dedans iceluy buffet ne sest trouvé aucune chose.

Plus deux couppes dargent du poidz de six onces chascune, prisée chascune once 60 s. t. — 36 l. t.

Une grand paire de balances — 30 s. t.

Une autre paire de petites balances — 20 s. t.

Un marc de deux livres — 40 s. t.

Un autre marc de demy livre — 20 s. t.

Un trébuchet garny de poidz — 15 s. t.

Une autre couppe dargent du poidz de neuf onces, prisée chascune once 60 s. t. — 27 l. t.

Un demy ceint dargent, façon de Paris, garny de ses chesnes, du poids de onze onces, chacune once prisée 60 s. t. — »

Un autre demy ceint, façon de Paris, garny de ses chesnes, pesant treize onces, chacune once prisée 60 s. t. — »

Une bague dor dedans laquelle est en œuvre un diamant — 24 l. t.

Une autre bague dor dedans laquelle est en œuvre un rubis — 9 l. t.

Une autre bague dor dedans laquelle est en œuvre un saphir — 9 l. t.

Deux bracelets dor où il y a en œuvre des pierres de cornaline et de lapis — 18 l. t.

Une douzaine de bagues dor, vulgaires — 60 l. t.

Un banc à tirer avec ses tenailles et corde 60 s. t.

La cage de bois à mestre sur lestau des orphévres, avec la monstre 60 s. t.

La forge et les souffletz servant à lestat dorfebvre 7 l. t.

Huict onces dargent en œuvre, en plusieurs espèces, prisée chacune once 60 s. t.; plusieurs ferremens servans à lestat dorphevre, du reste que Michel Caron, beau-frère de la d. vefve a laissez de la boutique du d. deffunct, prisé le tout »

La d. vefve a déclaré avoir baillé le surplus des instrumens de la d. boutique aud. Caron par linventaire, à la charge quil est obligé de monstrer lestat dorphévre à Claude Chevallier son filz, et les vendre lorsquil voudra tenir boutique

(E 435)

18 mai 1612. — Inventaire après décès de Jacques Godard « marchand voiturier par eau » à Auxerre, dans lequel on remarque, outre la prisée des bateaux et agrès ci-après, les objets suivants :

Ung tableau ou est painct en huille limage de Nostre Seigneur 6 l. t.

Ung aultre tableau painct en thoille, de plusieurs petits personnages 20 s. t.

Sur un buffet cest trouvé un petit plat de terre de Beauvais et deux salières de mesme terre 30 s. t.

Les bateaux et agrès, dont détail suit, appartiennent par tiers à la veuve Godard née Jeanne Colon, à la veuve Pierre Colon, mère de la dite veuve Godard et aux enfants mineurs du dit défunt. La prisée en a été faite par Pierre Béry, Jacques Perreau, Jean Creux, marchands voituriers par eau, et Jean Bourgoin, charpentier de bateaux, « après avoir veu les 3 bateaux et équipages, tant de cordes que de bois et aultres bois servant à bateaux » :

Ung bateau de neuf pilles, portant six muyds en fond, faict par pilles, garny de ses gouvernets et levées telles quelles sont prisé, avec sa fermure longueur dune demye allongue fautive 350 livres

Ung aultre bateau faict par pilles, portant six muyds en fond, aiant dix pilles, garny de son gouvernet et levées telles quelles sont de présent, avec sa fermure de longueur dung hoban (hauban) 290 livres

Ung aultre bateau appellé marnois faict à clin (?) portant six muydz en fond, vingt huict menbres, garny de son gouvernet et partie de ses levées, avec sa fermure de longueur dung oban 240 l. t.

Ung aultre bateau aiant neuf pilles, cinq muydz en fond, faict par pilles, garny de son gouvernet et levées, avec sa fermure longueur dung oban 230 l. t.

Ung aultre bateau aiant dix pilles, portant six muydz en fond, faict aussy par pilles, garny de son gouvernet et levées, avec sa fermure longueur dung oban 200 l. t.

Ung aultre bateau façon de Marne, faict à clin, portant six muydz en fond, de neuf pilles, garny de son gouvernet et levées, avec sa fermure longueur dung bon hoban 130 l. t.

Ung bateau appellé passechevaulx, de huict pilles, portant quatre muydz en fond, garny de son gouvernet et levées, avec sa fermure de longueur dung oban 120 l. t.

Ung aultre passechevaulx de sept pilles, portant quatre muydz en fond, garny de son gouvernet et levées, avec sa fermure de longueur dung oban 130 l. t.

Ung aultre bateau, appellé passechevaulx, de huict pilles, portant quatre muydz en fond, garny de son gouvernet, levées et fermures de longueur dung oban 150 l. t.

Ung bateau appellé *Flette*, neufve, façon de Marne, portant trente-cinq muydz de vin ou environ, avec son gouvernet et fermure de longueur dung oban 65 l. t.

Une vielle flette aiant cinq pilles, garnie de son gouvernet et fermure, de longueur dung gard 24 l. t.

Plus ung gouvernet servant à bateau de huict pilles, estant rompu 100 s. t.

Deux asselières et deux boutz de galleures 12 l. t.

Deux hausses servant à bateau 20 l. t.

Ung aultre gouvernet servant à bateau de neuf pilles 10 l. t.

Deux asselières et une helle (aile), de bois neuf 6 l. t.

Une hune (1) servant à bateau 30 l. t.

24 bandes de fert, 24 grands clous, quatre muzeaux de fert, cinq boullons de fert, le tout servant à bateau 9 l. t.

Quatre barils de bray (2) prisé chacun 6 l. t.

Ung châbleau 14 l. t.

Ung aultre gros châbleau 18 l. t.

Ung aultre châbleau 12 l. t.

Deux longues festes (3) 15 l. t.

(1) Hune — Câble. (Lacurne de Sainte-Pallaye).

(2) Braí, résine du pin et du sapin.

(3) Sans doute faîtière. Lacurne dit, d'après Oudin, au mot festière : « Festière de tente, sommet d'une tente ». Aujourd'hui encore on se sert de longs bâtons pour le bâchage des bateaux.

Deux alongues	6 l. t.
Deux monstres de menues cordes	14 l. t.
Quatre ancres garnies	24 l. t.
52 toises de bois plat servant à bateau	40 l. t.
14 rables servant à bateau	7 l. t.
6 courbes vieilles servant à bateau	» 30 s. t.
4 cents de chevilles à bateau	4 l. t.
1 paire de vérins (1) avec les crots	4 l. 10 s. t.
23 avirons	26 l. t.
15 estaiz et 6 bastons de guerre (2)	» 60 s. t.
20 perches ferrées, 4 escouppes (écoppes), trois touretz et 4 morcières et une hune, prisés	7 l. t.
4 toises de bois plat, tel quel	» 40 s. t.

(E 435)

25 février 1615. — Extrait de l'inventaire après décès de M. Jean Dupin, procureur du roi en la prévôté d'Auxerre, fils de M. André Dupin, bailli de Varzy (3).

TABLEAUX.

Ung tableau de thoille de détrampe, où est peint St-Hiérosme 50 s. t.

Ung aultre tableau de thoille de détrampe, où est peint limage St-Francoys 50 s. t.

BIJOUX.

Une chesne à maillons aiant un vase au bout, pesant 8 onces, 2 trézeaux, prisé 30 liv. lonce, pour ce 247 l. 10 s. t.

Une aultre chesne dor faicte à estoilles et canons, et ung collier dor faict à chiffres, pesant 3 onces moins 1/2 trézeau, prisée chacune once 27 l. t., pour ce 80 l. t.

Une bague dor faicte en serpent, ayant une perle et ung petit ruby 6 l. t.

Une aultre bague à mettre au doigt, en laquelle y a enchassé 2 pierres : lune desquelles est ung diamant et

(1) Vérin, vis (Lacurne). Il donne cette mention qui ne pourrait guère s'appliquer au cas actuel : « Coffrets, châlets, bancs, tables, lambris de maison et paremens de manteaux de cheminée tenans à crochets ou *vérins* seulement. »

(2) Guerrer, garer. (Lacurne). Il cite un passage d'auteur qui, à propos du règlement de police sur les cours d'eau, emploie ce mot. Il en résulte clairement que ce sont des bâtons spéciaux pour se garer de bateaux venant en sens inverse.

(3) Peut-être les ancêtres du célèbre Dupin, dont la famille était originaire de Varzy (Nièvre).

lautre un grenat, prisée 8 l. t., estant le d. diamant fort petit. 8 l. t.

Une aultre bague dor à mettre au doigt, en laquelle est enchassé ung ruby 7 l. t.

Horlogerie :

Deux monstres dourloge, lune ronde, en façon de boiste et laultre en auvealle 13 l. t.

(E 435)

1615. — Extrait de l'inventaire après décès de Perrette Ragon, femme de noble Denis Dabout, avocat au bailliage d'Auxerre.

Tableaux :

Deux tableaux ; dans lun est représenté en huille la Magdelaine et dans lautre la Vierge, ung verre au devant 100 s. t.

Ung viel tableau où est représenté la Charité Romaine 30 s. t.

Deux tableaux garniz de leurs chassiz ; en lun desquelz est représenté les quatre Evangélistes et en laultre la mémoire de la Passion et Création de lhomme, le tout en platte peinture 100 s. t.

Deux aultres tableaux de paysage, garniz de leurs chassiz, de mesme peinture 100 s. t.

Ung aultre tableau, de mesme peinture, avec son chassy, où est représenté ung des jugemens de Salomon 50 s. t.

Miroir :

Ung mirouer avec son cadre, dun pied de haulteur en carré, doré et ouvragé, prisé 100 s. t.

(E 435)

24 novembre 1615. — *Inventaire après décès de noble Nicolas Tribolé, avocat au bailliage d'Auxerre* (1), *dans lequel on remarque les objets suivants :*

Peintures :

Ung grand tableau peint en huille, en bois, où est représenté ung histoire de la Passion 20 l. t.

Ung aultre tableau fait en thoille, peint en huille, où est représenté Nostre Seigneur estant au Temple 40 s. t.

Ung aultre tableau, peinture de Flandre, où est portraicté la figure de la Vierge, fermant à ung chassy 10 l. t.

Ung tableau de bois, paint en huille, où est représenté ung crucifix 7 l. 10 s. t.

(1) Le fougueux ligueur auxerrois. Voir à l'avant-propos de ce chapitre une note sur ce personnage.

ARGENTERIE :

Ung grand bassin dargent doré et façonné par les boutz et par le milieu, auquel sont les armes du deffunt, pesant 7 marcs 1/2 et 2 trézeaux ; deux éguières dargent pesant 5 marcs, une once ; ung vase doré pesant 2 marcs, 2 onces ; ung coquemard pesant 3 marcs, 2 onces ; 4 salières, 2 grandes et 2 petites, pesant 4 marcs moins une once ; 3 couppes dorées pesant 4 marcs moins 2 trézeaux ; 4 chandeliers, 2 grands et 2 petits, pesant 7 marcs, 2 onces 1/2 ; une escuelle à oreille pesant 13 onces ; une assiette dargent pesant 10 onces moins 1 trézeau ; 12 cuilliers pesant 13 onces ; 1 vinaigrier, 1 fourchette et 1 petit bassin à cracher, pesant 8 onces, 6 trézeaux, le tout dargent, pesant 38 marcs 1/2, prisé chacun marc 25 l. t. pour ce 962 l. 10 s. t.

Plus a la d. dame (Germaine Fauleau) déclaré que le sieur Seurrat a entre ses mains une gondole dargent qui est de la communaulté dicelle et du d. deffunt »

BIJOUX :

Une amatiste orientalle à mettre au doigt 45 l. t.

Une jacinte enchassée en or, de laultre costé de laquelle y a une agathe 60 l. t.

Une bague dor à mettre au doigt, à laquelle est enchassé une rose de diamant 36 l. t.

Deux aultres bagues à mettre au doigt, lune ronde et laultre avec ung grenat 6 l. t.

Ung curedan (cure-dents) dor 6 l. t.

TAPISSERIES DE HAUTE LISSE :

7 pièces de tapisserie de haulte lisse et deux aultres petites pièces, pour mettre dessus et dessoubz les croisées, auxquelles est lhistoire de l'Enfant Prodigue 480 l. t.

Une aultre pièce de tapisserie de haulte lisse, à mettre devant la chemynée (1) 30 l. t.

Une aultre pièce de tapisserie vielle où sont portraictées des cibilles 8 l. t.

Ung siel de tapisserie de haulte lisse, fort usé, prisé avec 3 custodes 400 sols.

OBJETS DIVERS :

Deux grands chenetz de cuivre façonnez, au bas esquelz sontz les armes du d. deffunt 50 livres.

(1) L'acte de partage de ces meubles du 16 mars 1616, côté n° 57 de E. 435 nous fait connaître que le sujet traité dans cette tapisserie est l'histoire de Querceus (Perséus, Persée, 1er roi de Macédoine). Il nous apprend également que les 9 pièces de tapisserie représentant l'histoire de l'enfant prodigue se sont trouvées dispersées entre les héritiers du défunt.

Une grande corbeille de cuivre, garnye de soubzbassements de bois de noier 18 l. t.

Une cassette pinturée de pinture de Flandre, fermant à deux serrures, garnie de son soubz bassement de bois de noier 18 l. t.

Ung mirouer 30 s. t.

Une grande couverture de drap bleu, faict à bandes de broderie, au milieu de laquelle sont les armes du d. deffunt 24 l. t.

Plus cest trouvé en la fenestre de la vis (escalier) de la d. maison, ung bassin peinturé, ung grand plact blanc, 3 vases, une esguière, une gondolle, 3 salières, une escuelle à oreille, une saucière, et 23 escuelles, tant grandes que petites, le tout de terre, façon de Fagence et de Nevers 12 l. t.

(E. 435)

1618. — Dans l'inventaire après décès de Luc de Beauvais, marchand à Auxerre, on remarque : Une croix de cuivre sur un pied de bois, aiant deux figures de la Vierge et St-Jehan, et 2 petitz chandeliers de cuivre à ciergier, faictz en triangle, prisés 30 s. t.

(E. 435)

23 mai 1619. — Inventaire après décès de Germaine Fauleau, veuve de noble Nicolas Tribolé, avocat au bailliage d'Auxerre (1), décédée en sa maison, rue St-Regnobert.

Tableaux et portraits :

On y remarque : Une carte où est portraicté feu *monsieur de Guise* 12 deniers.

Le portrait de la d. dephunte, en thoille 60 s. t.

Le portraict du d. deffunct sieur Tribolé, en thoille 18 l. t.

2 portraictz en cartes où sont portraictz les ymages de Nostre Dame et de St-Roch 16 sols.

(E. 435)

1629. — Inventaire après décès de Margueritte Thierrat, femme (ou veuve) de...... Chrestien, à Auxerre (2) dans lequel on remarque les portraits et tableaux ci-après :

Tableaux et portraits :

Ung tableau peint en huille, où est peint la Nativité Nostre Seigneur, garni de son quadre doré 8 l. t.

(1) Voir ci-devant (24 novembre 1615) l'inventaire après décès du mari.

(2) La première page de l'inventaire où se trouvent les noms et prénoms des époux, manque. Mais le portrait Thierriat (père de la défunte) fait con-

Aultre tableau, aussy peint en huille, où est peint la décolation de St-Jehan, garny de son chassy fermant 100 s. t.

Aultre tableau où est peint le Crucifix, fort long, garny de son quadre, peint en huille 8 l. t.

Ung tableau à deux visages 32 s. t.

Deux tableaux, lung dung Duc de Bourgoigne et laultre dune Duchesse 15 l. t.

Ung tableau du portrait de feu M. *Lesleu Chrestien*, non prisé »

Aultre portraict de feue Madame *Lesleue Chrestien*, aussy non prisé »

Aultre portrait du sieur Thierriat, *père de la d. deffuncte*, non prisé »

(E. 435)

1632. — Inventaire après décès de M. Gilles Housset, avocat au bailliage d'Auxerre (sa femme s'appelait Anne du Broc), dans lequel on remarque :

TAPIS :

Ung tapis de table de drap vert brun, garny au millieu des armoiries du deffunct, mi-partie de tapisseries, des bouquets de tapisserie, la bordure à lentour de tapisserie, le tout rehaussé de soye et franges de soye verte tout autour, et brodé avecque dentelle 75 l. t.

(E. 435)

29 Mars 1662. — Inventaire après décès de Anne Gervais, veuve de noble Jacques Piretouy, receveur des tailles à Auxerre.

On y remarque les tableaux suivants :

TABLEAUX :

4 tableaux à destrampe où sont despains les Quatre Saisons, garnys de leurs cadres 8 l. t.

Ung grand tableau à huille où est dépaint la Vierge, le petit Jésus et aultres personnes, garny dun cadre de 8 à 10 pieds de haulteur 12 l. t.

3 petitz tableaux où sont dépaints Ste-Catherine de Sienne, St-Hiérosme et une Nudité 100 s. t.

2 aultres tableaux où sont représentés les troys Maries et Nostre Dame de Pitié 10 l. t.

naître le nom de la décédée, et la mention de son testament nous apprend qu'elle se prénommait Marguerite (Thierriat). Quant à l'époux, les portraits des sieur et dame Chrestien (ses père et mère probablement) et les signatures des nombreux enfants *Chrestien*, ne laissent aucun doute sur son nom. Il n'a pas été possible de trouver ni son prénom ni sa qualité.

Ung aultre tableau où est représenté Eve, garny de son cadre, 15 l. t.

2 aultres tableaux représentant Julle le Cezard et Auguste 3 l. t.

(E. 495)

20 Mars 1694. — Inventaire après décès de M. Pierre Disson, apothicaire à Auxerre. MM. Edme Billetou et Antoine Scellier, marchands apothicaires au dit lieu, ont été désignés pour procéder à la prisée des produits pharmaceutiques (1).

BOUTIQUE :

Premièrement : dans la boutique de la maison où le d. deffunct sieur Disson est déceddé, située en cette ville d'Auxerre, paroisse St-Pierre en Chasteau, s'est trouvé :

3 mortiers de métail, pesant 11 livres, prisé 14 s. t. la livre, revenant à 7 l. 4 s. t.

1 aultre mortier, de potin (2), pezant 3 l. 1/4, prisé 9 s. t. la livre 1 l. 9 s. 3 d. t.

3 pillons à l'usage des d. mortiers, pezant 2 livres 1/2, à 9 s. t. la livre 1 l. 2 s. 6 d. t.

1 aultre pillon de fert pesant 1 l. 1/2 5 s. t.

1 grand mortier de métail, pesant 104 l. garny de son pillon de fert, à 14 s. t. la l. 72 l. 8 s. t.

1 mortier de marbre avec son pillon de buys 6 l. t.

2 pots à clistère, une escuelle abic (?) et une méchante seringue, le tout destain commun, pesant 6 l. 1/2, à 11 s. t. la l. 3 l. 11 s. t.

1 seringue neufve, avec son étuy de mesme, n'ayant encore servy 4 l. t.

1 aultre seringue vielle avec son étuy 1 l. 15 s. t.

1 porfir avec sa molette 1 l. 5 s. t.

1 bistorque de buif avec un petit de boys, et 1 pillon de boys à deux testes, une petite rape et une pollissoire à emplastre 10 s. t.

1 grande paire de balances avec 3 autres petites 4 l. t.

2 l. 1/2 en poix de potin, à 12 s. t. la liv. 1 l. 13 s. t.

1 marc dune livre, garny 1 l. t.

4 livres en poix de plom, à 5 s. t. la liv. 1 l. t.

(1) De cet inventaire il n'est donné que le chapitre relatif à la boutique, curieux pour la pharmacopée et intéressant à rapprocher de celui de 1559. (Ducrot).

(2) Espèce de laiton jaune, où entre du plomb ou de l'étain.

1 fourneau de fert, fort usé 1 l. 10 s. t.

1 coquemard de cuivre rouge, pesant 5 l. 1/4, à raison de 20 s. t. la liv. 5 l. 5 s. t.

5 bassines, tant grandes que petites, dairin, pesant 16 l. 1/2, à 12 s. t. la l. 9 l. 18 s. t.

1 chapelle avec son fourneau (1) 10 l. t.

14 cheuvrettes destain, à huille, pesant 41 l. à 12 s. t. la livre 24 l. 12 s. t.

Sest trouvé dans les d. pots et cheuvrettes des huilles : rosa, lombric, pavot, camomille, abscinte, ypericum, de lyz, nimphea, lorié, marsiatum, de rue, d'anet, à la pezanteur de 12 l. 4 onces, à 24 s. t. la livre 15 l. 4 s. t.

12 pots destain à mettre ongan, pezant 2 l. 5 onces chascun, 27 l. 3/4, à 12 s. t. la l. 16 l. 13 s. t.

Dans lesquels pots sy est trouvé, tant en ongant : rosat, album. rasis, populeum, de Galien, basilicum, apostolorum, mudificatif, pompholif, dealtra, algopitia, neapolitanum, la pezanteur de 12 l. 2 onces, à 32 s. t. la l. 19 l. 8 s. t.

11 pilluliers destain, pezant chascun 10 onces, 4 l. 6 onces, à 12 s. t. la l. 2 l. 12 s. 6 d. t.

3 gobeletz destain, pezant 2 l. 1/4, à 12 s. t. la l. 1 l. 7 s. t.

Dans lesquels sy est trouvé 20 onces, 2 gros en pillules d'hiera, pigra, fœtida agarico, de mercur, lucis majoris et corhée, à 20 s. lonce 20 l. 5 s. t.

18 cheuvrettes de faiance, tant à cirot que miel, à 6 s.t. la pièce 5 l. 8 s. t.

Dans lesquelles cheuvrettes il sest trouvé 12 livres de sirot de pommes composé, de nerprun, de limon, diacodium, dimphea, pavo rouge, de rose pasle, de fleur de pesché composé, et violat, à 45 s. t. la livre 24 l. 10 s. t.

Plus sest trouvé dans lun des d. pots : 3 livres de miel rosat clarifié 2 l. 8 s. t.

67 bouetes carrées, de bois, peintes, à 6 s. t. pièce 20 l. 2 s. t.

12 bouettes rondes, de boys et 28 petites, prisées lune portant lautre, 4 s. t. pièce 8 l. t.

Dans lune sest trouvé 3 quarterons de rapontic, y compris une once de rubarbe 4 l. t.

Dans une autre bouete sest trouvé 1 livre 2 onces jalap, tant en racine qu'en poudre 3 l. 19 s. t.

5 onces 1/2 de scamonée 5 l. 10 s. t.

(1) Par cet article, on voit qu'à cette époque les apothicaires n'avaient pas, tous du moins, un laboratoire indépendant de la boutique.

7 onces de gomme gutte	3 l. 10 s. t.
3 onces de pignon dindes	1 l. 10 s. t.
3 onces foye dantimoine	9 l. t.
1 once de cornachine (cornaline)	10 s. t.
1 once 1/2 d'antimoyne diafoirétique	15 s. t.
Dans une autre bouete s'est trouvé :	
1 livre 5 onces d'agaric et 1 once 1/2 d'agaric trochique	5 l. 10 s. t.
Dans une autre, 11 onces de galange	1 l. 13 s. t.
9 onces de guinée	12 s. t.
1/2 livre de gingembre	8 s. t.
Dans une autre s'est trouvé tant anny que fenou	11 s. t.
2 onces coriandre	2 s. t.
Dans une autre bouète s'est trouvé :	
2 l. 1/4 de raclure d'yvoire	1 l. 7 s. t.
1 l. 1/2 de raclure de corne de serf *(sic)*, et 5 onces de bruslé	1 l. t.
Dans une autre, 4 onces balaustre	10 s. t.
5 onces 1/2 sarcocolle	12 s. 6 d. t.
Dans une autre, 5 quarterons de suc de regelise noir	1 l. t.
Dans une autre, 2 l. 1/4 de jujube, sebeste (sorte de prune) et datte	2 l. t.
Dans une autre, 1 l. 6 onces crème de tartre et salpestre rasfiné	1 l. 1 s. t.
6 onces dasarum	18 s. t.
Dans une autre, 2 onces rasine contragerna	10 s. t.
1/2 once trofique de viper	15 s. t.
Dans une autre, 1 livre miretille	15 s. t.
Dans une autre, 1 liv. des 4 semences froides	1 l. 16 s. t.
Dans une autre, 1 liv. de sachepareille	2 l. 15 s. t.
Dans une autre, 1/2 liv. de toille Gauthier	12 s. t.
1 livre d'iris de Florance	14 s. t.
14 onces de sassafrasse	1 l. 1 s. t.
Dans une autre, 1/2 livre de dictam	16 s. t.
Dans une autre, 11 onces de aloet ricotriname, 3 onces de poudres dier	2 l. 2 s. t.
Dans une autre, 3 quarterons d'ellebore blanc et noir	1 l. 10 s. t.
Dans une autre, 3 l. 4 onces de poligode de chesne	1 l. 8 s. t.
Dans une autre, de la racine de costus et câprier	6 s. t.
Dans une autre, 1 liv. 3 quarterons de cent de dragon, tant en poudre quautrement	1 l. 8 s. t.
1/2 livre de gomme tatatuaqua (*sic*)	15 s. t.
3/4 de gomme laque	1 l. 2 s. 6 d. t.
Dans une autre, 1/2 liv. de calamus aromaticus	1 l. 5 s. t.

Dans une autre, 11 onces d'hypotissis 1 l. 2 s. t.

Dans une autre, 9 onces de rasine dangélique et carnino 18 s. t.

Dans une autre, 6 onces d'elelbore noir 15 s. t.

5 onces de zedoaria 1 l. t.

6 onces imperatoire 12 s. t.

Dans une autre, 1 livre de plusieurs rasines de tormantille, gentianne, bistorte et autres 12 s. t.

Dans une autre, 2 livres 1/4 de mirabolant 2 l. 14 s. t.

Dans une autre, 4 onces de fleurs de pied de chat 10 s. t.

4 onces de spicnard et oeletique 1 l. t.

Dans une autre, 4 onces de seriuse 2 s. t.

Dans une autre, une once despicus 15 s. t.

Id. 2 livres de omnia 1 l. 4 s. t.

Dans une autre, 1/2 livre de crocus mortis apérétif 1 l. 10 s. t.

3 onces de taffios, préparé 1 l. 10 s. t.

2 onces assié Linné et crud 2 s. t.

7 onces de grinats, préparé 1 l. 15 s. t.

2 onces de precepite (?) rouge 1 l. t.

3 onces 1/2 de fopase (topaze), préparé 2 l. 12 s. 6 d. t.

3 onces émerodes, préparée 2 l. 5 s. t.

4 onces 1/2 d'hyacinte, préparée 2 l. 5 s. t.

4 onces de rubil, préparé 3 l. t.

1 once 1/2 de corail blanc, préparé 6 s. t.

1 once 1/2 de corne de cerf brûlée, préparée 6 s. t.

3/4 de vitriol de Cipre 1 l. 4 s. t.

1/2 livre de plomd calciné 6 s. t.

7 onces coroil blanc, non préparé 14 s. t.

1 once de coroil rouge 4 s. t.

1 once de hyacinte, non préparé 4 s. t.

3 onces de crocus metallorum 12 s. t.

Dans une autre bouete s'est trouvé 26 pots de fayence, inscripts pot à thériaque 1 l. 6 s. t.

Dans une autre 1 liv. 6 onces de labdanum 1 l. 10 s. t.

Dans une autre, 5 onces de topate (topaze) et hiacinte meslée, non préparé 1 l. 5 s. t.

4 onces d'aymant en pierre 1 l. t.

3/4 de pierre caluminaire 15 s. t.

1/2 livre crocus metallorum 1 l. t.

1/2 livre de pierre d'aigle 15 s. t.

5 onces de pierre hematitte 10 s. t.

2 onces de pierre liux et dalis 6 s. t.

6 onces de limailles dacier 4 s. t.

1/2 once de yeux de eunisses (?), préparé 12 s. t.

1/2 once de cinnabre	2 s. 6 d. t.
7 onces de grinats, non préparés	1 l. 1 s. t.
6 gros de spodium	3 s. t.
1 once émeraude	5 s. t.
4 onces rematist	8 s. t.
Dans une autre bouète, 2 liv. 1/2 d'euphorbe	3 l. t.
Dans une autre, 6 onces d'assa fœtida	2 l. 2 s. t.
9 onces de galbanum	1 l. 5 s. t.
9 onces opoponax	18 s. t.
1/2 livre de sagapenum	1 l. 5 s. t.
Dans une autre, 6 onces de cœur d'amour	12 s. t.
Dans une autre, 1 livre 1/2 de gomme ammoniaque	3 l. t.
5 onces de gomme hedira	15 s. t.
Dans une autre, 2 livres 4 onces dolibon	4 l. 10 s. t.
9 onces de gomme esnuy (élemy?)	1 l. 16 s. t.
12 onces encre commune	7 s. 6 d. t.
2 onces de gomme sérapin	6 s. t.
5 onces de teeclium ou beeclium (?)	16 s. t.
1 livre 1/2 d'aristoloche ronde et longue, tant en rasine qu'en poudre	1 l. 4 s. t.
Dans une autre, 2 liv. 4 onces du bois des trois santaux	2 l. 16 s. t.
2 onces de bois d'aloes	3 l. t.
Dans une autre, trois quarterons de coloquinte, tant en pommes qu'en poudre	1 l. 10 s. t.
Dans une autre, 1/2 livre d'aromaticus	15 s. t.
5 onces de topeze	15 s. t.
Dans une autre, 2 onces d'yvorie (ivoire)	2 s. t.
Id. 4 onces de camphre	1 l. 4 s. t.
Id. 4 onces de semence de cartame	5 s. t.
Id. 7 onces de poudre de hyacinte complette	7 l. t.
Id. 4 onces de poudre diamargatum, sans ambre musqué	»
Plus poudre diorhodon complète et trochisque diorhodon, de poudre diagelange, 2 onces	»
Dans une autre bouète, une livre de gomme atragagent	1 l. 10 s. t.
1/2 livre de gomme orabic	6 s. t.
Dans une autre, 10 onces de paronia et guy de chesne	10 s. t.
Dans une autre, 5 quarterons de cire jaune	1 l. 5 s. t.
1 livre de colophore et suif de cerf	12 s. t.
1/2 livre d'ortipe humide	15 s. t.
Dans une autre, 1 livre d'orvanette	1 l. 10 s. t.
Id. 1/2 liv. des 4 formes	12 s. t.
Id. 4 livres de terre sigilée et bol fin	3 l. t.

Dans une autre, 1 livre 1/2 destopitagre 2 l. 2 s. t.
Id. 4 livres de litorge, préparée 2 l. t.
Id. 4 livres dorepigum (?) 10 s. t.
Id. 12 onces vitriol blanc 1 l. 2 s. 6 d. t.
Id. 1/2 livre de colotax 8 s. t.
Id. 1/2 once de saffran en poudre 1 l. t.
Id. 11 livres de cinagrin et 1/2 l. de graine de lin 1 l. 4 s. t.
Id. 6 livres de bois de goire et écorce 2 l. 15 s. t.
Id. 1 livre de souffre commun 6 s. t.
Id. 3 onces de souffre vif 9 s. t.
Id. 14 onces de verd de gris 1 l. 1 s. t.

Dans plusieurs autres bouètes, des semences de touttes sortes, de pezanteur de 5 l. 1/2 2 l. 10 s. t.

Dans une autre, 6 onces de munire *(sic)* 1 l. 4 s. t.
Id. 1/2 livre de semen contra 1 l. 10 s. t.
Id. 1 livre 1/4 de coquelevent 1 l. 10 s. t.
Id. 1 livre 3/4 noix vomicque 2 l. 2 s. t.
Id. 6 onces de mastic, tant en poudres qu'en larmes 1 l. 4 s. t.
Id. 1 l. 3/4 d'antimoine crud 14 s. t.
Id. 3 onces d'antimoine de verre 12 s. t.
Id. 3/4 de tutie 1 l. 2 s. 6 d. t.
Id. 3 onces de tutie, préparée 12 s. t.
Id. 3/4 de plomb bruslé 12 s. t.
Id. 3 onces de terre murta 6 s. t.

Plus s'est trouvé dans le poudrier, 22 vases de verre, dans lesquels s'est trouvé 4 onces 3 gros de troitchique de luerme (?) albandar insre (?) et albis rasis, estimé le tout avec demye de frotichisque de camphre 2 l. 16 s. t.

Dans un autre vase, s'est trouvé une once de corail, préparé 10 s. t.

7 onces 5 gros de poudre diatragagant dhiere simple, fleur de souffre, sentaux, diantriatanli, diamargartum, brigidum diarhodon abbat et hydragogue 4 l. 6 s. t.

3 onces de scel de politret et crème de trate 5 s. t.

Dans un autre vase, 10 onces contragerna 10 s. t.

Plus s'est trouvé dans des phioles de verre, 4 onces esprit de scel et de souffre 1 l. 10 s. t.

1/2 livre esprit pelria ou xeilria (?) 1 l. t.

3 onces de tartre vitriolé 1 l. 10 s. t.

Plus s'est trouvé dans la boutique, 13 pots à euvre de fayance, à 5 sous 3 l. 5 s. t.

Plus 11 livres 8 onces de compositions dhanne catholicum double, diaphœnœ diaprunis composé, extraict de genièvre, estimées	28 l. 15 s. t.
15 livres catholicum simple	22 l. 10 s. t.
En plusieurs pots de terre, 22 livres de miel commun	4 l. 8 s. t.
11 petits pots à canon, propres à conserves, à 3 s. t.	1 l. 13 s. t.
Dans lesquels s'est trouvé 2 livres 2 onces de buglosse, sauge, chicorée, nimphea et violette	3 l. 3 s. t.
2 onces philonium romanum	10 s. t.
9 onces confection d'hyacinte	2 l. 16 s. t.
1 l. 4 onces de tamorin	1 l. 5 s. t.
3 onces confection alcherium (?)	9 l. t.
10 livres de thériaque, à 3 l. chaque	30 l. t.
24 livres d'emplastre diapalme de céruse, bitonira ou bitonica de ligne, diachilon, magnum et gomme de Cherpis, muscilage et contra rupturarum	24 l. 12 s. 6 d. t.
2 livres 12 onces demplastre de Vigo, mercurio, et divin	10 l. 10 s. t.
3 livres de quinquina	18 l. t.
1 livre d'amende amère	8 s. t.
1 livre 4 onces de manne	4 l. 7 s. 6 d. t.
1 livre de semence froide	1 l. 15 s. t.
1 livre 12 onces de cristal minéral	1 l. 15 s. t.
3 livres de séné	10 l. 10 s. t.
12 livres de sassafrace	10 s. t.
1 once de baume de Perrou	1 l. t.
2 onces 1/2 de mercur dulcifié	1 l. 5 s. t.
1 once de vipère entière et en poudre	2 l. 15 s. t.
1 once 5 gros d'antimoine diaphérétique	18 s. t.
1 once tartre hémétique	12 s. t.
2 gros de perles préparées	4 l. t.
2 gros de pierre de bizoardominal	16 l. t.
3 livres d'or *(sic)*	3 l. t.
1 gros moins 6 grains de musque	10 l. t.
12 livres de sirop de Kermès, avec le pot	1 l. 3 s. t.
1 livre de mûre confite	1 l. t.
2 livres de sirop de mûre	2 l. t.
2 livres de berberis confit	2 l. t.
1 livre 2 onces d'électuaire de martrani	2 l. 5 s. t.
3 onces de lachaire de succogo sarum	7 s. 6 d. t.
10 onces d'électuaire de citro	1 l. 5 s. t.
13 onces scel armoniaque	1 l. 4 s. t.
6 onces de scel angélique	18 s. t.

3 onces 6 gros de jus dabsinte, chardon bénit, d'armoise, genèvre, saturne et sabine	4 l. 2 s. t.
5 onces d'huille de pétrolle	1 l. t.
6 onces d'huille d'amende amère et douse	15 s. t.
Dans un autre pot, 8 onces de catholicum double	1 l. 5 s. t.
1/2 once d'huille d'ambre	10 s. t.
3 livres de térébantines	2 l. t.
3 onces de sublimé corosif	1 l. 4 s. t.
5 quarterons d'arceny	15 s. t.
10 livres de litarge	5 l. t.
2 livres 1/2 d'antimoine cru	1 l. t.
3 onces de guinée	6 s. t.
2 livres de robes de lapins *(sic)*	1 l. 10 s. t.
2 livres de fornouil	1 l. 8 s. t.
4 livres demplastre de diachilon, albuma profacturis, de *mastic*, de ceroneam exicrocum	6 l. t.
1/2 livre de cœur de cerf bruslé	5 s. t.
1 livre 2 onces de gingembre	15 s. t.
2 liv. de corabine	1 l. 4 s. t.
6 livres 1/2 de réglisse, tant bonne que mauvoise	2 l. 12 s. t.
12 onces de grains de paradis	15 s. t.
1 livre 1/2 demplastre diachilon, nurchin, pro facturis et pour les loups, et deuphorbe	1 l. 10 s. t.
6 onces de cubèbes et boys de laurier	12 s. t.
1 livre vitriol calciné	12 s. t.
2 livres racines de Camponœ	10 s. t.
200 phialles de verre	2 l. 10 s. t.
1 grand tamis à passer poudres	2 l. t.
1 petit tamis à poudre, un peu rompu	1 l. t.
2 sacs de crain	10 s. t.
7 livres de sucre commun	5 l. 5 s. t.
3/4 de sucre rosat	18 s. t.
300 ancrières de terre et petits pots de terre	2 l. 16 s. t.
1/2 cent de pots de terre à godets	15 s. t.
Le poudrier avec son tableau représentant Nostre Dame avec le Jésus	4 l. t.
L'emplastrier	1 l. 10 s. t.
Le comtoire de boutique, fermant à clef	3 l. t.
Une ormoire, avec sa serrure sans clef	4 l. t.
Le ban de boutique	2 l. t.
22 planches à molures	10 l. t.
L'échelle de boutique	1 l. 5 s. t.
6 spatules de fer	10 s. t.

Un gobelet dargent et une cuiller dargent couverte, pezant le tout 10 onces, à 3 l. 5 s. t.	32 l. 10 s. t.
3 livres (volumes) appellés *Bauderon*, la *Framboisière*, *de la Chimye*, de Béguin	4 l. t.
12 livres d'eaue distilée dans 16 bouteilles de verre, appellées eaue rose, de plantin, chardon bénis, scabieuse, chicorée, laitue, pourpier, pavot et autres	3 l. t.
14 onces deaue thériacalle	2 l. 16 s. t.
1 livre deaue clairette	1 l. 5 s. t.
Un grand livre nommé *Matiolle surdioscornis*	3 l. t.
Le tapit de la boutique, de tapisserie à fleurs de lye	3 l. t.
2 livres de casse	1 l. 2 s. t.
Dans une bouete, s'est trouvé 1 livre de pirètre et poisvre long	1 l. 4 s. t.
Dans une autre, 1/2 livre de mouche cantarude	15 s. t.
2 onces de castorum	10 s. t.
Dans une autre, une once de folliopudum	4 s. t.
Dans une autre, 6 onces arnomine (?) agnus, castus, et carfac, balsamine	1 l. 4 s. t.
Dans une autre, 2 livres de styrax liquide	8 s. t.
Dans une autre, 1 once de spromaboty	6 s. t.

(E. 495).

CHAPITRE II

DES MARCHÉS DE TRAVAUX DE CONSTRUCTION

AVANT-PROPOS

Pour suivre l'ordre indiqué par l'avertissement en tête de ce recueil, nous donnons aujourd'hui le § 2, qui contient la collection des marchés de travaux de construction les plus intéressants. Ceux relatifs aux travaux d'art, tels que verrières, peintures, sculptures, fonte de cloches, etc., en ont été distraits pour être joints au chapitre III (arts et artistes), où ils seront, pensons-nous, mieux à leur place.

Les documents dont il est question ici vont comme dates extrêmes de 1491 à 1692. Ils intéressent un grand nombre de localités de l'Yonne et quelques-unes, voisines de notre département. Ils nous paraissent au point de vue de l'archéologie et de l'histoire de l'art des xve et xviie siècles, d'une certaine importance. On y trouve non seulement des détails techniques intéressants pour le constructeur, mais encore des renseignements très curieux sur la manière dont les entreprises de bâtiments étaient conçues et mises en œuvre pendant cette période.

Outre des marchés de travaux à des édifices publics ou destinés au culte, nous avons eu la bonne fortune d'en trouver un certain nombre concernant la construction de maisons particulières. Et ce ne sont pas les moins intéressants, si l'on veut bien considérer surtout, que les marchés de cette nature n'ont pas été recherchés par les historiens ou ont été dédaignés par eux.

Tous ces actes laissent constater une bonne foi et une confiance dont on ne peut se faire une idée aujourd'hui. Même pour des marchés d'un prix assez élevé, les parties contractantes se bornent à déclarer que les travaux seront faits « selon que la besongne le requiert » et que les matériaux devront être « bons, loyaulx et marchands ». Il est vrai que comme correctif, il est ajouté qu'ils devront être exécutés « à dict de gens à ce congnoissans », ce qui, en réalité, équivaut à ce qu'on nomme de nos jours la réception des travaux. Presque invariablement, ils devront être terminés dans un délai déterminé.

Ces documents sont classés par ordre alphabétique de paroisses, en observant la chronologie dans les établissements de chacune d'elles,

Permettez-nous de donner ici l'énumération succincte des marchés les plus saillants, ainsi que les plus curieux traits de mœurs qu'on y rencontre :

Appoigny. — Travaux au château et aux moulins de Régennes (1568-1588). Celui de 1588 est signé du célèbre évêque d'Auxerre, Jacques Amyot. Il y a même fait quelques changements de sa main.

Augy. — Restauration de l'église. Reprise de travaux importants interrompus. Ce marché contient des détails curieux. Les habitants en assurent le paiement au moyen de l'abandon pendant 4 années du 28e de la récolte des blés et vins (1541).

Auxerre. — Travaux au collège, à l'évêché, aux portes de ville, aux différentes églises et monastères, à des maisons particulières (1491-1630).

On y remarque notamment :

Collège. — Confection de portes et croisées à la maison de « Saint-Xist », menuiserie et serrurerie (1586). Le menuisier sera tenu de faire son travail « au logis épiscopal où il luy sera livré « place pour ce faire (1) ». En 1594, les échevins passent un marché avec un menuisier pour faire entre autres travaux « ung pepistre « à quatre estages, de longueur de six piedz et de mesme haul- « teur, de bois de chastenier raboutez sur lais de dessus duquel « qui sera en pepistre y aura une tringle pour louverture des « livres ».

Evêché. — 1630. Construction de la charpente d'un petit pavillon. Il s'agit probablement de celui qui est encore actuellement

(1) Ce marché est passé au nom du savant évêque d'Auxerre, Jacques Amyot. Sa sollicitude pour l'établissement qu'il fonda est bien légitime.

dans le jardin de la Préfecture et qui paraît bien devoir être de cette époque.

1633. — Appropriation en chambres et cabinets de l'ancienne chapelle (1).

Cathédrale. — 1570. Marché pour remplir de maçonnerie un grand nombre de verrières mutilées. — 1571. Couverture du petit clocher sur le chœur. — 1630. Reconstruction totale de la chapelle Saint-Martin.

Chapelle Notre-Dame-des-Vertus (près la tour). — 1564. Charpente des cintres pour la construction des voûtes, moyennant 250 l. t. — Même date, couverture en plomb, etc., de cette chapelle, pour le prix de 1,000 l. t. (2).

Notre-Dame-de-la-Cité. — 1571. Réfection de la charpente de la nef (368 l. t.)

Saint-Mamert. — 1556. Les maçons qui entreprennent des travaux à l'église s'engagent à les faire « de leurs mains ».

Abbaye Saint-Germain. — 1576. Construction d'un beffroi sur la plate-forme du petit clocher de l'église et mise en place de quatre cloches qui viennent d'être fondues.

Jacobins. — 1522. Charpente d'une « librairie » (bibliothèque, salle d'études); 1577, travaux à l'église. Dans le premier de ces marchés, on remarque que le couvent devra fournir « des religieux pour mettre au levage ».

Maisons particulières. — 1497-1603. Parmi les nombreux marchés, on remarque plus particulièrement : 1504, charpente d'une maison, par un ouvrier de Pien (Sougères-sur-Sinotte) et amenée

(1) A propos de la démolition de cette chapelle du palais épiscopal, Lebeuf, dans ses mémoires réédités par MM. Challe et Quantin, dit t. II, p. 238 : « La première réparation qu'il (Dominique Séguier) ordonna dans « son palais épiscopal d'Auxerre, fut blâmée avec raison. A la persua- « sion d'un chanoine, il fit détruire, en 1633, la chapelle du titre de Saint- « Nicolas, que Gui de Mello avoit fait bâtir près de quatre cents ans aupa- « ravant, et il fit pratiquer, au-dedans de cette chapelle, différentes cham- « bres et cabinets ».

(2) Outre ces deux marchés, le chapitre III en contiendra trois autres de 1565 : dorure de la croix par le fameux Germain Michel (50 *l. t.*), facture de deux verrières, par Guillaume Cornouailles (250 l. t.), chassis et pose de ces verrières (50 l. t.).

De ces travaux si importants, M. Quantin (Bulletin de 1848) dit simplement ceci qui semble bien insuffisant : « La chapelle des Vertus nouvelle- « ment construite à côté de la tour droite de la cathédrale est voûtée et « couverte de plomb en 1564. La croix de plomb en est décorée par Ger- « main Michel ».

toute faite, par bateau du port de Monéteau à celui d'Auxerre, où il n'y avait plus qu'à procéder à l'assemblage et au montage;—en 1560, marché passé par Truiller, maçon à Auxerre, à deux autres maçons de cette localité, pour faire à façon 4 ou 500 toises (800 à 1,000^{m}) de murs pour clore la propriété connue à Auxerre sous le nom de la *maison Gerbault* (1). Il y est dit que cette muraille devra être faite de « telle appesseur et haulteur que celles qui sont ya faictes ». Il s'agissait d'entourer de murs un arpent de terrain que le sieur Gerbault, receveur ordinaire et voyer de Paris, avait pris à bail à rente le 14 septembre précédent, de l'abbaye Saint-Marien, à la charge de le clore de murs (2).

Cette importante entreprise a dû entrer pour une grande part dans le marché par lequel un marinier d'Auxerre s'engage à fournir pendant deux ans au sieur Truiller, tout le sable qui lui sera nécessaire.

Chastellux. — Travaux au château (1653-1692). On y remarque les marchés suivants : 1668, maçonnerie dans la « tour du cabinet des armes » et dans celle « de Saint-Jean » pour 200 l. t. — M. de Chastellux doit fournir certains matériaux qui seront mis à la disposition du maçon « au bout de la planchette de la terrasse », un câble, et attribuer à cet ouvrier une chambre (celle de la Vigne) avec un lit et deux draps ;—1668, entretien, pour 12 ans, de la couverture de tous les bâtiments du château, de la chapelle et de la halle du pont, moyennant 50 l. t. par an, diverses fournitures et 13 l. 10 s. t. « pour le vin et denier à Dieu ». Clause curieuse : en cas d'incendie, orage, défaut de charpente ou de maçonnerie, le couvreur ne sera obligé d'y contribuer que pour une toise carrée ; — 1668, couverture en tuile, du pavillon sur la grande porte d'entrée de la cour des écuries, du pavillon sur la porte « du boulevard » et sur la chambre « Sainte Anne », avec les deux tours « joignans » de la grande tour dessus la chambre « des cloches »,

(1) Cette maison ou petit château que Belleforest, dans sa *Cosmographie*, a rendu célèbre sous le nom de maison Gerbault, était située sur les bords de l'Yonne, rive droite, en face le port Saint-Loup d'Auxerre.

En 1590, elle dût être démolie par ordre du sieur de Pluvaut, gouverneur d'Auxerre, pour enlever aux royalistes un moyen d'attaquer la ville.

Encore aujourd'hui, cet endroit est connu sous le nom de port Gerbault.

(2) Cet arpent était contigü à un autre arpent qui lui avait été concédé au même titre, par la même abbaye, en 1538, et dans lequel il avait fait construire le joli castel dont il est parlé plus haut (Archives de l'Yonne, H. 1240). Un arpentage de 1597 (H. 1240) donne en effet à cette propriété une contenance de deux arpents moins dix carreaux.

et de retenir la couverture de la chapelle du jardin, moyennant 95 l. t. et diverses fournitures ; — 1670 à 1672, marchés de déblaiement de roches et nivellement pour l'agrandissement des jardins. Par celui de 1672, montant à 220 l. t., on voit qu'il sera fourni aux ouvriers par M. de Chastellux « six picq de pioche et six palle », et qu'il leur sera prêté « le cheval aveugle » lorsqu'ils en auront besoin, mais pour « estre par eulx mené sans luy faire tort » ; — 1692, marché d'entretien pendant neuf ans, moyennant 34 l. t. par an, comprises les 4 l. t. allouées pour la soudure néces-« saire de « toutes les fontennes qui sont autour du dict chasteau, « tant celles qui vont sur les parterres, sur les cours, la cuisine « et petit sallon, que celles du parcq et du jardin proche léglise, à « les prendre despuis leurs sources jusqu'au ject deau..... », à l'exception de la fontaine qui vient du petit pré et de la conduite d'eau qui passe par la garenne du dit petit pré.

La plupart de ces actes sont signés par le comte de Chastellux (1).

Commissey. — Abbaye de Quincy, 10 juin 1596. Marché passé par l'abbé François Pierron, aumônier ordinaire du roi, pour la charpente et la couverture de l'église de l'abbaye, incendiée en grande partie par « lorage et intempérie de temps le lundy xiiie jour du « mois de may dernier » (1596) (2), moyennant 1,000 écus d'or soleil, deux setiers de blé méteil et trois muids de vin.

Par ce marché, l'entrepreneur (Dromon, charpentier à Tonnerre) devra notamment : refaire à neuf la charpente du chœur et la

(1) Malheureusement, il ne nous a pas été possible de trouver parmi ces actes, de marchés relatifs à la création de la pièce d'eau, des grandes allées et des belles avenues qui allaient dans toutes les directions, notamment celle de Vésigneux qui, au dire des vieillards, avait trois kilomètres de longueur. Inutile d'ajouter que nous nous serions fait un devoir et un plaisir de procurer cette satisfaction à notre éminent membre d'honneur, M. le comte de Chastellux, consulté au sujet de la publication de ces documents.

(2) M. Lambert, dans sa notice historique sur l'abbaye de Quincy, publiée dans l'*Annuaire de l'Yonne*, en 1863 et 1864, faute d'avoir connu ce marché, a commis deux erreurs. La première, en attribuant, par une coïncidence bien excusable, l'incendie de l'église aux Huguenots ; la seconde, en rapportant que M. de Mesgrigny, abbé de Quincy vers 1630, a été le premier à entreprendre la réparation des dommages, se basant sur une inscription portant la date de 1640 et qui a été trouvée en 1847. Sans contester à cet abbé les travaux qu'il a pu faire faire pour le relèvement des bâtiments et la restauration de l'église, le marché que nous donnons ici prouve péremptoirement, qu'il n'a pas été le premier à s'en préoccuper.

couverture de différentes parties de l'église; faire à l'endroit où était le clocher, un dôme en bois de dix pieds carrés à sa base et de sept à huit pieds de hauteur de la terrasse « à lenfourchure « den hault ». La couverture de ce dôme sera faite « daissy à clou « en escaille de poisson, le tout noircy et huillé ». Au-dessus de ce dôme, il sera mis une croix avec une pomme et un coq, et au-dedans, il sera fait un beffroi pour contenir quatre cloches, dans lequel l'entrepreneur devra placer « les deux (cloches) qui sont « *demeurées entières et les rendre en estat qu'il convient pour* « sonner...... ». Le charpentier est autorisé à prendre dans le parc de l'abbaye et dans le bois de la porterne de Quincy, le bois nécessaire à son chauffage et à la cuisson de la tuile. Pendant la durée des travaux, il sera, ainsi que ses ouvriers, logé dans l'abbaye.

CRAVANT. — 1574. Restauration de la halle, on remarque qu'il y avait une « ourologe » (horloge), et que les entrepreneurs ne pourront employer les matériaux qu'ils doivent fournir, qu'après les avoir fait accepter par le lieutenant du capitaine de Cravant, sauf « revisite » en cas de désaccord; — 1586. Construction d'une « jacquette » (sorte de cage) pour loger les prisonniers. Cette jacquette devra être faite en bois de chêne; elle sera de dix pieds « en carré tant hault que bas », garnie de solives; on y fera une porte et un guichet qui seront munis de serrures, bandes, gonds et verrous. La vieille jacquette appartiendra au charpentier. Le prix de ce marché est de 26 écus d'or soleil.

Ce « local de prévention » était installé dans l'auditoire. Notre collègue, M. l'abbé Bouvier, donne dans son *Histoire de Monéteau* (1), un marché de 1565 pour la construction d'un auditoire, dans lequel devra être transportée, après avoir été démontée, la jacquette qui se trouve dans l'ancien. Monéteau et Cravant ayant au XVIe siècle le chapitre d'Auxerre pour seigneur, on est amené à croire que le même système a dû être appliqué dans toutes les seigneuries que le chapitre possédait.

CRUZY-LE-CHATEL. — Château de Maulne, 7 mai 1566. Marchés de maçonnerie et de charpente du nouveau château que Antoine de Crussol, duc d'Uzès et comte de Tonnerre, « entend faire bastir en la forêt de Maulne, sur la fontaine du dict lieu ». Le marché du charpentier s'élève à la somme de 650 l. t.

Les bois nécessaires à la construction lui seront fournis « en place », mais non débités. Il lui sera également fourni les câbles

(1) *Bulletin de la Société des Sciences*, 1897.

et cordages. On remarque que les planchers devront être faits à la « mode française ».

Quant à celui passé avec le maçon, il n'est pas consenti moyennant un prix total, mais par toise, variable suivant le genre de maçonnerie. Les murs seront de quatre pieds d'épaisseur à la base et de deux pieds et demi à la partie supérieure. Il est payé de la toise : de « menue maçonnerie » 20 s. t. ; « d'empiétement « de taille » 60 s. t. ; des « coings des retours » en pierre de taille, 30 s. t. ; des « corniche et entablement à modillon carrey et de « molure », 40 s. t. ; pour chaque porte, 4 l. t. ; pour chaque fenêtre (petite ou grande) revêtue de pierre de taille, 12 l. t. ; pour chaque cheminée « revestue et garnye de pierre de taille », 10 l. t. ; pour chaque marche, pose comprise, 20 s. t.

Toutes les fournitures seront faites par le duc d'Uzès, même les bois pour échafauder, les cordages et les câbles. De plus, il doit faire faire les terrassements pour asseoir les fondations.

Au sujet de cette importante construction dont il paraît rester des parties, à l'extérieur tout au moins, nous empruntons quelques détails à la notice de M. Lambert (1) « Il (Antoine de Crussol) « prit donc le parti de raser entièrement le vieux château de « Maulne et d'élever à la place une grande maison de chasse qui « pût offrir, dans une pareille solitude, toutes les commodités « indispensables à de longs séjours.

« Au lieu de laisser en dehors des nouvelles constructions la « précieuse fontaine qui coule aux pieds de la motte de Maulne, « ce fut, on peut le dire, cette source même que l'architecte choisit pour devenir le point central (2). »

A défaut des marchés que nous donnons ici, M. Lambert, pour déterminer la date de la construction de ce château, a été obligé de s'appuyer d'abord sur la description qu'en fait, après l'avoir visité, Androuet du Cerceau, dans son remarquable ouvrage intitulé « *Les plus excellens bastimens de France* », imprimé en 1576, et ensuite un article des comptes de la ville de Tonnerre, qui paye en 1569-1570, à un voiturier, 200 l. t. pour « charroy au lieu de « Maulne, de deux mille pieds cubes de pierre pour le chasteau ».

MARIGNY-L'ÉGLISE (Nièvre). — 1641-1668. Travaux à l'église et au clocher. — 1661-1671. Constructions de maisons particulières.

Puisque nous présentons des documents sur le Morvan, dont la

(1) Cruzy-le-Châtel et Maulne, *Annuaire de l'Yonne*, années 1879 et 1881.

(2) On a pu voir plus haut que les marchés ne laissent aucun doute à cet égard.

topographie, la climatologie, l'agriculture, les constructions, les mœurs et coutumes, diffèrent tant du « plat pays » et sont si peu connues, nous nous permettrons d'entrer dans quelques détails, seulement en ce qui concerne les marchés de travaux.

On y remarque que, le plus souvent, les ouvriers sont nourris et qu'ils reçoivent une partie de leur salaire en nature. Cela s'explique sans peine. Cette région, aujourd'hui relativement aisée, par suite des améliorations apportées à l'agriculture, était assurément, à cette époque, une des plus pauvres de France. Aussi, la nourriture et le paiement en produits d'une partie de la dépense, réduisaient naturellement d'autant le montant en espèces, dans un pays où l'argent était plus rare qu'ailleurs. D'autre part, le défaut de communication et le peu de ressources qu'offrait le pays, ne permettaient peut-être pas toujours aux artisans étrangers de se procurer les produits nécessaires à leur alimentation. Aujourd'hui encore, malgré les progrès de la civilisation, il y a des hameaux relativement importants où le boucher ne va qu'une fois par an, le jour de la fête patronale. Tout le reste de l'année, « l'habillé de soie » fournit la viande de la maison.

Dans le marché de maçonnerie d'une maison à Marigny, du 11 juin 1670, l'attention est attirée par la construction : 1° d'une fenêtre dont la baie n'a que deux pieds de hauteur et un pied et demi de largeur; 2° d'une galerie en pierre devant la maison. Cette galerie est sans doute destinée à remplacer, mais avec plus de luxe, les appentis couverts de genêts que l'on avait — et que l'on a encore — coutume de faire devant les maisons, granges et étables pour écarter la neige des bâtiments et garantir l'intérieur des rigueurs du froid, très vif dans le Morvan, où l'altitude est très élevée. Il est probable que les dimensions lilliputiennes de la fenêtre ci-dessus n'avaient pour but que d'éviter le froid, si nous ajoutons que pour le même motif on réduisait à sa plus simple expression le nombre des ouvertures, on se rendra facilement compte de l'obscurité qui régnait dans les maisons; 3° d'un « ognier » voûté. Tout le monde sait qu'autrefois, l'oignon était peut-être le légume dont on usait le plus, dans toutes les classes de la société. Dans chaque maison, il y avait un récipient réservé spécialement à sa cuisson ; on l'appelait également « ognier ». Aujourd'hui, ce légume est heureusement éclipsé par un autre bien plus précieux, la pomme de terre. Dans le Morvan surtout, où le terrain granitique lui est favorable, la pomme de terre est le « pain du pauvre » (1).

(1) *Mémoires historiques sur le canton de Quarré-les-Tombes*, par l'abbé Henry, (2 vol. 1876).

L'abbé Henry dit qu'en 1876 encore, « les habitants s'en régalent « et les mangent ordinairement cuites à l'étouffée, sans sel et sans « préparation.... Quand cette récolte est abondante, le pays est « sauvé (1) ».

MÉNADES. — 1544. Devis de la construction des murs d'enceinte du village, suivi de marché (2).

Par cet acte, les murailles devaient avoir 18 pieds de hauteur, 3 pieds d'épaisseur à la base et deux *bons* pieds à la partie supérieure. Elles devaient être reliées par 12 ou 14 tours ou demi-tours, et pourvues de deux portes avec meurtrières et ponts-levis et d'une poterne.

Ces travaux ont été adjugés à un entrepreneur général qui, dans un délai de deux ans, devait donner « clefz au poinct », pourvu que les habitants fournissent ce qui est convenu au marché et « que pestilence ou guerre dont Dieu nous veullent préserver et « garder ne soient en la contrée. »

Le paiement en devait être fait au moyen du produit pendant 18 ans, du 13e de tous les fruits pour les habitants demeurant à l'intérieur de l'enceinte projetée, et du 16e pour ceux résidant en dehors. Aux habitants incombe l'obligation de lever cette dîme et de faire toutes poursuites contre les défaillants.

PERRIGNY-SOUS-ROUGEMONT OU SUR ARMANÇON. — 1553. Construction d'une chapelle au hameau de l'Autremont (3).

Ce marché est consenti moyennant 30 l. t. en argent, 12 bichets de grain moitié froment et orge et un muid de vin.

Les habitants s'engagent à fournir au maçon une chambre, un lit et les ustensiles de ménage, ainsi que toutes les matières nécessaires à la construction, jusqu'à l'eau ; mais il doit procéder à l'extraction de la pierre dont il aura besoin. Au bas de ce marché figure le croquis de cette chapelle que nous avons relevé le plus fidèlement possible.

(1) *Mémoires historiques de l'abbé Henry.*

(2) Ces travaux nous ont semblé si considérables et si dispendieux pour une petite localité, que nous avons voulu nous assurer si des vestiges en attestaient la construction. M. le Maire, auquel nous nous sommes adressé, a bien voulu nous faire parvenir les renseignements ci-après, à propos desquels nous lui renouvelons tous nos remerciements :

« Les travaux dont vous me parlez.... ont été certainement exécutés. « Les vieillards se rappellent très bien avoir vu les ruines des anciennes « portes et des vieux murs, et même il existe encore autour du village « des parties de clôture. De plus, on a démoli il y a quelques années « deux petites tourelles sur l'emplacement des murs ».

(3) De cette localité, il ne reste plus aujourd'hui qu'une ferme.

Rougemont (Côte-d'Or). — 1565. Construction de deux portes de ville « du costé de Perrigny et Buffon ». Ces portes devront être semblables à celles de Cry. Ce marché est fait moyennant 160 l. t. Les habitants fournissent tout ce qui est nécessaire, même les échafaudages. En réalité, c'est un marché à façon.

Saint-André-en-Morvan (Nièvre). — 1667-1668. — Eglise. Construction d'un nouveau chœur et d'un clocher. Trois marchés : extraction de pierre, maçonnerie et charpente, passés par M. de Chastellux, seigneur de Saint-André (1). Celui du maçon s'élève à la somme de 550 l. t., plus les matériaux. Le nouveau chœur devra avoir 36 pieds de longueur, sa largeur sera celle de la nef; les murs auront 28 pieds de hauteur « soubz bois »; leur épaisseur sera de trois pieds, il y sera fait trois ogives de chaque côté; trois vitraux de 3 pieds de large et 8 pieds de haut « avec ung O rond » (œil-de-bœuf) dans le pignon; le plafond du chœur sera à voûte d'arête; le chœur sera carrelé et blanchi; une arcade de pierre de taille (jubé) de 17 pieds de large séparera la nef du chœur, etc., etc. Le marché d'extraction est fait au prix de 19 l. t. pour « chacun cent » de pierre. La longueur des blocs sera de « un pied et « demy jusqu'à trois piedz trois poulces, et trois piedz et demy, « et ce par tiers ». L'extraction se fera dans le finage de « Vézigneux et lieux voisins ». La pierre sera acceptée par le maçon chargé des travaux. Le marché du charpentier monte à 260 l. t., plus les bois qui lui seront fournis sur place. Il devra faire les cintres pour les maçons, faire la charpente des voûtes du chœur et un clocher « suivant la charpente de lauteur deheue et convenable (2) ».

Tonnerre. — 1617. Marché de grosses réparations aux murs d'enceinte de la ville, pour la somme de 300 l. t. (3)

(1) Chastellux, avant son érection en paroisse en 1677, dépendait de celle de Saint-André.

(2) M. de Chastellux, en prenant à sa charge les frais de construction du clocher, faisait une gracieuseté aux habitants auxquels incombait cette dépense.

Il n'en est pas de même des travaux au chœur qui, de droit, devaient être supportés par lui en sa qualité de seigneur. En réalité, sous l'ancien régime, chacun était tenu d'entretenir les parties de l'église dont il profitait.

(3) Nous avons renoncé à publier les marchés de construction du second étage de la tour Notre-Dame; de réparations au pont de Notre-Dame-du-Pont et de construction d'une chapelle à Vauligny (Tonnerre), M. Quantin les ayant à peu près résumés dans son article « *Le Tiers Etat à Tonnerre* », publié dans notre bulletin de 1886.

VÉRON. — 1509. Marché à façon par le maçon entrepreneur à deux autres maçons, des travaux de la construction du chœur de l'église. L'entrepreneur fournira toutes matières en place, une chambre, deux lits et le bois nécessaire au chauffage des maçons. De plus, il leur paiera 110 l. t.

Dans cet acte, il est fait mention du traité passé entre les procureurs de Véron et le sieur Dansoy, maçon à Auxerre. Malgré toutes nos recherches, nous n'avons pu trouver cet acte intéressant (1).

15 *Octobre* 1568. — *Appoigny.* — Marché de coupe et transport du bois nécessaire à la reconstruction des moulins de Regennes.

« Comparut en sa personne, Pierre Brillault, marchand demeurant à Appongny, lequel cognut et confessa avoir marchandé et promis à Me Claude Jannequin, procureur et secrétaire de monseigneur le réverendissime cardinal de la Bourdaisière, évesque d'Aucerre, stipulant et acceptant pour le d. seigneur, et en la présence de vénérable et discrette personne M. Gaspard Damy, prebstre, chanoine et penitencier d'Aucerre, son grand vicaire et official. et par son ordonnance verballe, de habattre ou faire abattre tous les arbres qui sont et seront marquez au boys de Chaulmoys, appartenant aud. evesque, par les charpentiers qui à présent besongnent pour luy au molin de Regennes, pour servir de posteaulx, bources (ou barres¹, lians (liens), forches, sucches, corbes et aultres espèces nécessaires pour la réparation des d. molins, suyvant quil est contenu au marché jour dhier, passé par le d. Jannequin avec les d. charpentiers (2) en la présence du d. Brillault, faire charrioter et voicturer du d. boys de Chaulmoys devant les d. molins, de jour en jour et dheure à aultre, sans discontinuation, suyvant et ainsi quil en sera adverty par les d. charpentiers, pour obvier quilz ne chomment, et à peine de tous despens, dommages et intérestz que le d. seigneur en pourroyt avoir et soffrir par tel deffault, et de les recouvrer sur luy. Et pour ce faire, fournir tous frais et despens, à la charge que les grosses pièces qui ne se pourront voicturer, et quil fauldra charrioter jusques au nombre de douze sil tant sen treuve, seront escarries par les d. charpentiers, au boys ; les coippeaulx desquelles luy demeureront avec la somme de vingt petitz posteaulx quil a menez au d. lieu pour servir destaix aux d. molins,

(1) M. Quantin, dans son article publié dans le bulletin de la Société des Sciences de 1848, page 480, se bornant à donner seulement la date de ce marché, on peut le considérer comme inédit.

D'autre part, il n'en est nullement question dans l'*Histoire de Véron*, par l'abbé Chenot, curé de cette paroisse, publiée en 1880. (Sens, imprimerie Duchemin, 1 vol. in-8o).

(2) Malgré toutes nos recherches, nous n'avons pu découvrir le marché dont il est question.

et de liens à la d. besongne. Et ce moyennant le prix et somme de cent une livres tournoiz que le d. Jannequin au d. nom luy a promis et sera tenu paier au pro rata, faisant le d. charroy. Car ainsi, etc., etc. »

(E. 392)

21 Août 1576. — Appoigny. — Marché de travaux de charpente au château de Regennes.

Millan Guillemyn et Jehan Guillemyn, son fils, demeurant aux Bries, paroisse d'Appoigny, « cognurent et confessèrent avoir marchandé » à l'évêque d'Auxerre Jacques Amyot « de descouvrir ung appantil qui est au dedans du chastel de Regennes au d. seigneur appartenant ; serrer la thuille et la conserver de sorte quelle ne soyt endommagée ; ce faict, abatre tout le boys du d. apantil pour sen servir à faire la besongne quil appartiendra. Et oultre mettront à bas tout le boys qui leur sera monstrer et commandé qui est dans le d. chastel, le plus commodément et proprement que faire ilz pourront sans riens rompre ; duquel chastel ilz ont promis mettre et asseoir au lieu qui leur a esté monstré joignant la grosse tour ayant troys estaiges, en chacun diceulx estaiges, une poultre garnie de lyneaus (ou liveaux), enchevestruses, sollives à neuf poulces près lune de laultre. Et oultre faire le comble de dessus à deux pignons, au millieu une esquelle (1) et deux arbalestriers, garnies de contrefiche, feste et surfeste, brandir les chevrons, lesquelz régneront oultre la charpenterie, dun pied et demy pour gecter leaue sur les terres afin quelle nendommage la muraille. Plus mettre sur le grand et petit escallier troys tirandeaux, troys arbalestriers, contrefiches, une sablière, double fillière, chevrons dessus ; iceulx brandir en façon dappantil et asseoir les chevrons qui gecteront leaue ainsi que dessus. Plus ont promis mettre en la petite tour quarré les pièces de boys qui y seront nécessaires dy mettre. Laquelle besongne ont promis les d. Guillemyns de faire et parfaire de leur estat bien et deuement a dict de gens ad ce cognoissans, et la rendre faicte et parfaicte dedans le jour de sainct Michel prochain venant et y besongner de jour en jour sans discontinuation, tant eulx que ung ou deux hommes charpentiers quilz prandront avec eulx, de sorte que dans le d. temps la d. besongne soyt faicte à peine de tous despens, dommages et interetz. En fournissant par mon d. seigneur tout le boys quil conviendra pour faire la d. besongne. Et ce moyennant la somme de six vingts (120) livres tournoys qui luy sera paiée en faisant la d. besongne pro rata ; et seront tenuz de scier le boys quil conviendra pour faire la d. besongne. Car ainsi, etc., etc. »

(E. 401)

24 Août 1576. — Appoigny. — Marché de travaux de maçonnerie au château de Régennes.

« Comparut en sa personne Gaulcher Rothé, maçon, demeurant à Auxerre, lequel cognut et confessa avoir marchandé à Révérend père en

(1) *Esquelle*, Echelle, escalier. (Lacurne de Sainte-Pallaye).

Dieu, monseigneur mesire Jacques Amyot, evesque d'Aucerre, grand aulmosnier de France, présent et acceptant; de rehausser les tuaux des la chemynée de la grosse tour du chastel de Regennes, jusques à la haulteur des chemynée qui sont en la chambre appellée dantiennetté *la chambre jaulne*, et iceulx enduyre par le dedans. Plus de fureller, horder (1) par le dessus et carler cinq plancher, sçavoir : deux en la d. grosse tour, icelluy de la chambre haulte et grenier, et trois de la prouchaine, et faire les entrevaux par le dessoubz avec plastre, faire les fogez (foyers) et retenir les contrefeuz diceulx, et rendre les d. planchés habitables. Plus refaire le pied droict de lentrée de la chambre du millieu de la d. grosse tour, avec deux consolles pour porter la muraille qui portoit sur la pièce de boys. Plus refaire le perthuis pour mettre les poultres, et y mettre des corbeaux tant quil en fauldra ausd. poultres, que soubz les sablières ou lyarnes, et remasonner a lentour. Item de faire les deux pignons de maçonnerye et remplir ce quil y aura de vuide, après que les charpentiers auront dresser la charpenterye, et lenduyre par le dedans et dehors. Item faire une vif (vis, escalier tournant) depuis le premier estaige jusques au second qui régnera jusques au grenier, et y planter deux (2) huisserye aux endroictz les plus commodes, les marches de laquelle (3) se feront de pierre de taille, qui se mettront dans les pands de maçonnerye qui y sont ja faictz ; remplir tout ce quil conviendra à remplir, et racostrer dans les d. pands et lanrocher aussi dune part et daultre ; à laquelle vif il mettra ung peslier (4) à lentrée du grenier avec ung gardefou, et rompre la muraille quil conviendra rompre pour planter et lever la d. vif. Laquelle besongue le d. Rothé a promis bien et deuement faire a dict de gens ad ce cognoissans, et la rendre parfaicte dedans le jour et feste de Noel prochain venant, et besongner à icelle de jour en jour sans discontinuation, et y encommancer lundy prochain, à peine de tous despens, dommages et interetz, tant luy que aultres hommes quil prandra avec luy, de sorte que dans le d. temps la d. besongne y puisse estre faicte. En fournissant par le d. seigneur toutes estoffes pour ce faire, lesquelles le d. Rothé prandra et fera chercher à ses fraiz dans le d. chastel, aux endroictz qui luy seront monstrez, quil a promis de faire servir à icelle besongne. Et ce moyennant la somme de huit vingt (160) livres tournoiz. Sur quoi le d. Rothé a confessé avoir eu et receu douze livres quinze solz t. dont il sen tient contant ; laquelle somme lui sera paiée en faisant la besongne sus pro rata ; fera faire le d. Rothé à ses fraiz les fureaux pour faire les d. planchez en fournissant le boys par le d. seigneur. Car ainsi, etc.

(E. 401)

(1) Horder. Clore. (Lacurne, glossaire).

(2) La première rédaction portait *la* huisserye.

(3) En raison de la modification constatée par la note N° 2, il faut lire *desquelles*.

(4) Pesle. Palier.

24 Juin 1588. — Appoigny. — Marché de travaux de maçonnerie au château de Régennes (1).

Arthume Dormet, maître maçon à Auxerre, s'engage envers l'évêque d'Auxerre à faire au château de Régennes, pour la somme de 400 écus soleil, les travaux dont le détail suit :

« Maçonner de menue maçonnerie les deux grandes croisées de la vieille salle qui répondent sur le jardin, de mesme espesseur que laultre muraille, et du cousté de la court faire deux grandes croisées vis à vis de celle cy dessus maçonnée, respondant à celles den hault. Plus une voulte le long de la dicte salle, de bricque ou de pendant, et y mettre six chesnes de pierre de taille ; ouvrir la croisée qui a esté aultrefois à la salle haulte, et raccommoder et réparer laultre croisée. Plus habesser et revaller les murailles dun cousté et daultre de la dicte salle, jusques à la haulteur de trois piedz ou trois piedz et demy par dessus le planché du grenier. Oultre, faire une muraille pour servir de clouture au jardin du cousté de la rivière, despesseur de deux piedz dans terre, et hors terre dun pied et demy, de haulteur de douze piedz de hault. Et encores une muraille sur les vieulx fondement où estoit le tripot en la court du dict chastel, de sept piedz et demy de hault, en ce comprins le chapiteau, et despesseur dun pied et demy ; mettre deux pilliers de pierre de taille au mantheau de la chemynée de la cuisine du dict lieu, et une pièce de bois à travers pour soubstenir le dict mantheau ; faire et reprendre la vif (*sic*) du dict lieu sur la unziesme marche, et la refaire à neuf de *pierre de taille depuis le massif jusques au hault avec* (2) ung garde four pour monter jusques au grenier. Et encores les entrevous de la dicte salle avec plastre, careler le planché de la dicte salle et celluy du grenier avec chau et arrene. Plus faire une grande porte chartière en la grange pour entrer de la court en icelle ; racoutrer les menteaux des chemynées, tant de la salle den bas que den hault et selle de la chambre haulte dauprès la tour. Oultre, sera tenu dhabatre le vieil escalier et conserver les briques et pierres qui y sont, et toutes les dictes murailles, tant du jardin, court que aultres besongnes cy dessus ; enduire et enrocher avec chau et arreine des deux coustez, et faire les dictes besongnes bien et deuement à dict de gens ad ce congnoissant, avec chau et arreine et rendre faict dans *la feste de la Tousainctz*. Fournissant toutes matières, estoufes et aultres choses quil conviendra pour la construction des dictes besongnes par le dict Dormet, fors et reserver la pierre et bricque quil pourra prendre aux vieux bastiment et ruyne du dict chasteau qui luy seront monstrez. Et sy plus en convient audictes besongnes cy dessus, le dict Dormet sera tenu les fournir. Et ce moyennant la somme de quatre cens escus sol., que le dict sieur révérend sera tenu et a promis payer au dict Dormet en besognant, et au feur quil tra-

(1) Ce *marché est signé par* Jacques Amyot, le savant évêque d'Auxerre. Il a été passé, ainsi que l'indique la fin de l'acte, au logis épiscopal.

(2) Tous les mots en italique, modifiant le texte primitif, sont de la main de Jacques Amyot ; ils sont en interligne.

vallera, et neantmoingtz le dict sieur révérend a advance au dict Dormet sur la dicte somme trente escuz contant. Car ainsi, etc., promectant, etc., obligeant corps et biens le dict Dormet, etc.. ... Faict au logis episcopal d'Aucerre es présences de *maistre Denis Peronnet, penitentier de leglise d'Auxerre et de Leonard Goys, maistre charpentier*

Signé Ja. Amyot, Ev. d'Auxerre, Peronet et Thomas. Le dict sieur Dormet ne sachant signer a fait une croix. »

(E. 500)

12 mars 1541. — Augy. — Marché de travaux de maçonnerie à l'église. (Restauration).

Jean Guilleminot, maçon à Noyers s'engage envers 54 habitants d'Augy désignés nominativement et « représentant la plus grand et sene partie des manans et habitans du dict lieu. .. à faire et parfaire en *leglise du d.* Aulgy, de son mestier de maçon, les chouses contenues au portraict cejourdhuy à luy exhibé et monstré, et selon la besongne qui ja est commancée, dont il sera tenu faire les fondemens de profont bons et suffisans. Et ou il seroit contrainct les faire plus profont de huict piedz, en ce cas les d. habitans seront tenuz fournir le surplus des matières pour ce faire qui y conviendroit employer ; et seront de largeur de quatre piedz et le reze de chaussée des d. fondemens ; mettre tout autour de la besongne qui reste à faire deux routes de quartiers de pierres de Mailly, chacun quartier dun pied de haulteur ; faire les augives de pierre de taille de pierre de Bailly ou aultres bonnes et convenables à la d. besongne ; faire aussi les beez des verrières de pierre de taille selon et ensuivant ceulx qui sont ja faitz ; faire les pilliers et voultes de la d. besongne selon icelluy portraict, dont les pendans seront taillez ; faire les entablemens de pierre de taille pour porter la charpenterie, qui auront ung pied de saillie hors œuvre ; faire les huys de pierre de taille, remettre les aultelz et faire les picynes où il appartiendra, de pierre de taille, assavoir : la picyne du grand aultel garnie de remiers (?) et de pilliers fiole (ou firle) (?) creste et formement (*sic*) (formeret (?) ainsi qu'il appartient ; et faire une reprise pour mettre le ciboyre et une fenestre au dessoubz, de pierre de taille. Item faire une vis pour entrer au cloché, dont les marches seront de pierre de taille, et troys pans dont les arestes seront de taille et le demeurant de massonnerie, garnie de fenestres où il plairra ausd. habitans, garnie aussi de deux huys de taille, laquelle vis aura deux retraictes garnies de larmier, de taille. Item faire la d. besongne de la largeur de la nef et de la haulteur ; les voultes de la platrerie de la d. nef tout à nyveau ; faire venir les eaues des deux chappelles toute en une cave ; et faire le reste de massonnerie bonne et convenable, de chau et arayne, de deux piedz et demy en œuvre ; paver ce que dict est de pierre de taille ; le tout estayer à ses périls et fortunes où il sera nécessaire, moyennant quil se pourra ayder du vieil boys quil abatra de la d. besongne. Item blanchir la nef de blanc à bourre, enrocher et enduire toute la d. besongne. Et le tout faire et parfaire comme dict est et fournir toutes matières aux despens du d.

Guilleminot, dedans troys ans prouchainement venant, dont il sera tenu commancer la d. besongue dedans le quinziesme jour de ce présent moys de may, dou sans discontinuer que la besongne ne soit faicte et parfaicte comme dict est. »

Ce marché est consenti moyennant le 28e des blés et vins que les habitants d'Augy récolteront pendant quatre ans. En outre, il a été convenu que si pendant cette durée : « il vient fortune de gelée et de hault temps, « en sorte quil ny ayt desbleure suffisante qui plaise au d. Guilleminot, « en ce cas ne prandra aucune chouse en la d. année et sera tenu sur- « attendre lannée subséquente. Pour lesquelles fortunes ne lerra la d. « besongne, mais sera tenu besongner subséquemment comme dict est. « Et prandra le d. Guilleminot langin et casble et autres chouses estans « de présent et servant à la d. besongne, qui sera tenu rendre ausd. habi- « tans après icelle besongne faicte et parfaicte comme dict est. »

(E. 501)

20 Octobre 1491. — Auxerre-Ville. — Acte de paiement d'une partie du prix de la construction de la tour du portail de Villiers.

« Ce dit jour comparurent en leurs personnes Guyot Daviot et Pierre Lamy, maçons, demourant à Aucerre, lesquelz tant pour eulx que pour Anthoine Suderot, maçon, demourant à Cravan, recognurent et confessèrent avoir eu et receu de Guillaume Guérin et Pierre Gaillard, maçons, demourant au dit Aucerre, à ce presens et acceptans, la somme de 22 l. 13 s. 4 d. t. faisant la tierce partie (*sic*) de 34 l. t., sur et en tant moings du marché de la maçonnerie de la tour du portal de Villiers, que estoient tenus faire les dits Pierre Lamy et Anthoine Suderot par marché fait par les dits Guérin, Gaillard et Daviot dune part, et les dits Suderot et Lamy d'autre part, duquel Suderot le dit Daviot dit avoir le droit du dit marché en ceste partie. Et de laquelle somme de 22 l. 13 s. 4 d. t. les dits Daviot et Lamy se sont tenus pour contens et en ont quicté les dits Guérin et Gaillard. Lesquelz ont de novel promis parpaier les dits Daviot et Lamy, des deux pars du résidu du contenu ou dit marché, en parfaisant la maçonnerie de la dite tour, selon le devis sur ce fait. Obligeant parfaire. etc., etc. »

(E. 372)

16 Avril 1562. — Auxerre-Ville. — Marché de travaux de charpente aux différentes portes.

« Comparurent en leurs personnes Pierre Blandin et Claude Bornicat, charpentiers, demeurant à Aucerre, lesquelz cognurent et confessèrent avoir marchandé aux manans et habitans de la ville d'Aucerre, stipulants par : noble homme Me Germain Chevallier, licencié ès loix et Germain Boizot, gouverneur de la d. ville, Jehan Guillaume, Germain Armant, Pierre Mathieu dict Sappin, Jehan Cloppet, Loys Guillaume, Pierre Delye et Germain Brocart jurez et eschevins, et Me Pierre Leclerc, procureur de la d. ville, présentz au d. hostel de ville, pour ce faict assemblez, de faire de leur mestier de charpentier, la besongne qui sensuit, assavoir : faire ung pont levys neuf en la porte Champynot, avec une planchotte et les flaiches dud. pont levys, le tout de boys neuf, garny le derrière des d. flaiches de boys ainsi que la besongne le requiert, pour faire lever et abatre le d. pont, de façon quil se puisse facilement lever et beesser. Prandront les d. charpentiers le meilleur des vielles planches pour faire servir à la planchette. Seront tenuz les d. charpentiers resopper sus la d. porte soulz la sablière de boys neuf, et faire ung petit pan de boys qui se prandra du costé du cymetière de la Magdelaine. Et seront encoures tenuz faire en la porte du Pont, ung tournant au pontlevys de devers la ville, y mettre une coupple de hais (planches) au lieu où il sera nécessaire, et en laultre pontlevys de la d. porte hors la ville, mettre ung tournant auquel sera emmanché le .. pontlevys ; faire une basqulle neufve, au lieu quelle a accostume destre, garnye de poteaulx et lians, bonne et convenable, faire une montée de degrez pour monster et descendre à la loge des portiers de la d. porte du pont, y mettre deux chevrons pour la couvrir avec une pièce de boys, laquelle servira de monstans. Item seront tenuz les d. charpentiers faire tourner le pontlevys de la porte Sainct Syméon, racostrer la basqulle de lad. porte, et maictre une pièce de boys en la porte d'Esgleny, laquelle portera les torillons du pont levys de la d. porte. Item mettre en la porte du Temple ung aseau et tournant neuf au pontlevys, au lieu ou est celluy qui est de présent ; et faire le tout de bon boys neuf, loyal et marchant, que les d. charpentiers seront tenuz fournir, et rendre les d. pontslevys tournans, et faire la d. besongne bien et deuement au dict de gens adce cognoissans dedans duy en six sepmaines, à la charge touttefoys que le viel boys demourera ausd. charpentiers. Et ce moyennant la somme de six vingts seize livres tournoys (136 l. t.), de laquelle somme leur sera payé et advancé par le recepveur de la d. ville, la somme de 60 l. t., et le surplus leur sera payé en faisant la d. besongne, pro rata. Car ainsi etc., etc. »

(E. 389)

13 Mai 1586. — Auxerre. — Collège. — Marché à façon des portes et croisées de la maison de Saint Xist.

Par ce marché Barnabé Vautier, menuisier à Auxerre, s'engage envers les fondés de pouvoir de Jacques Amyot, évêque d'Auxerre « à faire les croisées et huys du logis de Saint Xist de la mesme de façon que la croysée et huys quil a faict au logis episcopal, qui sera pris pour patron, excepté que aux deux estages den hault il fera des menaux de boys qui tiendront la croysée, et se compteront deux demyes croysées pour une croysée, et quatre larmiers pour une croysée ; fera le grand huys de lescallier qui sera compté pour deux huys. Laquelle besongne le d. Barnabé a promis et sera tenu faire bien et deuement, et la rendre faicte dedans le jour et feste sainct Remy prochainement venant. En fournissant par les d. sieurs (fondés de pouvoir) le boys quil conviendra pour ce faire au logis épiscopal, *auquel lieu il sera tenu besongner et luy sera livré place pour ce faire*. Et ce moyennant la somme dé deux escuz sol. pour la façon de chacune croysée et huys, sur quoy le d. Vaulthier a confessé avoir eu et reçeu par les mains du d. Lemuet (receveur de l'évêque) quatre escuz soleil dont il se tient pour contant, et le reste luy sera paié en faisant la d. besongne pro rata. Car ainsi, etc., etc. »

(E. 407)

13 Mai 1586. — Auxerre. — Collège. — Marché pour la ferrure de toutes les portes et fenêtres de la maison de Saint Xist.

Par ce marché les sieurs Jean et Claude Hédot, serruriers à Auxerre, s'engagent envers les procureurs de Jacques Amyot, évêque d'Auxerre, absent « à ferrer toutes les croisées et huys du logis de Sainct Xist, assavoyr : pour chacune croisée tout aultant de ferreuze et en la mesme façon que celles qui sont au logis épiscopal, que les d. Hédot ont ja ferrée pour en faire lessay, ensemble la ferreuze des d. huys tout ainsi que celles qui sont en la croisée et huys qui sont au pressouer du d. logis épiscopal, excepté que la platine des serruzes sera plus large et les clefz plus longues et plus grosses que celles qu'ilz ont faicte, et que la serruze se ouvrira tant dedans que dehors ; faire les crampons, gonds et verrous quil faudra aux meneaux de boys des croisée. Et laquelle besongne les d. Hédot ont promis et seront tenuz besongner de jour en jour sans discontinuation et à la mesure que le menuisier livrera les d. croysée (1). Icelles croysée garny chacune de huit vergettes de fert bonnes et fortes, pour mettre les verrières. Se compteront deux demyes croysée pour une croysée et quatre larmiers pour une croisée. Et quant au grand huis de lescallier, ilz seront tenuz y faire la ferruze quil y conviendra, laquelle leur sera paiée séparément comme au semblable ; feront les ferruzes des huys, classes, cuysines et privez au pris qui en sera cy après accordé.

Ce présent marché faict moyennant la somme de deux escuz et demy soleil pour la ferruze de chacune croisée garnie comme dessus, avec son huys fermant ainsi que dict est. Sur laquelle somme les d. Hédot ont confessé avoir eu et receu du d. Lemuet (receveur de l'évêque) la somme de six escuz et deux tiers... Le reste leur sera paié en faisant la d. besongne pro rata. Car ainsi, etc., etc. »

(E. 407)

15 Octobre 1594. — Auxerre. — Collège. — Travaux de menuiserie.

Laurent Gauthier, maître menuisier à Auxerre s'engage envers la ville, représentée par Nicolas Duval, avocat, et Jean Leprince, marchand, échevins d'Auxerre, à faire « au logis des grandes escolles ung pepistre à quattre estages, de longueur de six piedz et de mesme haulteur, de bois de chastenier, raboultez sur lais de dessus duquel qui sera en pepistre y aura une tringle pour louverture des livres. Plus racoustrer la grande

(1) Voir le marché précédent.

porte du derrière du d. collège et y mettre des barres dhuis sil en convient. Plus racoustrer la mect à pétrir et faire ce quil conviendra. Plus racoustrer une fenestre en la chambre haulte dessus la cuisine. Plus faire un varlet en la porte de devant, lequel varlet sera de bois. Plus mettre ung hais ou membruse à la porte de la cuisine et y faire ce quil conviendra de son estat. Plus mettre une tringle à lhuis dune petitte chambre près le jardin et racoustrer le d. lhuis. Plus racoustrer lhuis et placard de la salle. Plus faire ung huis au d. jardin de hais commungs avec trois barres de bois. Plus faire ung aultre huis fort de fond, qui servira pour len trée de la vif du d. collège, icelluy huis emboister. *Faire tous les d. huis* de bois de chesne. Et le tout faire bien et deuement a dict douvriers et gens à ce cognoissans; fournissant par le d. Gaulthier toutes mathières et estouffes quil conviendra et seront nécessaires. Et *ce moiennant la somme* de six escuz sol et ung tiers descu pour toutes les d. besongnes. Car ainsi, etc., etc. »

(E. 429)

25 Juillet 1538. — Auxerre. — Palais épiscopal. — Marché pour la réfection d'une cheminée dans la salle haute.

Guyon Thubé, maçon à Auxerre, s'engage envers les procureurs de l'évêque d'Auxerre (1) à *faire « une chemynée de pierre de taille en la salle* haulte de la maison épiscopale, selon le potraict et devis faict par le d. Thubé, en ung papier ouquel sont apostillé le devis grandeur, largeur, taille, ymagerie *et antiquailles* », pour le prix de 70 l. t. Il devra fournir tous les matériaux nécessaires ainsi que les frais de « hourdaige (2) cordaige et chaffaudaige ». Il aura le droit de prendre toute la « vielle pierre » provenant de *la vieille cheminée*, mais il ne pourra la « mectre en œuvre affin quil ny ayt deformité ». Il ne sera pas tenu de faire ni les « troys ymaiges de dessoubz les armoysies » de l'évêque, ni les « deux ymaiges de coustel et daultre de *la d. chemynée.* »

(E. 500)

6 Décembre 1630. — Auxerre. — Palais épiscopal. — Marché de *confection de lisses* (3) et de la charpente d'un pavillon dans le jardin, du côté de la rivière (4).

Etienne Marchant, charpentier à Auxerre, entreprend de faire dans les dépendances du palais épiscopal, les travaux suivants :

« Faire des lisses de bois depuis lavallage du jardin, du cousté de la rivière jusques au carré de la muraille ou est une petitte tour, lesquelles

(1) François II de Dinteville.

(2) *Hourdaige, horder*, clore (Lacurne).

(3) Dans son *Glossaire*, Lacurne ne donne pas ce mot, mais il en mentionne deux autres qui permettent l'identification : *liste, listel* ; 1° moulure carrée et unie, 2° enclos formé de tringles.

(4) Ce pavillon existe encore dans le fond du jardin de la Préfecture (ancien évêché).

lisses seront en berse, et sur la d. tour et carré de la muraille, faire ung pavillon de charpenterie et y meetre tout le bois qui sera nécessaire, *mesmes les tirans des lisses qui seront en rond ; et de la petitte tour continuer* les lisses jusques à une aultre petitte tour en finissant les treuilles, avec tirans, le bout desquelz il enclavera soubz la couverture de la muraille ; et faire icelles lisses de toise en toise au mesme lieu ou soubz les sepz de la d. treuille », pour la somme de 70 l. t. Tout le bois nécessaire sera fourni par l'évêque (1).

(E. 500)

22 Avril 1633. — Auxerre. — Palais épiscopal. — Construction du plancher et des lambris d'une chambre et d'un cabinet à l'évêché, où était la chapelle.

Marché par lequel les sieurs Jean Paris, Louis Desfossés et Jean Paradis, maîtres menuisiers à Auxerre, s'engagent envers Guillaume de Brays, écuyer, demeurant à Paris, présent, fondé de pouvoir de Mgr Dominique Séguier, évêque d'Auxerre, à faire « les lambris dessus lhaire du planché d'embas de la chambre et cabinet faictz nouvellement a lendroict ou *soloit estre la chappelle*, savoir : le plancher de la chambre dhais dung pousse depesseur, à languettes et emboitez par les boutz qui se rencontreront pour les joindre ensemble, poser, cheviller et clouer les dictz hais sur les lambourdes qui seront mises en eschamps (2), de dix huict poulces en dix huict poulces entre les unes des aultres, portant les dictes lambourdes par les boutz, de chascun cousté, dans les murs environ de quatre poulces ; faire le lambry du petit cabinet de mond. seigneur, dentre la chambre de la garde robbe avec la porte du dict cabinet sur son retour a lequerre du cousté de la dicte garde robbe, de bois dépoisseur dung pousse et demy avec la couverture du dessus, emboité et joinct comme dict est ; et le reste du lambry du cousté de la chambre et résidu du cousté de la fenestre, seullement de bois dung pousse dépoisseur, le tout joinct avec membrures et emboisté comme il appartient, et le tout bien et deuement a dict douvriers et gens à ce cognoissans. Et fournir par les d. Paris et consors tout le bois en secq bien façonné, joinct et raboté, posaige, clouaige de lambourdes et paiement d'ouvriers, et tout ce qui apartient aus d. ouvraiges, et le tout rendu faict et parfaict dans le mecredy prochain en vingt quatre jours. Moiennant la somme de dix livres pour toise en carré lung portant laultre, tant pour le d. cabinet que chambre ; et sur lesquelles besongnes leur a esté paié paravant la somme de cent livres tournois, et le surplus leur sera paié au feur et à mesure quilz feront les d. besongnes. Le tout à paine de tous despens, dommaiges et interestz. Car ainsy, etc., etc. »

(E. 500)

14 Septembre 1535. — Auxerre. — Cathédrale.

Vente par le chapitre d'Auxerre à Etienne Chausson, marchand à Gien, et à Etienne Maulduit « maître du fourneau de Champeaulx » de la coupe

(1) Gilles de Souvré (1626-1631).
(2) Mises de champ.

de 25 arpents de bois dans la forêt de Merry-la-Vallée, moyennant 40 l. l'arpent « pour icelle somme provenant de la d. vente, employez à leuvre et édiffice de la tour dicelle esglise (St Eienne) et baffroy dicelle. »

(E. 421)

31 Mai 1570. — Auxerre. — Cathédrale. — Marché pour remplir de maçonnerie un grand nombre de verrières mutilées par les Huguenots (1).

« Comparut en sa personne Toussaint Chanvin, maçon, demeurant à Aucerre, lequel congnut et confessa avoir marchandé à MM. les vénérables, doyen, chanoines et chappitre de l'église sainct Estienne d'Aucerre, stipulants par vénérables et discrètes personnes Mes Jehan Lesour, thésaurier, Jehan Board et Anthoine Boitel, chanoines de la d. église, presens et acceptans : de cloisonner de menue maçonnerie de terre, une verrière haulte, dessus le portal de Monsieur Denalle (?) jusques au fert et verre. Plus deux aultres verrières haultes, estans du costé du portal neuf, devers la maison du d. sieur thésaurier, dessus le petit orreloge jusques au fert et verre. Aussi cloisonner une autre verrière haulte, du costé de l'autel Sainct Jehan, estant sur le portal de Monsieur Bridé (2), jusques au second fert. Item deux verrières haultes, dessus le fonds jusques à la seconde grosse travée de fert de la première verrière du costé de la Cité. Item cloisonner deux paneaux de haulteur en la verrière de la chappelle Saint Orsani *(sic)*. Plus deux aultres verrières estans aux chappelles de Ste-Catherine et St-Lazare, de la haulteur de quatre paneaux par bas. Item la verrière de Nostre Dame de Lourette jusques à la première grosse barre de fert. Item en la chappelle St-Germain dessoubz la tour, le hault de quatre paneaulx. Item cloisonner deux verrières basses qui sont es chappelles de Sainct-André et Sainct-Gervais, jusques à huit piedz de hault. Item cloisonner une verrière qui est sur la chappelle St-Martin, jusques à ung fert qui est par dessus la couverture. Item une verrière basse en la chappelle St-George, jusques au verre de la d. verrière. Item dix verrières haultes des deux costez de la nef dicelle église, jusques au verre. Toutes lesquelles cloisons le dict Chanvin a promis et sera tenu bien et deuement faire et parfaire, a dict de gens ad ce cognoissans, et icelles enrocher dedans et dehors de chau et araine, et la rendre faicte dedans la Magdelaine prochaine. Fournissant toutes estoffes et matières pour ce faire le dict Chanvin, sauf que les d. sieurs ont promis luy bailler place en leurs maisons ruynées, pour prendre de la menue pierre seullement,

(1) Ce marché a paru curieux tant par l'énumération des chapelles, que par les parties de verrières mutilées qui ont été remplacées par de la maçonnerie. M. Quantin, dans son article *De l'intérêt historique des actes notariés*, etc., *Bulletin de la Société des Sciences de l'Yonne*, 1848, p. 449, et M. l'abbé Bonneau, dans sa *Description des verrières de la cathédrale d'Auxerre*, même bulletin, année 1885, p. 297, n'en ont dit que quelques mots qui passent inaperçus.

(2) Il y a à cette époque un chanoine d'Auxerre de ce nom. Il a sans doute contribué pour une certaine part dans la construction ou la restauration de ce portail désigné sous son nom.

pour sayder à faire la d. besongne, avec le boys pour chafauder, qui lequel boys luy sera baillé par compte et le rendra par compte. Moyennant la somme de quarante cinq livres, etc. »

(E. 489)

22 Mai 1571. — Auxerre. — Cathédrale. — Marché pour la couverture du petit clocher sur le chœur.

Par cet acte André Louat, couvreur à Auxerre s'engage envers le chapitre cathedral, représenté par MM. Laurent Petitfou, archidiacre, Pierre du Broc et Antoine Boitel, chanoines, « à couvrir le petit clocché qui est sur le cueur de la dicte eglise, assavoir : la tounette (?) dembas depuis la couverture de léglise jusques aux escodouers du dict clocché, couvrir dardoise, avec lesquelles den hault du dict clocché jusques à la hure ou chaussé (1), les escodoers, entamblement, terrasse, posteaux escorniche qui est au bout des posteaux du d. clocché, couvrir de plomb. Laquelle besongne le d. Louat sera tenu bien et deuement faire et parfaire à dict de gens ad ce cognoissans, dedans le jour de mige aoust prouchaine venant; fournissant par le d. Louat, eschaffaulx, cloux à ardoise, à latte et douves; fondre le plomb quil conviendra pour faire la d. besongne; fournir le boys et matières nécessaires pour le fondre et mettre en table, monter à ses despens les matières, fors et réserve que les d. de chappitre seront tenuz et ont promis fournir le plomb et ardoise pour faire icelle besongne. Et ce moyennant le pris et somme de 85 l. t. à payer au pro rata de la besongne, etc. » (2)

(E. 500)

10 Juillet 1590. — Auxerre.— Cathédrale.— Marché pour réparer la terrasse et comble de plomb de la tour.

Par ce marché Jean Camuz, marchand potier d'étain à Auxerre, s'engage envers le chapitre cathédral, représenté par Nicolas Cochon, Jean Chevallard, Philippe Chignard et Victor Camuz, chanoines d'Auxerre, « à retenir entièrement la terrace et comble en plomb de la tour du dict sainct Estienne d'Aucerre, tant soudures, tables sy aulcunes convient retenir, clouz à plomb, et icelle besongne faire bien et deuement a dict de gens ad ce cognoissans, et rendre faicte dujourdhuy datte des présentes en ung mois includ. Laquelle besongne estant faicte sera visitée par gens et personnes dont les parties conviendront, laquelle visitacion se fera aus despens de qui il appartient. Et faire à chascune table quattre cloux de plomb, sçavoir : deux dessus et deux dessoubz, convient es d. cloux de dessus faire soudures. Retenir en oultre toute la dicte terrace de soudures qui sera nécessaire soict par joutures ou poultrement et

(1) Hurée, revers d'un chemin creux (Lacurne). Sans doute un passage ménagé entre les constructions.

(2) A cet acte est témoin Mᵉ Blaise Legaige, recteur des grandes écoles d'Auxerre.

perthuis. Ne pourra le d. preneur assoir le chappeau de la d. terre (*sic*) (terrasse) sinon en la présence des d. depputes, lequel chappeau il fera de telle grandeur que bon semblera es d. sieurs. Fournissant par les d. sieurs le plomb en table. Sera tenu le d. entrepreneur embattre les carres des tables sans y faire aulcune soudure, et iceulx carres rejoindre et lier lune et laultre. Et faire entièrement tout ce quil conviendra faire en icelle terrace, jusques à lentrée des gargoulles dicelle, sans que le d. Camuz soict aulcunement tenu enlever les bordaiges de la d. terrace. Fournissant par le d. Camuz, entrepreneur, toutes les estouffes et mathières quil conviendra, à la reserve des tables de plomb, cy aulcunes en convient, que les d. sieurs *seront tenus* fournir. Et ce moiennant la somme de onze escuz dor soleil » payables : un écu en passant l'acte, 5 écus le jeudi suivant, jour où il doit commencer, et le reste quand les travaux seront terminés.

(E. 500)

19 Janvier-24 Février 1630. — Auxerre. — Cathédrale. — Engagement par M. Edme de Rigny, chanoine d'Auxerre, envers le chapitre cathédral, de faire reconstruire la chapelle Saint-Martin moyennant la somme de 450 l. t.

En passant ce marché à forfait, il s'engage « à faire faire et habattre la chappelle St-Martin, pour ce qui est de la couverture, voulle, le pand du cousté du logis de M. Lesourt et de leglise, ensemble les vistres; icelle faire refaire et redresser, tant de massonnerie, charpenterie, couverture, vistres, closture et fermeture, enlever *le* pavé et *autel*, *et icelle* faire faire telle et semblable comme est la chappelle sainct Gervais attenant la d. chappelle de *St-Martin*, et suivant et ainsy que le d. de Rigny la marchandé faire à Nicolas Delaporte, François Laligne, tailleurs de pierres, Pierre Rigoullé, vitrier et peintre, et Jacques Hédot, serrurier, etc... Et encoures faire la porte de la d. église (chapelle) bonne, convenable et honneste, fermer à clef et mettre la clef en main aus d. sieurs; et fournir tout ce quil conviendra et au plus tost que faire se pourra. »

Le chapitre lui avance 100 l. et paiera le reste au fur et à mesure de l'avancement du travail.

Préalablement à cet acte convenu d'avance, le chanoine de Rigny avait déjà passé :

1° Le 19 janvier 1630, un marché avec les dits Delaporte et Laligne, qualifiés « maistres tailleurs de pierres », qui s'engageaient, moyennant la somme de 330 l. « à descouvrir, delatter et hoster les chevrons de la chappelle St-Martin de la d. église, habatre la voulte (voûte) et le pan de devant en dedans léglise ; ensemble le pan de derrière du cousté de Monsieur Lesourt jusques au rez de terre, relever le pavé qui y est et quil sera refaict, après que le d. sieur de Rigny aura faict les vistres; refaire les d. deux pandz dicelle chappelle, savoir : icelluy du cousté du d. sieur Lesourt de pierre de taille, les deux premières assiettes de pierre dure, et depesseur telle quil plaira au d. de Rigny, et de haulteur de vistral tel et semblable que est la vistre de la chappelle St-Gervaix attenant la sus d.

chappelle de St-Martin ; faire servir les meneaux et remplissage de vistre qui sontz de présent en la d. chappelle du cousté de la nef, ou ilz se trouveront bons, et ou en faire aultres de mesme façon. Faire la voulte dicelle chappelle à la mesme haulteur que celle de la chappelle St-Gervaix ; loger les retumbées sur culz de lampes comme ceulx de la chappelle St-Georges, pour faire bander les deux engives ; faire icelle voulte de pendantz ; faire la cloison dicelle chappelle telle et semblable que celle de la d. chappelle St-Gervaix, fors que les colonnes seront rondes et non canelées, ny semblablement les piedz droictz de la porte, et de mesme façon que est la closture St Gervaix, ou plus riche en ouvrage sy faire se peult, ainsy que les d. Delaporte et Laligne avyseront. Plus faire leschené de pierre dure pour recepvoir les eaues, qui sera cimenté aux joinctz. Chevronner, latter, contrelatter, chanlatter, et recouvrir de thuille icelle chappelle, et y mettre la thuille qui y est et aultre sil en convient, chevrons et tout aultre boys quy sera nécessaire ; repaver icelle chappelle en la mesme façon quelle est, enlever le d. pavé, ensemble laultel à la mesme haulteur et au nyveau de la d. chappelle St-Gervaix, poser les barres de fert et tous aultres fertz pour la vistre, qui leur seront fourniz, et le tout bien et deuement, etc., etc. » ; moyennant la somme de 330 l. qui leur sera payée au fur et à mesure de l'avancement des travaux. Les sieurs Delaporte et Laligne devront fournir tous les matériaux nécessaires, même le bois, moins le fert et la vitre, et pourront faire servir les vieux matériaux qu'ils jugeront bons ; ceux qui ne pourront être utilisés leur appartiendront.

2° Le 29 janvier 1630, un autre marché avec les sieurs Rigoullé Pierre, « vitrier et peintre » et Jacques Hédot, serrurier, tous deux à Auxerre, pour « refaire et redresser la vistre de la d. chappelle St-Martin ». Le peintre devra faire la verrerie « de verre blanc avec bordage à chascun jour, lequel bordage sera de largeur de quatre poulces ». Il pourra se servir du verre et du plomb qui s'y « trouveront bons », et fournira ce qui sera nécessaire. Il recevra la somme de 40 l. t. Quant au serrurier, il devra fournir neuves, les barres, verges et clavettes de fer nécessaires, desquelles il sera payé à raison de 3 s. par livre de fer employée. Mais il devra réemployer de l'ancienne verrière le fer qui sera reconnu bon, pour lequel il ne lui sera payé que sa façon.

(E. 500)

7 Mai 1661. — Auxerre. — Notre-Dame-des-Vertus. (Cathédrale). — Marché des cintres pour la construction de la chapelle Notre-Dame (des Vertus) nouvellement bâtie près la tour de la cathédrale.

Pierre Blandin, Me charpentier à Auxerre, s'engage envers le chapitre cathédral d'Auxerre, représenté par MM. Edme Thévenon, chantre, Scipion de Pompincourt, trésorier, Jean Bard et Laurent Petitfou, chanoines, à faire « en la chappelle de Nostre Dame, nouvellement bastye près la tour de la d. église, les ouvrages qui sensuyvent, assavoir : tailler, dresser, assembler et désassembler tous les sainctres quil conviendra et selon que la besongne le requerra, pour faire les quatre voultes de la d. chappelle, et aussi faire et dresser les plateformes et chaffaulx pour soustenir et porter les d. sintres, quil sera tenu y délaisser jusques ad ce que les d. voultes soient parfaictes et prestes à deschintrer, et demeurera le boys ausd. vénérables. Et pour ce faire fournira tout le boys, aiz et trappans qui seront nécessaires à la d. besongne, et icelle rendre parfaicte, convenablement preste à asseoir les pendans et maçonnerie, dedans ce jour et feste de Pantecoste prochaine venant, sans que mes d. sieurs soient tenuz y fournir ny bailler aulcune chose, sinon le pris du d. marché qui est de la somme de deux cent cinquante livres. Sur quoy mes d. sieurs ont payé et advancé manuellement contant au d. Blandin, la somme de deux centz dix livres tournoyz pour achepter le boys pour faire la d. besongne, dont, etc. ; et le reste ilz lui promectent payer en faisant la d. besongne et prorata dicelle. Car ainsi, etc. »

(E. 500)

7 Mai 1564. — Auxerre. — Notre-Dame-des-Vertus (Cathédrale). — Marché de la couverture en plomb, etc., de la chapelle Notre-Dame-des-Vertus, édifiée depuis peu, près la tour de la cathédrale (1).

Par ce marché, André Louat, couvreur à Auxerre, s'engage envers le chapitre cathédral de cette ville, représenté par MM. Edme Thévenon, chantre, Scipion de Pourpincourt, trésorier, Jean Board et Laurent Petitfou, chanoines, « à faire les ouvrages de son mestier de couvreur, bien et deuement a dict de gens ad ce congnoissans, selon qui sont cy après déclarez, pour la couverture de la chappelle de Nostre Dame de nouvel édiffiée prés la tourt de la d. église, assavoir : douller la latte et ardoise, latter et contre latter, et couvrir dessus dardoise à son quart, le pavillon de la d. chappelle. Et au bout de la d. couverture, sur le devant, faire ung eschené de plomb pour recevoir les eaues et les faire fluyr et distiller dedans leschené de pierre, qui est entre le d. pavillon et la couverture de lappentis de costé de la d. tourt ; lequel eschené sera de largeur et saillye convenable pour garder que les eaues du ciel ne tombent et distillent sur la corniche de la maçonnerie du d. devant par le gect, des ventz ou aultrement. Plus couvrir les deux harêtiers du d. devant de plomb estamé destain doulx, de façon de grosses moulures par le dessus en forme de roulleaulx et boullons (bouillons). Et en faire aultant et au semblable sur les harêtiers du dhomme du d. pavillon. Plus couvrir la tonnelle de la lanterne de mesme plomb estamé, depuis le bout de la couverture du d. pavillon jusques en hault du d. domme. Et aussi couvrir et revestre du d. plomb estamé tous les posteaulx, corniches, croisées, pansouers ou escoudouers, coustières, avec la terrace et dedans du d. domme. Ensemble recouvrir la croix qui sera plantée sur le d. domme ; et ce, de plomb doré asuré et de coulleurs riches et convenables, selon qui sera com-

(1) Voir Ch. III, arts et artistes, le marché passé le 12 décembre 1564 avec Germain Michel, *pour dorer la croix de plomb, qui se « mettra » sur cette chapelle.*

mandé par mes d. sieurs ; et faire icelle croix de haulteur de cinq piedz en modele et façon danticque ; et sur les harêtiers du d. domme y faire aussi de grosses moulures rondes en forme de boullons comme dessus. Et générallement estamer tout le plomb qui sera par dehors. Et oultre de ce, couvrir dassiz à cloud, latte et contre latte le d. appentis qui est contre la d. tourt. Et au pan du d. pavillon de costé du d. appentiz, faire la couverture de mesme assiz, depuis leschené de pierre en montant de haulteur de cinq piedz ou environ, pour aultant que si la d. couverture estoit dardoyse comme le surplus des pierres qui pourront tomber en besongnant à la d. tourt, romproient icelle ardoyse, et sera de meilleure garde faicte dassiz en cest endroit ; par le dessoubz de laquelle couverture dassiz y aura des demyes tables ou alarées de plomb, pour couvrir et contregarder de la pourriture des eaues et naiges, les sablières et boutz de chevrons qui seront de long et joignant le d. eschené de pierre. Et faire une fenestre flamanche et eoufz (œil) de beuf pour donner jour à la d. besongne, au lieu ou y luy sera monstré et ordonné. Et faire touttes aultres besongnes requises et necessaires pour la d. couverture. Et le tout rendre faicte et parfaicte bien etc... dedans le jour et feste de Sainct-Rémy prouchaine venant. Fournissant par le d. Louat, lardoyse, latte, contre latte, cloud, assiz, plomb et aultres matières et estoffes ad ce pertinentes et nécessaires, quil mectra en œuvre comme dict est. Et ce moyennant le pris et somme de mil livres tournoys ; sur laquelle a esté payé au d. André Louat, manuellement contant, présens le d. juré par les d. vénérables, la somme de neuf centz livres t. pour employer à achepter les matières cy dessus déclarez et aultres nécessaires et convenables à la d. besongne. Et le reste qui est de cent l. t. paiable en faisant le d. besongne pro rata. Et ad ce faire est comparu personnellement Pierre Blandin, charpentier à Aucerre, lequel sest volontairement constitué plaige pour le d. André Louat, pour la seureté de lentretenement et perfection de la d. besongne, pour icelle faire et parfaire ou deffault et retardation du d. Louat, etc.... »

(E. 500)

23 décembre 1571. — Auxerre. — Notre-Dame-de-la-Cité. — Marché pour la réfection de la charpente de la nef de l'Eglise.

Acte par lequel Loup Louat, charpentier à Auxerre, s'engage envers le chapitre de Notre-Dame-de-la-Cité, représenté par MM. Jean Paydet, chantre, Laurent Lenormant, trésorier, Jean Mottet, Jean Gastron, Louis Vallet, Sébastien Le Royer et François Charnot, chanoines, « à faire la charpenterie de la nef de la d. église Nostre Dame en la Cité d'Aucerre, depuys le pignon de la grande porte jusques au pillier ou estoyt dancienneté la fermeture du cueur de la d. église ; en laquelle charpenterye y mettra et asserra cinq tirans de longueur, largeur et espesseur compectant, garniz de sablières, bleuchetz, chevrons, festes, surfestes et tout aultre boys nécessaire ; lequel feste monstera jusques à six piedz près le heult du d. pignon ; et faire la d. charpenterie de sorte que le d. feste, à la réserve des d. six piedz, puisse couvrir et semblablement le d. pillier faisant la d. fermeture du cueur. Le tout de façon, semblablement la garniture de boys, que la nef de Nostre Dame la Dehors d'Aucerre, que les parties ont veu et visité. Laquelle besongne le d. Louat a promis et sera tenu bien et deuement faire et parfaire a dict de gens ad ce cognoissans, de bon boys loyal et marchant, suffisamment pour sostenir la couverture de thuille ; en fournissant par luy le boys quil conviendra pour ce faire. Et encoures mettre et asseoir au devant de la chappelle Saincte Anne deux pièces de boys en travers et les garnir de barres de boys bonnes et suffisantes, distant de lune à laultre de demy pied pour servir de fermeture à la d. chappelle, fournissant aussi le boys par le d. Louat. Et fera oultre la charpenterie nécessaire pour couvrir la chappelle du Sacrement en la d. église, quil garnira de façon quil sera nécessaire, fournissant aussi par luy le boys pour ce faire. Laquelle besongne il a promis rendre faicte et parfaicte dedans le jour et feste de Pasques prouchainement venant. Et ce moyennant la somme de troys centz soixante huit livres. (Suivent les termes de paiement).

Et demourera au d. Louat le boys qui se trouvera dans la d. église pour sayder à faire la d. besongne, ou en faire ce que bon luy semblera, lequel il sera tenu chercher par dedans les pierres estant en la d. église, à ses despens. Car ainsi, etc. »

(E. 396)

14 Avril 1556. — Auxerre. — Saint-Mamert. — Acte par lequel Nicolas Beauson et Jean Imbert, maçons à Auxerre, s'engagent envers les fabriciens de l'église de Saint-Mamert de cette ville (1) à faire « moyennant tel et semblable pris contenu » à un marché spécial, une chapelle de pierre de taille « en une place attenant la chappelle, en laquelle noble Etienne Davyer, esleu d'Aucerre, a faict faire une verrière (2).

22 Septembre 1556. — Marché par lequel les deux maçons précédents ont promis à Jean Pogeoise, marchand à Auxerre, « de faire et parfaire *de leurs mains*, un pillier de pierre de mesme façon et ouvrée quil est contenu au portraict du d pillier qui a esté monstré et exibé aus d. massons, le d. portraict signé de leurs mains. Faire en icelluy ung tabernacle pour mectre ung évangéliste en la place et haulteur contenu au d. portraict, au pied duquel il se fere un autel, au dessus duquel ilz feront et édifieront une place et lieu pour mettre et asseoir leffigie des troys Roix, contenant linvocation de Nostre Seigneur ; faire le d. pillier de la haulteur du chappiteau et lasseoir en léglise de Sainct Mametz d'Aucerre, au lieu et place qui a esté monstré aus d. massons... Fournissant par le d. Pogeoise toutes matières en place pour faire le d. pillier, comme pierres, mortier et autres choses, et le rendront faict et parfaict dedans le jour de

(1) Parmi ces fabriciens se trouve Jean Pogeoise, qui fait faire à ses frais dans la même église les travaux relatifs au marché suivant.

(2) Cette église n'existe plus et cet acte, au point de vue technique de la construction, ne contient aucun détail intéressant.

Noel prochain venant. Et ce moyennant la somme de vingt livres........ Et ne pourront les d. massons faire besongner au d. pillier autre masson sans le consentement du d. Pogeoise. »

Cet acte est suivi d'un marché du même jour par lequel Guillaume Marie, perrier, demeurant à Sept, paroisse desgrisy (1) « a promis livrer au port Sainct Pellerin d'Aucerre dedans ce jourdhuy en troys sepmaines, à Jehan Pogeoise, marchand, présent, la quantité de deux cens piedz de pierres du ban dymages (2) depesseur et haulteur, ensuyvant leschantillon que Nicolas Beauson luy baillera, moyennant la somme de quatorze livres dix solz. »

(E. 500)

25 Juillet 1557. — Auxerre, Saint-Mamert. — Travaux de maçonnerie à l'Eglise.

Nicolas Beauzon et Jean Hymbert, maçons à Auxerre, s'engagent envers les fabriciens de St-Mamert « de faire et parfaire le doubleau, ensemble son farmeretz, faire les tas et arrachemens desdoubleaux et augives, jusques aux retumbées, et encore seront tenus faire les fermeretz dedans la nef, qui passeront oultre, suivant et de la façon des aultres, et qui serviront dars (arcs) et serviront de faulx arcs sur chascun pillier, et encores seront tenuz sur chascun pillier par voye de plantier, ung pillier carré, sur quoy il se arrachera les doubleaulx de la grand nef et les regards des branches des ogives ; et faire sur chascun pillier ung chapiteau et dessoulz le d. chapiteau ung cul de lampes pour arracher les dobleaux de la grand nef ; et faire la d. besongne et asseoir les d. dalles sans discontinuation, et la monter à telle haulteur que celle qui est ja faicte et que on y puisse faire et asseoir la charpenterye.... »

Ce marché est passé pour la somme de 64 l. t.

Tous les matériaux nécessaires seront fournis par les fabriciens.

Au bas de l'acte se trouve un dessin dont voici le fac simile (3).

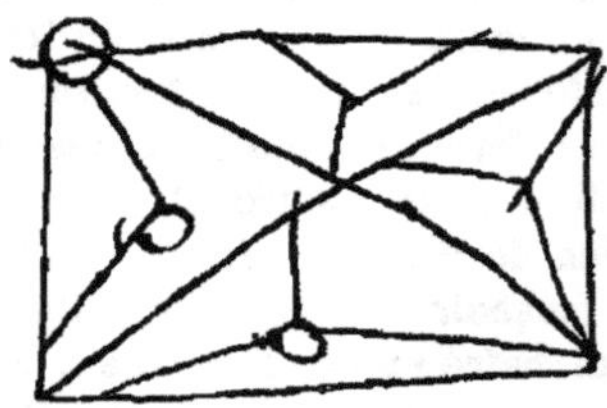

(1) Aucept et Grisy, deux localités détruites de la commune de Saint-Bris (Yonne).

(2) Ce banc, dit *des Ymages*, se trouvait dans la carrière de Bailly, près Champs (Yonne).

(3) Bien que M. Quantin ait donné, dans le *Bulletin de la Société* de 1848, un extrait de ce marché, nous le reproduisons uniquement parce que M. Quantin, dans le

Au dos de ce marché se trouve le curieux petit devis suivant dont M. Quantin ne fait pas mention :

« Mémoyre pour la façon de deux pilliers par boys pour les monter jusques au carré, près à dresser la charpenterye.

Et premièrement :

Item pour tailler ung doubleau et le fermeretz dessus et mectre au carré pour la taille . . . . 110 s. t.

Item pour deux pilles de tas sur chascun pillier, troys assiectes . . . . 100 s t.

Item pour deux aultres pièces de tas par le dedans de la nef, sur chascung troys assiectes pour les tailler. . . . . 5 l. t.

Item pour quatorze vingtz (280) perpins et formeretz à tailler 25 l. t.

Item pour douze pièces de dalles à tailler . . . . 9 l. t.

Item pour assister les d. tailles bien et deuement comme la besongne le requiert, et chaffauder la d. besongne, vaut la somme de vingt cinq livres tournoys ; *et à moindre pris ne le puys faire sans y perdre beaucop.* »

(E. 500)

30 Novembre 1541. — Auxerre. — St-Pierre-en-Château. — Marché pour la charpente d'une chapelle nouvellement construite en l'église.

Par cet acte Jean Audebert, charpentier à Auxerre, s'engage envers les fabriciens de l'église paroissiale de St-Pierre en Château, à faire « la charpenterie de la chappelle nouvellement faict et édiffiée en la d. église, icelle estant du costé de l'église Sainct Estienne. En laquelle charpenterie sera tenu mettre deux sablières, troys tirans, troys esguilles, troys arbalestiers, une fillière, feste et soubz feste et la garnir de cheuvrons de sciage, qui seront d'un dour (*sic*) en tout sans, et brandir les chevrons sur la fillière. Le reste de laquelle charpenterie sera tenu faire assavoir : les d. sablières de demy pied sur ung sans et ung apan (1) sur l'autre ; les tirans de deux bons dours sur ung sans et ung apan sur l'autre, les esguilles de demy pied sur ung sans et dun apan sur lautre, et les d. arbalestiers et fillière de semblable eschantillon des d. sablières. Laquelle besongne sera tenu faire et parfaire audict de gens a ce cognoissans, dedans Noel prochain venant, moyennant le pris et somme de dix sept livres tournoys, etc., etc. »

(E. 500)

dessin qui figure au bas de cet acte, voit en guise de signature, une marque de maçon.

Nous pensons au contraire que c'est tont simplement le croquis des travaux à exécuter. M. Quantin, lui-même, en *le déterminant ainsi* « une forme de voûte avec arcs doubleaux, formerets, liarnes et tiercerets » appuie, sans s'en douter, notre assertion.

(1) Empan, espace qui se trouve entre les extrémités du pouce et du petit doigt écartés.

17 Octobre 1576. — Auxerre. — St-Germain. — Construction d'un beffroi sur la plate forme du petit clocher de l'église, et mise en place de quatre cloches.

Claude Morlet, maître charpentier à Auxerre, s'engage envers le fondé de pouvoirs de l'abbé de St Germain du dit lieu (1) à « faire ung baiffroy sur la platte forme du petit cloché St Germain qui est sur le cueur, mettre quatre seulles (solives), huict poteaux, garnyz chascun poteau de deux liens en croisée par le bas, qui est pour les d. huict poteaux, seize liens, et par le hault huict goussetz qui seront sur la platte forme au second estaige, laquelle portera cinq pièces sur lesquelles se assiegeront neuf poteaux, chascun des d. poteaux garnyz de deux liens de racynes en croisée, au mellieu desquelz sera appousé de lacz carres qui seront à la haulteur dun pied au dessoubz des ouyz (huis, ouvertures) du dict cloché ; et dessus lextrémité et en hault des d. poteaux, appousera troys pièces garnyz de goussetz et gorgerins saillans jusques à l'extrémité et dehors le d. cloché, ou plus sil en fault. Item fera la terrace sur les d. lacz carrez bonne, forte et de durée pour porter le plomb pour geter leaue hors du d. cloché, affin quelle ne puisse riens endommager, qui sera environ de troys pieds ou plus ou moings. Au dessoubz du bas des cloches rognera le d. baffroy depuis la platte forme ou est assiz le d. cloché jusques au rouet de la couverture dicelluy, distant touttefois du d. baffroy de la haulteur de lessey (?) des d. cloches et des escars dicelles, pour les faire bien surement et aysement sonner, sans ce quelles se baptent ou puissent offenser ou toucher lune laultre. Sera tenu de bien et deuement assellier quatre cloches telles que ce jourdhuy ont esté monstrées et veues sur les mosles en la fonte au dict s[t] Germain. Sera tenu icelluy Morlet, et a promis façonner cables et engins ; et après quelles seront ferrées en hault sur la platte forme, les monter et mectre chascune en leurs places et les faire branler et sonner sans soy offencer, baptre ni toucher lune laultre. Fournira le d. sieur reverend, boys en la court de d. St Germain, lequel le d. Morlet fera cyer et accoustrer, et le tout faire de bonne grosseur et espesseur ; et fera poteaulx et lyens en tous lieux et endroictz quil fauldra. Et mectre et asseoir les d. cloches hault competement, affin que le son dicelles soit ouy et gétait (*sic*) leur son comme il appartient... Le dit Morlet a promis ou (au cas) il fauldra boys aultre ce qui est en la court dud. St Germain, aller à Bleigny et à Diges et labbatre, lequel le d. seigneur sera tenu faire charroyer au d. St Germain. »

Ce *marché est fait moyennant* la *somme* de 80 l. *t.* en argent et 5 bichets de blé froment (2).

(E. 500)

(1) François de Beaucaire.

(2) A cet acte est témoin, Claude Croissant, le fondeur des cloches qui doivent être placées dans ce beffroi.

23 décembre 1522. — Auxerre. — Jacobins. — Marché pour la construction de la charpente d'une « librairie » (bibliothèque, salle d'études) au couvent (1).

Par cet acte Pierre Colas, charpentier à Auxerre, s'engage à faire, au couvent des Jacobins de cette ville, « la charpenterie dune librairie au d. couvent, de longueur de vingt toyses de long ou environ et quatre toises ou environ dedans euvre en large, ainsi que les murailles ja faictes se comporte, cest assavoir : les poustres de dessoubz jusques au nombre de dix, garnies de liernes es deux bouz et sur les poultres, garnies de solives aultant plain que vuyde à plastre. Item le comble par dessus faict et taillé sept quartiers comme est dortoier du d. couvent et davantage, garni de poultres jusques au nombre de dix par le hault et les liernes aux deux bouz, garnis de solives comme dict est dessus. Et au d. comble doibt metre feste et sous feste, contreventer le feste et garnir de liens ainsi comme mestier sera, et huyt contres vens, quatre dung cousté et quatre de lautre, treminsans (*sic*) du bas jusques en hault. Item troys fenestres flamanches de la fasson de ceulx du grand dortoier du d. couvent, mectant davantage que les fenestres seront faictes en croysées du cousté de vers le cloistre, et une aultre à l'opposite ou bou, nous (frères prêcheurs) semblera, entre deux chevrons en manière de demye croysée. Item promect le d. Pierre Coltas faire quatre noueez, deulx devers leglise et deulx devers les dortoiers, pour racheter (rejeter) les eaulx des d. lieux. Item deux cloisons en travers, une en la d. librarie et lautre au dessus, et en chacune ung huys selon quil luy sera divisé et ordonné. Item à cause dune vif quil fault faire, sera tenu à tous les deux estages de la d. librarie, de faire les enchevestremens quil appartiendra de faire. Item tous les coupeaulx de la taille et les blocqueaulx qui seront couppez, seront et appartiendront au d. couvent et Colas par moictié. Promectantz le d. Pierre Colas de faire et parfaire et lever, principallement le d. comble et poultres dessoubz de son ouvrage, dedans la my oust prochenement venant. Pour le pris et somme de quatre vingz cinq livres t. payables et solables selon que le d. édifice, ce fera et parfera par le d. Pierre Colas, moyennent que les d. prieur et couvent seront tenus de fournir tout le boys quil appartiendra au d. édifice, en place, et payer le siage, et fournir de religieulx selon quil sera besoing en levant le d. édifice, despens aussy ausd. Pierre Colas et autres gens en levant ; avec ce fournir de langin et cordages estant au d. couvent. Car ainsi, etc., etc. »

(E. 500)

27 Août 1577. — Auxerre. — Jacobins. — Marché de travaux de maçonnerie à l'église (2).

Marché par lequel Pierre et Michel Gorrier, maçons à Auxerre, s'enga-

(1) M. Quantin au sujet de ce marché ne dit que ces quelques mots : « Construction d'une *librairie*, c'est-à-dire de salle d'études pour les moines. Pierre Colas, charpentier, la construit en 1522, de 20 toises de longueur, avec trois fenestres en flamanches faicts en croysées. *(Bulletin de la Soc. des Sc. de l'Yonne, 1848).*

(2) M. Quantin à propos de ce marché *(Bulletin de la Soc. des Sc. 1848)* qui a

gent envers Me Roch Mamerot, docteur en théologie, confesseur de la Reine d'Ecosse, à faire à l'église des Jacobins du dit lieu les travaux suivants : « deux pans de muraille attenant le portail ou est le crucifiement de la d. église, depesseur de deux piedz puys rez terre jusques à la haulteur de la voulte quil conviendra faire, lesquelz pans ilz feront, le bas jusques à la haulteur des haultez (*sic*) de menue masonerye de tesnoplis(?) de pierre de taille pour le parement de dedans la nef; faire ung pan au dedans lecœur de menue masonerye, de haulteur compétant du dessus de la d. voulte, et en icelluy pan faire ung portail tel et semblable quil y a au portail de devant; et entre les d. deux pans, faire une voulte de pierre de taille, suyvant le portrait qui en a esté faict, et à lun des boutz dicelluy pan, ce fera une vif, assavoir : les marches de pierre de taille et la supis (1) de menue masonerye pour monter et descendre au jubé, de largeur raisonnable tellement que lon y puisse monter et descendre aisément à la croix ; et dessus icelle voulte fera les escodoers (2) de pierre de taille de la perrière d'Angers (3), de haulteur de troys piedz et demy pied, de cinq poulces depesseur aus d. pans de devant et derrière, ce feront huict armusiz (4) assavoir : quatre par le devant et quatre par le derrière, et au tenement de Sainte Anne et Saint Joachim, feront une table d'actente servant à mectre escripture, laquelle table sera garnye de deux roleaux et une pemache (*sic*) au melyeu du desus de la d. table. Et le tout faire, etc., suivant le portrait qui a esté divisé (5) entre les d. parties....

Ce marché est fait pour le prix de 290 l. t. Les entrepreneurs devront fournir tous les matériaux, mais il leur est permis de prendre « les vielles estoffes et matières quilz osteront en faisant icelle besogne » (6).

(E. 500)

1521-1576. — Auxerre. — Cordeliers. — Travaux de maçonnerie à l'église et au monastère.

3 avril 1521. — Clément Ferrat, maçon à Auxerre, entreprend de terminer la construction des murs de clôture du couvent des frères mineurs d'Auxerre, pour le prix de 37 l. 10 s. Par ce marché tous les matériaux lui seront fournis *sur place* et jusqu'à la fin des travaux — qui ne devront pas être interrompus — il sera nourri au couvent, même les jours fériés.

(E. 500)

pourtant une certaine portée historique, puisqu'il doit être la conséquence des mutilations faites dix ans auparavant par les Hugnenots, maitres de la ville, n'en dit que : « de grands travaux sont faits à l'église en 1577 ».

(1) Sans doute le montant intérieur de l'escalier.

(2) Accoudoirs.

(3) On ne peut y lire autre chose, bien que ce document soit d'une lecture extrêmement difficile.

(4) Probablement petites armoires, ou plutôt des profondeurs ménagées pour en servir.

(5) D'après le devis.

(6) Claude Cornouaille, peintre-verrier est témoin.

7 août 1568. — Etienne Ronsin, maître maçon à Auxerre, fait pour la somme de 46 l. t., une muraille destinée à fermer le chœur de l'église des Cordeliers et divers autres travaux dans diverses parties du monastère. Tous les matériaux lui seront fournis.

(E. 500)

8 août 1570. — Etienne Chevallier, maçon à Auxerre, bâtit pour la somme de 30 l. t., une muraille pour séparer les chapelles de l'église des Cordeliers. Ledit Chevallier « sera tenu passer le repoux qui luy sera monstré et baillé pour soy aider à faire la d. besongne, et chercher les menues pierres au dedans du logis du dit couvent pour sen aider. »

(E. 500)

28 juin 1571. — Léonard Goys, maître charpentier à Auxerre, passe marché avec les frères mineurs du dit lieu, pour faire la charpente d'un corps de bâtiment proche le réfectoire du couvent, pour le prix de 50 l. t.

(E. 500)

1576. — Edme Byon, maçon à Auxerre, s'engage à refaire en l'église des Cordeliers d'Auxerre, la maçonnerie de la chapelle du *nom de Jésus*, etc., moyennant la somme de 20 l. t.

(E. 401)

Auxerre. — Maisons particulières.

1er Septembre 1497. — Construction et pose de charpente.

« Jaquet Chevillon, demourant à Aucerre, Jehan Benoist lainsné, laboureur, demourant à Sommeville, et Guillaume Boileaue, charpentier, demourant en la paroisse de Gurgy, ont vendu à Guillaume Guiche, tixerant de toilles, demourant au bourg Saint-Loup d'Aucerre, à ce présent et acceptant ; la charpenterie dune maison de bois quarré, laquelle charpenterie est de la longueur de trois toises ou environ et de la largeur de deux toises ou environ : laquelle charpenterie le dit Boileaue sera tenu de dresser et lever et soliver avec une poltre, en une place que le dit Guiche dit avoir assise en la ville d'Aucerre, en la rue du Champ, derrière le courtil de Monseigneur de Garchy, dedans quinze jours. Et en la levant, le dit Guiche sera tenu et a promis de faire au dit Boileau ses despens de bouche ; et le dit Guiche lui aidera de sa personne à lever la dite maison » ; pour la somme de 11 livres t. à payer à Pâques aux dits Chevillon et Benoist. « Et a volu et consenty le dit Boileaue que le dit paiement se face ès dits Chevillon et Benoist sans ce quil en puisse aucune chose lever ne recevoir. »

(E. 373)

13 Avril 1504. — Charpente d'une maison.

« Comparut en sa personne Pierre Boireau, charpentier, demeurant en Plain, paroisse de Gurgy, lequel a confessé avoir marchandé, promis et

12

accordé de faire et parfaire bien et deuement de son mestier de charpentier à Perrenet Fauleau et Guillaume Fauleau, une maison à la mettre et asseoir là où ils voudront, de longueur de quatre toises et troys toises de large, à un estage de six piedz et demy de haulteur et ung assaulcement de deux piedz de hault, une poultre veant et les pans colombins, garny de boys à ung pié loing lun de laultre, et faire le comble de la dite maison, garnye de chevrons et de solives à planché, et faire les béez des huys et fenestres là où il leur plaira. Pour lesquelles choses faire, le dit Boireau sera tenu fournir tout le boys convenable à faire la dite maison et icelluy rendre et livrer sur le port de Monesteau et le sarger dedans la naelle (nacelle) des dits Fauleaux, lequel boys les dits Fauleaux seront tenuz lamener sur le lieu là où ils vouldront faire la dite maison, et dedens la dite nacelle (1). Et ce moyennant le pris et somme de ix l. 10 s.... Et seront tenuz les ditz Fauleaux bailler aide et fourny despens à lever la dite besongne.... »

(E. 375)

25 Mars 1505. — Vente de bois de construction.

« Comparurent en leurs personnes Odin Berou, Girard Sauvageot, Michau Guy, de Mailly le Chastel, et chacun deulx pour le tout, etc... Confessèrent avoir marchandé et promis livrer à Guillaume et Laurens Fauleau, voicturiers par eaue, demeurant à Aucerre, à ce présent et acceptant le boys cy après déclaré, c'est assavoir : six poultres dun pié et ung dor (*sic*) (2) de haulteur, dapesseur dun pié et quatre dois et de longueur de dix sept piedz. Item une aultre poultre de cinq toises de long et dapesseur ung apan, et deux dors de haulteur. Item troys elles chacune elle (aile) de longueur de six toises et ung pié, dapesseur dun apan, et de haulteur de deux dors. Item troys lignaulx de longueur de six toises deux piedz, dapesseur ung apan, de haulteur de deux dors. Item deux solives de longueur de quatre toises et quatre piedz, toutes carrées, ung apan en tous sens, et à chacune solive au bot devant une bocle de troys piedz de long. Item ung somyé de cinq toises de long, dapesseur de deux dors, de haulteur dung pié. Item ung lignau à mettre sur la teste des solives, de cinq toises de long et ung pié tout carré. Item quatre entrebors, chacune pièce de huit piedz de long et de deux dors, tous carrez. Item cinq tirans de cinq toises chacunes, dapesseur dun pié et de haulteur dun autre pié deux dois. Item troys sablières de longueur de six toises et demye, dapesseur demy pié et de largeur ung apan. Item deux festes de longueur de six toises et demye, dapesseur demy pié tout carré.

(1) C'est-à-dire qu'on ne devra pas décharger le bateau à son insu. Comme le charpentier a procédé lui-même au chargement, il l'a sans doute fait avec un ordre qui pourrait être détruit s'il n'était pas présent au débarquement.

(2) Dans le même acte on trouve indistinctement *dor* et *doi*. Le premier est-il la corruption du second ou est-ce une mesure inconnue aujourd'hui ? En tout cas, aucun des auteurs consultés ne donne ce mot.

Item troys las carrez pour lessaulcement, de longueur de six toises, dapesseur ung apan, de haulteur de deux dors. Item quatre las quarrez, de longueur de quinze piedz chacun, de deux dors en carré. Item dix huit poteaulx, de longueur chacun poteau de neuf piedz, dapesseur dun apan, de largeur revêtissant les poultres, garniz de liens. Item six autres poteaulx de douze piedz de long et de deux dors en carré. Item et seront tenuz fournir bois de cloisonage qui conviendra oultre à la dite besongne, de demy pié dapesseur, de largeur dun apan. Item soixante douze chevrons, cest assavoir : quatre de demy pié dapesseur et ung apan de largeur sans les bocles, et le surplus de quinze piedz et demy de longueur. Et ce moiennant le pris et somme de quatre livres dix solz tournoiz pour chacun cent de boys dessus déclaré, et pour chacun chevron de quinze deniers tournoiz. Et oultre le boys déclaré en ce dit marché, les ditz vendeurs seront tenuz et ont promis livrer et faire boys esquarré aus ditz Fauleaux jusques à sept cens ou plus silz en veulent avoir de moison, selon quil est cy dessus divisé, moiennant semblable somme de quatre livres dix solz pour chacun cent. Et lequel boys les ditz vendeurs seront tenuz livrer tant soubz le pertuys de Merry et à la fousse saint Andrien, dedans la feste de la Nativité saint Jehan Baptiste, prouchainement venant. » Suivent les conditions de paiement.

(E. 375)

1505. — Fourniture de pierre pour construction (1).

Marché par lequel François Bigon « perrier » à Auxot (2), s'engage à fournir à Guillaume et Laurent Fauleau « voituriers par eau » à Auxerre, la pierre nécessaire pour la construction d'une maison avec un étage, paroisse de Saint-Loup, tant « pilles » (montants), voûtes, avalage de cave, murs mitoyens, que marches « pour les vifz » (vis, escalier), à livrer au port de Bailly, dans les bateaux des dits Fauleau, et dont le chargement devra être fait par le vendeur, de façon que les « maçons des ditz Fauleau nen aye aulcune faulte », pour la somme de 42 l. t.

(E. 375)

1505. — Charpente de maison.

Pierre Boireau, charpentier à « Pian » (3), s'engage à faire pour le compte de Jean, Jacquet et Robert Brocart frères, d'Auxerre, « ung apantis de longueur de troys toises et de largeur de deux toises, à ung estage et ung assaulcement, une fenestre flamauche sur le devant, garnye de solives et chevrons et deux pignons devant et derrière », pour le prix de 10 l. t.

(E. 375)

(1) Voir le marché précédent pour les bois de charpente de cette maison.

(2) Aucept, hameau détruit de la commune de Saint-Bris.

(3) Hameau de la commune de Sougères-sur-Sinotte, autrefois de la paroisse de Gurgy.

1505. — Fourniture de bois de construction.

Acte par lequel Thiénon Gaucher, vigneron à Auxerre, reconnaît devoir à Pierre Gonneau alias Boigency, « chambrilleur » (1) au dit lieu, 10 l. t. pour « vente et délivrance du boys dun apantis de longueur de quatre « toises et de largeur de treize piedz hors œuvre. »

(E. 375)

27 Octobre 1508. — Charpente de maison.

Marché par lequel Philippe Gilelot, meunier à Merry-sur-Yonne, et Jean Choyn, charpentier à Châtel-Censoir, s'engagent à fournir à Germain Gerbault (2), voiturier par eau à Auxerre, tout le « boys qui conviendra à faire une maison, cest assavoir : quatre poultres de boys de la longueur assavoir, les deux de troys toises et ung pié dapesseur, dun pié et demy en tous sens, et les deux autres de troys toises de long, dun pié et ung dor dapesseur. Item six autres poultres, les quatre de troys toises et ung pié de long, dapesseur dun pié et quatre dors en tous cens, et les deux autres de troys toises de long, dapesseur dun pié et troys doiz en tous cens. Item les somiers et lignaux, chacun de troys toises et ung pié de long et de grosseur dun pié et de deux doiz en tous cens. Item sept tirans pour la maison de devant, de troys toises et ung pié de long, et les six dun pié carré en tous cens, et lautre dun pié troys dois en tous cens. Item pour la maison de derrier, huit tirans de troys toises de long et deux dors depesseur en tous cens. Item quatre lignaulx de sept toises de long, les deux à teste de deux dors dapesseur en tous cens et les deux autres de deux dors. Item cinq autres lignaulx de quatre toises de long et de deux dors dapesseur en tous cens, dont il y en aura deux à teste. Item quatre autres lignaulx de quatorze piedz de long, dépesseur de deux dors en tous cens. Item deux solives à teste, de la longueur de quatre toises, depesseur de deux dors. Item douze poteaulx pour les poultres, de dix piedz de long, depesseur de deux dors et de la largeur des poultres. Item dix sept poteaulx à coings, les cinq poteaulx devant depesseur dun pié en tous cens, garniz de bocles, et les douze autres poteaulx de quatorze piedz de long et ung pié dapesseur en tous cens. Item deux entrebors de unze piedz de long, dapesseur dun pié en tous cens. Item cinq liens queudez (coudés), chacun de quatre piedz de long et dun pié et deux dois en tous cens. Item deux pièces de boys pour latre dembas, de quatre toises de long, dun demy pié depesseur et de largeur dun apan. Item les boys des croiséez, dun pie depesseur en tous cens. Item deux chevrons de cople, garniz dasseliers et de gembettes et ung entrait, les dits chevrons de la grosseur de deux dors et de la largeur dun apan. Item tout le boys du

(1) Menuisier.

(2) Il ne s'agit malheureusement pas de la construction du petit château du bord de l'Yonne, puisque les Gerbault ne prirent à bail le terrain sur lequel il a été construit qu'en 1538.

portail devant de la dite maison, dun apan depesseur et de deux dors de large. Et tout le reste du boys qui conviendra à la dite maison, de dix piedz de long, de demy pié dapesseur et dun apan de largeur. Tout le dit boys, tant gros que menu, rendre et livrer au cent, moiennant le pris et somme chacun cent de six livres tournoiz, et en rendre tant quil en faudra pour la dite maison, sur laquelle marchandise les dits Gilelot et Choyn ont reçu content du dit Germain Gerbault huit escuz au soleil, et le reste en livrant le dit boys, lequel ilz seront tenuz livrer sur le quai de la fontaine Saint-Germain d'Aucerre, en paiant les despens de ceulx qui deschargeront le dit boys par le dit Gerbault; lequel boys ilz seront tenuz livrer dedans Pasques prouchainement venant. »

(E. 375)

Charpente d'une maison.

1er Acte. — 2 Novembre 1508. — Marché de fourniture de bois.

Marché par lequel Michau Tallereau, charpentier, s'engage à fournir à Jacques Fricquet, voiturier par eau, tous deux à Auxerre, « le boys qui conviendra à faire et parfaire deux festes de maisons de la longueur et largeur dune place et vostes assis au bourg Saint-Loup d'Aucerre, tenant, etc... Cest asssavoir : six poultres voyans, troys en lestage dembas et troys en lestage denhault, dun pié troys doys en tous sens, et tout autre boys qui sera nécessaire à faire les deux festes de maison et assaulcement, de bon eschantillon », à livrer sur place pour Pâques, pour la somme de 50 l. t.

2e Acte. — 22 Juillet 1509. — Façon et montage.

Ce dit jour, le dit Tallereau promist et accorda au dit Fricquet de faire et parfaire, tailler et lever à ses despens deux festes de maisons atenant lun de lautre, à deux estages et ung assaulcement de deux piedz et demy, et sur les vostes devant déclaréez, de la longueur et largeur dicelles, et icelles garnies de six poultres voyans dun pié troys doys en tous sens, et faire troys pans longains, de la haulteur des dits deux estages et assaulcement, et au travers autant de pans, garnye de solives, et les refaire à la hache de troys costez, et asseoir autant plain que vuide, et tout le boys voyant dedens les chambres refaire à la hache avec le pan de devant et dehors ; et aussi faire quatre croiséez allégéez et les saillies, et faire les huys, béez et fenestres où bon semblera daviser au dit Fricquet, fournir et bailler les manteaulx des chemineez dicelle maison alligez, avec une ou deux fenestres flamanches, garnir de feste, soubz feste, chevrons et couppe, et autres choses du mestier du dit Tallereau et qui sera necessaire. Et le tout faire et parfaire bien et deuement au dict douvriers et gens à ce congnoisans, moyennant le pris et somme de huit vingt dix livres tournoiz (170) que le dict Fricquet en a pour ce solué, paié et nombré content au dit Tallereau, sur la dite marchandise, vingt escus dor au soleil, en la présence du dit juré. Et le reste dicelle somme sera tenu icelluy Fricquet, paier et bailler au dit Tallereau en besongnant et parfaisant la dite besongne, avec ung muy de vin et huit bichelz froment ; et icelle rendre faite et parfaite, et lever à ses despens dedens la Magdelene prouchainement venant.

(E. 375)

18 Avril 1509. — Marché de maçonnerie.

« Fut présent en sa personne Pierre Martignon, maçon, demourant à Aucerre, lequel confessa avoir marchandé, promis et accordé à honnorable homme et saige maistre Pierre Couchon, licencié en loix, advocat et conseiller au bailliage d'Aucerre de faire et parfaire bien et deument de son mestier, en une place assise au bourg Saint-Eusèbe d'Aucerre, en la rue de la Fenerie actenant de la maison de la femme Jehan Vilon, ce qui sensuit :

« Premièrement sera tenu le dit Martignon de faire les murs du celier, de deux piedz et demy par bas et en dessus de deux piedz, de dix piedz de profons soubz poultre, et au droit des dites poultres et des carries faire des chesnes de pierre de taille.

« Item pour les fondemens des chemineez faire deux chesnes soubz les deux jambages de pierre de taille.

« Item faire lavalage de pierre de taille et ung arc vosté soubz le dit avalage de pendans, faire les sopireaux du dit celier et fenestres à fermage là où il plaira diviser au dit Couchon.

« Item et à lun des coings de la dite place et au fons du dit celier, se prandra une vifz (escalier en forme de vis) de pierre taillé, jusques au premier estage de la chambre qui montera en hault, de sept marches de pierre de taille en montant à la dite chambre, et la monter jusques au grenier dicelle, de platre, chau et arène.

« Item sera tenu faire troys patins de pierre de taille pour soustenir les poteaulx à teste de la dite maison.

« Item et avec ce sera tenu faire deux chemineez en ung tuau, les jambages de pierre de taille et à moluzes (moulures), bien et honnestement comme celle des chambres du receveur Fauleau.

« Item et aussi de cloisonner et enduire de platre dedens et dehors la dite maison, et faire les planchers des dites chambres, à fureaux que le dit Couchon fournira, et enduire les entrevoulx des chambres de plâtre, et carreler louvroir et les deux chambres den hault, et enduire la couple de la maison de plâtre avec les fenestres flamanches. Et le tout faire et parfaire bien et deument de son mestier au dict douvriers et gens à ce congnoissans. Pour laquelle besongne faire, le dit Pierre sera tenu fournir et bailler toutes matières à ses despens. Et ce moiennant le pris et somme de cent quinze livres tournois que le dit Couchon en sera tenu paier au dit Martignon en besognant et faisant la dite besongne. Laquelle il a promis rendre faite et parfaite comme dit est dedens la feste de Toussains prouchainement venant. Car ainsi, etc., etc.

(E. 376)

17 Octobre 1509. — Marché de maçonnerie.

« Comparut en sa personne Bernard Simoneau, pierrier, demourant à Aucerre, lequel a confessé avoir marchandé, promis et accordé à Jehan Lestau, vigneron, demourant au dit Aucerre, à ce présent ; de faire et parfaire bien et deument une voste de pierre de dix piedz en muré, pendans taillez au testu et à la broche, de la longueur et largeur de la maison du dit Lestau, séant au bourg Saint-Père (suivent les tenants et aboutissants). Et faire lavalage de pierre de taille de quatre piedz en euvre, et soubz le dit avalage faire ung arc vosté, et avec ce faire deux sopireaulx lun devant et derrière ; et sur le chefz de la dite voste faire deux autres sopireaulx, et en la voste deux fenestres à fermage (1) là où il plaira au dit Lestau ; et aussi faire les gros murs de la dite voste dapesseur, jusques à la retombée de deux piedz et en dessus dun pié et deux doiz, et les monter jusques à la salle de la dite maison, et les pignons dun pié et demy. Item sera tenu aussi le dit Simoneau de faire deux cheminéez en ung tuau, de deux piedz dapesseur et de la haulteur de deux estages, et la monter oultre le feste de la maison de jambage de pierre de taille comme celle de Germain Savat. Pour lesquelles choses dessus dites faire et parfaire ce que dit est, Jehan Lestau sera tenu faire toutes cureez et nettoyer la dite place à faire la dite voste, et estayer la dite maison à ses despens. Et le dit Simoneau sera tenu et a promis fournir et bailler toutes matières et pierres à faire et parfaire la dite besongne, et prandra toutes les pierres qui se trouveront en nettoyant la dite voste. Et ce moiennant neufz muys et demy de vin claret que le dit Simoneau en a pour ce confessé avoir èuz et receuz du dit Lestau en telle manière, etc., et 24 l. t. qui sera tenu et a promis paier et bailler au dit Simoneau, assavoir : la moitié quant la dite besongne sera faicte à moitié, et le reste quant elle sera faicte et parfaite, avec ung millier de brique pour employer à faire les conducteurs des dites cheminéez. Laquelle besongne le dit Simoneau sera tenu rendre faicte et parfaicte dedens carcsme prenant prouchaine venant, sur peine, etc., etc.

(E. 376)

10 Décembre 1515. — Marché de construction d'une maison en bois à 2 étages élevée de 19 pieds.

« Comparut en sa personne Liénard Berthelin, charpentier, demourant à Aucerre, a confessé avoir marchandé à Estienne Bernasse, vigneron, demourant à Aucerre, à ce présent : de faire et parfaire de son mestier de charpentier, une maison de longueur de cinq toises et de largeur selon que la place se compecte, à deux estages, comble dessus le premier estage de haulteur, de dix piedz et lautre de neuf, actenant de la maison de Memert Girolot, et au pan de la maison du dit Girolot mectre et asseoir

(1) Fenêtres à mettre des fromages. Voir le marché du 7 juin 1521.

toutes les pièces de boys de la dite maison du dit Bernasse ; mettre et asseoir deux poultres sur le celier dicelle maison et solives à plancher ; et à chacun des dits autres estages deux aultres poultres voyans, garnies de lyens et poteaux où ilz seront nécessaires à mettre, et garny le dit deuxiesme estage de solives à platre ; et du costé de la maison d'Estienne Picard asseoir les dites poultres sur poteaux et lyens ; faire une cloison en lestage den bas faisant séparacion de louvroer et de la chambre, et une autre en la chambre haulte ; faire les pignons devant et derrière et sallies remplies, sur le devant huys viez et fenestres où il plaira diviser au dit Bernasse, feste, soubz feste et une fenestre flamanche, chevrons, brandys et tout boys voyant refait à la hache. Et la faire et parfaire à dict douvriers et gens à ce congnoissans, et la dresser et lever aux despens du dit Bernasse, lequel sera tenu bailler ayde de deux hommes. Et pour icelle faire par la manière que dessus, le dit Bernasse a promis et sera tenu fournir et bailler au dit Berthelin tout boys en place. Ce présent marché fait moyennant le pris et somme de dix sept livres tournoiz que le dit Bernasse sera tenu paier au dit Berthelin en besongnant et faisant la dite besongne. Laquelle il a promis rendre faite et parfaite dedens Penthecoste prouchaine venant. Car ainsi, etc. »

(E. 377)

1er Avril 1521. — Marché de maçonnerie.

« Fut présent en sa personne Jehan Vernet, maçon, demeurant à Aucerre, confessé avoir marchandé à Jehan Fauchot, boucher, à ce présent ; de faire et parfaire de son mestier de maçon en une place appartenant au dict Fauchot, séant en la rue de la boucherie d'Aucerre, tenant d'une part, etc., en laquelle sont ja faiz les murs dun costé et dautre, une voste et pandans taillez, bons et convenables, deux sopireaulx de pierre de taille devant et derrière, et au millieu de la coiffe de la dicte voste par dessus faire ung sopireau de pierre de taille. Et ou les murs ne se trouveroient assez profons, sera tenu le dict maçon les ressouper ainsi qu'il sera nécessaire et faire la retombée de quatre piedz. Et avec ce sera tenu le dict maçon faire lavalage de pierre de taille bien dure, de quatre piedz en euvre ; et soubz le dict avalage faire ung arc vosté ainsi que le lieu le requiert ; et au bas du dict avalage en montant actenant du dict arc, faire une grande fenestre de pierre de taille à mectre gresses et autres choses ; et du costé de la maison du dict Marmeigne où il ny a de muraille, se le dict Marmeigne ne veult consentir que la dicte muraille soit commune, le dict maçon fera contre le dict mur du dict Marmeigne une duyte (1) de muraille bonne et suffisante pour pourter et soustenir la dicte voste. Et le tout faire et parfaire a dit douvriers et gens à ce congnoissans. Pour laquelle faire et parfaire comme dit est, le dict maçon fournira et baillera toutes matières ; et icelle rendra faicte et parfaicte dedans la Saint Jehan Baptiste prouchaine venant. Et demourra au dict maçon les pierres tant

(1) De duire, élever. (Lacurne de Sainte-Pallaye).

grosses que menues qui se trouverront en la dicte place ; et aussi fournira et baillera le dit Fauchot, les cintres à faire la dicte besongne. Ce présent marché faict moyennant 60 l. t , etc. »

(E. 379)

7 Juin 1521. — Marché de maçonnerie.

« Comparurent en leur personnes Pierre Martignon, maçon, demourant à Aucerre, dune part, et Jehan Fajot, demourant à Aucerro, dautre part. Lesquelles parties ont fait les marchés qui sensuivent, cest assavoir : le dit Martignon avoir marchandé de faire et parfaire de son mestier de maçon en une maison ainsi qu'elle se compourte, séant en la paroisse de Nostre Dame la Dehors, tenant, d'une part, à Perrin Robert, et d'autre part, à Jehan Martin, en laquelle le dit Martignon a promis faire une voste de pandans taillez de la largeur et longueur de la dite maison.

« Item et en icelle faisant, faire les murs de pans longains, à savoir : du costé du dit Martin, de troys pieds dapesseur jusques à la retombée, et du dit costé du dit Robert, de deux piedz dappesseur jusques à la retombée, et le reste des dits murs depuys les dites retombées en dessus jusques aux seulles, dun pié et demy dapesseur, laquelle voste sera de profons de XIII piedz.

« Item aussi sera tenu faire les pignons de la dite voste devant et derrière dappesseur denviron deux piedz, et en chacun pignon faire sopireaulx de pierre de taille, et faire à chacun pignon fenestres feullées à mettre fromages, de pierre de taille et sur coeffe de la dite voste faire deux sopiraulx carrez.

« Item sera tenu le dit maçon faire un avalage de pierre de taille à ung arc dessoubz, et le dict avalage de la largeur de luys qui est de présent, et les marches dune pièce et de pierre.

« Item sera tenu le dict maçon faire une vifz qui se prandra sur le derrière de la dite maison, depuis le fons de la dite cave jusques au rez de chaussée, de deux pieds en euvre, et les meurs dapesseur de deux piedz, et faire luys entrant en la dite voste de pierre de taille.

« Item aussi fera le dit maçon au droit des poultres, chesnes de pierre de taille jusques aux patins des poteaux.

« Et pour laquelle besongne faire et parfaire comme dit est, le dit Martinon sera tenu faire et fournir toutes matières à icelle faire, hors que le dit Fajot sera tenu faire les curées de la dite voste et rendre la place necte ; et en faisant les dites curées, où il se trouvera des pierres bonnes à maçonner, elles demourront au dit Martignon ; aussi sera tenu le dit Fajot fournir les cintres et menbruses à faire la dite voste, et faire estayer la dite maison.

« Et laquelle voste le dit Martignon a promis et sera tenu rendre faicte et parfaicte a dict douvriers et gens à ce cognoissans, dedans la feste Saint Remy prouchaine venant.

« Ce présent marché fait moyennant la somme de six vingts cinq livres tournoys.

« Colas Garet sest constitué *pleige* et caution du dit Martignon envers le dit Fajot. »

(E. 379)

13 Décembre 1521. — Devis pour la charpente d'une maison.

« Pierre Billot, Michel Billot, son filz, charpentiers, et Laurent Duval, de Cravant, chacun deulx seul pour le tout, sans division, ont marchandé à Jehan Lessouré de faire et parfaire la besongne qui sensuit :

« Cest le devis de la maison que veult faire Jehan Lessouré ou lieu de la maison où il demeure a présent. La dite maison se prandra sur rez de chaussée, compris le celier en dessus, à troys estages sans assaulcement, le premier estage de dix piedz soubz poultre, le deuxiesme de neuf à dix et le troisiesme de neuf.

« La dite maison sera à deux festes et flamanche entre deux maisons.

« Au celier fauldra deux poultres dune pièce ou couppées, pourtant sur larc qui sera ou millieu du dit celier, garnies de solives joinctes lune à lautre, et par bas les ouvroez de devant ès deux maisons, comme il plaira diviser au dict Lessouré.

« Et au premier estage et sur la rue devers la maison de la ville, faire une saillie remplie dun costé et dautre, et nen y aura plus aux autres estages.

« Faire les pans depuis la dite saillie en dessus à pans couppez.

« Les deux estages garnyz de deux poultres voyans chacun estage bonnes et suffisantes, garnies de solives autant plaines que vuides, et tout boys voyant refait à la hache, et en chacun estage mectre asavoir : ou premier estage troys solives et aux autres une solive à teste, de la longueur des dites maisons, pourtant la clef dicelles.

« Faire les huys, croisées asavoir : en chacun des dits estages par bas, une croisée et es deux estages de dessus, sur le devant deux croiséez et autant sur les deux autres rues, et tout boys alligé à faire moluze.

« Et sur les coings des dites deux rues, de mettre gros poteaux, la teste pourtant leurs salies (saillies), et les autres bons et suffisans.

« Faire par dedans tous pans pour faire séparation des ouvroez, chambres, tant longains que traversains, selon qu'il plaira au dit Lessouré diviser, et faire toutes enchevoistruzes, tant des cheminées, vifz, que du celier.

« La dite maison garnie de feste, soubz feste, chevrons, brandys et sablières.

« Et le deuxiesme estage du costé de Jehan Prince, y laisse court de six piedz, ou plus ainsi que vouldra le dit Lessouré, les mesures prises.

« Aussi faire tous manteaux de cheminées pour faire moluze à fons de mur ou autrement.

« Et faire le boys à faire la dite maison de bon eschantillon à faire la dite besongne.

« Ou lieu ou se feront les cheminées, savoir : lune contre la maison de Jehan Tribolé, contenant trois cheminées en un tuau, lautre en lautre corps ou se tient le chapelier; et les autres ès chambres haultes, sur le devant faire les enchevoistruzes.

« Et à chacun feste de maison, lune du costé Jehan Tribolé, lautre devers Normandie, faire deux fenestres flamanches enlevées comme celles de la vefve au Prince.

« Et à chacun feste faire une coupte, et sur le devant de chacun grenier, une fenestre en manière dun huys à passer ung muy.

« La dite maison lever et dresser à leurs despens, et la besongne faicte et parfaicte, et dresser dedens la nativité Saint Jehan Baptiste prouchaine venant.

« Et aussi abatre au prouffit du dit Lessouré la vielle maison.

« Ce présent marché fait pour la dite façon de charpenterie, moiennant neuf vingts livres que le dit Lessouré sera tenu paier en taillant et faisant la dite maison pro rata.

« Et oultre les dits Billotz et Du Val ont promis fournir et bailler forestage de tout le boys à faire la besongne et devis cy dessus, ès boys de Chasteau Sansoy, Merry sur Yonne ou ailleurs, moiennant la somme de vingt livres tournois que le dit Lessouré a paié et baillé content ausdits Billotz et Du Val en la présence du dit juré.

« Et seront tenuz et ont promis les dits Billotz et du Du Val abatre, esquarry, amener et livrer les dits boys des dits boys jusques en ceste ville d'Aucerre.

« Pour labat, esquarissage et amenage des dits boys, sera tenu le dit Lessouré paier et bailler au dits Billotz et Du Val la somme de six vingts livres tournoiz, sur laquelle somme le dit Lessouré a paié et baillé content vingt livres en la presence du dit juré; et le reste sera tenu le dit Lessouré leur paier en amenant et livrant en ceste ville le dit boys.

« Et ont accordé que largent qui sera baillé à lun deulx sera tenu pour receu. Lesquels Billotz ont promis rendre indempne et desdommager le dit Du Val de faire la dite besongne dessus dite envers le dit Lessouré. Obligeant. etc... »

(E. 379)

6 Novembre 1524. — Marché de charpente.

« Comparut en sa personne Claude Jeullet, charpentier, demeurant à Noyers, lequel a confessé avoir marchandé à Edmond Noblet, vigneron tonnelier, demeurant à Aucerre, à ce présent et acceptant; de faire et parfaire de son mestier de charpentier, en une place assise au bourg Sainct Père, tenant dune part à la maison du dit Noblet et dautre part aux héritiers Guillemin Rigaudet; *une maison neufve à trois estages de la longueur* de six toises et de largeur de troys toises ou environ; le premier estage de neuf à dix piedz soubz poultre, le deuxiesme de neuf piedz et le derrenier de huit piedz soubz poultre.

« Item sera tenu faire les pans du pignon de devant à guettes et tournys autant plain que vuide, et à chacun estage faire une croisée alligée pour faire moluze, et y faire deux saillies alligées pour faire moluze ou dit pan devant et ès deux premiers estages.

« Item et semblablement le pignon de derrière dicelle maison sera fait à guettes et tournys et croisée à chacun estage.

« Item et sur le celier mectre troys poultres garnies de solives.

« Item et en chacun estage mectre troys poultres voyans.

« Item et du costé de la maison *Saint Cristofle* faire ung pan mitoyen tant hault que bas, qui sera et demourra mitoyen entre le dit Noblet et la maison du dit Saint Cristofle, et aussi du costé de la maison des héritiers Rigauldet, ou [au cas où] il sera accordé quil sera mitoyen entre eulx, et ou il ne sera fait mitoyen, sera fait sur la place du dit Noblet, le tout à guettes et tournys.

« Item fera le dit charpentier le pain longain de lalée basse et le pan traversain faisant séparation des chambres.

« Item et aussi fera les pans des chambres haultes tant traversains que longains ainsi que vouldra diviser par le dit Noblet.

« Item et les dites chambres garnies de solives autant plain que vuides refaites et tout boys voyant refait à la hache.

« Item et en chacun estage mectre une solive à teste pourtant la clefz de la dite maison.

« Item et la dite maison garnie de feste, soubz feste, couple devant alligée pour faire moluze, chevrons, brandus, gosselz et lyens afférans à le dite couple, et aussi de poteaux garnys de lyens afférans aux poultres, et faire béez, huys et fenestres ou il plaira daviser au dit Noblet, et faire toutes enchevoistruzes de cheminées et autres où il sera nécessaire

« Item et entre la dite maison neufve et lappantis de derrière au dit Noblet appartenant, auprès de lavalage, fera le dit charpentier une vifz de boys des dits troys estages, de troys piedz et demy en euvre, et laquelle il fera passer oultre et par dessus les maisons, et y faire une coeffe de charpentage dessus selon quil sera divisé par le dit Noblet.

« Item et en chacun costé de la dite maison fera une fenestre flamanche pour aller sur les eschenetz.

« Item et en lestage du grenier de devant fera ung huys à passer ung muy, et au dessus une bocle pour mettre une polye.

« Item et du costé de la maison du dit Rigauldet faire une gallerie à deux estages, dont le dessoubz servira destables à guettes, et la gallerie dessus qui sera de la longueur de la court jusques à Gibault (1), de largeur de neuf piedz, et fera les huys des dites galleries pour aller sur les les dites estables, garnie de poteaux et chevrons.

Item et pour laquelle besongne faire et parfaire le dit Noblet fournira tout boys à icelle faire et en place; et abatra le dit charpentier les viez pans mitoyens à une vielle maison estant derrière.

« Ce présent marché fait moyennant la somme de quatre vingt livres tournoys, que le dit Noblet sera tenu paier pro rata en besongnant et faisant la dite besongne, au dit charpentier; et durant quil mettra à la tailler, luy bailler chambre, lict et draps, et la rendre dressée dedens Pasques prochain venant, et fera le dit Noblet les despens en la dressant. Car, etc. »

(E. 380)

(1) Sans doute le détenteur de la maison Saint-Christophe, contigüe d'un côté.

14 Juin 1527. — Marché de charpente (1).

« Fut présent en sa personne Germain Audebert, charpentier, demourant à Aucerre, lequel a marchandé à Blanchet Symonet, marchant, demourant au dit lieu, à ce présent : de faire et parfaire de son mestier de charpentier une maison à trois estages et ung essaucement, de quatre toises et demye de longueur en euvre et de largeur selon que la place se comporte, le premier estage de dix piedz soubz poultre, le deuxiesme de huit à neuf piedz et le troisiesme de huit piedz et lassaulcement de deux piedz, en une porcion de maison à luy advenue en partaige avec ses frères, assise au bourg Saint Eusèbe, ainsy que la place le requiert, et y faire deux pignons, ung pan en la ruelle et tous les aultres pans, autant plain que vuyde, où la besongne le requiert, tant hault que bas ; ensemble les planchers dembaz, les ouvrouez, sailliez rempliez par le devant, et allégé les croiséez, les béez des huys et les dites sailliez ; faire les dits pans de la ruelle et le devant, coppez ; avec ce faire une fenestre flamanche en la dite ruelle et une petite pour entrer aux eschenetz, et faire les feste et soubz feste, chevrons, brandis, la coeffe de la couverture, dune vifz sur le derrière de sa court ; faire les colunbes des ouvrouez aligéez, et ung mantheau de chemynée à fons de murs ; refaire les solives et le bois voyant à la hache, moyennant la somme de quarente huit livres tournois et ung muy de vin que le dit Blanchet sera tenu bailler pro rata en faisant la dicte besongne. Et oultre sera tenu le dit Germain abatre à ses despens la charpenterie de la vielle maison et la lever (la neuve) à ses despens. Ains le dit Blanchet sera tenu luy livrer tout le bois en place, et pour le patron dicelle luy a esté baillé la maison Jehan Lessoré, entend (en tant) que touche les pans couppez, et la rendre faite et parfaite, brandiz (2) les chevrons, couple de devant le pignon, faire les enchevoistruzes et ung pan traversain faisant la séparation de la chambre et ouvroer, et faire le premier plancher de solives à plâtre seullement, et luy faire nettoyer la place pour dresser la dite maison. Laquelle il a promis rendre faite et parfaite dedans le jour de l'Assomption Nostre Dame prouchaine venant. Car ainsi, etc. »

(E. 380)

12 Juillet 1527. — Marché de maçonnerie.

« Comparut en sa personne Francoys Darge, maçon, demourant à Aucerre, a confessé avoir marchandé à Blanchet Simonet, à ce présent : de cloisonner, enduire de mortier et de plâtre par dehors et par dedens, faire le plancher de plâtre du premier estage, par dessus et par dessoubz et la couple, et faire tous les surmuremens de pierre de taille de la maison

(1) Voir le marché suivant pour la maçonnerie de la même maison.

(2) Brandir, arrêter, affermir au moyen d'une cheville. (Jossier. Dictionnaire des ouvriers du bâtiment).

que le dit Simonet fait faire en la porcion de maison à luy advenue à cause de la succession de feue sa mère, ou bourg Saint Eusèbe d'Aucerre, sur la rue descendant à Saint Mamert; et par dessoubz en la cave, faire les murs longains et traversains faisant les séparations devant sa porcion et la porcion de ses cohéritiers ; et aussi lavalage de la cave, de pierre, et soubz icelluy faire un arc, avec ce une vifz de derrière, de pierre de taille, sur le dit avalage, jusques au premier estage, et monter la dite vifz jusques au dessus des huys, pour mectre la coeffe de la dite vifz, ainsi quil plaira diviser au dit Simonet. Et derrière la dite vifz, voster et monter les retraictz de la haulteur de la dite vifz, et faire ung siège par bas et laultre par hault. Et oultre, carreler la chambre basse de carreau, et une cheminée sangle (1) à jambages de pierre de taille, à membre ront et mocheté, et monter de haulteur compétente. Et faire troys sopireaux ès lieux plus convenables, de pierre de taille et maçonerie; aussi de paver la court de pavé plat, et abatre la vielle muraille de la porcion du dit Simonet. Et le tout faire et parfaire bien et deuement à dict de gens ad ce congnoissans dedens la feste de Toussains prouchaine venant. Et pour la dicte besongne faire et parfaire comme dit est, le dit Simonet fournira toutes matières en place au dit Darge. Ce présent marché fait moyennant le pris et somme de quarente cinq livres t.. etc »

(E. 380)

30 Mars 1560. — Marché de construction de murs à façon.

« Comparurent en leurs personnes Vallantin Champyonnet et Hervé Pavé, maçons, demeurans à Aucerre, lesquelz, etc... confessèrent avoir marchandé à Jacques Truiller, maître maçon, demeurant au dit Aucerre, de faire au climat de la Maison, de Me Estienne Gerbault, assise près Sainct-Marian-lez-Aucerre, quatre à cinq centz thoises ou environ de muraille, ou moing à loption du dit Truiller, pour closre et fermer le climat sus dit, laquelle appartient au dit Gerbault. Et icelle faire de menues pierres, de telle apesseur et haulteur que celles qui sont ya faictes en iceulx climatz, et icelle enrocher de chau et arayne dedans et dehors, faire le chapperon de dessus la dite muraille. En fournissant par le dit Truiller toutes les estoffes et mathières en place quil conviendra pour faire la dite besongne. Moyennant le pris et somme de sept solz six deniers t. pour chacune thoise, que le dit Truiller sera tenu et a promis paier aus d. Pavé et Champyonnet en besongnant et faisant la dite muraille pro rata. Laquelle besongne ilz seront tenuz y besongner toutesfoys et quantes que par le dit Truiller requis en seront, et sans discontinuation après lancommencement dicelle; et seront tenuz besongner de jour en jour et sans délay. Car ainsi, etc., etc. (2). »

(E. 388)

(1) Sangler, serrer. (Lacurne).

(2) Voir note à l'avant-propos.

1560. — Marché de fourniture de sable à bâtir.

Acte par lequel André Nyer, marinier à Auxerre, s'engage à fournir pendant deux ans à Jacques Truiller, maître maçon au dit lieu « larayne » qui lui sera nécessaire, et à la livrer sur le quai St-Pèlerin ou sur le quai St-Loup, moyennant le prix de 50 s. t. « pour chacun cent de tumblerées » (tombereaux) (1).

(E. 388)

29 Mars 1570. — Marché de maçonnerie.

« Comparurent en leurs personnes Jacques Guillet et Arthume Dormet, maçons, demeurans à Aucerre ; lesquelz et chacun deulx seul et pour le tout, renonçans au bénéfice de division et discution, cognurent et confessèrent avoir marchandé à vénérable et discrète personne, Me Jehan Thibault, chanoine dAucerre, présent et acceptant ; de faire une voulte en une curée de la maison canonial *ruinée* (2) au d. Thibault appartenant, dont les d. Guillet et Dormet ont dict scavoir la situation. Laquelle voulte sera de six à sept piedz de largeur et environ deux toises et demyes de long et selon les murailles antiennes ya faictes et apposée ; et icelle voulte se fera de menuz pendans, avec deux ou troys chesnes, si tant y en fault, de pierre de taille, par le dedans de bonne maçonnerie, chau et araine. Plus racostrer les murailles de la d. voulte jusques à la haulteur du pavé où elles se trouverront abbatues, retenir la vif de la maison tant dedans que dehors, selon quelle est plantée et fondée ; rassembleront les marches de la d. vif qui y sont de présent, sur arcadde quilz seront tenuz y faire, et parfaire la d. vif et marches dicelles de la haulteur quelle est, de pierre de taille ou plastre à leur choix, et fournir le tinglage des d. marches qu'il conviendra et fauldra pour la d. vif ; oultre, retenir les fenestrages de la d. vif, et à la somité dicelle faire ung planché de pierre de taille, pour servir d'entablement pour asseoir la charpenterie que le d. Thibault y vouldra mettre ; et sil y a quelque chose de gasté aux huisseries, ilz seront tenuz le refaire. Plus seront tenus de revoûter la hotte de la chemynée à mode de court, de bricque ou pierres de taille, de la chambre où est icelle chemynée ; plus faire une bée dhuys de pierre de taille dessoubz la croisée de la chambre dembas, qui sera garnie des marches quil conviendra monster en la chambre, lesquelles marches seront de pierre de taille ; et en la d. chambre, mettre des corbeaux où il en sera besoing, et retenir les faultes où il y en aura, tant de lenduict que aultre chose. Item en la chambre denhaut, retenir les enduictz ou ilz seront rompuz, et enduire les entrevoz de plastre, et carler la d. chambre, fournissant le quarreau par le d. Thibault. Plus faire une poincte de pignon en la d. maison, dapesseur de quinze poulces, répondant à laultre pignon

(1) Voir le marché précédent du 30 mars 1560, qui a dû entraîner celui-ci.

(2) Les maisons canoniales subirent de grands dommages durant l'occupation de la ville par les Huguenots (1567-1568). Nous ne citerons que ce marché parmi tant d'autres.

qui y est de présent, où y aura une chesne par le meilleu et faire fenestrages, tant à la d. chambre bassè que au grenier, ainsi qu'il leur sera commandé par le d. Thibault poser la d. chesne, fenestrage et aultres besongne, de pierre de taille avec chau et araine; et le reste de la maçonnerie se fera avec terre et repos (1), et où il y aura quelque faulte corrompue au pignon, du costé devers les chemynées, seront tenuz le réparer de telle matière dont il est de présent au quarré de la d. maison, seront tenuz racostrer les entablemens de pierre de taille où il en sera besoing ainsi quilz sont de présent; seront tenuz de planter gonds, gasches et aultres choses quil fauldra pour planter les huiz et fenestres, fournissant les d. gonds et gasches par le d. Thibault. Toutes lesquelles besongnes les d. Guillet et Dormet ont promis et seront tenuz bien et deuement faire et parfaire, a dict de gens ad ce cognoissans, dedans le jour de mige-aoust prouchenement venant, fournissant les estoffes par les d. Guillet et Dormet, quil conviendra pour faire telles quelles sont cy dessus spécifiez, fors et réserve quilz prandront et se ayderont des matières que sont en la d. place, tant pierres que repos pour ayder à faire la d. besongne. Et aussi seront tenuz les d. Guillet et Dormet, fournir la terre quil appartiendra pour faire les planchez et haire du d. bastiment, et enduire la besongne sus d. par le dedans et enrocher par le dehors de chau et araine. Et ce moyennant la somme de six vingts dix livres t. (130), que le dit s[r] Thibault a promis et sera tenu leur paier en besongnant et faisant les besongnes sus d. pro rata. Car ainsi, etc. »

(E. 394)

1603. — Charpente d'un toit à porcs.

Marché par lequel Jean Guillemain, charpentier, à Auxerre, s'engage à construire pour le compte de Jean Demeure, scieur de long au dit Auxerre, « ung touet à porcz, de longueur de six piedz et de largeur de cinq; faire iceluy en appentis de collombages, y mettre quatre seulles (solives) et quatre potheaux, garny denfonsure de trappans, et y faire un huis de telle hauteur quil conviendra en iceluy; asseoir et mettre en tel lieu et place que le d. Demeure voudra en ceste ville d'Aucerre. Fournissant par le d. Guillemain tout le boys quil conviendra, bon, loyal et marchant, et encore de fournir les chevrons quil conviendra pour couvrir le d. touet à porcz, et rendre iceluy faict et parfaict dans quinze jours prochains, moyennant la somme de huict livres tournois... »

(E. 434)

1649. — Chalaux (Nièvre) — Maçonnerie d'une grange.

Marché par lequel le sieur Bridé, maçon, à Marigny, s'engage envers Bussy, marchand, au Meix, paroisse de Chalaux, à construire au lieu du Meix, une grange de 50 piedz de longueur « descarrie en escarrie » en

(1) Repos, repoux, décombres.

dehors, et 27 pieds de largeur « aussy descarrie en escarrie » en dehors, « les goutterots » de dessus et de dessous de 8 pieds de hauteur, avec les deux pignons de hauteur « convenable » et suivant la charpente; faire une écurie sous le portail de la dite grange, du côté du « droit vent » (1), moyennant la somme de 50 livres t. en argent et trois aunes de toile de « plain ». Le propriétaire fournira tous les matériaux nécessaires et nourrira l'entrepreneur et ses ouvriers « tant les jours ouvriers que festes » jusqu'à la fin des travaux qui, une fois commencés, ne devront pas être interrompus.

E. N. N. (Minutes Chevillotte, liasse n° 6).

27 Avril 1661. — Chastellux. — Agrandissement de la tuilerie de M. de Chastellux.

Marché par lequel Jean et Georges Bachelin, tuiliers, à Marigny la Ville (2), s'engagent envers le sieur Dupont, receveur du comté de Chastellux, « à faire la marchandise nécessaire à la construction de deux fourneaux, tant tuiles, carreaux, briques, cornelières (cornières) et chau, et à construire les dits deux fourneaux dans la tuilerie de Chastellux ». Ils seront tenus de tirer la terre nécessaire à leur besogne. Le sieur Dupont se chargera des charrois et fournira en place les bois nécessaires, ainsi que la « bouchure pour boucher » la halle de la tuilerie. Les entrepreneurs seront tenus de faire dans chaque fourneau 150 cornières et deux fêtières pour chaque milier de tuiles. Ils pourront prendre la terre qu'il leur faudra dans le champ du pâtis et héritage y attenant « en faisant le moins de dommage possible ». Au sieur Dupont incombera l'obligation de faire « retenir » (entretenir) la couverture de paille de la halle, et le fourneau s'il est nécessaire.

Ce marché est fait moyennant 60 livres en argent, deux bichets de seigle, une pinte d'huile et 40 s. pour les vins.

Le sieur Dupont a déclaré ne savoir signer (3).

E. N. N. (Minutes Chevillotte, liasse 6).

12 Août 1677. — Chastellux. — Couverture du clocher, etc. de l'église.

Pierre Maltat, maître couvreur, à Montigny proche Magny « s'engage envers M. le comte de Chastellux, à couvrir le clocher nouvellement basty en la chapelle St Germain de Chastellux, dasseaune à cloux et à doyn (4) suivant la charpente; plus couvrir de thuille une petite chapelle et sacristie nouvellement bastye joignant la d. chapelle St Germain, sui-

(1) Cette expression ne s'est pas perdue, car aujourd'hui on l'emploie encore, même dans l'Auxerrois, pour désigner le sud.

(2) Paroisse de Marigny-l'Eglise (Nièvre).

(3) Cette mention paraît bien extraordinaire étant donnée sa fonction de receveur d'un comté.

(4) Douin ; chanlattes servant de lattes, mot identifié par notre collègue M. E. Bouché ancien entrepreneur de maçonnerie.

vant aussy la charpente. Et sera tenu icelluy entrepreneur de faire une forme dantablement avec des haytz (ais, planches) dessus la sablière, après que les chevrons seront couppés, etc. », pour la somme de 50 l. t. Tous les matériaux lui seront fournis devant la dite chapelle.

(Acte signé : Chastellux.)

(E. 446)

7 Mai 1653. — 17 Juin 1692. — Chastellux. — Marchés de travaux au château.

7 mai 1653. — Réparations. — Pierre Musnier, maître couvreur, demeurant à Cure (Domecy-sur-Cure) s'engage à « *retenir toutes les couvertures* du château, latter et fester ce qui est nécessaire, faire la latte et doing quil convient pour ce faire, et retenir aussi touttes les couvertures du logis de la basse cour du dit château, et faire aussi tout ce qui est nécessaire, et faire du mauvais le bon » moyennant 95 l. t.

Le propriétaire fournira tous les matériaux « au pied du chasteau », même les clous. Pendant toute la durée du travail, qui devra être terminé dans dix mois, il nourrira l'entrepreneur et ses ouvriers.

E. N. N. (Minutes Chevillotte, liasse nº 6).

26 Octobre 1656. — Réparations.

Marché par lequel Pierre Musnier, maître couvreur à Cure, s'engage à faire au château de Chastellux les réparations ci après :

« De couvrir à neuf le dosme de la tour carrée, retenir le col de la dite tour et faire ce qui sera necessaire à faire, retenir les quatre cornelières (cornières) de la tour, refaire aussi ce qui se trouvera nécessaire à faire dans les quatre pantz qui sont entre les d. quatre cornelières ; retenir tout le corps du logis et basse cour où il sera de besoing ». Tous les matériaux, bois, tuile et clous seront fournis en place par le propriétaire, mais l'entrepreneur sera tenu « de faire toutte lasseaulne quil conviendra pour la couverture du dit dosme et la refection du d. col », ainsi que la latte qui sera nécessaire aux réparations ci-dessus. Ce présent marché est fait moyennant 45 l. t. et la nourriture du dit Musnier et ses ouvriers « *en faisant la d. besongne.* ».

E. N. N. (Minutes Chevillotte, liasse nº 6).

26 Décembre 1666. — Couverture.

Claude Sellerier, maître couvreur, à Lormes (Nièvre), s'engage envers M. le comte César de Chastellux, à faire la couverture de la tour sur la terrasse du château de Chastellux, suivant la charpente « *à la mensarde* que Pierre Chesneau est obligé de faire, couvrir les nouxe dasseaulne, retenir et recouvrir le derrière des écuries, et relatter ce qui sera nécessaire pour faire du mauvais le bon », pour la somme de 100 l. t.

Le Comte de Chastellux fournira sur place le bois, la tuile, et la chaux et le sable pour les enrochements. L'entrepreneur fournira tous les clous nécessaires et sera tenu de faire « refendre le bois en latte et en aisseaune pour les d. nouxs ». Il devra commencer aussitôt que la charpente sera achevée et travailler sans interruption.

(Marché signé : CHASTELLUX).

(E. 444).

3 Mai 1668. — Maçonnerie.

Marché par lequel Nicolas Grosset, maçon, s'engage envers M. le comte César de Chastellux à faire au château de Chastellux, pour la somme de 24 l. t. « deans la garde robe de la chambre des *Palmes*, percer la voulte dessus le troux qui est en commansé de faire lequel Grosset, de creuser encorre de la haulteur et profondeur dune toise en cube de sept piedz et demy, et sera tenu déleuver du briquetage jusque au planché de la d. garde robe, et sera tenu dy poser les deux plaquartz qui luy seront fournys, et enrocher et enduire le briquetage derrière la dite chambre ».

(E. 444).

3 Mai 1668. — Couverture.

Claude Sellerier, maitre couvreur, à Lormes, s'engage envers le procureur du comte César de Chastellux à couvrir en tuile : le pavillon sur la grande porte d'entrée de la cour des écuries ; le pavillon sur la porte du boulevard et sur la chambre *Ste Anne*, avec les deux tours « joignant » ; la grande tour dessus la chambre des *Cloches*, et de retenir la couverture de la chapelle du jardin et celle de la chambre du jardinier, pour le prix de 95 l. t. Tous les matériaux nécessaires, moins les clous, seront fournis par M. de Chastellux. L'entrepreneur devra commencer incessamment et avoir terminé le 15 juin prochain.

(E. 444).

13 Décembre 1668. — Maçonnerie.

Marché passé par César, comte de Chastellux, au profit de Nicolas Grosset, maitre maçon « du pays de la Marche, travaillant de présent en ce pays », par lequel celui-ci s'engage à faire au château de Chastellux, « la besongne qui ensuit, qui est deans la tour du cabinet *des Armes*, deans le petit grenier cy joignant et deans la tour St Jehean, le tout sur la platte forme, savoir : desmolir à fleur de terre de la dicte platte forme la muraille du dict grenier, et reprandra sur la mesme desmolition, ung mur en dehors qui sera en reprise de deux piedz despoiseur, qui sera de haulteur à fleur de terre de dix piedz de carrée en escarrie, et qui sera randu de niveau sur les quattre coings ; et fera au long de la tour du cabinet des *Armes*, un demy pigneon à proportion de lauteur des gouteraux ; et sera tenu de rengraisser les costez du pigneon des grands greniers, au désir de la charpente qui sera posé ; il fera dans la gallerie deux croisé vis à vis lune de laultre deans les deux gouteraux, de largeur do trois piedz et demye en deheors, avec lenbrasure a proporsion et de laulteur du planché, à la réserve dung poulce de vive araite découvert; plus fera une porte de taille (en pierre de taille) dans le gouteraux qui entre de la platte forme deans la dicte gallerie; plus fera sur la mesme porte une croisé de lauteur du planché et de la mesme largeur de la porte; il fera une garde robe deans laquelle il y aura une croisé de la mesme manière et nivaux que celle sur la porte et deans le mesme gouterot; plus fera le briquetage de la cloizon de la dicte garde robe, après que le charpentier laura posé, en œuvre de neuf piedz du costé de la gallerie et de huict piedz du costé de la porte, deans lequel pand de bois il y aura une porte du costé de la chemynée, laquelle il desmolira et les deux qui vienne des vieux fourgs et les rechaintra jusque à celle de la chambre dessus les fourgs, à deux piedz au dessoubz du planché; et refera les deux mesmes chemynées à réduction de deux piedz, et qui monteront les tueaux à la mesme sallye ou plus quelles nestoient; plus fera une porte de taille qui entra de la gallerie deans la tour du cabinet, et la fera à lentrée de la tour, du costé de la gallerie à droicte ligne de trois poulce plus ou moings sil convient; plus fera une chemynée deans icelle tour, entre les deux croisé, du costé de la chaulme, qui sera de trois piedz en œuvre par le bas et le tueau desrobé dans le mur; il sera tenu de remeurer la porte qui entre de dessus la platte forme en icelle tour, et y sera faict une forme 'eans lespoiseur du mur du costé de la porte, de sept piedz de longueur, de six piedz dhaulteur et trois piedz denfonsure deans la muraille, avec larcade dessus en carré; plus fera les trous nécessaires pour poser le plancher de la d. tour, et rompra à la poincte et picqure du marteau, un cordon plat qui est deans la tour au nivaux de la muraille; plus fera deans la tour *St-Jehean* une porte qui se prandra au bout de la muraille de lescallier qui monte de la terrasse sur la d. platte forme, et fera ung petyt escallier qui sera pris deans lespoiseur du mur, pour gagnier laultre escallier qui est deans la d. tour. Fera dans la mesme chambre du plat fond une croisé de trois pieds de large en deheors, avec la mesme enbrasure qui est, et lauteur à proporsition *(sic)* du planché qui est; et sera tenu le d. Grosset, de faire tous les anduictz, blanchisage et carrelage qui seront nécessaires deans la d. besongne et entreprise cy dessus. Plus icelluy entrepreneur de fournir tous les quartiers en perrière et en charroy, à la réserve des cartiers des deux portes qui sont deans le vergé dessus, et à la petite porte de lestang, lesquelles portes il sera tenu de remurer. Les charroys des d. cartiers et de tous aultres matureaulx demeurant à la charge de mon dict seigneur, qui fera randre deans la basse cour et au bout de la planchette de la terrasse, pour faire le mortier dessus la voulte de l'*Orengerie* et de la voulte de la platte forme, et seront monté tous les quartiers de pierre à massonner, et généralllement tous matureaux nécessaires, sur la dicte platte forme aux frais du d. Grosset, estant fournis par mon d. seigneur, deans la d. basse cour et au bout de la d. planchette; et sera fourny ung cable au d. Grosset pour monter les d. matureaux avec la gru, et sera randu le d. cable à la fin de la d. besongne; et a promis mon dict seigneur, de donner au d. Grosset la chambre de la *Vigne* (*sic*) ou une aultre et quil plaira monsieur, avec ung lict et deux draps pour héberger le d. Grosset pendant quil travaillera à la d. entreprise, sans quil soit faict aulcung dommage à la d. chambre, ny lict, ny draps, pour estre randus en mesme estat quil luy seront donnés, à peyne dinterestz et réparation. Le présent marchef faict moyennant le prix et somme de deux centz livres t. qui seront payé par mon d. seigneur aud. Grosset, auproratat de la besongne, laquelle il sera tenu de commancer au quinziesme mars prochain venant, pour y travailler sans discontinuation jusquau parachèvement. Car ainsi, etc., etc. ».

(Acte signé : Chastellux).

(E. 444)

1668. — Entretien des couvertures.

Claude Sellerier, couvreur, à Lorme, s'engage envers le comte de Chastellux à entretenir pendant 12 ans, les couvertures de tous les bâtiments du château de Chastellux, corps de logis, tours, basse cour, chapelle du pont et halle du pont, tant de tuile que d'asseaulne « *carré ou en escaille, et les doyner et poser les mortiers nécessaires* », pour le prix de 50 l. t. par an et 13 l. 10 s. pour « le vin et denier à Dieu ». M. de Chastellux fournira au pied de l'atelier la tuile, asseaulne, latte, contre-latte, sable et chaux nécessaires, et l'entrepreneur seulement les clous à latte, contre-latte, « asseaulne et doyn ». En cas d'incendie, orage, défaut de charpente ou de maçonnerie, le sieur Sellerier ne sera obligé d'y contribuer que pour une toise carrée.

(Acte signé : Chastellux).

(E. 444)

1670. — Travaux dans les jardins.

Laurent Biguey, François Solliveau, Gabriel Coquelet, Léonard Jossier et Michel Oudot, laboureurs et manouvriers de la paroisse St André en Morvan, s'engagent envers Nicolas Bernard, jardinier du château de Chastellux, « à hoster une butte de terre et roche qui reste à hoster au proche de la fontaine, dessoubz le canal, vis à vis de la grande terrasse du château, et mettre les décombres en provenant dans le ravin et *crot* (trou) qui est à proximité et où il en a déjà été mis. Ce marché est fait moyennant la somme de 58 liv. 10 s. t. Il sera fourni aux entrepreneurs par le dit Bernard, des outils pour 6 hommes, qui devront être entretenus par les preneurs et rendus à la fin des travaux. Ils devront remplacer ceux qui se casseront, mais auront le droit d'en demander de nouveaux quand les premiers seront usés.

(E. 445)

1671. — Travaux de déblaiement au château.

Marché passé par le comte Cesar de Chastellux au profit des sieurs Biguey, Madelenat et Montraisin, manouvriers, à la Rue Chenot, par lequel ceux-ci s'engagent à « hoster une butte de terre et roche qui est au-dessoubz du canal, suivant quil a esté marqué et tracé par Nicolas Bernard, jardinier, et au bout de celle que les d. Biguey et aultres hostèrent lannée dernière, et raser icelle du niveau de lallée qui est joignant ; et seront tenus de mecttre tout le descombre deans le ravain et creux qui est auprès, et mesme endroict on lon mecttoit lannée dernière laultre, et quant iceux auront razé jusque au ruisseau qui vient par dessus la dicte butte, seront tenus de faire une rigolle de long lallée pour conduire leau deans un bassin qui est au dessoubz ». Les entrepreneurs seront obligés de prendre 2 hommes de journée pour travailler avec eux ; ils devront s'entretenir d'outils, à la réserve de trois *picqz* et trois *palles* qui leur seront fournis par M. de Chastellux, mais qu'ils devront entretenir. Ce marché est fait pour le prix de 160 l. t.

(Acte signé : Chastellux).

(E. 445)

1672. — Travaux de déblaiement au châteru.

Marché par lequel Montraisin, de la rue Chenot, et Guillemotte, d'Athé près Auxonne, s'engagent envers le comte César de Chastellux « à rompre et hoster toute la roche et butte qui est du costé du grand chemain au dessoubz du grand canal, à la prandre où ont fini les d. Montraisin et Biguey qui ont desjà travaillé à la coupper ; et ce jusque contre lallé de la *grotte*, ou la razeront en pente douce et de nivaulx de celle de la d. halle, et le reste à nivau de celle qui a esté couppé au proche du grand bassin, et hosteront et porteront tout le butin et descombres deans le cauvin (creux, trou, ravin) au dessoubz du d. bassin ; feront aussy une rigolle pour faire couler leau qui descharge du d. canal, en tel façon quelle ne puisse rien endommager », pour la somme de 240 l. t. Il leur sera fourni par M. de Chastellux « *six picq de pioche et six palle* qu'ils devront rendre à la fin du travail ; il leur sera en outre prêté le cheval aveugle lorsquils en auront besoin, mais « *pour estre par eulx mené sans luy faire tort* ». De plus M. de Chastellux leur impose l'obligation d'associer Claude Corbert à cette entreprise.

(Acte signé : Chastellux).

(E. 445)

1672. — Travaux dans les dépendances du château.

Millot et Rousseau, *pionniers*, à Bussières lès Rouvray, s'engagent envers M. le comte de Chastellux, à réparer la chaussée du petit étang au-dessus du château et faire la « *clef de conroy* (1) en telle manière quelle dure un an et un jour après sa réception, et de sorte quelle déchargera

(1) Courois, mortier bien battu (Lacurne). Aujourd'hui encore dans beaucoup de localités de l'Yonne, on appelle *conroi*, *corroi*, l'argile pétrie jusqu'à la compacité.

par le déchargeoir de dessus, et leur sera seullement fourny pour tous matériaux du conroy » moyennant la somme de 40 l. t.

Les entrepreneurs seront obligés de transporter les terres provenant de la chaussée dans le dit canal, de se loger et se nourrir à leurs frais.

(Acte signé : Chastellux).

(E. 445)

4 juillet 1682. — Bail d'entretien de couverture.

Jean Goujat et autres, couvreurs, à Lorme, s'engagent envers M. de Chastellux à entretenir, tant de tuile que d'asseaune, pendant dix ans, « le corps de logis du château de Chastellux, de la basse cour, des tourelles qui sont deans les murailles du parcq et verger, de l'église, de la chapelle proche le pont, du moulin, de l'huilerie et de la halle près du pont », pour le prix de 24 l. par an. Tous les matériaux leur seront fournis « *sur terre, à six piedz* » de l'atelier. Il est convenu que lorsqu'un couvreur viendra exprès pour reconnaître les travaux à faire, M. de Chastellux lui fera donner à manger, mais en « *faisant réciproquement par luy quelques carrelages qui luy seront montrés au d. chasteau* ».

(E. 446)

17 juin. — Entretien de la canalisation des fontaines du château.

Charles Rousseau, « *ouvrier en bois et fontenier* », demeurant à la Bascule, paroisse de Chastellux, s'engage envers le comte Philippe César de Chastellux, à entretenir pendant 9 ans, moyennant 30 l. par an « toutes les fontennes qui sont autour du dict chasteau de Chastellux, tant celles qui sont sur les parterres, en les cours, la cuisine et petit sallon, que celles du parcq et du jardin proche léglise, à les prendre despuis leurs sources jusque au ject deau, et à poser tous les tuaux tant de plonc, de terre, que de bois, et en faire les creusez pour les poser et les couvrir, mesme en les murailles et desoubz les pavez, et emboitter tous les dictz tueaux les uns avec les aultres, souder les tueaux de plonc à lendroict ou il seroit necessaire, et masticquer ceux de terre, et perser les tueaux de bois, et coupper les vernes quil faudra pour ce, et les accommoder en tel façons les dittes fontaines, quelles jetterons les eaux de leurs hosteurs (*sic*) ordinaires et quelles coulleront par dans les tueaux sans quil ne sen perde dans auqu'uns endroict. Et sera tenu le dict seigneur de fournir des bois pour faire les cors de bois, virolles et frettes, en place de celle qui ne vaudront rien, et du masticque pour mastiquer les tueaux de terre, et icelluy Rousseau, sera tenu de fournir la soudure quil faudra pour les tueaux de plonc ». mais recevra pour cette fourniture 4 l. par an. Il sera tenu en outre de donner par an trois journées à M. de Chastellux. Dans ce marché, n'est pas compris l'entretien de la fontaine qui vient du petit pré, ni celui de la conduite d'eau qui passe par la garenne du dit petit pré.

(E. 447)

10 juin 1596. — Commissey. — **Marché de charpente et couverture de l'église etc. de l'abbaye de Quincy (Commissey Yonne).**

« Fut présent en sa personne, Millot Dromon, maistre charpentier, demourant à Tonnerre; lequel a confessé avoir faict marché de convenance avec noble et scientificque personne, Me Françoys Pierron, aulmosnier ordinaire du roy, abbé commendataire de l'abbaye Nostre Dame de Quincy, ordre de Cisteaux, au diocèse de Lengres, maistre administrateur de l'hospital Nostre Dame de Fontenilles de Tonnerre, présent et acceptans, De faire et parfaire bien et deuement au dict ouvriers à ce congnoissans les ouvrages de charpenterye et couverture quil convient faire en la d. abbaye Nostre Dame de Quincy, à cause de la démolition survenue en icelle par *orage et intempérie de temps, le lundi XIIIe jour du moys de may dernier passé*, consistans les d. ouvrages en ce qui sensuyt, sçavoir est: de refaire à neuf la charpenterye du cœur de leglise de la d. abbaye, celle du couvert de la chappelle et croisée du costé de St Martin, celle du couvert devers les dortoirs dicelle abbaye ; celle depuys le clocher jusques en fin de ce qui a esté bruslé par le d. orage et intempérie de temps; et le tout lyer de telle façon que la besongne le requiert. Faire ung dosme de boys au lieu ou estoit le clocher de la d. abbaye, pour y mettre et poser quatre cloches, et sera le d. dosme de dix piedz en carré par bas, bien terrassé daissy a clou ; et aura le d. dosme depuys la d. terrasse jusques à lenfourchure den hault, de sept à huict piedz, et le dessus bien et deuement faict et couvert daissy a clou en escaille de poisson, le tout noircy et huillé ; revestir les posteaux du d. dosme daissy comme dessus, et les accoustouaires (accoudoirs) de fer blanc doublé, mettre la croix, la pome et le coq sur le d. dosme, laquelle croix sera de haulteur necessaire et compétante, selon que la besongne le requiert ; mettre au d. dosme une dalle de pierre, de forme bonne pour recueillir les eaulx de la terrace et les geter aux noües (1) du couvert ; couvrir ou faire couvrir aussi bien et deuement, les d. ouvrages de bonne thuille et festières bien et deuement accommodées et comme il appartient. Fournir pour les d. ouvrages cy dessus, tout le boys necessaire, bon boys de chesgne et deschantillon compétante et selon que la besongne le requiert, la latte, clou, thuille, chaux, sable et autres matières nécessaires pour les d. ouvrages de charpenterye et couverture, et encores la d. dalle quil mettra à ses fraiz au dict dosme ; couvrira les basses chappelles dicelle église de lesve (2) ou thuilles, et en cas quil les face couvrir de lesve, y fera mettre boys et latte compétant pour les soustenir. Fournira aussi toute la ferraille quil conviendra es d. ouvrages ; aussi prendra le d. Dromon, toutes les vielles ferrailles qui sont provenues de la démolition advenue par le d. orage, fois et réserve les ferrailles des deux cloches fondues par le d. orage,

(1) Noue, gouttière. Voyez Lacurne, aux mots No, Noc, Nock, Nocq auxquels il donne cette définition.

(2) Lave (pierre plate).

qui demoureront au proffict du d. seigneur abbé, pour les replanter quant elles seront réparées ; fera le d. Dromon, le beffroy dedans le d. dosme pour y mettre quatre cloches, auquel beffroy il sera tenu remettre et planter les deux qui sont demourées entières, et les rendre en estat quil convient pour sonner. Au reste, faire tous les autres ouvrages nécessaires à la d. besongne, et les rendre bien et deuement faictz et parfaictz dedans le jour et feste de Toussaincts prouchainement venant, dedans lequel temps il les fera recepvoir avec le d. sieur abbé, qui pourra faire nommer telles personnes quil vouldra pour les veoir et visiter. Pourra le dit Dromon prendre au dedans du parc de la d. abbaye de Quincy et au boys de la poterne du d. Quincy, ce quil trouvera luy estre nécessaire, ensemble pour le chauffage et cuisson de la thuille, et tout le boys qui se trouvera procédant de la démolition de la d. église, la latte et thuille procédant dicelle, et plonb sorty du dict clocher, quil employera ou il sera nécessaire pour la d. besongne. Le présent marché faict moyennant la somme de mil escuz sol, en deniers, deux septiers de bled mestail et trois muidz de vin, que le d. sieur abbé payera, sçavoir : les deniers au fur que la besongne se fera, sur lesquelz deniers le d. sieur abbé luy advancera la somme de douze escuz qui luy ont esté payez comptant. Quant au bled, il se payera après les moissons, et le vin, le d. sieur abbé leur en baillera ung muid auparavant la vendange et en travaillant, et le reste se payera après la vendange ; et sera le d. Dromon et ses gens logez en la d. abbaye. Et à ce que dessus, se sont les d. parties respectivement obligées, mesme le d. Dromon, corps et biens. Sicomme, etc, promettant, etc., obligeant, etc. Faict à Tonnerre, en la maison du d. seigneur abbé, après midy, ès présences de Me Jean Paris, prebstre, curé d'Arthonnay, et honorable homme Me Regnault Leclerc, procureur au bailliage de Tonnerre, tesmoingz ; le d. Dromon a dict ne savoir escripre ni signer, de ce interpellé (1).

(Acte signé : F. Pierron, abbé de Quincy).

(E. 697)

25 Mars 1574. — Cravant. — Restauration de la halle.

Claude Gaulthier, marchand et vigneron, Etienne Millon, charpentier, tous deux à Cravant et Nicolas Guilleminot, couvreur à Irancy, s'engagent envers le chapitre d'Auxerre, seigneur de Cravant, à faire à la halle du dit lieu les « ouvrages qui sensuivent, suyvant lannonce à eulx faicte, au rabais, au d. lieu de Cravant, après plusieurs publications et mises au rabais sur ce faictes, assavoir : descouvrir et deslatter enthièrement la dicte halle pan après aultre, et mettre la thuille par terre au bout de la d. halle, mettre les chevrons a bas pour y mectre deux arbalestiers de troys toises chacun ou de telle longueur quil conviendra, avec deux tirandeaux de quatorze à quinze piedz de longueur chacun ou telle aultre longueur quil conviendra. Plus hestayer le tirant du feste de la d. halle pour mettre le posteau en son lieu et y mettre ung lien de fert pour tenir le d. tirant

(1) Voir note à l'avant-propos.

avec le d. posteau. Idem aux deux coings dud. cousté seront tenuz mettre deux tirandeaux avec les contrefiches pour sostenir les fillières qui portent à faux, et en mettre aultant aux deux aultres coings de la d. halle. Plus mettre quatre boutz de fillière de longueur et grosseur compectante, avec quatre chevallotz et contrefiches pour sostenir les tapereaux. Item mettre du cousté du puys une forte barre de fert pour entretenir le tirant qui est pourry au droict du posteau. Idem du cousté de l'*ourologe* mectre ung tirandeau avec larbalestier, quatre chevallotz avec les contrefiches pour soustenir les tapereaux. Et pour ce faire, mettront les chevrons à terre. Plus mettre à terre le pan du cousté de Picoche (1) et y mettre des chevallotz et contrefiches pour soustenir les tapereaux comme dessus. Idem mettre deux chevrons au pand den hault du d. cousté. Et la d. halle estant descouverte, ou il se trouverra aulcun boys estant pourry, court, ne povant servir et nestant suffisant à porter la thuille et couverture, en ce cas, seront tenuz les d. Gaulthier et consors, y en mettre du neuf au lieu, bon et convenable. Et pour le regard de la couverture, seront tenuz de la recouvrir enthièrement bien et deuement, et ny pourront employer que bonne thuille loyalle et marchande, sans y mettre thuillaux. A quoy faire se pourront ayder de la thuille de la d. halle qui sera bonne et enthière. Plus seront tenus faire ung paneau en la d. halle, au bas de la couverture, daissiz, de six piedz de haulteur, endové par dessoubz et cloué. Plus faire aux troys aultres coustez, troys paneaux daissiz, de troys piedz de haulteur, endové et cloué comme le précédent. Laquelle besongne seront tenuz faire et parfaire à dict de gens ad ce congnoissant... Fournissant par les d. Gaultier et consors toutes estoffes et matières... et avant que de employer les d. matières, seront tenuz en faire obstention et monstre au lieutenant du cappitaine du d. Cravant, pour icelles veoir et visiter si elles seront bonnes et loyalles, sauf toutesfoys à les faire revisiter cy après. Et ce moyennant le pris et somme de quatre centz vingt cinq livres tournoys... »

(E. 399)

6 Septembre 1586. — Construction d'une Jacquette (cage pour loger les prisonniers).

Marché par lequel Jean Chastellain, charpentier, à Auxerre, s'engage envers le chapitre d'Auxerre « à faire une jacquette de boys de chesne, laquelle sera de six piedz en quarré, tant hault que bas; laquelle sera garnie de soulles (2) et posteaux avec les quatre sablières de dessus, ferme les quatre pands de alentour, de quatre posses dappesseur, ung pied de largeur et taillé à double joinct les trappans (3) des quatre pands. Plus faire de mesme facon le planché de dessus et lenfonsure dembas, graver les soulles et sablières par le millieu et par les costières, pour emmancher à tenons à mortoyses les trappans dedans les soulles et

(1) Assurément le nom d'un riverain.
(2) *Soulle*, solive (Lacurne de Ste-Pallaye).
(3) *Trapan*, planche, douve (Lacurne de Ste-Pallaye).

sablières, et le tout à tenons et mortoyses. Plus mettre une clef de boys à chacun pand au travers des trappans. Plus mettre à chacun coin ung escarre de fort, chacun dun pied de costé et d'aultre, iceulx clouez et cramponez. Et encoures faire ung huis et ung guichet, lun qui se foncera par le dehors et laultre par le dedans, dappesseur de deux pousses, tant lhuis que guichet, qui seront barrez, chevillez et clouez, avec deux croisées par le millieu, garnir iceulx huiz et guichetz de ferruze necessaire comme serruze, bandes, gonds et veroux qui requeront, de la largeur des d. huis. Laquelle besongne le d. Chastellain a promis et sera tenu bien et deuement faire a dict de gens ad ce cognoissans, et la rendre et asseoir dedans la chambre des prisons du chastel de Cravant dedans le dernier jour doctobre prochain venant. Et ce moyennant la somme de vingt six escus sol. sur laquelle somme le d. Chastellain a confessé avoir eu et receu dixescus sol., dont il se tient pour content, et le reste lui sera payé après la d. besongne apposée en sa place. Et demeurera au d. Chastellain, la vielle jacquette qui est de présent au d. chastel de Cravant, ainsi quelle est de présent. Car ainsi, etc. »

(E. 407)

1590. — Cravant. — Réfection de la coiffe du grand four banal.

Claude de la Vallée, maçon, à Cravant, s'engage à refaire pour le compte du chapitre d'Auxerre, la coiffe du grand four banal de Cravant, pour le prix de 33 écus sol. et un tiers d'écu. Il devra y faire des *pendans* de longueur de deux piedz, de la perrière de Bazarnes, *enmorteler* aux endroits nécessaires, y mettre deux clefs de fer avec une barre pour soutenir la coiffe, refaire les pieds droits du dit four si le besoin l'exige, faire les clefs et barre de fer d'épaisseur convenable pour soutenir la coiffe, et les garnir de crampons qui devront être reliés aux pièces de bois qu'il sera convenable de mettre sur la coiffe du four. Le sieur de la Vallée devra fournir tous les matériaux nécessaires.

(E. 427)

7 Mai 1566. — Cruzy-le-Châtel. — Marché de la charpente du château de Maulne.

« Jehan Buchotte, charpentier, demourant à Tonnerre, lequel a recongnu et confessé avoir promis, et par ces présentes, promect faire et parfaire de son estat de charpentier, à hault et puissant seigneur messire Anthoine de Crussol, duc duzais (d'Uzès), conte de Crussol et de Tonnerre, présent; toute la charpenterie du bastiment, que le d. seigneur entend faire construire et bastyr en sa forest de Maulne, *sur la fontaine du d. Maulne*, suyvant les plans et pourtraict qui luy ont esté présentement communiquez, assçavoir : Tous les sintres nécessaires et requis au dict bastiment, garnis de planches prestes à poser sur les d. sintres ; les engins nécessaires à son estat de charpentier et de maçon, faire et parfaire les planchés *à la mode françoise*, acompaignez, garnys de solives et de planches en long par le dessus dicelles solives ; d'une salle, deux chambres et garde robbes du d. bastiment, les entredeux de pants et cloisons des d. chambres et gardes robbes : et daventaige la couverture et comble du d. bastiment, avec double sablères, gembes, arcillières et gembes de force ; accompaignans pour les chambres du galetas du d. bastiment, de faulces gembettes et arcillières en façon de pants, pour parfaire en plancher les chambres du d. galetas, sans y mectre aulcunes planches ou lembrissement, avec la champeterne (*sic*) du dosme du dessus du d. bastiment. Pourquoy faire, sera tenu et a promis le d. seigneur, fornyr tout le boys du d. bastiment, à le prandre, choisir, coupper, escarrer et aultrement détailler par le d. Buchotte et débiter, comme le d. bastiment le requerra, tant de son dict mestier de charpentier, que de siage aux fraiz du d. Buchotte, et sans que le d. seigneur soit tenu luy fornyr aultres choses que le forestage, boys et charroy en la place ou doibt faire le d. bastiment ; avec cables et cordaige necessaires ; besongnera à la d. besongne de jour en jour sans intervalle de temps, en luy fornyssant deniers et matières pour ce faire comme dict est. Moyennant le prix et somme de six cens cinquante livres tournoys, qui luy seront payez en faisant la dicte besongne et pro rata dicelle par le d. seigneur ou ses commis. Car ainsi, etc. Si comme, etc., promectans, etc., obligens hinc inde, etc., les d. partyes assavoir : le d. seigneur conte au payement et fornissement des choses sus d., et le d. Buchotte corps et biens, de faire et parfaire la d. besongne. Faict et passé au d. Tonnerre, le septiesme jour de may, lan mil cinq cens soixante et six. Présens : honnorables hommes Mes Jehan Jazu, Jehan Coquinot, licenciés en loix, éleus, Me Pierre Teurreau, lieutenant général ou bailliage du d. Tonnerre et Me Edme Cerveau, procureur du d. seigneur conte, tesmoings. Et ont les d. seigneur conte, Teurreau, Jazu, Coquinot, Cerveau et Buchotte, signé la note de ces présentes avec le d. Petitjehan, tabellion soubzscript. »

(Signé : Petitjehan).

(E. 657)

7 Mai 1566. — Cruzy-le-Châtel. — Marché de la maçonnerie du château de Maulne.

« Fut présent en sa personne, Jehan Verdot, maçon, demourant à Tonnerre, lequel a recongnu avoir marchandé à hault et puissant seigneur messire Anthoine de Crussol, duc duzais, conte du d. Crussol et de Tonnerre, présent ; de faire et construire la maison que le d. seigneur entend faire bastyr en la forest de Maulne, *sur la fontaine du d. lieu*, suyvant les plants, portraicts et montées, convenues et accordées entre les d. seigneur et Verdot, et à luy encores présentement exhibées et communiquées, contenant caves voltées, offices voltes, salles, chambres, garderobbes et exsaulcement, vifz et montées. Le tout suyvant les d. plants et pourtraict, garnys tout dempiettement (*sic*) de pierre de taille, portes, arceaulx, huis, fenestres, cheminées et corniches modillonnées, pour le pris et somme de deniers cy-après déclarez, assavoir : la toise de menue muraille de quattre piedz depesseur ès fond, revenant à la somitté et corniche à deux piedz et demy depesseur, tant en son tour que entredeux et cloisons portant chemynées et montées depesseur requises et désinées par les d. plans, que aussi toutes voltes, que le d. seigneur entend faire à la d. maison, mesurant tant plain que vuyde douvertures et entrées, pour le pris et somme de vingt solz tournoys la toise de six piedz de roy en c^rrey, en face seullement, faicte et construite de grève de fousse et chaune (chaux), telle quil luy sera baillée et fornye par le d. seigneur ou ses commis. Item chacune porte et huis de haulteur de cinq à six piedz, de largeur de troys à quattre piedz, pour le pris de quattre livres ; chacune toise dempietement de taille en semblable carrurre, pour le pris et somme de soixante solz tournoyz ; chacune fenestre de troys à quattre piedz et demy de largeur, sur leur haulteur de six, douze et treize piedz, encougnées et revestues de pierre de taille, pour la somme de douze livres chacune, tant grande que petite, de la haulteur et largeur dessus d. Item chacune cheminée du d. bastiment, tant de cuisine, salle que chambre, revestues et garnyes de pierre de taille, selon que les lieux et place le requerront, et quelles sortiront hors meur, pour le prix et somme de dix livres chacune. Item pour chacune toise des coings des retours du d. bastiment construict de pierre de taille, la somme de trente solz t. chacune toise ; et pour chacune toise de corniche et entablement à modillon carrey et de molure portée par le d. portraict, la somme de quarente sols t. ; et aussi chacune marche de la vifz et montée du d. bastiment, mises et possées en leur place, la somme de vingt solz t. Fornira le d. seigneur ou ses commis au d. Verdot, toutes pierres tant de taille, menue, chaune (chaux), araine, boys à chaufauder, faire toutes curées et décombres pour plantei le d. bastiment, suyvant le d. pland et pourtraict. Fornira aussi le d. seigneur, câbles, cordes et engins. Et besongnera le d. Verdot à la d. besongne de jour en jour sans intervalle de temps, en luy fornissant deniers et matières en place comme dessus est dict. Car ainsi, etc. Si comme, etc., promecttans, etc., obligens, inc inde, assavoir : le d. seigneur au payement des deniers cy dessus et le d. Verdot corps et biens, de faire la d. besongne selon que cy dessus est dict ; renonceant, etc. Faict à Tonnerre, le septiesme jour de may, lan mil cinq cens soixante et six, ès présences de honorables hommes Mes Jehan Jazu, Jehan Coquinot, licencié ès loix, éleuz pour le roy à Tonnerre ; Me Pierre Theureau, lieutenant général ou bailliage de Tonnerre ; Me Edme Cerveau, procureur du d. seigneur conte, tesmoings ; et ont les d. seigneur conte, Jazu, Coquinot, Teurreau et Cerveau, signé la notte de ces présentes, et le d. Verdot faict sa marque (1) ».

(Signé) PETITJEHAN.

(E. 657)

(1) L'article sur Cruzy et Maulne publié par M. Eug. Lambert, dans les Annuaires de 1879 et 1881 fait bien connaître que les travaux en question ont été entrepris à cette époque, mais il reste muet sur ces marchés ignorés. Voir les dessins de ce château, à l'Annuaire de 1879 et au Bulletin de la Société des Sciences, 1875. Les modillons cubiques que l'on remarque à la corniche répondent bien à ce qu'en dit ce marché.

1551. — Dannemoine. — Travaux à l'église.

Cession par Jacques Convers, maréchal, à Dannemoine, à Nicolas Convers, maçon, son frère, de son droit dans le marché passé avec les échevins du dit Dannemoine « de faire certaine besongne et ouvrage neuf en leglise du d. Dannemoyne à plein mentionné au d. contract « passé en 1548 ».

Pour paiement de ces travaux, les habitants devaient abandonner aux adjudicataires, les dîmes de blé et de vin pendant 7 ans et demi.

(E. 651)

13 Février 1491. — Fouronnes. — Note relative à la reconstruction de l'église.

Jean Contesse, laboureur, à Courson « confesse devoir et loyalement estre tenu paier à Guillaume Guérin, maçon à Auxerre, créancier à ce présent et acceptant, la quantité de quarante et cinq bichetz de froment, dix huit bichetz dorge et treize bichetz davoine, le tout léal et marchand, à la mesure de Foronne, de reste de plus grandes quantitez, en quoy le dit debiteur estoit tenu envers le dit créancier, de ladmodiation de la vingtiesme gerbe de la disme nouvellement imposée au finage du d. Foronne pour la refection de leglise du dit lieu ».

Il promet de les livrer à Auxerre à la Toussaint.

(E. 372)

1641. — Marigny l'Eglise (Nièvre). — Fourniture et transport de bois d'échaffaudage pour la construction d'une chapelle en l'église.

Vivien Bourdillat, laboureur, à Crottefou (Marigny), s'engage envers Dimanche Finot, charpentier, à la Troussoye (Marigny) à fournir sur place « en un mois et de jour en jour, à la nécessité des massons, tous les bois nécessaires, gros, petits et mesme les bois à faire cloix, à l'éc-hafaudage quil convient pour faire la maçonnerie de la chapelle que fait faire de présent le d. sieur curé de Marigny » pour le prix de 7 l. t.

E. N. N. (Minutes Chevillotte, liasse n° 6).

1643. — Marché pour la charpente de la dite chapelle.

Dimanche Finot, charpentier, à la Troussoye (Marigny), s'engage envers le curé François Simon et les fabriciens du d. Marigny, à faire la charpente de la chapelle Saint Blaise, en l'église du dit lieu, « soit de chevrons, chablières (1), fillières et esguilles, et générallement tout ce quil conviendra, et preste à couvrir ; mettre deux bouts de fillière et un bout de chevron sur le chœur de la d. église, pour rehausser les chevrons qui sont affaissés ; mettre une esguille dans la tour de la montée du cloché

(1) Sablière. L'emploi du *ch.* pour *s.* est une corruption de langage du Morvan.

pour supporter les chevrons, et mettre au-dessous de la tour de présent descouverte » les chevrons nécessaires; pour la somme de 13 l. t.

Tout le bois lui sera fourni en place, mais il sera tenu de le « mettre en charroy (1) ». Il lui sera fourni des hommes pour l'aider à lever la charpente.

E. N. N. (Minutes Chevillotte, liasse n° 6).

20 Août 1644. — Marigny l'Eglise (Nièvre). — Grosses réparations à l'église.

Marché par lequel Jean Viard et Jean Roy, maîtres charpentiers et couvreurs, demeurant à Quarré les Tombes, s'engagent envers François Simon, curé, et les fabriciens de Marigny l'Eglise, à faire à l'église les travaux suivants :

« Découvrir et recouvrir entièrement le cœur de la nef *(sic)* de la d. esglise, latter, contrelatter, mecttre des chevrons où il en convient, mettre et faire du mauvais le bon ; mettre un tirand sur le cœur pour enfler les fillières qui ne sont empattés dans la tour, avec deux arbotans pour soustenir les fillières ; redresser la sablière du costé du presbitère, et retenir les chevrons ; faire toutte la charpenterie de la chapelle Saint Blaise et icelle lever et la tenir plus haulte quelle nest de présent, de quatre piedz de haulteur, et couvrir icelle tout à neuf de thuille neuve ; faire une esquelle (2) dans la vifve (vis, escalier) qui monte au cloché, et un lien, la couvrir dasseaulne, mecttre des cours chevrons et couvrir à neuf des deux côtés de la tour, plus dans la gallerie, couvrir deux randz de thuille le long du pignon et faire les ecairds (3), couvrir aussy deux randz de thuille par le dessus et effester. Endoller la pointe du pignonneau et couvrir dassaulne sur lendollement, et rengresser les pignonneaux de la chapelle Saint Blaise, à la venue du bois qui sera dressé. Laquelle besongne, les entrepreneurs seront tenus de faire et parfaire... Fesant laquelle (besogne) les entrepreneurs seront tenus ce nourrir eulx et leurs compagnons (4), et fourniront tous mathereaux à ce nécessaires, fors le bois de la charpenterie que les d. controlleurs et procureurs (fabriciens) seront tenus fournir. « Moyennant la somme de 200 l. t....

E. N. N. (Minutes Chevillotte, liasse n° 6).

1659. — Marigny l'Eglise (Nièvre). — Couverture du clocher.

Marché par lequel Pierre Musnier, couvreur, s'engage envers M. François Simon, curé de Marigny, à couvrir entièrement le clocher de la d. église, savoir : « les quatre pans du côté du droit vent (sud) d'assaulne

(1) C'est-à-dire d'aller à la forêt pour faire charger les bois destinés à cette construction.

(2) Echelle. Lacurne de Ste Pallaye, donne d'après Froissart, esqueillette, petite échelle.

(3) Equerre. On trouve également escaire, escarre, esquerre dans Lacurne.

(4) Voir l'avant propos à ce sujet.

neufve que le d. Musnier sera tenu fassonner, lui fournissant les bois en place, et les quatre autres pans du costé de la *bize*, de la meilleure assaulne qui se trouvera dans la descouverture du d. cloché » pour la somme de 120 l. t.

E. N. N. (Minutes Chevillotte, liasse nº 14 *bis*).

15 Juillet 1668. — Marigny-l'Eglise (Nièvre). — Eglise, couverture, réparations.

Claude Serlier, couvreur de tuile et d'*asseaulne* (bois), demeurant à Lormes (Nièvre) s'engage envers les habitants de Marigny « à repicquer, tant de thuille que dasseaulne, le cloché, neuf (nef), cœur, chapelle, chapiteau de lesglise du d. Marigny et ce qui depent diceulx; rellever la thuille de la chapelle du rosaire et la reposer avec la latte quil y conviendra, enduire le costé du d. cloché, du costé de la necf...; et faire du mauvais le bon à dit dexpertz; pour laquelle besongne le d. Serlier fournira toutte sorte de malhereaux, tant thuille, asseaulne, cloux, latte, chaux, sable, etc...., » pour la somme de 90 l. t.

E. N. N. (Minutes Chevillotte, liasse nº 9).

1661. — Marigny-l'Eglise. — Charpente d'une maison.

Dimanche Finot, Me charpentier à la Troussoye (paroisse de Marigny), s'engage envers Georges Robin, marchand à Marigny, à faire la charpente d'une maison sur la maçonnerie commencée, consistant « en trois rands de bois garnis de jeambe de fourche et triandeau (tirants d'eau) sur les arbalestiers, quattre liarnes et les lambordes quil conviendra pour le d. bastiment, faire les chevrons propres à couvrir à thuille et à dix poulces ou un pied lun de lautre; faire deux manteaux de cheminée, poser les sollives...... et faire aussi le bois quil conviendra pour le sellier qui sera en lune des d. chambres », moyennant la somme de 50 l. t. et une paire de souliers à l'usage du dit Finot. Le propriétaire fournira tous les bois en place, il nourrira le charpentier et ses ouvriers durant les travaux, qui devront être terminés dans un délai fixé à l'acte.

E. N. N. (Minutes Chevillotte, liasse nº 6).

1667. — Dans un marché de maçonnerie à Marigny, il est dû par le propriétaire à l'entrepreneur, outre 25 l. t. en argent, un boisseau de froment, deux bichets de seigle « beau grain et bien vanné », une chopine de sel, une livre de beurre et un bas (de chausse) de toile de plain.

E. N. N. (Minutes Chevillotte, liasse nº 5).

11 Juin 1670. — Marigny-l'Eglise. — Maçonnerie d'une maison.

Marché par lequel Bernard Boireau, maître maçon et tailleur de pierre, « du pays de la Marche, estant de présent à Marigny (1) », s'engage envers

(1) Presque tous les marchés qui figurent dans cette collection, et ils sont nombreux, relatent que les maçons sont de la Marche.

Georges Bernard, laboureur à Marigny-la-Ville, de construire en ce lieu « un bastiment de longueur de quarante cinq piedz descarie en escarie (d'équerre en équerre) et vingt quatre piedz de large, aussi descarie en escarie, et faire deux pignons, deux goutterotz, le goutterot de dessus de huit piedz de haulteur, et celui de dessoubz au niveau hors de terre, et les pignons à lesgal des d. goutterotz, un trando (1) entre les deux pignons, et fonder le tout sur terre ferme ; faire dans lun des pignons une cheminée, jambaige et goutterotz de pierre de taille ; faire une porte de taille (2) dans lun des d. goutterotz, un placard aussi dans lun des d. goutterotz, ou bon semblera au d. Bernard ; un four pour mettre [cuire] six quartes de bled, une fournaize soubz icelluy pour mettre des cendres ; faire un ognier (3) voûté propre à maittre deux beaux (*sic*) (?) ; faire aussi une fenestre de pierre de taille de deux piedz de haulteur et un pied et demy de large, fors les enchaisseures (4) ; enduire la d. massonnerie faisant icelle ; faire les escars du d. bastiment de pierre de taille, comme aussi de lentrée de la grange et qui sera de haulteur de neuf piedz ; dans le devant du d. bastiment sera fait une gallerie, les jambaiges dicelle doubles, aussi de pierre de taille ; faire des portes où sera posé des chaissis de bois, où bon semblera au d. Bernard. A laquelle besongne le d. Boirault sera tenu encommencer au premier jour de mars prochain, et le rendre fait bien et dheuement à dit douvriers à ce congnoissans, au dernier de juing prochain venant. Faisant la d. besongne, le d. entrepreneur sera tenu de se servir, et tenu aussi de tirer la pierre pour faire les d. goutterotz. Et ce moyennant que le d. Bernard a aussi promis et cest obligé à fournir au d. Boiraux tous matheraux à ce nécessaires, en place, et nourrir le d. Boiraux et ses compagnons faisant icelle besongne (5), et payer outre au d. Boireault la somme de trente trois l. t... etc. »

E. N. N. (Minutes Chevillotte, liasse n° 5).

29 Décembre 1544. — Ménades (6). — Devis suivi de marché de construction des murs d'enceinte du village.

« C'est la déclaration de ce que les habitans de Ménades veullent et entendent faire pour leur fermeture et clotture.

« Premièrement veullent faire leurs murailles de dix huyt piedz de hault, troys piedz de large en fond, revenant par le hault à deux bons

(1) Tirant d'eau.

(2) Sous-entendu une porte « de pierre de taille » selon l'expression de l'époque. Nous ne pensons pas que dans ce cas le mot « taille » soit synonyme de « dimension », malgré l'emploi dans nos régions de ces deux mots.

(3) Endroit maçonné pour y placer les oignons.

(4) Enchassure, action de mettre en chassis. (Voy. Lacurne au mot enchassilleure).

(5) Par acte du 6 mai suivant, inséré après le marché ci-dessus, il est convenu que la nourriture due par le propriétaire à l'entrepreneur et à ses ouvriers est convertie en une somme de 20 l. t.

(6) Ce document curieux, qui n'est certainement que la minute du projet, n'est signé ni par le notaire ni par les parties contractantes. On peut même remarquer que dans

piedz, de menue pierre et terre, et que les d. murailles soient garnies de tours convenables, revenant lune à lautre pour la tuition (1) et défense des murailles, et de qui sera encloux par icelles ; et que chacune tour en mode de demie tour ou autrement, soit garnie dung huis de taille, troys canonières par le bas et troys par le hault et quil y ayt une reprinse ou des corbeaulx pour porter le premier planchier de chacune tour.

« Item, quil y ayt deux portes et une poterne ; les d. deux portes garnies de tours deça et dela, de multrières (meurtrières) et de place pour y faire une grille ou pont levis, selon que pour le mieulx sera advisé ; et que à chacune porte y ayt une montée de degretz de pierre pour monter au premier estaige dicelles ; et que la poterne soit garnie de murtrière et d'une petite montée pour aller ausd. murtrière ; et que le tour des d. murailles y comprinses les d. portes, poternes et tours ou demie tours revienne à quattre cens toises. chacune toise de sept piedz et demye. Et sera garnie la d. muraille, de douze ou quattorze tours ou demie tours y comprinses celles qui seront aus d. portes, ainssy qui sera le plus commode et proffitable.

« Que la taille des d. portes, poterne, canonières, huys et degretz, soient de taille convenablement massonée et assise à chaulx et arène, à dict de ouvriers.

« Item quil y aura les portes garnies de guichetz convenablement ferrées et plantées, et fermée chacune et le guichet aussy dune serrure.

« Pour à quoy satisfaire, les d. habitans du d. Ménades seront tenus et ont promis fornir tous charrois et voittures, tant de pierre de taille, menue pierre, terre, arène, chaulx, eaue, que généralement tous aultres charrois.

« Seront aussy tenus iceulx habitans fornir de pierre et abandonner tous lieux propices pour tirer la menue pierre de la d. fermeture.

« Et forniront iceulx habitans la terre et eaue de la d. fermeture, sans ce que celuy qui prandra la charge de faire leur d. besongne soit tenu piocher et tirer la d. terre et puiser leaue.

« Seront aussy iceulx habitans tenus et ont promis fornir tous bois, tant gros que menu, clois (2) et aultres pour chauffaulder, et à leurs fraiz et despens les rendre et fornir sis (à l'endroit) la d. besogne.

« Ilz seront aussy tenus et ont promis les d. habitans, pendant le temps de la d. fermeture, fornir ung logis bon et convenable pour loger un maistre masson et son mesnaige.

« Et oultre, promectent les d. habitans, enclous dedans la d. muraille et aultres tenans et possédans bien dedans, bailler chacun un jusques à

la partie du devis formant le cahier des charges pour les entrepreneurs, les noms n'y ont pas été inscrits après marché fait.

Cette pièce se trouve dans les minutes d'un notaire de Chastellux (Fillon), parce que la famille de Chastellux qui, à cette époque, possédait le vicomté d'Avallon, était à ce titre, ou seigneur ou suzerain de la terre de Ménades.

(1) Tuition, protection.

(2) Cloison, clôture.

dix huyt ans consécutifz, le treziesme de leurs fruitz, grains, légumes, vins et chenevère qui croistront le d. temps durant, tant au d. finaige de Ménades que ailleurs ; et ceulx qui sont du d. Ménades hors la d. clotture et fermeture, bailleront le seziesme de leurs d. fruitz, grains, légumes, vins et chenevières qui croistront au d. finaige et ailleurs.

« Lesquelz fruitz se lèveront aux champs dedans le d. finaige de Ménades ; et ce qui sera hors le d. finaige, ilz seront tenus le déclarer par serment avant, chacune moisson ou vendange, pour en faire compte, foy et raison à celui qui entreprendra la d. fermeture.

« Seront tenus iceulx habitans où y auroit aulcungz reffusantz à payer son XIIIe ou XVIe comme dessus est dict, en faire à leurs fraiz poursuyte et contraincte, tellement que celuy qui conviendra avec eux de la d. fermeture, en soit payé et sattisfaict, et sans de sa part faire aulcung fraiz.

« Et moyennant ce, et en fournissant toutes les choses avant dites par les habitans, sera tenu et a promis faire enclourre et fermer de murailles le d. lieu de Ménades, selon que cy dessus est dict et déclaré. Pour quoy faire ce, le d.... fornira le tiraige des menues pierres et arène nécessaires à la d. besoigne, dont les d. habitans forniront les voittures et charrois.... fornira aussy cartiés de pierre de taille en perrière, dont les d. habitans seront tenus et ont promis faire les voittures et charrois ; fornira aussy la chaulx nécessaire à la d. besoigne au forneaul, dont les d. habitans forniront les charrois et voittures.

« Et au pardessus, le d... payera les ouvriers et aultres massons et rendra la d. besoigne cy dessus divisée et déclarée faicte et parfaicte, selon le d. divis et propos, bien et convenablement à dict douvriers, dedans deux ans, à prendre à la sainct Jehan prochaine, pour vehu que les d. habitans fornissent le charrois, voittures et choses susd., et que pestilence ou guerre dont Dieu nous veullent préserver et garder ne soient en la contrée.

« Et sera tenu bailler dix francs pour achetter de la chault et harène pour faire ung chapiteaul sus les d. murailles, quant viendra sus la fin dicelles.

« Le XXIXe (29e) jour du moys de décembre mil V^c XLIIII (544), en concurrence de Sébastien Segault, sergent royal, Pierre Poirier, de Maigny, Bernard Duprey, de Serre, les cy après nommés, en leurs noms et eulx faisant fors pour les aultres habitans du d. Ménades absens, promectans, etc., etc., ont faict marché avec monsieur le lieutenant (1) ainsi quil est escript cy devant, à faire le d. fermeture jusques à rendre les clefz au poinct dedans deux ans, à compter à la feste de sainct Jehan Baptiste prochainement venant, moyennant les dismaiges de dix huict ans ou dix huict desbleures, à compter au d. jour sainct Jehan Baptiste prochainement venant.

« Guillaume Fillon.
« Joseph Joly.
« Anthoine Oudin.

(1) C'est-à-dire par devant le lieutenant de l'Election d'Avallon.

« Nicolas Fillon le jeune dit Guénot.
« Toussainct Fillon.
« Symon Amy.
« Jehan Duprey.
« Nycolas Duprey.
« Leonard Maleteste.
« Symon Guclin.
« Pierre Poinssot.
« Philippe Coignot.
« Guillaume Maleteste.
« Monsieur » André Gauffroyt le jeune.
« Guyot Jacob.
« Pierre Rabalcort.
« Jacques Brillard.
« Estienne Gendrey.
« Nicolas Ravisey.
« Estienne Duprey.

E. N. N. (Minutes Chevillotte, liasse n° 2).

19 Janvier 1543. — Molosme. — Porte de ville.

« Claude Masson dict Lymosin, demourant à la Rivière soubz Noyers, présent en personne, a confessé avoir marchandé à Jehan Huguin, masson, demourant à Tonnerre, de faire et parfaire de son mestier de masson, une porte ou villaige de Molosmes, telle et semblable quelle est divisée au marché dentre les d. habitans et Huguin, qui est de quinze piedz dans œuvre en toussant (*sic*) (tous sens), sans comprendre les espesseurs des mureilles, qui sera tenu de la montter de la haulteur de trente piedz hors terre. Laquelle porte rendra le dict Claude faicte et parfaicte de toutes fassons dedans Pasques charnelles prochaines, à y besoingné de jour en jour par le d. Claude, sans intervalle de temps ; fournyra toutes matières en place le d. Huguin au d. Claude ; moyennant que pour la fasson dicelle porte le d. Huguin payera au d. Claude la somme de cinquante deux livres tournoyz, à payer icelle somme en besoingnant pro rata. Si comme, etc. »

(E. 648)

6 Novembre 1553. — Perrigny-sur-Armançon. — Construction d'une chapelle au hameau de l'Autremont (Côte-d'Or) (1).

« Par devant moy Anthoine Micheau, notaire au comté de Tonnerre. Furent présens : Cyre Morelet, Pierre Drouhin, Marceau Charles et Nicolas Drouhin, habitans de Laultramont, eulx faisant fors pour les aultres habitans absens, dune part ; et Adrien Marcoul, masson, demeurant à Crey

(1) Voir au § Clergé, Affaires religieuses, etc., la requête des habitants au curé de Perrigny-sur-Armançon pour l'achèvement de leur chapelle et la célébration du service divin.

(Cry, Yonne), daultre part. Lesquelz ont faict et convenu de marché comme il sensuyt, assavoir : que les d. habitans de Laultramont faisans fors pour les absens comme dessus, a marchandé de faire et construyre de son mestier de masson, une chappelle au d. Laultramont, au lieu où il sera advisé par les d. habitans, le plus commode qui se trouvera, de la longueur de vingt piedz dans œuvre et de quattorze piedz [de largeur] dans œuvre, et de la haulteur de seize piedz, à prendre dès le pavée de la d. chappelle jusques à la clefz de la d. votte ; icelle vôter et faire deux croisées entre lesquelles y aura ung doubleau faisant la séparacion des d. croisées, et le tout daugive. Et à chacun des carres par dehors, des pilliers boutans revestu de tuilles, une verrière ayant ung maneau et semblable que celle estant en la chappelle de la tour de Crey (Cry), et la porte à tiers poinct revestu de taille (*sic*), semblable à celle de la chappelle de Gauthier Lamber de Crey, de telle austeur que sera advisé entre eulx.

Que le d. Marcoul a promis faire et parfaire dedens le jour et feste de Sainct Martin destey prochain venant. Et ce moyennant la somme de trente livres tournoiz en argent, doze bichetz de bled par moictier seigle et orge et ung muy de vin. Seront tenuz les d. habitans de Laultramont fournir toutes matières en place, terre, pierre, *eau*, chauffaulx et aultres choses nécessaires ad ce faire ; luy fournir chambre, liot et utenciles pour son mesnaige, et le d. Marcoul tirer les cartiers de pierre. Car ainsi... »

E. N. N. (Minutes réintégrées par la Côte-d'Or).

Croquis de la chapelle figurant au bas du dit acte. On voit que le mot « rayé » supprime deux contre-forts de l'abside.

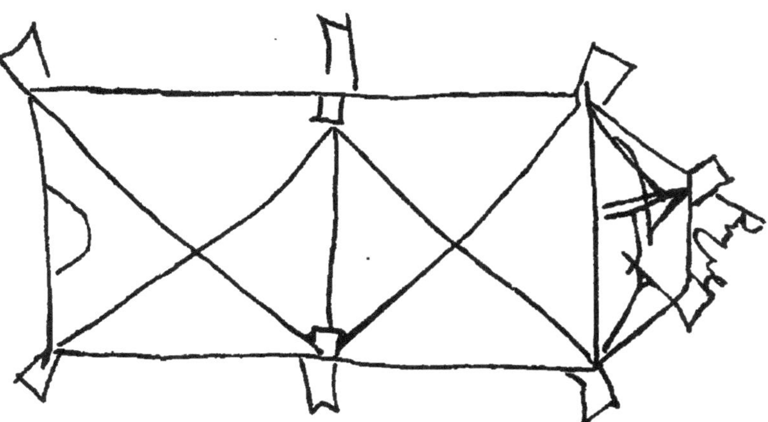

16 février 1565. — Rougemont (Côte-d'Or). — Construction de deux portes de ville.

Marché passé par devant Pierre et Antoine Micheau, notaires au bailliage de Tonnerre, par lequel Nicolas Laurent et Sébastien Goffert, maçons à Grignon et Aisy-sous-Rougemont, s'engagent envers les habitants de Rougemont, représentés par Pierre Verdet, Guillemin Dannoste et Jean Paulmeret, échevins, à « faire et parfaire de leur mestier de massons les deux portes de la d. ville de Rougemont, du costé de Perrigny et Buffon, selon et de telles façons que les portes de la ville de Crey (1), assavoir : les guenies (2) pour mectre le pont-levis, glassis, canonnières, meultrières, le tout de cartiers de pierre, ainsin que les places, largeur et longüeur des d. portes se concistent, et de telles façons comme dict est de celles de Crey », moyennant la somme de 160 l. t. Les habitants seront « tenus fournir et mectre terre, pierre, chauffaulx, et fournir toutes matières ad ce nécessaires en place ». Ce travail devra être terminé pour la saint Jean.

Il est dit à la fin de l'acte que seul, le sieur Paulmeret sait signer. Effectivement, il ne figure que sa signature.

(E. N. N. Liasse versée par le département de la Côte-d'Or).

4 Décembre 1667. — Saint-André-en-Morvan (Nièvre). — Construction d'un nouveau chœur dans l'église (maçonnerie).

Marché passé entre César, comte de Chastellux, seigneur de St-André-en-Morvan (3), et Nicolas Grasset, Me maçon « *du pays de la Marche, travaillant de présent en ce pays* », en vertu duquel celui-ci s'engage à faire les travaux ci-après : « faire le cœur de la dicte esglize de trente six piedz de long deans œuvre et de la mesme largeur de la naife, et faire les murailles de vingt huit piedz de haulteur soubz bois, avec trois engives (ogives) de chaque costé, trois vitreaulx de trois piedz de large et huict piedz de haulteur, avec ung O rond (4) deans le pignon que fera le dict Grasset du costé du soleil levant, de trois piedz de diamètre sans les embrasements ; plus faire une arcade de pierre de taille deans le pignon de la naife, de dix sept piedz de large ; plus voulter le dict cœur de sa longueur, à voulte d'arayte ; plus faire deux pilliers au mellieu de la voulte, qui auront un pied de sallye (saillie) ; plus faire deux pilliers deans les deux angles de la mesme sallye, desquelz voulte se prendra despuis le careau la naissance, à dix huict piedz de haulteur, et sera tenu de faire les entablement sur les gouterault, qui auront six poulce dhaulteur et six de sallye, lesquelz murailles seront faictes de trois piedz despaiseur, et seront fondé sur roche ou terre ferme, et ce bien et dheuement ; et sera le dict Grasset tenu de faire deux marche au grand haultel et deux marche soubz larcade en entrant de la naife au cœur, et toute de pierre de taille ; plus sera tenu de careler le dict cœur et le blanchir de blanc à

(1) Cry, canton d'Ancy-le-Franc (Yonne), commune située à peu de distance de Rougemont. Cette localité porte encore cette orthographe en 1674. (Archives de l'Yonne. Fonds de la famille de Clugny).

(2) Gaîne, rainure.

(3) Voy. note à l'avant-propos.

(4) Œil de bœuf.

boure, lenduire et enrocher dehors ; et sera tenu le dict Grasset de desmolir lantien cœur qui est deans la dicte esglize, et une petite cappelle qui est deans le semetière, appellé la chappelle St-Martin ; et sera tenu de faire toute la taille nécessaire tant pour les vitreaulx, engive, pillier, escarrie, que aultre chose, et seront fournys au dict Grasset tous maturiaux en place deheus et nécessaire ; et sera tenu de commenser au dict ouvrage deans le huictiesme jour du mois de mars prochain venant, pour y travaillier sans discontinuation jusques au parachèvement dicelle. Le présent marchef fait moyennant le pris et somme de cinq cents cinquante livres, *qui seront* payé au dict Grasset au prorata de la dicte besongne. Car ainsi, etc., etc. »

(Acte signé : Chastellux).

Cet acte est suivi d'une quittance donnée par Grasset le 13 décembre 1668 de la somme de 550 l. convenue au marché.

(E. 444)

18 Mars 1668. — Saint-André-en-Morvan (Nièvre). — Marché pour l'extraction de la pierre nécessaire aux travaux de l'église.

Acte passé entre le procureur du comte de Chastellux (Emilien Charbonneau, son aumônier) et Martin Briddé et Jean Gros, maçons, demeurant à Marigny-l'Eglise et à Saint-André-en-Morvan, par lequel ceux-ci s'engagent à extraire « dans le finage de Vézignieux et lieux voisins » tous les quartiers de pierre « propres à tailler » qu'il faudra pour les travaux de l'église de Saint-André « qui seront vallables, de recepte et resu par Nicolas Grasset qui a entrepris de faire la massonnerie de la dite église, et les quartiers estant de la longueur despuis ung pied et demy, jusque à trois piedz *trois poulces et trois piedz et demy, et ce par tiers,* lesquels seront deschargés et mis en charroy, et ce dans les lieux moins dommageables » pour le prix de 19 livres pour « chacun cent. »

(E. 444)

4 Décembre 1667. — Saint-André-en-Morvan (Nièvre). — Construction d'un nouveau chœur et du clocher de l'église. — Charpente.

Marché par lequel Pierre Chásneau, maître charpentier à Lormes (Nièvre), s'engage envers le comte César de Chastellux à faire « les cintraulx des voultes, arcades, que Me Nicolas Grasset a entrepris de faire en lesglize du dict Sainct André ; à faire toute la charpente nécessaire sur les voultes du chœur, et ce, les chevrons de sciage et aultre bois ; de faire le cloché suivant la charpente, de lauteur deheue et convenable » pour la somme de 260 l. t. Il devra procéder à la pose à la première réquisition, pour ne pas retarder les maçons. M. de Chastellux fournira en place tous les bois nécessaires.

(Acte signé : Chastellux).

(E. 444)

31 Juillet 1617. — Tonnerre. — Travaux aux murs d'enceinte de la ville.

Marché passé par les échevins de Tonnerre pour travaux à faire aux murs d'enceinte, en faveur des sieurs Antoine et Etienne Petitjehan, procureurs au bailliage du dit Tonnerre, *comme plus descroissans*, à l'adjudication qui a eu lieu en l'Election du dit lieu. Par ce marché, les sieurs Pettitjehan s'engagent « à faire et parfaire bien et deuement, depuis cejourd'huy jusques au jour de sainct Rémy chef doctobre prochain, les ouvrages qui s'ensuivent, sçavoir : dabbattre cinq toyses de l'avant mur de la muraille de la ville, depuis le coing au dessus de la tour du collège, jusques à la montée du degré qui entre sur les murailles de la ville, derrière l'église Sainct Pierre, regardant le faubourg de Bourgberault ; et en ce faisant, le d. avant mur et le gros mur estant rasez au rez de terre, relever de neuf ung parapet de mesme haulteur, forme et fasson quil est faict de neuf proche le dict endroict regardant sur la ville, et ainsy couvert de taille du ban franc, et cramponné en plomb et de mesme espesseur, avec chesnes de taille, de toise en toise, en la massonnerie de dessoubz les dictes couvertes de taille ; laquelle massonnerie sera assise et posée depuis le dict rez de terre sur la muraille de la ville, et au niveau de la face de dehors dicelle.

« Item d'abbattre et oster la cahuette (1) qui est de présent recongnue inutile, sur le coing de la dicte muraille de la ville proche de la tour Sainct Pierre, regardant sur la fosse dyonne, et en ce faisant, réparer le couvert à l'endroit où elle est de prézent, et le continuer de mesme que celluy des murailles ; tenir les pans de la dicte cahuette en chantier en la place devant l'église, pour y tailler de neuf ce quil conviendra au lieu du bois pourry, la redresser sur le pand de muraille et avant mur, qui est au dessus du portail neuf de la dicte église Sainct Pierre, entre le grand créneau de la centinelle et le coing de la dicte muraille, ou aultre lieu plus commode qui sera advisé par les eschevins de la d. ville ; la gobiner (?) de pierre et renduire à bon mortier, y délaissant une fenestre pour la veüe aux fossez, et une pour veoir du costé de la ville, avec des créneaux aux marrelles dedans le gobinage, la latter et renduire extérieurement pour l'empescher de la pourriture des pluyes, la latter et couvrir à neuf, et luy donner de bons posteaux de soustènement et liaison sur la muraille.

« Item de faire faire bien et deuement la massonnerie de huict toyses de murailles aux deux costiers de la tour Gauthier, de lestendüe de quatre toyses de long de chascun costé de lavant-mur, et de lespesseur dicelluy, montant en rampant jusques soubz les meurtrières du feste de la dicte tour, à hauteur de deux toyses joignant la d. tour, qui revient à quatre toyses de massonnerie de chascun costé à bonne chaux et mortier, et les couvrir selon leur rampant de bonne lesve (lave), restablir le couvert de dedans et ladosser en bon estat contre la d. muraille neufve, en ostant

(1) Cahuette, cahute, petite loge (Lacurne).

le costé de couvert du dehors, le tout pour oster la faciliter dune escalade en temps de guerre aux deux coings de la d. tour.

« Item en quatriesme lieu, de faire ung parapet devant la face de l'église Sainct Pierre, sur le bord du précipice, de la roche auprès le coing des degréz du costé du colège, jusques au coing du verger de feu Pierre Mirey ; et de pareille fasson que celluy cy dessus mentionné, dont la massonnerie de dessoubz les couvertes, sera fondée sur lancienne muraille qui y est de présent, qui sera à cet effet rasée jusques au rez de terre du devant la dicte église ou plus bas sil est trouvé nécessaire, et relevée avec chesne, à telle haulteur que le sus d. parapet, et ainsy garnie de ses couvertes, qui seront cramponnées en fer et plomb et taillées à areste plus vive et haulte, pour empescher laccès aux enffans dy monter. Sera permis aus d. Petitjehan d'abbattre et démolir lendroit de la muraille de la ville qui est superflu, qui servoit de pied droict à lantien portail du fort Sainct Pierre, ruyné.

« Et le détacté (?) la haulteur dicelluy et jusques à lencoigneure de la d. muraille de la ville, et se servir des matériaux de la d. démolition, à la charge de relever une rotie (1) de massonnerye à la d. encoigneure pour fermer, réparer et rallier les deux pans ensemble; comme aussy leur appartiendront les matériaux qui se trouveront en démolissant, pour la confection des autres ouvrages sus dits.

« Et oultre ce que dessus, feront aussy une arche de pierre au passage du bastardeau, au bout du pastiz, pour donner la facilité de l'entrée et yssue du d. pastiz, du costé du pont Sainct Nicolas et du couvent des Minimes, laquelle arche sera en telle sorte que les cherrettes ny puissent passer. Ce présent marché pour tous les ouvrages sus dictz faict et accordé, moyennant le pris et somme de trois cens livres. »

(Suivent les conditions de paiement.)

« Fait à Tonnerre le dernier jour de Juliet mil six cens dix sept. »

(E. 700)

7 Novembre 1508. — Venoy. — Construction d'un puits commun à Soleines.

Marché par lequel Jean Coleau « demourant de présent à Solaines » s'engage envers Mathieu Gautard, François Moret, Marceau Delorme et Pierre Cariot, demeurant au d. Soleines « à faire et parfaire bien et deuement, en une place située au dit lieu de Solaines, près du ru de Pestau, ung puys bon et convenable, de profont deaue unie, et faire les murs jusques à rez de terre, et le rendre fait et parfait au dict douvriers et gens à ce congnoissans. En faisant le dit puys, les dits Mathieu, Gautard, Delorme et Cariot seront tenuz fournir cordes, pierres et descombrer la terre datentour. Et ce moiennant le pris et somme de cent solz tournoiz, huict bichets de blé froment que seront tenuz, les dits Gautard et ses compai-

(1) Sans doute une brèche servant de passage. Lacurne donne *rote* pour route, et naturellement, *rotier* pour routier.

gnons, rendre et livrer au dit Coleau par chacune sepmaine, dix solz t. et ung bichet et demy de blé froment, lequel il a promis le rendre fait et parfaict comme dit est, en dedens la Sainte Luce prouchaine venant (13 décembre). Car ainsi, etc... »

(E. 375)

22 Novembre 1508. — Véron. — Marché entre l'entrepreneur des travaux de construction du chœur, etc., de l'église, et deux autres maçons, pour l'exécution de ces travaux.

Par cet acte, Jean Oullemain et Marie Alexandre, maçons, demeurant « de présent » à Auxerre, s'engagent envers Pierre Dansoy, maçon à Auxerre, entrepreneur de la construction du chœur de l'église de Véron, à faire les travaux suivants :

« Cest assavoir que les d. Oullemain et Alexandre ont promis et seront tenuz de faire et parfaire de leur mestier de maçon, au d. Pierre Dansoy, en léglise parochial de Véron, à une lieue et demye de Sens, ce qui sensuit : de faire et parfaire à neuf hors les fondemens que ja faictz, le cueur de leglise du d. Véron, à troys pans de longueur de cinq toises, de cinq toises de largeur, dépesseur de trois piedz de muraille et de haulteur ainsy que la besogne le requiert, et les pilliers qui seront nécessaires à faire par dedans, suivant la nef et les verrières que faudra faire au d. cueur, à ung meneau et moluze raisonnable ; icelluy cueur voster de pendans à paremens, dont lesquelz pendans seront de pierre de croye (1), garnie de dobleaux, ogives et formeretz. Et avec ce, retenir deux pilliers soubz la tour de la d. église. Seront tenuz aussi les d. maçons faire les pilliers du dehors du d. cueur et enchaperonner. Et aussi faire ung torsenot au bout du d. cueur vosté en berseau. Pour laquelle besongne faire et parfaire ainsi qui dit est, le d. Dansoy a promis fournir aus d. maçons, toutes matières en place à faire la d. besongne, avec cordages et saintres faitz et dreszez, sil est dit par le marché fait par les procureurs du d. Véron avec le d. Dansoy. Lequel sera tenu de rendre toutes les pierres quil fauldra à faire et massonner, les pilliers du dehors tailleez, prestes à mettre en ouvre, hors les chaperonnemens quil faut tailler et asseoir, etc... »

Ce présent marché est fait pour le prix de 110 l. t. En outre, le sieur Dansoy devra fournir aux maçons une chambre, deux lits et le bois nécessaire à leur chauffage.

(E. 501)

13 Mars 1563. — Villeneuve-l'Archevêque. — Réparations aux ponts-levis des portes de la ville.

Marché par lequel Ravion, maçon, et Basolles, charpentier, à Villeneuve l'Archevêque, s'engagent envers les échevins du dit Villeneuve à

(1) Craie. Calcaire commun dans le Sénonais.

« mectre à tous les pontz levis des portes du d. Villeneufve et à chacun diceulx, cinq pièces de bois de chesne descarrissage, portant de six à sept poulces despesseur, servans de somyers aus d. ponts. Et encores mectre soubz le pont Salladin, ung somyer de boys chesne, de la longueur du d. pontz, de six à sept poulces despez (d'épaisseur), et icelle besongne faicte bien et deuement..., avec massonnerye qui convient à faire aus d. pontz ; à la charge de fournir tout ce quil y conviendra mectre par les d. Ravyon et Basolles. » Ce marché est fait moyennant le prix de 13 l. 10 s t.

(E. 475)

1563. — Villeneuve-l'Archevêque. — Travaux à un moulin à foulon.

Jean Aubery, charpentier à Aix en Othe, s'engage à faire au moulin à foulon appartenant à Guillaume Poncy, de Villeneuve l'Archevêque, « une pile de la longueur de 12 pieds et 2 pieds 2 doigts en carré, en *bon* bois neuf, à livrer au dit foulon ; à faire au dit foulon deux paires de mailletz convenable à la d. pille, et de refourrer les quatre levées, lequel boys de mailletz et fourreures » sera fourni par le dit Poncy. Ce marché est consenti pour la somme de 15 l. t.

(E. 475)

CHAPITRE III

TRAVAUX D'ART ET ARTISTES

AVANT-PROPOS

Les marchés de travaux d'art qui font l'objet de ce chapitre ne sont pas aussi nombreux que nous l'aurions souhaité. Néanmoins ils sont encore en quantité suffisante pour permettre de se faire une opinion assez générale du mouvement artistique dans nos contrées à la fin du moyen-âge et au commencement de la Renaissance.

Quant aux ouvriers qui les exécutent et qui sont leurs propres architectes, il n'est pas besoin de les étudier longtemps pour être étonné de leurs connaissances variées et de leurs aptitudes multiples. Et quelle sûreté de main ; peu ou point de défaillances. N'a-t-on pas tous les jours l'occasion d'admirer la hardiesse de leurs coups de burin, de marteau ou de hache que la pierre-ponce, le papier de verre, la lime ou la varlope, inconnus ou dédaignés, n'ont pas altérés ?

Ce qu'a dit des maçons (1) M. Quantin, il faut également le dire

(1) « Sous ce titre vulgaire de maçons, il ne faut pas seulement voir « des ouvriers équarissant la pierre et gâchant le mortier. Les maçons « de nos minutes sculptent des cheminées, des contre-rétables, des dais, « des statues, etc. ». On peut vraiment dire que tous les ouvriers étaient artistes au moyen-âge. (De l'intérêt des dépôts d'actes notariés, *Bulletin de la Société des Sciences* de 1848).

de tous les ouvriers de professions où l'art entre pour une certaine part.

Avec cela, artistes sans sot orgueil. Pour gagner leur vie, ils ne dédaignent pas des travaux où l'art est, sinon exclu, du moins peu caractérisé.

Peut-être se spécialisaient-ils ? Au contraire, ils généralisaient. Le sculpteur travaille indistinctement la pierre ou le bois ; c'est le « tailleur d'images » ; le menuisier fait le meuble et même le meuble sculpté et ornementé, etc.

Encore s'ils avaient eu à leur disposition et à profusion, comme de nos jours, des éléments d'études, écoles de beaux arts, cours divers, musées, traités, albums, machines et outillages perfectionnés, le résultat s'expliquerait. Mais, à part des recueils de gravures, ils étaient livrés à leurs propres moyens et n'avaient pour enseignements, que les monuments et travaux existants, les plantes et fleurs de la région, et les conseils et expérience des anciens. Leur initiative faisait le reste. Que d'essais ils ont dû faire avant la production de ces œuvres qui font notre admiration ; et combien on comprend que peu soient arrivés à la fortune par une voie si hérissée de tâtonnements et même de difficultés (1).

C'est sous l'influence de ces réflexions que nous est venue l'idée de dresser une liste des artistes et ouvriers d'art rencontrés dans nos vieilles minutes. Qui sait si la simple mention de leurs noms et de la date à laquelle ils exerçaient, ne peut pas amener à fixer d'une manière plus précise, des points ou des objets archéologiques douteux.

Seulement pour les ouvriers de gros œuvre, tels que maçons, charpentiers, serruriers, menuisiers, nous n'avons donné que la liste de ceux qui ont fait des travaux aux édifices publics ou religieux ou qui sont connus ou cités comme tels (2).

Enfin, en dehors de la liste où ils sont compris, nous avons ras-

(1) Il est probable qu'ils avaient à cœur de faire bien ce qu'ils faisaient, sacrifiant quelquefois leurs intérêts à leur art, car nous voyons en 1505-1506 (G 1148), le chapitre de Sens allouer à Jean Desmons, menuisier, qui avait entrepris de faire des dossiers aux « chaires » (stalles) du chœur de son église, 11 l. « de récompense pour ce quil disoit quil avoit perdu à « la d. besongne, et pour ce quil disoit quil avoit fait les coings ou retours « plus riches quil ne devoit. »

(2) Nous avions même, lors de nos recherches dans ces minutes, relevé tous les artisans d'Auxerre, à l'exception, bien entendu, des vignerons, laboureurs et manouvriers. Nous tenons ces notes à la disposition de celui de nos collègues qui désirerait les utiliser.

semblé les quelques renseignements recueillis sur les artistes des familles Hympe, Michel, Cornouaille et Gramain et avons consacré une note spéciale à chacune de ces familles.

Nous devons bien cela à ces illustrations artistiques de l'Auxerrois et du Sénonais qu'aujourd'hui encore on peut juger d'après les œuvres qu'ils nous ont laissées.

Maintenant jetons un rapide coup-d'œil sur les documents qui constituent ce chapitre, nous bornant aux principaux.

Parmi les marchés ou extraits, qui doivent plus particulièrement attirer l'attention, il faut citer les suivants (1) :

Sculpture sur pierre et sur bois. — 1622. — AUXERRE. — Façon d'un crucifix en bois de 7 pieds et demi à 8 pieds pour la cathédrale d'Auxerre, par Isaac Gillet. Le corps de ce crucifix conforme au modèle en plâtre soumis par l'artiste, sera sculpté dans une pièce de bois qui lui a été montrée et à laquelle seront ajoutés des bras, le diadème, la couronne d'épines et l'espace pour mettre le titre. Le travail devra être exécuté dans la chapelle du cimetière des clercs.

1645. — Sculpture, sur les ordres et au compte de Mme Anne de Moroge, veuve de M. Léon de Chastellux, seigneur d'Avigneau, d'une épitaphe et d'une pierre tombale destinées à la chapelle Notre-Dame-des-Vertus.

L'épitaphe sera de pierre de Bailly, de neuf pieds de haut sur cinq de large, au milieu sera incrusté un marbre noir, de quatre pieds de hauteur et deux pieds neuf pouces de largeur, sur lequel sera gravée en lettres d'or, de la hauteur de « dix lignes et d'un poulce sy faire se peut », une inscription qui pourra contenir de 7 à 900 lettres ; dans le blason figuré au dessin, seront gravées les armes des deux époux. Des deux côtés de l'épitaphe il sera fait les « ymages » de la Ste-Vierge de Conception et de St-Romaric, abbé. Ces statuettes, également en pierre de Bailly, seront de trois pieds de hauteur, plinthe et piédestal compris. La tombe sera de pierre grise « de mesme longueur et largeur que celle que M. le trésorier Lemuet a fait poser en leglise cathédrale ». Les armes des deux époux y seront gravées, ainsi qu'une inscription de 3 à 400 lettres dont le texte sera donné ultérieurement.

1688. — Sculpture d'un crucifiement en bois destiné par un particulier à l'église St-Pèlerin, par Pierre Hubert dit Ducrez. Il devra avoir 5 pieds de hauteur et sera accompagné des statuettes des quatre évangélistes, de la Vierge, St-Jean, la Madeleine et Longin à cheval. Cette dernière sera de la hauteur de quatre pieds et les

(1) Ils sont donnés par matières dans l'ordre do classement des documents.

autres « de la haulteur que la besongne le requerre ». Il y sera en outre sculpté trois fleurs de lys. Il sera peint à l'huile aux couleurs habituelles, avec une bordure d'or autour des vêtements.

1541. — FONTENAY-SOUS-FOURONNES. — Construction d'une contre-table d'autel en pierre pour l'église, par Thubé et Blezeau, « maçons » à Auxerre. Dans cette contre-table il sera fait un crucifiement avec Notre-Dame, la Madeleine et un priant, « à demye taille ».

Peinture. — 1554. — ASNIÈRES (1). — Crucifiement dans l'église, par Bonaventure Leschiain, de Noyers. Les costumes et leurs couleurs sont indiqués dans les plus petits détails, et il y est spécifié qu'il n'y sera employé que de l'or fin et de l'or de ducat.

1564. — AUXERRE. — Dorure de la croix de plomb de la chapelle Notre-Dame-des-Vertus (cathédrale), par le célèbre peintre Germain Michel. Les crosses, fleurons, fleurs de lys et la grosse pomme seront d'or fin ; le champ de la croix, des branches et des huit grands couronnements d'azur fin ; et aux endroits où il faudra du vermillon en mettre du *riche et fin.*

1565. — Verrière de la chapelle Notre-Dame-des-Vertus, par Guillaume Cornouaille, peintre de grand mérite. Malheureusement ce marché, se référant aux « portraitz et divis » produits, donne peu de détails.

1565. — Verrière du grand portail de l'église Saint-Regnobert, par Germain Michel. Cette verrière, faite aux frais d'Anne Michel (2), veuve de Mathurin Breton, en exécution du testament de son mari, comprendra en huit histoires la vie de St-Regnobert. Les armoiries des deux époux y seront représentées.

1528. — SAINT-GERMAIN-DES-CHAMPS. — Peintures dans l'église, par G. de Beaufort, demeurant « de présent » à l'Isle (sur-le-Serein). Il devra peindre au tableau devant le grand autel, les douze apôtres avec N. S. au milieu, et au-dessus, à la voûte de l'église, une Majesté avec les quatre évangélistes.

1668. — VENOY. — Restauration de tableaux dans l'église, par Claude Anglert. Par la liste des saints et la description de leurs costumes, ce marché est très curieux.

Fonte de cloches. — 1568. — AUXERRE. — Fonte de trois grosses cloches en *ut*, *sol* et *la* pour la cathédrale. Dans ce marché important que M. Quantin, qui nageait en plein inédit (3), *brûle* en quatre

(1) Asnières en-Montagne (Côte-d'Or).

(2) Etait-ce une parente de Germain ? Outre l'homonymie du nom, Germain déclare dans l'acte « scavoir la forme des dictes armoiries ».

(3) De l'intérêt des anciens dépôts des actes notariés. (*Bulletin de la Société des Sciences de 1848.*)

lignes, on y remarque, outre les conditions du travail, deux clauses qu'il n'est pas sans intérêt de relater : l'une autorise les fondeurs, pour faire leur fourneau, à prendre dans les ruines des maisons canoniales « abatues, thuilleaux, quarreaux, menues « pierres et terre rouge où en a esté cy devant tiré pour la d. « église » ; la seconde nous fait connaître qu'il était de tradition que les « souppireaux et ances des cloches » appartiennent aux « varlets » des fondeurs. Le chapitre déclare se conformer à cet usage, mais en se réservant la faculté de convertir ce droit en 2 écus soleil.

Liturgie. — 1522. — AUXERRE. — Façon d'un graduel en deux volumes, en parchemin, pour le chapitre d'Auxerre, par Nicole Gentil, écrivain à Auxerre. Ce graduel devra être bien noté et contenir six lignes à la page. Quoique dispensé des enluminures et des vignettes, le sieur Gentil devra faire des lettres à « cadeaux » (1), garnir de feuillages et « visages rempliz d'azur, de rozete et saffran » ; les intitulés des offices en vermillon. Le chapitre fournira le parchemin et paiera pour la façon 20 s. t. par cahier de 8 feuillets.

1576. — *Confection d'un antiphonaire par* Jean Guillebert, écrivain à Auxerre, pour la fabrique de Saint-Mamert. Il devra être en bon vélin et continué comme il est commencé ; le prix est de 45 s. t. par cahier.

1574. — SEIGNELAY. — Confection d'un antiphonaire pour le curé M. Bohon, par Jean Guillebert, écrivain à Auxerre. Il devra être en parchemin vélin et relié en deux volumes. A la suite de la longue énumération des offices qu'il doit contenir, il est dit que l'écrivain devra « faire et remplir les cadeaux, tourner les grandes lettres de vermillon ». Ce marché est consenti pour la somme considérable de 100 l. t., représentant, d'après Leber, environ 1.000 fr. de notre monnaie. Encore convient-il d'ajouter que l'ouvrage de Leber remonte déjà à 1847.

Objets d'argenterie. — 1508. — AUXERRE. — Fabrication par Hector Garnier, orfèvre à Auxerre, pour le sieur Guénier, du dit lieu, d'un tambourin d'argent. Ce tambourin devra peser 4 marcs et avoir deux cercles de laiton. Si le sieur Guénier le veut doré, il devra fournir la dorure.

Le prix en est convenu à 55 l. t., environ 1.485 francs de notre monnaie d'après Leber.

1524. — GY-L'ÉVÊQUE. — Façon d'une croix d'argent avec pierreries, pour l'église, par Etienne Calart, orfèvre à Auxerre. Du côté

(1) Grands traits de plume qui ornent les lettres.

opposé au crucifix sera représenté Saint-Phal, émaillé; il y aura de plus quatre « ymages » qui ne sont pas encore choisies ; les pierres de l'ancienne croix y seront enchassées.

Confection d'habits sacerdotaux. — 1524. — AUXERRE. — Confection de deux chappes destinées à l'église St-Loup, par Jean Champion, chasublier à Auxerre, pour le compte du sieur Brocart, du dit lieu. Elles seront de damas blanc avec orfrois d'or de Lucques. Les chaperons seront ornés : l'un d'une Assomption, l'autre d'une Annonciation.

Mobilier. — 1541. — Jean Delaponge, sellier à Auxerre, fait faire par P. Thibault, menuisier à Joigny, divers meubles parmi lesquels on en remarque de luxueux, tels qu'un « banc à coucher » de six pieds de hauteur, à panneaux, double draperie et couronnement ; une grande chaise de 7 pieds de hauteur « portant son doulciel taillé dantique » et garnie de couronnement.

1639. — Parmi les meubles que Paradis, menuisier à Auxerre, entreprend de faire pour Ythier Leroy, praticien au dit lieu, figure un garde-pain à deux « guichetz et une layette ». Aumilieu il y sera fait un chérubin avec des feuillages, et aux deux fenêtres deux figures.

1662. — P. Paumier, marchand à Auxerre, fait faire des meubles par N. Rogey, menuisier au dit lieu. On y remarque : une table ronde à quatre colonnes (pieds) qui devra être appropriée au tapis qui lui a été montré ; 2 fauteuils et 12 chaises dont il a vu la tapisserie ; et un cabinet « suivant le dessin » (1).

FAMILLE HYMPE.

Peintres-verriers célèbres à Sens aux xve et xvie siècles et qui ont contribué pour une grande part à la confection des verrières du portail d'Abraham de la cathédrale (2). Précédant immédiatece grand génie qui a nom Jean Cousin, ils sont passés presque inaperçus et attendent encore leur biographie. Ils ont pourtant, par quatre générations successives, exercé à Sens cet art avec succès, un siècle entier (1470-1570).

Nous ne venons pas combler cette lacune. On comprendra fort bien que des recherches particulières sur un artiste ou famille d'artistes nous entraîneraient beaucoup plus loin qu'un simple

(1) Le cabinet était le meuble où se mettaient les choses précieuses, papiers, argenterie, etc. Aujourd'hui le meuble correspondant est le secrétaire.

(2) Voir, pour la description des verrières de la cathédrale de Sens, le t. VII (1861) du *Bulletin de la Société archéologique de Sens*

recueil de documents. Mais rencontrant à la même époque deux Jean Hympe, peintres-verriers, l'un à Auxerre, l'autre à Sens, et chacun propriétaire d'immeubles dans sa résidence, nous avons eu la curiosité de compulser tous les comptes de la fabrique du chapitre de Sens dans le fol espoir de découvrir leur degré de parenté. Mais, ainsi que nous le présumions, nos recherches, dans des documents aussi laconiques que des comptes de recettes et dépenses, sont, sous ce rapport, restées infructueuses.

Cependant nos investigations nous ont donné des renseignements qu'il n'est pas inutile de relater brièvement ici :

Sens. — 1° Jacquet Hympe, — Il lui est payé (G. 1139) en 1470-1471, 15 s. pour avoir repeint la « chapse de madame Sainte Paule »; — 1472-73, 15 s. pour avoir fait les écussons du service de Mgr de Guyenne ; — 1473-74, 7 l. 10 s. pour fourniture de « trois platz de voirre » et réparation des verrières derrière Saint Savinien; — 1474-1475, 6 l. 10 s. pour déplacement et réparation de verrières ; 40 s. pour la façon des bordures des dites verrières; 60 s. pour cinq « platz de voirre de couleur dazur », plus 2 s. 6 d. à son fils (Evrard) pour le « vin du marché ».

2° Evrard Hympe. — Il lui est payé : (G. 1141), compte de 1489-1490, [illegible] . t. pour « avoir réparé la peinture des châsses » ; — (G 114[illegible]), 1502, il lui est payé 12 s. t. pour « avoir visité le verre et ouvrage de quatre formes » ; 1503-1504, 15 l. t. pour la facture de la verrière de la chapelle Saint-Jean ; il paie au chapitre 65 s. t. pour « cinq lyens de voirre de coleur, pris en la chappelle des enfans, à luy venduz au pris de 13 s. t. chacun lyen ».

3° Jean Hympe I et II. — (G 1145), 1516-1517, payé à Jean Hympe l'aîné et à son fils, 40 l. t. à compte sur l'une des deux verrières qu'ils ont faites au portail d'Abraham ; — (G 1146), 1517-1518, il leur est payé 75 l. 6 s 6 d. t. pour la verrière « du costé de l'autel Bertault » à raison de 7 s. t. le pied de roi ; payé aux mêmes 121 l. 4 s. 4 d. t. pour une autre verrière du « costé de la chappelle Saint-Jehan » à 7 s. t. le pied ; payé à Jean Hympe l'aîné et à Tassin Gassot, 4 l. t. pour « avoir vacqué pour lOo (*sic*) de la croisée devant le cloistre ».

4° Jean Hympe II. — (G 1150), 1533-1534, payé 15 l. t. « pour avoir « par luy painct lymage de monsieur Saint-Estienne, les armes du « Roy nostre sire, les armes de Mgr le révérendissime légat, arce-« vesque de Sens, estans attachées à la tour neufve du cousté du « palais archiépiscopal. Avec ce pour avoir painct dor et azur les ar-« mes du feu Mgr de Salazar et de chappistre, et une ymage Nostre-« Dame estant atachez à la d. tour du cousté des parois de la d. « église » ; 1534-1535, 11 l. t. « pour dorer lymage que le chapitre a

« décidé de mettre sur l'horloge ; 12 l. 10 s. t. pour les verrières qui « ont esté abbatues par les grans vens et depuys refaictes à neuf par « le d. Hympe, en la d. chappelle des vicaires, et pour le vin de ses « serviteurs, 5 s. t. » ; 24 s. t. « pour avoir painct devant la porte « Saint-Michel le feu saint Anthoine, pour obvier ès immondices « faictes continuellement par le commung populaire » ; — (G 1164), 1563-1564, payé 20 s. t. « pour avoir attaché douze panneaux de « verre, mis plusieurs laurenges (losanges) ès d. panneaux, et mis « sur les basses voultes neufves quelques laurenges » ; payé 30 l. t. pour 120 pieds de verre à mettre sur les basses voûtes, à 5 s. t. le pied ; 64 s. 6 d. t. pour trois autres panneaux de verre mesurant 13 pieds moins un pouce ; 1564-1565, payé 12 s. t. « pour avoir « painct les armoyryes de M. M. du chappitre à la chaize de l'auditoire » ; (G 1165), 1569-1570, payé 70 s. t. pour avoir nettoyé les verrières de l'église.

En 1542, la veuve et héritiers Jean Hympe (Ier) doivent 10 s. t. de rente et 4 d. de censive pour leur maison rue de la Parcheminerie (H 182). En 1565, les redevances de la « maison de feu Jehan Hympe » sont au nom d'une veuve de Robillart (H 182).

Auxerre. — En 1489, (G 1890) Jean Hympe habitait rue de la Parcheminerie (puis rue Notre-Dame et enfin rue Fourier) une maison pour laquelle les clercs du chœur de Saint-Etienne payent 6 d. t. de censive (1) En 1491, il est un des « bastonniers de « l'église d'Auxerre », et à ce titre donne à bail pour 3 ans, des droits de tierce et de champart sur Sacy, qui appartiennent aux bâtonniers de cette église.

1495 (E 373), il reconnait devoir encore 9 l. t. à Didier Robert, de Darne, pays de Lorraine, pour fourniture de « voirre de coleur « à faire verrières » ; en 1505 (E 374), il grève de 40 s. t. de rente, sa maison paroisse Saint-Regnobert et une vigne, lieudit Côte-d'Or ; enfin, en 1511, (E 376) il est cité comme témoin.

En rapprochant ces notes, nous voyons que Jean Hympe ne se montre plus à Auxerre après 1511 et qu'il ne figure pas à Sens avant 1516. Malgré notre peu de goût pour l'hypothèse, n'est-il pas permis de supposer qu'il est venu s'établir à Auxerre (par mariage peut-être) puis est allé ensuite reprendre à Sens la direction des travaux d'Evrard, son père ou son frère ? Nous avons vu par les mentions de H 182 qu'il n'existait plus en 1542.

Jean Hympes II son fils cesse à son tour de figurer dans les

(1) Au censier de 1499, G 1891, il y demeure encore, mais à celui de 1522, le plus immédiat, il est dit « où demeuroit Jean Hympe ». A celui de 1467-1473 (G 1839) cette maison est occupée par un nommé Joran.

comptes à partir de 1569-1570. Cependant, on faisait encore des travaux aux verrières puisque des payements sont faits peu après cette date à d'autres peintres verriers sénonais.

En résumé, nos recherches n'ont pas été absolument négatives puisqu'elles nous montrent à Sens de 1470 à 1570 quatre peintres verriers successifs du nom de Hympe : Jacquet, Evrard, Jean Ier et Jean II.

Famille Michel

Les plus anciens peintres connus de cette famille sont Pierre et Macé (1). Le premier achète une vigne en 1493 ; le second prend à bail perpétuel du chapitre d'Auxerre le 27 septembre de la même année « deux maisons contenant deux louaiges entre tenans et « assis en la paroisse Saint-Renobert, affrontans devant lhostel de « ville du d. Aucerre, près le marché de la poissonnerie, tenant « par devant et de lun des costez aux rues et places commu- « nes par lesquelles on va du chastel d'Aucerre à léglise des « Cordeliers » moyennant une rente annuelle de 6 l. t. et à la charge « dédiffier et réparer les d. deux maisons, et à ce faire « emploier la somme de 100 l. t. dedans six ans prouchains ve- « nant (2) ».

Macé n'existait plus en 1506 (E 374). On lui connait deux fils également peintres, Jean et Germain. En 1512, Jean fit bâtir une maison (E 499) (3). En 1516, son frère Germain dont il était le tuteur, lui donne quittance des biens qui lui advenaient de la succession paternelle. Il vivait encore en 1541 (E 384). Germain, le second fils de Macé, est le plus célèbre de tous. On connait de lui les travaux ci-après :

(1) Une maison en face l'Hôtel-de-Ville que prend à bail en 1479 du chapitre d'Auxerre Macé Michel, tient d'une part à celle que tient également du chapitre Humbert Michel, son père. Ce dernier était-il peintre aussi?

(2) En 1472, Macé Michel « occupait la maison de bois qui fait face à l'Hôtel-de-Ville et fait angle sur la place au lait ». (Quantin, *Histoire anecdotique des rues d'Auxerre*). Si l'on rappelle qu'au moyen-âge, la place au lait s'appelait « rue de la Poissonnerie », on verra, en rapprochant les deux descriptions, qu'il s'agit des mêmes corps de bâtiment. Il a donc acquis en 1493 les maisons qu'il occupait comme locataire depuis 21 ans. Ce sont les maisons, place de l'Hôtel-de-Ville, portant actuellement le n° 18.

(3) Cet acte est en trop mauvais état pour en permettre la lecture complète. M. Quantin nous fait connaître qu'en 1515, Jean Michel demeurait dans la rue Saint-Regnobert. *(Bulletin de la Soc. des Sciences, 1848.)*

En 1521, il peint le corps du crucifix de l'église de Saint-Bris. (E 501) (1).

En 1523, il fait avec Thomas Duesme et Tassinot Gassot, la deuxième verrière du côté droit de la nef de la cathédrale d'Auxerre, en partant du transept (E 500) (2).

En 1528, il peint l'histoire de Joseph etc... dans le soubassement et la rose du portail septentrional de la cathédrale d'Auxerre (3).

En 1541, il fait une verrière pour l'église Saint-Regnobert d'Auxerre (E 500) (4).

En 1564, il entreprend de dorer la croix de plomb de la chapelle Notre-Dame-des-Vertus (E 500) (5).

En 1565, il fait la verrière du grand portail de l'église Saint-Regnobert (E 500) (6).

En 1525, il habitait rue Notre-Dame, aujourd'hui rue Fourier (7).

Nous trouvons enfin comme témoin en 1583 et 1584 (E 404, 406), un autre peintre à Auxerre du nom de Mathurin Michel. Nous ignorons s'il est de cette famille.

FAMILLE CORNOUAILLE

Ce nom est orthographié et même signé avec quantité de variantes : Cornille, Cornoille, Cornaille, Cornualle, Cornouaille, Cornouailles. Mais aucun doute ne peut subsister, ils sont tous de la même famille et détail curieux, tous ajoutent à leur signature, les uns avant, les autres après, un ornement en forme d'écusson.

Le plus ancien connu comme peintre est Guillaume (8). Il a fait des travaux remarquables ; on connait de lui les suivants : 1565,

(1) M. Quantin a adressé, en 1847, copie de ce marché au Comité des arts à Paris.

(2) Ce marché est publié dans le 4e volume des *Mémoires de Lebeuf*, réédités par MM. Challe et Quantin.

(3) Voir pour plus amples renseignements la notice de M. l'abbé Bonneau, sur les *Verrières de Saint-Etienne d'Auxerre*. (*Bulletin de la Société*, 1885).

(4) Marché publié dans le 4e volume des *Mémoires de l'abbé Lebeuf*, réédités par MM. Challe et Quantin.

(5) Voir ce marché dans ce chapitre.

(6) — —

(7) Quantin, *Histoire anecdotique des rues d'Auxerre*.

(8) M. Quantin, dans son *Histoire des rues d'Auxerre*, cite bien un Jacques Cornouailles, habitant au XVe siècle une maison contigüe à l'Hôtel-de-Ville, mais comme il n'indique pas la source de son renseignement, nous avons dû, ne sachant où chercher, nous résigner à cette solution de continuité, malgré notre désir de la faire cesser.

verrières de la chapelle Notre-Dame-des-Vertus (1); 1572, un panneau de verrière en la chambre du Conseil des juges consulaires d'Auxerre (2); 1573 et 1575, à la cathédrale d'Auxerre, les vitraux du portail occidental, les fenêtres et rose du grand portail, 1573; le bas de la rose du portail méridional (3).

Il avait pour femme Jeanne Prot, dont il eut Claude, Jean, Louis, Pierre, tous peintres verriers à Auxerre, et une fille mariée à Lazare Martin, tailleur d'habits, également à Auxerre.

En 1586, lors du partage des biens de Jean qui venait de décéder sans enfants et dont il sera parlé plus loin, Louis, Claude, Pierre et leur beau-frère Martin « pour l'amour naturel quilz portent à Jehanne Prot, veufve de feu Guillaume Cornaille, leur mère, ont promis et promectent lun à laultre de nourir par chacun moys de lan et entretenir de ses necessitez, lun après laultre et par ordre, la d. Prot, leur mère, et laquelle ilz promectent héberger en leur logis selon leur d. ordre.

« Et advenant le décès de la femme du d. Martin, qui est fille de la d. Prot, est accordé que le d. Martin ne sera subject à lentretenement des présentes. Et s'il advenoit le décès de lun ou de laultre des d. Cornailles, la charge demeurera au dernier survivant pour la norrir; la d. veufve Prot présente et acceptante. Car ainsi, etc. » (4).

Nous avons donné presque *in-extenso* l'acte qui précède, d'abord parce qu'il précise la descendance de Guillaume Cornouaille, dont les œuvres valent bien quelques lignes; ensuite parce qu'il fait connaître dans quelles conditions les vieillards étaient assistés par leurs enfants.

De ces quatre fils, on ne rencontre d'autres traces de leurs travaux qu'un marché d'entretien des verrières de la cathédrale d'Auxerre, par Jean et Pierre, 1581. (E. 500).

Heureusement que quelques témoignages et actes de propriété constatent leur existence.

Claude n'existait plus en 1603. A cette date (E. 434), sa veuve, Françoise Grosday, donne à bail une maison près de la porte Chantepinot.

Jean meurt sans enfants en 1586 (5). La même année, il est pro-

(1) Voir ce marché aux documents ci-après.

(2) *La juridiction consulaire d'Auxerre*, par M. Ch. Demay. (*Bulletin* de 1894).

(3) *Les Verrières de la cathédrale d'Auxerre*, par M. l'abbé Bonneau. (*Bulletin* de 1885).

(4) Archives de l'Yonne, E 407, f° 89.

(5) Voir son intéressant inventaire après décès au chapitre 1er.

cédé au partage de ses biens (E. 408). Par ce partage il advient à ses frères et sœur un quartier de vigne lieu dit Chemineau, et un autre quartier de vigne lieu dit Piédaloue. A sa mère, Jeanne Prot, un quartier de vigne dans chacun de ces lieux dits, un quartier de terre lieu dit Beauvoir, « la moictié du verre tant blanc que de colleurs et en paincture, moictié des ustilz et ustancilles de la bouticle tels qu'iz sont portez à l'inventaire, à la réserve des establiz qui demeureront à la d. Chasneau » ; à sa veuve, Anne Chasneau, il revient un quartier de vigne à Augy, un demi arpent de terre à St-Bris, la sixième partie d'une maison, paroisse St-Regnobert, « au quarre des Crenelles, lieu d. la Fricaulderye, selon lacquisition par le d. deffunct » ; la sixième partie d'une autre maison à Auxerre, acquise également par son mari, et l'autre moitié du verre, outils, etc.

Comme la part laissée à la veuve de Jean est de plus grande valeur (dit l'acte) que celle advenue à sa mère, celle-là devra dégager celle-ci des dettes qu'il pourrait y avoir.

Cet acte de partage est fait en forme de transaction pour éviter un procès qui aurait pu entrainer à de grands frais, la mère du défunt ayant l'intention de contester une donation mutuelle dont la veuve se prévalait.

Louis et Jeanne Daiguemorte, sa femme, transigent en 1576 (E. 499) avec Guillé, sergent royal à Auxerre, à propos de droits sur une maison rue du Temple, dans laquelle le dit Louis demeure.

Enfin Pierre déclare par un acte de 1596 (G. 1892) être propriétaire rue du Temple d'une maison « tenant d'un long à la maison St-Just » laquelle doit au chapitre d'Auxerre 2 d. de cens

Après cette descendance directe de Guillaume, on ne connait plus qu'Etienne en 1619 (B 39), cité par M. Demay, et Edme qui répare en 1645 (E. 500) avec François Cabasson, des vitraux de l'église Notre Dame la D'hors (1).

PIERRE GRAMAIN, sculpteur à Auxerre.

Malgré que nos archives départementales ne possèdent qu'une faible partie des anciennes minutes des notaires d'Auxerre, il nous parut surprenant de ne pas rencontrer un seul marché de travaux entrepris soit à Auxerre, soit dans les environs immédiats, par cet artiste, qui avait sa résidence dans cette ville et qui s'y maria.

(1) Les archives du département ne possèdant pas de protocoles des notaires d'Auxerre postérieurs à 1600 environ, les recherches n'ont pu être poussées plus loin.

Deux actes seulement nous le font connaître, car il y est qualifié « tailleur d'imaiges ». Par le premier, il prend en 1494 (E. 373) à bail perpétuel du chapitre d'Auxerre, une maison et dépendances, « tenant par devant à la rue commune par laquelle on va des Cordeliers à la grant église » (aujourd'hui rue Fourier) ; par le deuxième, il se marie avec une veuve d'Auxerre, bien apparentée et qui paraît aisée (1).

Au contraire, nous le voyons faire à la cathédrale de Sens des travaux importants et qui accusent un réel talent.

Dans le compte des recettes et dépenses de la fabrique du chapitre de Sens de 1491-1492 (G. 1141) il lui est payé 21 l. t. pour « avoir taillé huict ymages de pierre pour le portail de la croisée » (2). Dans ceux de 1503-1505 (G. 1143) il reçoit diverses sommes qui terminent le paiement de 60 l. t. pour les « vingt six ymages qu'il a faictes pour la voussure du portail quon faict neuf » (portail d'Abraham) (3).

La mention suivante que nous avons trouvée sans la chercher, nous fait comprendre comment, sans contester la valeur artistique de Gramain, il a pu faire autant de travaux à Sens :

Dans le compte de 1472-1473 (G. 1139) il est payé 6 s. 8 d. à Pierre Gramin « maistre des œuvres du roy nostre sire à Sens pour avoir mis à poinct la porte de la maison messire Jehan Huguet, laquelle avoit esté rompue pour passer la flexe de la charpenterie de la croppe (de l'église Saint-Etienne) ».

Ce maître des œuvres du roi à Sens, aux mêmes nom et prénom que notre artiste est probablement un de ses proches parents.

LISTE PAR PROFESSIONS DES ARTISTES OU OUVRIERS D'ART

trouvés dans les minutes de notaires des archives de l'Yonne (4).

Arbalètriers.

Billetou Pierre, à Auxerre,	1570. E. 393.
Davigneau Jeannot, à Auxerre,	1513. E. 410.
Laurent Jacques, —	1570. E. 393. 1573. E. 398.

(1) Voir cet acte intéressant au chapitre VI de ce recueil (contrats divers).

(2) « Ces 8 statuettes en cordon au portail du transept sud, sont mutilées » (Quantin, *Répertoire archéologique de l'Yonne)*.

(3) « Ces 26 statuettes sont sur deux rangs et se composent des auteurs des douze tribus d'Israël et de 14 statuettes des petits prophètes et des sibylles » (Quantin, *Répertoire archéologique de l'Yonne*).

(4) Nous faisons suivre le nom de la date de l'acte et du n° d'inventaire.

Maistre Germain, à Auxerre. 1511. E. 376.
Mastru Alexandre, — 1529. E. 416.

Armuriers.

Bertrand Nicolas, à Auxerre, 1571. E. 396.
Duclou Claude, — 1560. E. 388. 1567. E. 391.
Foulain Nicolas, — 1535. E. 422.
Guillier Jude, — 1546. E. 426.
Pleure (Jean de), — 1513. E. 376.
Regnault Jean, • 1512. E. 507.
Richer Jean, à Auxerre, 1574. E. 400.
Strabourg (Nicolas de), à Auxerre, 1570. E. 393.

Arpenteurs.

Boutet Jean, à Auxerre, 1601. E. 431 (1).
Chancy Mamert, à Auxerre, 1543. E. 385.
Chuppe Guillemin, — 1526. E. 414.
Cornavin Colas, — 1526. E. 414.
Feuard Jean, — 1572. E. 397.
Monyn Pierre, — 1547. E. 387. 1573. E. 398.
Monin Jean, — 1579. E. 402 *bis*.
Simonnet Guillemin, à Auxerre, 1571. E. 395.
— Guillaume, — 1573. E. 398. 1597. E. 430.
— Germain, — 1601. E. 431.
Dubreuil Pierre, — 1567. E. 391.

Artilliers (sic).

Billetou Jean, à Auxerre, 1520. E. 413.
Cotart Jean, — 1521. E. 379.
Mullot Pierre, — 1574. E. 399.

Brodeurs et Chasubliers.

Champion Jean, à Auxerre, 1507. E. 374. 1521. E. 500.
1524. E. 499.
Mainson Claude, — 1584. E. 406. 1586. E. 408.
1597. E. 430.
Mochenet Jean, — 1565. E. 390. 1571. E. 395.

Charpentiers.

Audebert Jean, à Auxerre, 1541. E. 500.
Blandin Pierre, — 1564. E. 500.
Buchotte Jean, à Tonnerre, 1566. E. 657.

Beaucoup de ces artistes ou ouvriers exécutent des travaux dont les marchés sont insérés chap. II et III.

(1) Est désigné à l'acte « Maistre arpenteur juré ».

Chasneau Pierre, à Lormes (Nièvre), 1667. E. 444.
Colas Pierre, à Auxerre, 1522. E. 500.
Dromon Millot, à Tonnerre, 1596. E. 697.
Finot Dimanche, à Marigny (Nièvre), 1643. E. N. N. (Mtes Chev.).
Goys Léonard, à Auxerre, 1571. E. 500.
Marchand Etienne, à Auxerre, 1630. E. 500.
Molyneau Pierre, — 1536. E. 421 (1).
Morlet Claude, — 1576. E. 500.
Vannes (Guillaume de), à Auxerre, 1580. E. 500.

Couvreurs.

Louat André, à Auxerre, 1564, 1571. E. 500.
Musnier Pierre, à Cure (Domecy), 1656. E. N. N. (Min. Chev.)
Sellier Claude, à Lormes (Nièvre), 1666, 1668. E. 444.

Couvreurs d'ardoises.

Dujon Blaise, à Tanlay, 1590. E. 471 (2).

Ecrivains.

Aurelle Louis dit Lagarde, à Auxerre, 1573. E. 398.
Gentil Nicole, — 1522. E. 480.
Guillebert Jean, — 1574. E. 399. 1576. E. 401.

Enlumineurs.

Bolet Etienne, clerc, à Auxerre, 1481. E. 368.

Eperonniers.

Mayosson Pierre, à Auxerre, 1594. E. 429.
Villon Guérin, — 1511. E. 376. 1516. E. 377.

Fondeurs.

Bézot Nicole, fondeur de cloches, à Bassigny, 1572. E. 427 *bis*.
Coteret Henrion, fondeur, à Troyes, 1507. E. 500 (3).
Croissant Claude, fondeur de cloches, à St-Thibault-en-Lorraine, 1576. E. 500.
Dubois Jean et Nicolas, fondeurs de cloches, à Huillecourt, duché de Bar, 1568. E. 500.
Durant Pierre, fondeur de cloches, à Auxerre, 1507. E. 374, E. 500. 1508. E. 501. 1535. E. 499.

(1) Désigné à l'acte charpentier de « levre neuf » de Saint-Etienne d'Auxerre.

(2) Il travaillait sans doute au château de Tanlay alors en construction.

(3) Fabrique un aigle pour la cathédrale d'Auxerre. Cet acte n'a pas été relevé, M. Quantin en ayant envoyé copie en 1846 au Comité des arts et monuments.

Faverot Etienne, fondeur de cloches, à Hulliercourt-en-Bassigny *(sic)*,	1507. E. 375.
Guillot Louis, « fondeur d'artillerie », à Auxerre,	1569. E. 481.
Millet Michel, « fondeur d'artillerie » à Auxerre,	1569. E. 481.
Votart Mougin, fondeur à Auxerre,	1535. E. 499 (1).

Fourbisseurs d'épées.

Poinsot Claude, à Auxerre,	1572. E. 397.
Richer Jean, —	1579. E. 402 *bis*.

Horlogers.

Maistre Germain, à Auxerre,	1537. E. 383, 1567. E. 391. 1570. E. 393. 1573. E. 398.

Imprimeurs.

Fausset Viger, à Auxerre,	1579. E. 402 *bis*.
Vatard Pierre, —	1597. E. 430. 1602. E. 432.

Libraires (2).

Bassillon Jean, à Auxerre,	1514. E. 414.
— — « le jeune », à Auxerre,	1529. E. 415. 1536. E. 382.
— Pierre, à Auxerre,	1570. E. 409, E. 393.
Delabarre Pierre, —	1545. E. 499. 1562. E. 389.
— Nicolas, —	1565. E. 390 (3).
Delafousse Jean, —	1529. E. 416.
Gally Jean, —	1504. E. 375.
Lecoq Jean, à Troyes,	1506. E. 374.
Vatard Pierre, à Auxerre,	1597. E. 430 (4).

Maçons.

Amboise (Jean d'), à Auxerre,	1541. E. 500 (5).
Beauson Nicolas, —	1556. 1557. E. 500.
Bion ou Byon Edme, —	1572. E. 500. 1576. E. 401.
Blezeau Humbert, —	1541. E. 501.
Cas Antoine, —	1521. E. 500.
Chevalier Thomas, —	1570. E. 500.

(1) Gendre de Pierre Durant, fondeur de cloches, à Auxerre.

(2) Ils étaient aussi souvent imprimeurs. Ainsi, Gally, en 1504, prend un apprenti et s'engage à lui montrer à imprimer, relier, etc.

(3) Fils de Pierre, se marie en 1545 avec Agnès, fille du célèbre peintre-verrier Germain Michel.

(4) Il était aussi imprimeur.

(5) Fait une grande fenêtre à l'église Saint-Regnobert. Ce marché est publié dans le 4e vol. des *Mémoires de Lebeuf* réédités par MM. Challe et Quantin.

Chevalier Etienne, à Auxerre, 1570. E. 500.
Chollier Jean, à Tonnerre, 1567. E. 659 (1).
Convers Nicolas, à Dannemoine, 1551. E. 651.
Corseron ou Courseron Antoine, à Auxerre, 1571. E. 500. 1571. E. 499 (2).
Dansoy Pierre, à Auxerre, 1509. E. 500.
Dormet Arthume, — 1588. E. 500.
Dutartre Jean, — 1612. E. 501.
Ferrat Clément, — 1521. E. 500.
Gassot Adrien, — 1513. E. 410 (3).
Gassot Guiot, — 1513. E. 410. 1515. E. 499. 1536. E. 421, E. 382.
Goffert Sébastien, à Aisy-sous-Rougemont, 1565. E. N. N. Minutes provenant de la Côte-d'Or.
Gorrier Pierre, à Auxerre, 1577. E. 500.
— Nicolas, — 1577. E. 500.
Gradot Nicolas, — 1572. E. 500.
Grasset Nicolas « du pays de la Marche de présent à Chastellux », 1667, 1668. E. 444.
Grégoire Mathieu, à Tonnerre, 1574. E. 667 (4).
Guérin Guillaume, à Auxerre, 1491. E. 372.
Guilleminot Jean, à Noyers, 1541. E. 501.
Guillet Jacques, à Auxerre, 1578. E. 500.
Huguenin Jean, à Tonnerre, 1543. E. 618.
Laurent Nicolas, à Grignon, 1565. E... Minutes non inventoriées.
Marcoul Adrien, à Cry, 1553. E. N. I.
Monart Nicolas, à Tonnerre, 1550. E. 650 (5).
Pernot Laurent, à Auxerre, 1612. E. 501.

(1) Fait des travaux au château d'Yrouerre. M. Quantin a donné un extrait suffisant de ce marché dans son *Histoire du Tiers-Etat à Tonnerre*, publiée dans le *Bulletin de la Société des Sciences* de 1886.

(2) Est désigné dans cet acte où il est expert, « maistre maçon de l'œuvre de St-Père d'Auxerre ».

(3) Se marie. Il est le neveu de Guiot Gassot, le « maistre masson de levre » de l'église Saint-Etienne. Par un acte qui suit celui du mariage, Guiot dégage son neveu du temps qu'il devait travailler pour lui.

(4 Répare le pont de Tonnerre sous la chapelle Notre-Dame. M. Quantin a donné dans le *Bulletin* de 1886 un extrait suffisant de ce marché.

(5) Construit le 2e étage de la tour de l'église Notre-Dame de Tonnerre. M. Quantin, dans le *Bulletin* de 1886, a donné un extrait suffisant de ce marché. L'incendie de 1556 a détruit ces travaux. La tour actuelle date de 1620.

Petit Guillaume, à Tonnerre, 1567. E. 659.
Ronsin Etienne, à Auxerre, 1568. E. 500.
Rouard Jean, à Tonnerre, 1543. E. 648.
Roucher Pierre, à Tonnerre, 1543. E. 648.
Thubé Guyon, à Auxerre, 1538. E. 500. 1541. E. 501.
Truillier Jacques, à Auxerre, 1560. E. 388.
Verdot Jean, à Tonnerre, 1566. E. 657.
Ymbert Nicolas, à Auxerre, 1556. E. 500.

Menuisiers ou Chambrilleurs.

Chaumet Edme, à Auxerre, 1565. E. 500.
Defrance Jean, dit de St-Germain, Auxerre, 1505. E. 500 (1).
Defrance Germain, à Auxerre, 1541. E. 499.
Desmons Jean, à Sens, 1507. E. 500 (2).
Petit Sidrach, à Auxerre, 1613, 1618. E. 500.
Petit François, — 1675. E. 500.
Rogey Nicolas, — 1662. E. 499.
Thibault Pierre, à Joigny, 1541. E. 499.

Musiciens (« Joueurs d'instruments »).

Couthereau Jean, à Auxerre, 1603. E. 433.
Frappé Thomas, — 1602. E. 432.
Gremon Jean, — 1530. E. 381 (3).
Loppin Louis, — 1565. E. 390. 1574. E. 400.
Pillard Etienne, à Auxerre, 1565. E. 390.
Pillard Léger, — 1565. E. 390. 1574. E. 400.
Titout Jacques, — 1570. E. 409.
Yore Pasquet, — 1565. E. 390.

Orfèvres.

Brochet Dominique, à Joigny, 1668. E. 500.
Calard Jean, à Auxerre, 1496. E. 373.
— Etienne, — 1516. E. 377. 1524. E. 501. 1530. E. 381.
Caron Michel, — 1603. E. 433.
Chesneau Nicolas, — 1586. E. 407.
Chevallier Claude, — 1567. E. 391. 1584. E. 409.
Duvert Pierre, — 1570. E. 409.

(1) Copie de ce marché a été adressée au Comité des Arts et Monuments en 1846 par M. Quantin.

(2) Fait une armoire pour placer les chappes du chapitre cathédral d'Auxerre. Ce marché est en trop mauvais état pour qu'il en puisse être pris copie.

(3) Désigné à l'acte « joueur de robec ».

Duvert ou Duvet Antoine, à Auxerre, 1583. E. 404. 1592. E. 428.
Garnier Hector, — 1507. E. 374, 1508. E. 375. 1509. E. 499.
Gendot Pierre, — 1584. E. 406.
Jobert Jean, — 1493. E. 373.
Jobert Pierre, — 1504. E. 374.
Lesgaré Adrien, — 1583. E. 404.
Mamerot Jean, — 1537. E. 383. 1547. E. 387. 1574. E. 400.
Mamerot Pierre, — 1582. E. 405. 1594. E. 429.
Mignat Jean, — 1507. E. 374.
Paris Nicolas, — 1572. E. 409.
Pigalle Nicolas, — 1603. E. 434.
— » — 1662. E. 499.
Purorge Jean, — 1590. E. 427.
Sappin Pierre, *dit* Mathieu, — 1559. E. 409.
Tillault Denis. — 1590. E. 427.
Villy (Jean de), — 1497. E. 373. 1502. E. 375.
Widerne Nicolas, — 1498. E. 373. 1506. E. 374. 1513. E. 410.

Organistes et Facteurs d'orgues.

Burat Michel, à Auxerre. 1641. E. 499. 1654. E. 500.
Languille Louis, « de présent à St-Florentin » 1630. E. 499 (1).
Levasseur Jacques, à Tonnerre, 1649. E. 500.

Peintres et Peintres-verriers.

Anglert Jean, à Auxerre, 1644. E. 496. 1668. E. 501. (2).
Aumont Nicolas, à Auxerre, 1565. E. 390.
Baude, à Tonnerre, 1566. E. 658. 1572. E. 663. 1586. E. 686.
Baude Simon, à Tonnerre, 1616. E. 734.
Beaufort (Guillaume de), « de présent L'Isle-sur-Serein »), 1528. E. 462.
Boudeau ou Bodeau François, à Auxerre, 1567. E. 391. 1571. E. 396. (3)

(1) S'engage à tenir les orgues de l'église Saint-Loup d'Auxerre pendant 3 ans.

(2) C'est l'artiste qui a peint le plan du territoire de Monéteau publié par M. l'abbé Bouvier (*Bulletin* de 1897).

(3) Sa veuve se marie en 1573 avec Jean de Longuerue, également peintre à Auxerre.

Cabasson Aignan, à Tonnerre,	1556. E. 655. 1569. E. 661. 1630. E. 749 (1).
Cabasson Didier, à Tonnerre,	1573. E. 664.
— François, à Châtillon [sur Seine ?],	1586. E. 686 (2).
— — à Tonnerre,	1630. E. 749.
— — à Auxerre,	1639, 1645, 1648, E. 500 (3).
— Germain, à Tonnerre,	1551. E. 651.
— Jean, —	1554. E. 649 (4).
— — —	1630. E. 749.
— Joseph, —	1586. E. 686.
Cornouaille Guillaume, à Auxerre,	1565, 1570. E. 500. 1571. E. 499. 1572, E. 397 (5).
Cornouaille Claude, à Auxerre,	1579. E. 402. 1591. E. 427.
— Jean, —	1572, 1576. E. 499. 1576. E. 440. 1581. E. 500.
— Louis, —	1570. E. 394. 1570, 1576. E. 499. 1582. E. 405.
— Pierre, —	1581. E. 500. 1584. E. 406. 1591. E. 427, E. 500. 1602. E. 432.
Ducoroy ou Ducouroy Claude, à Auxerre,	1603. E. 434.
Ducourroy Etienne, à Auxerre.	1633. E. 500.
Duesme Thomas, —	1514. E. 444. 1517. E. 378. 1522. E. 499. 1523. E. 500 (6).
Dulac Claude, —	1559. E. 499.

(1) Aignan Cabasson qui figure en 1630 (E. 749), est fils de Joseph, peintre-verrier. Didière Boyvinet, veuve de Joseph, vend à Jean, François Aignan, peintres-verriers, Suzanne et Antoinette Cabasson (probablement ses enfants) une maison où elle réside, place du pilori, pour le prix de 1.000 l. et les « vins accoustumez ».

(2) Ce François est certainement de la famille Cabasson de Tonnerre, car en 1586 il vend à Joseph, aussi peintre à Tonnerre, une part de maison, rue de l'hôpital, qui lui est advenue par héritage de Jean Cabasson. Cet immeuble tient d'une part à Georges Testevuyde, également peintre-verrier. D'après cet acte, Marguerite Cabasson, femme de Benjamin Baude, autre peintre-verrier, est la sœur de François.

(3) C'est sans doute le même que l'on trouve à Tonnerre en 1630.

(4) Sa femme s'appelait Jeanne Lecourt, peut-être de la famille Lecour, qui a possédé les terres de Béru, Cry, etc.

(5) Voir à l'avant-propos notes sur cette famille.

(6) Il n'existait plus en 1529 ; dans un acte de cette année, sa femme Jacquette est désignée veuve.

Fiévé Charles, à Auxerre,	1692. E. 500.
Gassot Tassinot, —	1515. E. 499. 1523. E. 500. 1524. E. 501 (1).
Guespier Jean, —	1536. E. 421. 1546. E. 386.
— Michel, —	1567. E. 391. 1570. E. 409.
Guillaumeron Etienne, à Auxerre,	1639. E. 501
Hympes ou de Hympes Jean, à Auxerre,	1495. E. 373. 1505. E. 374. 1511. E. 376 (2).
Labour Pierre, à Nevers,	1602. E. 432.
Lassue (Nicolas de), à St-Florentin,	1550. E. 651 (3).
Le Buloys Guillaume, à Auxerre,	1571. E. 499.
Le Bulois Antoine, —	1602. E. 432. 1603. E. 434.
Legros Jean, —	1570. E. 393. 1571. E. 396. 1576. E. 401.
Lelasseur Nicolas, à Tonnerre,	1550. E. 650.
Leschiain Bonaventure, à Noyers,	1554. E. N. N.
Letourneur Thomas, à Auxerre,	1536. E. 382.
Longuerue (Geoffroy de), à Auxerre,	1514. E. 411. 1529. E. 416.
— — —	1571. E. 396. 1573. E. 398, 499.
— (Jean de) —	1573. E. 398. 1587. E. 495 (4).
— (Pierre de), —	1567. E. 391.
Louault Colas, —	1512. E. 499.
Mathieu Etienne, à Tonnerre,	1543. E. 648. 1555. E. 654.
Michel Macé, à Auxerre,	1493. E. 373. 1506. E. 374. (5).
— Germain, —	1516. E. 499. 1517. E. 378. 1521. E. 379. E. 501. 1524. E. 380. 1541. E. 348-500. 1564, 1565 E. 500.

(1) Cet artiste travaille avec Jean Hympe l'aîné aux verrières de la cathédrale de Sens en 1517-1518 (G. 1146).

(2) Voir sur les artistes de cette famille une note à l'avant-propos.

(3) Il est témoin à Tonnerre à un acte d'apprentissage de maçon. Il travaillait probablement à l'église Notre-Dame de Tonnerre que l'on construisait alors.

(4) Il est fils de Geoffroy et se marie en 1573 avec Anne Chomon, veuve de François Bodeau, également peintre à Auxerre.

(5) Il n'existait déjà plus à cette date, car l'acte le désigne « de son vivant peintre ». (Voir à l'avant-propos note sur cette famille).

Michel Jean, à Auxerre,	1506, 1508. E. 374. 1512. E. 499. 1517. E. 378. 1537. E. 383. 1541. E. 384
Michel Mathieu, à Auxerre,	1583. E. 404. E. 406. 1584. E. 406.
Michel Pierre, à Auxerre,	1493. E. 373.
Mortinat Louis, à Tonnerre,	1612. E. 726.
Perrenot Pierre, à Auxerre.	1547. E. 499.
Proye (Louis de), —	1586. E. 408.
Rigoullé Pierre, —	1630. E. 500 (1).
Sellier Etienne, à Tonnerre,	1550. E. 651 (2).
Simon Pierre, —	1551. E. 651 (3).
Staeche ou Stache Jean, à Auxerre,	1565. E. 499.
Testevuyde Georges, à Tonnerre,	1566. E. 657. 1586. E. 686.
Use Nicolas, à Auxerre,	1581. E. 403.
Villiers (Claude de), à Tonnerre,	1550. E. 651 (4).
Voloin Philippe, —	1550. E. 651.

Potiers d'étain.

Camus Jean, à Auxerre,	1590. E. 500 (5).

Relieurs.

Causer Toussaint, à Coulanges-s-Yonne,	1591. E. 427 (6).

Sculpteurs (ymagiers, ymageurs).

Blondel Simon, à Auxerre,	1511. E. 376.
— Jean, —	1516. E. 377.
— — —	1521. E. 500 (7). 1524. E. 380.

(1) *Signe Rigollé.*

(2) Se marie avec Jeanne Bœuf. Sa mère se nomme Nicole Fleuriet et Jean Fleuriet, contrôleur au magasin à sel, est témoin.

(3) Il n'existait déjà plus. C'est un acte intéressant ses enfants mineurs.

(4) Se marie avec Roquette Tartarin, fille d'un marchand de Tonnerre. Il est natif de Villeneuve-le-Roi, et est assisté de Morant, avocat, et de Clays, marchand, tous deux demeurant à Chablis. Décidément, la construction de l'église Notre-Dame de Tonnerre a procuré des maris aux jeunes filles de cette ville.

(5) Cet artisan n'est mentionné que parce qu'il répare la terrasse de plomb de la tour Saint-Etienne d'Auxerre.

(6) Il signe : T. Gesset, et est indiqué à l'acte : *relieur de livres.*

(7) En 1521, il fait une statue de Ste-Catherine-de-Sienne pour les Jacobins d'Auxerre. M. Quantin a envoyé copie de ce marché au Comité des Arts et Monuments en 1847.

Blondel Jean dit Darras, à Auxerre,	1527. E. 445. 1529. E. 446.
Blondeau Jean dit Darras, —	1534. E. 420 (1).
Champenoys Jean, à (Troyes) (2),	1504. E. 374.
Chaudevant Etienne, à Auxerre,	1572. E. 397.
Darras Jean, —	1517. E. 442 (2).
Delafosse Gilles, —	1498. E. 373.
Faulconnier François, —	1516. E. 377. 1521. E. 500. (3).
— —	1528. E. 501. 1530. E. 439. (3).
Germain Didier, à Tonnerre,	1549. E. 650. 1555. E. 654.
— Jean le jeune, —	1543. E. 648.
— Jean, —	1553. E. 652. 1555. E. 654. (4).
— —	1568. E. 658 (5).
Gillet Isaac, à Auxerre,	1622, 1630. E. 500.
Gramain Pierre, à Auxerre,	1494. E. 373. 1505. E. 374 (6).
Hubert Pierre dit des Closses et dit Ducrez, à Auxerre,	1587. E. 495 (7). 1588. E. 500.
Marie Noël, à Auxerre,	1675. E. 500.

(1) Il peut fort bien se faire qu'il ne s'agisse que d'un même artiste malgré ces désignations si différentes de *Blondel Jean, Blondel Jean dit Darras, Blondeau Jean dit Darras, Darras Jean,* si l'on veut bien rapprocher les noms les uns des autres et remarquer qu'elles sont circonscrites entre 1516 et 1534, soit 18 ans. Autrefois, les scrupules actuels dans les désignations des noms aux actes n'existaient pas. Aussi rencontre-t-on souvent de pareilles variantes.

(2) A l'acte le papier est déchiré à l'endroit de la résidence de cet artiste qui n'est que témoin. On n'y voit qu'une S finale, probablement Troyes puisqu'il se nomme Champenoys.

(3) L'acte de 1521 est un marché pour la sculpture du portail de l'église de Thury ; il est publié dans le 4e vol. des mémoires de l'abbé Lebeuf réédités par MM. Challe et Quantin. Celui de 1528 est un marché pour faire une Notre-Dame-de-Pitié pour l'église de Coulanges-la-Vineuse. M. Quantin en a envoyé copie au Comité des arts en 1847.

(4) L'acte de 1553 est le traité de mariage de cet artiste avec Catherine Ratat, veuve d'un boucher de Tonnerre, Regnault Allier.

(5) Dans cet acte par lequel Germain achète la moitié d'une cave dans la rue de Rougemont, il est qualifié de marchand-sculpteur.

(6) Voir à l'avant-propos une note sur cet artiste.

(7) Cet acte est un « peu intéressant contrat de mariage ». Il fait néanmoins connaître qu'il est natif de St-Florentin, fils de feu Pierre Hubert dit du

Serpé Louis,	1541. E. 384.
Sourdin Michel, à Tonnerre,	1626. E. 743.
Tournelle Guillaume, à Auxerre,	1496. E. 373 (1).

Selliers-Lormiers.

Huder Blaise, à Auxerre,	1560. E. 388.

Serruriers.

Carré Jean, à Auxerre,	1648. E. 500.
Hédot Jacquinet, à Auxerre,	1630. E. 500.

Tailleurs de pierre (2).

Aussy Jean, à Auxerre,	1574. E. 400.
Bagault Jean, —	1603. E. 433.
Blaiseau Himbert, à Auxerre,	1547. E. 387.
Brusson Nicolas, —	1594. E. 429.
Caunat Claude, —	1562. E. 389.
Chéreau Blaise, —	1630. E. 500.
Delaporte Nicolas, —	1630. E. 500.
Dormet Antoine, —	1602. E. 432.
Droynet ou Drynat Claude, à Auxerre,	1586. E. 407. 408.
Frerebeau Germain, à Auxerre,	1597. E. 430. 1618. E. 500.
Gautherin Léonard, —	1622. E. 500.
Gillet ou Gillot Isaac, à Auxerre,	1630. E. 500 (3).
Gourrier Pierre, —	1581. E. 499. 1601. E. 431.
Guillet Nicolas, —	1597. E. 430.
Laligne André, —	1633. E. 500. 1642. E. 501. 1644. E. 499.
— François, —	1630, 1633, 1675. E. 500.
Lejeune Vigile, —	1570. E. 409.
Manicard Bon, —	1586. E. 408.
Métrat Pierre, —	1594. E. 429 (4).

Cloux. Il y est qualifié de « maistre tailleur-sculpteur ». Jean de Longuerue, peintre-verrier à Auxerre est un de ses témoins.

(1) Il prend à bail pour 9 ans une maison rue de la Draperie pour 100 s. t. par an.

(2) Nous avons relevé pour Auxerre tous les ouvriers rencontrés avec cette profession. Le seul exemple de Gillet qui, avec un confrère, entreprend de construire des piliers butants à l'église Saint-Loup en 1630 et fait l'objet de la note ci-après, justifiera ce relevé.

(3) Gillet Isaac qui signe Gillot, désigné ici tailleur de pierres, en 1622 sculpte sur bois un crucifix de plus de 2 m. de hauteur pour l'église Saint-Etienne. (Voir cet acte dans lequel il est qualifié « architecte-sculpteur »).

(4) Probablement Métral, famille d'entrepreneurs et d'architectes bien connue des Auxerrois.

Millon André,	—	1603. E. 434.
Pasquier Mathieu,	—	1630. E. 500.
Pernot Jean l'aîné,	—	1632. E. 500.
— le jeune,	—	1632. E. 500.
Petit Jean,	—	1583. E. 404.
Poquet Jean,	—	1602. E. 452.
Rossin Etienne,	—	1562. E. 389.
Roze Jean,	—	1591. E. 427.

Verriers.

Aubineau Guillaume, à Auxerre,	1513. E. 410. 1515. E. 377 (1).
Maréchal Benoît, à Vergigny,	1526. E. 414.
Moreau Philibert, à Auxerre,	1526. E. 414.
Robert Didier, à Darne (pays de Lorraine),	1495. E. 373 (2).
Rousselot Claude, à Villeneuve-l'Archevêque,	1565. E. 475.
Vauldre (noble Claude de), à Diges,	1521. E. 413 (3).

21 Juin 1507. — Appoigny. — Fonte de cloches.

Reconnaissance passée par les procureurs de la fabrique d'Appoigny, qu'il est dû à Pierre Durant, « fondeur de clouches » à Auxerre, la somme de 113 l. t. « de reste de plus grand somme pour la facon de deux clouches et la vente et délivrance de métal. »

(E. 500)

28 Mai 1554. — Asnières-en-Montagne (Côte-d'Or). — Marché de peinture du crucifiement de l'église.

« Par devant Pierre Villain le jeune et Anthoine Micheau, notaires ou conté de Tonnerre. Furent présens en leurs personnes : Pierre Villain, lesnel, Girard Bonin, Mathieu Guyon, Jehan Bonin, de la confrarie ; Jacob Coqueau et Jacob Lormier, habitans d'Asnières, eulx faisans et portans fors pour le reste des aultres habitans absens, d'une part ; et Bonadventure Leschiain, painctre, demeurant à Noyers, pour luy d'aultre part. Lesquelz de leurs bonnes volontez, etc., ont faict le marchié entre eulx qui sensuyt : Cest assavoir que le d. Bonnadventure a marchandé au dessus d. habitans, de paindre le cruxifiement de lesglise du d. Asnières selon

(1) Qualifié à l'acte de 1515 « marchand de verres et cordier ».
(2) Vend des verres coloriés à Jean Himpes, peintre à Auxerre.
(3) Deux hameaux de cette commune s'appellent encore la Haute et la Basse-Verrerie.

le devis quil sensuyt, assavoir : le crucifix, le dyadesme dor, les cheveulx et la barbe couleur de tannée (1), le couvreché de blanc et le revers dasus (azur), et le bord, dor de la longueur dung pousse, la croix de couleur de boys madrez (2), le chapeau despine, de vert. Pour lymage de Nostre Dame, son manteau dasus semez de fleur ou destoille dor, sa robe de dessoubz de poupre, bordez dung bor dor de la largeur dung pousse, le dyadesme dor, le visage tel quil apartient. Le sainct Jehan, son manteau de beau rouge, bordez dor de la largeur que dict est, semez de fleurettes dor, sa robe de satin broché, les cheveux dor et le diadesme. La Magdelaigne vestue pompeusement de drap dor et satin broché. Et les anges, les cheuveulx dor, les écclures (cercles) dor venny (3), les tunicques de satin broché et drap dor, les (mot illisible) dargent tel quil appartient et bordez dor, les ailles dor et dargent et daisu. Et le bûché de dessoubz en façon de mabre vert. Le tout faict dor fin et dor de ducat. Et ce néanmoingtz la somme de trante cinq livres tournoys, etc., etc.

Faict le XXVIIIe jour de may lan mil cinq cens cinquante quattre. »

(Minute non signée).

(E. N. N. — Minutes versées par la Côte-d'Or).

22 Décembre 1644. — Auxerre. — Marché de peinture et décoration de l'horloge de la ville.

Par cet acte Jean Anglert, maître peintre et vitrier à Auxerre, s'engage envers les maire et eschevins à « faire et réparer à neuf la montre de lorloge de la d. ville, de lung et laultre des costez ès endroictz ou le verre est de présent hosté, cassé et rompu, le tout de verre de mesme couleur et qualité que celluy qui reste de présent à la d. montre, lequel verre sera aplicqué avec masticq, bien et deuement garny de plomb depesseur et qualité pareille comme celluy qui reste encore aux endroictz ou la d. montre nest rompue, le d. plomb doré dor de ducat bien et deuement ataché icelluy, ensemble le verre avec cloux et crampons qui seront mis dans la muraille pour seurement attacher le tout. Relever les quatre coings de lung et laultre des costez de la d. monstre où sont de présent pains les quatre évangélistes, pour iceulx faire à neuf et rendre de mesme verre que dessus, lequel sera paint dazur en huille et garni tant plain que vuyde de fleurs de lis dor de ducat ; retenir toute lenceinte de la d. montre. Comme aussy sera le d. Anglert tenu de paindre et marbrer à neuf ainsy quelle a cy devant esté, toute larchitecture ou la d. montre est posée ; ensemble laver et netoier toute la d. montre ; relever et reclouer avec cloux diamant le plomb qui tombe. Et netoier, remettre et applicquer les heures qui manquent ; et ou il sen trouveroit de perdues, en mettre aultres de mesme eschantillon et esmallez ; et faire à la d. monstre tout

(1) Couleur du tan.

(2) *Madrer*, veiner, marbrer ; donner au bois la couleur du bois naturellement veiné et marbré (Cotgrave).

(3) Or de Venise.

ce quil conviendroyt ou sera jugé nécessaire ; le tout bien et deuement a dict de gens à ce congnoissans, suivant ce quelle estoit cy devant. En fournissant toutes les estouffes qui seront necessaires...... moyennant le pris et somme de 720 l. t. pour toutes les d. besongnes et fourniture destouffes, sur laquelle le d. Anglert confesse avoir eu et reçeu 400 l. t. »

(E. 496)

1507. — Auxerre. — Fabrication d'une armoire pour placer les chappes du Chapitre.

Marché par lequel Jean Desmons, chambrilleur (menuisier), à Sens, s'engage envers le Chapitre d'Auxerre représenté par plusieurs chanoines, dont M. Nicole Odry « maistre de l'œuvre », à faire « une armoire à placer chappes, selon la place et chappes exhibeez et monstrées ». Suit la division du meuble que la détérioration de l'acte empêche de lire.

Le prix est de 33 l. t. Le sieur Desmons doit tout fournir.

(E. 500)

24 juillet 1522. — Auxerre. — Marché pour façon d'un gréez (1) en deux volumes pour l'église Saint-Etienne.

« Le xxiiie jour de juillet mil vc xxii (1522), comparut en sa personne, maistre Nicole Gentil, lequel a promis et marchandé à messieurs les vénérables doyen et chappitre de l'église dAucerre, asavoir : Mes Jehan Saujot, doyen, Jehan Le Roy, chantre, Germain de Charmoy, Jehan le Broc, Guillaume Lotin, Pierre de Pilles, Robert Pourcin, Pierre Riote, Philibert Guimard, Jehan Pelault, Nicole Desrues, Michel Machuré, Jehan Billart, Pierre Myete, Denis Cassin, Guillaume Lesaige, assemblez ensemble, faisant et représentans la plus grande et saine partie des d. vénérables : de faire et parfaire ung greez en deux volumes en parchemin, bien nothé et six lignes en chacune payée (2) du volume, tel et semblable ou meilleur quil a baillé le patron ausd. du chappitre, signé du d. juré et du d. Gentil. Et pour chacun cayer qui contiendra huit feulletz, seront tenuz les d. vénérables paier et bailler au d. Gentil, la somme de vingt soly tournoyz paiable asavoir en baillant et rendant par le d. Gentil deux cayers parfaitz luy sera payé seullement vings solz tourn., qui est la moitié du pris, et continuer le paiement jusques à la perfection des d. deux volumes, et les d. volumes parfaitz selon ce d. marché, les d. vénérables seront tenuz paier au d. Gentil à la raison de vingt solz tourn. pour chacun cayer. Pour lequel faire et parfaire seront tenuz les d. vénérables fournir et bailler au dyt Gentil le parchemin ; lequel Gentil sera tenu faire les cadeaux (3) convenables es d. cayers, garny de feullage et visages et rem-

(1) Graduel, V. Lacurne de Ste-Pallaye aux mots Grael, Gréel.

(2) Pour pagée, ce que doit contenir une page.

(3) « Grands traits de plume fors et hardis dont les maîtres écrivains ornent leurs écritures... Lettres ornées de traits superflus... Ménage dérive ce mot du latin *catena*. Il vient peut-être de *capitale* ». (Lacurne de Ste-Pallaye). Voir dans ce même auteur les mots cadelé cadeler, cadeleure.

pliz d'azu (azur) de rozete et saffran en la meilleure forme que faire se pourra, et intitulé de vermillon les messes et autres choses nécessaires au d. greez. Lequel le d. Gentil sera tenu et a promis rendre fait et parfait comme dit est selon le d. patron du volume dessus d., ou mieulx. Réservé quil ne sera tenu icelluy enluminer, ne faire les vignetes et relieuse (reliure). Car ainsi, etc., promettant, etc., obligeant, etc., renonceant, etc. Présens à ce Mes Jehan Lebeuf, prebstre et Francoys Sayot, clerc, demeurans à Aucerre ».

(E. 480)

15 Décembre 1564. — Auxerre. — Marché pour dorer la croix de plomb qui sera mise sur la chapelle des Vertus près la tour de la cathédrale.

Par ce marché, Germain Michel (1), peintre à Auxerre, s'engage envers le chapitre d'Auxerre, représenté par MM. Scipion de Pourpincourt, trésorier, Jean du Broc et Jean Board, chanoines, à « dourer et peindre la croix de plomb qui se mettra sur la chappelle de Nostre Dame des Vertus, édiffiée de nouvel près leglise St Etienne du d. Aucerre, assavoir : les cresses (crosses) et fleurons de fin or, la croix avec le champ des d. branches de fin aru (azur), ensemble la grosse pomme de dessoubz, laquelle il sera tenu de dourer de fin or avec les anrichissemens, et le champ de la d. pomme de fin arru, ensemble huit grands coronnemans desquelz les fleurs de lys esmolues (et moulures?) seront dourée de fin or, et le champ de fain aru. Toute la besongne en riche et fin vermillon là où il en appartiendra quil sera. Le tout bien et deuement faire a dict de gens ouvriers à ce cognoissans, et la rendre faicte et parfaicte dedans le jour des Roys prouchain venant, moyennant la somme de cinquante livres t.; surquoy le d. Michel a confessé avoir receu la somme de vingt livres t. et le reste luy sera paié la d. besongne faicte et parfaicte.. Et a esté accordé que si les d. sieurs de chappitre veullent faire des rayons de soleil commençant au pied de la croix dembas et descendant sur le dome, le d. Michel a promis le dourer de fin or, le tout à huille, fournissant par le d. Michel toutes les estouffes pour ce faire. Car ainsi, etc., etc. »

(E. 500)

15 Mai 1565. — Auxerre. — Marché pour confection de verrières à la chapelle Notre-Dame-des-Vertus.

« Le xiie jour de may, lan mil cinq cens soixante cinq, comparut en sa personne, Guillaume Cornille, pinctre et verrier, demeurant à Aucerre, lequel cognut et confessa avoir marchandé à Messieurs les vénérables doyen, chanoines et chappitre de leglise Sainct Estienne dAucerre, stipulants par vénérables et scientifiques personnes Mrs Scipion de Pourpincort, thresaurier, Pierre du Broc et Jehan Board, chanoines dicelle eglise,

(1) Ce Germain Michel est le fameux peintre-verrier qui fit en 1524 la rosace du portail occidental de la cathédrale, etc., etc.

presentz et acceptantz, suyvant la conclusion cappitulaire ; de faire et par faire de son estat les verrières des deux grands formes avec les deux petites, qui sont de costé et daultre en la chappelle Nostre Dame nouvellement édiffiée près leglise du d. Sainct Estienne dAucerre, selon les portraictz et divis qui par luy ont esté faictz des d. verrières, que le d. Cornoalle a mis es mains des d. vénérables. Lesquelles verrières le dict Cornaille a promis et sera tenu bien et deuement faire, parfaire et assoer, a dict de gens adce ce cognoissans, fournissant par le d. Cornaille tout ce quil conviendra pour ce faire, hormis la ferrure que les d. venerables seront tenuz de fournir ; et ce dedans la Sainct Remy prouchenemant venant. Et moyennant la somme de douze vingtz cinq livres tournoiz (245) ; sur quoy le d. Cornoille confesse avoir eu et receu des d. vénérables la somme de cent livres tournoyz, dont il se tient pour contant ; et le reste les d. vénérables ont promis luy paier en besongnant et faisant la d. besongne pro rata. Et a esté accordé que si les d. vénérables veullent mettre aultres histoires es d. verrières que ceulx déclarez es d. divis et portraitz cy dessus, faire le pourront, que le d. Cornaille a promis faire au lieu dicelles, sans que luy en soyt aulcune chose davantage payé, synon la somme sus d. Car ainsy, etc. (1) ».

(E. 500)

11 Février 1565. — Auxerre. — Marché pour la confection du châssis des deux verrières de la chapelle Notre-Dame-des-Vertus près la cathédrale.

« Le unziesme jour de febvrier lan mil cinq cens soixante cinq, comparut en sa personne Gilles Massé, lasseur en fil d'archet et hostellier, demeurant à Monestau, et Jehan Baudyn, tourneur, demeurant à Aucerre, lesquels, etc... cognurent et confessèrent avoir marchandé à MM. les vénérables doyen et chanoines du chappitre de l'église Sainct Estienne d'Aucerre . ..., de (hernier ou hervier?) et lasser de fil de loton les deux verrières estans en la chappelle Nostre Dame des Vertus, du costé de la maison canoniale de Me Jehan Portier et celle du portail de devant la d. chappelle. Laquelle besongne il a promis faire de quatorze mailles lasseez au pied, tant en long que en quarré, et le fil darchet de léton et de leschantillon à luy exhibé présentement en la présence du juré et tesmoings soubzcripts, en ung petit modelle quarré dun pied ou environ, que les parties mont requis paraphé ne varietur ; et icelles rendre faicte et parfaicte bien et deuement a dict de gens ad ce cognoisans, en fournissant par les d. Massé et et Baudoyn tout le fil darchet quil conviendra avoir pour ce faire les d. verrières, le fert en concordance, le jour de Pasques fleuries prochainement venant, moyennant la somme de cinquante livres tournoys..... Et en ce faisant est comparu en sa personne Guillaume Cornille (*sic*) (2), peinctre à Aucerre, lequel a certiffié les d.

(1) Le peintre signe Cornouaille.

(2) Il s'agit assurément des verrières que G. Cornouaille avait entrepris de peindre par marché du 12 mai précédent.

Massé et Baudoin estre suffisants et capables pour satisfaire au contenu du présent marché. Car ainsi, etc... »

(E. 390)

14 décembre 1568. — Auxerre. — Marché pour la fonte de trois grosses cloches pour la cathédrale.

Par ce marché, Jean et Nicolas Duboys « marchants fondeurs de cloches » à Huillecourt, duché de Bar, s'engagent envers le chapitre d'Auxerre, représenté par MM. Laurent Petitfou, grand archidiacre, Edme Thévenon, chantre, Pierre du Broc et Pierre de Beaulieu, chanoines, à « faire et parfaire bien et deuement à dict de musiciens, organistes, fondeurs et gens ad ce cognoissans, troys cloches; lune de la pesanteur de unze à douze milliers, laquelle ils seront tenuz proporsionner de telle sorte et façon quelle puisse estre montée et sonner au lieu où soulloyt estre antiennement la grosse cloche, et que laxeau qui soulloyt servir à la d. grosse cloche puisse servir et estre commodé à la d. grosse cloche. Laquelle ils seront tenuz faire bien sonnant, concordant et servant de la notte de *ut*. Et les deux aultres au dessus servant lune de *sol* et laultre de *la*, de sorte que cy après on en puisse cy après fondre troys aultres propres et commodes de *ré*, *mi*, *fa* ; lune dicelle deux clouches de pesanteur de (blanc à l'original) et laultre de (blanc).

Lesquelles troys cloches iceulx fondeurs, ung chacun deulx seul et pour le tout, renonçans au bénéfice de division et discution, seront tenuz et ont promis faire et parfaire bien et deuement comme dict est, bien accorddante, observant le diapason et aultres sons à ce requis pour laccord dicelles, et les fondre à deux diverses foys, rendre la plus grosse et première faicte et parfaicte dedans dhuy en deux moys et demy au plus tard. Fournissant toutesfoys par les d. fondeurs tout ce quil conviendra et sera de nécessité, tant pour les mosles, fontes, que aultres estouffes, jusques à la perfection dicelle, au reste toutesfoys le mestal que les d. de chappitre seront tenuz fournir jusques à la quantité dessus d. et decheuste dicelle que les d. fondeurs ne seront tenuz porter. Et besongner aux deux aultres incontinant et par après, sans aulcune discontinuation jusques à la perfection dicelles, et sans ce quilz puissent besongner à aultre œuvre ny besongne que à celles cy dessus jusques [à ce que] les d. troys cloches soient parfaictes. Et où elles ne seroient deuement faictes comme dict est, iceulx fondeurs ont promis et seront tenuz, se bon semble aus d. sieurs, les refondre à leurs despens, et ce sans délay ny discontinuation, et à toute dilligence après que la faculté aura esté approuvée, à peine de tous despens, dommages et intérestz; et sans en demander aulcune récompense ausd. de chappitre, lesquels ne seront pour ce tenuz. Et pour icelles cloches faire ont promis lesd. de chappitre fournir la place aus d. fondeurs, qui est le pressouer qui leur a esté monstré, dont ils sen trouvent contans. Aussi, les d. de chappitre leur ont permis et permectent prendre es ruynes de leurs maisons abatuez, sans riens discomoder ny desmolir, thuilleaux, quarreau et menues pierres pour ayder à faire leur fourneau, ensemble de la terre rouge que les d. fondeurs feront tirer à leurs despens pour ce qui leur en fauldra à faire leur d. fourneau et mosles, à lendroict où en a esté cy devant tirer pour lad. église, et sans incommoder la place. Et après icelles cloches faictes et netoyez, ayderont iceulx fondeurs, de leur peine et labeur pour les tirer et charroyer jusques en léglise et tour dicelle. Et ce moyennant la somme de troys cents vingt cinq livres t. que les d. de chappitre ont promis et seront tenuz leur paier, scavoir : la moictié quand ilz auront rendu la d. première grosse, sonnant comme dict est, et estre receue à dict de gens ad ce cognoissans, et le surplus et parpayement quand ilz auront faict le semblable des d. deux dernières. A esté accordé que les d. fondeurs ne auront ni prandront aulcune chose au mestal ny cendres qui resteront des d. fontes, synon ce quilz dient estre le droit des varletz qui sont les souppireaux des ances des d. clouches ; pour lequel droict demeure à loption desd. de chappitre, bailler pour icelluy deux escuz sol ausd. varletzs ou bien leur laisser les d. souppireaux. Et au cas qui leur soyt aydé de quelques pièces de boys par lesd. de chappitre, ilz seront tenuz le rendre ausd. de chappitre sans aulcune *dyminution ni dégast*. Car ainsi, etc .. »

(Les deux Duboys ont signé à l'acte).

(E. 500)

1581. — Auxerre. — Entretien des verrières de la cathédrale.

Marché par lequel Jean et Pierre Cornouaille, peintres-verriers à Auxerre, s'engagent envers le chapitre cathédral à entretenir les verrières de leur église « selon les coleurs des verrières, de plomp, plastre et des aultres choses nécessaires pour lentretenement dicelles », pour le prix de 10 écus d'or soleil par an.

Le marché ne comporte pas de durée déterminée, mais ils promettent de « faire et continuer tant quil plaira ausd. sieurs de chappistre. »

(E. 500)

15 Juin 1622. — Auxerre. — Marché pour faire un crucifix en bois de 7 pieds et demi à 8 pieds de haut pour la cathédrale.

Isaac Gillet « sculteur architecte à Auxerre », s'engage envers M. Madelain Julien, chanoine d'Auxerre, « présent et acceptant : à faire pour mettre et poser en léglise St Estienne, ung ymage de crucifix en bois, qui sera de haulteur de sept piedz et demy à huit piedz, et de la mesme longueur quest la pièce de bois qui est à présent au cimetière aux clorez de la d. église, que le d. Gillet a dict avoir veue, sans quil en puisse rongner aulcune chose, et laquelle il fera servir pour faire led. ymage. Et en cas quil y aie en quelques endroictz dicelle pièce, faulte de bois pour parvenir à son dessain parfaitement bien proportionné, sera tenu y en applicquer comme la besongne le requerra et bien joindre ; faire icelluy ymage bien proportionné selon la grandeur de la pièce de bois qui luy est fournie par le d. sieur Julien, à laquelle il sera tenu adjouster et fournir les bras qui seront de bois de noier ou aultre bois, tel quil cognoistra bon et convenable, et iceulx bien joindre, icelluy garnir de diadesme et coronne despines quil ajoustera oultre la d. pièce de bois, qui seront aussy bien joincts avec la d. pièce de bois pour mettre le tiltre, et de mesme façon et portraict que le modelle qui en a esté fait en plastre par le d. Gillet, estant en la possession du d. Julien, qui pour cest effect sera délivré au d. Gillet en la chappelle du d. cimetière aux clerez, en laquelle il sera tenu faire le d. ymage, lequel modelle demeurera au d. Gillet. Et icelluy faict, sera tenu assister à icelluy poser sur la pièce de bois creux que le d. sieur Julien fera faire, et y apporter et donner son advis pour y estre bien posé. Et faire icelluy ymage bien proportionné selon la grandeur de la d. pièce de bois et modelle, et bien et deuement a dict de personnes ad ce cognoissans, dans le jour de Pasques prochain, moyennant la somme de six vingt quinze livres t. (135 l. t.) ».

(E. 500)

1633. — Auxerre. — Entretien des verrières de la cathédrale.

Acte par lequel Etienne Ducourroy, peintre et vitrier à Auxerre, s'engage à entretenir les verrières de la cathédrale pendant 9 ans, moyennant 50 l. t. par an (1).

(E. 500)

25 Juin 1645. — Auxerre. — Marché pour une tombe et une épitaphe avec personnages. (Chapelle Notre-Dame-des-Vertus, près la tour Saint-Etienne.)

Noël Marie, sculpteur à Auxerre, s'engage envers dame Anne de Moroge, veuve de haut et puissant seigneur M. Léon de Chastellux, seigneur d'Avigneau, etc., demeurant au dit Auxerre, la dite dame de Moroge ci-devant dame chanoinesse de Remiremont, présente, de faire « une épitaphe de pierre de Bailly, bonne, loyalle et marchande, d'haulteur de neuf pieds et de largeur de cinq piedz par la hurne, suivant et conformément au desseing qui en a esté faict, signé des parties et notaires soussignez, outre lequel desseing y aura encore aux costez dicelluy deux images de mesme pierre, d'haulteur de trois pieds y compris la plainte et le pied destail, qui seront les représentations de la Sainte-Vierge, de la Conception et saint Romaric abbé ; au milieu de laquelle épitaphe y aura un marbre noir d'haulteur de quatre pieds et de largeur de deux pieds neuf poulces, sur lequel marbre le dit Marie sera tenu de graver en lettres d'or, de lettres d'haulteur de dix lignes et dun poulce sy faire se peut, telle quelle luy sera donnée par la d. dame, et qui contiendra depuis sept jusques à neuf cent lettres.

(1) Il n'a pas fini son bail, car en 1639 le chapitre en consent pour un an l'entretien à François Cabasson, pour le même prix de 50 l. Seulement, dans ce dernier acte les verrières de la chapelle Notre-Dame-des-Vertus sont comprises.

« Plus mettre une tombe de pierre grise de mesme longueur et largeur que celle que M. le trésorier Lemuet a fait poser en l'eglise cathédralle Saint-Estienne du d. Auxerre, et de mesme pierre que celle du d. sieur Lemuet ; gravera sur icelle de trois à quatre cent lettres telles que les luy donnera la d. dame ; et encore gravera les armes du d. seigneur et dame d'Avigneau, poser encore les mesmes armes dans la d. épitaphe, dans le blazon représenté dans le d. desseing. Mectre et poser la dicte épitaphe dans la chappelle de Notre Dame des Vertus, à l'endroict qui luy sera monstré, aussy bien et deuement avec tout le fert nécessaire, en telle sorte que le pan ne soit endommagé, et que la d. épitaphe soit vallablement soustenue. *Et pour la tombe, la posera à l'endroict qui luy sera monstré* ; et est le dict desseing demeuré es mains du d. Marye qui le représentera touttesfois et quantes. Et faire la d. besongne et rendre icelle parfaicte et en place scavoir : la tombe dans un mois prochain et l'épitaphe dans le jour de Toussainct ensuivant ; fournissant le dit Marye touttes estoffes. Et ce moyennant la somme de cent quatre vingts livres, que lad. dame s'oblige à payer au d. Marye en quatre payemens esgaux... »

Acte signé : A. de Moroge.

(E. 500)

16 Juillet 1576. — Auxerre. — Confection d'un antiphonaire pour l'église Saint-Mamert.

Marché par lequel Jean Guillebert « escripvain » à Auxerre, s'engage envers les procureurs de la fabrique de l'église Saint-Mamert d'Auxerre, « à faire et parachever ung anthiponier selon quil est ja encommencé par le d. Guillebert, et de telles nottes qui est le d. encommancement qui est demeuré ès mains du d. Guillebert, pour icelluy parachever ; le d. Guillebert a promis faire de bon velayn, et le rendre faict dedans dhuy en ung an prochain. Et ce moyennant la somme de quarante cinq solz tournoiz pour chacun cayé » à payer au fur et à mesure du travail.

(E. 401)

14 Novembre 1588. — Auxerre. — Marché d'un crucifiement à Saint Pélerin (1).

Pierre Hubert, dit Ducrez, maître imageur à Auxerre « a promis à honorable homme Estienne Naudon, marchant, demourant à Aucerre, présent et acceptant, de luy faire de son estat, un crucifiment de bois, de longueur de cinq pieds avec les quatre évangélistes et troys fleu de lis, garny de lymage Nostre Dame, saint Jehan, la Magdeleyne et Longin, au pied de la croix, de haulteur chascun ymage, scavoir : le d. Longin à cheval, de haulteur de quatre piedz et demy et les aultres ymages de haulteur que la besogne le requère.

« Et ce faict, pindre les d. ymages de telle colleurs que lon a accostume,

(1) M. Quantin n'en dit que ces mots bien insuffisants : « Pierre Hubert, dit Ducrez, maître imageur à Auxerre, taille pour saint Pèlerin un crucifiement de bois (1588) », (*Bulletin de la Soc. des Sc.*, 1848, p. 480).

et à lentour de leurs vestements ugne borduse dor, le tout pint en huille et de coleurs vifves, et rendra le tout dressé et faict bien et deuement a dict de gens, en léglise Saint-Pélerin, au lieu qui lui a esté monstré, dans ce jour de caresme prenant prochain. Et fornyr toutes estouffes par le d. Hubert quil convient pour ce faire, fors les attaches de fert qu'il conviendra, que le d. Naudon fornira. Et ce moyennant la somme de dix escuz sol que le d. Naudon a promis payer, savoir : la moityé dans Noël prochain et laultre moityé le d. crucifiement estant dressé. Moyennant ce que dsssus, le d. Hubert sera tenu dorer une croix de saint André, etc..., etc... »

(E. 500)

3 Janvier 1692. — Marché pour la dorure de la grille de fer de l'église Saint-Père-en-Vallée.

Charles Fiévé, peintre à Auxerre, s'engage envers les fabriciens de Saint-Père-en-Vallée, « fondés de conclusion de tous les habitans de la paroisse » de « dorer dor en feuille aplicque en huille à deux couches, une jaulne et une rouge, laquelle dorure sapelle communément ormatte [or mat], les ornements de la grille de fert qui est daus la dite église comme il suit : sest assavoir que tous les liens, rouleaux et ornement, léguallement tout ce qui compose de la dite grille, à la réserve seullement des barreaux et platte bande de la dite grille. et le crucifix, bien et deuement à dire de gens à ce connoissans, à condition par les d. sieurs fabriciens de fournir tout lor quil conviendra pour la perfection des d. ouvrages. Et oultre ce, moiennant pour la fasson des d. ouvrages et les deux couches quil doit aplicquer avant lor, la somme de quarante livres, etc.., etc... »

(E. 500)

17 Juillet 1590. — Auxerre. — Construction d'une verrière au-dessus du grand autel de l'église Saint-Pierre-en-Château.

Pierre Cornouaille, vitrier à Auxerre, s'engage à faire pour l'église St-Pierre-en-Château, « une vistre dessus le grand autel du cousté de limage sainct Paul, et en icelle vistre peindre quattre istoires de sainct Paul telles que semblera aux d. procureurs (Jacques Barré et Michel Disson) et icelle vistre faire de telle largeur et grandeur quil conviendra, et selon la massonnerie qui est faicte, et ce de telle peinture et en telles couleurs quil conviendra et selon que la besongne le requiéra, et icelle rendre faicte, parfaicte et plantée dans le jour de Toussainctz prochain venant; fournissant le d. Cornaille les verrez, plomb et autres estouffes quil conviendra. Et ce moiennant la somme de dix sept escuz sol, etc.., »

(E. 427)

23 Octobre 1565. — Auxerre. — Construction de la verrière du grand portail de Saint-Regnobert (1).

Marché par lequel Germain Michel, peintre à Auxerre (2) s'engage à faire « de son mestier de verrier » pour le compte de Anne Michel, veuve Mathurin Breton, en exécution du testament de son mari, la grande verrière au-dessus du grand portail de l'église Saint-Regnobert, « de la longueur et largeur quelle doibt estre et selon que la besogne le requiert, de verre bon et convenable ; et en laquelle verrière telle quelle est cy dessus, le dict Germain Michel a promis y mectre et asseoir la vye monsieur Sainct-Renobert par ystoires et personnages, de bonne paincture loyalle et non vyciée, en huict histoires. Et le reste dicelle, horsmis les d. histoires, remplir le verre de paincture et hystoires selon la grandeur dicelle verrière. Et à la charge que le dict Michel a promis et sera tenu mectre et insculpé, au dessoubz dicelle verrière, les armoizies du dict deffunct Breton et sa dicte vefve, dont le dict Michel a dit sçavoir la forme des dictes armoizies ; fournir par icelluy Michel les eschaffault, etc.., etc.., Et ce moyennant la somme de 250 livres t. ». La verrière devra être terminée pour Pâques 1566.

(E. 500)

Octobre 1565. — Auxerre. — Construction de la grande porte de l'église Saint-Regnobert.

Marché par lequel Edmond Chaumet, menuisier à Auxerre, s'engage à faire pour Anne Michel, veuve Mathurin Breton, en exécution de testament de son mari, « la grande porte estant sur le devant de léglise Sainct-Regnobert, de bois de chesne et carrée par le dedans, largeur, lougueur, épesseur selon la mesure prise par le dit Chaumet, et en icelle porte mectre et insculpé les armoizies du dict deffunct Breton et de la dicte Anne Michel. Et oultre, de faire ouverture à la d. porte dun guychet à lune des moictyés de la d. porte, de haulteur et largeur compectantes, du cousté du presbytaire, etc... Et ce moyennant le pris et somme de soixante livres tournois, etc. »

(E. 500)

(1) M. Quantin, dans son article de 1848, ne parle pas de ce marché.

(2) Ce Germain Michel était un verrier de talent. Il est l'auteur de la rose du portail nord du transept de la cathédrale d'Auxerre, que l'on admire encore aujourd'hui.

M. Quantin, en le citant dans son article inséré au *Bulletin de la Soc. des Sc.* de 1848, dit « qu'il travaillait encore en 1564 et dora la croix de plomb de la chapelle Notre Dame des Vertus, nouvellement reconstruite ».

On voit par le marché ci-dessus qu'il exerçait encore l'année suivante. Sa signature tremblée et indécise au bas de ce marché, dont nous donnerons un *fac-simile* dans un chapitre spécial, paraît être l'écriture d'un vieillard. Il n'était pourtant pas encore très âgé en 1565, puisqu'en 1516, il donne quittance de son compte de tutelle.

15 Décembre 1603. — Auxerre. — Verrière de la chapelle Saint-Martin, en l'église Saint-Regnobert.

« Comparut en personne, Claude Ducoroy, vitrier demeurant à Aucerre, lequel a marchandé et promis à hon. homme Me Henry Marie, procureur au bailliage d'Aucerre présent et acceptant, de faire de son estat, la vistre de la chappelle Sainct-Martin de lesglise Sainct-Renobert d'Aucerre, suivant les meneaux et rempiaige qui y seront faictz; faire icelle de verre blanc tel et semblable que la vistre de la chapelle de noble homme Me Laurent Petitfou en la d. esglise, quil a dict avoir veue. Y faire des bordaiges de colleurs telz et semblables que sontz les bordaiges de la vistre du d. Sgr Petitfou ; faire au millieu de la d. vistre ung ymage de saint Henry, de haulteur de trois piedz et demy de roy ; faire icelluy en couleurs vives, mectre à chacun des coustez du d. ymaige une armoirie et escusson garniz d'un compartiment ou chappeau de triomphe à lentour ; telles armoiries que le d. Marie y vouldra mectre ; laisser une table daltente au dessoubz du d. ymaige pour y escripre ce que bon samblera au d. Marie, et le tout faire bien et deuement à dict douvriers et gens ad ce cognoissans ; et rendre faict dans le jour Saint-Thomas prochain venant ; fournissant par icelluy Ducoroy le d. verre, plomb et aultres estouffes de son estat, et icelle vistre attacher en la d. place. Et ce moiennant la somme de vingt huict livres t. Le dit Ducoroy a dict ne savoir signer ».

(E. 434)

15 Septembre 1576. — Auxerre. — Marché pour la fonte de cinq cloches de l'abbaye Saint-Germain.

Marché par lequel Claude Croissant, fondeur de cloches à St-Thibault-en-Lorraine, s'engage à fondre, en un mois sans discontinuer et dans la cour de l'abbaye, 4 cloches « sonnantes et accordantes » de la pesanteur du métal qui lui sera délivré par l'abbaye, plus une 5e « qui est de présent au clocher du d. Saint-Germain non accordantes avec les aultres quattre cloches » moyennant la somme de 70 l. t. Il devra les livrer sous le clocher de Saint-Germain. »

Dans le cas où il y aurait insuffisance de métal, l'abbaye devra lui en procurer du semblable, ou lui payer 5 s. t. par livre si elle le charge de fournir le complément.

(E. 500)

1591. — Auxerre. — Réparation des verrières de l'église de l'abbaye de St-Germain.

Marché par lequel Pierre Cornouaille, peintre à Auxerre, s'engage à réparer les « vistres » du chœur et de la nef de l'église de Saint-Germain, pour la somme de 10 écus d'or soleil.

Il devra les refaire de « telles peintures, couleurs et ymages quil conviendra » et fournira tous les matériaux ou produits.

(E. 500)

24 Mars 1618. — Auxerre. — Accord entre l'abbé de Saint-Germain d'Auxerre et Sidrach Petit, maître menuisier au dit lieu, au sujet de la confection de chaises (stalles) dans l'église Saint-Germain, dont le marché remonte au 10 décembre 1613.

Le 24e jour de mars 1618... « Lesquelles parties, mesmes le d. seigneur a dict cestre ce jourd'hui transporté au lieu ou le d. Petit fait les chaises par luy marchandées au d. seigneur, par contract passé par devant le juré soubzsigné le dixiesme décembre lan mil six cens treize, veu et visité les d. chaises et ce qui est dicelles, et les besongnes que le d. Petit a faictes oultre le d. marché, que pour raison d'icelluy, accorde comme ensuit, assavoir : que le d. Petit a promis et sera tenu planter et mettre la cloison porté par le d. marché, en long de leglise, depuis le pillier où est a présent le siège du d. seigneur jusques à lautel sainct Pavas en dedans la nef. Et oultre faire une telle et semblable cloison et fermeture que selle cy dessus, laquelle il sera tenu poser et mettre en la mesme forme que la sus dicte, depuis le pillier qui est vis à vis du d. siège jusques à lautel sainct Philibert, et ensorte que les d. deux autelz soient hors les d. cloisons. Plus sera tenu faire une porte convenable et en la mesme forme que les d. cloisons, pour fermer le cueur entre les chaises du cousté de la grande porte de la d. église ; fournira toutes les ferrures quil conviendra tant pour les d. closture que porte, et tout ce qui y sera nécessaire, à réserve des serrures qui seront fournies par le d. seigneur. Et le tout poser en leur lieu et place, ensemble les d. chaises le plus tost que faire ce pourra ; et pour en récompencer de ce que dessus ensemble de ce quil peult avoir faict aus dictes chaises, oultre ce qui est porté par le d. marché cy dessus, luy a accordé la somme de trois cens livres t., laquelle somme lui sera paiée avec les d. chaises, cloisons et porte estant dressées ; desquelles chaises il sera paié à raison de vingt trois pour chascun cousté, sauf à desduire ce quil a receu sur icelles ; et encoures sera paié de la cloison portée par le d. marché à raison de deux chaises pour icelle (1) ».

(E. 500)

25 Janvier 1642. — Chevannes. — Marché à façon de la construction de deux cloisons en maçonnerie dans l'église.

Laurent Pernot et Jean Dutartre, maîtres maçons à Auxerre, s'engagent envers André Laligne également maître maçon au dit lieu, « à faire et construire en lesglise de Chevannes, doux cloisons, l'une devant le

(1) C'est-à-dire qu'il recevra pour la cloison, le prix de deux stalles. Malheureusement le marché de 1613 qui ferait connaître les conditions et les prix n'a pu être retrouvé. Mais un acte du 28 janvier 1620 inséré en marge de l'accord ci-dessus nous apprend que le sieur Petit a reçu pour les travaux la somme de 4.620 l. (environ 23.000 fr. de notre monnaie d'après Leber), « dont il se tient pour content », et que l'abbé Octave de Bellegarde reconnaît que ces travaux ont été « receus pour bien et deuement faits ».

cœur de la d. esglise et lautre au costé de la nef des basses chappelles, le tout suivant le desseing.... et suivant les paneaux des architectures, de toute la besongne que le d. Laligne sera tenu, à la réserve toutesfois des ornements, collonnes, chappiteaux et figures, auxquelles ils ne seront tenus faire aulcune chose, ains seullement descarir seize des d. collonnes préparées à mettre sur le tout, et les basses (bases) des d. collonnes garnies d'architectures, et faire toutes les d. besongnes.... à la descharge du d. Laligne. Fournissant par le d. Laligne toute mathières en place... »

Ce marché est fait moyennant la somme de 90 l. t.

(E. 501)

26 Janvier 1642. — Chevannes. — Marché à façon des sculptures de deux cloisons en l'église de Chevannes.

Lambert François, sculpteur à Auxerre, s'engage envers André Laligne, maître maçon à Auxerre, à « faire et fasonner tous les ornements et scultures qui sont portés au desseing (1).... à faire dans lesglise de Chevannes; tourner les coullonnes quil convient mettre ausd. cloisons, lesquelles coullonnes seront escaries et mises à pants par icelluy Laligne; ensemble escarir toutes les aultres pierres quil conviendra pour faire les d. ornements et scultures, et toutes préparées à esbauche pour faire icelle sculture. Le tout bien et deuement.... et à la descharge du d. Laligne. Fournissant par icelluy Laligne les pierres en place ».

Ce marché est consenti pour la somme de 45 l. t. (2).

(E. 501)

1508. — Dracy.

Règlement de compte entre les fabriciens et Pierre Durant, fondeur de cloches à Auxerre, qui a fondu pour cette paroisse une cloche pesant 800 livres pour le prix de 140 l. 15 s. t.

(E. 501)

1485. — Escamps.

Vente par les procureurs de la fabrique de l'église, autorisés par Me Jean Odry, grand archidiacre et official d'Auxerre, à Georges Rappin, du dit lieu, d'une pièce de 3 arpents de terre, située sur le territoire du dit Escamps, pour en employer le produit (12 l. 10 s 10 d. t.) « à la plus grosse cloche dicelle église ».

(E. 370)

2 Septembre 1511. — Fontenay-sous-Fouronnes. — Marché pour construire une contre-table d'autel contenant un crucifiement.

Maîtres Humbert Blezeau et Guyon Thubé, maçons à Auxerre, s'enga-

(1) Ce dessin soumis à l'artiste est cause que l'acte ne contient aucune description des sculptures à faire.

(2) L'acte porte que le sculpteur « a dict ne savoir signer de ce requis ».

gent à faire pour le compte de Me Adrien Boyvinet, chanoine d'Auxerre (et sans doute curé de la paroisse en question) « une contre-table dautel en laquelle sera faict ung crucifiment, Nostre Dame, sainct Jehan et la Magdoleine, et ung priant, à demye taille (1) Laquelle contre-table sera de longueur de sept piedz, en ce comprins la maconnerie, et de haulteur de *quatre piedz*, en ce comprinz aussi la maçonnerie.... moyennant trente livres tournois ». Ce travail qui se fera à Auxerre, sera transporté à Fontenay aux frais du sieur Boyvinet, qui sera obligé de payer les « dépenses de bouche » des ouvriers qui iront la placer dans léglise.

(E. 501)

8 Février 1524 — Gy-l'Evêque. — Marché à façon d'une croix d'argent pour la fabrique de l'église.

Etienne Calart, orfèvre à Auxerre, s'engage envers les fabriciens et paroissiens de Gy-l'Evêque à « faire et parfaire de son mestier dorfèvre, *une croix d'argent montée* sur boys, de la façon de la croix faicte du d. mestier, en leglise St Amatre lez Aucerre... et de laultre part du crucifix, faire lymage de St Faule (2) esmaillé, et les autres quatre ymages telz quil leur plaira diviser et bailler au d. Calart, et asseoir les pierres (3) de la vielle croix ou il les fauldra mectre. Quant au crucifix, le *faire plus* gros que celluy de la d. croix St Amatre, et la rendre faicte et parfaicte de la d. façon... Ce présent marché faict moyennant la somme de XIII l. t...; sur laquelle besongne et pour icelle faire, le d. Calart a confessé avoir receu des d. procureurs de la fabrice quatre marcz une once dargent, provenant de la vielle croix. Et ou faudrait plus dargent, les dessus d. seront tenuz fournir largent et doruze quil fauldra ». Colas Guiart, ciergier à Auxerre se constitue pleige du d. Calart.

(E. 501)

1er Avril 1505. — Mézilles. — Fonte de cloches pour la paroisse.

« Furent présens en leurs personnes Jehan Grenon et Pierre Berger, demeurant en la parroisse de Mézilles, lesquelz ont confessé devoir à Pierre Durant, fondeur, à ce présent, la somme de six vingts dix livres (130 l.) tournoiz, de reste de plus grande somme, pour vente et délivrance dun millier de métal à faire clouches. Si comme, etc., etc. ».

Acte suivant :

« Ce dit jour, présens les dessus ditz, le dit Durant a pleigé (cautionné) Me Estienne Faverot, fondeur, demourant à Hulliercourt en Bassigny, ou diocèse de Tour en Tourrene, de la façon de la clouche quil a marchandé aux debteurs dessus nommez, ou cas quil en vienne aucune faulte, et jus-

(1) Les personnages moitié grandeur naturelle.

(2) St-Phal, l'église de Gy-l'Evêque est sous le vocable de ce saint.

(3) Il serait intéressant de connaître ces pierres précieuses.

ques à demy cent de matière de métal, lequel fondeur a promis de rendre indempne le dit Durant de tous pertes et dommages. Car ainsi, etc., etc. ».

(E. 375)

20 Avril 1528. — Saint-Germain-des-Champs. — Marché de peintures dans l'église.

« Lan mil cinq cens et vingt huy le xxe jour du moys de apvril, comparurent en leurs personnes au lieu de Sainct Germain des Champs, honorables hommes Nycolas Godin et Huguet Cheurat, procureurs de la parroiche de Sainct Germain des Champs, dune part ; et maistre Guillaume de Beaulfort, demeurant à présent à Lisle [sur Serein], d'aultre part. Lesqueulx ont faict les marchandise entre eulx en la manière quil sensuyt, cest assavoir : Que le d. maistre Guillaume sera tenuz de faire au tableaut devant le grand aultez, les douze apostres avec Nostre Seigneur qui sera au milieux des d. apostre, de bonne couleur licite et raisonnable au dit douvriez. Item en (*sic*) le d. maistre faire au voultes de lesglise de Sainct Germain, la Maiestez avec les quatre évangélistes. Et ce pour le pris et somme de six fr. et demy monnoye corant. Et doit faire le d. maistre, le ovraige deans la sainct Franchiz prouchainement venant, et les d. procureurs pairons le d. argent par ratal (prorata), selon que la besongne se faira. Promectans, etc., obligeans, etc., renonceans, etc. Présens, maistre Claude Perrin et Jehan Gym, tesmoingz adce requiz et appellez (1).

(E. 462)

21 Mai 1574. — Seignelay. — Confection d'un antiphonaire.

« Comparut en sa personne honnorable homme Me Jehan Guillebert, escripvain, demeurant à Aucerre, lequel a promis et promect à vénérable et discrète personne Me Jehan Bohon, prestre, curé de Seignelay, présent et acceptant, de faire ung antiphonier contenant toute lannée suyvant lusaige dAucerre, de pareille et semblable grandeur quil est ja encommancé par le d. Guillebert, en parchemain vellain, bon, loyal et marchant. Icelluy rellié en deux volumes, ainsi que le besongne le requiert ; y mettre toutes les matynes des festes solempnelles, comme on a accostume aux eglises parrochialles dAucerre, avec les ygnes (Hymnes), festes faisables et aultres festes doubles, avec deux commungs, scavoir : premieres et secondes vespres tant des festes doubles que des d. commungs, faire et remplir les cadeaux, tourner les grandes lectres de vermillon ; laquelle besongne le d. Guillebert a promis et sera tenu bien et deuement faire a dict de gens ad ce cognoissans, et la rendre faicte a scavoir : le temps divert, dedans le jour de St André prouchain venant, et le temps desté, dedans

(1) Cet acte porte en tous sens des traits à l'encre qui semblent indiquer que le marché n'a pas été exécuté. Il n'est donné qu'à titre de curiosité, d'autant plus que de 1868 à 1870 l'église de Saint-Germain-des-Champs a été totalement reconstruite, (l'abbé Henry, Mémoires historiques sur le canton de Quarré).

le jour de Pasques prouchain venant. Et ce moyennant la somme de 100 l. t., etc., etc.

(E. 399)

12 Septembre 1524. — Venouse. — Construction d'une verrière dans l'église.

Tassinot Gassot, « vitrier » à Auxerre, s'engage à faire dans l'église de Venouse pour le compte de Matheron Bolay, meunier au d. Venouse, une verrière dans laquelle « il mectra ung ymage de sainct Martin au millieu, et le reste de verre blanc », moyennant 100 s. t. et « ung couchon de laict ».

(E. 501)

23 Avril 1668. — Venoy. — Marché de peinture et de dorure dans l'église.

Claude Anglar (1), peintre à Auxerre, s'engage envers les procureurs de la fabrique de l'église de Venoy, « à peindre le grand crusifix et la croix dicelluy en couleur de chair, le crusifix et la croix en couleur rouge avec des filetz blancs sur les arreste de la croix, le voile en argent et bordé dor ducat et la pièce de bois en azur ; plus les images des deux costez en azur et couleur rouge avec les bordages des robbes et manches dor ducat. Plus les fleurs quil y conviendra en couleur dor ducat sur leurs robbes. Plus aux images saint Louis, saint Esloy, saint Edme, saint Pavas, sainte Anne, saint Jean, aussy les paindre comme ils estoient autrefois, à réserve que celluy de saint Louis, son mantheau sera en couleur bleu azuré, et semé partout ou besoing sera, de fleurs de lis dor ducat. Plus à l'image sainte Barbe, le peindre en azur et couleur rouge et les bordages et fleurs dargent ; taint et huille trois couches à tous les images cy dessus et à chascun deux. Plus le rétable de devant le grand autel, paindre en lestat et de même façon qu'il estoit cy devant, et les deux chérubins des deux costez, en or comme celluy du meltieu. Plus le plat fond avec les deux pilliers de la chaire, paindre en azur et au plat fond un Saint Esprit en argent, et le tout en huille. Plus paindre les châsses au mesme estat quelles estoient, et encorre escrire en lettres dor aux pieds de saint Louis et saint Esloy, des lettres et mots qui y sont, et au devant du grand autel, ce qui y est escript, le redorer ; et de plus escrire à la pièce de bois et du long dicelle où est posé le crusifix, ce qui sera dit et nommé par M. le curé de la d. esglise ; faire les d. besongnes bien et deuement.... »

Ce marché est fait pour le prix de 80 l.

(E. 501)

(1) Le peintre signe Claude Auglert. C'est cet artiste qui a peint le plan du territoire de Monéteau publié par M. l'abbé Bouvier dans l'histoire de cette localité. *(Bulletin de la Société des Sciences*, 1897).

22 Janvier 1669. — Venoy. — Peinture et dorure en l'église.

Le peintre Anglert reconnait avoir reçu le prix du marché précédent, plus la somme de 30 l. t. pour les travaux ci-après : « Avoir doré et painct le tabernacle qui est sur l'hostel, et au devant dicelluy avoir couché des fleurs de lis dor et estoille et champ dazur ; plus faict une corniche de danticulle, de rouge et dazur, les dittes besongnes faictes oultres celles contenues au dict marché précédent.... »

(E. 501)

TRAVAUX POUR PARTICULIERS

16 Octobre 1508. — Auxerre. — Fabrication d'un tambourin d'argent.

Marché par lequel Hector Garnier, orfèvre à Auxerre, s'engage à « faire et parfaire » pour le compte de Pierron Guénier du dit lieu, « ung tabourin dargent pesant quatre marcs dargent, au pris chacun marc de 12 l. t., avec les deux cercles de leton (laiton). Et se le dit Guénier les veult faire dozer (dorer), il sera tenu fournir la dorure. Et ce moiennant le pris et somme de 55 l. t. Et se plus il poise, il a promis paier le plus au pris dessus dit, et rabatre aussi se moins il poise. » L'orfèvre reconnaît avoir reçu 46 l. t., et il est convenu que le reste de la somme sera payé en livrant l'objet.

(E. 375)

20 Février 1524. — Auxerre. — Confection de deux chappes pour le compte d'un particulier.

Acte par lequel Jean Champion, chasublier à Auxerre, s'engage envers Robert Brocart, contrôleur du grenier à sel d'Auxerre, à faire deux chappes de damas blanc, « pour lesquelles faire le d. Brocard fournira et baillera le d. damas et doubleure, et le d. Champion les orfroys dor de Luc (Lucques) à couple, qui est en chacune chappe six couples, et ou chapperon de lune des d. chappes une Assumpcion et en laultre une Annonciacion, et d'aussi bon or et estoffes qui est à présent en une chappe à Saint-Loup (une des églises d'Auxerre), que Mademoiselle de Garchy a baillé », pour la somme de 22 l. t.

(E. 499)

15 Juin 1541. — Auxerre. — Fabrication de meubles.

Marché par lequel Pierre Thibault, menuisier à Joigny, s'engage à livrer à Jean de la Ponge, sellier à Auxerre, les meubles ci-après : « Ung banc à couché garny de doulz ciel fait à paneaux et double drapperie et coronnement par dessus, de six piedz de hault, avec une petite chaize portative, une grande chaize pourtant son doulciel taillé danticque, garnie de coronnement de la haulteur de sept piedz et de largeur raisonnable ; une table ronde garnie de sa chaize ; ung banc à seoir à table couppé par des boutz, pourtant son marchepied ; ung autre grand banc pourtant son banc à couché dun costé, auquel costé y aura une fenestre et dautre costé y aura une croisée et deux coffres dedans, garny de marche pied. Le tout de bois de chesne bon, loyal et marchand, qui sera tenu livrer au d. Aucerre, en la maison du d. de la Ponge, et icelle besongne asseoir dedans la Sainct-Jacques prochain venant » moyennant le prix de 22 l. 10 s. t.

(E. 499)

1639. — Auxerre. — Fabrication de meubles.

Marché par lequel Jean Paradis, menuisier à Auxerre, s'engage à faire pour Me Ythier Le Roy, praticien au d. lieu, « ung garde pain à deux guichetz et une layette, au milieu duquel sera dépaint un chérubin, avec quelques foullages, et aux deux fenestres y faire deux figures ». Plus une couchette de 5 pieds de longueur et de 3 pieds 1/2 de largeur, 6 chaises à bras « à la mode pour y mettre tapisserie », six escabelles, 2 caquetoires (causeuses) et deux placetz (1), en bois de noyer, « fors le derrière et lenfonsure du milieu du garde pain et lenfonsure de la d. couchette, qui seront de bois de chesne ». Ce marché est faict moyennant la somme de 45 l. t.

(E. 507)

17 Janvier 1662. — Auxerre. — Fabrication d'un mobilier pour un marchand.

Nicolas Rogey, *menuisier* à Auxerre, s'engage envers « honorable homme » Pierre Paumier, marchand au dit lieu, à « faire et façonner les meubles qui ensuivent, sçavoir : un chaslit à quattre coulonnes de bois de noyer, enfoncé dessus et dessoubz, le dessus de sapain et le dessoubz destre (de hêtre), de longueur de six pieds, de cinq de large et de haulteur suivant la garniture, ferré de vis et crochets pour acrocher le dociel ; plus une table de bois de noyer, tirant en carré sur quattre colonnes, de la grandeur du tapit ; plus une douzaine de chaizes de mesme bois, unies, de la grandeur de la tapicerie qui lui a esté monstrée ; plus deux fauteulx, aussy suivant la tapicerie ; plus un cabinet suivant le dessein qui a esté paraphé des parties et retiré par le d. entrepreneur, de bois de noyer, à réserve des enfonsures et derrière dicelluy, de chesne ; plus un garde pain aussy de bois de noyer de la grandeur et largeur, qui aura deux fenestres comme celluy du sieur Pigalle, orfèvre ; et encorre un pétrin, de la grandeur dicelluy du sieur Pigalle, de bois de noyer, à réserve du fond et derrière qui seront de bois de chesne. Auquel cabinet y aura deux serrures, huict fiches, quattre verrouts à ressort ; au garde pain, deux serrures et deux bandes lardez ; lesquelles serrures et toutes autres ferrures qu'il conviendra, le d. entrepreneur sera tenu les fournir, ensemble tous les bois pour faire les d. besongnes, bon, loyal et marchant et sans fisture, et le tout, etc.... » Ce marché est fait pour le prix de 115 l. 10 s. t. Les meubles devront être livrés dans le délai d'un mois.

(E. 499)

(1) Placet, petit siège sans bras ni dossier (Lacurne de Sainte-Pallaye.)

IV

AFFAIRES RELIGIEUSES

LISTE DE PRÊTRES DE PAROISSES ANTÉRIEURS AUX ACTES DE CATHOLICITÉ. — CURES, BAUX, AFFAIRES DIVERSES. — CLERGÉ, AFFAIRES DIVERSES.

L'Église est si intimement liée à l'histoire de l'ancienne France et de ses subdivisions que les faits généraux pouvant l'intéresser sont connus et archi-connus. Il y aurait donc grande témérité à croire qu'il pût encore être découvert des documents de grande importance, surtout pour une région qui a produit des savants tels que Lebeuf, Cherest, Challe, Quantin, Ernest Petit, etc. Avec raison on peut les appeler les *gros décimateurs* de l'histoire de l'Yonne.

Cependant, les questions de détail qu'ils nous ont laissées ont bien aussi leur intérêt, si secondaire qu'il soit, mais à la condition de se livrer à beaucoup de recherches pour arriver à un maigre résultat, quand il n'est pas négatif. C'est ainsi que nous pouvons encore offrir quatre séries intéressantes de documents ou de mentions dont nous dirons quelques mots plus loin.

Dans ce chapitre, il ne s'agit plus, comme dans les précédents, de documents sur un sujet spécial, mais bien de notes diverses auxquelles seul un classement a pu donner un corps. En outre, il reste une assez grande quantité d'éléments qui n'ont, entre eux, qu'une parenté éloignée. Ceux qui se rattachent à l'administration des paroisses ont été classés par ordre alphabétique ; ceux intéressant le clergé en général par ordre chronologique.

Examinons donc rapidement chacune des quatre parties dont se compose ce chapitre :

1° *Liste du clergé paroissial* (1475-1603). — Cette liste ne comprend pas moins de 594 mentions de prêtres inconnus, étant antérieurs aux registres paroissiaux ou d'état civil, et même pour beaucoup, à l'ordonnance de Villers Cotterets, de 1539, par laquelle François 1er prescrit l'établissement de ces registres. Personne n'ignore que cette obligation a été imposée aux curés, autant dans le but de créer un état civil aux citoyens, que dans celui d'en constater la catholicité.

Les plus anciens actes connus ne sont que des actes de baptême, ou plutôt de simples listes baptistaires, le plus souvent non signées. C'est seulement en 1579, par l'ordonnance de Blois, qu'il est enjoint aux curés de tenir note des *naissances, mariages et décès.*

L'intérêt de cette liste n'est donc pas à démontrer.

2° *Baux de Cures* (1481-1632). — Cette série est extrêmement intéressante en ce qu'elle renseigne sur les revenus approximatifs d'une cure par le montant de la pension que se réserve le titulaire.

Si pressuré que veuille bien être un amodiataire, il faut bien cependant lui laisser à peu près de quoi ne pas mourir de faim, surtout s'il est prêtre étranger à une localité où il n'a pas d'intérêts personnels. Exercer toutes les fonctions sacerdotales et gérer les biens et revenus d'une cure ne devaient pas être une sinécure.... pour lui.

Les titulaires ne paraissant considérer que le chiffre de la pension, consentent indistinctement ces baux à des ecclésiastiques ou à des laïques. Dans ce dernier cas, l'amodiataire prend, vis-à-vis du curé, l'engagement de faire desservir la cure *in divinis*. Le plus souvent les preneurs sont du pays, y ont déjà des moyens d'existence et ne voient là qu'une occasion d'augmenter leurs ressources. Le titulaire, qui les connait, y trouve à la fois une plus forte pension et une plus grande garantie. De part et d'autre, c'est un véritable marchandage, une véritable spéculation.

Il ressort, de ces actes, que le curé prélève une pension subordonnée à la richesse de son bénéfice sans faire autre chose que d'aller une ou plusieurs fois par an, à son choix, visiter ses paroissiens. Encore invariablement, durant son séjour, il doit être hébergé aux frais de l'amodiataire, ainsi que « ses hommes et ses chevaux ».

D'après ces baux, ces pensions varient de 25 à 350 l. Pour les plus fortes, c'était, au XVIe siècle, un assez joli denier.

A cette époque de croyance et de pratiques religieuses, il devait être particulièrement pénible aux habitants des paroisses, de voir trafiquer sur un bénéfice enrichi par leurs donations, comme sur un champ ou sur un cheval.

De tout temps ils ont protesté contre ces abus. Le Concile de Trente (1545-1563) a beau interdire le cumul des bénéfices, ceux qui en profitent sont tellement nombreux et influents, qu'après comme avant, la vénalité continue à fleurir.

M. Salomon a publié (1) les remontrances des cahiers du bail-

(1) Notice sur les cahiers du bailliage de Saint-Florentin pour les Etats-Généraux de 1576 et 1614. (*Bulletin de la Société des Sciences de l'Yonne*, 1864.)

liage de Saint-Florentin pour les Etats généraux de Blois en 1576, ville où pourtant il n'y avait pas un seul protestant. Nous en extrayons le passage relatif à notre sujet :

« Le commencement de la discorde et division des chrétiens « procède pour les abus qui sont aux ministres de la religion, car « il se trouvera qu'en l'Eglise catholique, apostolique et romaine, « toutes choses sont vénales, étant la plupart des ministres d'i- « celle Eglise romaine remplis de toute symonie...

« Seront élus les curés par les habitans des lieux, résideront « aux dits lieux et ne *paieront pension*...

« Il est requis en la dite Eglise que les prêtres, curés, abbés, « prieurs, chanoines et autres bénéficiers, tiennent les dits béné- « fices par eux et non par autres personnes interposées ; mais la « plupart et grande partie des bénéfices se tiennent sous le nom « de pauvres simples prêtres qui ne sont que *Custodinos* et ne re- « çoivent les revenus des dits bénéfices, ains seulement *habent*, « *victum et vestitum* et rendent le revenu des dits bénéfices à au- « tres gens...

« S'il se trouve sur les dits bénéfices pensions être constituées « en autre cas, elles doivent être cassées et annulées... »

3° *Cures et fabriques*. — *Affaires diverses* (1485-1677). — Cette subdivision ne contient qu'un petit nombre de documents, mais quelques-uns sont particulièrement intéressants. Citons : un inventaire très complet des ornements, vases sacrés et livres liturgiques de la paroisse Saint-Regnobert d'Auxerre (1608) (1) ; — Une requête de 1677, présentée à l'évêque d'Autun, par Philippe César de Chastellux, Judith de Barillon, son épouse, et les habitants de Chastellux, pour obtenir l'érection en paroisse, de l'église du dit lieu. En faveur de cette érection et pour avoir le droit de collation de ce bénéfice, M. de Chastellux abandonne les dimes de la chapelle actuelle, les tierces de Narbois et les dimes des métairies de la Chaume et de la Tuilerie. Il s'engage en outre, à donner une maison pour servir de presbytère, une place pour le cimetière, et à faire construire à l'église une chapelle seigneuriale, une sacristie, un clocher et des fonts baptismaux. Me de Chastellux promet de fournir tous les ornements sacerdotaux et vases sacrés nécessaires à la célébration du culte. De leur côté, les habitants s'imposent l'obligation de donner par an : les laboureurs, deux gerbes de seigle et 7 s. 6 d., et les manouvriers 12 s. 6 d. ; — Une requête de 1555, des habitants du

(1) Nous avons cru devoir publier cette pièce qui ne se trouve pas dans le fonds de la fabrique (G. 2394.)

hameau de l'Autremont, au curé de Perrigny-sur-Armançon leur paroisse, sollicitant l'autorisation de terminer la construction d'une chapelle et d'y faire célébrer le service divin ; — Une curieuse transaction de 1521, entre le curé et les habitants de Mailly-la-Ville, relative aux droits paroissiaux et funéraires ; — Des engagements, par les nouveaux curés, *par résignation*, des paroisses de Sementron et du Val-de-Mercy, de payer des pensions annuelles à leurs prédécesseurs. La résignation, dit M. Chéruel (1) « était « un moyen de rendre des bénéfices héréditaires ou d'en tirer des revenus ». Il ajoute : « Dans certains cas, le résignant pouvait de- « mander à rentrer dans son bénéfice ; cette demande s'appelait « *regrès*. Le regrès avait été prohibé par le Concile de Trente, « mais les Parlements continuèrent à l'admettre ».

4° *Clergé et affaires religieuses diverses* (1497-1593). — Rien n'est, en effet, plus divers que les actes, extraits ou mentions constituant cette série, et qui vont du sujet le plus élevé au plus vulgaire.

Qu'on en juge ou plutôt, ce qui est de beaucoup préférable, que le lecteur s'arme de courage pour les parcourir lui-même.

1497. — Un orfèvre d'Auxerre reconnait que, dans une saisie dont il a été victime, à la requête d'un créancier impitoyable (le progrès n'arrivera jamais à améliorer cette race), se trouve compris un calice d'argent qu'un prêtre de Chablis lui avait confié pour le réparer.

1521. — Un boulanger s'engage à « cuyre et paneter » à façon, pendant un an, pour la somme de 10 l. t., tout le pain nécessaire aux religieux de l'abbaye St-Germain d'Auxerre.

1521. — Un particulier s'engage à aider le sonneur de St-Etienne d'Auxerre, à sonner les cloches pendant quatre mois environ, « moyennant une jaquette de gris et une paire de soliers ».

1524. — Procuration donnée par un chanoine d'Auxerre, curé de Pressas, diocèse d'Agen, pour poursuivre les fermiers de la dite cure en paiement de ce qui lui reste dû.

1542. — Donation à un étudiant à Paris « affin qui se puisse mieulx entretenir aux escolles » (2).

1558. — Un boulanger de Tonnerre s'engage à cuire, chez lui, sa vie durant, tout le pain nécessaire à l'abbaye St-Michel, et à four-

(1) *Dictionnaire historique des institutions de la France*, t. Ier, p. 73.

(2) On trouve fréquemment des donations ou constitutions de rentes par des parents en faveur de leurs enfants qui se destinent à la prêtrise. Nous avons négligé ces actes constatant une coutume bien connue. Ils ne sont du reste intéressants que par la formule qui est généralement

nir le bois pour la cuisson, excepté dans le cas où l'abbé voudrait faire cuire ce pain dans l'abbaye. Comme paiement, le boulanger est dispensé d'acquitter une rente de 40 bichets de grain qu'il doit à l'abbaye.

1566, 19 avril. — Réquisition par M. d'Aussonville (*sic*), chapelain des hautes messes de la chapelle et musique du roi, pour être mis en possession du premier canonicat vacant, dont il a été pourvu « cejourd'huy par le roy estant en léglise Sainct-Estienne d'Au-« cerre ».

1568. — Amodiation pour 5 ans à un particulier, par le prieur de St-Eusèbe d'Auxerre, de tous les revenus du prieuré, à la charge de « nourrir bien et honnestement les religieulx qui feront le ser-« vice de la d. eglise St Eusèbe, ainsi que le prieur est tenu et « quon a accoustume faire », et moyennant 210 l. de pension annuelle.

La conséquence d'un pareil marché, c'est que les religieux seront nourris *à la portion congrue*, c'est-à-dire mal. Le prieur, satisfait de recevoir régulièrement une pension qu'il a dû demander la plus forte possible, ne fera, le cas échéant, que de molles observations à l'amodiataire qui, de son côté, n'a pas dû se faire *marchand de soupe*, uniquement pour les *beaux yeux* des *pauvres* moines. Le veau d'or a toujours eu ses adorateurs.

1570. — Conflit entre le chanoine solliciteur du chapitre d'Auxerre et l'archiprêtre de Puisaye au sujet de la publication du jubilé dans les paroisses. L'archiprêtre, malgré son désir « d'obéir aux commandemens de Messieurs » (le chapitre) a refusé d'y faire procéder à ses dépens, ses prédécesseurs ayant, en pareil cas, reçu de l'argent du chapitre.

1571. — Sursis demandé par le procureur de l'abbaye St-Germain, avant d'acquitter une redevance réclamée par le chapitre d'Auxerre, pour s'assurer de la date de l'échéance, « attendu que les « papiers qui les en rendroient certains ont esté perduz durant « les troubles derniers ».

1571. — Attestation par deux chanoines d'Auxerre, que Me Lenormant, leur confrère, est de bonne vie et mœurs, etc.... « et pres-« chant contre les hérétiques tellement, qu'il est digne, suffisant « et capable de tenir ung évesché ou aultre grand bénéfice ».

1576. — Requête du chapitre d'Auxerre, sollicitant une réduction

« pour quilz puissent y vivre honnestement et convenablement ». Une seule fois nous avons rencontré cette variante plus caractéristique : « à « celle fin *quil ne soit mendiant*, mais puisse vivre honorablement comme « un homme déglise ».

de sa quote part dans les 50,000 écus de rente octroyés au roi « at-« tendu les fortunes survenues tant à leur église, que à chacun « deulx, particullièrement pendant le temps que ceulx de la nou-« velle relligion occupèrent la ville ».

1581. — Procuration donnée par les religieux de l'abbaye St-Père d'Auxerre, pour suivre la succession de Félix Le Masle, prieur de St-Etienne de Dijon, religieux profès de leur abbaye.

1586. — Acte par lequel un marchand d'Auxerre s'engage envers l'abbaye St-Père, si son fils novice à la dite abbaye y est reçu religieux profès, à l'entretenir pendant six ans dans une université, lui faire *avoir degrez*, donner la chambre garnie ordinaire, faire le festin de sa première messe, l'habiller selon sa qualité jusqu'à ce qu'il soit prêtre, et donner à l'abbaye dans les six mois qui suivront la profession : deux « psautiers à l'usage de Sens, une « aulbe de thoille blanche, ung messel et deux brévières usaige « d'Aucerre, nouvellement imprimez ».

Cet engagement est suivi d'un acte de ratification par l'abbé et les religieux.

1586. — Engagement par un chanoine semi-prébendé d'Auxerre, de nourrir et loger pendant trois ans, un de ses confrères, moyennant abandon du revenu de sa semi-prébende.

1590. — Opposition formée par M. Sébastien Le Royer, chanoine d'Auxerre et chantre de la collégiale St-Honoré, de Paris, à l'élection d'un nouveau chantre, en son lieu et place, pour défaut de résidence à Paris. Dans sa procuration, il donne pour motifs d'absence forcée, ses fonctions de gouverneur du fait commun de la ville d'Auxerre, et le défaut de sécurité des chemins, durant cette période de troubles. Ces deux raisons sont très valables, mais il en est une troisième qu'il eût mieux fait de retenir. Il invoque comme défaut de résidence à Paris en *1590*, son assistance, comme député du clergé, aux Etats de Blois en *1576*, c'est-à-dire *14 ans* auparavant. C'est peut-être vouloir trop prouver !...

1591. — Le même Le Royer donne procuration pour opérer une saisie-arrêt sur les biens de Philippe Cabrieu, « médecin ordi-« naire de la feue reyne mere », locataire de sa maison canoniale au cloître de St-Honoré, lequel lui est redevable de 320 écus pour termes échus.

1593. — Désignation par le clergé du diocèse d'Auxerre, de Jean de Pilles, abbé de l'abbaye d'Orbais, chanoine de Notre-Dame de Paris et vicaire général de l'abbé de St-Germain d'Auxerre, pour assister à l'Assemblée des Etats convoqués à Paris par le duc de Mayenne. « Il devra consentir et se conformer à se qui sera advisé « et ordonné par les deputez ecclésiastiques du diocèse de Sens

« comme métropolitains, et aultres deputez des aultres diocèses « de France ».

Et dire que le XIXe siècle a la prétention d'avoir inventé le *mandat impératif* !

LISTE DES ECCLÉSIASTIQUES DU CLERGÉ PAROISSIAL

ANTÉRIEUREMENT AUX REGISTRES DITS PAROISSIAUX (1)

Accolay. — Gentot Didier,	1490. E. 371.
— Quincy Pierre,	1507. E. 374.
Aillant (2). — Delabonde Humbert,	1524. E. 380.
Anan ou Avan (3). — Périer Jean,	1541. E. 384.
Andryes. — Marnot Jean,	1490. E. 371.
— Dampierre Edme,	1573. E. 398.
Annay (Nièvre). — Rose Guillaume,	1535. E. 421.
Annay-la-Côte. — Le Caron, prêtre, docteur en médecine, *ch. d'Aux.* (4) et lecteur du chapitre,	1514. E. 411.
Annay-la-Côte. — Poirier Jean,	1528. E. 439.
— Droin (sans prénom), chanoine de Saint-Lazare d'Avallon,	1591. E. 427.
Appoigny. — Lambert Nicole, trésorier (5),	1493. E. 373.
Appoigny. — Grillot Jean,	1516. E. 377.
— Molée Germain,	1517. E. 412.
— Olivier Jean, *ch. d'Aux.*,	1531. E. 420. 1535. E. 422.

(1) Les vicaires rencontrés avec cette qualité dans les actes sont désignés par l'abréviation *vic.* Ne sont pas compris dans cette liste les vicaires par amodiation qui, assez souvent, associent des laïques à leur gestion. On les trouvera dans les baux d'autre part.

L'orthographe des noms et les qualités sont données telles qu'elles figurent aux actes.

(2) Indiqué à l'acte, diocèse de Nevers. Le dictionnaire topographique de ce département ne donne pas cette localité. Il est vrai que les départements actuels ne correspondent pas aux anciens diocèses.

(3) L'acte indique « diocèse de Nevers » Asnan, canton de Brinon est le nom qui s'en rapproche le plus.

(4) Comme beaucoup de curés primitifs du diocèse sont « chanoines d'Auxerre », le chapitre ayant un grand nombre de seigneuries et de cures à sa nomination, cette dignité sera désignée par l'abréviation *ch. d'Aux.*

(5) Le trésorier de la collégiale d'Appoigny était de droit curé de la paroisse.

Appoigny. — Balleur (Jacques de), *ch. d'Aux.*,	1543. E. 385.
Appoigny. — Berger Pierre,	1586. E. 408. 1593. E. 449. 1602. E. 432.
Arcy-sur-Cure. — Bette Denis,	1524. E. 380.
Arquian (Nièvre). — Pellegrin Jean,	1591. E. 427.
Arthonnay. — Paris Jean,	1596. E. 697.
Asnières près Vézelay. — Bard Claude,	1508. E. 374.
Augy (1). — Guiller Odo,	1498. E. 488.
— Bludet Etienne,	1513. E. 410.
— Cressin Félix,	1517. E. 412. 1519. E. 488.
— Masle Félix,	1541. E. 488.
— — abbé de *Marcilly*,	1565. E. 390. 1574. E. 399.
— *Vic.* Borgne Etienne,	1529. E. 446. 1543. E. 385 (2).

Auxerre *(paroisse Notre-Dame-la-D'hors)* (3).

Frère Guillon Félix,	1483. E. 369. 1494. E. 373.
Martignon Pierre,	1504. E. 374.
Bourgeoys Jean,	1521. E. 379. 1522. E. 494.
Thévenon Philibert,	1593. E. 429. 1603. E. 434.

Auxerre *(paroisse Saint-Amatre)* (4).

Frère Leux (Robert de),	1508. E. 375.
Frère Richard Martial, religieux de *Saint-Salvateur* (*sic*),	1529. E. 416. 1530. E. 420.
Roujault Claude (5),	1593. E. 429.
Frère Garnot Jean, religieux de Saint-Père d'Auxerre,	1602. E. 432.
Vic. Rappin Regnobert,	1586. E. 407.

Auxerre *(paroisse Saint-Eusèbe)*.

Molée Martin,	1483. E. 369.
Gaulthier Himbert,	1504. E. 374.
Champs (Pierre de),	1508. E. 375.
Lelièvre Pavas,	1586. E. 407. 1590. E. 427.

(1) Augy était un prieuré-cure.

(2) En 1541, il est amodiataire pour 3 ans de ce prieuré-cure avec Cressin Félix, curé de Saint-Pèlerin d'Auxerre (E. 488).

(3) La cure Notre-Dame-la-D'hors dépendait de l'abbaye Saint-Marien d'Auxerre et un religieux de cette abbaye en était curé.

(4) Saint-Amatre était un prieuré-cure dépendant de l'abbaye Saint-Satur en Berry.

(5) Il signe Rojot.

Regnard Claude,	1591. E. 427. 1593. E. 429. 1602. E. 432 (1).
Vic. Moreau Louis,	1505. E. 375.
Vic. Cathelin Etienne,	1529. E. 417.

Auxerre *(paroise Saint-Gervais).*

Frère Jacob Gaucher, prieur,	1481. E. 368. 1485. E. 370.
Lebeuf Jean, curé,	1513. E. 376.
Loysie (Pierre de), prieur,	1516, E. 377.
Cornelle (Guy de la), prieur,	1517. E. 412.
Thibault Jean, curé,	1542. E. 425. 1543. E. 385.
Riotte Pierre, *ch. d'Aux.*, prieur,	1547. E. 387.
Thibault Jean, *ch. d'Aux.*, curé,	1562. E. 389. 1570. E. 393.
Mioche Florent, curé,	1574. E. 399.
Le Roy Noël, curé,	1574. E. 399.
Martin Edme, curé,	1586. E. 407.
Pesselières (frère Pierre de), grand prieur de l'abbaye Saint-Germain, prieur,	1593. E. 429.
Auvergne Joseph, curé,	1597. E. 430. 1602. E. 432.
Vic. Champoyn Jean,	1527. E. 415.
Vic. Veiltillart Michel,	1533. E. 419. 1535. E. 422.
Vic. Borne Etienne,	1562. E. 389.

Auxerre *(paroisse Saint-Loup).*

Hébert Jean,	1511. E. 376.
Charmoy (Germain de), *ch. d'Aux.*,	1511. E. 376.
Boquin Charles,	1516. E. 377.
Tournemotte Pierre,	1560. E. 388. 1565. E. 390.
Kerner Michel (2),	1568. E. 392. 1570. E. 394.
Lecœur Antoine (3),	1574. E. 399. 1579. E. 402 *bis*.
Roy Edme,	1601. E. 431.
Vic. Desportes Simon,	1504. E. 374 (4).
Vic. Ythier Guillaume Amonet Guillaume,	1507. E. 374 (5).

(1) Ce prêtre est résignataire de la cure de Val-de-Mercy au profit de Jolly Laurent, moyennant une pension annuelle de 10 écus. (Voir les documents.)

(2) En 1568, ce curé de Saint-Loup est en même temps curé de Saint-Regnobert (E. 392).

(3) En 1574 (E. 399), ce curé est désigné *naguères* curé de Bonnard.

(4) Il n'existait plus à cette date. Ses héritiers vendent un bien provenant de sa succession.

(5) Ils étaient probablement vicaires par amodiation.

Vic. Seurre Pierre, 1524. E. 380. 1536. E. 382.
Vic. Jullien (sans prénom), 1565. E. 390.
Vic. Louat Germain, 1571. E. 395.
Vic. Blanche Edme, 1590. E. 427.

Auxerre *(paroisse Saint-Mamert).*

Chabin Jean, 1494. E. 373. 1504. E. 374. 1511. E. 376. 1513. E. 410. 1517. E. 412.
Brothier Jean, 1521. E. 379.
Tribolé Simon, 1570. E. 427 *bis*.
Frère Tribolé Simon, 1577. E. 402 (1).
Cochon Nicolas, *ch. d'Aux.*, 1586. E. 407.

Auxerre *(paroisse Saint-Martin-les-Saint-Julien).*

Pinseribault Jacques, 1504. E. 374. 1516. E. 377. 1524. E. 380.
Thomereau Jacques, 1594. E. 429.
Gauthier Pierre, 1597. E. 430.

Auxerre *(paroisse Saint-Martin-les-Saint-Marien).*

Frère Lhuillier Michel, religieux de Saint-Marien, 1560. E. 388.
Quarreau Pierre, 1577. E. 402.
Chrestien Germain, 1603. E. 434.

Auxerre *(paroisse Saint-Père-en-Château).*

Mulart Jean, 1513. E. 410.
Pinot François, 1535. E. 422.
Grossot Claude, 1565. E. 390. 1568. E. 392. 1570. E. 393 (2).
Mioche Florent, 1571. E. 395.
Regnard ou Regnauld Marin, 1576. E. 401. 1577. E. 402. 1581. E. 403.
Gorgereau Jean, 1590. E. 427. 1593. E. 429.
Vic. Blanvillain, maître ès arts, bachelier en décrets, 1495. E. 373.
Vic. Gauthier Jean, 1529. E. 416.
Vic. Nault Hugues, 1532. E. 418. 1535. E. 422.

(1) Ce frère était en même temps que curé de Saint-Mamert, prieur de Saint-Eusèbe.

(2) En 1571 (E. 395), il est mentionné *décédé*.

Auxerre *(paroisse Saint-Père-en-Vallée).*

Frère Séguin Pierre (1),	1481. E. 368. 1498. E. 373.
Sergent Pierre,	1491. E. 372.
Poinsot Guillaume, alias des Bauges,	1502. E. 375.
Frère Delorme Jean,	1529. E. 416. 1536. E. 382.
Frère Robert Etienne,	1568. E. 392. 1571. E. 395. 1577. E. 402. 1590. E. 427. 1593. E. 429.

Auxerre *(paroisse Saint-Pèlerin).*

Gendot Miles,	1481. E. 368. 1483. E. 369.
Guinebert Jean,	1508. E. 375.
Cressin Félix,	1513. E. 410. 1527. E. 415.
Frère Collet Guillaume,	1568. E. 392.
Frère Paullevé Gaspard,	1577. E. 402.
Jouan Scipion,	1593. E. 429.

Auxerre *(paroisse Saint-Reynobert).*

Pourain Robert,	1509. E. 376.
Bretel Laurent, *ch. d'Aux.*,	1527. E. 380. 1541. E. 384.
Kerner Michel,	1568. E. 392.
Maignain Jacques, *ch. d'Aux.*,	1571. E. 396. 1577. E. 402. 1590. E. 427 (2).
Millot Jean,	1594. E. 429.
Bargedé Gaspard, *ch. d'Aux.*,	1603. E. 434.
Vic. Parigot Ythier,	1505. E. 375.
Vic. Petit Martin,	1515. E. 377. 1521. E. 379.
Vic. Sire Jean,	1547. E. 387.
Vic. Laulne (Louis de),	1560. E. 388.
Vic. Guidon Jean,	1565. E. 390. 1568. E. 392. 1571. E. 395.
Batilly. — Chefdeville Raoul, *ch. d'Aux.*,	1511. E. 376.
— Givarlay Jean,	1521. E. 379.
— Carault Jacques,	1573. E. 398.
Bazarne. — Gauguery Vincent,	1570. E. 394.
Beauvoir. — Blanchard Nicole, *ch. d'Aux.*	1562. E. 389. 1564. E. 478.
— Morin Antoine,	1570. E. 394.
Beines. — Rigolet Nicole,	1493, 1496. E. 373.
Bétry-lès-Vermenton. — Ménigot Jean,	1505. E. 375.

(1) La cure de Saint-Père était à la nomination de l'abbaye du même nom. Un religieux en était curé.

(2) Il signe Magnien.

Bétry-lès-Vermenton. — Musnier Etienne, 1529. E. 446.
— Lamoignon Et^{ne} 1568. E. 392.
Billy. — Colas Pierre, *ch. d'Aux.*, 1571. E. 396.
— Lesourt Jean, *ch. d'Aux.*, trésorier du chapitre, 1578. E. 402. 1591, E. 488.
— *Vic.* Pautrat Louis, 1603. E. 434.
Bleigny-le-Carreau. — Lemyre Guillaume, 1502. E. 375.
— Chauvot Jean, 1524. E. 380.
— Chauvot Dreux, 1524, 1527. E. 380.
— Foucher François, 1541. E. 384.
Bléneau. — Girault Jacques, 1541. E. 384.
Bonnard. — Lecueur Antoine, 1574. E. 399 (1).
Bouilly. — Moturat Louis, 1567. E. 391.
— Beaurepaire (Pierre de), religieux et chantre de Saint-Germain d'Auxerre, 1570. E. 394.
Briare. — Leconte Gilbert, *ch. d'Aux.*, 1591. E. 427.
Brosses. — Delachâsse Pierre, chanoine de Châtel-Censoir, 1504. E. 375.
Carisey. — Maridolle Regnault, 1508. E. 375.
— Langlois Guillaume, chanoine et chantre de la collégiale Saint-Pierre de Tonnerre, 1575. E. 667 (2).
Cessy-les-Bois. — Maignen Pierre, *ch. d'Aux.*, 1530. E. 381.
Cézy. — Chappon Jean, prieur de Saint-Sauveur de Melun, vicaire et curé perpétuel de Cézy. 1476. E. N. N.
Chailley. — Cayn Léonard, alias de Bombel, 1513. E. 376.
Champcevrais. — Prye (Antoine de), protonotaire du Saint-Siège, 1568. E. 392 (3).
Champlemy. — Olivier Jean, *ch. d'Aux.*, 1535. E. 488.
Charbuy. — Gallois François, 1493. E. 373. 1508. E. 374.
— Maignen Pierre, *ch. d'Aux.*, promoteur général du dioc., 1524. E. 380.

(1) Dans cet acte, cet ecclésiastique, curé de Saint-Loup d'Auxerre, est désigné « naguère » curé de Bonnard.

(2) A cette date il n'existe plus. Il y est désigné « en son vivant » curé de Carisey. Il doit être décédé depuis peu, car cet acte est le partage de ses biens entre ses héritiers.

(3) Il était en même temps curé de Fulvy, cure ayant pour annexes Villiers-les-Hauts et Mareuil.

Charbuy. — Guérin Guillaume,	1570. E. 393. 1573. E. 398. 1576. E. 401.
— Delinotte Martial, *ch. d'Aux.*,	1593. E. 429.
— *Vic.* Chappillon Thomas,	1537. E. 383.
Charentenay. — Berthier Guillaume,	1483. E. 369. 1493. E. 373. 1508. E. 375.
— Berthier Jean,	1524. E. 380.
— Lucat Michel,	1568. E. 392.
Charmoy. — Robeleau Guillaume, maître ès arts,	1481. E. 368.
— Auverjat Jean,	1483. E. 369.
— Sainctonner (Louis de),	1593. E. 429 (1).
Charmoy. — *Vic.* Soufflart Edmond et Guynebert Jean, prêtres, *à présent* vicaires de Charmoy (2).	1533. E. 420.
Chasnay. — Barre (François de la), *ch. d'Aux.* et doyen du chapitre,	1571. E. 396.
— Boier François,	1597. E. 430.
Chastenay. — Taillebrin Jean,	1570. E. 393. 1576. E. 401. 1591. E. 427.
— Roy Philbert,	1603. E. 433.
Chaumot. — Le May Jean, *ch. d'Aux.*,	1516. E. 488.
Chemilly-près-Seignelay. — Thénin Jean,	1490. E. 371. 1491. E. 372.
— — Madelin Jean,	1513. E. 376. 1517. E. 378. 1524. E. 380 (3).
— — Delaveau Antoine,	1565. E. 390. 1567. E. 391.
— — Bouchet Jacques, *ch. d'Aux.*,	1576. E. 401. 1577. E. 402.
— — Darolle Claude,	1602. E. 432. 1603. E. 434.
— — *Vic.* Synnot Germain,	1517. E. 378.
— — *Vic.* Cathelin Etienne,	1524. E. 380.
Chemilly-sur-Serein. — Jobert Pierre,	1571. E. 661.
Chevannes. — Bijon Pierre, religieux de l'abbaye Saint-Père d'Auxerre,	1602. E. 432 (4).

(1) Il n'existait plus à cette date. Dans cet acte il s'agit d'un transport d'amodiation des fruits des vignes qui lui appartenaient. Il y a donc peu de temps qu'il est décédé.

(2) Sans doute vicaires par amodiation.

(3) Dans cet acte il est qualifié chanoine de Notre-Dame de la cité d'Auxerre.

(4) Est désigné prieur-curé.

Chichery. — Jaquot Louis,	1515. E. 377 (1)
— Légeron Charles, *ch. d'Aux.*,	1570. E. 394. 1571. E. 396.
— Grongnet Guillaume,	1578. E. 402.
Chitry. — Johannis Nicole, chanoine de la cité d'Aux.,	1535. E. 420.
— Faudenier François,	1593. E. 429.
— *Vic.* Demay Valérien,	1524. E. 380.
Clamecy. — Pilles (Girard de), chantre de la collégiale de Clamecy	1534. E. 421.
— Piles (Girard de), *ch. d'Aux.*, chantre de la collégiale de Clamecy,	1560. E. 489 (2).
— Sacquenet (Jacques de), chantre de la collégiale de Clamecy,	1577. E. 402.
Commissey. — Gauchier Arnoul,	1476. E. N. N.
— Lancluse (Fiacre de),	1586. E. 682. 1587. E. 684.
Coquagny ou Coquagin (?). — Millelot Louis,	1508. E. 375.
Corbeilles-en-Gâtinais. — Alliet Pierre,	1586. E. 407.
Corvol-l'Orgueilleux. — Boitel Antoine,	1568. E. 392. 1571. E. 396 1576. E. 401 (3).
Corvol [d'Embernard]. — Damy Gaspard,	1576. E. 401 (4).
Coulanges-la-Vineuse. — Monin Nicole,	1603. E. 434.
— *Vic.* Briot Pierre,	1521. E. 379.
Coulanges-sur-Yonne. — Roy Edme,	1573. E. 398. 1577. E. 402 (5). 1590. E. 427.
Couloutre. — Moteau Jean,	1490. E. 371.
— Chausson Guillaume, *ch. d'Aux.*, et official du diocèse,	1524. E. 380.
— Maignen Pierre, *ch. d'Aux.*,	1530. E. 381. 1541. E. 384.
— Damy Gaspard, *ch. d'Aux.*,	1568. E. 392 (6). 1571. E. 396.

(1) Son prédécesseur était Jean Jacquot E. 377 f° 127.

(2) Sans doute le même que le précédent.

(3) A partir de 1571 il est qualifié chanoine d'Auxerre.

(4) Il ne peut être question que du curé de cette cure attendu que celui de Corvol-l'Orgueilleux figure également dans cet acte.

(5) Dans cet acte il est dénommé Le Roy.

(6) Cet ecclésiastique est encore qualifié de pénitencier du chapitre, grand vicaire général de l'évêque d'Auxerre et curé de Saint-Amand.

Couloutre. — Damy Gaspard, *ch. d'Aux.*, 1577. E. 402 (1).
— Chaucuard Droin, *ch. d'Aux.* 1590. E. 427. 1594. E. 429.
— Bernard Simon, ch. tortrier d'Aux., 1632. E. 488.
Courgis. — Millet Etienne, 1508. E. 375.
— Guidons (2) Jean, 1509. E. 376.
— Millet Etienne, 1511. E. 376. 1513. E. 410. 1517. E. 412.
— Gandete Etienne, 1521. E. 379.
— Bridé Louis, *ch. d'Aux.*, 1525. E. 481.
— Le Maire Edme, 1576. E. 401 (3).
— Légeron Charles, *ch. d'Aux.*, 1586. E. 408. 1590. E. 427. 1593. E. 429.
— Guillaume Jean, 1602. E. 432.
— Lesourt Jean, *ch. d'Aux.*, 1618. E. 488.
Cours (4). — Quatranvault Jean, 1513. E. 410. 1517. E. 412. 1521. E. 380.
— Frère Froment Etienne, religieux de l'abbaye Saint-Père d'Auxerre, 1578. E. 402.
Courson. — Baudequin Pierre (5), 1515, E. 377.
— Demontjot Pierre, *ch. d'Aux.*, 1537. E. 383.
— Brissard Antoine, *ch. d'Aux.*, 1570. E. 394. 1571. E. 396.
— Synson Etienne, *ch. d'Aux.*, 1578. E. 402. 1579. E. 402 *bis*.
— Vantrouiller Jacques, *ch. d'Aux.*, 1580. E. 488.
— Colombat Simon, 1593. E. 429.
— *Vic.* Ragon Jean, 1537. E. 383.
Coussegré. — Benoire Nicolas, 1475. E. N. N.
Crain. — Pramy (Antoine de), 1505. E. 375. 1509. E. 376.
— Robert Laurent, *ch. d'Aux.*, 1541. E. 488.
— Buisson Étienne, 1574. E. 399.
Cravant. — Couchet Agnan (6), 1507. E. 374. 1511. E. 376.

(1) N'est pas le même que le précédent, mort le 6 janvier 1573. Lebeuf surnomme le premier l'*aîné* et le second le *jeune*.

(2) Dans un acte suivant, il est dénommé Gondoins. Quel nom est le vrai?

(3) Ce prêtre n'existe plus. Il y est qualifié de chanoine semi-prébendé d'Auxerre. Par cet acte ses héritiers déposent les fonds pour l'exécution de son testament.

(4) Aujourd'hui hameau de la commune de Grimault (Yonne).

(5) Ce curé n'est que sous-diacre d'après l'acte.

(6) En 1511, il est qualifié de maître d'hôtel de l'évêque d'Auxerre.

Cravant. — Cornot Noël, *ch. d'Aux.*, 1579. E. 402 *bis.*
— Pougny Etienne, 1602. E. 432.
— *Vic.* Quincy Guillaume, 1521. E. 379.
Crux-le-Châtel. — Racine Antoine, 1493. 1494, 1495, 1497. E. 373.
Cruzy-le-Châtel. — Jazu Jacques, 1551. E. 651.
Cuncy-les-Varzy. — Martin Regnault, *ch. d'Aux.*, 1591. E. 427.
Cuy près Sens. — Repoux Jean, *ch. d'Aux.*, 1568. E. 392.
Dannemoine. — Langlois Pierre, 1550. E. 651 (1).
Diges. — Borne Simon, 1508. E. 375. 1521. E. 379.
— Delune Claude, 1577. E. 402.
— *Vic.* Delacroix Marcel, 1537. E. 383.
Dixmont. — *vic.* Hore Jean, 1536. E. 382.
Dracy. — Dupré Charles, 1590. E. 427.
Druyes. — Charmoy (Germain de), *ch. d'Aux.*, 1509. E. 376.
— Charmoy (Germain de), 1530. E. 381 (2).
Égléný. — Fourneau Étienne, 1494. E. 373.
— Souef Vincent, 1496. E. 373.
— Cochet Martin, *ch. d'Aux.*, 1538. E. 488.
— Julian Jean, 1541. E. 384. 1543. E. 488.
— Bernard (sans prénom), 1549. E. 376.
— Guichard Jean, 1555. E. 488.
— Varlet Louis, 1576. E. 401.
— Morin Pierre, 1586. E. 408.
Épineuil. — Belot Guillaume, 1475. E. N. N.
— Courcelles (Émery de), docteur régent de la Faculté de théologie, principal du collège du Plessis, 1543. E. 648 (3).
— Ménestrier Denis, 1571. E. 661.
Escamps. — Bureteau Laurent, 1483. E. 369.
— Lesage Guillaume, 1505, 1508. E. 374. 1515. E. 377.
— Thévenon Edme, *ch. d'Aux.* et chantre du chapitre, 1571. E. 396. 1577. E. 402.

(1) Il n'existe plus ; il s'agit de sa succession.
(2) Neveu du précédent.
(3) Ce savant ecclésiastique pouvait bien être du Tonnerrois ; les Courcelles y étaient assez nombreux à cette époque. L'un d'eux est maître maçon à

Escolives. — Rémond Jean, 1530. E. 381.
— Bretel Pierre, 1547. E. 387.
Étais. — Thorinon Laurent, 1603. E. 434.
Étaules. — Julien Jean, 1510. E. 438.
— Millot Jean, 1528. E. 439.
Faverelles. — Bretel Laurent, 1505. E. 374.
Festigny. — Busansoys Michel, 1541. E. 384.
Feins (1). — Chuyn (Jean de), 1541. E. 384.
Fleury. — Bailly Jean, *ch. d'Aux.*, 1603. E. 434.
— *Vic.* Galetier Michel, 1513. E. 376.
Fléys. — Moncel Étienne, maître de la maladrerie de Sainte-Marguerite-les-Auxerre, 1494. E. 373.
Fléys. — Perrin Claude, 1521. E. 379. 1536. E. 382. 1537. E. 383. 1541. E. 384.
Flogny. — Langlois Guillaume, 1563. E. 488.
Fontaines. — Dubois André, 1547. E. 387.
Fontenailles. — Bard Jean, 1511. E. 376.
— Lamy Georges, 1562. E. 389.
Fontenay-sous-Fouronnes. — Boyvinet Adrien, *ch. d'Aux.*, 1541. E. 501.
Fontenay-sous-Fouronnes. — Viviers (Pierre de), 1572. E. 488.
Fontenay-sous-Fouronnes. — Garnier Gervais, 1574. E. 399.
Fontenoy. — Demonjot, *ch. d'Aux.*, 1521. E. 379. 1529. E. 416.
— Normant Laurent, 1547. E. 387.
— *Vic.* Dorbourg Jean, 1521. E. 379.
Fouronnes. — Chevallard Jean, *ch. d'Aux.*, 1593. E. 429 (2).
— Servignon Jean, 1594. E. 429.
Fresnes. — Simonnet Guillaume, 1552. E. 652.
— Baudot Claude, chanoine de Saint-Pierre de Tonnerre, 1566. E. 657.
Fulvy. — Prye (Antoine de), 1568. E. 392 (3).

Tonnerre, et Pierre Catin procureur d'Émery pour passer le bail de sa cure d'Épineuil, est son cousin et habite Tonnerre.

(1) Paroisse de l'ancien diocèse de Sens, aujourd'hui du Loiret.

(2) Ce chanoine n'est pas curé de Fouronnes, mais il jouit d'une pension de 25 l. sur les revenus de cette cure. Il l'a sans doute résignée avec cette réserve.

(3) Voir Champcevrais.

Fulvy.—Vantrouiller Jacques, *ch. d'Aux.*,	1571. E. 396. 1576. E. 401.
Gifz. — Couchet Aguan, *ch. d'Aux.*,	1524. E. 380 (1).
Gisy-les-Nobles. — Gentilhomme Léon,	1511. E. 376.
Goix (Saint-Bris). — Vollant Jacques,	1529. E. 416 (2).
— Bunetier Pierre,	1529. E. 416.
— Le Marchant Claude,	1530. E. 381.
— Royer Edme, « escolier estudiant en luniversité de Paris »,	1537. E. 383.
Goix (Saint-Bris). — Fauchot Germain, *ch. d'Aux.*,	1565. E. 390.
Goix (Saint-Bris). — Brisejon Pierre,	1583. E. 404. 1601. E. 431.
Grandchamp. — Noyon (Jean de), *ch. d'Aux.*,	1505, 1508. E. 375.
Griselles. — Varet Simon,	1527. E. 380.
Grisy (Saint-Bris). — Charmot Guillaume,	1511. E. 376. 1513. E. 410.
— Cointil Jean,	1581. E. 488.
Gurgy. — Bojat Jean,	1516. E. 377. 1521. E. 379. 1524. E. 380.
— Berault Pierre, *ch. d'Aux.*,	1560. E. 388. 1570. E. 394. 1571. E. 396. 1591. E. 427.
— *Vic.* Chauchon André,	1594. E. 429.
Gy-l'Évêque. — Bossotte Jean,	1497. E. 373.
— Roze Guillaume,	1536. E. 423. 1541. E. 384.
— Roze Nicolas,	1541. E. 384.
— Le Marchant Guillaume,	1578. E. 402. 1583. E. 404.
— Dubiez Antoine,	1590. E. 427.
— *Vic.* Delacroix Martial,	1542. E. 425.
Hauterive. — Magdelin Girard,	1516. E. 377. 1527. E. 380.
— Thiebault Guillaume, *ch. d'Aux.*,	1574. E. 399.
Héry. — Boquet Thibaut,	1530. E. 381.
— Ferrand Jacques,	1560. E. 388.
— Fernier Jacques,	1561. E. 492. 1568. E. 388.
Irancy.—Chopart Simon, secrétaire de l'abbé de Saint-Germain-d'Auxerre,	1505. E. 374.
Irancy. — Challegrin Antoine,	1508. E. 374.

(1) Ce chanoine est cité comme ancien curé de « Gifz au diocèse de Paris ».

(2) Dans cet acte passé par ses héritiers il est qualifié « en son vivant » curé de Goix.

Irancy. — Cassin Denis, *ch. d'Aux.*,	1521. E. 379.
— Coquère *(sic)* (Coquart) Jean, alias Baron, *ch. d'Aux.*,	1541. E. 384.
— Delorme Claude,	1562. E. 389.
Jaulges. — Bonnet ou Brunet Pierre, chanoine de Brienon,	1513. E. 376. 1517. E. 378.
Joigny, paroisse Notre-Dame. — Rousseau Pierre,	1507. E. 374.
Jussy. — Riole Louis,	1481. E. 368.
— Garnier Jean, maître ès arts, *ch. d'Aux.*,	1491. E. 372.
Jussy. — Estain Siméon,	1568. E. 392. 1573. E. 398. 1579. E. 402 *bis*. 1591. E. 427.
— *Vic.* Rémon J.,	1505. E. 375.
La Chapelle Saint-André et Corbellin. — Bosseau Nicole, chantre et chanoine de Varzy,	1570. E. 394.
La Chapelle Saint-André. — Légeron Charles, chantre et chanoine de Varzy,	1576. E. 401.
La Chapelle-Vaulpelteigne. — Gérard Miles, chanoine de Saint-Pierre de Tonnerre,	1544. E. 648. 1549. E. 650.
Laduz. — Mirault Pierre,	1504. E. 375.
— Pouy Sébastien, ch. tortrier d'Aux.,	1560. E. 388.
Laignes, — Fanon Ythier, prieur de Branches,	1593. E. 429.
Lain. — Leblanc Étienne,	1502. E. 375. 1504. E. 374 (1).
— *Vic.* Courtyn Benoit,	1521. E. 379.
Lainsecq. — *Vic.* Chevalier Laurent,	1513. E. 576.
— *Vic.* Bourgeois Jean,	1521. E. 379.
Lalande. — Chocat Hugues,	1504. E. 374. 1524. E. 380.
— Caillault Edme,	1568. E. 392.
— Dupré Charles,	1601. E. 431.
Lavau. — Millot Toussaint, *ch. d'Aux.*,	1574. E. 399. 1576. E. 401.
La Villotte. — Le Royer Sébastien,	1545. E. 426.
Leugny. — Dupuygrenet Jacques, clerc, demeurant à Paris,	1502. E. 375.

(1) Il n'existait plus en 1505. — Partage de ses biens E. 375, f° 218.

Lougny. — Johannis Nicole,	1536. E. 382.
Levis. — Gaveau Christophe,	1521. E. 379.
— Colas Edme,	1591. E. 427.
— *Vic.* Tallebrun Jean,	1524. E. 380.
Lignières. — Frouard Jacques, chapelain de Notre-Dame de Paris,	1552. E. 652.
Lignorelles. — Dubois Jacques,	1493. E. 373.
— Barat Jean, président et proviseur du collège de Reims en l'Université de Paris,	1562. E. 389.
Lignorelles. — Lemaistre Étienne, ch. semi prébendé d'Aux.,	1670. E. 394. 1571. E. 396. 1574. E. 399.
Lignorelles. — Chauchon André,	1586. E. 407.
— Père (1) Claude,	1597. E. 430.
— *Vic.* Petit Edmond, maître de la maladrerie de Maligny,	1493. E. 373.
Lindry. — Deniseau Pierre,	1490. E. 371.
— Maillard Chrétien, *ch. d'Aux.*, et sous-chantre du chapitre,	1513. E. 376.
Lindry. — Gorgin Jean,	1524. E. 380.
— Leclerc Jean,	1529. E. 417. 1530. E. 381.
— Gonthier Claude, *ch. d'Aux.*,	1560. E. 388.
— Repoux Jean, *ch. d'Aux.*,	1570. E. 394. 1577. E. 402.
— Galliot Pierre,	1582. E. 405.
— Damy Gaspard, *ch. d'Aux.*,	1594. E. 429.
Lucy-le-Bois.— Bussière Imbault, chanoine d'Époisses,	1562. E. 448.
Lucy-sur-Yonne. — Chevallard Jean,	1568. E. 392.
Mailly-la-Ville. — Gaulthier Jean (2),	1521. E. 379. 1524. E. 380.
— Gaulthier Toussaint,	1536. E. 423 (3).
Mailly-le-Château, » »	1562. E. 389 (4).
Marigny-l'Église. — Roy Hugues,	1507. E. 438. 1517. E. 449.
Mannay ou « Vaul-de-Barges ». — Odry Jean, grand archidiacre d'Auxerre.	1490. E. 371.
Marolles.—Frère Claude d'Ancienville, religieux et infirmier de l'abbaye de Molesmes,	1568. E. 658.

(1) Il signe « Pezé ».

(2) Remplace comme curé de Mailly-la-Ville, son frère Jean Gaulthier, décédé.

(3) Est désigné à l'acte « demeurant à Auxerre ».

(4) Cure vacante par suite du décès de M. Félix Bartholomé.

Mauvoisin, diocèse de Tarbes. — Deaulhe, 1570. E. 394 (1).
Méré. — Marchant Ponce, 1475. E. N. N.
— Frère Pesselières (Pierre de), grand prieur de l'abbaye Saint-Germain d'Aux., 1570. E. 394.
Merry-la-Vallée. — Courtoys Jean, 1541. E. 384.
— Julien Edme, 1565. E. 390 (2).
— Tepponier Joseph, *ch. d'Aux.*, 1586. E. 407. 1593. E. 429.
Merry-la-Vallée. — Madelain Julien, 1603. E. 434.
Merry-Sec. — Odry Nicole, 1481. E. 368. 1483. E. 369.
— Roussel Pierre, docteur en médecine, 1505. E. 375 (3).
Merry-Sec. — Charmoy (Germain de), *ch. d'Aux.*, 1521. E. 413. 1541. E. 488.
Merry-Sec. – Halle (Jacques de Métagnes de la), docteur en théologie, *ch. d'Aux.*, 1568. E. 392. 1571. E. 396.
Merry-Sec. — Delagrange Isaac, 1603. E. 434.
Merry-sur-Yonne. — Grasset Étienne, 1508. E. 374. 1509. E. 376.
Mézilles (4). — Delaloé Louis, *ch. d'Aux.*, archidiacre de Puysaye, 1527. E. 380.
Mézilles. — Delabarre Louis, *ch. d'Aux.*, archidiacre de Puisaye, 1535. E. 421.
Mézilles. — Grillot Charles, *ch. d'Aux.*, archidiacre de Puisaye, 1560. E. 388.
Mézilles. — Martin Regnault, *ch. d'Aux.*, archidiacre de Puisaye, 1594. E. 429.
Migé. — Poillepot Germain, 1515. E. 377.
— Pellard Jean, 1568. E. 392.
Migennes. — Thénin Henri, 1502. E. 375. 1504, 1505, 1508. E. 374. 1513. E. 376. 1516. E. 488. 1521. E. 379.

(1) Procuration donnée par noble Pierre du Broc, chanoine d'Auxerre, à M. François Le Broc, pour recevoir la pension qui lui est due pour la résignation au profit de M. Deaulhe, de la cure de Mauvoisin, au diocèse de Tarbes.

(2) Prise de possession de cette cure, par suite de résignation de ce bénéfice par Sébastien Le Royer, chanoine d'Auxerre.

(3) Dans la procuration qui suit cet acte, il est qualifié « Docteur régent à Paris, en la faculté de médecine ».

(4) Cette cure était unie à l'archidiaconé de Puisaye.

Migennes. — *Vic.* Toynot Michel, 1543. E 385.
Molesme. — Bénard Jacques, 1521. E. 379. 1524. E. 380. 1525. E. 496. 1527. E. 417 (1).
— Bard Nicole, 1568. E. 392. 1586. E. 407.
Molosme (la fosse). — Ginoy (Jean de), chanoine de Saint-Pierre de Tonnerre, 1585. E. 681.
Monéteau. — Delastre Étienne, 1517. E. 378.
— Joyse Jacques, *ch. d'Aux.*, 1536. E. 382.
— Lenormant Laurent, *ch. d'Aux.*, 1568. E. 392. 1570. E. 394 1571. E. 396.
Monéteau. — Moreau Edme, 1574. E. 399. 1583. E. 404.
— *Vic.* Guillot Humbert, 1506. E. 374. 1517. E. 378.
— *Vic.* Maupetit Jean, 1524. E. 380.
Montsauche. — Partiot Léonard, 1578. E. 402.
Montigny-le-Roy. — Le Gay Guillaume, 1494. E. 373.
— Regnard Guillaume, 1513. E. 410.
— Guiart Philippe, 1524. E. 380. 1528. E. 417.
— Colas Louis, *ch. d'Aux.* 1571. E. 396.
— *Vic.* Rétif Claude, 1529. E. 416.
Moulins-s-Ouanne. — Théveneau Nicolas, 1504. E. 375.
Moutiers. — Magdelain Jean, 1509. E. 376.
— Lemuet Philippe, 1530. E. 381 (2).
— Lemuet Étienne, chantre de la collégiale de Varzy, 1550. E. 381.
Moyson (?). — Bougars Jean, 1519. E. 439.
Myennes. — Billart Jean, *ch. d'Aux.*, 1524. E. 380.
Nannay. — Machuré Michel, *ch. d'Aux.*, 1521. E. 379.
— Boitel, Antoine, *ch. d'Aux.*, 1571. E. 396.
Narcy. — Frère Aulbin Guillaume (3), 1508. E. 375.
— Legendre Jeannin, 1524. E. 380.
— *Vic.* Blasy Hugues, 1507. E. 374.
Neuffontaines. — *Vic.* Guyton Pierre, 1527. E. 439.
Neuilly. — Guillot Pierre (4), 1494. E. 373.

(1) Dans ce dernier acte, il est dénommé Bernard et qualifié de : chanoine de Notre-Dame de la Cité d'Auxerre.

(2) A cette date il avait déjà résigné sa cure à Etienne Lemuet, son neveu. Il est désigné à l'acte « ancien curé ».

(3) Il est qualifié prieur-curé.

(4) Dans l'acte de 1597 E. 430, f° 202, il est relaté qu'un Pierre Guillot en était curé en 1568.

Neuilly. — *Vic.* Dumont Étienne, 1597. E. 430.
Neuvy-Sautour. — Huré Étienne, 1602. E. 432.
Nolay. — Blondeau Philibert, 1585. E. N. N.
Noyers. — Brusselot Martin, 1603. E. 433.
Odant (Oudan). — Ramonet Pierre, 1547. E. 387.
Oisy. — Garnier Jean, *ch.* d'*Aux.*, 1491. E. 372.
— Lotin Étienne, *ch. d'Aux.*, 1560. E. 388. 1565. E. 390. 1571. E. 396.
Ormoy. — Davy ou David Germain, ch. de la cité d'Aux., 1570. E. 394. 1571. E. 396.
Ormoy. — *Vic.* Perrette Jean, 1513. E. 410.
Ouagne. — Pinot Claude, 1594. E. 429.
Ouanne. — Rojot Hugues, 1521. E. 379.
— Devaulx, Jean, 1576. E. 401.
Ouzouer. — Hervy Pierre, 1568. E. 392.
Parly. — Maillard Chrétien, 1513. E. 376.
— Laponge (Jean de), *ch. d'Aux.*, 1560. E. 392.
— *Vic.* Robin Guy, 1513. E. 376.
Perreuse. — Loré Jean, 1516. E. 377 (1).
— Covignon, 1577. E. 402.
— Frère Garnot Jean, religieux de l'abbaye Saint-Père d'Auxerre, 1590. E. 427.
Parigny-la-Rose. — Richard Zacharie, ch. de Varzy, 1576. E. 401 (2).
Parigny-la-Rose. — Guillaume Edme, *ch. d'Aux.*, 1591. E. 427.
Perrigny-près-Auxerre. — Souef Vincent, 1494. E. 373.
— Charmoillet Guillaume, 1496. E. 373. 1504. E. 374 (3).
— Choppart Jean, 1527. E. 415,
— Dupuis Jean, 1573. E. 398. 1583. E. 404. 1590. E. 427.
— *Vic.* Jardelot Jean, 1505. E. 374.
Perrigny-sous-Rougemont (sur Armançon.) — Nauldot Jean, 1555. E. N. N.
Pimelles. — Berthelot Jean, 1475. E. N. N.
— Boullard Jean, 1549. E. 650.

(1) Prieuré-cure de Perreuse et Lainsecq.

(2) Son prédéceseur, avec lequel il transige, est noble Jean Lesourt, chanoine et trésorier du chapitre d'Auxerre.

(3) En 1505 il n'existait plus, ses héritiers vendent ses biens E. 374, f° 38.

Poilly (lequel ?), — Benoist Jean, docteur et régent en l'Université de Paris, 1562. E. 389.
Poilly-sur-Tholon. — Auberger Edme, 1574. E. 400. 1602. E. 432.
Pontaubert. — Frère Jansson Jean, 1527. E. 439.
Pougny-sur-Loire, — Barat Jean, *ch. d'Aux.*, 1558. E. 488.
— De la Halle Jacques, *ch. d'Aux.*, 1560. E. 488.
— Charnot François, 1576. E. 401
Pourrain. — Grilot Jean, 1490. E. 371.
— Lambert Nicole, 1496. E. 373.
— Charmoy (Germain de), *ch. d'Aux.*, 1521. E. 379.
Pourrain. — Julien Jean, 1537. E. 383.
— Pourron Edme, 1541. E. 488.
— Delabarre François, doyen du chapitre d'Auxerre, 1562. E. 389. 1565. E. 390.
Pourrain. — Le Royer Sébastien, *ch. d'Aux.*, 1571. E. 396. 1574. E. 400.
Prégilbert. — Montenoys (Claude de), 1577. E. 402.
Préhy. — Massot Jean, 1511. E. 376.
— Magnen Pierre, *ch. d'Aux.* et sous-chantre du chapitre, 1541. E. 384.
Préhy. — Denisot Valérien, 1577. E. 402. 1390. E. 427.
Prémery. — Couchet Agnan, *ch. d'Aux.*, 1524. E. 380.
— *Vic.* Chappuz Étienne, 1524. E. 380.
Quarré-les-Tombes. — Toullot Toussaint, 1513. E. 449 (1).
Quenne (2). — Lestau Jean, 1506, 1508. E. 374. 1514. E. 411. 1517. E. 412.
— Robert dit Martinot, Guillaume, 1527. E. 415. 1529. E. 416.
— Petitfou Laurent, 1560. E. 388. 1568. E. 392 (3). 1577. E. 402.
— Gastron Jean, 1586. E. 407.
— *Vic.* Gauthier Antoine, 1524. E. 380. 1527. E. 415.
— *Vic.* Guiart Antoine, 1529. E. 416 } (4).
— *Vic.* Borne Étienne, 1529. E. 416 }

(1) Dans son histoire de Quarré, l'abbé Henry ne mentionne pas cet ecclésiastique dans la liste des curés de la paroisse.

(2) Quenne était un prieuré-cure.

(3) Laurent Petitfou était en même temps que curé de Quenne, ch. d'Aux., abbé de Saint-Père d'Auxerre et curé de Sougères et d'Étais.

(4) Probablement vicaires par amodiation ; ils sont deux et de plus l'acte porte « à présent vicaires ».

Quenne. — *Vic*. Chastillon Nicole,	1573. E. 398.
Roffey (1). — Guillaume Laurent,	1475. E. N.N.
— Pescheteau Marin,	1553. E. 652 (1).
— Picard Edme,	1569. E. 661.
Ronchères. — Tallon François,	1521. E. 379.
— Jobert Aignan,	1525. E. 488.
— *Vic*. Mathieu Blaise,	1541. E. 384.
Sacy. — Goy Jacques,	1513. E. 376.
Saintpuits. — Pourcin Robert,	1504. E. 375. 1507. E. 374. 1524. E. 380 (2).
Saintpuits. — Peronnet Denis, *ch. d'Aux.* et pénitencier du chapitre,	1591. E. 427.
Saint-André-en-Morvan. — Coutin Clément,	1543. E. 452.
Saint-Bris. — Boileau Edmond, chanoine de la cité d'Aux.,	1502. E. 375.
Saint-Bris. — Girardot Jean,	1563. E. 390. 1574. E. 400.
— Lebrun (et Brun) Jean,	1576. E. 401. 1583. E. 404.
Saint-Cyr-les-Colons.—Guyart Hugues,	1483 E. 369.
— Cornevin Germain,	1574. E. 400.
— Vantrouiller Jacques *ch. d'Aux.*,	1576. E. 401 (3) 1577, E. 402.
Saint-Cyr-d'Entrains (4).—Broc (Pierre du) *ch. d'Aux.*	1571. E. 396.
Saint-Eusèbe-en-Puisaye. — Masoyer Jean,	1515. E. 377.
Saint-Eusèbe-en-Puisaye. — Massurt Jean,	1516. E. 377.
Saint-Eusèbe-en-Puisaye. — Massurt Jean, dit de Villiers.	1535. E. 421 (5).
Saint-Franchy-les-Aunay (6).—Delavau Denis, *ch. d'Aux.*,	1567. E. 391.

(1) Roffey est un prieuré-cure. M. Pescheteau est mentionné « demeurant au diocèse de Chartres ».

(2) Est désigné chanoine d'Auxerre en 1524.

(3) Ce chanoine devient curé de Saint-Cyr par permutation avec M. Catin Bonaventure.

(4) Saint-Cyr, hameau d'Entrains, était autrefois paroisse (Dictionnaire topographique de la Nièvre).

(5) Il n'existait plus à cette date. Une maison qu'il possédait à Auxerre est vendue par ses héritiers.

(6) Ancienne paroisse ; lieu détruit. (Dictionnaire topographique de la Nièvre.)

Saint-Georges. — Riote Louis, 1495. E. 373. 1504. E. 374(1).
— Pérille Etienne, 1513. E. 376.
— Gojat Jean, chanoine de Notre-Dame de la cité d'Auxerre 1527. E. 415.
Saint-Georges. — Musnier Guillaume, 1566. E. 488.
— Troyes (Jean de), 1568. E. 392.
— Gueneau Pierre, 1570. E. 393. 1571. E. 395.
— Thiébault Guillaume, *ch. d'Aux.*, 1576. E. 401.
Saint-Georges. — Lessouré Jacques, 1583. E. 495.
— Dallandard Pierre, 1603. E. 434.
Saint-Germain-des-Champs. — Chevillotte Didier, 1532. E. 462 (2).
Saint-Loup-des-Bois, — Pelaud Jean, le jeune 1524. E. 380.
Saint-Loup-des-Bois. — Leclerc Jean, *ch. d'Aux.*, 1546. E. 386.
Saint-Malo. — Musnier Jean, 1511. E. 376.
Saint-Martin-des-Champs. — Delaporte Jean, *ch. d'Aux.*, 1516. E. 377.
Saint-Martin-des-Champs. — Gaulthier Pierre, 1568. E. 392.
Saint-Martin-des-Champs. — Lefort Samson, 1571. E. 396.
Saint-Martin-des-Champs. — *Vic.* Mangis Simon. 1516. E. 377.
Saint-Martin-de-Tronsec. — Molée Philippe, 1521. E. 379 (3).
Saint-Maurice-Thizouaille. — Theveneau Nicole, ch. tortrier d'Aux., 1505. E. 374.
Saint-Maurice-Thizouaille. — Pierre Claude, 1573. E. 398.
Saint-Père-du-Trópas (autrefois Nusy) Hennequin Jean, ch. et grand archidiacre d'Aux., 1524. E. 380.

(1) Est qualifié ainsi que tous les curés qui suivent, maître et administrateur de l'Hôtel-Dieu de la Madeleine d'Auxerre. Pendant longtemps le curé de Saint-Georges a été de droit maître de cet hôpital.

(2) L'abbé Henry est dans l'erreur en indiquant la nomination de ce curé en 1535 (Histoire du canton de Quarré-les-Tombes).

(3) Etait un prieuré-cure.

Saint-Père-du-Trépas. — Moreau Jacques .	1570. E. 394.
Saint-Privé. — Courtenay (Jean de)	1535. E. 421.
— Delabarre François, doyen du chapitre d'Auxerre,	1586. E. 407.
Saint-Sauveur. — Robineau Etienne,	1521. E. 379.
Saint-Vérain-des-Bois. — Duchanoy Jean,	1591. E. 427 (1).
Saint-Vinnemer. — Boivin Jean,	1550. E. 651.
— Le Seurre Nicolas,	1587. E. 676 (2).
Sainte-Colombe-près-l'Isle. — Calmus Jean, ch. d'Avallon,	1530. E. 439.
Sainte-Colombe-près l'Isle. — Durand Nicole,	1581. E. 403.
Sainte-Colombe-sur-Loing. — Lemuet Etienne, ch. et pénitencier d'Aux.,	1543. E. 385.
Sainte-Geneviève-en-Bray (3). — Michel Jean,	1514. E. 411.
Sainte-Pallaye. — Monot Jean,	1511. E. 376. 1513. E. 410. 1515. E. 501.
— Guillaume Valérien,	1568. E. 392. 1577. E. 402.
Saints-en-Puisaye. — Bertrand Germain, *ch. d'Aux.*,	1574. E. 399.
Savigny-en-Terre-Plaine. — Frère Guillaume,	1511. E. 438 (4).
Saxy-Bourdon. — Legros Etienne, *ch. d'Aux.*	1509. E. 376.
Seignelay. — Carpe Jean,	1485. E. 370.
— Azinier Edme,	1516. E. 377. 1521. E. 379.
— Damy Blanchet (lejeune)	1524. E. 380.
— Moreau Jacques	1568. E. 392.
— Bohon Jean,	1574. E. 399.
— Roy Jean,	1601. E. 431.
— *Vic.* Perrin Claude,	1524. E. 380.
Sementron. — Thiot Charles, *ch. d'Aux.*	1568. E. 392. 1571. E. 396.
— Armant François,	1591. E. 488 (5).

(1) Etait un prieuré-cure.

(2) Indiqué à l'acte « naguières curé de St-Vinnemer et Tanlay son secours »

(3) Diocèse de Roan (Rouen).

(4) Etait en outre chanoine d'Avallon et curé de Vermenton.

(5) Résigne sa cure au profit de M. Morisson Jacques qui s'engage, aussitôt qu'il en sera pourvu, à lui payer sa vie durant une pension annuelle de 25 l., à prélever sur les revenus de cette cure.

Sementron. — Morisson Jacques,	1591. E. 488.
— Brusselet Thomas,	1603. E. 433.
Septfonds. — Couchet Agnan, *ch. d'Aux.*	1524. E. 380.
Septfonds. — Baron Jean, *ch. d'Aux.*,	1541. E. 384.
Serrigny. — Joterat Léger,	1550. E. 651.
— Merrey (Philippe de) religieux de l'hopital de Tonnerre,	1569. E. 661.
Sery. — Regnard Regnauld,	1576. E. 401 (1).
Sougères-en-Puisaye. — Gouste Alexandre,	1509. E. 376 (2).
Sougères-en-Puisaye. — Petitfou Laurent,	1565. E, 390. 1571. E. 396.
Sougères-en-Puisaye. — Frère Bureteau Pierre,	1577. E. 402. 1590. E. 427.
Souzert ? (3). — Delaplanche Jean, chanoine de Varzy,	1530. E. 420.
Sully-sous-Loire. — Broc (Pierre du) *ch. d'Aux.* (4),	1568. E. 392. 1576. E. 401.
Surgy. — Maillard Edme,	1577. E. 402. 1586. E. 408.
Taingy. — Bridé Louis,	1524. E. 380, E. 488 (5).
— Kerner Michel, *ch. d'Aux.*,	1562. E. 389.
— De la Motte Hector,	1565. E. 390 (6).
— Motet Jean (7),	1570. E. 394. 1571. E. 396. 1586. E. 407. 1591. E. 427.
— Motet Jean, le jeune,	1593. E. 429.
Thon. — *Vic.* Guilleton Thomas,	1516. E. 377.
Tonnerre. — Paroisse Notre-Dame (8).	
— Poussier Guilleaume,	1475. E. N.N.
Tonnerre, — Paroisse Notre-Dame. — Mousse (Pierre de la),	1543. E. 648.

(1) A cette date il n'existe plus. L'acte qui le fait connaître est une requête présentée à l'évêque d'Auxerre par M. Fourneau Doucet, prêtre, pour être pourvu de la cure de Sery, vacante par le décès de M. Regnard Regnauld, pour laquelle il a été présenté par l'abbé de Vézelay.

(2) Désigné comme prieuré-cure.

(3) Citée à l'acte diocèse de Nevers.

(4) Il est qualifié à l'acte curé de Sully, de Bouy et de Saint-Cyr.

(5) Dans E. 488 il est qualifié de secrétaire de l'évêque d'Auxerre.

(6) Cité « naguières curé de Taingy ».

(7) Qualifié en 1571 de ch. de la cité d'Aux. et en 1586 de ch. d'Aux.

(8) Le curé était doyen et maître de l'hôpital Notre-Dame de Tonnerre.

Tonnerre. — Paroisse Notre-Dame. — Beaujeau (Philibert de), 1553. E. 653 (1).
Tonnerre. — Paroisse Notre-Dame. — Barbette Edme, 1585. E. 676.
Tonnerre. — Paroisse Notre-Dame. — *Vic.* Brasley Jean, 1549. E. 650.
Tonnerre. — Paroisse Saint-Pierre. — Guérin Jean, 1476. E. N. N.
Tonnerre. — Paroisse Saint-Pierre. — Poneret Claude, 1583. E. 678.
Tonnerre. — Paroisse Saint-Pierre. — Dujardin Michel, 1601. E. 708.
Tonnerre. — Paroisse Saint-Pierre. — *Vic.* Porret (*sic*) (2) Claude, 1551. E. 651.
Toucy. — Lecueur Antoine, chanoine trésorier de la collégiale de Toucy, 1590. E. 427.
Treigny. — Delabarre François, doyen du chapitre d'Aux., 1584. E. 406. 1586. E. 407.
Triguières. — Chiquereau Hugues, 1573. E. 429.
Trucy-sur-Yonne. — Charretier Jean, 1513. E. 410. 1524. E. 380. 1526. E. 414.
Val-de-Mercy. — Frère Regnard Claude, 1568. E. 392.
Val-de-Mercy. — Jolly Laurent, 1594. E. 427 (3).
Varzy. — Paroisse Saint-André. — Le May Jean, *ch. d'Aux.* chantre et chanoine de la cathédrale de Varzy (4), 1507. E. 374.
Vaux. — Colon Etienne, 1491. E. 372.
— Lesage Jean, 1508. E. 374. 1521. E. 379. 1524. E. 380.
— Gastron Jean, 1578. E. 402.
— Thomereau Jacques, 1594. E. 488.
— Frère Cauet Toussaint, 1603. E. 434.
Venouse (5). — Pouchère Jean, 1502. E. 375.
— Bolangiers (Hugues de) 1526. E. 414.
— Delorme Claude, *ch. d'Aux.* 1565. E. 390.

(1) Il était en outre évêque de Bethléem (Clamecy) et aumônier ordinaire du roi.

(2) Probablement Poneret, devenu curé de la paroisse en 1583.

(3) Curé du Val-de-Mercy par suite de résignation à son profit par M. Claude Regnard, curé de Saint-Eusèbe d'Auxerre, moyennant la pension annuelle de 10 écus.

(4) Cette cure était unie à la chantrerie de Varzy.

(5) Désigné prieuré-cure.

Venouse. — Gyé (Maurice de) grand archidiacre de Troyes,	1571. E. 396.
Venouse. — Petitfou Laurent. *ch. d'Aux.* et grand archidiacre,	1586. E. 407. 1593. E. 429(1).
Venoy. — Brocart Etienne,	1481. E. 368. 1490. E. 371. 1491. E. 372.
— Masoyer Hugues, clerc,	1524. E. 380.
— Follet Ponce,	1566. E. 488 (2).
— Roy Edme,	1570. E. 393. 1572. E. 397.
— Laud Edme,	1583. E. 404. 1584. E. 406.
Vermenton. — Frère Guillaume, ch. d'Avallon,	1511. E. 438 (3). 1517. E. 378. 1533. E. 421.
Vermenton. — Giboin Edme,	1570. E. 393.
— *Vic.* Delacourt Jean,	1521. E. 379.
Villefargeau (4). — Frère Cousin Jean,	1490. E. 371. 1504. E. 374. 1506. E. 374. 1511. E. 376.
— Dorléans Jean,	1516. E. 377. 1524. E. 380.
— Cochon Gilles, *ch. d'Aux.*,	1566. E. 488. 1567. E. 391.
— Tribolé Simon (5),	1568. E. 392.
— Legueux Gaubert,	1603. E. 434.
Villemer. — Guillaume Edme, *ch. d'Aux.*	1594. E. 429.
— Delinotte Martial (6),	1597. E. 430.
— *Vic.* Jaltier Jean,	1524. E. 379.
Villeneuve-les-Genêts. — Noiret Jean,	1508. E. 374.
Villeneuve-Saint-Salve. — Charretier Jean,	1493. E. 373.
Villeneuve-Saint-Salve. — Dagobert Léon, ch. d'Autun,	1539. E. 384.
Villeneuve-Saint-Salve. — David Nicole	1562. E. 389.
— Droin Jean,	1568. E. 392. 1577. E. 402. 1594. E. 429.
— Bourbon Jean, ch. de Varzy,	1570. E. 392.
Vincelles. — Servignien Jean,	1590. E. 427.

(1) Etait en outre abbé de l'abbaye Saint-Père d'Auxerre.
(2) Etait du diocèse de Rouen.
(3) Etait en outre en 1511, curé de Savigny (en terre plaine).
(4) Etait un prieuré-cure.
(5) Etait en même temps curé de Saint-Mamert d'Auxerre.
(6) Un Martial Delinotte est ch. d'Aux. en 1594 (E. 429).

Vincelottes. — Frère Belin Nicole, 1505. E. 375. 1515. E. 377 (1).
— *Vic.* Legier Guy, 1507. E. 374.
— *Vic.* Moynat Pierre, religieux de Saint-Marien d'Aux., 1515. E. 377.
Villiers-Saint-Benoît. — Le Chaussetier Ythier, 1508. E. 375.
Villiers-Vineux. — Laproste Jean, 1585. E. 681.
Vulaines. — Thibault Jean, 1564. E. 475.

BAUX DE CURES (2)

Appoigny. — 1586 (E. 408). — Amodiation pour un an, par m^re Pierre Berger, trésorier de la collégiale et curé de la paroisse, à M. Charles de la Motte, prêtre du diocèse de Cambrai, de la cure du dit Appoigny, moyennant la redevance de 5 écus 1/3, toutes charges acquittées.

Arcy-sur-Cure. — 1524 (E. 380). — Raymond Froissart, prêtre, reconnait qu'il doit à Denis Bette, curé d'Arcy, 19 l. t. sur l'amodiation de cette cure.

Augy. — 1519 (E. 488). — Amodiation pour 3 ans par M. Félix Cressin, prieur-curé d'Augy, à M. Claude Prunier, prêtre, du dit prieuré-cure, moyennant la pension annuelle de 27 l. t. De plus, le bailleur se réserve la jouissance du jardin situé devant le presbytère et de la maison sise à Auxerre, qui appartient au prieuré-cure; — 1541 (E. 488), amodiation pour trois ans par M. Félix Masle (3), prieur-curé d'Augy, à MM. Félix Cressin, curé de Saint-Pélerin d'Auxerre, et Etienne Borne, prêtre à Augy, du dit prieuré-cure, moyennant la pension annuelle de 95 l. t. et à la charge de faire chaque année dans les vignes de la cure 300 chefs de provins, les fumer ou les terrer, et de recevoir à leurs frais 3 fois par an le curé, son homme et ses chevaux; — 1565 (E. 390), amodiation pour 5 ans par Félix Masle, abbé de Marcilly et prieur-curé d'Augy, à Jean de Rimbert, prêtre, du dit prieuré, moyennant la pension annuelle de 120 l. t., 2 feuillettes de vin clairet provenant des vignes de la cure, livrables à Auxerre, et aux charges suivantes : faire dans les vignes de la cure 200 chefs de provins par an ; entretenir le verger de clôture

(1) Est désigné à cet acte sacristain de Saint-Marien d'Auxerre.

(2) Voir le bail de la cure d'Oisy (1401) inséré *in extenso* à titre de spécimen. C'est le plus ancien des actes de cette nature.

(3) La famille Masle habitait Auxerre ; à la fin du xve siècle et au xvie on en trouve des membres, notaires, tanneurs, bouchers, etc.

« sans le dépopuler d'arbres, ains y en planter au lieu où le d. « preneur verra bon estre » ; acquitter la redevance de 12 bichets de froment dont la cure est grevée au profit des chanoines de la Cité d'Auxerre, et recevoir à ses frais, 4 fois par an et deux jours chaque fois, le bailleur, son homme et ses chevaux ; — 1574 (E. 399), amodiation pour 5 ans par le même, à Germain Jarsin, prêtre, du dit prieuré-cure d'Augy. Chacun aura droit à la moitié des revenus et paiera la moitié des charges.

AUXERRE. — *Cure Saint-Gervais*, 1562 (E. 389). — Amodiation pour 3 ans par Jean Thibault, chanoine d'Auxerre et curé de Saint-Gervais, à Jean de Rembert, prêtre, de la dite cure, pour 30 l. t. de pension annuelle.

— *Cure Saint-Loup*, 1516 (E. 377). — Bail pour un an par Robert Brocart, contrôleur du grenier à sel d'Auxerre, commis par le roi « au gouvernement et régime de la cure de Saint-« Loup », à M. Simon Barbarant, prêtre, de la dite cure, pour 50 l. t. de redevance ; — 1570 (E. 394), bail pour 6 ans par Michel Kerner, chanoine d'Auxerre, curé de Saint-Loup, à MM. Pierre Bertrand et Marin Regnault, prêtres, de la dite cure, moyennant la pension annuelle de 140 l. t., le paiement de toutes les charges dont la cure est grevée et l'entretien de la maison presbytérale, de menues réparations ; — 1662 (E. 494), le curé de Saint-Loup, Pierre Sallé, amodie pour 15 ans la desserte de la cure à M. Pierre Breton, prêtre. Il lui alloue la portion congrue de 300 l. t. dans lesquelles se trouvent comprises les 150 que les fabriciens doivent au curé pour gages d'un vicaire.

— *Cure Saint-Mamert*, 1521 (E. 379). — Bail pour 3 ans par Jean Brothier, curé de Saint-Mamert, à Guillaume Baron, de la dite cure. Pension annuelle, 45 l. t.

— *Cure Saint-Regnobert*, 1527 (E. 380). — Bail pour 4 ans par Laurent Bretel, chanoine d'Auxerre, curé de Saint-Regnobert, à Michel Galetat, prêtre, de ladite cure. Pension annuelle, 50 l. t. ; — 1571 (E. 396), bail pour 3 ans par Jacques Maignen, chanoine d'Auxerre, curé de Saint-Regnobert, à Claude Legros, prêtre, de ladite cure. Pension annuelle, 60 l. t. Le preneur jouira du « jardin « et aisance de la maison presbytérale » ; — 1578 (E. 402), id. pour 3 ans, par le même, à Nicole Chaillot, prêtre, au même prix. Pendant ce temps, le preneur jouira du presbytère et de son jardin ; — 1590 (E. 427), id. pour 2 ans, par le même à Joseph Morisson, prêtre, pour le prix de 13 écus sol. et 1/3 d'écu.

ANAN (Asnan). — 1541 (E. 384). — Amodiation pour 3 ans par Jean Périer, curé, à Jean Longeron, prêtre, de la dite cure. Pension annuelle, 52 l. t. et à la charge de recevoir à ses frais, deux fois par an, le dit curé ou ses commis avec deux chevaux.

Beauvoir. — 1564 (E. 478). — Amodiation pour 3 ans par Nicole Blanchard, chanoine d'Auxerre et curé, aux frères Maquaire, prêtres et autres, de la cure. Pension annuelle, 90 l. t. Au cas où les preneurs seraient empêchés dans la perception des revenus par les « porsonnes appellez huguenotz », il leur sera fait, après expertise ou information, une déduction proportionnelle aux dommages ; — 1570 (E. 394), bail pour un an par le procureur d'Antoine Morin, curé de Beauvoir, à Edme Tesson, prêtre, de la dite cure. Pension, 45 l. t., sous condition que « ou les rebelles « au roy prandroient et transporteroient les fruictz dicelle pen- « dant le d. temps » déduction sera faite.

Billy. — 1571 (E. 396). — Amodiation pour 3 ans par Pierre Colas, chanoine d'Auxerre, curé, à Laurent Pautrat, prêtre, et Jean Simon, praticien. Pension annuelle, 120 l. t.; charges : faire dans les vignes 300 chefs de provins et les fumer et « *amender* », faire arpenter et borner tous les biens, à leurs frais, et donner l'arpentage à la fin du bail ; faire établir par un notaire « tous les « ans et à leurs despens ung papier ou roulle [rôle] contenant « la recepte des cens et rentes » ; et recevoir à leurs frais le curé, son homme et ses chevaux « toutes et quantes foys qui luy plaira « y aller, et chascune des d. foys par lespace de troys jours ». — 1591 (E. 488), id. pour 3 ans, par noble Jean Lesourt, trésorier et chanoine d'Auxerre et curé, à Jean Duval, prêtre. Pension annuelle, 25 écus d'or soleil.

Bouilly. — 1578 (E. 394). — Amodiation pour 3 ans par frère Pierre de Beaurepaire, religieux et chantre de l'abbaye Saint-Germain d'Auxerre, curé, à Jacques Naslot, prêtre. Pension annuelle, 70 l. t. et recevoir à ses frais, 4 fois par an et 3 jours chaque fois le curé, un homme et les chevaux.

Branches. — 1593 (E. 429). — Bail pour 3 ans par noble Ythier Fanon, prieur et curé de Branches, à Guillaume Perrette, prêtre, de la desserte de la cure. Portion congrue, 16 écus sol et 2/3 d'écu et les « revenus du dedans de léglise seulement ». Charge : fournir le luminaire « et aultres choses que le prieur est tenu fournir. »

Cessy-les-Bois. — 1530 (E. 381). — Amodiation pour 3 ans par Pierre Maignen, chanoine d'Auxerre, curé, à Louis Marchas, prêtre. Pension annuelle, 140 l. t.

Charbuy. — 1524 (E. 380). — Bail pour 3 ans par Pierre Maignen, promoteur général du diocèse d'Auxerre, curé, à Edmond Jalletier et Jean Edot, prêtres. Pension annuelle, 90 l. t. — 1593 (E. 429). — Id. pour 3 ans par Martial Delinotte, chanoine d'Auxerre, curé, à Pierre Contentin, prêtre, de la desserte de la cure. Portion congrue, « revenus du dedans de l'église » (casuel) et 32 bichets de blé « tel que le curé a droict de prendre et per- « cepvoir sur le grand disme appartenant à lévesque d'Au- « cerre ».

Chastenay. — 1591 (E. 427). — Bail pour un an par Jean Tallebrun, curé, à Edme Bertrix, prêtre, de la desserte de la cure. Portion congrue : 45 bichets de blé et les « revenus du dedans de « léglise ».

Chaumot. — 1516 (E. 488). — Bail pour le temps qui reste à courir du bail de la cure consenti pour 5 ans en 1515 à feu Pierre Gascoing, prêtre, par Jean Le May, chanoine d'Auxerre, curé, à Richard Gascoing, prêtre, neveu de l'amodiataire défunt. Pension annuelle, 120 l. t.

Chemilly-près-Seignelay. — 1576 (E. 401). — Bail pour 5 ans par Jacques Bouchet, chanoine d'Auxerre, curé, à Jean Jacquemier, prêtre, et autres. Pension annuelle, 110 l. t. Charge : recevoir à leurs frais, 3 fois par an et 3 jours chaque fois, le curé avec deux hommes et deux chevaux. — Nota. Il leur est expressément défendu de faire desservir Beaumont, « le secours de Chemilly (annexe) par un homme déglise » sans le consentement du curé. — 1576 (E. 401). Id. pour 7 ans par le même à Pierre Sigault, prêtre, et Edmond Soufflard, laboureur. Pension annuelle, 110 l. t. et réception du curé.

Chemilly-sur-Serein. — 1571 (E. 661). — Bail pour 5 ans par Pierre Jobert, curé, à S. Jullyot, prêtre, et Tartarin, boulanger. Pension annuelle, 160 l. t., plus la réserve de deux petits prés. Outre les conditions ordinaires, il est stipulé que si le bailleur était contraint de résider à Chemilly ou voulut y demeurer, il aura droit au tiers du revenu de la cure.

Chichery. — 1571 (E. 396). — Bail pour 5 ans par Charles Légeron, chanoine d'Auxerre, curé, à Jacques Huchon, prêtre. Pension annuelle, 70 l. t. Charge : recevoir à ses frais, 2 fois par an et 3 jours chaque fois, le curé, son homme et ses chevaux. — 1578 (E. 402). — Bail pour 5 ans par Guillaume Grongnet, curé, à Edme Mensain, prêtre. Pension annuelle, 23 écus et un tiers, la rente de 8 l. t. due au curé par le chapitre d'Auxerre, et à charge de recevoir le curé.

Couloutre. — 1524 (E. 380). — Bail pour 5 ans par Guillaume Chausson, chanoine d'Auxerre et official, curé, à Jean Girault, prêtre. Pension, 130 l. t. — 1530 (E. 381). — Id. pour 3 ans par Pierre Maignen, chanoine d'Auxerre, curé, à Philibert Barse et Martin Nallot, prêtres. Pension : 1re année 220 l. t., les 2 autres 240 l. t. —

1541 (E. 384). — Id. pour 6 ans par le même, sous-chantre du chapitre d'Auxerre, à Jean Girault, prêtre. Pension, 240 l. t. — 1565 (E. 390). — Id. pour 2 ans par Gaspard Damy, chanoine d'Auxerre, curé, à Jean Delavau, prêtre. Pension, 170 l. t.—Id. pour 5 ans par le même, pénitencier du chapitre d'Auxerre, à Toussaint Martin, prêtre. Pension, 145 l. t. — 1590 (E. 427). – Id. pour 3 ans par Droin Chaucuard, chanoine d'Auxerre, à Jacques Priart, prêtre, et Pierre Guillaumot, hôtelier à Couloutre. Pension, 40 écus d'or soleil. — 1594 (E. 429). — Id. pour 3 ans du même aux mêmes. Mêmes conditions. — 1632 (E. 488). — Id. pour 5 ans par Jacques Bernard, chanoine tortrier d'Auxerre, à Jacques Saulnier (1). Portion congrue, 160 l. t., les revenus du « dedans de léglise » et la jouissance du presbytère et de la pièce de terre près de l'église.

Corvol-l'Orgueilleux. — 1571 (E. 396). — Bail pour un an par Antoine Boitel, chanoine d'Auxerre, curé, à Jean Foutier, prêtre. Conditions, les revenus se partageront par moitié.

Courgis. — 1521 (E. 379). — Antoine Tortet, vicaire amodiataire pour 3 ans de la cure (Etienne Gaudète, curé), moyennant pension annuelle de 140 l. t., 6 feuillettes de vin clairet « de la vigne de la cure » et un demi-muid de poires, associe pour moitié à son amodiation Liénard Darnol, prêtre. — 1525 (E. 488). — Bail pour 4 ans par Louis Bridé, chanoine d'Auxerre, curé, à Pierre Rousseau et autres prêtres. Mêmes redevances qu'en 1521. — 1586 (E. 408).—Id. pour 3 ans par Charles Légeron, chanoine d'Auxerre, à Claude Rousseau, prêtre. Pension, 23 écus soleil 1/3. — 1590 (E. 427). — Id. pour 3 ans par le même à Claude Rousseau et Jean Guillé, prêtres. Pension, 33 écus soleil et un tiers d'écu. — 1618 (E. 488). — Edme Boullé, prêtre, s'engage envers Jean Le Sourt, chanoine d'Auxerre et curé de Courgis, à desservir la dite cure moyennant la portion congrue de 90 l. t.

Courson. — 1570 (E. 394). — Bail pour 3 ans par Antoine Brissart, chanoine d'Auxerre, curé, à Denis Verrain, Nicolas Borne et Pierre Ménigot, prêtres. Pension, 110 l. t. Charge : recevoir à leurs frais, 3 fois par an et 3 jours chaque fois, le curé, son homme et ses chevaux.—1571 (E. 396).—Id. pour 3 ans par le même à Pierre Lesaige, prêtre. Pension, 110 l. t. et recevoir, etc. — 1580 (E. 488). —Id. pour 2 ans par Jacques Vantrouiller, chanoine d'Auxerre, curé, à Jean Bard, prêtre. Pension, 50 l. t. Le preneur n'aura aucun droit sur ceux des revenus de la cure actuellement en procès avec le baron de Courson et le seigneur d'Asnus. Charges : il sera tenu

(1) Il signe *Sonnier*.

de faire arpenter « et y mettre des bornes par auctorité de justice » toutes les terres de la cure, et de donner au bailleur les déclarations des dites terres. Non seulement il ne pourra couper ou abattre aucun des arbres ou noyers qui s'y trouvent, mais au contraire il devra y planter quatre noyers par an. Réception du curé 3 fois par an.

CRAIN. — 1541 (E. 488). — Bail pour 3 ans par Laurent Robert, chanoine d'Auxerre, curé, à Bertrand et Petit, prêtres. Pension, 60 l. t. et recevoir à leurs frais le curé « quand il ira à Crain ».

CRAVANT. — 1511 (E. 376). — Pierre Bérault, prêtre, vicaire pour 3 ans de la cure, par amodiation à lui consentie par Conchet Agnan, curé, moyennant la pension annuelle de 95 l. t. la 1re année et 100 l. t. les deux autres, prend pour co-associé Guillaume Quincy, prêtre.

CUNCY (ou QUINCY)-LÈS-VARZY. — 1591 (E. 427). — Bail pour un an par Regnault Martin, chanoine d'Auxerre, curé, à Edme Barillot, laboureur. Pension, 60 écus d'or sol. et à la charge de faire desservir la cure *in divinis*.

DIGES. — 1524 (E. 380). — Bail pour 5 ans par Jean Borne, curé, à Blaise Lelièvre, prêtre. Pension, 80 l. t.

EGLÉNY. — 1538 (E. 488). — Bail pour 3 ans par Martin Cochet, chanoine d'Auxerre, curé, à Nicole Carré, prêtre. Pension, 80 l. t.; — 1541 (E. 384). — Id. pour 3 ans par Jean Julian, curé, à Nicole Carré, Etienne Roncelin et Claude Michau, prêtres. Pension, 80 l. t. — 1543 (E. 488). — Id. pour 3 ans par le même, curé, à Nicole Carré. Pension, 90 l. t. — 1576 (E 401). — Id. pour 3 ans par Louis Varlet, curé, à Nicolle Chaillot, prêtre. Les revenus et charges se partageront par moitié.

EPINEUIL. — 1543 (E. 648). — Bail pour 3 ans par Emery de Courcelles, docteur-régent en la Faculté de théologie, principal au collège du Plessis, curé, à Pierre Girard et Pierre Carré, du revenu de la cure. Pension, 135 l. t.; et de la desserte de la dite cure à Nicolle Richardot, prêtre à Epineuil, qui la dessert depuis 7 ou 8 ans. Portion congrue, les revenus du « dedans de léglise », c'est-à-dire les oblations, droits mortuaires, épousailles, etc., à condition de satisfaire aux charges de spiritualité.

ESCOLIVES. — 1530 (E. 381). — Bail pour 3 ans par Jean Rémond, curé, à Philibert Armant, prêtre. Pension, 80 l. t.

FESTIGNY. — 1541 (E. 384). — Bail pour un an au nom de Michel Busansoys, curé, à Jean Pourchier, prêtre. Pension, 8 écus sol.

FLEURY. — 1603 (E. 434). — Bail pour 3 ans par Edme Bailly, chanoine d'Auxerre, curé, à Edme Nouet, prêtre, de la *moitié de la desserte* de la cure. Portion congrue, 50 l. t., 16 bichets de méteil, la moitié des dîmes d'agneaux et la moitié du casuel. L'autre moitié est réservée à un second prêtre qui desservira *l'autre moitié* de la cure. Le preneur est affranchi de tous frais de droits spirituels, droits de visite, luminaire, etc.

FONTAINES. — 1568 (E. 392). — Bail pour 5 ans au nom de Jean Paydet, chanoine d'Auxerre, curé, à Edme Gérulle, prêtre. Pension, 130 l. t. et la charge de recevoir à ses frais, 3 fois par an et 3 jours chaque fois, le curé, son homme et ses chevaux.

FONTENOY. — 1547 (E. 387). — Bail pour 6 ans par Laurent Normant, curé, à Jean Millot, prêtre. Pension, 160 l. t.

FOURONNES. — 1593 (E. 429). — Bail pour 3 ans par Jean Servignien, curé, à Nicole Doin, prêtre. Le preneur aura seul droit au casuel de l'église. Les autres revenus et charges se répartiront par moitié. Dans les charges, figure une pension de 25 l. t. que l'ancien curé, Jean Chevallard, a le droit de percevoir sur les revenus de la cure (sans doute à la suite d'une résignation de ce bénéfice).

GISY (LES NOBLES). — 1511 (E. 376). — Bail pour 5 ans par Léon Gentilhomme, curé, à Louis Bourt, prêtre. Pension, 120 l. t.

GOUAIX-LÈS-SAINT-BRIS. — 1565 (E. 390). — Bail pour 3 ans par Germain Fauchot, chanoine d'Auxerre, curé, à Jacques Marendes, prêtre, et Bastien Collinet, marchand. Pension, 35 l. t.

GRISY (SAINT-BRIS). — 1581 (E. 403). — Bail pour 3 ans par le procureur du curé (le nom du curé n'est pas mentionné) à Jean Berry, prêtre. A titre de pension, le curé se réserve la jouissance d'une pièce de terre et vigne de deux arpents, appelée le « cloux du curé ».

GURGY. — 1571 (E. 396). — Bail pour 6 ans par Pierre Bérault, chanoine d'Auxerre, curé, à Edme et Hugues Jacob, prêtres. Pension, 100 l. t.

GY-L'ÉVÊQUE. — 1541 (E. 384). — Bail pour 3 ans par Nicolas Roze, curé, à Marceau Delacroix, prêtre. Pension, 80 l. t.

HAUTERIVE. — 1574 (E. 399). — Bail pour 3 ans par Guillaume Thiébault, chanoine d'Auxerre, curé, à Pierre Bertrand, prêtre. Le preneur aura seul « les proffits du dedans de léglise, avec les dismes daigneaulx et de chamble ». Les autres revenus se partageront par moitié.

IRANCY. — 1541 (E. 384). — Bail pour 3 ans par Jean Coquère (*sic*) (Coquard), *alias* Baron, chanoine d'Auxerre, curé, à Jean Roulet, prêtre. Pension, 120 l. t.

LAIGNES. — 1593 (E. 429). — Bail pour un an par Ythier Fanon, prieur de Branches, curé, à Pierre Millot et Robert Pitoyet, marchands à Laignes. Pension, 40 écus sol. et 3 aunes et demie de drap noir. Charges : faire desservir la cure consciencieusement par un prêtre « *approuvé* » et acquitter toutes les charges dont la cure est grevée.

LAIN. — 1524 (E. 488). — Bail pour 3 ans au nom de Pierre Pouchet, curé, à Pierre Bourissat, prêtre. Pension, 100 l. t. (1).

LAVAU. — 1574 (E. 399). — Bail pour 3 ans par Toussaint Millot, chanoine d'Auxerre, curé, à Jean Bédu et Pascal Guérin, prêtres. Pension, 200 l. t.

LIGNIÈRES. — 1552 (E. 652). — Bail pour un an par Jacques Frouard, curé, à Bonnet Godin, prêtre. Pension, 220 l. t., dégagée de toutes charges de bénéfice. Charges : nourrir deux religieux de Saint-Michel qui « ont coustume de faire le service le 1er jour de may, la veille et soir seulement » ; idem le jour de la fête de la translation de saint Martin ; de plus, recevoir le curé, son serviteur et ses chevaux, une fois ou deux par an ; résider au presbytère. — 1561 (E. 656). — Id. pour 4 ans par Jean Géret, prieur commendataire d'Aucy-le-Libre, curé, à Bonnet Godin, prêtre. Pension, 230 l. t., et aux charges énoncées dans le bail ci-dessus, à l'exception des décimes, dons gratuits et de la rente de 30 l. t. que l'abbaye Saint-Michel de Tonnerre a le droit de percevoir sur les revenus de la cure, qui restent à la charge du titulaire, mais dont le preneur fera l'avance.

LIGNOREILLES. — 1562 (E. 389). — Bail pour un an au nom de Jean Barat, président et proviseur du collège de Reims en l'Université de Paris, curé, à Antoine Robert, prêtre, et autres. Pension, 100 l. t. — 1571 (E. 396). — Id. pour 5 ans par Etienne Lemaistre, chanoine semi-prébendé d'Auxerre, curé, à Jean Chichou et Antoine Robert, prêtres. Pension, 130 l. t. Charges, outre la réception du curé, etc. : délivrer chaque année aux chanoines de la cité d'Auxerre 30 bichets de grain, par moitié froment et avoine, et deux muids de vin clairet « provenant des dismes qui « sont deues ». De plus, il est convenu que le bailleur disposera comme bon lui semblera des « novalles de gros buisson et les « cinquentaines. Nota. Sil survenoyt pendant aulcunes des d. « années guerres civilles et troubles comme le passé et par « fortune de gresle, gellée dommageable », déduction en sera faite. — 1586 (E. 407). — Bail pour un an par André Chauchon, curé, à Jean Bourgoin, prêtre, de la desserte de la cure. Portion congrue, 10 écus sol., 2 muids de vin clairet, 30 bichets de froment, les menues dîmes et le casuel de l'église.

(1) Pour éviter un malentendu, il est dit dans l'acte 100 l. t. « nettes », c'est-à-dire franches de toutes charges. Il est certain qu'il en est de même pour les autres amodiations où cette *netteté* est sous-entendue.

LINDRY. — 1510 (E. 388). — Bail pour 3 ans par Claude Gonthier, chanoine d'Auxerre, curé, à Edmond Bossuat, « maire de Lindry ». Pension, 100 l. t. Charges : faire célébrer le service divin et recevoir à ses frais, 4 fois par an et 2 jours chaque fois, le curé, son homme et ses chevaux. — 1582 (E. 405). — Bail pour 9 ans par Pierre Galliot, curé, à plusieurs habitants de Lindry. Pension, 50 écus d'or sol. et à charge de faire desservir la cure, aucun des amodiataires n'étant prêtre.

LUCY-SUR-YONNE. — 1568 (E. 392). — Bail pour 5 ans par Jean Chevallard, curé, à Nicole Borne, prêtre. Pension, 30 l. t.

MÉRÉ. — 1570 (E. 394). — Bail pour un an au nom de Pierre de Pesselières, grand prieur de l'abbaye Saint-Germain d'Auxerre, à Toussaint Jossot, prêtre. Pension, 120 l. t.

MERRY-LÈS-EGLÉNY (LA-VALLÉE). — 1541 (E. 384). — Bail pour 3 ans au nom de Jean Courtoys, curé, à Denis Metel, prêtre. Pension annuelle, 150 l. t. en argent, 12 pintes d'huile, un « quarteron de chambres (chanvre) et ung porc gras du pris de 100 s. t. » — 1586 (E. 407). — Id. pour 6 ans par Joseph Teppenier, chanoine semi-prébendé d'Auxerre, curé, à Marin Panyé, prêtre. Pension, 30 écus d'or soleil.

MERRY-SEC. — 1505 (E. 375). — Quittance de 17 l. 10 s. t. donnée au nom de Pierre Roussel, docteur en médecine, curé, à Robert Pourcin, curé de Sainpuits, et à Philippe Baron, prêtre, vicaires par amodiation de la dite cure. Elle avait été amodiée pour 9 ans à raison de 125 l. t. par an. — 1568 (E. 392). — Bail pour 3 ans par Jacques de la Halle, docteur en théologie, chanoine d'Auxerre, curé, à Pierre Pierre et Jean Davau, prêtres. Pension, 200 l. t. Charges : recevoir à leurs frais, 4 fois par an et 3 jours chaque fois, le curé avec 4 « hommes et chevaulx » et devront résider au dit Merry-Sec. Nota. Au cas où « ilz seroient attainctz de maulvaise « vye et scandalle, le d. bailleur les pourra mettre hors du pré- « sent bail ». 1571 (E. 397). — Id. pour 3 ans par le même, à Louis Sartin, prêtre. Pension, 200 l. t. Charges outre la réception du curé : acquitter « sans diminution sur son admodiation » les décimes et autres droits ; il ne pourra, sans le consentement du curé, intenter aucun procès relatif aux dîmes de Chéry. S'il subit des pertes occasionnées par des troubles, guerres, grêle, etc., il lui en sera tenu compte après expertise.

MÉZILLES. — 1527 (E. 380). — Bail pour un an au nom de Louis de Laloé, curé de Mézilles par son archidiaconé de Puisaye auquel cette cure est unie, à Guillaume Charbonnier, prêtre. Pension, 300 l. t. — 1594 (E. 429). — Id. pour 5 ans par Regnault Martin, archidiacre de Puisaye, curé, à Jean et Edme Ledroit frères, prêtres. Pension, 113 écus 1/3. Charge : recevoir le curé 4 fois par an, etc.

MIGENNES. — 1521 (E. 379). — Bail pour 6 ans par Henry Thévin, curé, à Edmond Cornu, prêtre. Pension, 60 l. t.

MONÉTEAU. — 1568 (E. 392). — Bail pour un an par Laurent Lenormant, chanoine d'Auxerre, curé, à Edme Martin et Edme Moreau, prêtres. Pension, la moitié des grains et vins provenant tant des dîmes que des biens de la cure. — 1574 (E. 399). — Id. pour 5 ans par Edme Moreau, curé, à Edme Martin, prêtre. Pension, 80 l. t. et la réserve par le curé des fruits provenant des terres, prés et vignes de la cure.

MONTIGNY-LE-ROI. — 1571 (E. 396). — Bail pour un an par Louis Colas, chanoine d'Auxerre, curé, à Claude Flamant et autres, laïques, des revenus de la cure. Pension, 80 l. t. En outre, ils devront donner 12 bichets de blé et 20 l. t. à Germain Catysset, vicaire, suivant le bail de desserte.

MYENNES. — 1524 (E. 380). — Bail pour 3 ans par Jean Billart, chanoine d'Auxerre, curé, à Denis Bolé, prêtre. Pension, 255 l. t.

BAIL DE LA CURE D'OISY.

« Le XIe jour du mois de septembre ou dit an (1491), comparurent en leurs personnes, vénérable et discrète personne maistre Jehan Garnier, maistre ez ars, chanoine dAucerre et curé de léglise parrochial dOisy, pour luy dune part, et vénérable et discrète personne Mre Alexandre Louat, prebstre, demourant au dit Oisy, pour luy dautre part. Lesquelles parties recognurent et confessèrent, cest assavoir : ledit Garnier avoir baillé et admodié audit Mre Alexandre, et ledit messire Alexandre avoir pris et admodié dudit Garnier ladite église parrochial dOisy ; ensemble tous les drois, prouffitz, revenues et emolumens dicelle église dOisy, pour les tenir, avoir, prandre, lever et parcevoir par ledit preneur ou nom dudit curé bailleur; du 4e jour du mois de novembre prochainement venant, jusques à cinq ans prochainement venant et après ensuyvant, contenant cinq debleures. Soubz et parmy ladmodiacion et pension annuelle de soixante et cinq livres t., que en sera pour ce tenu et a promis ledit preneur rendre et paier chascun an audit bailleur, en son hostel cathédral audit Aucerre, en deux termes, savoir, etc..... En telle manière et soubz telles condicions que ledit preneur sera tenu et a promis ladite eglise parrochial desservir bien deuement et honnestement, et les sains sacremens administrer aux parrochiens dicelle comme il est accostume faire dancienneté ; les mandemens de reverend père en Dieu monseigneur levesque dAucerre et de ses oficiers et subgetz, diligemment exécuter; et les héritages qui sont en nature de chose, les maintenir, soustenir en bon et suffisant estat; et à la fin desdites années les rendre et délaissier en bon et suffisant estat de toutes réparacions quelzconques. Et ledit Garnier, bailleur, faire, paier et supporter toutes autres charges accostumééz et non accostumééz. Promettant, etc... »

(E. 372).

Oisy. — 1560 (E. 388). — Bail pour 3 ans par Etienne Lotin, chanoine d'Auxerre, curé, à Etienne Botheron, prêtre. Pension, 110 l. t. et 2 bichets de pois. Charge : recevoir « le curé, son « homme et chevaulx deux foys en lan quant bon luy semblera « aller visiter ses parroichians et le deffrayer pour le temps et « espace de troys jours ». — 1571 (E. 396). — Id. pour 3 ans par le même à Etienne Bouteron, prêtre, et à Pierre Bouteron, laboureur, son frère, de la moitié de la cure. Pension, 50 l. t. et un bichet de pois verts livrable à Auxerre. Charges : desservir ou faire desservir la « *moitié de la d. cure* » et recevoir le curé.

Ouagne. — 1594 (E. 429). — Bail pour 14 mois de la desserte de la cure par Claude Pinot, curé, à Vincent Boisot, prêtre. Portion congrue : 80 bichets de grain, par quart blé, seigle, orge, avoine, provenant des dimes de la cure, la moitié de l'herbe du pré du presbytère, la moitié de la chenevière avec « son usage » au jardin du presbytère, la moitié des dimes de chanvre et d'agneaux, à « tous les feuages et passions », et à son chauffage à prendre dans les bois de la cure. Il demeurera au presbytère.

Perreuse. — 1590 (E. 427). — Bail pour un an par Jean Garnot, religieux de l'abbaye Saint-Père d'Auxerre, prieur-curé, à Germain Divollé, religieux des frères prêcheurs d'Auxerre. Pension, 10 écus d'or soleil et la moitié de la pension due à la cure par le seigneur de Montpensier, qui est de 3 muids de vin, 42 bichets de froment, 8 bichets d'orge, 10 bichets d'avoine et 2 écus sol.

Parigny-la-Rose. — 1591 (E. 427). — Bail pour 2 ans par Edme Guillaume, chanoine d'Auxerre, curé, à Jacques Petit, chanoine de Varzy. Pension, 36 écus d'or soleil et 2/3 d'écu.

Perrigny-près-Auxerre. — 1541 (E. 384). — Bail pour 3 ans au nom de Jean Beugnot, clerc, curé, à Pierre Laurent, prêtre. Pension, 60 l. t.

Pougny. — 1558 (E. 488). — Bail pour 3 ans par Jean Barat, chanoine d'Auxerre, curé, à Pierre La Faulche, prêtre. Pension, 160 l. t.; recevoir le curé, etc.

Pourrain. — 1541 (E. 488). — Bail pour un an par Edme Pourcin, curé, à Jean Robin, prêtre. Pension, 300 écus d'or soleil, la moitié des « fruits » provenant de la cure et 4 agneaux. Charges : faire dans la vigne de la cure 300 chefs de provins et les fumer, et recevoir *le curé ou son « envoyé » et les chevaux, 4 fois par an*, 2 jours chaque fois. — 1562 (E. 389). — Id. pour 5 ans par François de la Barre, chanoine et doyen du chapitre d'Auxerre, curé, à Christophe Dupont, prêtre. Pension, 160 l. t. et la moitié de la récolte d'une pièce de vigne de deux arpents, appartenant à la cure. Le bailleur n'aura d'autre charge que celle de fournir ses futailles. — 1565 (E. 390). — Id. pour 3 ans par le même à Nicolle Borne, prêtre. Pension, 100 l. t., 40 bichets de grain livrables à Auxerre et la moitié de la récolte de la vigne ci-dessus. Charge : le preneur devra s'adjoindre un « homme déglise » pour l'aider à la desserte de la cure. Nota. Comme le bailleur a fait pour l'année courante tous les frais d'entretien de la vigne de 2 arpents, il en aura tout le produit, moins deux feuillettes de vin qu'il devra donner au preneur. — 1571 (E. 396). Id. pour 3 ans par Sébastien Le Royer, chanoine d'Auxerre, curé, à Jean Dupré et François Préhot, prêtres. Portion congrue : le casuel de l'église, la moitié des dîmes de « gros grains », toutes les menues dîmes la moitié des chanvres exceptée, la moitié de la récolte de la vigne, à charge d'entretien et d'y faire chaque année 500 chefs de provins. Le bailleur paiera la moitié des frais des provins.

PRÉHY. — 1541 (E. 384). — Bail pour 2 ans par Pierre Maignen, chanoine et sous-chantre du chapitre d'Auxerre, curé, à Philibert Bochot, prêtre. Pension, 25 l. t., la redevance annuelle de 150 l. t. pour les grosses dîmes de vin et de blé appartenant à la cure, et le produit des vignes de la cure.

ROFFEY. — 1553 (E. 652). — Bail pour 4 ans par Marin Pescheteau, prieur-curé, à Edme Mathieu et Jean Pascault, prêtres. Pension, 240 l. t.

RONCHÈRES. — 1521 (E. 379). — Bail pour 4 ans par Guillaume Grasset, chanoine semi-prébendé d'Auxerre, curé, à André Caulmet, prêtre. Pension, 80 l. t. — 1521 (E. 379). — Id. pour 3 ans au nom de François Tallon, curé, à André Caulmet, prêtre. Pension, 85 l. t.

ROUVRAY (1). — 1586 (E. 407). — Bail pour 3 ans par Laurent Petitfou, chanoine et grand archidiacre d'Auxerre, prieur-curé de Venouse et Rouvray, son annexe, à Jean Millot, prêtre, de la

(1) Rouvray n'était pas paroisse mais seulement annexe ou « secours » comme on disait alors, du prieuré-cure de Venouse.

desserte de Rouvray seulement. Portion congrue : 80 l. t. en argent, 4 bichets de froment, 2 feuillettes de vin clairet et le casuel de l'église. Il aura droit à une chambre pour se loger, « sans préjudice des actions du bailleur allencontre des habitans dud. Rouvray pour l'édification dun presbitaire ».

SAINT-AMAND (EN-PUISAYE). — 1581 (E. 403). — Bail pour 3 ans par Denis Peronnet, chanoine pénitencier d'Auxerre, curé, à Jean Denisot et Jean Duverger, prêtres. Les revenus et charges se répartiront par moitié, à l'exception des « fruictz du dedans de léglise » qui seront perçus par les preneurs.

SAINT-CYR-LÈS-ENTRAINS (1). — 1571 (E. 396). — Bail pour 4 ans par Pierre du Broc, chanoine d'Auxerre, curé, à Philippot Louron, prêtre. Pension, 160 l. t. Il est convenu qu'en cas de guerres ou troubles occasionnant des pertes au preneur, une déduction équivalente lui sera accordée. — 1578 (E. 402). — Id. pour 3 ans par Loup Frappé, chanoine de la cité d'Auxerre, curé, à François Boilleau, prêtre. Pension, 160 l. t. Charge : recevoir à ses frais, 6 fois par an et 3 jours chaque fois, le curé, son homme et ses chevaux.

SAINT-GEORGES. — 1576 (E. 401). — Bail pour 3 ans par Guillaume Thiébault, chanoine d'Auxerre, curé, à Jean Regnauld, prêtre. Les revenus et charges se partageront par moitié, même « la paille deue à lhostel Dieu de la Magdelaine dAucerre ».

SAINT-LOUP-DES-BOIS — 1546 (E. 386). — Bail pour 5 ans par Jean Leclerc, chanoine d'Auxerre, curé, à Jean Toussaint, prêtre. Pension, 80 l. t. et obligation de demeurer dans la maison presbytérale.

SAINT-MARTIN-DES CHAMPS. — 1568 (E. 392). — Bail pour 5 ans au nom de Pierre Gaulthier, curé, à noble Guyon Grenon, écuyer, seigneur d'Hérisson, paroisse de Mézilles. Pension, 240 l. t. Charges : faire desservir la cure par un prêtre et recevoir 6 fois par an et 3 jours chaque fois le curé, son homme et ses chevaux.

SAINT-PÈRE-DU-TRÉPAS (autrement Nuzy-lès Cosne). — 1524 (E. 380). — Bail pour 3 ans par Jean Hennequin, chanoine et grand archidiacre d'Auxerre, curé, à Pierre Guillemin, *alias* Vanon et Jean Sire, prêtres. Pension, 150 l. t.

SAINT-PRIVÉ. — 1586 (E. 407). — Bail pour 4 ans par François de la Barre, chanoine et doyen du chapitre d'Auxerre, curé, à François Martin et Edme Mausinjon, prêtres. Pension, 133 écus sol. et un tiers d'écu et 20 bichets de froment. Charge : recevoir à

(1) Saint-Cyr, hameau d'Entrains, anciennement paroisse (*Dictionnaire topographique de la Nièvre*).

leurs frais, 3 fois par an et 4 jours chaque fois, le curé, 3 hommes et 3 chevaux.

Saint-Vinnemer et Tanlay. — 1550 (E. 650). — Bail pour 3 ans par frère Gilles Barbier, religieux de l'ordre de Saint-Benoit, prieur-curé, à frère Antoine Baurettes, religieux de Saint-Michel de Tonnerre. Pension, 350 l. t. et cent bichets de grain, moitié froment et avoine. Charges : recevoir le curé et « ses gens » une fois par an pendant 3 jours. Nota. Le preneur devra avancer les décimes dûs par ce bénéfice.

Saints.— 1574 (E. 399).— Bail pour 5 ans par Germain Bertrand, chanoine d'Auxerre, curé, à Loup Breuillé, prêtre, et Jean Bynet, praticien. Pension, 240 l. t. ; recevoir à leurs frais le curé et son cheval 4 fois par an, quand il plaira au curé de venir visiter ses paroissiens.

Saizy (1). — 1524 (E. 380). — Bail pour 9 ans par Louis Bridé, chanoine d'Auxerre, curé, à Jean Delestang et Jean Chartier, prêtres. Pension, 115 l. t. — 1524 (E. 380). — Id. pour 6 ans au nom de Pierre Boullart, chanoine de Beauvais, curé, à Jean Delestang. Pension, 105 l. t.

Saxy-Bourdon. — 1509 (E. 376). — Bail pour 4 ans par Etienne Legros, chanoine d'Auxerre, curé, à Robin et Guilleminot, prêtres. Pension, 120 l. t.

Seignelay. — 1568 (E. 392). — Bail pour 6 ans par Jacques Moreau, curé, à Blanchet Saffroy, prêtre. Pension, 120 l. t. Charge : recevoir 3 fois par an et 3 jours chaque fois le curé et son homme.

Sementron. — 1568 (E. 392). — Bail pour 3 ans par Charles Thiot, chanoine d'Auxerre, curé, à noble Germain du Deffand, curé de Fontenay (*sic*). Pension, 130 l. t. — 1571 (E. 396). — Id. pour 3 ans par le même à noble Germain du Deffand, seigneur de Sementron. Pension, 130 l. t. Charges : faire desservir la cure et payer à l'abbesse de Crisenon la part qui lui revient sur les dimes de la cure.

Septfonds. — 1524 (E. 380). — Bail pour 4 mois par Agnen Couchet, chanoine d'Auxerre, curé, à Georges Froissart, prêtre. Pension, 80 l. t. — 1541 (E. 384). — Id. pour 5 ans par Jean Baron, chanoine d'Auxerre, curé, à Sagin Véron, prêtre. Pension, 200 l. t.

Serrigny. — 1569 (E. 661). — Bail pour 3 ans par Philippe de

(1) Paroisse indiquée à l'acte et au Dictionnaire topographique de la Nièvre « diocèse d'Autun ». Est aujourd'hui une commune du canton de Tannay (Nièvre).

Merrey, religieux de l'hôpital de Tonnerre, curé, à Jean Hugot et Pierre Copperot, prêtres. Pension, 100 l. t. et « les charges ordinaires ».

Sougères-en-Puisaye. — 1565 (E. 390). — Bail pour 3 ans par Laurent Petitfou, prieur-curé, à Quantin Cameau, prêtre, et autres. Pension, 120 l. t. et la réserve de la 3e partie des dimes de blé et vin que le sieur de Pesselières tient en amodiation du prieuré-cure. — 1571 (E. 396). — Id. pour 3 ans par le même au même. Pension, 100 l. t. Charges : acquitter les charges ordinaires sans aucune réduction sur son bail et recevoir à ses frais, 3 fois par an et 3 jours chaque fois, le curé, son homme et ses chevaux.

Suilly (la Tour) et Verger. — 1565 (E. 390). — Bail pour 2 ans par Pierre du Broc, chanoine d'Auxerre, curé, à Antoine Lorget et Jacques Breuzard, prêtres. Pension, 200 l. t. Charges : faire chaque année un cent de provins dans la vigne de la cure ; recevoir 2 fois et 3 jours chaque fois le curé, son homme et ses chevaux.

Taingy. — 1524 (E. 380). — Bail pour 3 ans au nom de Pierre Bridé, chanoine d'Auxerre, curé, à Etienne Le Roy, prêtre. Pension, 85 l. t. — 1562. (E. 389). — Id. pour 5 ans par Michel Kerner, curé, à Antoine de Beaulieu et Denis Miguard, prêtres. Pension, 160 l. t. et à charge de recevoir à leurs frais le curé, son homme et deux chevaux 3 jours entiers « et ce quant bon semblera aud. curé aller visiter ses parrochians ». — 1571 (E. 396). — Id. pour 5 ans par Jean Motet, chanoine de la Cité d'Auxerre, curé, à Guillaume Davodet, prêtre, de la desserte de la cure. Portion congrue, 50 bichets de blé froment, mesure de *Dreux* (Druyes), 6 muids de vin clairet, provenant des dimes de la cure, ou 30 l. t. si les vignes du climat ne pouvaient fournir le vin convenu, « la toutallité des prouffictz du dedans de leglise », la moitié des dimes de chanvre, toutes les dimes d'agneaux. De plus, le bailleur sera tenu de lui procurer pour toute la durée du bail une chambre à Taingy pour y loger avec « *quelques petitz meubles* ».

Toucy. — 1590 (E. 427). — Bail pour 9 ans par Antoine Lecueur, trésorier de la collégiale de Toucy, et par sa dignité curé dudit lieu, aux chanoines de cette collégiale. Pension, 45 écus d'or soleil.

Treigny. — 1586 (E. 407). — Bail pour 5 ans par François de la Barre, doyen du chapitre d'Auxerre, curé, à Guillaume Colas, prêtre. Pension, 66 écus 2/3 d'écu.

Venouse et Rouvray. — 1593 (E. 429). — Bail pour 9 ans par Laurent Petitfou, chanoine et grand archidiacre d'Auxerre, abbé de l'abbaye Saint-Père d'Auxerre, curé, à Jean Droyn, prêtre. Pension, 80 écus d'or soleil, *revenant suivant l'édit à 240 l. t.* Charges : recevoir le curé, etc., 2 fois par an. Nota. Seuls, les décimes ordinaires et extraordinaires resteront à la charge du bailleur.

Venoy. — 1524 (E. 380). — Bail pour 3 ans par Huguet Masoyer, clerc, curé, à Jean Macé, prêtre. Pension, 50 l. t. — 1566 (E. 488). — Id. pour 5 ans par Ponce Follet, prêtre du diocèse de Rouen, curé, à Edme Roy, prêtre. Pension, 80 l. t. — 1586 (E. 407). — Id. pour 5 ans par Edme Laude, curé, à Louis Chenu, prêtre. Pension, 21 écus d'or soleil. Le preneur jouira du presbytère.

Villefargeau. — 1566 (E. 488). — Bail pour 3 ans par Gilles Cochon, chanoine d'Auxerre, curé, à Gaubert Legueux, prêtre. Pension, 90 l, t. et 40 livres de chanvre, moitié *mâle et femelle.*

Villemer. — 1594 (E. 429). — Bail pour un an par Edme Guillaume, chanoine d'Auxerre, curé, à Roch Prinsault, prêtre, de la desserte de la cure. Portion congrue : 12 écus sol., 10 bichets de grain. moitié froment et orge, et le casuel « du dedans » de l'église. — 1603 (E. 434). — Bail pour 5 ans par Martial Delinotte, chanoine d'Auxerre, curé, à Jacques de Rigny, marchand à Auxerre. Pension, 90 l. t. Charges : donner au prêtre qui dessert la cure 30 l. t., 15 bichets de blé et la moitié des dîmes de chanvre et d'agneaux ; acquitter toutes les charges incombant au curé.

Villeneuve-Saint-Salve. — 1539 (E. 384). — Bail pour 3 ans par Léon Dagobert, chanoine d'Autun, curé, à Jean Bellicard, prêtre. Pension, 42 l. 10 s. t. — 1561 (E. 392). — Id. pour 3 ans par Jean Borbon, chanoine de Varzy, curé, à Jean Droin, prêtre. Pension, 25 l. t. et 8 bichets d'avoine. Charges : recevoir à ses frais, 2 fois par an et 3 jours chaque fois, le curé, son homme et 2 chevaux.

Vincelottes. — 1515 (E. 377). — Bail pour 3 ans par frère Nicole Belin, religieux de l'ordre de Saint-Benoît, curé, à frère Pierre Moynat, religieux de Saint-Marien d'Auxerre. Pension, 26 l. t.

Cures. — Affaires diverses.

Auxerre. — *Paroisse Saint-Amatre.* — 1586 (E. 407). — Acte par lequel Pierre Chevillié, prêtre à Auxerre, s'engage à assister pendant un an M. Regnobert Rappin, vicaire de Saint-Amatre d'Auxerre « pour faire le service au dit St-Amatre, tant les veilles des « festes que le jour des festes, et ayder à administrer les saincts « sacrements aux parrochiens. » En outre il devra chaque semaine, les dimanche, lundi et jeudi célébrer la messe à la chapelle de Notre-Dame de Miséricorde au grand cimetière, pour les *confrères de ladite confrairie* ». Il recevra 15 écus soleil payables de trois mois en 3 mois. Il aura droit au logis de St-Michel dépendant de St-Amatre, à l'exception de la chambre basse qui restera au dit Rappin.

Si le sieur Rappin réclamait la présence du dit Chevillié pour la célébration de messes à St-Amatre ou à la chapelle St-Michel, les mardi, mercredi et samedi, il sera tenu lui payer chaque grande messe 7 s. 6 d.

AUXERRE. — *Paroisse Saint-Regnobert*. — Dernier jour de février 1608. — Inventaire des meubles, vases sacrés, ornements et livres appartenant à la fabrique :

« Troys chappes de demye ostade noyr, garnyes de leurs offroys de camelot blanc pour les services des trespassez ;

Une chessuble de trippe de velours noyr, garnye de son offroye de satin de Burge blanc, et de son estolle et manipulle.

Deux tunicques de demye ostade noyre, garnyes de leurs offroyes de trippe de velours noyr·

Une chessuble de camelot noyr, garnye de son offroye de satin de Burge blanc, et de son estolle et manipulle.

Une chessuble de demye ostade noyre, garnye de son parrement de satin de Burge blanc, de son estolle et manipulle.

Ung parement dhautel tant hault que bas, de camelot blanc, garny de croix de satin de Burge blanc.

Ung autre parrement dhautel tant haut et bas de futaye (futaine) noyre, garnye de leur croye (croix) de futaye blanche.

Ung poisle de trippe de velours noyr et blanc garny de satin de Burge.

Ung aultre poisle de futayne noyre, fort vieil, garny de sa croix de futayne blanche.

Ung aultre poisle de trippe de velours noyr, garny de parrement de satin de Burge blanc.

Une chassuble de trippe noyr, estolles et manipulles, delaissée à la fabrice par deffunct M. Nicolas Coutant, et encores le parrement dhautel tant hault que bas, de trippe de velours noyr, garny de leur croix de satin de Burge blanc.

Troys chappes de camelot rouge, garnyes doffroie fort vieilles.

Deux tunicques de taftas changeant, garnyes de leurs offroys fort vieilles.

Une chappe de camelot blanc, garnye doffroys.

Une chasuble de camelot blanc, doublée de thoille rouge, avec lestolle et manipulle.

Une chasuble de damas blanc, fort usée, doublée de thoille bleu, garnie d'offroye et estolle.

Une chappe de damas blanc, garnye de son offraye de velours bleu, doublée de thoille viollet.

Une chasuble de damas blanc, doublée de thoille roire, garnye destolle, manipulle et offroye.

Deux chappes de satin de Burge blanc, garnyes de leur offroye de satin de Burge rouge.

Deux tunicques de satin de Burge blanc, garnyes doffroye de satin de Burge bleu.

Ung parrement de grand hostel tant haut que bas, de satin de Burge blanc, garny de franges et himagé de broudelyes (*sic*) [broderies].

Une chasuble de satin de Burge blanc, garnye doffroye de satin de Burge, les manipulle et estolle.

Ung petit tapyt de damas blanc, servant à mettre sur le petit pulpitre à dire l'évangille.

Une chasuble de taftas changeant, garnye d'offroye de brodelye, estolle et manipulle.

Une chasuble de camelot rouge moucheté de blanc, garnye doffraye de satin de Burge gris, garni destolle et manipulle.

Une chasuble de velours viollet brung, garnye doffroye de brodelye.

Une tunicque de demye ostade noyr, garnye doffroye de velours noyr.

Une chasuble de velours rouge damassé, les parrements de bandes d'or, doublée de futayne rouge, garnye de manipulle et estolle.

Une autre chasuble de velours viollet tané en graine cremoisy, des offroys de satin orange, garnye de manipulle et estolle.

Une chappe de mesme velours tané en graine, garnie d'offroye en brodelye.

Ung parrement pour le bas du grand haultel, de taftas rayé blanc et rouge.

Une chasuble de damas changeant, les offroys de velours damassé rouge, garnye de son estolle et manipulle.

Une aultre chasuble de damas tanné, les offroys de brodelye, garnye de son estolle et manipulle.

Ung parrement d'autel taut hault que bas, de damas rouge cramoisy, garny de franges de soye rouge cramoisy, avec le petit ciel pour cannon, le corps de Dieu de mesme estoffe.

Deux custodes de camelot cramoisy rouge et deux pantes de ciel de mesme estoffe, tout garny de franges.

Ung aultre petit ciel de velours orange avec la brodelye autour pour couvrir le corps de Dieu, couvert dung aultre petit ciel de thoille blanche, garnyz de leurs franges.

Ung taftas changeant rouge, qui est le drap pour espousée.

Deux chappes de velours rouge cramoisy, doublées de thoille vert les offroys de damas rouge et jaulne.

Ung bahu de cuyr, ferré à plain, fermant à troys serrures, garny de soubzbassement, dedans lequel cest trouvé :

Ung petit parrement de drap rouge, faict à brodelye, pour servyr au hault dung aultel.

La couverture dung petit carreau de velours violet et toille dargent à carrez, faict à fleur de lyz et daulphins à brodelys.

Le parrement de bas dung autel, de moquette à carreaux blanc et rouge, garny de ses franges.

Ung parrement dautel tant hault que bas, de camelot rouge garny dimages.

Ung ciel de velours rouge tainct en graye (*sic*) (1), garny de bordure et de son fond de satin de Burge vert, et de thoille bleue, et de ses franges, pour porter le corps de Dieu.

Ung petit ciel en troys pantes, de velours cramoisy rouge, bordé dor avec ses crespines dor, le fond de taftas rouge, servant à mettre sur le corps de Dieu, sur l'autel.

Une pante de thoille dargent rayée.

Une aultre de thoille dor servant à mettre au paradis.

Troys courtines de taftas gris, jaulne et bleu, fort usées, garnyes de leurs franges et boucles.

Deux courtines de demye ostade de jaulne, vert et rouge, garnyes de leurs franges et boucles.

Ung tapit de drap servant à couvrir le grand aultel.

Ung aultre tapy de tapisserie, fort usé, estant en la chapelle où est enterré M. le controlleur Coutant.

Une tunicque de thoille viollet, garnye de ses franges, servant à la confrairie Saint-Anthoine.

Item sest trouvé ung petit coffre de bois fermant à deux serrures, servant à mettre linge, dedans lequel cest trouvé :

Troys nappes neufves de thoille de plain delyes (?);

Seize aultres nappes de thoille de plain, qui ont servy aux aultels de la d. église.

Une aultre nappe dautel, my usée.

Une aultre petite nappe y ayant des franges.

Une custode de thoille ouvrée, garnye de franges, servant à mettre devant les images du grand aultel en caresme.

Deux aultres petites custodes de thoille de plain, aussy à mettre devant les images.

(1) Graine, couleur écarlate (Lacurne de Sainte-Pallaye).

Une aulbe de thoille plain, garnye de hamy (amict) et seinture neufs.

Dix aulbes de thoille de plain, garnyes seulement de quatre hamys.

Plus cest trouvé cinq autres hamis servant ausd. aulbes.

Troys tabliers de thoille ouvrée, servant à la communion.

Deux aultres petitz tabliers de thoille ouvrée, servant aussi à la communion.

Deux aultres tabliers de thoille ouvrée, servant à mettre sur le grand aultel.

Deux petitz surpelis pour servyr aux petitz enffans.

Quatre pauvres amis (amicts), le tout de thoille.

Deux bassins destain servant aux torches.

Deux chandelyers destain, lung rompu, et ung de cuyvre.

Ung benoistyé dhairin.

Cinq escuelles destain servant à chercher [quêter] par léglise.

Huit chandelyers de fert savoir : quatre grandz à mettre devant le grand aultel et quatre moyens.

Ung viel tappy de tapisserye.

Tous lesquelz meubles et ornementz cy-dessus ont été délaissez en la charge et garde du d. Claude Mainson (1), par les d. Desbordes et Boucher procureurs fabriciens ; lequel Mainson sen est chargé et promis les rendre et représenter quand requis en sera.

Plus ont les d. procureurs fabriciens representé pour estre joinct au présent inventaire :

Ung calice d'argent garny de sa platine et estuy.

Deux chopinettes d'argent.

Une grande croix dargent avec le baston de braisy (*sic*)(2) semé de fleur dheliz (de lys) et chiffres d'argent.

Une petite croix dor où y a de la vraie croix.

Une couppe dargent doré, couverte, servant à porter le corps de Dieu.

Le soleil dargent servant à porter le corps de Dieu à la procession, où y a ung crucifix.

Une paix de cuyvre où est paind une Nostre-Dame de pityé, garnye dargent au tour, et le pied dargent.

Ung calice d'argent avec sa platine, pesant dix onces.

Lesquelz joyaulx cy-dessus sont demeurez en la charge des d. procureurs fabriciens, qui sen sont chargez et promis les représenter touttes foys et quand requis en seront.

(1) Claude Mainson était *brodeur* c'est-à-dire chasublier.

(2) *Brésil* ou *Brasil*, bois de teinture rouge.... (*Glossaire* ajouté à la Notice des émaux. etc., du Louvre, par M. de Laborde, 1853).

Plus a esté trouvé en la d. église les livres qui sensuyvent :

Premièrement ung grand livre de parchemin apellé graduel, couvert en porc noyr, ferré, commençant à la feste de Pasques et finissant le premyer dimanche de l'Avant.

Ung autre grand livre apellé sanctoral, couvert en veau noyr et ferré, commençant à Pasques et finissant à l'office de Saincte-Catherine.

Ung aultre grand livre apellé graduel, commençant le premyer dimanche de l'Advant et finissant à Pasques, couvert en veau et ferré.

Ung aultre livre apellé l'anthiphonyer où sont contenus les matines de Pasques, Penthecoste, Feste Dieu, Assomption, Toussaintz et Noel, couvert en veau et garni de fertz.

Ung aultre livre apellé antifonyer commençant à l'Anonciation Nostre-Dame et finissant aux Venite, couvert en porc et ferré.

Ung aultre antifonyer graduel et sanctoral pour toutte l'année, couvert en peau jaulne, fort usé, ferré.

Ung aultre petit livre en parchemin où est contenu touttes les festes de l'année, et commençant par le psaultyer, couvert de peau, fort vieil, non ferré.

Ung aultre viel livre apellé graduel et sanctoral, en parchemin, couvert de peau jaulne, fort usé, sans fers.

Ung aultre viel livre en parchemin, apellé Légendes, sans couverture, fors dung ais (un plat de bois.)

Ung aultre petit livre en parchemin apellé loffice de la croix, couvert de parchemin.

Ung aultre petit livre en parchemin, où sont contenuz deux passions, scavoir ; du dimanche des Rameaux et vendredy benist.

Ung aultre livre couvert en peau rouge, où est contenu loffice de la Dedicace, est en parchemin.

Deux processionnaulx, lun diceulx en parchemin et laultre en papyer, couvert en veau noyr.

Deux messelz servant à la d. église.

Tous lesquelz livres sont demeurés, du consentement des d. procureurs fabriciens, en la charge et garde de venerable et discrette personne Mᵉ Guillaume Legrand, vicaire de la d. église, qui sen est chargé et promis aussy les représenter quand il en sera requis.

Signé : des fabriciens, vicaire et témoins.

(E. 435)

CHASTELLUX. — Août 1677 (E. 446). — Erection de la chapelle Saint-Germain en paroisse.

Requête présentée à l'évêque d'Autun par le comte Philippe-

César de Chastellux, Judith de Barrillon son épouse, les habitants de Chastellux, de la rue Chenot, la rue Perrin, la rue de la Croix, la Bascule, Vernois, la Rivière et des métairies de la Chaume et de la Tuilerie, tendant à voir ériger en paroisse l'église Saint-Germain de Chastellux.

En faveur de cette demande, M. de Chastellux s'engage à abandonner au curé les dimes de la chapelle Saint-Germain, les tierces des finages et village de Narbois, les dimes sur les métairies de la Chaume et de la Tuilerie, « appelées les méthairies de la basse court du château de Chastellux », à donner une maison pour servir de presbytère et une place pour le cimetière ; à faire construire sur le côté gauche de la dite chapelle, une chapelle seigneuriale avec une sacristie attenant, un clocher « de fond en comble dont le dessoubz de la tour servira de porche et de vestibulle à la grande porte de la d. esglize » (1), et à faire construire des fonts baptismaux.

Son épouse s'engage à fournir « sy tost après la d. érection de paroisse », un soleil, un ciboire, un calice, un portatif du viatique et des vaisseaux pour les saintes huiles, le tout d'argent ; un tabernacle doré, des parements, chasubles et chappes aux couleurs de l'église, aubes, nappes, linges et tous les ornements nécessaires à la célébration du service divin.

Ces libéralités sont faites sous condition de collation.

De leur côté, les habitants s'engagent à fournir par an : les laboureurs deux gerbes de blé seigle et 7 s. 6 d., et les manouvriers, 12 s. 6 d. (2).

A cette requête est joint un règlement pour les droits de chantre et de marguillier de la paroisse; lequel fait connaître qu'un traité a été passé avec les habitants le 1er janvier 1678. Le chantre aura droit aux trois quarts de l'argent et des grains dûs par les habitants, l'autre quart appartiendra au marguillier. Droits casuels : pour un grand enterrement il sera payé au chantre 8 s. et au marguillier 5 s. et un tiers de vin *(sic)* ; pour un petit, 5 s. au chantre

(1) Voir au ch. II le marché du 12 août 1677, pour couverture du clocher « nouvellement bâti ».

(2) M. le Comte de Chastellux, dans son histoire généalogique de la maison de Chastellux, et M. l'abbé Henry, dans son histoire du canton de Quarré-les-Tombes, nous apprennent seulement que cette requête a été agréée et que la même année (1677) le savant Bocquillot, chanoine d'Avallon en a été nommé curé. Malgré ce fait signalé, nous ne sommes entré dans ces détails, uniquement parce que M. l'abbé Henry, qui n'en cite pas les plus importants, paraît avoir ignoré le document dont il s'agit ici.

et 6 blancs au marguillier ; pour un mariage 8 s. au chantre et 5 s. au marguillier « si mieux n'aime aller dîner chez les nouveaux mariés », pour l'assistance de chantre à un grand Libera annuel 15 s. ; à un service de défunts, de vigile et de messe, 10 s.

La requête est signée : Chastellux et Judith Barrillon.

Escamps. — 1485 (E. 370). — Vente au plus offrant et dernier enchérisseur par Charbuy et Duplex, dit Colas, procureurs de la fabrique de l'église d'Escamps-Saint-Germain « du congié et « licence quilz disoient avoir eu de vénérable et discrète person- « ne, maistre Jehan Odry, grant archidiacre en léglise d'Aucerre « et official d'Aucerre », à Georges Rappin du dit Escamps, d'une pièce de terre de trois arpents située au dit territoire, pour le prix de 12 l. 10 s. 10 d. t. « que les dits procureurs ont confessé « avoir euz et receulz du dit acheteur pour mettre et employer à « la plus grosse cloche d'icelle église. Promettant garentir de « toutes charges, sauf et réserve des cens et dismes à paier den- « cienneté, et de faire dire et célébrer chascun an à tousjours, « en la dite église, une messe basse des trespassés pour l'anni- « versaire de messire Michel Régné, prebstre et de Ogier La « Crampe et de Perrette sa femme, qui icelle terre ont donné à la « dite fabrice à la dite charge. »

L'Autremont (1). — Requête des habitants de l'Autremont au curé de Perrigny-sous-Rougemont leur paroisse, en autorisation de terminer la construction d'une chapelle dans le hameau et d'y faire célébrer le service divin.

(16 avril 1555)

« A Monseigneur messire Jehan Nauldot, prebstre, curé de Perrigny-sous-Rougemont. Remonstrent en toute humilité à vous, monseigneur, les habitants de Laultrémont, finage et parroisse de Perrigny, que comme ainsi, soyt que au d. lieu saccroissent et multiplye en grant nombre, et que leur est besoing de faire construyre une chappelle pour, en icelle faire célébrer messe pour les petitz enffans qui ne peullent et ne sauroyent aller à la messe au d. Perrigny, où ils sont tenuz aller aux festes solennelles et tous les dimanches, pour ce quilz sont loingtains dune lieue et plus, et que ja ilz avoyent commencé et de nouvel construict la d. chappelle (2). Supplyans que permis leur fut par vous icelle parachever, et en

(1) L'Autremont (Côte-d'Or), autrefois hameau de Perrigny-sur-Armançon (Yonne).

(2) Voir ch. II le marché de cette chapelle.

icelle faire célébrer messe pour le solagement des enffans, habitants et leurs familles quilz ne peullent aller au d. Perrigny.

« Ce faict ferez bien et seront tenuz prier Dieu pour vous. »

Faict par les d. habitans représentés par..., le xvi jour de apvril après Pasques v^c lv. [555].

Veu par le d. Nauldot curé, la présente requeste estre civille et raisonnable, et que les d. de Lautremant parochiens du d. Perrigny, sont loingtains dune lieue ou envyron, a consentu que les d. supplyans parachèvent la d. chappelle par eulx commencée, aux charges quilz s'ensuyvent, assavoir : que les d. supplyans pourront faire célébrer tant les dimenches et festes solempnelles, une messe basse pour les petitz enffans et parens quilz ne peuvent aller au d. Perrigny, qui se dira par ung homme desglise, commis par le soing du d. curé, son vicaire, et curés et vicaires successeurs. Aussy que les d. supplyans seront tenuz d'aller à la messe tous les dimanches au d. Perrigny et festes solennelles, ainsin quilz ont acoustume faire. Et ne pourront les d. supplyans faire faire eau begniste ne pain begnist en la d. chappelle. Et oultre, seront tenuz les d. supplyans de venir prandre leurs sacremens en lesglise parrochiale du d. Perrigny, comme ainsin de Pasques le corps de Dieu, et aux aultres festes solempnelles ainsin que de coustume ilz ont, et comme ung bon crestien doibt faire. Aussy que le d. Nauldot curé, les curés successeurs, prandront toutes oblassions et émolumens qui se feront en la d. chappelle.

« Les habitans seront tenuz bailler contract au d. curé. »

(E..... N. N. Minutes versées par la Côte-d'Or).

MAILLY-LA-VILLE. — 7 mars 1521 (E. 379). — Transaction entre Jean Gaulthier, curé, et Jean Camélinat et autres, procureurs des habitants, au sujet des droits « funéraulx et parroichiaulx ». Le curé défunt, Jean Gaulthier, frère du curé actuel, dans un procès avec les héritiers Gaudart, pour lesquels les habitants ont pris fait et cause, prétendait avoir le droit de percevoir, au décès de chaque chef « dostel », savoir : « pour le trantel xvii s. iiii d., ou offrir pain, vin et chandelle par trante jours durant, et ung an durant, après les dits trante jours passez, qu'ilz eussent (les héritiers) à offrir par chacun dimenche ung an durant après le décès, pain, vin et chandelle ou luy paier la somme de 37 s. t. Aussi pour le luminaire fourni par le dit curé, de chacun des ditz deffunctz, le jour quilz sont inhumez 5 s. l. ou une livre de cire. Et pour le droit de la terre (1) 3 s. t. et 3 s. t. pour les unctions ». Par cet accord,

(1) Probablement ce qu'aujourd'hui on appelle le droit municipal.

il sera payé, à l'avenir, pour chaque chef de famille décédé, la somme de 31 s. t. savoir : « pour lannuel et trantel 27 s. t. ou le pain, le vin et la chandelle, pour le droit de la terre 3 s. t., et pour les unctions 13 d. environ. Et sera tenu le dit curé de dire et célébrer messe haulte, le corps présent, où il sera inhumé le matin, et où il sera inhumé après disné, sera tenu dire vigilles à nothe, en fournissant par les dits paroissiens habitans ayder à chanter et à dire. Et fourniront les héritiers du trépassé, le luminaire. »

MARIGNY (Nièvre). — 1648 (Liasse n° 5 des minutes Chevillotte N. N.) — *Traité d'assistance à un prêtre paroissial.* — Jacques Morin, maitre d'école, demeurant « de présent » à Quarré, s'engage, pendant 6 années consécutives, envers M. François Simon, curé de Marigny « à le servir et l'aider à faire le service divin ». Il sera tenu d'assister à tous les services qui se feront en la dite église. Le curé lui paye 10 l. t, par an, lui abandonne « toutes les gerbes de passion et argent qui lui sont deheuz par les paroissiens de la d. parroisse, pour en disposer ainsi que bon luy semblera pendant le d. temps ». Il aura droit en outre au champ qui va de l'église à la maison presbytérale, « en aval jusqu'à la « fontaine, pour y emblaver ce que bon luy semblera chacun an, « par partie avec le d. sieur Simon. »

A la suite de cet acte, il s'en trouve un autre, de 1654, qui proroge ce traité pour 6 autres années, et dans lequel Jacques Morin est désigné maitre d'école à Marigny.

SEMENTRON. — 1591 (E. 427). — Procuration donnée par François Armant, curé de Sementron, à Jean Rémon, procureur en cour de Rome, pour présenter au pape, la résignation de sa cure au profit de Jacques Morisson, prêtre du diocèse de Sens. La procuration fait connaitre que M. Armant consent cette résignation, moyennant une pension annuelle et viagère de 25 l. t. à prélever sur les revenus de la cure.

Par un autre acte de la même année (E. 488) M. Morisson s'engage à payer à son prédécesseur la rente de 25 l. t. convenue, aussitôt qu'il sera pourvu de ladite cure résignée à son profit.

VAL-DE-MERCY. — 1591 (E. 427). — Laurent Joly, curé, reconnait devoir à M. Claude Regnard, curé de Saint-Eusèbe d'Auxerre, une pension annuelle de 10 écus, pour résignation à son profit de la cure dudit Val-de-Mercy.

VAUX et CHAMPS. — 1594 (E. 488). — Association entre M. Jacques Thomereau, curé de Vaux et Champs et Antoine Morant, prêtre demeurant à Champs, pour la desserte de ces deux localités, à frais et profits communs « aussi longuement que le sieur Thomereau sera curé des d. cures ». Quinze jours après ils admettent dans leur association un sieur Syrot prêtre, qui devra demeurer au dit lieu et célébrer le service divin. Ce traité est passé dans les mêmes conditions et pour la même durée.

VULAINES (Aube). — 1564 (E. 475). — Amodiation à moitié pour 9 ans, par M. Jean Thiboult, curé, à Pierre Rémy, laboureur au dit lieu, de toutes les terres de la cure. Le curé ne sera tenu qu'à fournir la moitié de la semence et payer la moitié des frais de « *faulchages* » et de « *faucillages* ». Le preneur devra acquitter les droits de censive, conduire la part du curé dans sa grange et mener dans les dites terres tout le « fumier qui se fera dans la maison du curé. »

CLERGÉ ET AFFAIRES RELIGIEUSES DIVERSES

1497. (E. 373). — Jean de Villy, orfèvre à Auxerre reconnait devoir « et estre tenu bailler et délivrer à discrette personne « messire Jacques Gresle, prebstre, demeurant à Chablies à ce « présent, ung calice dargent vezé, pesant un marc, et ce pour et « ou lieu et en paiement dun semblable calice que le dit de Villy « confessoit avoir eu et reçu du dit Gresle, par le mains de frère « Jehan Botart, religieux des frères mineurs à Aucerre, qui lui « avait baillé icelui calice pour le rapareiller et mectre à point. « Et lequel calice avait été prins en la possession du dit de Villy, « par justice, et vendu par exécusion, pour le paiement de cer- « taine debte par lui deue, se comme le dit de Villy disoit et dont « il se tint pour content par devant moy juré. En la main duquel « juré icelui de Villy debteur, promist par sa foy et serment ren- « dre, bailler et délivrer ledit calice dargent vezé et pesant ung « marc, au dit Gresle ou au porteur de cestes, dedens le jour de « la feste de Toussains prouchainement venant, avec le cost de « ces presentes. Promettant etc... »

1521 (E. 379). — Acte par lequel Jean Legendre boulanger à Auxerre, s'engage envers l'abbaye de Saint-Germain, représentée par frère Philippe Juysard, infirmier et sous prieur, à « cuyre et paneter tout le pain quil conviendra pour la forniture du d. couvent ung an à icelluy, commancer le deuxiesme jour de janvier passé, jusques à pareil jour lan révolu ; lequel pain sera du pris de vingt huit onces, qui est vingt pains pour bichet de blé, moyennant et parmy ce que les dicts religieux luy fourniront bled pour ce faire, qui prandra en leurs greniers, et le dit délivra chacun jour au dict Sainct-Germain, et lequel blé sera loyal et marchant, tellement quil en puisse faire bon pain, et luy bailler vingt-cinq bichets pour vingt-quatre. Et oultre, moyennant ce que les dits religieux seront tenus à luy paier et bailler pour sa peine et vacacion, la somme de dix livres t. que ledit enfermier sera tenu paier au dit Legendre en servant pro rata..... »

1521 (E. 379). — Christophe Taupin reconnait « soy estre a loué à Jehan Duclain demeurant à Aucerre, à ce présent, pour le servir et aider à sonner en l'église d'Aucerre, aux festes doubles et festes solemnelles et annuelles, anniversaires qui sont faictes et célébreez en l'église d'Aucerre, dujourd'huy jusques à Pasques prouchain venant, moiennant une jaquette de gris et une paire de soliers... »

1524 (E. 380). Procuration donnée par Etienne Legros, chanoine d'Auxerre et curé de la paroisse de Pressas et ses annexes, diocèse d'Agen, à Jean de Pochet d'Auxerre, pour poursuivre les fermiers de la dite cure en paiement de ce qui lui reste dû, et recevoir les deniers.

1529 (E. 417). — Constitution de rente par divers au profit de la chapelle Notre-Dame-des-Neiges, fondée en l'église Saint-Etienne d'Auxerre, par M. Philibert Guygnart chanoine du dit Auxerre.

1542 (E. 425). — Donation par Cléophas Guyart, marchand à Auxerre (1) à Jean de Thou « escollier estudiant à Paris » de 4 bichets de froment et 16 bichets d'avoine de rente, à prendre sur la 3e partie de la métairie de Jaulges « affin qui se puisse mieulx entretenir aux escolles ».

1550 (E. 651). — Acte par lequel Jean Royer, boulanger à Tonnerre, s'engage envers Guillaume Ragnyer, abbé de l'abbaye de Saint-Michel dudit Tonnerre « à cuire sa vie durant, en sa maison, bien et convenablement, tout le pain quil conviendra, tant pour le d. seigneur abbé et son train, que religieulx et couvent, ensemble le pain de laulmosne que les d. abbé et religieulx ont accoustume faire et aulmosner en karesme, et pourront faire cy-après. » Le tout à ses frais et dépens, même le bois nécessaire à la cuisson. Dans le cas ou l'abbé voudrait que le pain fut cuit dans l'abbaye, il devra fournir dix cordes de bois par an pour la cuisson. Par ce marché et pour paiement, le sieur Royer est dispensé d'acquitter, sa vie durant, une rente de 40 bichets de grain, moitié froment et avoine, qu'il doit à l'abbaye.

1565 (E. 390). — Procuration donnée par M. Mathieu Morellet chantre, chanoine ordinaire de la chapelle du roi, pour recevoir de M. Charles Hacqueville, trésorier et payeur des chantres

(1) Ce Cléophas Guyard tenait à Auxerre la maison à l'enseigne du *plat d'étain*.

et chanoines de la dite chapelle, la somme de 75 l. t. pour ses gages des mois d'octobre, novembre et décembre derniers (1).

1566 19 avril (E. 478). — Réquisition par M. Nicolle d'Aussonville, chapelain des hautes messes de la chapelle et musique du roi, à l'official et vicaire général de l'évêque d'Auxerre (2), de le pourvoir de la première vacance de chanoine prébendé de la cathédrale qui se produira, alléguant « que ce jourd'huy le roy nostre sire, estant en léglise Saint-Estienne d'Aucerre, lauroit pourveu de la première chanoynye et prébende qui vacquera en ceste église » (3).

1568 (E. 392). — Amodiation pour 5 ans par M. Jean Darcy, prieur de Saint-Eusèbe d'Auxerre, à Jacques Huberson du dit lieu, de la totalité des revenus du dit prieuré à la charge de « nourrir bien et honnestement les religieulx qui feront le service de la d. église Saint-Eusèbe, ainsi que le prieur est tenu et qu'on a accoustume faire », moyennant une pension annuelle de deux livres t. (*sic*) (4) à payer au dit Darcy.

1570 (E. 394). — Publication de Jubilé. — Acte constatant que M. Jean Thibault, chanoine et solliciteur du chapitre d'Auxerre a « suyvant la charge et conclusion capitulaire de la d. église » présenté à M. Simon Tribolé, archiprêtre de Puisaye les 42 articles du jubilé envoyé par le Pape, pour les faire publier dans les paroisses de son archiprêtré « comme il est tenu à cause de son office ». A quoi « le dit archiprebstre a faict response quil veult obeyr aux commandemens de MM[rs], en luy donnant argent pour faire tenir les d. article, ainsi que ont accostume par cy devant recepvoir ses prédécesseurs archiprebstres, et qu'il nest tenu les faire tenir à ses dépens. Et oultre, a dict qu'on luy a présenté les d. articles troup tard et qu'il ny a plus que troys jours, et que son archiprebstré est de plus longue estandue et le plus long de tout le

(1) Dans la même année (1565) et dans le même registre (E. 390) folio 174 cet ecclésiastique est en outre qualifié de chanoine d'Auxerre.

(2) Gaspard Damy, vicaire général du cardinal de la Bourdaisière (1563-1570).

(3) Comme il signe sa réquisition ainsi que la procuration qui y est annexée, il est présumable qu'il suivait la Cour dans ce voyage. MM. Lebeuf et Chardon parlent bien de ce passage de Charles IX à Auxerre, mais ne citent pas ce fait. M. Quantin, dans son article inséré au bulletin de 1848 n'en fait également pas mention.

(4) Il y a évidemment là une erreur du copiste ; le mot *cent* a été omis. Il faut lire *deux cents* livres, attendu que le preneur avance une somme de 120 l. t. à déduire sur les premiers termes.

diocèse ; et encoures que les chemins ne sont libres mesmes à Gien, St-Fargeau, Bléneau et lieux circonvoisins, et au surplus sen rapporte à raison ».

Le dit Thibault considérant cette déclaration comme un refus, proteste et requiert acte.

1571 (E. 396). — A propos d'une redevance en grain et vin réclamée par le chapitre d'Auxerre à l'abbaye de St-Germain qui la devait, le procureur de l'abbaye demande un sursis de quelques jours pour s'assurer de la date de l'échéance, attendu « que les papiers qui les en rendroient certains ont esté perduz durant les troubles derniers. »

1571 (E. 494). — Attestation par MM. Etienne Lotin et Germain Bertrand, chanoines d'Auxerre, que M. Lenormant, chanoine du dit lieu, est de bonne vie et « conversation catholique, vivant selon leglise apostolique et romaine, et preschant contre les hérétiques tellement, qu'il est digne, suffisant et capable de tenir un evesché ou aultre grand bénéfice ».

1576 (E. 401). — Permutation pure et simple de cures, entre M. Jacques Vantrouillé chanoine d'Auxerre, curé de Fulvy, Villiers-les-Haut et Mareuil, ses annexes, et M. Bonaventure Cathin chanoine de Chablis et de Notre-Dame de la Cité d'Auxerre, prieur-curé de Saint-Cyr (les Colons).

1576 (E. 401). — Procuration donnée par M. Jean Preignas, chanoine d'Auxerre et de Ste-Croix d'Orléans, pour prendre possession du « prieuré, chappelle et administration en la spiritualité de la maladerie et chappelle en la d. église Ste-Croix. »

1576 (E. 401). — Requête du chapitre d'Auxerre, sollicitant une réduction de sa quote-part dans les 50.000 écus de rente octroyés au roi sur les biens d'église, attendu « les fortunes survenues tant à leur église que à chacun deulx, particullièrement pendant le temps que ceulx de la nouvelle relligion occupèrent la d. ville » (1).

(1) Voir dans G. 1748, où nous les avons fait passer, quelques copies d'actes intéressant les taxes ecclésiastiques, que nous avions extraites de E. 892, mais que, vu leur longueur et leur intérêt relatif, nous avons renoncé à publier. Il s'y trouve notamment un procès-verbal du 25 août 1568, adjugeant la perception pendant dix ans, de la somme de 8170 l. 14 s. 7 d. t., sur les bénéfices du diocèse d'Auxerre. L'adjudication est tranchée au profit du sieur Pierre Crethé, marchand à Auxerre, qui, pour ses frais de recouvrement, aura le droit de prélever 6 d. l. pour livre. Ni M. l'abbé Lebeuf, dans ses *Mémoires*, ni M. Challe, dans son *Histoire du Calvinisme et de la Ligue* ne parlent de ces taxes.

1581 (E. 403). — Procuration donnée par les religieux de l'abbaye Saint-Père d'Auxerre, pour suivre la succession de Félix LeM asle, profès de la dite abbaye et prieur du prieuré de Saint-Etienne de Dijon.

1581 (E. 403). — Attestation par MM. Pierre Bridard, chanoine semi-prébendé d'Auxerre et Germain Boucher, marchand au dit lieu, que M. Jean Massé, chanoine d'Auxerre et docteur en médecine est mort à Auxerre le 17 août 1571.

1586 (E. 407). — Engagement par Jean Froment, marchand à Auxerre et sa femme, de satisfaire aux conditions ci-après à titre de dot si leur fils Roch, novice à l'abbaye Saint-Père d'Auxerre, y est reçu religieux profès : « entretenir à leurs fraiz et dépens le d. frère Roch dabitz et aultres choses nécessaires à son estat ; luy faire avoir ses ordres de prêtrise ; l'entretenir aux escolles à Paris ou aultre université, le temps et espace de six années, et luy faire avoir degrez ; donner chambre garnye comme on a accostume faire à ung relligieulx ; faire le festin de sa première messe et toutes aultres charges accostumées ; lhabiller bien et honnestement selon sa quallité jusques ad ce quil soyt prestre. Et oultre ce, promectent de bailler à la d. abbaye deux psautiers à l'usaige de Sens, une aulbe de thoille blanche, ung messel, deux *brévières usaige d'Aucerre, nouvellement imprimez*, dedans six mois après la profession faicte »

Cet engagement est suivi d'un acte de ratification par l'abbé et les religieux de l'abbaye.

1586 (E. 408). — Etienne Sainson, chapelain de la chapelle des pénitents du roi, héritier de Pierre Sainson mort chanoine d'Auxerre.

1585 (E. 407). — Gilbert Leconte, chanoine de Clamecy, qualifié chapelain de la chapelle Saint-Benoît, fondée en la Sainte-Chapelle du Palais à Paris (1).

1586 (E. 407). — Acte par lequel M. Joseph Teppenier chanoine semi-prébendé d'Auxerre, s'engage à nourrir et à loger pendant 3 ans, M. Claude Tholard, également chanoine semi-prébendé, moyennant abandon du revenu des fruits de sa semi-prébende, sous condition que le dit Tholard assistera aux offices qui y donnent droit. Au cas où il ne pourrait y assister il devra tenir compte de l'équivalent au dit Teppenier.

1er juin 1590 (E. 427). — Procuration donnée par noble Sébas-

(1) C'est cet ecclésiastique qui, chanoine d'Auxerre, fut empêché, par une manœuvre de huguenots — ou de flibustiers — de faire prendre possession de la cure de Briare dont il était pourvu. Nous avons publié cet

tien Le Royer, docteur « es droitz » chantre de la collégiale Saint-Honoré de Paris, chanoine d'Auxerre, et gouverneur du fait commun de cette ville, pour s'opposer à l'élection d'un autre chantre par la collégiale de Saint-Honoré, pour défaut de résidence à Paris.

Dans cette procuration M. Le Royer fait connaitre qu'il n'a pu se rendre à Paris pour y résider, ayant assisté aux Etats de Blois en qualité de député du clergé du bailliage d'Auxerre, d'où il est reveuu à Auxerre pour rendre compte de sa mission; que ses fonctions de gouverneur du fait commun d'Auxerre, l'ont retenu dans cette ville; que d'autre part, « les chemins pour aller du d. Aucerre à Paris auroient esté tellement occupez par les ennemis de la saincte unyon catholicque apostolicque et romaine, que le d. constituant, ainsy qnil ne peult encoures de présent, n'auroit peu se transporter à la d. ville de Paris pour y faire sa demeure. » Il ajoute qu'une seule fois (1), en sa qualité de gouverneur du fait commun « et estant emploié aux affaires du public, il ce seroict, par ordonnance des maire, gouverneur, eschevins et habitans de la d. ville, acheminé et auroit voiagé avec les sieurs baron du Broullard, de Montalan et leurs compaignies, estant en garnison en la d. ville d'Aucerre, pour moienner avec Messieurs de Paris, pour la conduite des vins jusques au d. lieu de Paris, pour la fourniture.... »

25 mai 1591 (E. 427). — Procuration donnée par le même « estant à présent demourant en la ville du d. Aucerre lung des gouverneurs du faict commung de l'hostel dicelle » à M. Pissebeuf, chanoine du dit Saint-Honoré, pour recevoir du receveur du domaine de Paris, « la somme de vingt escuz sol. au d. sieur constituant adjugez par Messieurs les commissaires et juges depputez pour la vente des biens des absens de la ville de Paris, par sentence du VIIIe jour de mars dernier passé, sur et temmoingnage de ce dont luy peult estre redebvable M. Philippe Cabrieu, médecin ordinaire de la feue royne mère, à cause des loiers de la maison qu'il tenoit du d. sieur constituant au cloistre du d. Sainct-Honoré, provenant les d. vingt escuz de la vente des meubles du d. Cabrieu, suivant la d. sentence, et dicelle somme bailler quictance au d. recepveur en tel cas requis... »

Par un acte suivant, du même jour, il donne procuration pour faire saisir et « *arrester* » tous les biens du sieur Cabrieu, qui lui

acte curieux dans le supplément au tome 1er du *Bulletin de la Société des sciences* de 1897.

(1) Sans doute depuis les troubles de la Ligue.

est redevable de la somme de 320 écus sol. pour les termes échus et à échoir au 1er octobre prochain, de la location de sa maison du cloître Saint-Honoré.

17 février 1593, (E. 429). — Procuration donnée par 18 ecclésiastiques demeurant à Auxerre « assemblez au logis épiscopal dudict Aucerre, de l'ordonnancee des vénérables doien, chanoines et chappistre de l'église du d. Aucerre, comme aiant droit de regalle le siège vacquant » (1); et au nom des ecclésiastiques du diocèse, à M. Jean de Pilles, abbé d'Orbest (2) et chanoine de Notre-Dame de Paris (3), pour se présenter à l'assemblée « des Estatz convoquez en la ville de Paris de lauethorité de Mgr le duc de Maienne, lieutenant général de la coronne de France ». Il devra « consentir et se conformer à ce qui sera advisé et ordonné par les députez ecclésiastiques du diocèse de Sens comme métropolitains, et aultres députez des aultres diocèses de France. »

(1) Le siège d'Auxerre est resté vacant depuis la mort de Jacques Amyot (1593) jusqu'à la nomination de François de Donadieu (1599), par suite des guerres de la Ligue et du défaut d'investiture, par la cour de Rome, des évêques que nomma Henri de Bourbon (Henri IV).

(2) Sans doute Orbais-l'Abbaye (Marne), abbaye de bénédictins.

(3) Cet abbé était en outre vicaire général du cardinal Paul Sfodrato, abbé de St-Germain d'Auxerre (E. 429 folios 363 et 378).

CHAPITRE V

BIENS

VENTES ET ÉCHANGES. — BAUX : BIENS, MAISONS, CHEPTEL, DROITS SEIGNEURIAUX. — TRANSACTIONS. — SERVITUDES. — MARCHÉS DE CULTURE.

Autant les actes de mutation de biens sont précieux pour une monographie où les plus petits détails ont leur valeur locale, autant dans ce recueil, ils seraient dénués d'intérêt si, à côté de la mention de la transmission d'une propriété, ne se trouvaient quelques points d'histoire locale plus générale : noms et qualités des contractants de haute volée, topographie, nature de culture, prix de ventes et de baux, servitudes, transactions, coutumes, prix de façons de vigne, etc.

D'autre part, il ne faut pas oublier que nos documents vont de 1481 au XVIIe sicèle, et que les premiers portent forcément l'empreinte de la période de cent années qui a suivi la néfaste guerre des Anglais, une des plus importantes périodes de notre histoire.

Nous rappellerons succinctement les événements considérables qui se sont produits durant cette période séculaire et qui ont presque créé un monde nouveau. Ils s'appellent : l'invention de l'imprimerie, la découverte de l'Amérique, la Renaissance et la Réforme. Comme élément de transformation de la société française, on peut y ajouter les efforts vigoureux de Louis XI et de ses successeurs pour constituer l'unité de pouvoir, c'est-à-dire la royauté absolue avec tous ses nouveaux rouages administratifs et judiciaires.

Pendant la guerre de Cent ans, le sol avait été laissé en grande partie en friche, *en désert*, comme disent les actes; les horreurs de la guerre, de la famine et des maladies contagieuses avaient considérablement appauvri et décimé le pays.

La paix ne fut pas plutôt rétablie que le besoin de *vivre* se fit vivement sentir en France. Il en résulta pour la culture une heureuse et forte impulsion. La royauté y prit part : Charles VII et Louis XII s'appliquèrent à en favoriser le développement; Louis XII alla jusqu'à *diminuer la taille*. Une autre cause vint encore y contribuer. Les guerres d'Italie, qui avaient plus coûté aux nobles qu'elles ne leur avaient rapporté; le luxe de la Renaissance, le défaut de paiement des fermages et redevances, la révolution monétaire, les rendirent besogneux; beaucoup d'entre eux furent obligés de vendre leurs terres. Les bourgeois et commerçants enrichis s'empressèrent d'acquérir ces terres nobles. C'était, du reste, la réalisation d'une partie de leurs rêves; la vénalité des charges leur permit de réaliser l'autre partie : autant d'acheminements à la noblesse tant désirée.

Dans les mains de leurs nouveaux propriétaires, habitués à compter et rompus aux affaires, les biens ne devaient plus rester improductifs.

En résumé, à la fin du xve siècle et dans le courant du xvie, la culture fut si développée que Claude Sayssel, qui vivait sous Louis XII, accuse de grands défrichements et déboisements, et que plus tard Bernard Palissy ira jusqu'à regretter la destruction de forêts précieusement gardées jusqu'alors.

Cette digression nous a semblé nécessaire pour permettre d'apprécier la portée et la valeur des documents qui vont suivre, bien que naturellement ils ne soient qu'une infime partie de la quantité prodigieuse de mutations faites durant cette période de régénération.

Les documents dont il est question ici n'étant pas, comme leurs devanciers, intéressants dans leur ensemble, il n'en est donné, sous forme d'inventaire, que des extraits de nature à éclairer différents points de vue (1).

(1) Cependant, à titre de spécimen, nous donnons *in extenso* un curieux bail à moitié, en 1483, de maisons, terres, cheptel, etc., à Monéteau.

Mais nous croyons devoir appeler l'attention des chercheurs sur quelques remarques curieuses qui pourraient leur échapper à la lecture de ces extraits.

1° Dans beaucoup de terres labourables se trouvaient ou devaient être plantés des arbres fruitiers dont les bailleurs se réservaient une partie du produit. La région était trop essentiellement vignoble pour qu'on y puisse voir des fruits à cidre.

2° Par la citation de quelques baux à rente de maisons, on voit comment elles ont été restaurées ou transformées suivant les goûts et les besoins de l'époque. Au preneur était imposée l'obligation d'employer, pendant les 6, 8 ou 10 premières années de la prise de possession, une somme assez rondelette pour améliorer ou en augmenter les constructions.

La division des maisons, entre propriétaires, n'y est pas non plus banale. En 1490 (E. 371), il est vendu le quart, plus la moitié du demi quart d'une maison ; — en 1491 (E. 371), un particulier achète de son frère la huitième partie d'une maison pour 6 l. 5 s. t. En paiement, il s'engage à cultiver un arpent de terre pendant trois ans, à raison de quatre façons par an ; — en 1570 (E. 393), il est vendu pour 78 l. 2 s. 6 d. t. la douzième partie de la moitié d'une maison et la douzième partie d'un quart de l'autre moitié. Dans cette vente est comprise la part des « bancs et menuserye attachée à la muraille ».

Quant aux baux à terme de maisons, ils présentent également des particularités bonnes à signaler :

En 1498 (E. 373), si le preneur veut quitter la maison qu'il vient de louer pour 6 ans, il le pourra, à la condition de prévenir le propriétaire trois mois à l'avance et de payer l'année en cours ; avec le consentement du propriétaire, il pourra céder son bail à un tiers ; de plus, il pourra rester, aux mêmes conditions, deux ans de plus que la durée de son bail ; enfin, lors de son départ, il pourra enlever tous les objets non scellés dans les murs (1).

En 1578 (E. 402), une maison est louée pour 5 ans à un drapier d'Auxerre, qui devra entretenir l'immeuble de « carreau, de verrières (vitres) et de menues réparations jusques à la valleur « d'un boisseau de plastre. » Comme la maison n'est sans doute pas des plus solides, il lui est interdit de « mectre boys aux chambres haultes, synon javelles et fagotz » ; et, pour éviter le salpêtre, ou plutôt pour n'en pas augmenter la quantité, « il ne « pourra avoir un dépost de poisson de mer, en gros, soyt haran, « moruc, ny aultres »

(1) N'est-ce pas là, à peu de chose près, la législation actuelle, ou plutôt, les usages locaux considérés comme lois.

Les propriétaires de notre époque ne sont pas plus prudents !

Dans un autre ordre d'idées, est intéressant le bail d'une maison, consenti pour 5 ans, en 1570, par le chapitre d'Auxerre à Réné Arnoul, marchand bourgeois de Paris. Arnoul est un marchand qui obtint à diverses reprises, entre 1565 et 1569, des lettres-patentes l'autorisant à faire flotter les bois sur les ruisseaux et rivières d'Yonne et de Cure. Certains auteurs, à tort d'après M. Quantin (1), lui attribuent l'idée du flottage des bois en trains. Qu'il soit ou non l'inventeur de ce système, les lettres patentes qu'il obtint et le pied à terre qu'il loua à Auxerre sont l'indice de la grande part qu'il a dû prendre dans le transport des bois du Morvan pour l'approvisionnement de Paris.

Enfin, il est encore une autre série d'actes qui a bien aussi sa valeur historique et économique. Ce sont les marchés à façon de travaux de culture, notamment de vignes, de beaucoup les plus nombreux.

Le mode de culture des vignes a peu varié depuis les xve et xvie siècles. Les deux variantes constatées sont celles-ci : autrefois, on ne *ruellait* pas, mais on *perchait* (2) ; aujourd'hui, on ne *perche* plus, mais on *ruelle* (3).

Deux de ces marchés de culture : l'un de terre, l'autre de vigne, donnent des évaluations qui concordent avec les tableaux de Leber (4). A ce sujet, une courte démonstration est nécessaire.

Nous avons vu, en 1491 (E. 371), un particulier d'Auxerre acquérir, pour 6 l. 5 d., une partie de maison, et s'acquitter de cette somme en cultivant, dans n'importe quel lieudit d'Auxerre un arpent de terre pendant trois ans, à raison de quatre façons par an. Aujourd'hui, la culture d'un arpent de terre dans ces conditions coûte en moyenne 60 fr., soit, pendant trois ans,

(1) Histoire de la rivière d'Yonne (*Bulletin de la Société des Sciences*, 1885).

(2) On appelait *percher* ou plutôt *paisseler* (terme qui s'appliquait alors à la fois aux échalas, paisseaux et aux perches, impropre aujourd'hui) l'opération de relier les échalas par des perches (espèce de latte) fixées à peu près à 0m40 au-dessus du sol, de façon à disposer les ceps en treille. L'entre-deux de ces treilles se nomme encore *perchée*.

(3) Le *ruellage*, ainsi que son nom l'indique, est une façon d'hiver qui consiste à faire une ruelle entre deux treilles (la perchée). Elle facilite l'écoulement des eaux et la terre qui en est extraite, rejetée de chaque côté, *butte* le pied des ceps. Cette façon n'a sa raison d'être que depuis qu'on s'est mis à planter de la vigne dans les plaines et les terrains humides.

(4) *Appréciations de la fortune privée au moyen-âge* (1847).

60 fr. × 3 = 180 fr. (1). Or, d'après Leber, 6 l. 5 s. dans la seconde moitié du xve siècle représentaient 187 fr. 50 de notre monnaie.

En 1508, il est payé 70 s. pour la façon d'un dèmi arpent de vigne. D'après Leber, cette somme valait 94 fr. 50 d'aujourd'hui. Il y a 20 ou 30 ans, ce travail se payait 90 fr. (2).

On voit, par ces deux marchés, que les évaluations de Leber sont presque exactes. Mais il est loin d'en être de même pour les autres. Le rapprochement n'en peut pas être tenté, tant les écarts seraient considérables.

Même les prix de marchés contemporains laissent constater entre eux des différences qui ne s'expliquent pas. En voici un exemple : En 1491, il est payé 80 sous pour creuser 1,200 augelots (3) ; en 1509, il n'en est plus payé que 50 pour en faire 1,750 (4), soit 30 s. en moins pour 550 trous en plus. En outre, en 1509, la valeur de l'argent comparée à la valeur actuelle n'est plus que de 4 1/2 au lieu de 5 qu'elle était en 1491 (Leber).

Avec de pareilles données, il serait absurde de chercher des évaluations qui ne pourraient qu'être fausses.

Ventes et échanges. — (1483-1630). — 1483 (E. 369). — Vente par Germain Jobert, laboureur à Augy, à Perrin Tangy, boucher à Auxerre, d'une vigne à Saint-Bris. Cet acte est suivi de deux autres ; l'un autorisant le vendeur à rentrer en possession de la dite vigne, moyennant le remboursement, dans le délai de 6 ans, du prix qu'il en a reçu (5) ; l'autre la lui cédant à bail durant le même laps de temps (6 ans), à la charge de l'entretenir convenablement et de délivrer à l'acquéreur la moitié de la récolte de l'année en cours, et le tiers pendant les 6 années du contrat.

1490 (E. 371). — Vente par Etienne Poré à Thibault Masle, tanneur à Auxerre de la « quarte partie et de la *moitié d'un demy* « *quart* » d'une maison, paroisse Saint-Pèlerin, tenant d'une part à la « ruelle du conduit et esgout des eaues de la ville » pour 9 l. t. et les charges seigneuriales.

(1) C'est à la gracieuseté de M. E. Jacquot, propriétaire à Auxerre, dont la compétence en matière de culture est bien et justement établie, que nous devons les renseignements de l'époque actuelle. Qu'il nous permette, ici, de lui renouveler nos plus sincères remerciements.

(2) Ce prix a baissé de 10 à 15 fr. depuis le labourage des vignes à la charrue.

(3) Trous carrés destinés à la plantation des ceps.

(4) Nombre de ceps que contient un quartier de terrain.

(5) C'est la vente à réméré.

1491 (E. 372). — Vente par Jean Tyrement, tonnelier à Auxerre, à son frère Simonnet, de la huitième partie d'une maison et dépendances, rue du puits de Villiers, pour 6 l. 5 s. t.

Par un acte suivant, l'acquéreur se libère de cette somme en s'engageant envers le vendeur à « luy faire en dedans trois ans et « en chascun an diceulx, ung arpent de terre de quatre façons où « il plaira aud. vendeur le faire faire en ce fineige d'Aucerre. »

1491 (E. 372). — Vente par Jean Bromet, mercier à Auxerre et Hélie, sa femme, à Odet Dubois, cordonnier à Lyon, de tous les droits qu'ils peuvent avoir sur une maison et dépendances, provenant de Jean Dubois, père de la dite Hélie, sise à Lyon, « tenant « par darrière au fleuve et rivière de la Sonne et par devant à la « rue Romachère, par laquelle on va du pont de la dite Sonne à « léglise de Nostre Dame du Confort » pour la somme de 10 l. t.

1491 (E. 372). — Vente par Richard, laboureur à Bleigny [le Carreau] à Louis Barrault, marchand à Auxerre, d'une maison, pré, terre, bois et buissons en une pièce de 10 arpents, sise à Bleigny lieu dit « *aux Oulches Pasquières* » et d'un arpent et demi de pré au même lieu pour le prix de 30 l. t. *(sic)*.

1491 (E. 372). — Vente par noble Antoine de Guerneron, écuyer, et Guillemette de Vauldre (1) sa femme, à noble et puissant seigneur Claude de Savoisy, écuyer, seigneur de Seignelay, de divers biens aux environs de Seignelay et notamment de la « mote de « Blegny (2) avec les foussez, concise et pourpris dicelle, conte- « nant le tout xxv arpens ou environ, située et assise en la justice « du dit Saillenay et mouvant du fief du dit Saillenay, tenant d'une « part au rue descendant de lestang du dit Saillenay en dedans « les foussez de la dite mote; dautre part au chemin commun par « lequel on va de Chemilly au dit lieu de Saillenay. »

1493 (E. 372). — Vente par Claude Depardela à François Brunet, d'un demi arpent de vigne « avec son aisance dun destour estant « près de la d. pièce de vigne, auquel destour les d. acheteurs ont « desja leur destour » située à Auxerre, lieu dit *Bossicas*, pour le prix de 65 l. t. « en deniers contens », plus 60 s. t. pour « le drap dun chaperon » et 40 s. t. pour « le vin de la marchandise ». Le tout payé en 27 écus au soleil, 4 écus de roi, 6 ducats, 1 réal, 1 florin au chat, et 15 d. t.

1494 (E. 373). — Vente par Jean Casselin du Breuil à Jean Tuillant, le jeune, d'Auxerre, d'un arpent de terre, *en désert et buissons*,

(1) Ou Vauldré pour Vauldrey, célèbre famille bourguignonne.

(2) Le dictionnaire topographique de l'Yonne par M. Quantin ne mentionne pas cette localité.

lieudit *en lenvers du Turot du Bar*, pour 36 s. 8 d. t. — Par un acte qui suit, le d. Tuillant « promet de faire et parfaire pour le dit « Dubrueil la quantité de VIIIe (800) de crots (1) bons à planter « vigne, en une terre assise au bas *de la grant culemyne de Bur-* « *lon....;* luy faire aussi le labouraige dun quartier de terre, de « deux façons, assis à la *Roe de Fortune*, dessus les *fontaines bo-* « *tices*, et à luy paier six mosles de bois, moyennant la somme de « 36 s. 8 d. t. »

Comme cette somme est équivalente au prix de vente de l'arpent de terre de l'acte précédent, nul doute que l'acquéreur s'est libéré par ce moyen.

1495 (E. 373). — Vente par la veuve Pierre Calabre, de Saint Georges, à Guillaume Jaquot, tuilier à Perrigny, d'une maison couverte dassif [ais, planches] avec le verger et *concise entretenans* assis devant l'église du dit Saint-Georges, tenant par dessous au saulcis du curé... ; d'un demi arpent de terre au même finage ; de 12 chefs de brebis, une vache, une taure, un vieux buffet, un banc, une table et ses tréteaux, un chalit, des *aulmoires* (armoires) *à mectre des soilles* (2) ; pour le prix de 42 l. t. pour les immeubles, 10 l. t. pour le bétail et les meubles et 10 s. t. pour les « vins de la marchandise. »

1503 (E. 438). — Vente par Nicolas de Chenuz, écuyer, et Marie de Barges, sa femme, à Philippe de Champignolles, écuyer, de la 5e partie de la seigneurie de Barges, pour la somme de 90 l. t.

1514, 17 juin (E. 411). — Vente par Léonard Duchesne, *marteleux* à *Soyères* (Sougères) à Etienne Cloan (3) du dit lieu, de 3 arpents de terre, faisant partie d'une pièce de 6 arpents possédée par indivis, situés au finage de *Pyan* (4) pour la somme de 10 l. t. (5).

Le lendemain, Claude Duchesne, maréchal à Saint-Bris, vend au même sa part dans les 6 arpents ci-dessus pour 50 s. t. (6).

(1) Trous carrés, appelés *augelots*.

(2) *Soile*, *soille*, *sigalum*, *seigle* (Ducange et Lacurne), d'où : armoires à mettre des seigles.

(3) Voir chapitre VI, le traité de mariage de sa fille.

(4) Pien, hameau de Sougères-sur-Sinotte (Yonne).

(5) Martinet Duchesne, l'un des maîtres de la forge de Sougères est témoin à cet acte. C'est lui qui a fourni le fer lors de la construction, à la fin du XVe siècle, de la tour de l'horloge d'Auxerre (voir sur ce monument Annuaires de l'Yonne 1841, 1868 et 1883). Il était associé avec Simon Tissier. Or, dans le transport de bail ci-après, on voit Guillaume Tissier, époux de Laurence Duchesne ; apparemment le fils d'un associé marié avec la nièce de l'autre.

(6) Le même jour, transport par Léonard, Claude Duchesne, Denis

1521 (E. 379). — Vente par Hélène Desbordes, femme de noble Jean Pinot, grenetier de Tonnerre, à Blanchet Damy, lieutenant général du bailliage d'Auxerre d'un « estal à vendre chair séant « en la boucherie d'Aucerre », pour la somme de 240 l. t.

1524 (E. 380). — Echange entre Guion de Champs, écuyer, seigneur d'Avigneau et de Taingy en partie, et Vincent Gaveau, laboureur à Sementron. Par cet acte, le sieur de Champs reçoit les deux tiers d'une maison, colombier, grange et concise « *appellé Solemé* » (1). En échange il accorde au dit Gaveau et à ses héritiers, descendant en ligne directe, et pour un feu seulement, le droit d'usage et pâturage pour son bétail, avec le droit de bois mort et mort bois, pour son chauffage seulement, dans ses bois sis en la justice de Taingy ; — sous condition que le dit Gaveau ne pourra vendre son droit ni y associer qui que ce soit sans le consentement du dit de Champs ou de ses ayants cause.

1528 (E. 439). — Vente par Hugues de *Rochechouart*, écuyer, archer de la garde du corps du roi, fils de défunts Alexandre et de Cécile de Barges, à Christophe *Digny*, écuyer, seigneur de *Réjaulcourt* et d'*Anglux* en partie, absent, représenté par Sébastien de Vézigneux, chevalier, son oncle maternel et tuteur; de la moitié d'une maison, (l'autre moitié appartenant à noble Bénigne de la Chaulme) « grange, estable, jardin, clos, cour, pourpris, etc., sis « au finage du Saulçoy d'Ylan (2), appellée communément la Maison « Rouge, aultrement le mex Guyndot ou le mex de la Chaulme », avec d'autres pièces éparses sur le même territoire. Le tout pour la somme de 750 l. t. et 10 écus d'or sol. pour « les vins ».

1530 (E. 381). — Vente par Claudin Damerot, demeurant au Buisson Héry (3) à Nicolas Bothevillain, praticien en cour d'église à Auxerre; de la 3e partie d'une maison et dépendances sise à

Saiget et Jeanne Duchesne, sa femme, Guillaume Tissier et Laurence Duchesne, sa femme, à Etienne de Cloan, du bail à trois vies consenti précédemment (sans date) au dit Léonard Duchesne, par Martinet Duchesne et Simon Tissier, *maistres de la forge de Soyères*, de la moitié d'une maison, « estable et concise, aisances et appartenances dicelle, ainsi que « le tout se comporte, contenant en tout troys arpens, assise au lieu de « Soyères, tenant dune part au rû descendant du *Marteau* au *Fourneau*, « dautre part au chemin commun par lequel on va du d. Soyères à Soleine » ....et de la moitié de deux arpents de terre situés à Sougères, lieu dit la Tuilerie.

(1) Solmet, hameau de la commune de Fontenoy (Yonne). Théâtre principal de la bataille de Fontanet en 841.

(2) Island, canton d'Avallon (Yonne).

(3) Buisson-Héry, commune de Saints en Puisaye et de Lain.

Lain ; d'une « housche appellez les grans housche ouquel y a ung puis » et de la 3e partie d'une « lassière (1) en laquelle y a quatre « lactz et une estable ». Le tout pour la somme de 17 l. t.

1530 (E. 439). — Vente par Catherine de Lichy, veuve Claude de Rubynes, son fils, écuyer, dame et seigneur de la Mothe les Rouvray (Côte-d'Or), à Christophe d'Igny, écuyer, du droit qui leur appartient dans la seigneurie de Montjaloing (2) (la 4e partie de cette terre) pour la somme de 450 l. t. et 100 s. pour les vins.

1530 (E. 439). — Vente par Christophe de Rochechouart, chevalier, seigneur de la Mothe Champdemer, à Sébastien de Vésigneux, chevalier, seigneur du dit Vésigneux (3), de la terre et seigneurie de Jaulgey (4), membre dépendant de la terre et seigneurie de Marigny sur Ouche(5), appartenant au dit Rochechouart, pour la somme de 1500 l. t.

1536 (E. 382). — Vente par Gabriel Bastard, écuyer, seigneur de Tarlant en Berry, et sa femme Antoinette de Faulville, à Mre Guillaume Chausson, chanoine et official d'Auxerre, l'usufruit et à la veuve Jean Chausson, la nue-propriété, de leur droit de dîme de La Broce, autrement Limodin, paroisse de Poully, diocèse de Bourges, pour le prix de 420 l. t.

1541 (E. 384). — Vente par Antoinette de Thoisy, dame de Tannerre, Champlay et La Bruère, Pierre du Pez (Pé), seigneur de Tannerre, et Hervé du Pé, seigneur de la Bruère, à Guillaume Chausson « prêtre » (6) à Auxerre, de deux métairies, l'une à Laduz, l'autre à Poilly [sur Tholon], pour 700 écus d'or sol.

1553 (E. 653). — Quittance donnée par Louise de Clermont, comtesse de Tannerre, à Jean Canelle, élu pour le roi à Tonnerre, d'une somme de 500 l. t. en supplément de celle de 3100 l., due pour acquisition de la terre de Bernouil, Millots (7) et les Souillats (8), vendue au-dessous de sa valeur.

(1) Lassière, travée d'une grange (Lacurne).

(2) Montjalin, commune de Sauvigny-le-Bois (Yonne).

(3) Vésigneux, hameau de la commune de Saint-Martin-du-Puits (Nièvre).

(4) Localité non mentionnée dans le Dictionnaire topographique de la Nièvre.

(5) Aucun des onze Marigny cités par le Dictionnaire topographique de la Nièvre ne contient cette dénomination.

(6) Est-ce le même que le chanoine et official d'Auxerre de l'acte précédent ?

(7) Millois, hameau de la commune de Bernouil (Yonne).

(8) Souillats, fief, commune de Bernouil (Yonne); lieu aujourd'hui détruit.

1560 (E. 656). — Vente par Claude Pinagot à Jean du Pin, écuyer, seigneur de Vézannes, de tout son droit dans la seigneurie dudit Vézannes, pour 760 l. t.

1561-1562 (E. 448). — Vente par Anne de Jaulcourt, dame des Bordes (1) et de Marrault (2) à Hugues de Changy, écuyer, de la terre et seigneurie de Villeneuve (3) (droits détaillés à l'acte, mais n'offrant rien de remarquable), tenant à la seigneurie de Sainte-Magnance, à celle de Villarnoul (4), à celle de Presles (5) et à celle de ladite dame, pour la somme de 1.000 l. t.

1563 (E. 448). — Vente par Christine de Ferrières, dame dudit lieu, de Pisy et de Presles, à Nicolas Gaigneau, marchand à Avallon, de terres, prés, vignes et tierces, sur le territoire de Provency et du Prey (6), pour 2.000 l. t.

1565 (E. 657). — Vente par Jacques de Mailly, chevalier, seigneur d'Ars-sur-Thil, Flogny, etc., African de Mailly, chevalier, lieutenant de 50 hommes d'armes des ordonnances du roi, à seigneur d'Ars-sur-Thil, Flogny etc., et Antoine de *Tenarre*, chevalier, seigneur de Souterrain, à Jean d'Ancienville, vicomte et seigneur de Verteuil, de la terre et seigneurie « entièrement dudit « Flougny, avec les fiefs et terres d'Argenteuil et *Marcey*, ensem- « ble les preyz et terres assis et situez tant es finages de Villiers- « Vineux et Carisey », pour la somme de 30.000 l. t.

Cette terre appartenait auxdits vendeurs par succession de puissante dame Catherine de *Langues*, leur mère, veuve de puissant seigneur Hélyon de Mailly, chevalier de la cour de Parlement de Bourgogne. Elle consiste en haute, moyenne et basse justice, château, fossés, basse-cour, four banal, moulin et foulon, cens, rentes, etc., droit de patronage, présentation et collation de la chapelle Saint-Jean, fondée en l'église de Flogny.

1570 (E. 393). — Vente par Maxime Michel (7), veuve Legrand, et sa fille mineure, à la veuve Espaullard, de la *douzième partie de la moitié d'une maison et de la douzième partie dans un quart de l'autre moitié* (8), pour le prix de 78 l. 2 s. 6 d. t. payé comptant

(1) Bordes (Les), commune d'Angely ? (Yonne).

(2) Marrault, commune de Magny (Yonne).

(3) Villeneuve-les-Presles, commune de Sainte-Magnance (Yonne).

(4) Villarnoult, hameau, commune de Bussières (Yonne).

(5) Presles, hameau, commune de Cussy-les-Forges (Yonne),

(6) Tour-de-Pré (Le), hameau, commune de Provency (Yonne).

(7) Voir chapitre III les peintres-verriers de ce nom et les marchés d'une verrière et de la grande porte de Saint-Regnobert (*Bulletin de la Société des Sciences*, 1900, p. 33 et 59).

(8) Cette maison, située devant *l'hostel de ville*, avait appartenu à Anne

en 22 écus soleil, 4 écus pistolets, un philippus, et le reste en monnaie. Dans cette vente est comprise leur part des « bancs et « menuserye attachée à ladite maison tant hault que bas, en- « semble de la cuve et cuvat estant en la cave d'icelle. »

1570 (E. 393). — Vente par Pierre Picard, marchand, « naguères « demourant à Vézelay et de présent demourant à Aucerre, à cause « des troubles, et que la dicte ville de Vezelay est détenue par les « rebelles », et Anne Chacheré, sa femme, à Me Laurent Petitfou, chanoine et archidiacre d'Auxerre, de la quatrième partie de la terre, seigneurie et chatellenie de Thorigny (1), advenue à ladite Chacheré, héritière en partie de feue Germaine de Pocques, sa tante, femme de Guillaume Barrault, marchand à Auxerre, qui avaient acquis la totalité de cette terre de Jean de Longneau, écuyer, seigneur de Parville. Cette vente est faite pour la somme de 1.430 l. t. L'acte fait connaître : que ledit Petitfou possédait déjà la moitié de cette terre, et que la quatrième partie appartient à Jeanne Chacheré, veuve de Jean Rousse, procureur à Auxerre.

Il est déclaré à l'acte que Anne Chacheré ne sait pas signer.

1571 (E. 427 *bis*). — Vente par Jean de Laborde, écuyer, seigneur de Misery (2), à Laurent Davau, seigneur du Buisson (?), de quantité de biens sur Coulanges-sur-Yonne, notamment « le « *droict de maisons, colombier*, court, jardin, masures où il y « avoyt naguères une grange, estable, concise, aisances et ap- « partenances, le tout d'un tenant, assis au lieu de Coullanges-sur- « Yonne, appellez le fief et maison des Vergiers... tenant d'aultre « part à la rue commune et à l'hostel-Dieu dudit Coulanges ».

1571 (E. 661). — Vente par Guillaume Stuart, écuyer, seigneur de Vezinnes et Fontaine-Géry, et sa femme Roberte de Haye, à Madeleine de Savoie, duchesse de Montmorency et dame de Thorey, de la troisième partie de la seigneurie de Lignières, pour le prix de 7.500 l. t.

1584 (E. 491). — Vente par Jacques de Lanfernat, écuyer, seigneur de Prunières (3) y demeurant, et sa femme Madeleine de Courtenay, à noble Olivier Foudriat, conseiller au bailliage d'Auxerre, des terres et seigneuries de Lalande, les Fourneaux et Champ-le-Roi, pour le prix de 2.000 écus d'or soleil.

Michel, veuve Mathurin Breton. Elle était, outre le cens, chargée de 60 s. t. de rente emphytéotique au profit du chapitre d'Auxerre, suivant le bail à rente consenti par cette assemblée à Pierre Michel, père de ladite Anne.

(1) Thorigny, commune de Bleigny-le-Carreau (Yonne).

(2) Misery, commune de Crain (Yonne.)

(3) Prunières, commune de Branches (Yonne).

1584 (E. 680). — Vente par Félix Gervais, marchand à Auxerre, à noble Antoine de Charmes, trésorier général des guerres, seigneur de Junay en partie, de la 12e partie de ladite seigneurie de Junay pour le prix de 500 écus soleil et 25 écus d'*épingles*.

1584 (E. 407). — Vente par Claude de la Motte, chevalier de l'ordre du roi, gentilhomme de sa chambre, demeurant à Marcy-le-Hayer (1), à Laurent et Jean Leprince, seigneurs de Soleine (2), demeurant à Auxerre, de la 12e partie de la terre et seigneurie dudit Soleine, consistant en toute justice, haute, moyenne et basse, droits de bourgeoisie, etc., pour le prix de 400 écus soleil.

1586 (E. 407). — Procuration donnée par Edme Lemuet, marchand à Auxerre, à Sébastien Thierriat, marchand aux Granges, paroisse d'Arces, pour acheter de la veuve Vincent, de Sens, cent arpents de bois en la forêt de Courbépine, pour le prix de 800 l. t. revenant à 266 écus soleil et 2/3 d'écu.

1610 (E. 719). — Vente par Jacques Fritard, écuyer, seigneur de Vézannes en partie, à Melchior de Changy, écuyer, seigneur dudit Vézannes, de la 4e partie de la terre et seigneurie de Vézannes, pour 4.500 l. t.

1630 (E. 751). — Vente par Charles Haubert, sieur de Junay, lieutenant en l'élection de Tonnerre, à René Jazu, écuyer, seigneur de Mareuil (3), ancien exempt des gardes du corps du roi, demeurant à Tonnerre, de tout son droit sur la seigneurie de Junay pour 7.000 l.

Vente d'un cheptel. — 1616 (E. 464). — Vente par Me Olivier, baron de Chastellux, à Jean Mutin, pâtissier à Avallon, du bétail de la métairie de Marigny-la-Ville, consistant en six bœufs, de « *divers poils* », de l'âge de 5 ans, un taureau rouge, âgé de 2 ans, quatre vaches avec leur « *suivance* » de l'année précédente, c'est-à-dire deux taureaux et une taure, neuf mères brebis et quatre agneaux, pour la somme de 306 l. t.

BAUX. — 1° *de domaines ou portions de domaines* (1483-1695).

1483 (E. 369). — Bail à moitié de maison, terres, animaux en cheptel, etc. (4).

« Le XXVe jour du dit mois de fevrier ou dit an [1483] furent « presens en leurs personnes, Jehan Jaquot cardeur demourant

(1) Marcilly-le-Hayer, chef-lieu de canton du département de l'Aube.

(2) Soleine, commune de Venoy (Yonne).

(3) Mareuil, commune de Fulvy (Yonne), village aujourd'hui détruit.

(4) Ce curieux bail, le plus ancien de cette collection, est donné *in-extenso* à titre de spécimen.

« à Aucerre, pour luy dune part; et Jehan Sannois laboreur « demourant à Monesteau pour luy dautre part, lesquelles par- « ties recognurent et confessèrent, cestassavoir : le dit Jaquot « avoir baillé au dit Sonnois et le dit Sonnois avoir pris du dit « Jaquot, quatre beufz trayans, les trois soubz poil rouge desquelz « lun est grené en la queue et lautre soubz poil grené, deux thoril- « lons lung soubz poil rouge lautre soubz poil brun; une vache « soubz poil rouge, une thore soubz poil noir, une thore soubz « poil blond, et une autre thore soubz poil fleuri, une jument « et ung polain; ou pris et chatel de vint et cinq livres t. et « moitié du crois et decrois, selon les utz et costumes du pais « daucerrois. Ensemble une charrue garnie de souef ? et de « deux coultres. Et toutes les terres et prez qui compectent et « appartiennent au dit bailleur, estans scitueez ou finage du dit « lieu de Monestau, sauf et reserve au dit bailleur une pièce de pré « contenant deux arpens ou environ, située ou dit finage ou lieu « dit le grant pré, estant tout alentour foussaiée et au milieu de « plusieurs terres appartenans ou dit bailleur, avec la moitié dune « maison située au dit lieu de Monestau, tenant dune part à Guil- « laume Boyleaue et dautre part au chemin par lequel on va au « lieu de Gurgi. Pour iceulx héritages et maison et bestes avoir et « tenir par le dit preneur ou nom du dit bailleur, du jour et feste « de la Purification Nostre Dame darrenièrement passée jusques « au temps et terme de six ans prochains et apres ensuivant. En « telle manière et soubz telles condicions que le dit preneur sera « tenu et a promis icelles terres chascun an bien et deuement « ensemancer, laborer à ses dépens à moitié, proveu toutesvoyes « que le dit bailleur sera tenu de paier les rentes et redevances « d'iceulx héritages, avec la moitié des fraiz des moissons et « bateurs. Et icelles bestes ensemble toutes les issues qui isseront « dicelles vache, thores et jument pendant le dit temps, nourrir, « garder, gouverner et aberger bien convenablement et diligem- « ment; et à la fin des dites anneez en rendre au dit bailleur bon « compte et léal assigne, en telle manière aussy que se le dit pre- « neur estoit delayant de laborer et ensemancer les dites terres et « soy appliquer à autres usages, que en ce cas le dit bailleur se « pourra intrusé et bouter es dits héritages et prandre les dites « bestes et en forclourre et débouter le dit preneur. Obli- « geant, etc. ».

1493 (E. 373). — Bail pour 3 ans par Mme Perrette de Chastellux, abbesse de l'abbaye de Saint-Julien d'Auxerre, à M. Guillaume Berthier, curé de Charentenay, de « tout le village, terre, justice, « rentes, revenues, prez, terres, maisons, blez, grains et porcion

« de disme qui pourroient appartenir et compecter à la d. dame, « à cause de sa terre et seigneurie de Charentenay, sans en retenir, ne reserver aucune chose quelzconques, fors seullement la « tonsure des bois et revenu de la paisson des bois » pour le prix de 40 l. t. par an. A la charge par le preneur « dintenter, poursuir, « soustenir à ses fraiz et despens tous les procès quil sera besoing « dintenter, poursuir, soustenir et défendre à loccasion des droiz, « héritaiges, rentes et revenues de la d. terre et seigneurie, et « iceulx conduire et demener jusques à ce que litiscontestacion « soit faicte... et aussi de faire faire à ses fraiz, missions et « despens, ung censier rentier ouquel seront contenus et déclairez « les cens et revenues de la d. terre, et icelluy bailler et rendre « aus dites religieuses, tout signé par main de tabellion ou no« taire et mis en forme deue..... »

1494 (E. 373). — *Constitution du domaine de Beaureins.* (1). Bail perpétuel par M. Etienne du Moncel, prêtre, curé de Fleys et maître de la maladrerie de Sainte-Marguerite-lès-Auxerre, des héritages ci-après sis sur la paroisse de Saint-Georges : une pièce de pré, bois et buissons contenant sept arpents, lieu dit *Beaurain*, tenant d'une part au chemin d'Auxerre à Charbuy ; un arpent et demi de terre en bois et buissons, lieu dit dessous le champ Violette, tenant d'une part aux « *charités* » de Saint-Georges, et d'autre part « *au vielz foussé de la Haye Billault* » ; un arpent et demi de terre en bois et buissons, lieu dit dessus le moulin, tenant d'une part au vieux fossé de la Haye Billault, d'autre aux terres « *vacans* », et du bout supérieur à la terre ci-dessus déclarée; deux arpents de terre en bois et buissons, lieu dit dessus le moulin, tenant d'une part au chemin d'Auxerre au moulin de Saint-Georges, d'autre aux terres vacantes ; cinq arpents de terre, même lieudit, tenant d'une part au grand chemin d'Auxerre au moulin de Saint-Georges, d'autre aux terres et du bout inférieur à la *Mercadée* (?) (2) moyennant une rente annuelle de 60 s. t. et aux charges : *dessarter et mettre en nature* [de culture] les dits héritages, et « *d'y édiffier maison dedans ung an, bonne et convenable, de cinq toises de long et quatre de large* ».

(1) Beaureins, ferme, commune de Saint-Georges (Yonne).

(2) Nous avons rencontré ce mot dans nombre d'actes sur Saint-Georges. Faut-il y voir le nom ou surnom d'un individu ou une corporation de marchands ? Voir Ducange aux mots : *marcadantia, marcadus, mercatio, mercatum*, etc., et Lacurne aux mots : *mercadance, mercadant, mercadin*, etc.

1495 (E. 373). — Bail perpétuel par l'abbaye de Saint-Germain d'Auxerre, à Guillaume Bolu, cordonnier à Chevannes, d'une masure appelée la « maison Pensuot », avec trente arpents de terre « estant en bois et buissons alentour, et de lappartenance « d'icelle maison, se tant si en peut trouver », située lieudit les Montserins (1), moyennant 12 d. de censive par arpent, portant lods et ventes et amendes, et aux charges d'y construire une maison « bonne et convenable » les six premières années, et « *dessarter, nectoier et desbuissonner et mettre en nature de labour* ».

1505 (E. 375). — Bail à rente par noble Simon de la Saulvin, prêtre, seigneur du dit lieu de La Sauvin (2) à noble Pierre Pinon, et noble Marie de Sacquereau, sa femme, du dit fief *noble* [illegible] *la Sauvin*, tenu en fief de Philippe de Chastellux, chevalier, seigneur de Chastellux et de Bazarne, à cause de cette dernière seigneurie, moyennant la rente annuelle de 9 l. t.

1506 (E. 374). — Cession par Perrette, veuve de Jean Colon, alias Dumont, à ses enfants, du bail à trois vies du « *tenement et lieu de Champigny* » (3) qu'ils avaient pris du maître de la maladrerie Sainte-Marguerite-lès-Saint-Simon d'Auxerre, moyennant la rente annuelle de 60 s. t.

1508 (E. 375). — Bail pour 2 ans par Michel Le Caron, chanoine d'Auxerre, seigneur de Milly, à Guillaume Gaudron, de Chablis, des revenus de la terre de Milly, pour 15 l. t. par an.

1509 (E. 376). — Bail à vie par le chapitre d'Auxerre, à Henri Le Goux, bourgeois de Semur, et Pierre Tirecuyr, bourgeois de Moutiers-Saint-Jean, des terres et seigneuries de Corsaint et Menetreux-sous-Pisy, pour la rente annuelle de 55 l. t.

1513 (E. 376). — Bail pour 3 ans par l'abbaye Saint-Germain d'Auxerre, à Jean Herbelot « voiturier par eau » au dit Auxerre, des revenus de la terre et seigneurie de Villeneuve-Saint-Salve, à l'exception des coupes de bois et des confiscations, moyennant la rente de 33 l. 6 s. 8 d. t.

1517 (E. 378). — Bail pour 10 ans par Antoine Masle, boucher, et Claude Fauleau, voiturier par eau, à Auxerre, à Sanson Jor-

(1) Monts Serins (les), hameau dépendant des communes de Chevannes et d'Escamps (Yonne).

(2) Sauvin (la), hameau, commune d'Etais (Yonne).

(3) Dumonts (les), hameau de la commune de Monéteau (Yonne). Au XVe siècle, il n'y avait dans ce lieu qu'une grange nommé La Croix Champigny. Elle fut donnée, en 1487, à bail à trois vies à Jean Dumont qui y casa ses enfants et commença ce village auquel on a donné son nom.

dain, de Perrigny, de la métairie de *Bréviandes* (1) contenant 60 arpents, moyennant la redevance annuelle de 60 bichets de blé et de 40 de seigle.

1525 (E. 492). — Claude de Beaujeu, chevalier, seigneur de la Maison Fort, Coutarnoux, etc., donne à bail les terres de Coutarnoux, Dissangis, Massangis, Tormancy (2), Joux, et le revenu de la chapelle de Lucy-le-Bois, pour le prix annuel de 350 l. t. ; mais il se réserve l'étang de Coutarnoux.

1527 (E. 380). — Bail à trois vies par Robert Brocart, contrôleur du grenier à sel d'Auxerre, à Pierre Mallet et Bonnette, sa femme, d'une métairie sise à Bleigny-le-Carreau, consistant en maison, grange et concise, contenant deux arpents, avec 61 arpents en plusieurs pièces, pour la redevance annuelle de 80 bichets de froment, 40 d'avoine et un demi cent de paille. La maison est dite située au village de Bleigny, tenant par-dessus à la rue des *Guyennois* (3).

1530 (E. 381). — Transport par la veuve Aubery, à Germain Chrestien, marchand à Auxerre, de la moitié de la métairie de Saint-Thibault-des-Bois (4), « ainsi que le tout se comporte, tant concise, *chappelle*, terres, prés, bois et buissons », prise à bail à rente de l'abbaye Saint-Germain par feu Pierre Michelet, père de ladite veuve, pour la somme de 19 l. t. et le « drap d'une robe de gris ». Le preneur sera tenu d'acquitter ladite veuve des rentes à payer pour ladite métairie et des réparations qu'elle doit y faire.

1541 (E. 384). — Bail pour trois ans par Etienne Gerbault, fermier et amodiateur du temporel de l'évêché d'Auxerre, à deux habitants de Cravant, de la terre et seigneurie de Sacy appartenant à l'évêque et au chapitre d'Auxerre ; pour la redevance annuelle de 260 l. t., et à la charge, par les preneurs, d'exercer ou faire exercer la justice dudit lieu, à leurs dépens, « périlz et fortunes » et payer les gages des officiers.

1541 (E. 384). — Bail pour quatre ans par les procureurs de Mre Philippe Chabot, chevalier de l'ordre du roi, comte de Busançay et de Charny, seigneur de Coursan, Saint-Cyr [les-Colons] et Chemilly [sur-Serein], amiral de France et lieutenant-général pour le roi en Bourgogne, à Antoine Bazot et Jean Raoul, « des

(1) Bréandes (le grand), hameau, commune de Perrigny (Yonne).

(2) Tormancy, hameau, commune de Massangis (Yonne).

(3) Voir note à l'avant-propos.

(4) Saint-Thibault, hameau, communes de Pourrain et Chevannes (Yonne).

« deux parz dont les cinq font le tout, et deux sixiesmes en ung « cinquiesme de la terre et seigneurie de Saint-Cire » moyennant la rente de 380 l. t.

1565 (E. 390). — Bail pour neuf ans par l'abbé de Saint-Germain d'Auxerre, à Pierre Bocault, laboureur à Perrigny, et à sa femme, de la métairie du dit Perrigny, consistant en maison et *ancien chastel*, cour, grange, étables, jardin, avec 37 arpents de terre au-dessous du château, de 40 arpents de terre en plusieurs pièces, de 7 arpents de pré en une pièce et des deux tiers des dimes de blé, l'autre tiers appartenant au curé, moyennant la redevance annuelle de 450 bichets de grains, moitié froment et avoine et de 450 bottes de paille *liéez à liens de gerbes*, livrables dans les greniers de l'abbaye à Auxerre, et aux conditions et charges suivantes, outre l'entretien ordinaire des bâtiments et terres : réparer et entretenir la grange des dimes « *aultrement quelle nest et na esté par cy devant* » ; employer dans les terres ci-dessus tous les fumiers qui seront faits dans la métairie ; taupiner les prés et ôter les broussailles, épines et ronces qui s'y trouvent ; résider, au moins l'un des deux, « *au d. chastel avec leur train et* « *famille* » et « encores dedans ung an, rendre les chambres « haultes et basses, gardes robbes, caves et greniers en bon « estat de résidence, et y faire bons huys et fenestres, tellement « que l'on y puisse résider commodément, mesme sollirer et « plancheyer, duquel le dit seigneur (abbé) a réservé une chambre « pour luy ou ses officiers ; dresser lestable des chevaulx du dit « seigneur dans la clousture du dit chastel, de sorte quilz ne « soient plus mis en la grange hors le d. chastel. Pour à quoy sa-« tisfaire leur seront délivrez quatre piedz de chaisnes, ni des « pires ni des meilleurs, en ung recoin de la forest de Diges, où ils « seront tenuz les aller prandre et charroyer à leurs frais ». Ils seront également tenus de planter des saules autour de la pièce de pré, et des arbres fruitiers dans les terres labourables, d'année en année, de façon qu'à la fin du bail, il y en ait en quantité suffisante ; de mettre en bon état de réparations les bâtiments de la métairie d'ici Pâques, et « signaument faire ung « huis fort et convenable pour la clousture de prison, en l'une « des tours du d. chastel, ou aultre lieu plus convenable, tel quil « leur sera monstré. »

1565 (E. 390). — Jean de Charmoy, marchand à Auxerre en donnant à bail pour neuf ans une métairie, sise sur Egriselles (1), a soin d'ajouter cette clause : « Et, en cas de nécessité ou danger,

(1) Egriselles, hameau de la commune de Venoy (Yonne).

« a esté [convenu] que le d. bailleur avec toute sa famille se « pourra tenir et occuper une chambre chauffoer de la d. maison « et soffrir [souffrir] mestre son cheval ou plusieurs en la grange « ou estable de la d. métairye toutesfoys et quantes bon luy semblera ».

1568 (E. 392). — Bail pour neuf ans par Germaine de Latroyes et Léonarde Bellime, religieuses de l'hôpital de la Madeleine d'Auxerre, au nom du dit hôpital (1) à Jean Guillemain, laboureur à Lignorelles, d'une métairie sise au dit Lignorelles,[1] près de l'église (2), contenant ladite moitié, 34 arpents, tant terres que prés, moyennant la redevance annuelle de 34 bichets de froment et 34 bichets d'avoine, livrables aux greniers de l'Hôtel-Dieu. Il est déclaré à la fin de l'acte que ni les bailleurs, ni les preneurs, ni les témoins ne savent signer.

1570 (E. 394). — Bail pour 9 ans par Madeleine Ancelot, veuve Jean Desbordes, élu d'Auxerre, François Le Bryois et Claude Petitfou, gendre Le Bryois, avocats au bailliage d'Auxerre, à Jean Henrion, laboureur aux Bordes, paroisse de Venouse (3), et à Edmond Tremblay, laboureur à Montigny-le-Roi, de leur métairie des Bordes, contenant au « *moings* » 80 arpents, tant terres, prés, que concise, moyennant la redevance annuelle de 210 bichets de grains, moitié froment et moitié avoine, livrables en leurs maisons à Auxerre aux charges et réserves ci-après :

Réserves : Les bailleurs se réservent le grand corps de bâtiment de la maison neuve, les cour et jardin autour, avec les fossés et saules plantés sur leur douve ; 6 arpents de pré à leur choix, dont le foin sera conduit par les preneurs dans un des *lactz* (4) de grange de la métairie, qui plaira aux bailleurs ; la moitié de tous les fruits « croissant en toute la métairie, tant privez que sauvages » livrables à Auxerre ; une écurie à chevaux avec grenier dessus ; un toit à porcs ; un quartier de vigne ; les saules et « ouzières franches estans autour du grand pré » ; 4 arpents

(1) Comment se fait-il que ce bail soit passé par les religieuses, l'hôpital étant géré par des administrateurs ; faut-il y voir une conséquence des guerres de religion et de l'occupation de la ville d'Auxerre par les Huguenots l'année précédente ?

(2) Cette métairie était indivise avec M. Claude Rousselet, enquêteur au bailliage d'Auxerre. Elle appartenait à Germaine de Poques, veuve Barrault, qui a fait donation de la moitié à l'hôpital d'Auxerre.

(3) Bordes (les), aujourd'hui hameau de la commune de Montigny-la-Resle (Yonne).

(4) Travée d'une grange. (Voir Lacurne au mot *Lassière*.)

de terre près le moulin de la Bische; une étable pour quatre vaches.

Conditions : Les preneurs seront tenus de fournir « le fourrage « de paille de quatre vaches avec leurs séquance (1), qui seront « nourriz et gouvernez au dit lieu par les servantes des d. bail- « leurs » ; tous les fumiers resteront aux fermiers à la condition expresse de les « mettre et employer aux terres de la d. métairie « et non aultre part ny ailleurs » ; ils devront cultiver et ensemencer une pièce de chenevière, dont la semence et la récolte se partageront par moitié ; ils ne devront « tenir en la d. métairie « aulcunes bestes blanche ne aumaille, synon des d. bailleurs » ; ils devront entretenir en bon état les bâtiments de la ferme, à l'exception de ceux réservés par les bailleurs ; ils devront *boucher* le grand pré, tout autour « desruyner et desfricher les buissons, « ronces, espines et aupinières qui se font et croissent es d. « prez, les monder et netoyer en temps deu, aussi de ouster [ôter] « et monder les arbres fruictiers de chenilles et aultres ve- « nin qui y pourroyt venir... et ne pourront estronner, tailler ou « admender les arbres fruictiers, buissons ou aultres arbres « pour en prendre le boys à leur proufflct, sans le congé et « consentement des d. bailleurs » ; ils devront fournir tous les ans une douzaine de fromages « de bonne valleur, comme il appar- « tient, faicts, entre les festes de Nostre-Dame d'aoust et Nostre- « Dame de septembre, plus ung quarteron de gluys à escoller « les vignes, renduz et conduictz au d. Aucerre, en la maison « des bailleurs » ; boucher les fossés de la grande maison de « palliz et de bonne aultre haye » ; entretenir les terres en bon état de culture et de fumure, et, à la fin du bail, laisser les terres et bâtiments en bon état, et rendre la métairie « fournye de fourrages et de gresses (2) bien et convenablement. »

1574 (E. 399). — Bail pour six ans par l'abbaye Saint Germain d'Auxerre, à Pierre de Georget, écuyer, demeurant à Courtaoult, de la moitié de la terre des Croûtes (l'autre moitié appartenant au baron d'Ervy), moyennant 40 l. par an.

1576 (E. 401). — Bail pour six ans par l'évêque d'Auxerre (Jacques Amyot) à Jean Chargeloup, marchand à Varzy, de la terre et seigneurie de Varzy, à l'exception des droits de quint et requint et des coupes de bois, pour le prix annuel de 3250 l. t., six feuillettes de vin « *du meilleur* », un demi muid de pois verts et trois charriots de foin lorsque le dit évêque ou ses gens seront à Varzy.

(1) Suite, croît, progéniture.
(2) Fumiers.

Le preneur jouira de la maison seigneuriale, etc., pendant l'absence de l'évêque, et aura droit pour son chauffage à six arpents de bois taillis par an, outre le bois nécessaire aux fours banaux. A l'expiration de son bail il devra faire faire à ses frais un censier signé par un notaire.

1581 (E. 403). — Bail pour trois ans par l'évêque d'Auxerre, à Guillaume Petit, marchand à Cosne, des revenus de la terre de Cosne et Villechavan, pour la somme annuelle de 333 écus soleil et un tiers d'écu.

Le preneur, « *en considération* » de ce bail, donnera par an à l'évêque deux poinçons de vin blanc du cru de Chavignon, bien envaisselés et livrables à Auxerre.

1581 (E. 403). — Bail pour six ans par l'évêque d'Auxerre aux sieurs Gervais, père et fils, marchands à Auxerre, du revenu temporel ordinaire de l'évêché, à Auxerre, Regennes, Appoigny et autres lieux, moyennant la redevance annuelle de 2666 écus d'or et deux tiers d'écu. Parmi les recettes appartenant à l'évêché figure le droit de *sallaige* à Auxerre. L'évêque se réserve une pièce de pré, près le Moulin Rouge, contenant environ 9 arpents; les vignes de Migraine; le saulcis près Saint-Amatre; les quatre chambres hautes du château de Regennes, avec les étables.

Les preneurs seront tenus : d'*entretenir* les baux consentis, et pour ceux qui expireront durant le bail, il pourra les consentir à qui bon lui semblera, pourvu que la redevance ne soit pas inférieure à celle des baux expirés; de poursuivre à leurs frais tous les procès tant civils que criminels, sauf les cas d'appel qui seront aux frais de l'évêque; de fournir la paille nécessaire aux chevaux de l'évêque quand il sera à Regennes ou dans son logis épiscopal; les *gluis* nécessaires aux vignes de Migraine, un muid *trentain plain* de sel chaque année, pour la provision de la maison de l'évêque; d'entretenir *en nature de jardin* le jardin du château de Regennes et de *rellever les trailles*, mais ils pourront, si bon leur semble mettre en pré le grand jardin « *estant hors du château de Regennes* »; ils devront planter des saules dans l'île de la Garenne à Regennes, partout où il en manque; payer, sans remboursement, les gages des officiers de justice : du portail épiscopal, de Gy-l'Evêque, Sacy, Regennes, Appoigny et Charbuy, savoir : au bailli épiscopal d'Auxerre 10 l. t.; au bailli d'Appoigny, ses gages ordinaires et à son lieutenant 100 s. t.; au solliciteur des affaires de l'évêque 100 s. t.; au procureur d'Appoigny 50 s. t.; au bailli de Gy-l'Evêque 100 s. t. Ils devront également payer les rentes ci-après, dues par l'évêque, mais déduction leur en sera faite sur le prix de leur bail : 80 l. t. au chapitre d'Auxerre, la rente due à l'abbaye Saint-Marien et celle due au prieur de Branches pour les moulins d'Appoigny. Ils devront fournir à l'évêque 15 muids de vin clairet du cru d'Appoigny, pour les semonces qu'il doit aux chanoines d'Auxerre, ou avancer l'argent nécessaire à l'achat de 15 muids de vin, si l'évêque le désire. Ils auront le droit de faire couper une fois les bois taillis sous les conditions : de n'y mettre ou laisser mettre aucun bétail ; de les conserver en nature de taillis, de laisser dans chaque arpent 10 baliveaux *venans du pied et non de resouppe*. Ils n'auront aucun droit sur le bois de haute futaie de *Chaulmoys*. Ils auront le droit d'entreposer dans le logis épiscopal les grains, foins, vins et sel de leur recette, et de faire au pressoir du logis épiscopal le vin provenant des vignes comprises dans leur bail. Six mois avant l'expiration du bail, ils devront délivrer à l'évêque, la déclaration, signée d'eux et d'un notaire, de tous les cens, rentes et autres droits dépendant de l'évêché et compris dans le présent bail.

1581 (E. 403). — Bail pour six ans par Félix Gervais, marchand à Auxerre, amodiataire des revenus de l'évêché, à Jean Hochot, marchand à Charbuy, de la terre et seigneurie de Charbuy, à l'exception des droits de fief, aubaines, etc., pour le prix annuel de 233 écus d'or soleil et un tiers d'écu ; sous condition de remplir certaines obligations imposées au bailleur par son contrat de recette générale.

1603 (E. 434). — Bail pour 3 ans par Claude de Laduz, écuyer, seigneur de Vieuxchamps, à Julien Vad et Antoinette Guillon, sa femme, de la terre et seigneurie de Vieuxchamps y compris le moulin de *Cirquedan*, en dépendant, pour le prix annuel de 580 l. t. en argent, une charretée à deux chevaux de foin, 6 bichets d'avoine, etc. Le bailleur se réserve la chambre appelée la *salle* et l'étable près du pressoir.

1667 (E. 444). — Bail pour neuf ans par César, comte de Chastellux, à Blaize Frazat et Philippe Robin, marchands à Quarré, des revenus de la terre et baronnie de Quarré, moyennant 1560 l. t. par an ; les preneurs n'auront droit qu'à la somme de 10 l. sur les confiscations et successions de mainmortables, le surplus appartiendra à M. de Chastellux ; ils n'auront également droit qu'à deux sols par livre sur les ventes des héritages tenus à titre de bordelage (1) ; les amendes à 100 s. et au-dessous leur appartiendront, mais ils devront poursuivre à leurs frais les causes judiciaires tant civiles que criminelles, payer les officiers de justice, etc.

(1) Bordelage, bourdelaige. Droit seigneurial perçu sur les bordes ou métairies (Nivernais).

1695 (E. N. N. Liasse n° 8 des minutes déposées par M. Chevillotte).— Bail pour six ans par d[lle] Jacqueline Descorailles, fille majeure, demeurant à Railly (1), à Fiacre Robert, laboureur à Courotte (2), de la maison seigneuriale de Railly, d'une métairie au-dessus de cette maison et du moulin de Railly, pour la redevance annuelle de 120 l. t., 6 livres de miel, 4 livres de beurre, 6 poules et 2 bichets moitié poire et pomme, quand il y « aura des fruits « aux arbres fruitiers du jardin de la maison seigneuriale. »

Le preneur devra entretenir le tout en « *bon père de famille* ». Il aura les droits de : chasse, pêche, pacage et glandée, bois mort et mort bois pour son chauffage. Il sera tenu de faire exercer la justice et de payer les gages des officiers. Il tiendra ses bestiaux à titre de cheptel. Il aura droit aux fruits des vignes à la condition de les entretenir et d'y faire chaque année 300 provins. Au cas où il serait distrait la moitié des vignes au profit de l'autre métayer de Railly, il ne serait, naturellement, obligé qu'à la moitié des charges.Il devra réserver une chambre de la maison seigneuriale et le colombier pour la bailleresse, et quand elle viendra à Railly, il devra la nourrir, ainsi que ses valets et ses chevaux.

Baux de biens (1481-1603)). — 1481 (E. 368). — Bail à Jean Chevalier, mercier à Auxerre, d'une maison et d'une vigne appartenant à des enfants mineurs. La maison, louée pour 5 ans moyennant une rente annuelle de 60 s. t., est située paroisse Saint-Père, dans la rue « par laquelle on va de la bocherie au « marché du samedi » ; la vigne, « ainsi qu'elle se comporte », située au lieu dit Burlon (Brelon), est louée pour 6 ans, à raison de 20 s. de rente annuelle. Il devra donner à la vigne les façons accoutumées, y faire 600 « chefz de provins » durant les 6 ans, et y mettre « pour une fois douze tombelerées de fumier. »

1481 (E. 368). — Bail pour 6 ans d'une vigne que le preneur devra « tailler, passeler, duyre, reployer, fouyr et en deux ans « bisner une fois ; et avec ce y faire 600 chefz de proins, lesquels « il sera tenu de les terrer de la terre estant près de ladite vigne. »

1490 (E. 371). — Bail perpétuel par Cotain Lignard, d'Auxerre, à Antoine et Jean Luguet, de Chevannes, de deux pièces de terre, l'une en *désert, bois et buissons*, lieu dit Montois, finage d'Auxerre, dans laquelle ils devront construire une « maison de bonne charpenterie. »

1491 (E. 372). — Bail perpétuel par Martinet Duchesne (3),

(1) Commune de Saint-Germain-des-Champs (Yonne).

(2) Commune de Marigny-l'Eglise (Nièvre).

(3) Voir plus haut note sur Martinet Duchesne.

maitre des forges de *Soyères* (1), à Jean le Bourguignon, charbonnier audit lieu, de 2 arpents de bois et buissons dans la forêt de Nézon (2), tenant d'une part au ru de *Serinotte* [Sinotte] et des 3 autres parts aux bois et terres dudit bailleur, et d'un quartier de prés près de la *fonderie de Soyères*, tenant d'une part au grand chemin allant de Sougères à Monéteau et des 3 autres parts aux prés dudit bailleur, moyennant une rente annuelle de 6 s. 8 d. t., et aux charges de défricher les 2 arpents de buissons pour les mettre et toujours maintenir en nature de pré, et de construire dans le quartier de pré une maison de « cinq toises de long et de bonne charpenterie ». — 1491 (E. 372). — Bail à 3 vies par Martinet Duchesne et Simon Tisier, *maîtres des forges* de Sougères [sur Sinotte], à Jacques Dampnequin, *marteleur* audit lieu, d'une pièce de terre en bois et buissons contenant 16 arpents, située en la justice de Villeneuve-Saint-Salve, tenant d'une part au rû de *Serinotte*, et d'une autre pièce de 4 arpents également en bois et buissons, tenant d'une part à l'étang du *marteau de ladite forge* (3), et de toutes autres parts aux bois desdits bailleurs; moyennant une rente annuelle de 28 s. t. et « soubz telles condicions que le « preneur a tenu et promis lesdits vingt arpens de terre en bois « et buissons, asserter et mettre en nature de terre labourable ou « pré, et y faire une maison de cinq toises de long et de bonne « charpenterie dedans huit ans prochains venant ».

1493 (E. 373). — Bail perpétuel par Me Etienne Moñcel, prêtre, maitre et administrateur de la maladrerie Sainte-Marguerite-lès-Auxerre, à Jean de Gruzy, d'une pièce de 5 quartiers de vigne et désert situés lieu dit Grandchamp, tenant d'un côté aux bois et *déserts*, pour la rente annuelle de 25 s. t. « Et pour ce que ledit héritage est la pluspart en buissons et désert », le preneur ne payera les deux premières années que 13 s. t. 4 d. t. au lieu de 25 s. qu'il devra acquitter les années subséquentes. Le preneur devra « essarter, mectre au net et planter tout ledit héritaige en « nature de vigne » durant les 8 premières années.

1493 (E. 373). — Bail pour 7 ans par la veuve Memyn d'Auxerre et autres, à Jean Bergerat, d'Appoigny, de tous les biens situés sur Appoigny et provenant de la succession de Me Jean Quinart,

(1) Sougères-sur-Sinotte, autrefois hameau de la paroisse de Gurgy, aujourd'hui commune (Yonne).

(2) Néron, ferme, commune de Gurgy (Yonne).

(3) Marteau (Le), hameau, commune d'Auxerre. Ne pourrait-on voir par cet acte l'origine de ce hameau? M. Quantin, dans son Dictionnaire topographique, ne donne pas de références antérieures à 1569.

chanoine d'Auxerre, dont ils sont héritiers, moyennant la quantité de 4 setiers de froment, 8 boisseaux de noix, un boisseau de pois, un boisseau de fèves, un boisseau d'oignons et un boisseau de raves (1) à livrer chaque année au domicile de ladite veuve. « Et ou cas que lesdits bailleurs ou aulcuns deulx vont audit lieu « d'Appoigny pour les necessitez, reédification et augmentacion « qu'il conviendra faire ès maisons, terres, prez, etc., ledit Ber- « gerat sera tenu fournir chacun an deux bichets d'avoyne et tout » le foing qu'il conviendra avoir pour la despence de leurs che- « vaulx audit lieu d'Appoigny, durant ledit temps seullement. Et « avec ce, sera tenu ledit preneur essarter lesdits héritaiges et « fumer les prez, et paier les brandons qui pourroient estre mis « ès dites terres et prez à cause des chemins non amendez ».

1494 (E. 373). — Bail à trois vies et au plus offrant, après la criée au prône de trois dimanches successifs, de 4 arpents de terre, « en désert, bois et buissons, en deux pièces, dépendant de la cure de Perrigny près Auxerre, par Vincent Souef, curé, à Antoine Florenceau, de Saint-Georges, pour la rente annuelle de 6 s. 8 d. t., et à la charge de les mettre en nature de labour et de pré durant les 6 premières années.

1494 (E. 373). — Bail à vie par le chapitre d'Auxerre à noble Jean Regnier, écuyer, seigneur de Montmercy (2), conseiller et écuyer d'écurie du roi, lieutenant général du bailli d'Auxerre, d'une pièce de 6 arpents de pré située « en dessoubz et a tenant « du pont de pierre estant sur la rivière de Beaulche, près le « chemin commun par lequel on va d'Aucerre à Esgligny » pour la rente annuelle de 6 l. 10 s. t.

1494 (E. 373). — Bail perpétuel par le chapitre d'Auxerre à Robert Mayelle, marchand, d'une grange, pressoir, jardin, cave sur laquelle « *soloit avoir colombier*, pourpris et appartenances « que tenoit Jehan Berthier et avant lui feux Jehan Darthe, espi- « cier, et Perrenet de Brie, bourgois d'Aucerre, situez au bourg « Saint-Père en la rue de Fromenteaul (*sic*) » pour la rente annuelle de 100 s. t.

1494 (E. 373). — Bail perpétuel par Jean de Thiart, écuyer, seigneur de Mont-Saint-Sulpice, à Jean Denis, de Chemilly [près Seignelay] d'une pièce de terre de 100 à 120 arpents, appelée les *Plantes du Mont*, située au finage de Gurgy, tenant d'une part à la rivière d'Yonne et à la fontaine de *Ravery*, et par « dessus au

(1) On voit par cette nomenclature de légumes qu'il y a longtemps qu'on fait de la culture maraîchère à Appoigny.

(2) Hameau de la commune de Saint-Georges (Yonne).

« chemin ouquel est la bosme (borne) et pierre qui despart les « justices de Chemilly et de Gurgy, et par dessoubz aux chaumes « et terres de Nézon (Néron) », moyennant la rente annuelle et censive de 50 s. t., et à la charge « dessarter et mettre et main- « tenir ledit héritage en nature et culture ».

1496 (E. 373). — Bail perpétuel par adjudication, par Guillaume Guenyn, receveur du domaine royal, « en la ville et comté d'Au- « cerre », à Guillemin Thomereau, de Jonches (1), de 20 arpents de terre « estant de présent en grans buissons, ruyne et désert », assis au finage d'Auxerre, lieu dit Jonches, au-dessous des bois du Bar, tenant « aux terres vacans appartenans au roy », pour « 10 d. t. de censive annuelle portant lods et ventes, et à la charge « d'essarter et mectre au net et en culture et labour de- « dans douze ans prouchainement venant. »

1502 (E. 375). — Bail à deux vies par Guillemette, femme Pierre Michel, voiturier par eau à Auxerre, à Pierre Hue, de Villeneuve-Saint-Salve, d'une pièce de terre et concise de 3 quartiers, « en « laquelle soloit avoir maison » située à Chemilly [près Seignelay] près la fontaine dudit lieu, et des autres pièces ci-après : 31 arpents, lieu dit la Tremblée, 4 arpents lieu dit « ès garons », un arpent lieu dit le Champ de la Croix, un arpent et demi lieu dit la Fosse Breteau, 3 quartiers lieu dit dessous Chapotte, 2 arpents lieu dit le Champ des Chaulmes et un arpent lieu dit les grandes Chaulmes; le tout sur Chemilly, moyennant la rente annuelle de 6 setiers de blé froment et 2 setiers d'orge livrables à Auxerre; et à la charge de construire dans la pièce de 3 quartiers près la fontaine de Chemilly, durant les 6 premières années, une maison et une grange « du pris et somme de 50 l. t. »

1508 (E. 374). — Bail à 3 vies par l'abbaye Saint-Julien-d'Auxerre, à Mathelin des Osches, laboureur, de deux jardins au bourg Saint-Martin-lès-Saint-Julien, derrière le moulin, pour la rente annuelle de 17 s. 6 d. t., et à la charge d'y construire, pendant les 6 premières années, une maison « bonne et convenable de 4 toises de long et 3 de large jusques à l'extimacion de 20 s. t. »

1508 (E. 375). — Bail pour 4 ans, par Jean Vivien, prêtre, à Étienne Duban, vigneron, tous deux à Auxerre, de dix denrées de vigne en deux pièces, moyennant le tiers de la récolte au profit du bailleur. Le preneur devra, outre les façons ordinaires, y faire 200 « chefz de proins et desgorger (2) la vigne du *pertuis au borgne* ceste présente année. »

(1) Hameau, commune d'Auxerre.

(2) C'est-à-dire remonter à la partie supérieure de la vigne la terre accumulée à la partie inférieure par la culture et les pluies.

1514 (E. 411). — Bail perpétuel par Pierre Fauleau, receveur du roi à Auxerre, à Mathelin Estourneau, de Montigny-le-Roi, et Denis Dumée, de Moulins « près Toucy (1) », d'une pièce de 24 arpents de terre, bois et buissons, sise à Montigny, lui dit les Chaumes du ru Bolier, moyennant la rente foncière et annuelle de 24 bichets de blé, le tiers des fruits des arbres et la récolte provenant de la semence d'un boisseau de chenevière. Les preneurs devront, durant les dix premières années, « deffricher, asserter, « desruyner et mettre au nect » lesdits 24 arpents et les entretenir en nature de terre labourable.

1515 (E. 377). — Bail à 3 vies, par Pierre Durand, fondeur de cloches à Auxerre, à Léonard de la Rivière, laboureur à Perrigny près Auxerre, de 60 arpents de terre « en désert et buissons assis « au finage de Parrigny par delà le grand estang, tenant par « dessoubz audit grand estang, et par dessus aux terres vacantes, « appartenant à l'abbaye Saint-Germain », moyennant une rente annuelle de 40 bichets de blé froment et 20 bichets d'avoine, et à la charge, durant les quatre premières années, de les défricher et les mettre *entièrement* en nature de terre labourable, et d'y construire une maison et grange de « *laborage bonne et convenable*. »

Par un article additionnel, le sieur Durand s'engage à donner sans condition 100 s. t. quand ledit de la Rivière fera construire la maison, et 10 l. t. quand il fera bâtir la grange.

1527 (E. 380). — Bail pour 8 ans par l'abbaye Saint-Germain d'Auxerre à Jean Daulmoy et Guillaume Borotte, bouchers audit Auxerre, de deux *pastureaux* (2) sis sur la seigneurie de Moutiers, pour le prix de 25 l. t. par an.

1537 (E. 383). — Bail par Pierre de Montjot, chanoine d'Auxerre, curé de Courson, de 6 arpents de terre faisant partie de la terre de *Champlevault* ? dont il est seigneur temporel à cause de sa cure.

1542 (E. 384). — Bail pour 3 ans, par Etienne Jehan, marinier à Auxerre, à Richard Girard, vigneron audit lieu, d'un quartier et demi de vigne, moyennant la redevance annuelle de 25 s. t. et « à la charge que le preneur sera tenu, la dite vigne chacun an le « dit temps durant, tailler, pesseler, duyre, reployer, sombrer, « bisner et rebisner, la fournir de perches et pesseaux et faire « durant le dit temps, deux cens et demy de provins, la desgorger « et porter la terre aux marteaux de dessus ».

(1) Moulins-sur-Ouanne (Yonne).

(2) Pâturages. Ce que les bouchers appellent aujourd'hui *embauche*.

1565 (E. 390). — Amodiation pour un an par l'abbaye Saint-Germain d'Auxerre, à Nicolas Deguy, le jeune, marchand à Héry, de l'herbage de 60 arpents de taillis sur Villeneuve-Saint-Salve, pour le prix de 25 l. t. Il pourra sous-amodier, mais sera responsable des dommages causés aux bois, et ne pourra y faire paitre que « *quarante bestes quevallines* ».

1568 (E. 392). — Bail pour 5 ans par Pierre Guiard, Bernard Mignotin, Jean Billault et Jean Legendre, *tous malades de lèpres* de la maladrerie de Saint-Simon-lès-Auxerre, *comparant en leurs personnes et se portant forts pour les autres malades de la dite maison*, à Jacques Creux, marchand à Auxerre, de 7 quartiers de pré, lieu dit le *Pré des malades*, tenant de deux parts à la maison et grange de la dite maladrerie, pour le prix de 12 l. par an, à payer *aux dits malades en faisant la cueillette de l'herbe.*

1603 (E. 434). — Bail pour 5 ans par Marin Ravillon, voiturier par eau à Auxerre, à Pierre Martin, vigneron audit lieu, d'un quartier de vigne lieu dit *la Chapote*. Pas d'autre redevance imposée que trois journées de travail dans les vignes du dit Ravillon, deux en temps d'hiver et la 3e au mois de mars. Mais le preneur sera tenu de la « façonner selon lusaige », d'y faire trois labourages par an et y mettre annuellement deux « fais deschalats », l'entretenir de perches, « desgorger la vigne et porter la terre au bout den hault d'icelle et aux lieux les plus nécessaires », et d'y faire durant ce temps 400 provins. Lorsque ces provins seront terminés, le bailleur devra payer 18 s. au preneur.

BAUX DE MAISONS (1481-1656). — 1481 (E. 368). — Bail à rente par l'abbaye de Crisenon à Jean Desains, boulanger, et Jean Rousseau, couturier à Auxerre, d'une maison et dépendances et d'une place devant, sise à Auxerre, dans la rue « par laquelle on va de la bocherie à l'esglise Saint-Père » [en Vallée], moyennant 60 s. t. de rente annuelle, le paiement des droits seigneuriaux et aux charges de mettre la maison en bon état dans l'intervalle de quatre ans et de construire sur la place, devant la dite maison, une maison neuve de la valeur de cent livres dans le laps de 15 ans.

1481 (E. 368). — Modération à 40 s. de la rente de 55 s. t. que doit Me Guillaume Robeleau, curé de Charmoy, pour une maison qu'il détient rue des Lombards, à Auxerre, et qui dépend de la chapelle Saint-Clément fondée en l'église cathédrale. Cette maison lui avait été donnée à bail en novembre 1469 sa vie durant et celle d'une autre personne qu'il lui plairait de nommer pour lui succéder, par Me Philippe Gotet, en son vivant titulaire de la dite chapelle, sous condition de maintenir et rendre la dite maison en bon état. Jean Sanceaulme, chanoine tortrier d'Auxerre, comme procureur de M. Guillot Lançon, clerc, chapelain actuel de la dite chapelle « par ladvis et délibéracions de plusieurs no« tables chanoines d'icelle église d'Aucerre, comme il disoit, et à « celle fin que le dit Robeleau puisse mieulx et soit plus enclin à « réédiffier ladite maison qui de présent est en grande ruyne et « en voye de chuter, recognust et confessa de grâce espécial « avoir modéré ladite rente de 55 s. t. à la somme de 40 s. t. de « rente annuelle... En telle manière et soulz telle condicion que « ledit Robeleau sera tenu et a promis ladite maison réédiffier et « mettre en dedans deux ans prochainement en bon et suffisant « estat ».

1483 (E. 369). — Bail à trois vies par l'abbaye Saint-Père d'Auxerre à Jean Rousset, forgeron à Sougères [sur Sinotte], d'une maison couverte « *dasseaulne* » située et « *assise au bourg Saint-« Père et soulz laquelle passe un des conduis des eaues de la ville* », tenant par devant à la « *grant rue par laquelle on va de léglise « Saint-Pèlerin à la porte du pont d'Aucerre, et par derrière aux « murs de la fortification de la ville, le chemin entre deux* », moyennant une rente annuelle de 10 s. t. « En telle manière et « soulz telles condicions que ledit preneur sera tenu et a promis « la dite maison réédiffier tout à neuf au dedans trois ans pro« chainement venant, et y faire une maison a deux estages et deux « cheminées, et icelle covrir de bon assis de chesne. » Si la rente reste impayée pendant trois ans, le bailleur aura le droit d'expulser définitivement le preneur.

1483 (E. 369). — Bail par l'abbaye de Saint-Père d'Auxerre à Guillemette, fille de feu Jean Petit, d'une maison, cave, cellier et jardin, sise paroisse Saint-Père, tenant par devant au cimetière de ladite église, « icelle maison, cave, cellier et jardin avoir et « tenir par la dicte Guillemette durant et constant la vie delle, de « son mary futur et de leurs enfans, et semblablement durant la « vie de Guillaume Petit et Jeannette, vefve de feu Perrin Mous« nier, frère et seur dicelle preneresse, et d'un chascun diceulx « successivement lun après lautre », moyennant une rente annuelle de 45 s. t. et sous condition « que ladite preneresse sera « tenue et a promis tant por elle, son dict mari futur, ses en« fans, frère et seur, la dicte maison mettre en dedans deux ans « prochainement, en bon et suffisant estat de clôture, couverture « et de toutes autres réparacions quelzconques; et icelle mise, « soustenir, maintenir, rendre et délaissier à la fin des dictes vies « en bon et suffisant estat. Et aussy que les dicts religieux pour« ront visiter ou faire visiter toutes et quantes fois que bon leur

« semblera ladite maison, cave et celier et des reparacions qui « seront necessaires, la contraintre, etc.... Et en deffault dicelles « reparacions faire, se pourront intrusé et bouter en icelle mai- « son, et en forclourre et debouter ladite preneresse ses dits « futurs mari et enfans avec ses frère et seur ».

1490 (E. 371). — Bail à trois vies par Colas Dappoigny, pêcheur à Auxerre, et sa femme, à Antoine de Carbin, laboureur à Quenne, d'une masure et d'un verger « *à un tenant* », situés à Quenne, lieu dit Vaul-de-Ru, tenant par devant à la rue commune et par derrière au sentier conduisant du dit Quenne à Saint-Bris, moyennant une rente annuelle de 8 s. 4 d. t., à la charge d'y « faire et « édiffier une maison de bonne charpenterie de cinq toises de « long, de largeur compétente, à ung estage, y faire une bonne « chemynée à gembes de pierre de taille, icelle couvrir de tuille « ou assis en dedans quatre ans prochainement venant ». De plus, le preneur ne pourra vendre ou « transporter les dits mai- « son et verger à autre, sans le notiffier aux ditz bailleurs, les- « quelz les pourront avoir et retenir à eux pour le prix dun « aultre ».

1491 (E. 372). -- Bail pour 8 ans par Pierre Monain, vigneron, à Jean Colinet, maréchal, tous deux à Auxerre, d'une maison et dépendances, située rue du Pont, « moyennant et parmy le pris « et somme de 17 l. t. que ledit sieur Monain a confessé avoir eus « et receus dudit Collinet.... Promettant ledit bailleur, ladite « maison et appartenances, soustenir et maintenir de clôture, » couverture et autres réparacions quelzconques, tellement que « ledit Colinet y puisse bonnement et seurement demourer. En « telle manière aussy que ledit bailleur aura et prandra à son « prouffit la moitié du vertjus qui viendra et croistra dedans les « dites années ès troilles dudit verger ou jardin, et aussy quil fera « la moitié des dites troilles (1).

1493 (E. 373). — Bail perpétuel par le Chapitre de la Cité d'Auxerre à Thomas Senceaulme, pelletier audit lieu, d'une maison et dépendances, rue de la *Fricaulderie*, tenant par derrière au presbytère de Saint-Regnobert, moyennant une rente annuelle de 60 s. t. Le preneur n'entrera en jouissance de cet immeuble qu'après le decès de Guillemin Lecoureux et de Germain Le Coureux, chanoine tortrier de l'église d'Auxerre, et à la charge de faire, durant les dix premières années, pour 100 l. t. de réparations (2).

(1) C'est peut-être l'origine de l'impasse des Collinets.

(2) 3,000 francs de notre monnaie, d'après Leber.

1494 (E. 373). — Bail par Chrestienne, veuve Jean Ményn, à Gillet Cousin, *carreleur* à Auxerre, « *durant la vie* » de la veuve seulement, d'une maison et dépendances « tenant par devant à « la rue par laquelle on va des Cordeliers à Notre-Dame-des-Ver« tus », moyennant 100 s. t. par an. « Et ou cas qu'il démolist au« cune chose en icelle maison, il sera tenu le refaire à ses des« pens en lestat quil est de présent ; et sera tenue, ladite Chres« tienne, sousteuir ladite maison de couverture et autres répara« tions nécessaires. Et durant ledit temps, demourront en la cave « dicelle maison une cuve tenant dix muys ou environ, et ung « coffre estant en la chambre de ladite maison duquel ladite « Chrestienne saydera ».

1495 (E. 373). — Bail perpétuel par le chapitre de la Cité d'Auxerre à Louis Jean, vinaigrier à Dijon et auparavant à Auxerre, d'une maison située derrière l'église de Saint-Regnobert et près l'hôtel de la *Vieille-Souche*, « la rue entre deux », tenant par devant à la rue conduisant de ladite église aux moulins de *Sousmurs*, pour la rente de 60 s. t. et à la charge d'employer à la *réédiffication et emparement dicelle* la somme de 100 l. t. pendant les 6 premières années.

1498 (E. 373). — Bail pour 6 ans par Pierre Boyneau dit Baugency, à Nicolas Widerne, orfèvre, tous deux à Auxerre, « d'un « ouvroer avec une chambre haulte et le galetas dessus, assis en « la paroisse Saint-Regnobert, estant au coing de la maison dudit « Baugency devant l'église des Cordeliers, tenant dun costé au « marché de la poissonnerie, d'autre costé à la rue par laquelle « on va de ladite poissonnerie à l'église Saint-Estienne, etc. » pour le prix de 4 l. t. par an et aux conditions suivantes : « A esté « accordé entre lesdites parties que se ledit preneur ne veult « demourer en ladite maison les six ans entiers et qu'il la vueille « délaisser, faire le pourra, pourveu qu'il ne sen pourra despartir « ne délaisser ledit louage sans achever et paier l'année en la« quelle il seroit entré, et sans faire savoir son dit partement « audit bailleur trois moys devant la fin de l'année de son dit « partement. Et en ce faisant par ledit preneur, icelui bailleur ne « pourra contraindre ledit preneur à tenir plus avant ledit louage « que ladite année, et en pourra ledit bailleur faire son prouffit « à la fin de ladite année, et ledit preneur délaisser ledit al« louage et se pourveoir ailleurs ou bon lui semblera. Et ne pourra « icellui preneur bailler à louage ladite maison, ne transporter « son dit bail à autre personne quelzconques sans le vouloir et « consentement dudit bailleur. Et se après que ledit preneur « auroit tenu ledit allouage durant lesdits six ans, icelui preneur

« veult demourer deux ans en ladite maison après les six ans, il « y pourra demourer et la tenir durant lesdits deux ans sans ce « que ledit bailleur la lui puisse oster ne lui encherir ledit allouage « durant lesdits deux ans. Et se ledit preneur fait mectre ou dit « ouvroer et maison aucunes ays, sangles sans ouvrage qui « soient cloées à cloz ou à chevilles, ledit preneur en soy départant « dudit louage les pourra prendre et emporter. Et sera tenu ledit « bailleur entretenir et garantir ledit allouage durant ledit « temps, etc. »

1504 (E. 374). — Bail d'une maison à Bleigny [le-Carreau] en la *rue des Guyenois* (1).

1507 (E. 374). — Bail perpétuel par Philippe du Coignet, religieux et infirmier de l'abbaye Saint-Germain, au nom de son office, à Geoffroy Breugnon, marinier a Auxerre, d'une maison *en appentis* et dépendances, sise paroisse Saint-Loup, près de l'église, le « chemin entre deulx, sauf et réserve au dit bailleur « pour luy et ses successeurs enfermiers, d'un celier et un cavon « (caveron) estant dessoubz la plus grande desdites maisons en « apantis, avec son aisance pour roler ung muid de vin et y aller « et venir par la court ès dits celier et cave pour y faire ses ven- « danges... », moyennant la rente annuelle de 50 s. t. et à la charge par le preneur, de « mectre et exposer en réparations sur ladite « maison dedans douze ans prouchains la somme de cent livres t. » Ladite maison tient à la maison et jardin de Perron *des taiz* et Eusèbe *des taiz* (2).

1508 (E. 374). — Bail perpétuel par le chapitre d'Auxerre à Robinet Bonnemain, couturier, d'une maison et dépendances, rue de la Draperie, tenant d'une part à Pierre Boucher, receveur du roi, et d'autre à Pierre Durand, fondeur [de cloches], pour la rente de 4 l. 10 s. t. et à la charge d'employer, durant les 8 premières années, 100 l. t. à sa restauration ou son agrandissement.

(1) A rapprocher ce nom de rue de celui d'une impasse de la rue de Paris à Auxerre, improprement appelée *Guinois*, même par M. Quantin dans son histoire anecdotique des rues d'Auxerre. Dans cette impasse demeurait, aux xve et xvie siècles, une famille de riches marchands, nommée Bertrand dit le *Guyenois*, de son pays d'origine, la Guyenne. Bleigny-le-Carreau n'étant qu'à 11 kilomètres d'Auxerre, cette famille a pu y posséder un domaine qui a donné son nom à une voie publique. Nul n'ignore combien les bourgeois et les riches marchands des villes désiraient, pour plusieurs raisons, posséder des domaines dans les environs de leur résidence.

(2) Nom d'une famille de riches mariniers d'Auxerre, demeurant dans la rue d'*Étain*. Nous pensons que le nom de cette rue est erroné et qu'il

1508 (E. 374). — Bail perpétuel par le chapitre d'Auxerre, à François Jobert, capitaine de Regennes, d'une maison et dépendances, grande rue Saint-Germain (aujourd'hui rue du Collège), pour la rente annuelle de 70 s. t. et à la charge de « mettre et « exposer en réparations dedans six ans prouchains, cent escuz d'or ».

1508 (E. 374). — Bail perpétuel par le chapitre d'Auxerre, à Louis Le Maire, marchand, d'une maison et dépendances « faisant « le coing des rues par lesquelles on va de la boucherie à l'église « Saint-Père et de l'église des Jacopins à l'église Saint-Pèlerin », moyennant la rente annuelle de 7 l. t.; à la condition de laisser Jean Beludet, jouir sa vie durant de la moitié de ladite maison, en recevant la moitié de la rente qu'il doit; et à la charge de faire, pendant les 4 premières années pour 200 l. d'améliorations.

1508 (E. 374). — Bail perpétuel par les chanoines de la Cité d'Auxerre, à Simon des Vanes, marinier, d'une maison paroisse Saint-Loup, « en la rue par laquelle on va de l'église Saint-Loup « à la rue de Villenefve dit Maulbrun », pour la rente de 70 s. t., et à la charge, durant les 6 premières années, d'y faire pour 100 écus d'or de travaux.

1509 (E. 376). — Bail perpétuel par l'abbaye Saint-Père d'Auxerre, à Simon Cussin, vigneron, d'une maison et dépendances, rue du portail de Villiers, pour la rente de 35 s. t. et à la charge de « faire « construyre, bastir et édiffier dedans 6 ans prochains une « maison neufve de bon charpentage, de la longeur de ladite « maison vielle, à deux estages, couverte de tuille. »

1511 (E. 376). — Bail perpétuel par le chapitre de la Cité d'Auxerre, à Jean *Lessouré*, cordonnier, d'une « grande maison à deux de- « mourances et dépendances » sise paroisse Saint-Regnobert, « faisant les coings des deux rues, tenant dune part et dun long « à la grand rue par laquelle on descend de la maison de la Com- « munauté d'Aucerre (Hôtel-de-Ville) à la boucherie, dautre long « à la grand rue descendant du chastel d'Aucerre à la rue Saint- « Renobert, par derrière aux maisons de Jehan Tribolé, à cause « de Marion de Saint-Père, sa femme, et par devant à la grand rue « et place dudit Saint-Renobert, devant ladite maison de la Com- « munauté de ladite ville », pour la rente de 6 l. t. et à la charge, « ladite maison et appartenances d'icelle, construire, bastir et « édiffier à neuf, à deux festes ou autrement, ainsi que ledit pre- « neur verra estre à faire pour le mieulx pour l'utilité et prouffit

provient de cette famille qui, ainsi que l'indique son nom, était originaire d'Étais.

« dudit *Esorier* (*sic*), dedans dix ans prouchains venans, et icelle « maintenir en bon estat ».

1511 (E. 376). — Location pour deux ans par Aliot Fortin, serrurier, à Pierre Collot, tous deux à Auxerre, d'une chambre haute et d'une « escriptoire basse » (cabinet, étude, au rez-de-chaussée) « qu'il sera tenu luy faire avec ung toistez de boys devant ladite « escriptoire, sise rue Nostre-Dame-des-Vertus, tenant à la grand « rue Nostre-Dame », pour le prix de 4 l. 10 s. par an. Le preneur pourra y demeurer, aux mêmes conditions, une troisième année, sans que le bailleur puisse s'y opposer.

1560 (E. 388). — Claude Marmaigne, procureur au bailliage d'Auxerre, en louant pour deux ans une maison assise dans la rue « allant de la porte du pont à Saint-Pèlerin » à Etienne Perrot, parcheminier, exige qu'elle soit garnie de « *meubles et ustancilles* « *pour la seureté dudit louage* »

1565 (E. 390). — Bail par Félix Chrétien, chanoine d'Auxèrre et chapelain de la chapelle Sainte-Catherine-des-*Os* (*sic*), à Guillaume Beaufils, marchand, de la maison et dépendances « vulgairement « appellée la maison Sainte-Catherine-des-Os et en laquelle ledit « preneur dès longtemps faict sa demourance », tenant d'une part à la chapelle et par derrière aux « murailles de la Cité », pour le prix de 20 l. t. par an.

1570 (E. 394). — Bail pour 5 ans par le chapitre d'Auxerre, à Réné Arnoul (1), marchand bourgeois de Paris, de « la place et « masure de la maison canoniale qui soulloyt cy devant appar- « tenir à Me Jehan Repoux, chanoine dudit Aucerre », pour le prix de 20 l. t. par an, et à la charge seulement de faire les *menues* réparations. Le chapitre se réserve le droit de vendre ladite place; dans ce cas ledit Arnoul ne payera que pour le temps qu'il l'aura occupée. Il devra être prévenu six semaines à l'avance.

1570 (E. 394). — Quittance de 38 s. t. donnée par Chrétienne de Biarne, femme de Pierre Jacquier, d'Auxerre, à Jean Rouze, maréchal, pour 6 mois de location d'une maison, paroisse Saint-Gervais, qu'il tenait à bail, « laquelle, par l'ordonnance de M. le « gouverneur d'Auxerre, a esté abbatue ».

1578 (E. 402). — Germain de Chaousses, drapier à Auxerre, prend en location pour 5 ans, une maison et dépendances *rue Saint-Père*, pour le prix annuel de 20 écus soleil « évaluez suyvant l'édit 60 l. t. » et aux charges et conditions ci-après : Il sera tenu

(1) Marchand bourgeois de Paris qui obtint en 1566 et 1569 des lettres patentes lui permettant de faire flotter les bois sur les ruisseaux et rivières d'Yonne et de Cure.

d'entretenir ladite maison qui est « de présent en bon estat, bien « et deuement de carreau, verrières et jusques à la valleur dung « boisseau de plastre, et aultres menues réparations ; il ne pourra « transporter le présent louage sans le consentement desd. bail- « leurs, ny mectre boys aux chambres haultes de ladite maison, « synon des javelles et fagotz. Comme aussi, ledit preneur ne « pourra mectre ou faire mectre en ladite maison, marchandise « de poisson de mer en gros, soyt haran, morue ny aultres. » Outre le prix de location, le preneur devra donner à chacune des femmes des deux bailleurs, et chaque année, « une paire de « chausses destamet à leur usage, bonnes, neufves et raisonna- « bles, quant il leur plaira ».

1656 (E. N. N., minutes Chevillotte). — Marché par lequel Jean Girard s'engage à faire dans une maison sise à Crottefou (1), appartenant à Aignan Bernard, marchand à Marigny, toutes les réparations nécessaires à la condition de jouir de cette maison pendant 20 ans. Mais il devra durant ce temps acquitter la rente seigneuriale dont cette maison est grevée, et au bout de 20 ans rendre l'immeuble en bon état.

Baux a cheptel (1481-1565). — 1481 (E. 368). — Baux à cheptel : pour 3 ans, d'une vache et d'une chèvre, pour le prix de 4 l. 10 s. t. et la moitié du *crois*, « selon les us et costumes du païs d'Aucerrois » ; — 1483 (E. 369) pour 3 ans, de deux bœufs *trayans*, moyennant 7 l. t. ; — 1483 (E. 369) pour 4 ans, de 39 *chefz* de bêtes à laine pour 10 l. t, ; — 1507 (E. 374) pour 3 ans, par Pierre Fauleau, receveur du roi à Auxerre, à Jean Thévenin, laboureur à Sommeville (2), de deux juments : l'une sous poil noir et l'autre sous poil boyard avec sa « *suigance* (3) denviron ung an, soulz « poil rouan », pour la somme de 13 l. t. et « à moitié du croist « et decroist, selon les us et coustumes du pays d'Aucerrois ». Le preneur devra « les nourrir, ensemble les yssues, et à la fin des « dites années, en rendre bon compte » ; — 1565 (E. 390) pour 3 ans, par Claude Petitfou, avocat au bailliage d'Auxerre, à Jean Chaillault, laboureur à Bazarnes, de : un bœuf de 7 à 8 ans, un autre de 6 à 7 ans, un autre de 4 ans (sous poil *fleury*), une vache de 6 à 7 ans, une autre de 6 ans, avec son veau âgé de 6 mois, une autre vache de 4 ans, avec son veau âgé d'un an, un autre veau d'un an et une taure de 2 ans et demi ; pour la somme de 100 l. t. et la moitié du *croist* et *decroist*.

(1) Hameau de Marigny-l'Eglise (Nièvre).

(2) Sommeville, hameau, commune de Monéteau (Yonne).

(3) Suite, progéniture. Lacurne donne le mot *séquence*.

BAUX A NOURRITURE DE BESTIAUX (1643-1666). — 1643 (E. N. N. Minutes Chevillotte). — Mathias Massé, laboureur à Courotte (1). s'engage envers Claude Darin, marchand à Cravant (Yonne), à nourrir et loger, du 27 décembre 1643 au 1er mai 1644, deux bœufs de trait, pour le prix de 18 l. t. — 1643 (E. N. N. id.) — André et Philibert Bargert, de Marigny (Nièvre), s'engagent à nourrir et loger, du 23 novembre 1643 au 1er mai 1644, 3 bœufs de trait appartenant à Dimanche Girard, du dit lieu, pour le prix de 30 l. t. Il est stipulé que si ledit Girard a besoin de ses bœufs pour faire quelques charrois de bois, les preneurs ne pourront les refuser ; — 1659 (N. N. id.) — Dizien, laboureur au bois de Chastellux, s'engage à « nourrir, garder et entretenir en bonne pâture, de ce « jour (12 juin) au 15 septembre prochain », un bœuf et une vache appartenant aux sieurs Girard, de Marigny-l'Eglise, moyennant 4 l. 15 s. Au bout de ce temps, il devra les rendre en bon état et à *graice*. — 1666 (E. 444). — Pierre Senterre, laboureur à Saumé (*sic*) (2), s'engage envers Sébastien Morisot, marchand tanneur à Cousin-le-Pont (commune d'Avallon), à nourrir et à loger, du 17 juillet 1666 au 1er mai 1667, une jument sous poil noir, âgée d'environ 6 à 7 ans, avec sa pouliche sous poil rouge, âgée d'environ 2 ans, pour le prix de 12 l. t.

DROITS SEIGNEURIAUX, BAUX (1490-1653). — 1° *Dîmes*. 1490. (E. 371). — Bail pour un an par l'abbaye Saint-Père d'Auxerre, à Crole, laboureur à Chamvres, de la moitié des dîmes de grains qu'elle a le droit de percevoir sur les territoires de Chamvres et de Béon, moyennant 15 setiers, moitié froment et avoine, et à la charge de nourrir et loger les serviteurs et les chevaux qui iront chercher ces grains. — 1508 (E. 375). — Bail pour 9 ans par l'abbaye Saint-Germain d'Auxerre à frère Guillaume Aulbin, prieur-curé de Marcy, près Varzy, de son droit sur les dîmes de Marcy, « appellé communément le Sixte », moyennant la rente annuelle de 8 l. t.

2° *Fours banaux*. — 1494 (E. 373). — Bail pour 3 ans par Laurence Trovée [Trouvé], femme de Jean Delaporte, lieutenant criminel de la prévôté de Paris, à Henry de Beauregard, du four de Vermenton « appellé le four du Roy » pour le prix de 11 l. t. par an, et à la charge d'entretenir « l'âtre foyer et lautel dudit four ». — 1541 (E. 384). — Bail par adjudication pour un an par l'abbaye de Saint-Germain d'Auxerre du four banal de Bleigny-le-Carreau pour le prix de 56 l. 10 s. t.

3° *Greffes, prévotés, tabellionnage*. — 1512 (E. 491). — Bail

(1) Hameau de Marigny-l'Eglise (Nièvre).

(2) Sommée, hameau de Lormes (Nièvre).

pour 2 ans, par le commissaire royal qui gère la terre et la seigneurie de Merry-Sec saisie sur Pierre du Verne, écuyer, seigneur de Merry-Sec et autres lieux, pour défaut de foi et hommage, à Didier de Franay, de la prévôté de cette seigneurie, moyennant la redevance annuelle de 100 s. t., 5 livres de cire et 5 oisons ; — 1524 (E. 380). — Bail pour 3 ans par le chapitre d'Auxerre à François Chanteau du droit de tabellionnage de la seigneurie de Chemilly-près-Seignelay, pour le prix de 20 s. t. par an ; — 1546 (E. 386). — Bail par l'évêque d'Auxerre à Claude Duru, sa vie durant, des droits de greffe et de tabellionnage de Gy-l'Evêque, moyennant la redevance annuelle de 60 s. t. ; — 1574 (E. 399). — Tabellionnage de Charbuy, pour 35 l. par an, même redevance pour le droit de prévôté.

4° *Mairies*. — 1491 (E. 372). — Bail pour 6 ans par Christophe Chatelain, maire d'Irancy, à Jean Vitou, du dit lieu, du « greffe « et escripture dicelle mairie », moyennant une rente annuelle de 40 s. t. et « soubz telles condicions que ledit preneur sera tenu et « a promis ledit greffe exercer, et les actes, amendes, deffaultz et « exploictz dicelle mairie enregistrer telles que aulcun inconvé« nient nen adviegne », — 1508 (E. 375). — Bail pour 3 ans par Michel Machuré, prêtre, « comme ayant la charge du chapitre « d'Aucerre, le doyenné dicelle estant en litige et procès quant « au fait de la justice dudit doyen estant située au lieu de « Laindry », à Philippon Chantereau de la « mairie et exploicts de « justice » dudit Lindry, pour la rente annuelle de 100 s. t. ; — 1530 (E. 381). — Bail pour 3 ans par le chapitre d'Auxerre à Léger Viot, de la *maiserie* [mairie] de Lindry, moyennant la redevance annuelle de 7 l. t.

5° *Planchage*, *rouage* (1). — 1508 (E. 375). — Déclaration par Etienne Contesse, marinier à Auxerre, qu'il a pris à bail pour 3 ans, du receveur de l'évêque, le droit de rouage, de planchage et de *hindart* (2) d'Auxerre, moyennant le fermage annuel de 11 l. 10 s. t. ; — 1515 (E. 377). — Bail pour 3 ans, par le receveur de l'évêque, à Germain Gerbault et Germain Ythéron, voituriers par eau à Auxerre, « du droit de planchage, rouage, haindart et chablis » à prendre sur chaque bateau montant ou descendant, qui

(1) Bois de rouage, celui employé à faire des roues, d'où le vieux mot français *royer*, artisan qui fabrique les roues. Le mot charron l'a remplacé.

(2) Treuil destiné à la remonte des bateaux pour franchir le pertuis. Il était installé sur le pont d'Auxerre. Le mot hindart, indar, aindar, vient du mot aindar, aider.

charge sur le quai de la fontaine Saint-Germain, pour le prix de 13 l. par an ; — 1541 (E. 384). — Dans un acte de cession d'un bail de ces droits, le bailleur se réserve, sans aucun frais ni démarche, la moitié des deniers provenant de ce droit « qui est tel « que chacun bateau qui se charge au quay d'Aucerre doibt 17 « deniers t. » ; — 1576 (E. 401). — Bail pour 5 ans par noble Etienne Gerbault, secrétaire du roi, seigneur de Champlay et de la Basse-Maison (1), à Pierre Main voiturier par eau à Auxerre, de son droit, à cause de la seigneurie de la Basse-Maison, en la rivière d'Yonne, depuis le pertuis du pont jusqu'au ru de la fontaine, avec le *chaiblage* et *planchage* auxquels il a droit en la râcle d'Auxerre, pour la redevance annuelle de 45 l. t. et deux plats de poisson « ou pour chacun diceulx 30 s. t. »

6° *Tierces*. — 1491 (E. 372). — Bail pour 3 ans par Jean Ladmirault et Jean Hympe, « bastonniers de léglise d'Aucerre », à Etienne Besart, de Sacy, des droits de tierce et champart sur les terres de Sacy, appartenant aux bâtonniers, moyennant la rente annuelle de 5 s. t. ; — 1530 (E. 439). — Vente par les frères Chistophe et Jean de Marcey, à Christophe Digny, écuyer, du droit de tierce qu'ils ont le droit de percevoir sur le finage de Santigny, lequel se perçoit de 11 gerbes l'une et donne, années moyennes, deux muids de grains, pour la somme de 400 fr.

7° *Droits seigneuriaux divers*. — 1505 (E. 375). — Procuration donnée par Antoine Leviste, écuyer, seigneur de Vézinnes et Fontaine-Géry (2), conseiller du roi, rapporteur et correcteur de la chancellerie à Paris, à deux chanoines d'Auxerre, pour procéder à l'amodiation des droits seigneuriaux des terres ci-dessus.

Transactions. — (1516-1565.) — 1516 (E. 377). — Transaction au sujet de la terre de *Charmoy* et de la motte de « *Chantelou* (3) », entre MM. de la Rivière (sa femme défunte se nommait Catherine de la Brosse) et de Baudon (sa femme, Marguerite d'Assigny). Les témoins sont Guion de Champs, seigneur d'Avigneau (4), Louis du Chaillot, seigneur d'Estruzy (5), Jacques de Paroy, seigneur de Maureparé (6) ; — 1530 (E. 381). — Désignation d'arbitres pour régler un différend relatif aux dîmes de Druyes, pendant entre

(1) Domaine situé en face le port Saint-Loup d'Auxerre.

(2) Ferme, commune de Tonnerre.

(3) Charmoy et la Motte de Chantelou, lieux aujourd'hui détruits, étaient situés sur la commune de Leugny (Yonne).

(4) Hameau de la commune d'Escamps (Yonne).

(5) Etrizy, maison isolée, commune d'Ouanne (Yonne).

(6) Hameau de la commune de Tannerre (Yonne).

Germain de Charmoy (1), curé dudit Druyes, et noble Hugues de Vrolant, écuyer seigneur d'Estury *(sic)* [Etrizy] se portant fort pour les « prisonniers et aultres prétendans droict aulx dismes « du d. Druye » ; — 1563 (E. N. N.), minutes versées par la Côte-d'Or). — Procuration donnée par Madelaine du Puy, veuve de Jean de Rochefort, chevalier, seigneur dudit lieu, dame de la terre du Lyot, en Sologne, demeurant à Rochefort (2), à son fils René de Rochefort, chevalier, seigneur dudit lieu, à propos de « certaines terres » à Romorantin, appartenant à M. du Coudray, terres relevant en fief de la seigneurie du Lyot; — 1565 (E. 390). — Procuration donnée par Marguerite de Blosset, veuve de Charles de Mongarny, écuyer, pour demander main-levée au profit de Pierre de Blosset, son frère, de la saisie des bois de Roncemay (3) qu'elle avait obtenue; — 1565 (E. 448). — Transaction entre Humbert de la Platière, maréchal de France (4), gouverneur du pays de Piémont et marquisat de Saluces, seigneur de Bourdillon, de Raigny (5), de Montréal et baron d'Epoisses, etc., et François de Courtenay, seigneur de Bontin (6), Beaulne (?) et Beauregard (?), tuteur de François, Jean, Jacques, Louis, Bernard, Edme, Pierre et Edmée de Jaulcourt, seigneurs de Villarnoul (7) et Rouvray (8), au sujet de droits prétendus par le maréchal de Bourdillon sur la terre de Rouvray et par les enfants de Jaulcourt sur celle de Sainte-Magnance.

Servitudes. — 1° *Jours*. — 1505 (E. 375). — Promesse par Guillaume Hanriet, voiturier par eau à Auxerre, à frère Philippe Coignet, religieux et infirmier de l'abbaye Saint-Germain, « que s'il « fait aucun édifice ou jardin assis au bourg Saint-Loup, cejour- « d'huy à luy baillé à rente, tenant aux maisons de lenfirmerie, « qu'il ne pourra boucher la veue desdites maisons appartenant « à ladite infirmerie, durant la vie dudit Coignet seullement. »

(1) Neveu de Germain de Charmoy, chanoine d'Auxerre, d'après l'acte.

(2) Rochefort (Côte-d'Or).

(3) A l'acte, ces bois sont indiqués sur le finage de Chassy. A proximité de Chassy existe un château de Roncemay, non mentionné au *Dictionnaire topographique de l'Yonne* par M. Quantin.

(4) Ce personnage est plus connu sous le nom de maréchal de Bourdillon.

(5) Ragny, commune de Savigny-en-Terre-Plaine (Yonne). (Voir sur le mariage de ce personnage militaire « *Avallon et l'Avallonnais* », par M. Ernest Petit, p. 54.

(6) Château, commune des Ormes (Yonne).

(7) Villarnoult, hameau, commune de Bussières (Yonne).

(8) Rouvray (Côte-d'Or).

2° *Mitoyenneté*. — 1521 (E. 379). — « Comparurent en leurs personnes : Thevenin Brocart et Marguerite sa femme, de luy « suffisamment autorizée, d'une part, et Jehan Bourgoyn, d'autre « part (tous demeurant à Auxerre). Disans comme ledict Bourgoyn « ayt fait de nouvel édiffier et faire à neuf une cheminée et ung « apan de boys sur une muraille mitoyenne, qui est à présent « depuis le rez-de-chaussée jusques audit pan et cheminée, de « sept à huit pieds estant entre les maisons desdictz Brocart et « Bourgoin; a esté accordé que ledit pan de boys et muraille « faicte sur ladicte muraille vielle, sera et demourra mitoyenne « entre lesdites parties, et le reste du mur qui est à faire. Et quant « Brocart et sa dite femme ou leurs hoirs se vouldront ayder des« ditz muraille et pan de boys, ils seront tenuz payer moitié... » — 1527 (E. 380). — Construction d'un mur mitoyen. « Furent présens « en leurs personnes Guillaume Maleteste, vigneron, et Jehan « Hugues, tisserant de toilles, tous deux demeurant à Aucerre, « disans lesdites parties, comme entre leurs maisons assises « ou bourg Saint-Mamert d'Aucerre, sur la perrière près du cime« tière de Montartre, est convenable faire ung pan longain de font « en comble entre leurs maisons, lequel pan icelluy Maleteste « promest faire et parfaire de font en comble sur le pan de la « maison dudit Jehan Hugues qui sera démoly pour asseoir le « pan neuf, lequel demourra mitoyen ausdites parties; réservé le « poteau du coing dembas et la cheminée dudit Hugues estant « ou dit pan, que ledit Hugues pourra démolir et applicquer toutes « les matières et estouffes à son prouffit. Et en faisant ledit pan, « sera tenu ledit Maleteste faire retenir ung petit tirandeau de« dens ledit pan mitoyen, et fera faire ledit Hugues le reste. Et « demourra audit Maleteste le boys du vieil pan dudit Hugues, « pour s'en servir à faire ledit pan nouveau, et autres choses, fors « que ledit Maleteste ne le pourra abatre que la maison ne soit « preste à dresser la maison dudit Maleteste. Et sera tenu ledit « Hugues soy estayer en droit soy; et prandra ledit boys dudit « pan selon ce que sera estimé par gens à ce congnoissans. Car « ainsi, etc... »

TRAVAUX DE CULTURE (1491-1660). — 1° *Vignes*. — 1491 (E. 372). — Marché par lequel Jean Bigerat, vigneron à Auxerre, s'engage à faire pour Jean Gaucher « bien et deuement douze cent daul« geotz (1) bons et loyaulx », dans une terre « près le lieu dit *la*

(1) Trous carrés pour planter la vigne. Aujourd'hui encore on les appelle augelots, ce qui n'est pas différent quant au sens.

« *Roue de Fourtune* », pour la somme de 80 s. t. ; — 1491 (E. 372). — Pierre Darnay et André Habert entreprennent à André Privé, d'Auxerre, de « bisner bien et deuement, en dedans le premier « jour de juing » un arpent de vigne en *Montblanc*, pour 20 s. t. ; — 1494 (E. 373). — Engagement par Gauthier Le Put, de faire pour le compte de Jean Germain, tous deux vignerons à Auxerre, « sept cens de croiz ou augelotz à planter vigne, pour le prix de « dix blans chacun cent, qui sont xvII gros et demy pour le tout » ; — 1508 (E. 375). — Marché par lequel Jacques Thieulant, vigneron à Auxerre, s'engage à faire pendant un an, dans un demi-arpent de vigne situé lieu dit *Champchardon*, appartenant à Blaise Bourgoin, voiturier par eau, les façons suivantes : « tailler, passelier, « sombrer, bisner, escoler, assomacer et autres, le tout faire en « temps et saison bien et convenablement audit d'ouvriers et « gens à ce congnoissans », pour le prix de 70 s. t. ; — 1509 (E. 376). — Promesse à Gauthier Bahu, par Barthélemy André, vigneron à Auxerre, de « *augeler* en fasson de fousse quarrée, ung « quartier de terre assis en Gratery... Et ce moiennant le pris et « somme de 50 s. t., que sera tenu ledit Bahu paier audit André « au pris qu'il besongnera ; et si ledit Bahu est défaillant de « paier le soir ledit André, en ce cas il ne pourra contraindre « ledit André à besongner. Et continuera ledit André à besongner « sans discontinuer » ; — 1511 (E. 376). — Marché par lequel Mamert Paris, vigneron à Auxerre, promet à Pierre Gonneau dit Boisgency « de planter, rompre (1), franchir (?) et émonder » un quartier de terre. « Et pour ce sera tenu ledit Boigency fournir « le plant », moyennant la somme de 60 s. t. « Et se plus y a » [d'un quartier], le surplus sera payé « au pris le pris. » Le travail devra être terminé à la « Saint-Aulbin » (1er mars) ; — 1560 (E. 388). — Engagement par Germain Bodyn, vigneron à Auxerre, de faire pendant un an les façons des vignes ci-après, appartenant à Jean Jannequin, procureur au bailliage : trois quartiers lieu dit *Plate*, deux denrées lieu dit *Grandchamp*, un demi-arpent lieu dit *Champchardon* « aultrement la *Couste aux Loups* », et un quartier lieu dit *Belestain* (près de deux arpents), pour le prix de 22 l. 10 s. t. Il devra faire les façons suivantes : « tailler, « pesseller, duyre, reployer, sombrer, bisner, rebisner, asso- « macer (2), escoller (3), rougner et toutes aultres façons néces-

(1) Labourer et égaliser le terrain après la plantation de la vigne.

(2) Mot local encore employé. L'opération consiste à supprimer quelque temps après l'éclosion des bourgeons de la vigne, ceux qui poussent sur le tronc et qui généralement ne portent pas de fruits.

(3) Accoler, attacher à l'échalas toutes les branches du cep.

« saires, jusques à coppe raisin ». Le propriétaire devra fournir « perches, pesseau, ouzières et gluiz quil conviendra et vouldra « mettre » ; — 1562 (E. 389). — Promesse par Jean Chrestien, vigneron à Augy, de faire pendant un an les façons des trois pièces de vigne ci-après, appartenant à la veuve Françoise Cornemiche, d'Auxerre : un arpent à Saint-Bris, un quartier et deux denrées à Auxerre, pour le prix de 16 l. t. et une feuillette de vin clairet. Il devra les « tailler, pesseler, duyre, reployer, sombrer, bisner, « accoler et rogner » ; — 1562 (E. 389). — Marché par lequel Guillot Lenayn, vigneron à Auxerre, s'engage envers Pierre Regnault, procureur, « à arracher les buissons et espines estant en ung « demy quartier de terre assis au finage d'Aucerre, lieu dit *Grand-« champ*... et les buissons et épines arrachez y planter de la « vigne, et avec ce recoller (1) une jeune plante attenant ladite « terre, bien et convenablement. Et pour ce faire, a ledit Lenayn « promis fornir le pland chevellée (2) de pynots, terceaulx et « servigneaus, bons et convenables à planter et édiffier vigne, et « de tel et semblable pland que ladite vigne qui y est de présent ; « et ledit lieu ainsi qu'il se comporte rendre planté et rompu bien « et deuement... », pour le prix de 10 l. t. ; — 1565 (E. 390). — Marché pour la façon de trois quartiers de vigne en trois pièces, pour 12 l. t.; façons ordinaires, plus celle de « *relever les raisins* » (3); — 1591 (E. 427). — Dans un marché de façon de vigne se trouve celle de « *curer en pied* » (4); — 1603 (E. 434). — Acte par lequel Étienne Ladam, vigneron à Auxerre, s'engage à faire à façon pour le compte de Claude Billard, marchand, un arpent et trois quartiers de vigne en trois pièces, pour le prix de 30 l. t. par arpent. Façons : « curer en pied, tailler, passeler, duire, reployer, som-« brer, biner, rebiner, essomacer, escoler, rogner, mocheter (5) « et faire toutes autres façons requises. » Il devra, en outre, donner un labourage supplémentaire dans la pièce d'un quartier et demi, sans augmentation de salaire ; — 1669 (E. 444). — Marché

(1) Aujourd'hui encore on appelle « *recouler* », remplacer par des sarments racinés, des plants qui n'ont pas réussi.

(2) Sarment raciné (formant chevelure).

(3) Cette opération consiste à empêcher la pourriture des raisins qui traînent à terre. Elle est inutile dans les vieilles vignes dont le tronc est élevé.

(4) Cette opération consiste à ne laisser dans le cep que les sarments destinés à fournir la taille de l'année suivante. Elle se pratique avant l'hiver et porte encore le même nom aujourd'hui. Nous ne l'avons rencontrée que deux fois, ici et en 1603.

(5) Couper les rejets. Équivaut à peu près au pincement des arbres.

passé entre le comte César de Chastellux et Jean Château et ses deux fils, vignerons à Sœuvre (1), par lequel ceux-ci s'engagent à façonner pendant 6 années, les vignes sises à Sœuvre, appelées le *Clos de Chastellux*, contenant environ 140 ouvrées (2). Les vignerons devront faire les façons suivantes : « sombrer, biner et « rebiner, tailler, lever, sermenter, traillier, ployer, essacer (3), « accoler, racoler et relever les terres des gardes »; entretenir les haies, mettre des épines où il sera nécessaire et veiller « à prendre « garde qu'il ne se fasse desgatz ». Pour le glui qu'ils fourniront pour attacher ces vignes, ils auront droit à une partie de pré de l'*haste Rafaux*, et pour les osiers qu'ils devront fournir, ils auront le droit de prendre ceux qui sont plantés dans ledit clos. En outre, ils ne pourront tailler, ployer et sombrer qu'après en avoir sollicité et obtenu la permission de M. de Chastellux. Ce marché est consenti moyennant la somme de 300 l. t. par an. (Acte signé : Chastellux.)

2° *Champs et bois*. — 1511 (E. 376). — Engagement par Micheau Doblet, de « deffricher, arracher, asserté et laborer « à taille ou- « verte, faire le boys à mosle, les fagons, » d'un arpent de bois situé à Perrigny, près la rivière de Beaulche, appartenant à Germain Potier, pour la somme de 8 l. t., à payer en « arrachant et assertant » ledit bois; — 1565 (E. 390). — Marché par lequel Pierre Duvert et autres s'engagent envers Mathieu Contesse, marchand à Auxerre, à faire « en une pièce de boys et taillys, « contenant « vingt-cinq arpens, la quantité de cinq à six cents thoises de « fossez à lentour et des longs d'icelluy boys ou taillys, ou plus « s'il s'en trouve à faire, de largeur de cinq piedz et de quatre « piedz de creux... » moyennant le prix de 3 s. t. par toise, et sous condition d'y travailler sans interruption. Il est convenu qu'ils prendront à leur profit les *coques* et ce qui se trouvera dans la largeur desdits fossés « hormis les grands chesnes si aulcungs « sen treuvent »; mais par contre, ils ont promis d'émonder les baliveaux qui seront près du bord du fossé.

(1) Hameau de la commune de Fontenay-pres-Vézelay (Yonne).

(2) L'ouvrée dans l'Yonne variait entre 4 ares 28 centiares et 6 ares 38 centiares. (Quantin, Tableaux des poids et mesures de l'Yonne. Auxerre 1839.)

(3) Sans doute ébourgeonner, façon que dans l'Auxerrois on appelle *assommacer*, *essommacer*.

CHAPITRE VI

CONTRATS DIVERS (1)

MARIAGES, PARTAGES. — DONATIONS. — TESTAMENTS. — APPRENTISSAGES. — BAUX A NOURRITURE. — LOUAGES D'OUVRIERS. — ASSOCIATIONS, ETC.

Les documents contenus dans ce chapitre étant des actes de notariat pur, nous nous contenterons d'appeler l'attention sur les actes les plus importants ou les plus curieux, sans entrer dans des détails qui ne seraient que la répétition des documents eux-mêmes.

Contrats de mariage (2). — 1476, de Dreux Chappon, de Cézy, écuyer ; — 1508, de Pierre Gramain, « imageur » à Auxerre (3) ; — 1517, d'un lépreux hospitalisé avec une femme non lépreuse (4) ; — 1549, de Jean Leclerc, écuyer, seigneur de l'Ile-sous-Tronchoy ;

(1) Cf. Quantin, De l'intérêt historique des anciens dépôts d'actes notariés. (*Bull. Soc. Sc. Y.*, 1848, p. 445.)

(2) Le régime en usage était généralement celui de la communauté, mais avec conditions diverses. (Cf. *Annuaire de l'Y.*, 1894, A propos du contrat de mariage d'un vigneron auxerrois en 1483.)

(3) Nous avons donné *in extenso* ce contrat intéressant un artiste de talent. (Voir note sur ce sculpteur au ch. III, Arts et Artistes.)

(4) Cf. Molard, De la capacité civile des lépreux (*Bull. Soc. Sc. Y.*, 1888, p 31.)

— 1550, de Louis de Scacabaroce, seigneur milanais en garnison à Tonnerre; — 1560, de Réné de Geresme, seigneur de Ponthieu, etc., avec Louise aux Épaules; — 1564, de Philippe de Bournonville avec Barbe de Thoisy; — 1568, acte annulant un traité de mariage; — 1577, attestation du mariage de Claude de Rochechouart avec Charles de Belleville, comte de Costac; — 1605, mariage de Louis d'Anlesy, avec Rénée d'Étampes; — 1623, de Jean Lièvre, tailleur d'habits, *suivant la Cour*, natif de Spire.

Partages. — 1475, des biens de Catherine Chacerat; — 1507, entre un lépreux et sa femme; — 1586, des meubles d'un religieux décédé.

Donations. — 1476, par Pierre de Dinteville et Louise d'Alègre, sa femme, à Jean de Dampierre et Jeanne de Brainville, sa femme; — 1509, par Jean Baillet, évêque d'Auxerre, à son frère Thibault, président au Parlement de Paris; — 1553, par Jean de Courcelles, seigneur de Ravières, à François de Coligny, seigneur d'Andelot, Tanlay, etc. (1); — 1562, par Hugues de Changy, seigneur de Villeneuve-les-Presles, à ses fils ainé et puiné.

Testaments. — 1504, de Catherine Burat, âgée de 16 ans; — 1507, de Pierre Thiellant, bourrelier à Auxerre; — 1562, de Regnauld Guiard, chanoine d'Auxerre; — 1564, de Jacques Fortin dit Dampierre, de Lorris, se rendant en ambassade pour les affaires du roi et de la reine mère; — 1578, de Didière Poinsot; — 1578, de Catherine Caillé, veuve Barrault; — 1587, de Regnault Leclerc et de Catherine Levuyt, de Tonnerre; — 1603, de François Faudemert, chanoine d'Auxerre; — 1607, de Guillaume Boyvinet, procureur à Tonnerre; — 1671, de Liger Clément, curé de Montsauche.

Contrats d'apprentissage. — Apothicaire, 1586; armurier, 1553; bonnetier, 1566; boucher, 1490, 1603; boulanger, 1508, 1521 (2),

(1) François de Coligny étant à cette date « détenu prisonnier de guerre au chasteau de Millan, » est représenté par Thomas de Forquembergue, son maître d'hôtel. A la suite de cette donation sont insérées des lettres royaux de Henri II, datées de Paris, 25 mai 1553, commettant le cardinal de Châtillon pour administrer les biens de son frère pendant sa détention.

(2) Dans ce contrat de 1521, l'apprenti, en donnant six ans de son temps à son patron, éteint une dette de 10 l. due par son père. C'est le seul acte dans ces conditions que nous avons rencontré.

Généralement les apprentissages étaient *à temps*, comme on dit encore, c'est-à-dire sans redevance; quand la durée était réduite, le patron était indemnisé en raison de cette réduction. A rapprocher ce contrat de celui de 1586, où pour la même profession un apprenti ne fait qu'un an mais paie au patron 10 écus d'or.

1586; bourrelier, 1483; carreleur, 1576; chambrilleur (menuisier), 1481, 1504; chapelier, 1495; charpentier, 1476, 1481, 1490, 1667; charpentier de bateaux, 1483, 1518, 1527, 1571; charron (voy. royer); chaussetier, 1511, 1522, 1538; chirurgien barbier, 1511 (1), 1565, 1576, 1630, 1635, 1639, 1642; cordonnier, 1475, 1476, 1490, 1497, 1568, 1570; corroyeur, 1476; couturier, 1475, 1481, 1498; couturière, 1570; drapier, 1481, 1483, 1485, 1490, 1491, 1502, 1509, 1519, 1521, 1563; libraire, imprimeur, relieur, 1497, 1504; maçon, 1481, 1485, 1491; marchand (commerce indéterminé), 1495; maréchal, 1483, 1491, 1497; marinier (voiturier par eau), et pêcheur, 1491, 1505; menuisier (voy. chambrilleur) (2), 1513, 1668, 1672; mercier, 1491, 1513; pâtissier, 1493, 1521; potier d'étain, 1504, 1571; royer (charron), 1490; sellier, 1504; sellier-lormier, 1560; serrurier, 1481, 1483, 1565; taillandier, 1508; tailleur d'habits, 1568, 1570; tanneur, 1483; tisserand (de toile), 1481, 1483, 1485, 1653; tonnelier, 1476; tonnelier et vigneron, 1483, 1490, 1496, 1508, 1511, 1516; vigneron, 1483, 1485, 1509 (3).

Baux à nourriture. — 1483, bail de deux enfants mineurs, à leur mère remariée, avec obligation de les envoyer pendant deux ans à l'école; — 1497, bail pour 9 ans, à son grand'père, d'un orphelin âgé de 3 ans. Il devra l'envoyer à l'école pendant deux ans *entiers*, et « luy faire aprendre sa créance (4), ses peaulmes » (5);

(1) Par le contrat de 1511, on voit que la tirelire pour recevoir les pourboires des clients était déjà d'usage chez les barbiers. M. Quantin, cite bien cet acte dans un article de 1848 (*Bulletin Soc. Sc. Y.*), mais comme il ne signale pas cette particularité curieuse, nous avons cru devoir y revenir. D'autre part, cet auteur dit en thèse générale que « l'apprenti barbier et « chirurgien demeure cinq ans chez un maître qui lui doit à la fin de son « apprentissage un étui garni de 4 rasoirs, d'un peigne et d'une paire de « ciseaux ». Or, on peut voir par les contrats de 1565, 1576, 1630, 1635, 1639 et 1642 que les conditions sont loin d'être aussi invariables qu'il l'avance.

(2) Voir à ce sujet une note au bas de la page 149 du *Bulletin de 1899* (page 19 de ce recueil).

(3) Sont donnés *in extenso* à titre de spécimens, les contrats d'apprentissage de charpentier (1481), couturier (1498), libraire-imprimeur (1504), maréchal (1497), tanneur (1483). — Dans quelques contrats, le patron devra envoyer l'apprenti à l'école.

(4) Créance, pour éducation. — Le dictionnaire historique de Lacurne dit à ce mot : « Comme l'idée de confiance est nécessairement attachée à celle « de l'éducation que reçoivent les enfans de la part des instituteurs aux- « quels ils sont confiés, les Italiens se servent du mot *creanza* pour signi- « fier éducation, et nos pères disaient aussi *créance* dans le même sens ».

(5) On disait aussi « faire avoir *coronne, tonsure* », sans pour cela des-

— 1520, bail à nourriture pour dix ans portant contrat d'apprentissage.

Contrats de louage d'ouvriers, etc. — Nous en donnerons simplement la liste :

Maçon, 1481 (1), 1567 (2), 1659; charpentier, 1485; demoiselle de magasin, 1491 ; marinier, 1505, 1568, 1570, 1581 ; coutelier, 1515; menuisier, 1521 ; tisserand de drap, 1521 (3); commis apothicaire, 1522; vigneron, 1560, 1562; tonnelier, 1570, 1578; pêcheur, 1574; cardeur, 1581 ; laboureur, 1641, 1673 ; charretier, 1667.

Contrats d'association. — Associations : entre des mariniers d'Auxerre pour transport de marchandises ou d'exploitation de lots de pêche (1511-1574); entre *joueurs d'instrumens* (1565); entre *bisetiers*, pour entreprendre et servir en commun des banquets, etc. (1571); entre maîtres maçons (1673) (4).

Contrats de mariage (1476-1677).

1476 (E. N. N. Minutes versées par la Côte-d'Or.) Traité de mariage entre Dreux Chappon, de Cézy, écuyer, et Marguerite, fille de Jean Le Mignot, écuyer, *viconte de Chablies*, seigneur des péage et minage de Tonnerre et de feue Catherine Chasserat. La dot de la future est importante mais mal définie. Elle est subordonnée au partage des biens de sa mère qui a eu lieu l'année précédente, acte relaté plus loin. Le père s'engage à donner à sa fille deux

tiner les enfants à la prêtrise. C'était une espèce de préparation des enfants pour assister le clergé, faire les *répons*, porter les cierges, etc. Actuellement on peut en voir l'équivalent dans les enfants qui servent de *clercs* ou d'enfants de chœur. Lacurne dit du reste au mot *tonsure :* « clercs de « la première « *tonsure* », qui portaient les cierges et les torches ».

(1) Ce contrat a été choisi par M. Levasseur, de l'Académie des Sciences morales et politiques, pour l'insérer *in extenso* dans la réédition de son important ouvrage, *l'Histoire des classes ouvrières en France*. En rendant compte à cette assemblée de sa mission d'exploration dans les archives des départements, M. Levasseur s'exprime ainsi à notre sujet : « M. Drot, « employé aux archives de l'Yonne, a tiré des dossiers du notariat des « pièces curieuses et il a bien voulu me communiquer celles qui sont « relatives au contrat de louage. Je cite sans commentaire la plus an- « cienne qui est datée de 1481 ». (Procès-verbaux de l'Académie des Sciences morales et politiques.)

Ce très honorable emprunt prouve l'intérêt de notre recueil. Nous ne nous en prévalons que pour ce motif.

(2) Le salaire de ces ouvriers est fixé à 7 s. par jour chacun.

(3) Ce contrat très intéressant a été donné *in extenso*.

(4) Idem.

robes, deux chapperons, deux ceintures dorées, deux *troussouères* (1) et son lit garni. Un de ses parents maternels, Antoine Chasserat, écuyer, seigneur d'Aillant et de Villiers-sur-Tholon, demeurant à Avignon, lui donne 50 l. t. Parmi les témoins on remarque Erard le Mignot, seigneur de Rameau (2) et de Montvalois (?), valet de chambre du roi, garde de la prévôté de Villeneuve-le-Roi et élu de Tonnerre, cousin de la future; Pierre de Vones, écuyer, seigneur *Doschemilly* (*sic*); Jean Guérin, curé de Saint-Pierre de Tonnerre. — 1505 (E. 374). Contrat de mariage de Pierre Gramain, sculpteur à Auxerre, avec Ysabeau, veuve de Barthélemy Chervyn (*in extenso*) :

1er février 1505. « Furent présens en leurs personnes : Pierre « Gramyn, ymageur, demeurant à Aucerre, pour luy d'une part, « et Ysabeau vefve de feu Barthélemy Chervyn, en son vivant « marchand à Aucerre, pour elle d'autre part. Lesquelles parties, « par l'advis et conseil de plusieurs leurs parens et amys, confes- « sèrent avoir fait, et en la présence dudit juré firent assemble- « ment de traictié, accords et convenances de mariage qui sen- « suivent, cestassavoir : que lesdits Pierre et Ysabeau auront et « prandront et ont promis avoir et prandre lun lautre par ma- « riage, se Dieu et saincte eglise à ce se consentent et accordent. « Et le mariage fait et consommé assembleront ensemble en « communaulté de tous biens meubles, immeubles, propres, « conquestz et autres quelzconques, quilz ont et auront, et qui « leur pourront advenir et escheoir de quelque costé ou ligne que « ce soit, selon les us et coustumes des bourgeoys et bourgeoises « de diverses seignories manans et demeurans au dit Aucerre. « Sauf et réserve à ladite Ysabeau ce quelle a et possède de « présent es lieux, finages, justices et territoires de Grandchamp, « Villiers-Vineux et Geaulges. Et non obstant la dite communaulté, « accordé a esté entre icelles parties que sel advient la dite « Ysabeau allant de vie à trespas avant le dit Pierre Gramyn, en « ce cas le dit Pierre aura et prendra avant tout partage son lict « garny de coete, cuissin, couverture, lodier ciel, doulzciel, cour- « tines, six draps, deux orilliers, six couvrechefz, avec sa cou- « chète garnye, ses robbes et habillemens servans à son usage, « avec les utilz de son mestier et son cheval de selle saucun en a, « ou pour icelluy la somme de huit escuz dor et sa monstre dar- « gent. Et semblablement se le dit Pierre Gramyn va de vie a « trespas avant ladite Ysabeau, en ce cas elle aura et prandra

(1) Ceintures. (Lacurne, aux mots *troussoire*, *troussouaire*.)
(2) Hameau de la commune de Collan (Yonne).

« premier et avant tout partage son lict et couchete garniz comme « dessus, ses robbes, chapperons, saintures, heures, bagues et « joyaulx servans à son usage. Car ainsi, etc... Présens à ce : véné- « rables et discretes personnes maistre Jehan Saujot penancier « [penitencier] et chanoine de léglise d'Aucerre et official du dit « lieu, Pierre Lescoffier, ouvrier de Saint-Germain du dit Aucerre « [religieux et ouvrier de l'abbaye de Saint-Germain] ; honorables « hommes Jehan Ancelot, François Petiot, Estienne de Brye, Jehan « Martin, Renobert Souef, Simon Leprince, Jehan Jannequin et « plusieurs autres bourgeoys d'Aucerre. »

1505 (E. 374). Traité de mariage de Adam Laborier, dit Dinry, vigneron à Auxerre, et de Jeanne, fille de défunts Jean Marie et Jeanne, ses père et mère. La future est assistée de Jean Masle, Blaise Masle son fils, bourgeois d'Auxerre, et de Perrette, femme dudit Blaise, ses maitres sans aucun doute, car en récompense des « *loyers et services qu'elle leur a faitz par cy devant et jusques à présent* », ils lui promettent « *pour laugmentacion de son futur mariage* », un quartier de vigne « *de présent en désert* », situé au finage d'Auxerre, lieu dit Burlon, « ung lict garny de coite, cuissin, « couverture, six draps, quatre couvre chez, icelle vestir bien et « honnestement selon son estat, luy paier et bailler la somme de « 10 l. t. ; et pour faire et suppourter les fraiz de leurs nopces, luy « bailler la somme de 60 s. t., deux bichets de blé froment avec « le vin qui convient avoir le jour de la solempnité de leurs « nopces. Item et avec ce ont promis de délaisser à ladite Jehanne « sa demourance en une chambre par bas de leur maison ou « pend pour enseigne les ymages de saint Pelerin et saint Ju- « lien (1), avec leur aisance ou jardin de derrière dujourduy jus- « ques à six ans. »

1507 (E. 374). Traité de mariage de Hector Garnier (2), natif de Troyes, orfèvre à Auxerre, et de Barbe Chardon. Il devra « en- « jeoler (3) ladite Barbe, sa future, selon son estat ». S'ils n'ont pas d'enfants, le survivant prendra avant tout partage : la femme, son lit garni, six draps, ses effets, ceintures, bagues, joyaux, heures et 25 l. t. ; le mari, son lit garni, ses effets, les outils de son métier d'*orfévrie* et son cheval de selle s'il en a un.

(1) L'acte n'indique pas la rue où existait l'établissement portant cette enseigne, mais il ne pouvait être que dans la partie basse de la ville, Saint-Pèlerin ou Saint-Julien.

(2) C'est cet orfèvre qui, en 1508, fait un tambourin d'argent pour un vigneron d'Auxerre. (Voir chap. III, *Bulletin*, 1900, p. 66.) (P. 248 de ce recueil.)

(3) Donner des joyaux. *Enjoiller*. (Lacurne.)

1508 (E. 374). Traité de mariage de Jean Gillet, dit Corne, fils de Jean Gillet, dit Corne, barbier, avec Germaine, fille mineure de défunt Jean Hervillon et de Germaine sa mère, présente, tous d'Auxerre. La mère et les tuteurs, en faveur de ce mariage et pour tout le droit paternel revenant à ladite mineure, délaissent aux futurs et à leurs hoirs et ayants-cause, un demi-arpent de vigne à Auxerre, lieu dit *Coste-d'Or*. « Et oultre ce ont ceddé, baillé et « transpourté à iceulx mariez, la moitié par indivis de cinq na- « celles et bateaulx tant corbeez que sangles à ladite vefve et « mineurs appartenant, avec ung estuyt et une boticle estant sur « leaue, et icelle future habiller bien et honnestement de deux « robbes nupcialles, lune fourrée de gris et lautre de menuz veez « [vair], et faire la moitié des fraiz des nopces saucuns en sont « faitz, et la rendre franche et quicte de toutes debtes à cause « dudit feu son père. Et oultre, icelle vefve, pour lavancement « du dit mariage, a promis paier et bailler aux ditz mariez la « somme de dix escus dor au soleil, ung lict garny de coete, « cuissin, couverture, huit draps, six nappes, six couvre chez. Et « avec ce la demeurance en lune des chambres de la maison « d'icelle vefve, du jour de leurs espousailles jusques à huit ans « après ensuyvant sans en paier aucune chose. Et ou cas que les « dits mariez ne veulle (*sic*) faire leur demeurance en la dite « chambre et ilz s'en veullent aller demeurer ailleurs, la dite « vefve ne tuteurs ne seront tenuz leur bailler aucune reconnois- « sance et demourrent quictes. Et a esté accordé que durant le « temps que les dite vefve et futeurs mariez tiendront ensemble « les bateaulx et nacelles dessus dits, que le prouffit qu'il en « viendra sera partir par moitié, et se soustiendront et maintien- « dront par moitié et à fraiz communs. Et moyennant les choses « dessus dites, ont renoncé à la succession dudit feu Hervillon au « prouffit des autres myneurs... Et ledit Jean Gillet, pour laug- « mentacion du dit mariage, a promis paier et bailler à Jean Gillet « son fiz, la somme de vingt escuz dor au soleil, lhabiller bien et « honnestement dhabitz nupciaulx, le rendre franc et quicte de « toutes debtes, paier la moitié des fraiz des nopces saucuns en « sont faitz, et une sainture dargent de la valeur de dix livres. » Le survivant prendra avant partage son lit garni, ses effets et joyaux.

1508 (E. 375). Mariage de Nicolas Boutevillain, praticien en cour d'église, avec Jeanne de Troyes, fille de défunt noble Hector de Troyes et Germaine, demeurant à Auxerre. Au mariage assiste notamment François Vivien, bourgeois d'Auxerre, comme procureur de noble Guillaume de Troyes, écuyer, seigneur de Maulcouvant en Brie, tuteur de la future; — 1508 (E. 438). Mariage entre noble Guillaume de Barges, écuyer, seigneur de Barges, et Madeleine Compaing, fille de noble Jean Compaing, « alias de Champignolles », écuyer, et de Huguette de Guerchy. Philippe de Chastellux est un des témoins; — 1517 (E. 412). Mariage de Nicolas Le Beau, de Coulours, avec Anne de Cloan, fille d'Etienne et de Claudine, demeurant à *Soyères* [Sougères-sur-Sinotte] (1). Anne de Cloan reçoit en dot 100 l. t., 2 vaches, 25 chefs de bêtes à laine, son lit garni et ses vêtements nuptiaux.

Traité de mariage entre un lépreux hospitalisé et une femme non lépreuse (in extenso) (2).

1517 (E. 412). « Le XXIIIe jour du moys de juillet ou dit an, « comparurent en leurs personnes, Claude Maulcardet, malade de « lèpre en la maladerie Sainct Siméon lez Aucerre, pour luy dune « part; et Vincende vefve de feu Jehan Didier et Adrianne sa fille « et dud. feu Jehan Didier, demourant à Branches, pour eulx « daultre part. Lesquelles parties ont faict les traictez, accordz et « convenances de mariage qui sensuivent, cest assavoir : que les « d. Claude Maulcardet et Adrianne auront et prandront, et ont « promis avoir et prandre lung laultre par nom et loyaulté de « mariage si Dieu et saincte Eglise en ce consentent et accordent. « Et le mariage faict et consommé, se assembleront ensemble en « communaulté de tous biens quilz ont de présent et auront au « temps advenir et qui leur pourront advenir et eschoir de quelque « coustel ou ligne que ce soit. Le tout selon les us et coustumes « des bourgeois et bourgeoises des diverses seigneuries, manans « et demeurant aud. Aucerre. Et a esté accordé entre lesd. « parties que si led. Maulcardet va de vie à trespas sans hoirs « de leurs corps lors vivans. en ce cas lad. Adrianne aura avant « tout partage son lict garny de coette, cuissin, couverture, quatre « draps, ensemble ses vestemens, cinctures et joyaulx. Et en

(1) En 1514 (E. 411), Etienne de Cloan achète ou prend à bail, de parents de Martinet Duchesne, l'un des maîtres de la forge de Sougères, une maison et des biens dans cette localité et à proximité de l'usine. Il était sans doute ou l'associé ou le successeur de ces industriels, (Voir ch. V, Biens.) Il est à remarquer que le futur vient de Coulours, qui était également un centre important d'extraction de minerai.

(2) Ce traité est en tout semblable à ceux de même nature en faveur de personnes bien portantes. Tout ce qu'on peut y remarquer, c'est qu'il n'y est pas question de la dot de la future — qui sans doute ne possédant rien ou ne recevant rien de ses parents — estime que c'est déjà un grand sacrifice que d'apporter un corps sain à un homme malade.

« pareil cas si lad. Adrianne va de vie à trespas avant ledit Maul-« cardel sans hoirs de leurs corps, en ce cas il aura et prendra « son lict garny comme dessus avec son cheval que pour lors il « aura. Promettant, etc., renonçant, etc. Présens : Pierre Qua-« tranvault, Guillemin Collot lesnel, Anthoine Martin, Philippe « Mynot et Gaulcher Marchant, demeurant à Aucerre. »

1527 (E. 415). Mariage de Etienne Gerbault, voiturier par eau à Auxerre (1), fils de feu Germain, ayant exercé la même profession, avec Germaine, fille de Jean Ramonet, avocat au bailliage d'Auxerre, et d'Antoinette Girardin. La dot de la future est de 500 l. t.

1529 (E. 439). Par son contrat de mariage, Jean Goguelet, licencié en droit, s'il survit à sa femme, aura le droit de prendre, avant tout partage, outre les objets accoutumés, « son cheval et har-« noys, et toute sa librayerie en quelque vailleur quelle pourra « lors estre »; — 1537 (E. 383). Mariage de Jean Mammerot, orfèvre à Auxerre (2), « aagé suffisamment », fils de Phelisot Mammerot, de *Joigny*, avec Jeanne, fille d'Etienne Callard, orfèvre audit Auxerre, et de Reine de Bierne. Dot de la future : le trousseau ordinaire et 150 l. t. Le survivant prendra avant partage ses effets personnels, outre, à leur choix : pour la femme ses joyaux et bagues ou 10 écus sol; le mari, ses outils, sa montre d'argent ou pour icelle 4 écus; — 1538 (E. 420). Mariage de Guillaume de Monneau, secrétaire du seigneur de Saint-Amand (3), avec Marie, fille

(1) Les descendants de cette famille enrichie par le commerce sont devenus marquis de Champlay et hauts fonctionnaires à Paris.

(2) L'abbé Lebeuf, dans son *Histoire de la prise d'Auxerre*, accuse, « d'après les mémoires du tems », un orfèvre de ce nom, *habitant la paroisse Saint-Eusèbe*, d'avoir reçu en dépôt des Huguenots, en 1567, une grande partie de l'argenterie, chaines et ornements des églises de la ville. Il ajoute que cet orfèvre accompagna le sieur de Loron, lorsqu'il emmena dans son château de la Maison-Blanche (commune de Crain, Yonne) dix ou onze charrettes chargées de ces dépouilles.

C'est évidemment le même que celui dont il est question ici. D'après nos recherches, Jean Mamerot est le premier de ce nom établi orfèvre à Auxerre. Il est cité pour la première fois en 1535 (E. 422, f° 124), *orfèvre, demeurant dans la paroisse Saint-Eusèbe*. D'autre part, on voit, par son contrat de mariage, qu'il est originaire de *Joigny*. On trouve encore un Jean Mamerot, orfèvre, en 1574 (E. 400, f° 24). Est-ce encore lui? Enfin figure un Pierre Mamerot, orfèvre, en 1582 (E. 405, f° 6) et en 1604 (E. 420, f° 166). Dans ce dernier acte, où il est qualifié d'honorable homme, il prend à bail pour 15 ans, de Sébastien Le Royer, doyen du chapitre d'Auxerre, une pièce de 10 arpents de pré à Escamps.

(3) Voir son inventaire après décès. (E. 400), *Bulletin de la Société des Sciences*, 1899, p. 105.

de François Petifou, bourgeois d'Auxerre, et de Jeanne Barrault. Dot de la future : 400 l. t., un arpent de vigne « *en Graffigneau* » (finage d'Auxerre), une rente de grains sur Chemilly près Seignelay, et un logement pour 5 ans ou 20 l. t. pour le loyer de chaque année ; — 1543 (E. 385). Mariage entre Germain Verdot, taillandier à Auxerre, et Perrette Robert, orpheline. « Pour l'augmentation de ce mariage », la grand'mère de la future lui donne 100 l. t., son lit garni, 6 draps, un ciel de toile, 2 nappes, 6 serviettes, 1 pinte, 1 chopine, 1 aiguière, 1 salière, 2 plats, 6 écuelles, 6 saucières, le tout en étain ; 1 paire de chenets, 1 table, 1 banc, 2 tréteaux, 4 escabelles, 1 crémaillère, 1 pelle de fer, 2 chaudières, 2 chandeliers de cuivre, 1 *met de fol* (1) ; — 1543 (E. 385). Mariage entre Etienne, fis de Nicolas Dufourt, marchand bourgeois de Paris, et Huguette, fille de Pierre Miquelet, voiturier par eau à Auxerre, et de Marie. Dot de la future : « Deux bateaux neufs garnys de leurs équipages de la « valeur de 300 l. t. », un demi-arpent de vigne, ses habits nuptiaux « scavoir est de deux bonnes robbes, lune fourrée de pane « de Lombardie et laultre doublée de demy ostade, à pougnets « de satin, avec ses habis filliaux qu'elle a de présent, et luy « bailleront son serpault (2) bien et honnestement selon son « estat ». Le futur, sur ses biens personnels, constitue à sa future épouse un douaire de 200 l. t. ; — 1549 (E. 650). Mariage de noble Jean Leclerc, écuyer, seigneur de L'Ile-sous-Tronchoy, fils de feu Jean Leclerc, seigneur dudit L'Ile (3), et d'Adrienne de Piget, des consentement et avis de Guillaume de Mandelot, écuyer, seigneur de Fontaine-Géry (4), et de Gilles de Frétard, écuyer, seigneur de Vézannes, avec Edmonne, fille de noble Jean de Chévreville et de Suzanne de Viviers, assistée de Hélion de Goye, écuyer, seigneur de Jaulges, et de Gaspard de la Roche, écuyer, seigneur de Percey.

La dot de la future est de 8,000 l. t. (5) dont la moitié seulement entrera dans la communauté. La future « sera honnoré de bagues et de joyaulx de la somme de 500 l. t. » ; — 1550 (E. 651). Ratification par Jeanne Germain, fille d'un hôtelier de Tonnerre, d'un

(1) Maie en bois de hêtre. — C'est le seul traité de mariage où nous avons trouvé des objets mobiliers et des ustensiles de ménage. Il est vrai qu'ils proviennent d'une grand'mère qui en avait peut-être en excédent ou qui en avait eu la garde lors du décès des parents de la future.

(2) Serpol, trousseau. (Glossaires français Ducange et Lacurne.)

(3) Hameau, commune de Tronchoy (Yonne).

(4) Ferme, commune de Tonnerre.

(5) Pour le 2e quart du XVIe siècle, Leber évalue cette somme à 119,944 francs de notre monnaie.

traité de mariage conclu le jour précédent par devant Rogelin, notaire à Saint-Florentin, et qui lui donne pour futur époux Louis de Scacabaroce, alias de Laude, seigneur de Virolle en partie, en l'évêché de Laude, au duché de Milan, homme d'armes du duc de Nivernais. Sont témoins à cet acte : nobles Jean de Bercher, Bernard Viguast, écuyers, etc. Par des actes subséquents, Blaise Lhermitte, prêtre à Tonnerre, donne en faveur du mariage de Jeanne Germain avec Louis de Scacabaroce, 200 l. t., et Jeanne Tubey, veuve de Aignan Lhermitte, donne à la même, sa petite fille, la récolte pendant 6 ans de 2 arpents de pré sis à Tonnerre; — 1553 (E. 653). Mariage entre noble Raoul de Parceval, receveur des aides et tailles à Tonnerre, et Huguette de Charmes, fille d'un marchand de Tonnerre. Dot de la future, 1,500 l. t.; —1560 (E. 448). Mariage entre noble Réné de Geresme, seigneur dudit lieu, de Ponthieu, Larpine et Dompmartin, avec Louise aux Epaules, fille de feu Jacques aux Epaules et de Christine de Ferrières, dame dudit Ferrières, Pisy et Presles (1). La dot de la future est fixée à 20,000 l. t. représentées par l'abandon aux futurs de la terre et seigneurie de Ferrières. De cette dot, une moitié seulement entrera dans la communauté, l'autre « *sortira en nature de propres de lad. demoiselle* ». Le survivant prendra avant tout partage sa chambre garnie, plus : si c'est la femme, ses habillements tant *cothidiens* que précieux, ses haquenées et ses joyaux ou à son choix 400 écus soleil; si c'est l'homme, ses habits, chevaux et harnais ou la même somme; — 1560 (E. 656). Mariage entre Jean Thierriat, écuyer, seigneur de Véron, demeurant à Saint-Florentin, jouissant de ses droits, et Claude, fille de feu noble Jean Piget, grenetier à Tonnerre, et de Anne de Parceval. Claude de Dinteville est grand'mère de la future. Dot, 1,500 l. t.; — 1561 (E. 492). Mariage de noble Jean David, trésorier de l'évêque d'Auxerre, avec Anne, fille de Potentien Hodouard, écuyer, seigneur de Michery, et de feue Anne de Bolangiers. En faveur de ce mariage, l'évêque d'Auxerre, Philippe de Lenoncourt, donne au futur 1,000 écus sol. à employer en héritages qui lui seront propres. Le père de la future la dote de même somme avec le même effet; — 1564 (E. 448). Mariage entre Philippe de Bournonville, écuyer, seigneur de Champeigny, et Barbe, fille de Rolland de Thoisy, écuyer, seigneur de Poligny, et de Savinienne de Tornebranle. Sur la dot de 3,000 l. t. de la future, un tiers lui sera assigné en propres. Les parents de la future s'engagent à la vêtir des habits nuptiaux suivants : 2 robes, l'une de velours, l'autre de damas, avec 2

(1) Presles, hameau, commune de Cussy-les-Forges (Yonne).

devants de cotes, l'un de velours et l'autre de satin. Le futur a promis de « *lenjoueller* (1) jusques à la somme de six vingt escuz ». Les futurs pourront se faire des donations mutuelles tant entre-vifs que par testament; — 1568 (E. 392). Acte annulant un traité de mariage consenti depuis un an environ entre Eusèbe, fils de feu Germain Delacourt, avocat au bailliage d'Auxerre, et Florentine, fille de feu Alexandre Piardat, procureur au bailliage de Saint-Florentin. Ce mariage, « pour plusieurs occasions depuys « cogneues entre les parties, se seroyt trouvé ne pouvoir estre « consommé et avoir lieu entre icelles ». Des deux côtés on se « clame quitte », mais lorsque le procureur de la future rend « un demy seing dargent, deux bagues dor, une pièce de velours « viollet, une pièce de velours noir et aultres bagues et joyaulx « que le d. Eusèbe a dict avoyr cy devant donnez à la d. Floren- « tine en faveur du futur mariage... le dit Eusèbe a protesté de « tous despens, dommages et interestz allencontre de la d. Flo- « rentine et tous aultres, de recouvrer ses bagues, *aultres bagues « et joyaulx que celles présentement délivrez* ». Le procureur de la future fait une protestation contraire; — 1572 (E. 662). Mariage entre Benjamin Baude, peintre verrier à Tonnerre, et Marguerite Cabasson (2), veuve Jean Frémyn. Les deux futurs jouissant de leurs droits, il n'y est pas question de dot; — 1577 (E. 493). Demande de certificat attestant le mariage de Marie Claude de Rochechouart, fille de feu Charles, seigneur de Saint-Amand, avec Charles de Belleville, comte de Costac; — 1581 (E. 675). Mariage entre Guillaume Bocherat, notaire de la châtellenie de Charmes, avec Nicole, fille de Georges Testevuyde, peintre verrier à Tonnerre, et de Jeanne Regnard (3); — 1583 (E. 404). Mariage entre Hugues de Vézon, écuyer, seigneur de Cussy-le-Châtel (4), y demeurant, fils de feu Hugues de Vézon, écuyer, seigneur d'Annoux, et de Michelle de Marsay, assisté de Jean et Sébastien de Vézon, écuyers, ses frères; et de Gabrielle de Boniers, fille de défunts Gilles de Boniers, seigneur de Ris, et de Louise Lesourt, assistée de : Jean Lesourt, chanoine et trésorier du chapitre

(1) *Enjoiller*, donner des joyaux. (Lacurne.)

(2) Cette Marguerite Cabasson est de la famille des peintres verriers de ce nom. Quatre Cabasson signent à ce traité : Hugues, religieux de l'Hôtel-Dieu de Tonnerre, Aignan, François et Jean, *verriers*.

(3) Jean Germain, sculpteur à Tonnerre, doit être un des proches parents de la future, car il lui donne 10 livres tournois en faveur de son mariage.

(4) Château détruit, commune de Blacy (Yonne).

d'Auxerre, Robert Lesourt, écuyer, seigneur de la Maison-Neuve, demeurant à Magny-le-Ougre, ses oncles, et de Jean de Marsay, écuyer, seigneur de Monéteau, son frère et cousin germain du futur (1). Le survivant prendra avant tout partage ses habits et sa chambre garnie ou 50 écus sol. *pour la d. chambre*. De plus, la femme, si elle survit, aura encore droit à ses « bagues, ceintures « et joyaulx » ou à 100 écus, « oultre son cheval et charrette avec « ses chevaux, harnoys et garniture diceulx »; si c'est l'homme, il aura droit à ses chevaux de service ou 100 écus. Le futur constitue à sa future un douaire de 33 écus 1/3 de rente viagère s'il n'y a pas d'enfants issus de leur mariage; dans le cas contraire ce douaire sera réduit à 26 écus 2/3; — 1584 (E. 406). Mariage de Jean Lemuet, procureur au bailliage d'Auxerre, et d'Edmée, fille de Jean Bérault, également procureur, et de Marie Boirot. La future reçoit en dot de ses parents 333 écus sol. et une rente de 20 l. t. et 100 écus sol. de son oncle Pierre Bérault, chanoine d'Auxerre. Son futur sera tenu de *lengeoller* (2) jusqu'à la somme de 100 écus et de lui constituer un douaire de 20 écus de rente; — 1586 (E. 408). Mariage de François Boucher, avocat au bailliage d'Auxerre, fils de Philibert, également avocat, avec Germaine, fille de Guillaume Bérault, marchand à Auxerre (3); — 1603 (E. 433). Mariage de Pierre Dupin le jeune, marchand à Varzy, fils d'André, avocat au bailliage d'Auxerre et bailly de Varzy, avec Marie, fille de Etienne Sotyveau, avocat au Parlement de Paris, et de Marthe Tribolé; — 1605 (E. 492). Mariage de Louis d'Anlezy, chevalier, seigneur de Chazelles, etc., avec Rénée, fille de feu Claude d'Estampes, chevalier des ordres du roi, capitaine de 50 hommes d'armes, baron de la Ferté-Imbault, seigneur de Mont-Saint-Sulpice et de Villefargeau, et de Jeanne de Hautemer (4) (remariée à François de Canouville, chevalier), et assistée de François de Gauville, chevalier, etc., etc.

(1) Il n'est pas question des apports des futurs.

(2) Donner des joyaux.

(3) Dots importantes mais trop longues à énumérer, c'est le cas de beaucoup d'actes, quand elles sont insérées, ce qui fait souvent défaut.

(4) Dans sa notice historique sur le Mont-Saint-Sulpice, l'abbé Cornat dit de Jeanne de Hautemer (*Bull. de la Soc. des Sc. de l'Yonne*, 1849, p. 38), que « cette femme était d'un caractère très énergique. Après la mort « de son mari (Claude d'Estampes), tout en s'occupant activement de « l'éducation de ses enfants (au nombre de quatre), elle ne négligea point « les affaires politiques ; elle se montra, en toutes circonstances, ennemie « des ligueurs et royaliste ardente ».

Claude d'Estampes « l'un des gentilshommes de la province les plus « dévoués au roi et aussi l'un des plus puissants. » Il fut tué lors de la

Cet acte a été passé au château de Villefargeau en présence d'un grand nombre de seigneurs parmi lesquels on remarque : Michel du Fort, seigneur de Pibrac; de Gentil, seigneur de Fleury; de Lenfernat, baron de Prunières(1); de Maslan, baron de Seignelay et d'Hauterive, etc.; — 1616 (E. 733). Mariage de Jean Guillier, président de l'élection de Clamecy, fils de Jean, seigneur de Saint-Gervais, maître des requêtes de la feue reine Marguerite, duchesse de Valois, et de Elisabeth de Croeilg; avec Elisabeth, fille de François Chevalier, écuyer, sieur de Pressures, président en l'élection de Tonnerre et de Suzanne Veluet. Le futur reçoit de son père tant pour droit maternel que pour dot, l'office de président en l'élection de Clamecy, 300 l. pour l'aider à se faire pourvoir dudit office et un domaine à Surgy « qui sera garny de bestiail « jusques à la somme de 300 l. t. » Les parents de la future la dotent de 2,000 l. dont 1,000 seulement entreront dans la communauté (les 1,000 autres seront employés à acquérir des héritages propres), un domaine sis à Creux, avec le bétail qui « demeureront propres à la future »; 400 l. pour aider son futur à se faire pourvoir de l'office de président en l'élection de Clamecy, ses habits nuptiaux, son trousseau et les frais des noces. En cas de dissolution de mariage ou de survivance, chacun des conjoints reprendra avant partage ses effets personnels ou 1.000 l. et sa chambre garnie; — 1623 (E. 741). Mariage de Jean Lièvre, tailleur d'habits, *suivant la Cour*, natif de Spire (Allemagne) « estant de présent à Tonnerre ». A défaut de ses parents, il est assisté de Charles Henry de Clermont, comte de Tonnerre; de Francois, comte de Clermont; de Charles de Clermont, abbé de Molosme et de Henry de Clermont, chevalier de Saint-Jean de Jérusalem, enfants du comte de Tonnerre. Ils ont tous signé à l'acte qui a été passé en l'hôtel du comte de Tonnerre; — 1627 (E. 747). Mariage entre Réné Jazu, écuyer, seigneur en partie de Villiers-les-Hauts et Méreuil (2), et exempt des gardes du corps du roi, demeurant à Ravières, et Madeleine d'Origny, veuve de Jacques Haubert, seigneur de Junay et lieutenant général (*sic*) en l'élection de Tonnerre. La future sera par son futur « honorée de bagues et joyaux jusques à la somme de deux « mil livres ». Le survivant prendra avant tout partage sa chambre garnie et ses habits, en outre l'homme ses armes et ses

tentative devant Avallon, en septembre 1591 (Challe, Histoire du Calvinisme et de la Ligue, etc., *Bull. Sc. des Sc. de l'Yonne*, 1864, p. 140, 201, 202.)

Voir chap. X, la signature de Jeanne de Haulemer.

(1) Commune de Branches (Yonne), autrefois fief avec manoir.

(2) Mareuil, village détruit, commune de Fulvy (Yonne).

chevaux ou 2,000 l.; la femme ses bagues et joyaux ou la même somme;—1628 (E. 746). Mariage de Charles Haubert, conseiller et lieutenant en l'élection de Tonnerre, seigneur de Junay, assisté de René Jazu, écuyer, seigneur de Méreuil, exempt des gardes du corps du roi, et de Madeleine d'Orbigny (*sic*), femme dudit Jazu et mère du futur, et de Pierre Leclerc, élu en l'élection de Tonnerre, son oncle et son curateur; avec Marie Arquier, veuve de Joachim Bargedé, bailli de Cruzy-le-Châtel. Au futur sera délaissé l'office de lieutenant en l'élection, évalué 6,000 l.; — 1636 (E. 758). Mariage entre Pierre Millon *le jeune*, fils de Pierre Millon *l'aîné* et de Catherine Dudot, et Marguerite, fille de Etienne Tallenaix et de Marguerite Bernard, tous vignerons à Tonnerre. Les parents du futur lui donnent 130 l., ses habits nuptiaux, manteau, pourpoint, haut et bas de chausses de drap « selon son estat, avec un chaslit »; la future reçoit de ses parents six *hommées* (1) de vigne en trois pièces, estimées 130 l., 20 l. d'argent, payables trois ans après son mariage, une robe et une cotte de serge, un lit garni de traversin, ciel et custode de serge, une *couverte* de drap blanchet, sept draps, deux nappes, deux banquetières et deux douzaines de serviettes. Le futur devra « honnorer la d. future de bagues et joyaux jusques à la somme de 40 l. » Le survivant prendra avant partage ses habits, un lit garni de traversin, ciel, custode, couverte, 4 draps, une table et un coffre fermant à clef « *à choisir* ». En outre la femme, ses joyaux ou 40 l.; le mari, ses outils et armes ou 20 l. t.

Dans cet acte on remarque la clause suivante : « Il sera loysible « ausd. futurs mariez de demeurer en la maison dud. Tallenaix « pour y estre nouris pendant trois années, à la charge et condition « que les d. futurs travailleront aux héritages et affaires du d. « Tallenaix ainsy quil leur sera commandé licite et raisonnable, « pendant lequel temps les d. futurs mettront à leur proffict par- « ticulier les fruits de leurs héritages qui seront fassonnés « aux frais du d. Tallenaix, sans pour ce contracter aucune com- « munaulté de meubles pendant la d. demeure, entre les d. Tal- « lenaix et Millon » (2);—1677 (E. 492). Mariage de Pierre-Charles Destiennot, écuyer, seigneur de la Serrée, major du régiment de

(1) L'hommée ou ouvrée, mesure particulière aux vignes, variait dans le département, d'après M. Quantin (Tableau des poids et mesures, 1839), de 4 ares 22 centiares à 6 ares 38 centiares.

(2) C'est, moins l'obligation, la clause qui figure au traité de mariage de 1483 de vignerons d'Auxerre que nous avons publié dans l'*Annuaire de l'Yonne* de 1894.

Vendôme, demeurant à Ciscry-les-Grands-Ormes, fils de feu Pierre Destiennot et de Claude de Changy, avec Marguerite de Morant, fille de feu Claude de Morant, sieur de la Resle (1), et de Charlette le Boucher, assistée de Raphaël de Damoiseau, écuyer, sieur de Provency, son curateur. Cet acte, passé au château de la Resle, est signé de membres des familles : de Morant, de Boucher, de Changy, de Damoiseau, de Lenfernat, de Drouas et de Davout.

PARTAGES (1475-1586).

1475 (E. N. N. Protocole réintégré par les archives de la Côte-d'Or). Important partage entre les six héritiers de Catherine Chacerat (2), femme de Jean Le Mignot, écuyer, vicomte de *Chablies* (*sic*) et seigneur du péage, panage (3) et minage de Tonnerre, dans lequel on remarque, à Sens, les maisons nommées : « lostel Me Jehan Seurreau », la maison de la *salle aux deux cheminées*; la maison de la *salle aux Rois*; la maison « devant Saint-Pierre, » la maison Mérégaud, avec la chapelle qui en dépend, la maison du *puits de la halle*, et la maison du *coing du cheval*; les terres et seigneuries de Malesherbes, de la Grange-Barrault, de La Celle-Saint-Cyr, de Sépeaux, de Salles et l'étang de Domats; de nombreux biens ou rentes sur Fleury, Aillant, Rosoy, Trainel, Armeau, Rousson, Sens, Saint-Julien-du-Sault, Villeneuve-le-Roi, Paron, Mâlay-le-Vicomte, Verlin, Saint-Aubin-sur-Yonne, Césy, Villecien, Villevallier, Joigny, et enfin 540 écus d'or dûs par les héritiers du sieur de Guitry (4); — 1502 (E. 375). Partage entre la veuve Jean Lamirault d'Auxerre et son fils mineur, des effets mobiliers laissés par son mari. La veuve hérite des parts revenant à trois de ses enfants auxquels elle a survécu. La quatrième part délivrée à Jean son fils se compose de : « ung coffre ouvré, de chesne, de cinq à six pieds, fermant à « clef, une robbe de tanne sanglé, à usage d'homme, ung motar- « dier de mort estain; deux escuelles, une saucière, une pinte

(1) Resle (la), ferme, autrefois château, commune de Montigny (Yonne).

(2) Nom d'une vieille famille de Sens. En 1391, un Jean Chacerat, drapier, bourgeois de Sens, pour être enterré dans l'église des Célestins où sa femme est inhumée, donne à celle maison, outre d'autres biens sis à Sens, un héritage appelé le Cimetière aux Juifs, situé au faubourg Saint-Pregts, sur le chemin de Sens à Villeneuve. (Archives de l'Yonne, H. 496.)

(3) Panage. Droit de faire paître les troupeaux dans une forêt. (Chéruel, *Dictionnaire historique des institutions, etc. de la France.*)

(4) Voir aux traités de mariage, celui d'une fille de Catherine Chacerat avec un Chappon, de Césy (1476).

« destain, ung pot de cuivre tenant environ troys pintes, troys « draps de lict de deux toilles, une nappe, une serviette ouvrée, « deux couvre chefz, une cortine avec les bocles, ung orillier, six « escheveaux de plain et deux destoppes », objets dont la délivrance est reconnue par les tuteur et curateur du mineur; — 8 février 1507 (E. 374). Partage de biens entre un lépreux et sa femme. « Comparurent en leurs personnes, Pierre Pornot alias « Nyot, malade de lèpre, demourant à la maladerie Saint-Siméon « [d'Auxerre], séparé quant aux biens par M. l'official d'Auxerre, « comme par lectres peult apparoir dont la teneur sensuit (1), « d'une part, et Johanne Jourran sa femme pour elle d'autre part. « Lesquelles parties par le conseil et advis de plusieurs leurs « parens et amys, confessèrent avoir fait entre elles, les partages « et divisions des héritages et biens meubles qui estoient com-« muns entre eulx, en la manière qui sensuit ». Suit le partage de : maisons rue Saint-Germain et de biens lieux dits : Boivin, Chapote, Clérion, Brelon, etc.

1581 (E. 405). Partage après décès de Jeanne Vinot, femme de Nicolas Goureau, marchand à Auxerre, des meubles de la communauté, entre le mari et les tuteur et curateur d'un enfant mineur, Palamèdes. Par son traité de mariage, le mari ayant droit avant tout partage à la somme de 25 écus pour son lit garni et à 25 autres écus pour ses armes, son cheval et sa montre d'argent, il est convenu que « pour les d. sommes le d. Nicolas Goureau a « prins les meubles qui sensuivent, assavoir :

« Ung chaslit de boys de noyer, prisé...	IIII écus.
« Ung lit garny de son cuissin avec deux draps, prisez..........................	VII écus.
« Ung bahu de cuyr bolly avec son soubassement, prisé......................	V écus.
« Ung coffre de boys de chesne, prisé ...	III écus.
« Une arquebuze en fason de pétrinat, prisée..................................	III écus.
« Quatre vesseaux dizains, prisez	XLVIII s.
« Une met de boys de charme, prisée....	XL s.
« Ung bas de chausse à us de femme, prisé	XXV s.
« Ung demy cent de sentiers à flot-	

(1) Malgré cette mention, la lettre de l'official prononçant la séparation des biens n'a pas été insérée à l'acte. En doit-on conclure que la séparation a été prononcée pour cause de maladie contagieuse? C'est ce qui paraît ressortir du texte.

ter (1) prisé.................................... xv s.
« IX aulnes de coisty (coutil?), prisé..... I écu II l. XVI s. t.
« Huit muidz et demy de vin clairet, prisé chascung muid 10 livres t................ XXVIII écus I l. t.

« Et du surplus desdictz meubles a esté faict deux lotz qui ont « esté gettez par Marye Frigolette, femme de Jacques Geoffroy « vigneron demeurant à Aucerre, le premier desquelz est escheu « et advenu au d. Nicollas Goureau assavoir :

« Une robbe de drap noir garnye de ses mancherons de velours, « laquelle doblée de damas noir et bandez alentour dune bande « de velours, prisée quinze escus sol...... XV écus sol.
« Une cotte destamet cramoysy roge, prisée.................................. III écus I tiers d'écu.
« Une cotte destamet bleue telle quelle, prisée.................................. XL s.
« Une robbe de serge dascot [d'Escaut] telle quelle, prisée. .... I écu.
« Troys qz [quarts] estamet gris, prisé. I écu VII s. t.
« Ung chaperon doblé de velours chigné [chiné], prisé.......................... I écu.
« Ung aultre chaperon my usé, prisé.... XXXV s.
« Une peire de manchettes de creize (2) blanc, prisée......... .... L s.
« Deux bagues d'or, prisées........... I écu et demi.
« XXXVI aulnes toille de plain en deux pièces, prisées VII s. t. laune, pour ce..... IIII écus XII s.
« IIII aulnes III quartz toille de plain à faire serviette, prisée VIII s. laune......... XXXVI s.
« IIII serviettes ouvrée, priséez ensemble XXX s.
« VI draps de plain de deux toille, prisez IIII écus.
« Ung drap destoppe, prisé............ XXV s.
« Ung ciel de tapisserye non achevé avec deux tabouretz de tapisserye achevez, prisé. II écus.
« Deux banquetière de lun, prisées..... L s.
« Une dozaine de serviettes de lung (lin), prisée........................ .... II écus et demi sol.

(1) Sans doute des petites pièces de bois servant à faire la carcasse d'un radeau et dans l'intervalle desquelles on pouvait mettre des fûts de vin destinés à voyager.

(2) *Crezé* Espèce d'étoffe. « C'est peut-être celle que nous appelons croisé... » (Lacurne de Sainte-Pallaye.)

« Une toeille ouvrée, prisée............ II tiers d'écu.
« Ung tablier ouvré, prisé............ L s.
« Une cortine de toille blanche, prisée.. I écu.
« VI serviette telle et quelle, prisées..... XXV s.
« Ung crouvecher [couvre-chef] de toille, prisée.................................. VI s.
« Ung drap de plain, de deux toilles et demy, prisé............................ L s.
« Une nappe de plain, prisée.... ...... XVIII s.
« Quarante livres destain, prisées 5 s. t. la livre.................................. III écus 1 tiers.
« Quatre chandeliers comprins une lumière à pomme, prisez.................. XL s.
« Une bassinouere dazin, prisée........ XXX s.
« Une poesle ronde dazin, prisée....... VII s.
« Une petite marmite garnye de son quievescle [couvercle] et cuillier, prisée... X s.
« Une chauldière dazin tenant environ ung seau, prisée......................... IX s.
« Deux seilles a eaue, priséez.......... II s.
« Une peire de pantofle et une peire de solliers, prisez......................... XX (s.)
« Quatre livres fil de plain, priséez...... XXXVI s.
« Une livre fil destoppe, prisée.......... IIII s. VI d. t.
« Une livre fil de lun, prisée............ XVII s. VI d. t.
« Une chauferette de cuyvre, prisée..... X s.
« Une petite lavouere [baignoire] (puisqu'à la suite il y a) à ung enfant (mots rayés), prisée... .... II s.

« Et le deuxiesme des dictz lotz advenu au dict Palamède Gou-
« reau myneur, asçavoir :

« Ung collet de velours à uz de femme garny de sa garnyture, prisé........ ..... III écus.
« Ung chaperon de drap noir doblé de sattin, prisé...... .... II écus.
« Ung aultre chapperon à demy, doblé de velours chignée, tel quel, prisé........... XL s.
« Troys quartiers cramoysy rouge, prisez I écu X s.
« Troys quartiers destamet gris, prisé... I écu VII s. V d. t.
« Une robbe de camelot sans onde (*sic*), tel quel, prisée......................... I écu.
« Une robbe de drap noir, my usée, ban-

dez de velours, tel quel, prisée..........	III écus 1 tiers.
« Une cotte descarlatte violette, bandez de velours, prisée....................	V écus.
« Une robbe de drap noir froncez, neufve, bandez de velours, prisée	VII écus.
« Une nappe de toille de plain, prisée...	XVIII s.
« Ung drap de toille blanche, de deux toilles, prisé	I écu 1 l. t.
« Une nappe de lun, prisé..............	I écu 1 l. t.
« VI draps de plain, de deux toilles, prisez	IIII écus.
« Ung drap destoppe de II toilles........	XX s. t.
« Une dozaine de serviette de lun, prisée	II écus et demi.
« Une coiffure de toille dor avec ung dedevantier et tour de liez [cordelière], ouvré de soie noire, prisée.........................	I écu.
« Un tour de liez de drap vert avec deux linges de treillis, prisé.................	XV s.
« Ung mantelet et ung ciel en reiseau [réseau, filet] non achevé, prisé..........	I écu.
« Une toeille ouvrée telle et quelle, à mettre sur le buffect, prisée	XX s.
« Une cortine de toille de plain, prisée...	XXX s.
« Une banquetière de lun, prisée	XXX s.
« Troys serviettes ouvrez, priséez..	XXII s. VI d. t.
« Un crouvecher [couvre-chef] tel et quel, prisé	V s.
« Six serviettes telles et quelles, priséez.	VIII s.
« Vingt trois aulnes de la ville toille de plain, prisez VII s. l'aune pour ce.........	II écus II l. I s.
« Treize aulnes toille de plain, priséez comme dessus...........................	I écu et demi I s.
« Quatre aulnes iii quartiers toille de plain à faire serviette, priséez VIII s. laune, pour ce..................................	XXXVIII s.
« Quatre livres de plain, prisez.........	XXXVI s.
« Une livre destoppe, prisée............	IIII s. VI d.
« Une livre de lun, prisée	XVII s. VI d.
« Quarante livres destain, prisez V s. t. la livre	III écus I l.
« III quartiers camelour noir, prisez	XV s.
« Deux chandeliers de cuyvre, prisez ...	XX s.
« Ung petit aubenoistier, prisé.........	X s.

« Ung petit bahu, prisé .... XII s.

« Une petite chaudière tenant environ deux pintes, prisée .... X s.

« Ung coquemar, prisé................ XXXV s.

« Ung chappelet de cuyvre, prisé .... VII s. VI d.

« Une chaudière tenant environ demy seau, prisée.......................... VII s. VI d.

« Une poesle de fer, ronde, prisée ...... VIII s.

« Ung pot de chambre, dazin [d'airain], prisé.............................. V s.

1586 (E. 407). Transaction entre l'abbé de Saint-Père d'Auxerre (Laurent Petitfou) et Jean Froment, marchand à Auxerre, au sujet du partage des meubles laissés par frère Étienne Froment (frère dudit Jean), religieux de ladite abbaye et prieur de Cours « décéddé puis six sepmaines en ça de la *maladie contagieuse* ». Malgré que les meubles d'un religieux appartiennent de droit à son abbé, dit l'acte, ils sont laissés en partie à la famille, par considération et pour avoir subvenu aux frais d'entretien du défunt pendant sa maladie. L'abbé ne se réserve que les fruits de son prieuré de Cours, « le calice, plataine, potais et une coupe, le « tout dargent », ladite coupe en forme de *gondoulle* (gondole), appartenant au défunt. De plus, le sieur Froment payera à l'abbé la somme de cent écus d'or soleil destinés aux réparations du monastère, et, suivant la volonté du défunt, devra faire terminer à ses frais un « quanton de cloistre ».

Donations (1476-1571).

1476 (E. N. N. Minutes versées par la Côte-d'Or). Donations : par Pierre de Dinteville, panetier du roi, seigneur de Lézinnes, Vireaux et Sambourg, et Louise d'Alègre, sa femme, à Jean de Dampierre, écuyer, et Jeanne de Brainville, sa femme, « pour « les bons et aggréables services, secours et courtoisies quilz « leur ont faiz le temps passé, et espérans que leur feront encores « le temps advenir », de deux maisons à Lézinnes, de deux autres à Vireaux et de nombreuses parcelles en vigne, jardin et terre dans ces deux localités, sans autre charge que d'en acquiter les droits seigneuriaux et d'en rendre foi et hommage au seigneur de Lézinnes; — 1491 (E. 372). A l'abbaye Saint-Père d'Auxerre, par Guillaume Quatranvault, tonnelier audit lieu, d'un arpent de terre lieu dit *Caillottes*, « en faveur de ce que puis trois ans en ça, « il a pleu aux vénérables religieux de prandre et recepvoir leur « confrère et religieulx dicelle église et monastère Jehan Quatran-

« vault son fils, et aussy pour luy et Germaine sa femme estre « associez ès biens faictz dicelle église »; — 1504 (E. 374). Par Guillaume Laborreau, vigneron, paroisse Notre-Dame-la-D'Hors, à la fabrique de Saint-Loup d'Auxerre, de 3 s. 4 d. t. de rente foncière et perpétuelle « pour la singulière dévociou quil a à la « fabrice Saint-Loup et pour estre associé et accompaigné en tous « les biens faits qui se feront en la d. église »; — 1505 (E. 374). Donation de tous ses biens à charge d'entretien, à son fils Jean Pertuys, marinier à Auxerre, par Marguerite, veuve Jean Coquard, en son vivant boucher à Cravant, « considérant qu'elle est vielle « et ancienne et fort décrépitée et détenue malade, en telle manière « que longtemps a quelle ne sauroit gaigner sa vie, ne soy susten- « ter se elle ne vendoit et alienoit ses biens tant meubles que he- « ritages, lesquelz ne sauroient suppourtez les fraiz de sa maladie « ne sa nourriture, et autres choses à elle necessaires, nestoit les « grands gratuités et services que luy a faiz et fait de jour en « jour Jehan Pertuys marinier demeurant à Aucerre, avec lequel « ja pieça elle fait sa demeurance. Lesquelles choses considerez « non volant estre ingrate des biens et services que le dit Per- « tuys son dit filz luy a faiz et fait de jour en jour, etc. »; à la charge par ledit Pertuys de pourvoir à tous les besoins de sa mère, d'accomplir son testament et de payer les dettes qu'elle pourrait devoir lors de son décès; — 1509, 9 juin (E. 376). Donation entre vifs par Jean Baillet, évêque d'Auxerre, à son frère noble Thibault Baillet, seigneur des Seaulx, président au Parlement de Paris : d'une maison assise à *Eschancus* et environ 35 arpents de terre; d'un muids de blé de rente à la mesure de Meaux, dû par Jean Pressouer, demeurant à Meaux; de 64 arpents de terre (1); de 8 l. t. de rente sur un moulin à blé appelé le moulin de Clarault, avec une maison, cour, jardin, aulnaie et prés; d'une pièce de 7 ou 8 arpents de bois assise à Vaucefroy; de 7 *tenures* de maison, étables, jardin et 8 arpents 1/2 de terre assises à Tresmes; de 8 l. t., 2 chapons et un setier d'avoine de rente sur les biens sis à Rieux *lès le dit Tresmes*; « et généralement tout « ce que led. donateur a et peut avoir acquis ausd. lieux Des- « chancu, de Tresmes, de Rieux et ès terrouer de Nuiron. Ceste « présente donacion, cession et transport fais pour la bonne et « vraie amour et affection que led. révérend avoit et a au d.

(1) L'acte n'indique pas sur quel territoire se trouvent ces 64 arpents, mais il fait connaître que l'évêque les a achetés « au pris de six liv. t. chacun », le 7 mai 1509, c'est-à-dire un mois et deux jours avant la donation.

« Thibault Baillet, et à ce quil ait mieulx de quoy plus honneste-« ment vivre, soustenir et entretenir son estat, et en accroisse-« ment de son bien et chevance. Et soubz telle condicion que « lesd. héritages, rentes et possessions seront et sortiront en « nature de propre et non autrement..... Car ainsi a il esté passé, « promis, consenty et accordé par le d. révérend donateur, lequel « a promis et juré en parolle de prélat la main mise à son pictz (1), « et soubz l'obligation de tous ses biens... »; — 1513 (E. 410). Donation sans charges par Nicolas Guyart, hôtelier à Auxerre, « pour la bonne amour naturelle quil a » à noble Jehan Boussier, écuyer, *son frère*, demeurant à Cézy, de 33 arpents 1/3 de terre, faisant la tierce partie de 100 arpents indivis avec Rollet Consemant et Jean Mitairie, assis au finage de Saint-Aubin, lieu dit le bois de la Pierre, tenant aux usages de *Villechien* (Villecien) et 13 arpents 1/3 de terre dans une pièce de cent arpents aux mêmes finage et lieu dit; — 1514 (E. 411). Donation par Perrette, veuve de noble Jean de Tassart, demeurant à la Brosse (Venoy), à noble Gilles de Braizes, archer pour le roi dans la compagnie de Mgr Haubercourt, époux de Jeanne de Tassart, sa fille, de tous les biens qu'elle possède par indivis avec Charles de Tassart, son fils, sur La Brosse et Quenne, à charge d'entretien et d'accomplir les conditions de son testament; — 1521 (E. 379). Donation entre-vifs par noble Claude Le Marchant, chevalier, sieur du Bouchet (2), élu pour le roi à Auxerre, à Germain Boisard et Jeanne Champion (3), sa femme, sœur maternelle dudit Le Marchant, pour eux et leurs héritiers, de la moitié de la Mothe des Champs, sise paroisse de Gurgy (4), la moitié des doubles fossés, la moitié d'un « canton » de terre sise derrière ladite mothe « *ouquel y a ung vyvier* », avec 3 arpents de terre, à prendre dans les dépendances. Et dans le cas où ils désireraient avoir des eaux, ils les feront passer « par dedans les vieux foussez qui descendent au poncelot et traversent les terres labourables de la mytairie de la dite Mothe ». L'acte indique comme ancien propriétaire de cette terre, noble Jean Dappoigny. — 1522 (E. 494). Donation par Germain de Charmoy, chanoine d'Auxerre, à Amatre de Brie, son neveu, étu-

(1) Le serment des prêtres se prêtait « *ad pectus* », la main sur la poitrine.

(2) Bouchet (le), commune de Mailly-la-Ville (Yonne).

(3) Un acte subséquent fait connaître que le père de Jeanne Champion était de son vivant « *maistre queulx et garde de la vaisselle du roi.* »

(4) Ce lieu est aujourd'hui détruit. Il n'est pas cité dans le *Dictionnaire topographique de l'Yonne*, par M. Quantin.

diant en l'Université d'Orléans, de dix écus qui lui sont dùs par frère Jean Bourgeois, curé de Notre-Dame-la-D'Hors, pour cession d'une « verge d'or en laquelle estoient deux pierres pré« cieuses ». — 1541 (E. 384). Donation entre vifs par Jean Olivier, prêtre à Auxerre, à : Pierre Thierry, procureur au bailliage, du dit lieu, à Jacquette, sa femme, nièce du dit Olivier, à Jean Thierry, leur fils, âgé de 3 ans, son filleul, et à Samuel de Chosses, âgé de 10 ans, de biens meubles et immeubles, parmi lesquels on remarque notamment : une métairie contenant environ 100 arpents, sise sur le territoire de Charbuy; les objets mobiliers ci-après existant dans différents bâtiments : « lictz, couvertures, cielz, courtines, bancs, tables, chaizes, sca« belles, huict *lencieulx* [linceuils] (1); les habillemens de sa « chapelle pour dire messe, deux robbes, lesquelles le dit Thierry « vouldra choisir, une robbe violecte, une robbe courte, de demye « ostade, fourrée de blanc, ung prepoinct de satin, ung saye de « damas, ung messe (missel), demye douzaine descuelles, troys « plactz, deux pintes justes, une grant pinte de quarte, une « esguyère, ung grant broc contenant de sept à huict pintes, « deulx potz de fert et ung de cuyvre, deulx chandeliers, une « chauldière, une pesle ronde, une lumière à pomme (lampe), une « couppe d'argent à pied, douze cotteaulx estant en une guyne « (gaîne), troys cuillers d'argent, ung grant plat destaing estant « sur le buffet de la dicte chambre, troys cuillers d'argent, ung « prépoinct de velours noir, ung allecret (2) de taphetas renforcé, « avec toutes les pièces d'armuses [d'armure], pendant auprès « lestude, avec troys platz, demye douzaine descuelles, deux potz « de fert et ung pot de cuyvre, deulx chandeliers, deux brocs « moyens, le grant broc, ung grant plat destain estant sur le « buffet. Item lun des grand coffres de cuyr et ung coffre de « bahu avec un petit coffre de *Genesve*, ensemble deulz des « aultres petits coffres de bahu estant en lestude, en lun desquelz « y a de présent plusieurs lectres obligatoires et en lautre plu« sieurs petitz coffres ». — 1541 (E. 384). Donation entre vifs par noble Jean de Chuyn, curé de Fins (3), « diocèse de Sens », à noble Guillaume de Chuyn, écuyer, seigneur de Chéry (4) ; d'une maison et dépendances, fossoyée, avec étang, verger, etc.,

(1) Draps de lit.

(2) *Halecret* ou *anime*, corps d'armure formé de lames articulées en queue d'écrevisse. (Larousse, au mot *armure*).

(3) Feins, canton de Briare (Loiret).

(4) Hameau de la commune de Coulangeron (Yonne).

contenant 6 arpents, sise sur Chevannes, chargée de 50 s. t. de rente envers le curé de Chevannes, pour l'anniversaire de feu Pierre de Chuyn, seigneur de Chéry; du moulin des Molinards, situé sur la paroisse d'Escamps, et de nombreuses pièces de terre disséminées; sous condition d'acquitter les droits et rentes dont ces biens sont grevés, outre la rente annuelle de 20 l. t. que le donateur impose pour services religieux. — 1541 (E. 488). Donation par Germain de Charmoy, chanoine d'Auxerre, ancien curé de Druyes et *de présent* curé de Merry-Sec, à son frère Nicole, écolier à l'Université de Paris, de 83 l. qui lui sont dues par les amodiataires de ces cures, pour l'aider à subvenir à son entretien. — (1543 E. 648). Donation par noble Pierre de la Mousse, doyen curé et maître de l'Hôtel-Dieu de Notre-Dame de Tonnerre, à la fabrique de l'église Notre-Dame, de 30 s. de rente et une obole de cens « en faveur de l'œuvre et bastiment qu'il se « faict à présent ». — 1553, (25 mars 1552) (v. s). (E. 653). Donation entre vifs par noble Jean de Courcelles, seigneur de Ravières en partie, à François de Coligny, seigneur d'Andelot, Tanlay, Saint-Vinnemer et Paisson(1), représenté par noble Thomas de Forquembergue, seigneur du Buisson, son maître d'hôtel, de tout le droit qui lui appartient dans la seigneurie, du fief de *Plancy* (2), « assiz ou finage dud. Sainct-Vinemer, ainsi quil consiste, tant en « bastiment, maison, logis, grange, estables, court, foussez, co- « lombier, jardin, prés, terres..., lequel fief est mouvant et tenu « de mond. seigneur Dandellot. à cause de sa seigneurie dud. « Sainct-Vinemer », et de terres et prés sur Saint-Vinnemer.

A l'appui de cette donation, le notaire (Petitjehan) a transcrit des lettres royaux de Henri II, datées de Paris, 25 mai 1553, commettant le cardinal de Châtillon pour gérer et administrer, pendant sa détention, les biens de François de Coligny, son frère, « *détenu prisonnier de guerre au chasteau de Millan* ». Le cardinal donne procuration à Galéas de Bérulle pour recevoir la donation de Courcelles. — 1562 (E. 448). Donation par Hugues de Changy, écuyer, seigneur de Villeneuve [les Presles] (3), à ses deux fils aînés, de ses deux meix de Changy et de Guillon, « considérant « la multitude de ses enffans masles et femelles, lesquels pour- « roient causer la diminution et ruyne de mes meix de Changy et

(1) Hameau de la commune de Cruzy-le-Châtel (Yonne).

(2) Ce Plancy, aujourd'hui détruit, n'est pas cité dans le dictionnaire topographique de l'Yonne qui ne mentionne que deux localités de ce nom, et toutes deux sont dans la Puisaye, à l'opposé de Saint-Vinnemer.

(3) Hameau de la commune de Sainte-Magnance (Yonne).

« Guillon, par partage; ainz désirant consorver lesd. meix en « bon estat, les noms et armes de la maison ancienne dont mes « frères et seurs et moy sommes partys, etc. ». A François, l'ainé, est donné le meix de Changy et à son frère puiné, Jacques, celui de Guillon, sis « le long de la rivière de Guillon en la paroisse « de Savigny [en Terre-Plaine]. » Cette donation est faite sans diminuer leurs droits à la succession paternelle. — 1565 (E. 448). Donation au dernier survivant entre Mre François du Deffend, chevalier, seigneur du dit lieu (1), de Genouilly (2), et du Prey (3), et Louise aux Epaules, sa femme. — 1567 (E. 391). Donation par Gilles Cochon, chanoine d'Auxerre, prieur-curé de Villefargeau, à l'hôpital de la Madeleine d'Auxerre « appellé le grand hospital » de 4 arpents 1/2 de terre, sur les justices de Lain et du Deffand (4), pour la nourriture des pauvres. Cette donation est faite sous condition qu'il sera participant aux prières qui se diront au dit hôpital et que ces biens ne pourront être ni aliénés, ni même donnés à bail perpétuel, sans entrainer la révocation de la donation. — 1570 (E. 393). Donation entre vifs par Edme de Moncorps (5), écuyer, seigneur de Beauvais, demeurant à Valligny-le-Mognat, en Bourbonnais, « estant de présent en garnison en la ville d'Aucerre, de la compagnie de Monsieur de Rochefort », à Jean de Moncorps, écuyer, homme d'armes de la compagnie du comte de Clermont, son frère, absent; de tout le droit qu'il peut avoir sur la terre et seigneurie de Saint-Liébault, par suite du décès de Jacques de Moncorps et Anne de Montreuil, leur père et mère « en cas quil y ait hoirs soit masle ou fumelle procrées de « son corps en loyal mariage ». Dans le cas où son frère ne se trouverait pas dans ces conditions, les biens qu'il lui donne reviendront au donateur ou iront à ses héritiers naturels. — 1571

(1) Le Deffant, château situé dans les bois de ce nom, commune d'Island (Yonne). Aujourd'hui détruit.

(2) Hameau de la commune de Provency (Yonne).

(3) La Tour de Pré, hameau de la commune de Provency. Il y avait autrefois en ce lieu un château-fort, aujourd'hui détruit. Il s'appelait *Préy* en 1346 et la *Tour-de-Prés* en 1591. *(Dictionnaire topographique de l'Yonne).*

(4) Hameau, commune de Saints (Yonne).

(5) La famille de Moncorps s'est implantée dans l'Yonne vers la fin du XVIIe siècle par des alliances avec les familles de La Bussière et d'Assigny. Ils étaient seigneurs de Chéry (commune de Coulangeron), du Chesnoy (commune de Leugny), etc. L'un d'eux, le comte Jean-Baptiste-Lazare-René fut député de la noblesse du bailliage d'Auxerre aux Etats généraux de 1789.

(E. 395). Donation par Michel Kerner, chanoine d'Auxerre, au chapitre du dit lieu, de 486 l. 14 s. 6 d. t., à lui dûs par divers, sous condition que le donateur et ses père et mère participeront aux prières ordinaires de la dite église et qu'ils seront compris au nombre des bienfaiteurs.

TESTAMENTS ET DONATIONS TESTAMENTAIRES 1504-1683).

1504 (E. 375). Testament de Catherine, fille de feu Jean Burat, bourgeois de Sens, et de Etiennette Montigny, âgée de 16 ans « ou environ, gisant au lit malade en la ville d'Aucerre ». Elle veut : être inhumée dans l'église des Cordeliers de Sens, près de la sépulture de son père; que le jour de son obit, il soit dit, en la dite église, trois grand'messes et quatre petites avec vigiles et recommandations; qu'il soit célébré deux *tranteines*, l'une à la paroisse Saint-Hilaire, l'autre aux Cordeliers, et qu'il y soit offert *pain*, *vin* et *chandelle*; que les treize curés de Sens soient présents « comme on a acostume au dit lieu de Sens, « en l'inhumacion de son corps, et quilz soient paiez comme « ilz ont acostume »; qu'il soit célébré un demi-annuel où elle sera inhumée ou « ainsi que verra par ses exécuteurs »; qu'un luminaire soit ordonné à la volonté de sa mère; donne 10 s. t. pour qu'il soit célébré « chascun an et à tousjours, « en la dite église Saint-Hilaire, à deux quatre temps assavoir : temps des brandons et l'exaltacion Sainte-Croix Nostre Seigneur »; que tout ce qu'elle a et peut avoir par le décès de son père soit partagé entre ses sœurs Denisette, Jeanne et Gabrielle, pour *l'augmentation* de leur mariage, avec reversibilité entre elles en cas de décès. Elle élit pour ses exécuteurs testamentaires sa mère et Nicolas de Noyon, son oncle (1). — 1504 (E. 375). Testament de Perrette, femme Guion, d'Auxerre, par lequel elle choisit sa sépulture dans l'église des Frères prêcheurs et sur la « sépulture de ses père et mère ». Elle veut qu'il soit donné un drap de lit à chacune des maisons-Dieu de la ville et deux muids de vin aux pauvres « pour l'amour de Dieu »; qu'il soit employé 30 l. en offices pour le repos de son âme, et de son luminaire de *cire*, au gré de ses exécuteurs testamentaires, mais que le prix des draps ci-dessus soit défalqué de cette somme. — 1507 (E. 375). Testa-

(1) On trouve dans un acte de 1508 (E. 374, f° 269) un Nicolas de Noyon désigné « en son vivant marchand et bourgeois d'Auxerre ». C'est le seul Noyon que nous avons rencontré. C'est sans doute chez lui qu'elle est morte.

ment de Pierre Thiellant, bourrelier à Auxerre. Il veut être enterré dans le cimetière Saint-Eusèbe, sous la tombe qu'il a fait faire; que le jour de son obit il soit employé trois livres de cire; nombreux services mortuaires; qu'il soit donné à chaque maison-Dieu d'Auxerre 13 d. t.; qu'aussitôt son trépas il soit délivré en « aulmosne pour lamour de Dieu, ung muy de vin du meilleur de « sa maison aux pouvres, en sa maison, et un bichet de bled « froment »; qu'il soit donné 10 l. t. (1) aux religieux de Saint-Eusèbe pour fonder son anniversaire; qu'il soit donné à Mr Moreau, vicaire de Saint-Eusèbe, « pour les visitacions à luy faictes et quil « soit tenu prier Dieu » 20 s. t.; que « pource que en contractant « et faisant le mariage de luy et de Ysabeau, à présent sa femme, « elle auroit esté déceue et trompée parce quelle nauroit esté en « communaulté avec luy en la maison où ilz font leur demeu-« rance (2), assavoir au bourg Saint Eusèbe; considérant aussi « que la dite Ysabeau la bien et honorablement servy durant leur « mariage, et quelle avoit de beaulx biens quant il espousa et avec « ce, quelle a esté cause daugmenter sa maison, il veut quelle « jouisse sa vie durant seullement de la dite maison et dépen-« dances ». — 1513 (E. 376). Donation testamentaire par Pierre Poignat, chanoine d'Auxerre, à la fabrique de l'église de Coulanges-la-Vineuse, de huit denrées de vigne au dit Coulanges, pour fondation de deux messes par semaine, à célébrer les vendredis en l'honneur des *cinq plaitz Nostre-Seigneur* et les samedis en l'honneur de *Nostre-Dame*. — 1515 (E. 377). Testament de Jean Ménigot, prêtre à Auxerre, dans lequel on remarque qu'il veut être inhumé dans l'église Saint-Pierre-en-Château, « au cueur « d'icelle devant le grand autel, et sur sa fousse estre mise une « tombe insculpée et escripte »; qu'il donne à sa servante (Mahiette) qu'il a eu à son service pendant vingt-trois ou vingt-quatre ans, un demi-arpent de vigne en Champ-Chardon, autrement dit « *la Guette* », « son lit garni de coette, cuissin, couverture, lodier, « ciel, douciel, courtines, 12 draps, 6 couvrechefz, 6 nappes, « 6 serviettes, 2 oreillers, ung tablier, 2 longières, 6 escuelles, « 3 platz, 2 pintes, une tierce, une choppine, 6 saulcières, une « chaudière darin contenant environ une seillée, 2 poilles darin, « une pelle de fer, 2 chandeliers, un petit peslon darin, ung buf-« fet, une met de fou (3), ung grant coffre fermant à clef estant en

(1) 270 francs d'après Leber.

(2) Cette disposition est évidemment inspirée par un remords de conscience.

(3) Maie en bois de hêtre.

« la chambre, une table, un banc à perche, 2 tréteaulx, 2 sca-« belles, avec lune de ses grans tasses, 2 cuillers d'argent et la « somme de 40 l. t. (1) en argent, sa robe noire fourrée de mar-« tres ; et ne luy soit demandée aulcune chose de ses robes, « bagues et joyaulx quelle a et aura au jour de son dit décès » ; qu'il donne à la fabrique de Saint-Pierre-en-Château » son calice « dargent avec une pièce de soye de colleur perce, contenant envi-« ron deux aulnes, et ung corporalier et les corporaux estans en « icelluy, ung oreiller de soye, une pierre de marbre, affin destre « participant ès biens faitz que la dite fabrice faict faire en la dite « église pour les bienffaicteurs dicelle ». — 1551 (E. N. N. Minutes Chevillotte). Testament de Michel Billy, chanoine prébendé de « la collégiale d'Avallon, dans lequel on remarque, outre les services religieux (2), qu'il veut que le recteur des écoles d'Avallon et « tous ses escoliers assistent au service et accompaigne son corps « au lieu de sa sépulture » et qu'il soit donné au recteur 2 s. t. et à chaque écolier 3 d. t. — 1562 (E. 389). Testament de Regnauld Guiard, chanoine semi-prébendé d'Auxerre. Legs : à l'Hôtel-Dieu de Paris, 10 s. t. ; aux Quinze-Vingts, 10 s. t. ; aux pauvres de l'Hôtel-Dieu d'Auxerre, pour « la pitance de leur repas le jour de « son obit », 30 s. t. ; à sa servante Catherine Lambert, de nombreux objets mobiliers, un muid de vin, 6 bichets de blé, 4 moules de bois, la moitié des « javelles estant en sa maison » et 77 l. t. pour ses gages de 11 ans, à 7 l. t. par an (3). Par un codicille, il lègue à frère Maugin, cordelier d'Auxerre, docteur en théologie, les livres de théologie qui se trouveront « en sa librairie, sans ce « qu'il en paye aulcune chose, avec une chappelle de plomp à faire « des eaux par distilation ». — 1562 (E. 389). Testament de noble Sébastien Le Royer, chanoine d'Auxerre. Il veut être inhumé dans la chapelle Sainte-Marthe, en l'église Saint-Etienne d'Auxerre, où est enterré son frère Edme Le Royer, également chanoine. Il fonde son anniversaire à Milly (4), dont sa famille est seigneur et où

(1) 1.080 francs d'aujourd'hui (Leber).

(2) Généralement, nous négligeons les services religieux ordinaires et fondations d'anniversaire prescrits au moins par l'usage aux ecclésiastiques. Le principe est à peu près le même pour tous ; seule, l'importance varie en raison de la situation de fortune ou de la générosité des défunts. Il sera cependant fait exception dans des cas particulièrement intéressants.

(3) Ce renseignement est intéressant en ce qu'il fait connaître les gages donnés à une domestique à cette époque.

(4) Canton de Chablis (Yonne).

est inhumé son père ; il fonde des services religieux à Auxerre et à Saint-Aubin-Château-Neuf. Il désigne pour ses exécuteurs son frère Jean Le Royer, écuyer, et Pierre Colas, chanoine d'Auxerre, son cousin, auxquels il lègue 10 écus à chacun. — 1562 (E. 389). Testament d'Etienne Lamoignon, chanoine d'Auxerre. Legs : à sa servante, des objets mobiliers, parmi lesquels on remarque « ung « coffre de boys de chaisne faict à panneaux, avec ung petit mar- « chepied, fermant à clef » ; à Pierre Cothier, chanoine semi-prébendé d'Auxerre, un « corporalier garny de corporaulx et une « boete pour mettre le pain à chanter ». — 1562 (E. 389). Testament de Michelette Garnier, femme Léonard Faillot, fournier à Auxerre. Legs : de 10 s. t, en faveur des « pauvres mandians « allant demander laulmosne en lhonneur de Dieu aux maisons » ; de meubles et objets à son mari « attendu quil ny a contract de « mariage passé entre eulx ».

Testament de Jacques Fortin, dit Dampierre, seigneur du Gué-Neuf, capitaine de Meulan* (1), *l'un des cent gentilshommes de la maison du roi, ambassadeur du roi de France.

(E. 494).

« Du xixe may 1564,

« Comparut en sa personne, Jacques Fortin, dit Dampierre, seigneur du Guéneuf, cappitaine de Meullen, lung des cent gentilz hommes de la maison du Roy et homme darmes de la compaignie du seigneur de Peron, sain de sa personne, de bonne mémoire, et de propos délibéré ; considérant que la mort est à tous commune et certaine, mais lheure dicelle réservée au seul Dieu. Se retrouvant en ceste ville d'Auxerre, depesché du Roy et de la Royne, sa mère, pour leurs affaires importans en loingtain païs, comme en Prouvence, Italiye, Venize et Constantinoble ; à aller et retour duquel voiaige il y escherra de grandz et éminens dangiers ; a voulleu disposer des biens quil a pleu à Dieu luy donner de son labourieulx travail, et disposer de sa dernière volunté testamentaire, en la forme et manière qui sensuyt :

« En premier lieu, il recongnoist ung vray Dieu auquel il recommande son âme comme chrestien qui cest soubmis à sa miséricorde et obeissance.

« Il faict son exécuteur testamentaire Monsieur Fillon, greffier du bailliaige d'Avallon, contrerolleur du grenier à scel d'Auxerre et lieute-

(1) Dans les quelques mots que M. Quantin dit sur ce personnage (*Bull. de la Soc. des Sc.*, 1848, p. 473), il le qualifie à tort de seigneur *de Queneuf* et de capitaine de *Melun*. C'est seigneur *du Gué-Neuf* et capitaine de *Meulan* qu'il faut lire.

nant de monseigneur le grand maistre de l'artillerye de France (1), son vray et parfaict amy, duquel il se confie comme de sa propre personne, lequel il supplye avoir mémoire de accomplir les chouses cy-après desduictes, en reverence de lamytié et union fraternelle entre eulx, continuée dès leurs premiers ans.

« Le testateur veult, en cas quil viegne à décéder en son voiage, presentement commencé, son corps estre ensepvelly au cimetière du lieu où il plaira à Dieu lappeller, le privant de vye, duquel le cueur sera tiré et pourté au cimetière de la ville de Lorriz (2) et enterré à la fousse de ses père et mère.

« Il remect les exeques (3) et cérémonies en tel cas requises à la discrection du d. sieur Fillon, son fidelle amy et exéquteur, et les despens qui en sortiront seront payez par son héritier cy-après nommé.

« Il donne cent livres, par pitié et aulmosne, aux cent plus pauvres personnes vieulx, tant hommes, femmes que pauvres filles, qui se trouveront à la ville ou environs du d. Lorriz, c'est à sçavoir : à chascun diçeulx et dicelles vingt solz pour une foys; le rolle desquelz sera faict par le d. sieur Fillon, sil luy plaist, et scellez icelluy, le d. argent distribué.

« Il donne cinquante livres t. qui seront emploiez en lictz et meubles pour meubler une chambre de lhospital du d. Lorriz.

« Il donne à Madame Barbe Le Coq, dame de la Herce (4), son hostesse, en récompence des services quil a receuz delle, logeant à sa maison, à Paris, envers laquelle il est fort tenu, les cent escuz quil testateur luy a prestez pour marier une de ses filles, appelée Jehanne, desquelz cent escuz la d. dame de la Herce est obligée envers luy, laquelle obligation il veut estre nulle et de nul effect et valleur.

« Et daultant que tout testament est invallide, sil ny a institution dhéritier; considérant icelluy testateur le grand nombre denfans que Jullien Fortin, son frère, a procréés en loyal mariaige, desquelz il est fort chargé, mémoratif du bon naturel du d. Jullien, son frère, duquel il a tousjours tiré de bons et agréables plaisirs et services, les recongnoissant, la nommé son héritier universel en tous et chascuns ses biens, meubles, immeubles, tant paternelz que maternelz, acquestz et

(1) Cette dernière fonction permet de supposer que ce Fillon pourrait bien être le même que Albert Fillon, mentionné par M. Ernest Petit dans son ouvrage *Avallon et l'Avallonnais*, pages 292 et 420, comme capitaine d'Avallon en 1570.

(2) Lorris (Loiret).

(3) *Exeques.* Obsèques, funérailles (*Dictionnaire Lacurne de Sainte-Pallaye*, d'après Cotgrave et Oudin).

(4) Hôtel ayant pour enseigne *La Herse*.

conquestz, quelz quilz soient; desquelz il pourra jouir sans contredict; et le faict encoures son héritier de plusieurs sommes de deniers deues aud. testateur, qui peuvent revenir à seize mil livres ou environ (1), la déclaration et asseurance desquelles se trouvera après son décès dans ung sien portebonnet quil faict pourter ordinairement avecques luy.

« Veult que après le décès du d. Jullien, son frère, tous ses enfans masles jouissent des biens présentement testez, esgallement, lesquelz il substitue, et veult que à chescune des filles de son d. frère, il soit fourny trois cens livres t. sur son bien plus liquide, pour aider à les marier.

« Et ne voullant icelluy testateur priver de son bien, du tout neziez (2) et les Fortins, ses frères, et Jehanne Fortin, leur sœur commune, il leur laisse à chascun six vingtz livres, qui sont trois cens soixante livres, qui est aultant quil leur pourroit advenir de lhérédité du d. testateur, prouvenant du patrimoine de ses père et mère, mortz pauvres comme ilz sçavent.

« Il laisse à Monsieur Fillon, sond. vray amy, pour achepter deux chevaulx de service quil montera en souvenance de son pauvre amy mort, deux cens escuz sol. à prendre du premier denier liquide de tout son bien.

« Et désire, en considération de lamytié quil pourte au d. Jullien Fortin, son frère, que le d. Jullien envoye ses enfans masles aux escolles, les y face entretenir sans y riens espargner, ad ce que la vertu par eulx acquises ès estudes pleust (?) la postérité en la personne de ses d. enfans, nepveux dud. testateur.

« Signé : Jacques Fortin d. Dampierre ».

Le présent testament, receu par moy, notaire royal à Aucerre soubzsigné (3), le xixe jour de may, lan mil cinq cent soixante-quatre, ès présences de honnorable homme Jehan Geuffron le jeune, marchand, et Jehan Theurreau, cordonnier, demeurant à Auxerre, tesmoings.

Signé : Jacques Fortin d. Dampierre,
J. Geuffron, Jehan Turreau.

Nota : que à veoir faire et passer le présent testament, le d. Fillon y estoit présent, avec ses serviteurs et ceulx du d. testateur.

1565 (E. 390). Testament de noble Guillaume Lotin, chanoine d'Auxerre. Legs : au Chapitre d'Auxerre : 100 écus d'or soleil pour la fondation de son anniversaire ; 100 autres écus pour la fonda-

(1) 164.800 francs, d'après Leber.

(2) Léser.

(3) Malgré cette mention, le notaire (Armant Pierre) n'a pas signé cet acte.

tion et *l'augmentation* du service de la fête de sainte Geneviève, les 4 tasses d'argent, dont « *il se sert tous les jours* chez luy, pour « faire calices, etc. »; une rente de 4 écus d'or sol. qui lui est due par Jean de Baugis, pour le chauffage des enfants de chœur, à la charge de dire sur sa sépulture, à la fin de la messe ordinaire de saint Alexandre, *De Profundis avec Inclina ;* à l'hôpital d'Auxerre, 100 écus d'or sol. pour achat de 8 écus de rente, à donner par moitié à un barbier qui visitera et soignera les malades et à un apothicaire qui fournira les médicaments ordonnés par les médecins. Ces deux praticiens seront élus tous les trois ans par les *trois* gouverneurs de la Madeleine ; à la fabrique de Dompierre en Morvan (1) « dont naguières *estoit curé*, 25 l. t. *pour une foys » ;* pour les réparations de son prieuré d'Azy (2), 25 l. t. ; à la fabrique de Laduz, 10 l. t. à charge de services religieux ; à M. François Delabarre, doyen du chapitre d'Auxerre, sa meilleure robe ou 10 écus; à Etienne Perruchot, son serviteur, 25 l. t. pour lui faire apprendre un métier ; à Symphorien Robin, son confesseur, 100 s. t. ; à sa sœur Marie Lotin, abbesse de Longchamps, 10 écus sol. pour lui avoir un habit ; à l'abbaye du dit Longchamps, 10 l. t. pour services religieux ; à Etienne Lotin, curé d'Oisy, tous ses meubles, effets d'habillements et objets qui se trouvent dans sa maison canoniale. — 1568 (E. 392). Testament de François Bezacier (3), vigneron à Auxerre. Il donne à chacune des fabriques Saint-Regnobert et Saint-Pèlerin un écu sol. *pour une foys*, et à sa femme un « chalit garny de lict, coete, cuissin, couverture, sciel et « courtines », 6 draps et 10 l. en argent avant tout partage de ses biens « en considération du bon traitement quelle luy a faict, « aussi quilz nont poinct denffans et quil ny a traicté de mariage « passé entre eulx ». — 1571 (E. 396). Testament de noble Jean de Lagrange, chanoine d'Auxerre. Il veut : être inhumé en l'église Saint-Etienne devant ou près « les fonds » ; que le jour le plus commode après son décès, il soit fait en la confrérie Saint-Alexandre *ung obsequette* pour lequel il donne 60 s. t. ; que sa « patenostre « soit publiée par la ville, ainsi quon a accostume et quil soit paié « pour ce à la discrétion de ses d. exécuteurs ». — 1574 (E. 399). Testament suivi de cinq codicilles, de Jean Thibault, chanoine

(1) Le *Dictionnaire topographique de la Nièvre* en cite deux : Dompierre-sur-Héry, canton de Brienon-les-Allemands, et Dompierre-sur-Nièvre, canton de Prémery. Duquel s'agit-il ?

(2) Azy-le-Vif, canton de Saint-Pierre-le-Moutier (Nièvre).

(3) Vrai nom de vigneron auxerrois, où la besace joue un si grand rôle.

d'Auxerre. Il veut : être inhumé en l'église Saint-Etienne « auprès « de M. Bertel, son maistre, si deuement se peut faire » ; qu'il soit célébré en l'église de Lavau, dont il est natif, vigiles, trois grand'messes solennelles et fait des processions sur les corps de ses frères et mère. Pour cela, il sera payé 25 s. t. au vicaire du dit lieu. Il laisse à la fabrique de Lavau son calice d'argent. Il donne à M. Noël Roy « sa robbe fourrée, son saiz fourré et ses chaulses « ou il y a ung bas tout neuf, avec une paire de chausses et ung « bonet, pour quil prie Dieu pour sa pauvre âme ». — 1576 (E. 401). Testament de Guillaume Thibault, chanoine d'Auxerre. Il donne à chacune de 13 pauvres femmes veuves, une quarte de blé froment. — 1576 (E. 401). Testament de Germain Cornevin, prêtre, demeurant à Saint-Cyr [les Colons], dans lequel on remarque, outre les nombreux services religieux qu'il fonde à Saint-Cyr et à Sacy, qu'il veut être inhumé devant le grand autel de l'église de Saint-Cyr. Il donne à cette fabrique 20 l. t. pour la réparation de l'église, 40 s. t. pour l'entretien des « *habiclz des trespassez* », son calice d'argent « pourveu que les procureurs le donneront quand « on dira les cervisses et anniversaires pour led. Cornavin ; veult « et ordonne quil soyt faict une chappelle de satin de Beurges « pour laquelle il sera employé la somme de cens livres t... ; estre « mis et apposé sur sa fousse une tumbe... ; quil soyt faict ung « placart de cuyvre auquel sera mis les héritaiges ypothecquez « pour son anniversaire ». Il veut aussi qu'il soit donné en aumône à 12 ou 15 femmes veuves chacune 20 d. t. et aux petits enfants et pauvres, 4 l. t. — 1578 (E. 402). Testament de Didière Poinsot, servante de noble Charles Thiot, chanoine d'Auxerre, par lequel, après des fondations religieuses, elle veut « que son corps « soyt mis dans ung coffre de bois pour mectre en terre (1) ». — 1578 (E. 402). Testament de Catherine Caillé, veuve François Barrault qui, après avoir fondé de nombreux services religieux, veut être inhumée dans l'église Saint-Regnobert, auprès de ses père et mère « soubz leur tumbe, près des fonds », et donne pour cette faveur un écu soleil pour la réparation de l'église; elle donne en outre, à la même église, 20 écus d'or sol. pour la construction d'une verrière près de l'endroit où elle veut être inhumée, 3 nappes d'autel et une chasuble de « camelot changeant dont elle a les « offrois en sa maison ». — 1586 (E. 487). Testament de Guillaume Delorme, marchand à Auxerre. Il désire être inhumé dans l'église Saint-Regnobert, vis-à-vis le grand autel, où sont enterrés

(1) Cette disposition, que l'on retrouve encore dans un testament de 1586, permet de supposer que l'usage du cercueil n'était pas général.

sa femme et plusieurs de ses enfants et parents ; il veut que son corps soit porté de sa maison à l'église par « *six pauvres hommes* » auxquels il sera donné à chacun 5 s. ; il donne à la fabrique un écu sol. et 5 s. au curé pour être *nommé au martelouge* (1). — 1586 (E. 407). Testament de Guillaume Gendre, religieux novice aux Frères mineurs d'Auxerre. Considérant : que son intention est « de se présenter pour estre profex aud. couvent, s'il plaist à « MM. les gardien et relligieulx à ce le recepvoir » ; qu'un religieux de cet ordre ne peut rien posséder, mais que par suite du décès de ses parents, il est propriétaire de certains biens, délaisse ce qui lui appartient à M. Guillaume Gendre, prêtre et son tuteur, à Edme Gendre, son frère, et à Denis Chevallard, son beau-frère, à la condition de payer au dit couvent, qui accepte par Germain Bourgoin, marchand, père spirituel de la maison, 33 écus et 1/3 d'écu, « pour icelle somme estre employée à lentretenement « du d. frère Guillaume aux escolles à Paris, et le tout ainsi que le « d. sieur gardien (2) advisera et verra bon estre ». — 1586 (E. 407). Testament de noble Jean Lesourd, chanoine et trésorier du Chapitre d'Auxerre. Il veut être inhumé dans l'église Saint-Etienne, devant « lymaige et la remembrance du crucifix », près du jubé et de la sépulture de son oncle. Il donne à la dite église trois grandes nappes d'autel ouvrées, avec une aulbe ; aux fabriques des églises de Billy (Nièvre) et Courgis, chacune 100 s. t. — 1586 (E. 407). Testament de Guillaume Robin, chanoine semi-prébendé d'Auxerre, curé de Charbuy. Il veut être inhumé dans l'église de Charbuy, auprès de son oncle, Guillaume Guérin, son prédécesseur à la cure du dit lieu, et qu'on lui fasse un cercueil de bois pour « *mettre son corps en terre* ». — 1586 (E. 407). Testament de Catherine Chauchefoing, veuve de Laurent Tabard, d'Auxerre. Outre les services religieux fondés, elle veut être inhumée dans l'église Saint-Père-en-Vallée d'Auxerre, devant l'autel paroissial, près de la sépulture de sa mère. Legs : aux Jacobins, 4 écus sol. ; pour la réparation de l'église de Saint-Amatre, un écu ; aux prisonniers d'Auxerre, un écu ; aux pauvres de l'hôpital de la Madeleine, un écu ; à 12 pauvres veuves, 5 s. t. à chacune, revenant à un écu, et autant à 12 pauvres aveugles d'Auxerre (3). — 1587

(1) C'est-à-dire inscrit au nécrologe ou au martyrologe de la paroisse. Pour plus amples détails, voir Ducange, Chéruel (*Dictionnaire des Institutions*).

(2) Le gardien du couvent des Cordeliers d'Auxerre était, à cette époque, le fameux Claude Trahy, bien connu par ses démêlés avec Jacques Amyot, évêque d'Auxerre. Il est, du reste, cité dans l'acte.

(3) Il y avait donc plus d'aveugles autrefois qu'aujourd'hui ? Malgré

(E. 429). Testament de Jacques Magnen, chanoine d'Auxerre. Il désire être inhumé dans l'église Saint-Étienne, devant l'autel Saint-Éloi, *à lendroict de lorloge* et près de la sépulture de Edme Thévenon, ancien chanoine et chantre du chapitre. Il donne 100 écus au chapitre pour fonder son anniversaire, 10 l. à la fabrique de Saint-Regnobert pour participer aux prières; 20 écus à Jean Ravier, pour son entretien aux écoles; il veut qu'il soit acheté une tombe de la « perrière de Champ-Rotard, qui sera grande, et « y sera mis et escript ce qui est contenu en ung billet que je « donneray à mesd. exécuteurs, laquelle tumbe sera posée au « milieu des deux sépultures du deffunt sieur Thévenon et de « moy ». Dans un codicille du 8 septembre 1594, où, du reste, il confirme son testament de 1587, il est désigné chantre du chapitre d'Auxerre. Par un autre du lendemain (9 septembre 1594), où il modifie son testament, mais pas en ce qui concerne les clauses ci-dessus, il ajoute un legs d'un écu et 2/3 d'écu à la fabrique de Saint-Pierre-en-Château, pour être compris dans les prières de cette église, et nomme de nouveaux exécuteurs testamentaires. — 1587 (E. 683). Testament de Regnault Leclerc, procureur fiscal au comté de Tonnerre pour M. du Bellay, comte de Tonnerre en partie, et de Catherine Levuyt, sa femme, par lequel ils veulent, outre de nombreux services religieux détaillés, être inhumés dans l'église Saint-Pierre de Tonnerre, devant l'autel Notre-Dame-de-Pitié, le plus près possible de la sépulture de M. Maclou Levuyt, prévôt de Tonnerre, père de la dite testatrice. Ils veulent : que, préalablement à l'enterrement, leurs corps soient exposés à l'entrée de leur maison; que les corps soient levés par le curé de Saint-Pierre ou son vicaire, assisté des prévôt et chanoines du chapitre de cette église, des doyen et chapelains de Notre-Dame, des religieux de l'abbaye Saint-Michel et de ceux de l'hôpital; que leurs corps seront portés, de leur domicile à Saint-Pierre, par six cordeliers de Tanlay; qu'à chacun des obits, il soit employé pour le luminaire 12 torches et 6 cierges garnis chacun d'un écusson, que ces torches et cierges soient ensuite donnés à autant de pauvres enfants orphelins qui recevront, en outre, chacun une aune de drap gris, à l'aune de Paris, et 12 d. t.; qu'il soit donné : à chaque porteur de croix, 12 d. t.; aux prêtres qui assisteront à l'office mortuaire, ainsi qu'au « maistre descolle et son subal- « terne, s'ils y sont », 2 l. 6 d. t. à chacun; « aux pauvres femmes « veufves, enfans orphelins et autres jusques à la somme de cent

l'augmentation de la population d'Auxerre, on n'en trouverait pas autant actuellement. Tant mieux.

« escuz sol., dont sera en premier lieu prins ce qu'il conviendra « pour faire apprendre mestier à cinq pauvres enfans orphelins, « assçavoir : deux enfans masles et trois filles, à tel estat et mes- « tier quilz (les exécuteurs) adviseront ; et le reste à pauvres « femmes veufves et enfans orfelins, à la discrétion de leurs d. « exécuteurs, les prians de rechercher préalablement leurs pa- « rens nécessiteux des biens de ce monde, pour estre participans « des d. aulmosnes » ; qu'à la fin de chaque service religieux qu'ils veulent, il soit donné aux pauvres 2 écus sol. ; veulent : qu'il soit donné à la fabrique de l'église Saint-Pierre, leur paroisse, 15 écus sol. pour les réparations de l'église ; à la confrérie de Saint-Didier, dont ils font partie, 2 écus sol. au lieu de leurs bonnes robes. Ils délaissent, *dès à présent*, par donation entre vifs, à la fabrique de l'église Saint-Pierre, 11 écus sol. et 40 s. t. de rente annuelle et perpétuelle ; laquelle rente sera constituée et assise sur des biens qu'ils indiquent. Ce testament est signé des testateurs et de vingt-neuf autres personnes. — 1593 (E. 429). Testament de Toussaint Calendre, marchand à Auxerre. Il veut qu'il soit employé pour services religieux et legs pieux, 10 écus sol. Il déclare : qu'il lui est dû par un nommé Rogetot, de Ravières, auquel, étant à Chablis, il a vendu une cuirasse 3 écus 1/2 ; que se trouvant au dit Chablis, il a prêté un demi-écu à François Massé dit la Vannoise ; que Sébastien Courseron, *dit le capitaine la Rivière*, lui doit, pour argent presté, 50 s. t., et que Germain Friquet lui doit « un pétrinat garny de son rouet à petit ressort, « quil luy a presté au voiage d'Aillant (1) ». — 1593 (E. 429). Testament de Edme Champeaux, chanoine semi-prébendé d'Auxerre. Il désire être inhumé à Saint-Étienne, près de la sépulture de M. Blanchet David, son maître ; il veut qu'en passant devant la chapelle Notre-Dame-des-Vertus, « son corps, estant posé sur deux « escabelles, soit chanté *Salve Regina*, le verset *Ora pro nobis* et « l'oraison *Gratiam tuam* » ; il donne : pour un service à l'église d'Héry, où il a reçu le baptême, 50 s. t., une livre de cire pour un service funèbre, et à la fabrique d'Héry, un écu sol. pour la réparation de l'église. — 1594 (E. 429). Testament de Louis Varlet, chanoine semi-prébendé d'Auxerre. Il désire être inhumé dans l'église Saint-Étienne, devant le jubé, du côté de l'église Saint-

(1) Probablement des camarades de combat pendant les guerres de la Ligue. Ni M. l'abbé Lebeuf, dans ses *Mémoires*, ni M. Challe, dans : *Le Calvinisme et la Ligue* (*Bull. Soc. sc.*, 1863 et 1864) ne les citent. Cependant, ce dernier mentionne bien un capitaine surnommé la Rivière, mais il s'appelait Charles Boilier.

Pierre-en-Château. Il veut qu'après la satisfaction du service funèbre *accoustumé pour les chanoines*, et de trois legs peu importants, le surplus de ce qu'il possède, tant en meubles qu'en immeubles, soit délivré à Jean Varlet, « pauvre petit enffant de-« meurant en sa maison, pour la bonne amitié quil luy porte ». — 1594 (E. 429). Testament *dhonneste fils*, Jean Leprince, fils de Laurent Leprince, marchand à Auxerre, seigneur de Soleine (1), par lequel, considérant les bons soins qu'il a toujours reçus de sa belle-mère, notamment dans sa maladie, il lègue 200 écus sol. « à « les prendre sur le plus cler de ses propres », à Germain Leprince, son frère de père seulement. « et entend que ses aultres frères et « héritiers disputent, ny quil y ait aulcune quérémonie (2) pour « raison du dit legs ». — 1594 (E. 429). Testament de Claude Delorme, chanoine d'Auxerre. Il veut être inhumé en l'église Saint-Étienne, entre les deux pilliers de la chapelle Saint-Sébastien. — 1594 (E. 429). Testament de Madeleine Seurrat, femme de Pierre Lenfant, marchand à Auxerre. Elle désire être inhumée dans l'église Saint-Étienne, *au même lieu et place* où est enterré Pierre Lenfant, chanoine de la dite église, son fils (3). Elle veut qu'un service à trois grand'messes, libera, etc., y soit célébré pour son décès, « lequel sera paié selon que lon a accoustume ». Elle fonde, dans la même église, un anniversaire *tel qu'on le fait pour un chanoine*, et donne, à cet effet, une rente annuelle de 3 écus sol. et 1/3 d'écu, ou un capital de 40 écus sol.; elle donne à la confrérie Saint-Alexandre, pour un anniversaire, 4 l. t. de rente rachetable à 50 l.; elle veut qu'un service à trois grand'-messes soit célébré en l'église Saint-Loup d'Auxerre, pour lequel elle donne un écu sol.; elle y ajoute 20 s. t. au profit du curé pour être « *nomée au marteloge* » (martyrologe). Elle laisse ce qu'elle possède à M. Germain Lenfant, chanoine d'Auxerre, son fils et héritier. — 1603 (E. 434). Testament de François Fandemert, chanoine semi-prébendé d'Auxerre. Il donne à la fabrique de Chitry « une chazuble de satin de Burge [Bruges] coulleur de « bleu céleste, avec les aufraiz [orfrois], une aulbe, un hamy « [amict], un corporalier sans corporaulx et ung calice destain », à la charge de célébrer un service solennel à vigiles, trois grand'-

(1) Hameau de la commune de Venoy (Yonne).

(2) *Quérimonie*, Plainte en justice (La Curne de Sainte-Pallaye).

(3) Pierre Lenfant, chanoine d'Auxerre, fut tué, le 12 octobre 1591, dans une sortie contre les troupes royales qui voulaient surprendre la ville d'Auxerre (Challe et Quantin, réédition des *Mémoires* de l'abbé Lebeuf, t. III, p. 444).

messes et *recommandaces*. Dans le cas où la fabrique ne voudrait pas faire célébrer ce service, les objets ci-dessus seront vendus pour « faire prier Dieu pour lâme du testateur ». — 1603 (E. 434). Testament de François Journée, marchand à Auxerre. Il veut : être inhumé dans l'église Saint-Regnobert; qu'une somme de 150 l. t. soit employée en prières et en aumônes, mais que, sur cette somme, il soit prélevé : 60 s. t. pour la fabrique de l'église de Champlay, 6 l. t. pour celle de Saint-Regnobert, 60 s. t. pour celle de Saint-Eusèbe, et les « fraiz quil conviendra pour faire les « voyages quil doit à Nostre-Dame-de-Liesse, Saint-Lazare, et « Nostre-Dame de Bonne-Adventure, quil veult estre faitz et « accompliz ». Il veut, en outre, qu'il soit donné à Edme Piat, religieux profès de Saint-François d'Auxerre, 30 l. t. et un habit de cordelier. — 1607 (E. 700). Testament de Guillaume Boyvinet, procureur au bailliage de Tonnerre et greffier en l'élection du dit lieu. Il veut être inhumé dans l'église Saint-Pierre de Tonnerre, sa paroisse, devant l'autel « Saint-Agnain et ymage saint Guil-« laume qui y est, et au pillier où est le dit autel, et sera engravé « en une pierre, les nom et surnom dud. Boyvinet, avec le jour « de son debcez, et que lescripture soit entière, sans abréviations « ny chiffres »; il veut que vingt-quatre heures après son décès, son corps soit mis devant la porte de sa maison avec les « parre-« mens et ornemens des trespassez, auquel lieu et pour la levée « du d. corps, seront commencez les suffrages accoustumez avec « les vigilles. Au partir de là, sera le d. corps reposé sur la croix du « Perron (1) devant laquelle seront dites les oraisons propres, etc. » Il veut qu'il soit donné : 5 s. t. à chacune des 13 femmes veuves qui assisteront à son service, et autant à chacun des 13 orphelins « autres que ceux des d. veufves »; 2 s. 6 d. t. à chacun des ermites qui assisteront à son convoi; en aumônes, aux pauvres, 3 bichets de blé méteil convertis en « petitz pains comme demy « miches »; 12 l. t. à la confrérie du saint nom de Jésus et autant à celle de Saint-Didier, fondée en l'église Saint-Pierre, plus sa bonne robe, « selon les statuz »; à la fabrique de l'église Saint-Pierre, 12 l. t. et à chacune « escuelle (2) », 2 s. 6 d. t.; 6 l. t. à

(1) Le Perron est la partie centrale de la ville de Tonnerre, située sur le flanc de la colline, que l'on appelait aussi la ville basse, par opposition à la ville haute, bâtie primitivement autour du château de Montmillian (Challe, Histoire du Comté de Tonnerre, *Bull. Soc. sc.*, 1875, p. 165).

(2) *Escuelle*. Voici la définition qu'en donne La Curne de Sainte-Pallaye dans son dictionnaire historique, etc. : « *Escuelle de bois*. — On dit des « funérailles du duc de Bourgogne : Unze cent vingt-cinq *escuelles de*

l'église Notre-Dame, où il a été baptisé ; à celle de Saint-Nicolas, 3 l. t. ; 5 s. t. à chacune des chapelles : Notre-Dame du Pont, Montsarra, Le Reluet (?), Saint-Esprit, Saint-Antoine et Saint-Blaise ; 5 s. t. à chacune des quatre châsses : le mont Saint-Bernard, Saint-Esprit de Dijon, Saint-Fiacre et Saint-Hubert ; au marguillier de l'église Saint-Pierre, « qui portera la clochette par la ville pour « annoncer le decebs du d. testateur, lieu et heure de la sépulture, « une tunique des mortz » et 10 s. pour son salaire ; à Guillemotte Michellet, sa filleule, 30 l. t. pour lui aider à apprendre l'état de couturière ; à chacun de ses serviteurs, 60 s. t., outre leurs gages ; 110 l. t. à la fabrique de l'église Saint-Pierre pour fonder son anniversaire ; à Marguerite Chollier, 20 l. t. « qui luy seront « payées quant elle sera mariée et après la consommation de son « mariage et non aultrement » ; à Jean Boyvinet, étudiant à Paris, 20 l. t. pour subvenir à ses études et trois « grandz livres et tom- « mes intitulés : *Disputarium Roberti Bellarmin, policiani, societati* « *Jesus* » ; à Jean Cerveau et Théodore Jazu, autres étudiants à Paris, 6 l. t. pour subvenir à leurs besoins. Il veut que le contrat portant cession à Guillaume Cerveau, avocat à Tonnerre, son fils, de la vente du greffe de l'élection de Tonnerre « porte son plain et « entier effect, comme layant ainsi trouvé bien juste et raison- « nable, et pour lassistance, soulagement et service quil a receu du d. Cerveau ». Il recommande à ses enfants de vivre en bonne intelligence, et, s'il survenait entre eux des difficultés, « de les « vuyder en conscience et par ladvis de deux hommes de bien « pour éviter procès ». — 1671 (Liasse n° 13 des minutes déposées par M. Chevillotte, N. N.). Testament de M. Liger Clément, curé de Montsauche (2), demeurant « pour le moment » au presbytère de Quarré (les-Tombes). Il veut que son corps soit transporté en l'église de Montsauche et « ensépulturé en la place ordinaire des « prebstres » ; il donne à la fabrique de l'église du dit lieu, une somme de 300 l., à charge d'y célébrer annuellement et à perpétuité, le jour de son obit, une messe de *Requiem*, pour laquelle le curé recevra 20 s., et « afin que la dite fondation subsiste et que « la mémoire ne se perde pas, il veut et entend que lon grave sur « une pierre qui sera enclavée dans la muraille de la dicte esglize « ce qui sensuict et en cette forme : Mre Liger Clément, prebstre, « curé de Montsauche, qui decedda le un tel jour de une telle

« *bois* employez tout autour du dit chœur, comme des chapelles, estans « illec à mettre chandelles de cire » (*Preuves sur le meurtre du duc de Bourgogne*, p. 311).

(1) Chef-lieu d'un canton de la Nièvre.

« année, a donné à la fabrique de céans la somme de trois cens li-
« vres en principal, à condition de luy dire une messe de Requiem
« le jour de son obeiit; pour laquelle messe il sera payé vingt solz,
« et le surplus des interestz des d. trois cens livres, estre employé
« à la réparation de lad. esglize ». Il veut qu'il soit dit 300 messes pour compenser celles qu'il aurait pu oublier. Il donne : à sa sœur Jeanne Clément, femme de Jean Thibault, marchand à Nataloux (1), un grand « tableau de Nostre-Dame, qui est dans son cabinet » ; à Jean Thibault, son beau-frère, et à ses deux gendres « ses trois « fuzilz » ; à deux prêtres qu'il désigne, à chacun 6 volumes des plus beaux livres qui se trouveront dans son cabinet, et après ce choix, donne les 4 autres plus beaux à un troisième prêtre ; à un quatrième, son beau surplis, et son manteau de campagne de camelot noir à un cinquième. — 1683 (E. N. N. Liasse n° 16 des minutes Chevillotte). Testament de demoiselle Catherine Damoiseau, fille majeure. Elle donne : aux curés de Quarré, de Saint-Germain-des-Champs, de Saint-Andheu (2), aux capucins d'Avallon, et aux frères de la doctrine chrétienne du dit Avallon, 30 l. à chacun, à charge de *célébrer, pendant un an, une messe* chaque semaine ; à la fabrique de l'église de Quarré (les-Tombes), 5 aunes de toile fine, la plus grande nappe qu'elle possède, pour le grand autel, et 36 l. qui devront être employées en ornements pour le service divin ; aux 6 filles qui porteront son corps en terre, une aune de toile blanche à chacune ; pour les pauvres les plus nécessiteux de Quarré, 30 l. à distribuer par le curé ; à l'épouse de Raphaël Damoiseau, de Blacy, sa bague d'or où il y a un petit diamant et 6 cuillers d'argent ; à la femme de Nicolas de Branche, écuyer, seigneur de Chaveret (?), demeurant à Thisy, une écuelle d'argent ; à Mlles Marie Damoiseau, ses nièces, son lit garni, ses habits et son linge ; à demoiselle Claude de Gorlier, femme de Jean Damoiseau, écuyer, demeurant à Quarré, sa belle-sœur, un manteau, jupe, etc., noirs, à charge de « pourter le dueil des d.
« habillemens pour sa mémoire ».

CONTRATS D'APPRENTISSAGE (3).

Apothicaire. — 1586 (E. 407). Nicolas Coutant, apothicaire à Auxerre, prend en apprentissage pour 4 ans, Prix, fils de Jean Soufflot, marchand au dit lieu. Ledit Coutant devra le nourrir, le loger

(1) Hameau de la commune de Montsauche (Nièvre).

(2) Saint-Andeux, commune du canton de Saulieu (Côte-d'Or).

(3) Nous avons cru plus logique de les classer par ordre alphabétique de professions.

et « luy monstrer à son pouvoir bien et loyaulment le d. estat « dappoticcaire et aultres choses licites et honnestes » ; il recevra à la fin de la troisième année la somme de 36 écus sol.

Armurier. — 1553 (E. 653). Nicolas Fleury, armurier à Tonnerre, prend en apprentissage pour 5 ans Bonnet Droynet. Il devra, pendant ce temps, le nourrir, le loger, l'entretenir d'habits et de chaussures ; « luy monstrer lart et la science de frobisseur et aultre « art dont il se mesle ». A la fin des dites années, il devra l'habiller « dune paire de chaulses, ung saiz, ung propoinct », le tout de drap de couleur, et un bonnet. Mais il recevra du tuteur du dit Droynet, 1 bichet de blé, 1 de méteil, 1 de seigle, 1 d'orge et une demi-feuillette de vin « bien envaissellé ».

Bonnetier. — 1566 (E. 508). Félix Chesneau, bonnetier à Auxerre, prend en apprentissage pour 2 ans Luc Lemaitre, de Villy. Il recevra 18 l. t., mais il devra le loger et le nourrir.

Boucher. — 1490 (E. 371). Jaquot Billard, boucher à Auxerre, prend en apprentissage pour 4 ans Lignard Berthier. Durant ce temps, il devra le nourrir, loger, chausser, vêtir, « luy administrer « toutes ses necessitez, luy monstrer son dit mestier et luy bailler « 3 robes, 3 jaquettes, 3 paires de chausses, 3 chemises, 3 seurpe« lis, 3 chapeaulx, 3 bonetz et un propoint à son usage ». — 1603 (E. 434). Laurent Bijon, boucher à Auxerre, prend en apprentissage pour un an, Bon Laponge, du dit lieu. Il devra le nourrir, le loger, l'entretenir de souliers et lui donner, à la fin de son année, 6 l. t.

Boulanger. — 1508 (E. 375). Pierron Ferrant, boulanger à Auxerre, prend en apprentissage pour 4 ans Jean Marion. Il devra lui « monstrer et enseigner le mestier de bolangerie et patisserie, « le soigner de boire, manger et habillements et, à la fin des dites « années, le rendre habillé à neuf et luy demourrant les vielz ha« billemens quil aura ». — 1521 (E. 379). Gillet Guiard, boulanger à Auxerre, prend en apprentissage pour 6 ans Jean, fils de Antoine Guiard, du dit lieu, à la charge de *tout entretien*. A la fin des dites années, il sera tenu de l'habiller à neuf, savoir : « Une « jaquette, pourpoint, bonnet, chappeau, chausses, le tout de « drap blanc (1), soliers et deux chemises, avec la somme de 5 s.t., « outre la somme de 10 l. t. que luy doibt le dit Antoine ». — 1586 (E. 408). Edme Guignebert, boulanger à Auxerre, prend en apprentissage pour un an Pierre Clérin. Il devra le nourrir et le loger, mais à la fin de l'année, il recevra 10 écus d'or sol.

(1) C'était sans doute déjà l'usage pour les boulangers et meuniers de préférer les étoffes blanches sur lesquelles la farine se voit moins.

Bourrelier. — 1483 (E. 369). Pierre Darme, bourrelier à Auxerre, prend en apprentissage pour 3 ans, Jean Chevalier, aux conditions ordinaires, c'est-à-dire logement, nourriture et habillement complet, chaussures et coiffures.

Carreleur. — 1576 (E. 401). Maurice Chartier, *carleur* à Auxerre, prend en apprentissage pour 3 ans, Jean, fils de Mathieu Colon, vigneron et laboureur à Laborde (commune d'Auxerre). Il devra le nourrir, le loger et le fournir de souliers, mais il recevra 30 l. t. (1).

Chambrilleur (menuisier). — 1481 (E. 368). Guillaume Gobillat, *chambrilleur* et tonnelier, prend un apprenti pour 3 ans. Outre l'entretien, le logement et les vêtements ordinaires, il devra lui donner, à la fin de son apprentissage, 30 s. t. en argent, « une « doloère, hasse colome, david, trétoère, rabot, jobloère, compas, « cloant, tyrefons, feuillet, et autres utis servant au mestier de « tonnelier ». — 1504 (E. 374). Antoine Pourran, chambrilleur (2) à Auxerre, prend en apprentissage pour 7 ans, Jean, fils de Simon Béry, chambrilleur audit lieu, aux conditions ordinaires d'entretien. Il devra lui enseigner son « mestier de chambrilleur, tant à assembler qu'à tailler », et à la fin desdites années, le rendre « honnestement vestu et habillé ».

Chapelier. — 1495 (E. 373). André de Lyens, chapelier à Auxerre, prend en apprentissage pour 5 ans, Colas Labre, âgé de 12 ans, aux conditions ordinaires d'entretien. A la fin de son apprentissage il devra l'habiller et chausser à neuf.

Charpentier. — 1476 (E. N. N. Archives versées par la Côte-d'Or). Jean Veignen, charpentier à Tonnerre, prend en apprentissage pour 6 ans, Edmond Rollet. Il devra pourvoir à tous ses besoins, c'est-à-dire « boire, manger, vestir et chausser », et à la fin de son apprentissage l'habiller d'une jacquette de *pers* ou de *vert* doublée *raisonnablement*, un pourpoint et une paire de chausses de blanchet, un chapeau, un bonnet, lui donner une cognée *à charpentier*, un *joinctouer* et 10 s. t. en argent; — 1481 (E. 368). « Ce dit jour

(1) Doit on voir dans cette profession l'ouvrier qui pose le carreau ou celui qui raccommode les *vieilles chaussures*? Nous pensons que par la durée de l'apprentissage et la somme de 30 l. donnée au patron, on doit interpréter dans le sens de la première profession, très délicate autrefois où les carreaux émaillés étaient employés. Du reste, La Curne (*Dictionnaire*, etc.) ne considère que cette profession aux mots : *Carlerie*, *Carlis* et *Carrelerie*.

(2) Menuisier. En 1513 (E. 376) ce même Antoine Pourran est qualifié menuisier.

(16 mai) fut présent en sa personne Guénin Tissier, lequel recognut et confessa soy estre à louer à Jehan La Leurre, charpentier demeurant à Thorigny (1) pour luy servir du jourduy jusques « à trois ans prochains et après ensuivant, en son mestier de charpenterie et autres ses affaires licites et raisonnables, en telle « manière que le dit La Leurre sera tenu et a promis pendant le « dit temps nourrir, vestir, chausser et luy administrer toutes « ses nécessités et luy monstrer son mestier de charpenterie; et à « la fin des dites années, sera tenu ledit La Leurre paier et bailler « quarante solz, ensemble et avec un bec aygu (2), une cognyé, « une cople de tarières, une sye, et le vestir, chausser et abiller « tout à neuf, de robe, propoint, chauses, soliers, chapeau et « bonet et deux chemises. Promectant, etc... (3); » — 1490 (E. 371). Robin de Beauvois, charpentier à Auxerre, prend en apprentissage pour 2 ans, Jaquot Morin, natif de Cheuryn, paroisse de Saint-Maur-lès-Verdun. Il devra le « nourrir, alimenter et aberger, luy « montrer et enseigner de son pouvoir son dit mestier, le soigner, « entretenir de soliers; luy bailler pendant ledit temps quatre « chemises, deux seurpelis de toille, deux paires de chausses, ung « chapeau, ung bonnet, ung propoint, tous neufz; et à la fin des « dites années luy paier 40 s. t. et une cognyé de charpentier; — 1667 (E. N. N., minutes Chevillotte, liasse n° 5). Dimanche Finot, charpentier à la *Troussoye* (4), prend en apprentissage pour un an Jean Rollot, de *Crottefoux* (5). Il devra le nourrir et le loger, mais il recevra la somme de 20 l. t.

Charpentier de bateaux. — 1483 (E. 369). Pierre Foucher, marinier et charpentier de bateaux à Auxerre, prend en apprentissage pour 4 ans Thienon Duversain, natif de Vermenton, aux conditions ordinaires. Il devra lui donner 8 l. t. à l'expiration ; — 1518 (E. 375). Jean Gambert dit de Melun, charpentier de bateaux à Auxerre, prend en apprentissage pour 3 ans Germain Joly, de Vermenton (6). A la fin desdites années il devra lui donner 6 l. t., une robe, une paire de chausses, un pourpoint de drap, une jaquette, un chapeau, un bonnet, une « deloère, ung marteau, ung oyau ou « une herminette ». En cas d'abandon par l'apprenti, *sans cause raisonnable*, il devra payer à son patron 10 l. t. d'indemnité ou

(1) Hameau de la commune de Bleigny-le-Carreau (Yonne).
(2) Besaiguē ou bisaiguē.
(3) Contrat donné *in extenso* à titre de spécimen,
(4) La Troussoie, hameau de Marigny-l'Eglise (Nièvre).
(5) Crottefou, hameau de Marigny-l'Eglise (Nièvre).
(6) Dans ce contrat il n'est question ni de nourriture ni d'entretien.

finir son temps; — 1527 (E. 380). Jean Gormant, marinier et charpentier de bateaux à Auxerre, prend en apprentissage pour 5 ans, de ses tuteur et curateur, Pierron Daussone, du dit Auxerre. Il devra pourvoir à tous ses besoins, même d'habillement; et à la fin des dites années l'habiller « dune jacquette de drap de gris, « d'une paire de chausses blanchet, dun bonnet, et luy bailler une « couple de chemises, une doloère, une herminete et ung mar- « teau ». Mais pendant 8 ans, il jouira d'un quartier de vigne appartenant audit mineur, sous condition d'en acquitter les charges et de l'entretenir en bon état; — 1571 (E. 396). Edme Tiercellain, charpentier de bateaux à Auxerre, prend en apprentissage pour 3 années, *la saison d'été seulement*, Bon Santier, fils de Simon Santier, voiturier par eau au dit Auxerre. Il devra le « nourrir et « héberger et lappeller avec luy pour luy monstrer le dit mestier « quand icelluy Tiercellain besongnera de sond. mestier ou d. « temps desté ». Il recevra 30 l. pour la nourriture de l'apprenti. A la fin des 3 années, il devra lui donner une « doulloère, ung « marteau, une hermynette et une plaine servant aud. estat de « charpentier ».

Charron. — Voy. *Royer*.

Chaussetier. — 1511 (E. 376). Lambin Caillaut, chaussetier à Auxerre, prend en apprentissage pour 3 ans, Thiénon, fils de Guillaume Burdin, laboureur à Coulangeron. « Pendant lequel temps « ledit Lambin a promis et sera tenu de monstrer et enseigner de « son povoir, son dit mestier de chaussetier et luy administrer « toutes ses néccessitez corporelles pendant et durant le dit temps; « et le dit Burdin de chaussure, soliers (*sic*) et autres habillemens « à luy necessaires. Et en ce faisant le dit Guillaume Burdin a « promis et sera tenu paier chacun an, durant les dites années au « dit Caillaut, douze bichetz de blé froment, mesure d'Aucerre, « ung muy de vin de son creu et ung porceau dun an et demy « bon et convenable, avec 40 s. t. durant les dites deux autres « années subsécutives. Et sera tenu ledit Lambin envoyer le dit « Thiénon à lescolle deux ou troys hyvers, le jour, pour aprandre « à lire et escripre, et sera tenu ledit Burdin paier le maistre de « lescolle »; — 1522 (E. 508). Germain Rigollet, chaussetier à Auxerre, prend en apprentissage pour deux ans Pierre Théveneau dudit lieu. Les tuteur et curateur de l'apprenti l'entretiendront d'habillements et payeront au patron 8 écus d'or à la couronne; — 1538 (E. 508). Michel Caillaut, chaussetier à Auxerre, prend en apprentissage pour 2 ans, Jean Mignard, fils d'un marchand de Noyers. Il devra le nourrir et le coucher, mais recevra 40 l. t.

Chirurgien-barbier. — 1511 (E. 481). Pierre Denis, chirurgien et barbier à Auxerre, prend en apprentissage pour 5 ans Regnon Pertuisot, de Blacy, fils de feu Jacob. Ledit Denis sera tenu de lui « monstrer et enseigner ledit mestier de barbier et cisurgien, luy « administrer toutes ses nécessitez corporelles, lentretenir dabil- « lemens et luy rendre et paier à la fin des d. années la somme de « cent solz t. Et touchant le droit qui pourroit advenir au d. « Pertuisot de la tirelire durant les quatre anneez premières, il « ny prendra aulcune charge et la derrenière lui demeurra. Et « avec ce sera tenu luy bailler ung estuyt garny de quatre rarocz « [rasoirs], un pigne et une paire de soreaux [ciseaux] à la fin « des d. années »; — 1565 (E. 475). Jean Chéron, chirurgien à Villeneuve-l'Archevêque, prend en apprentissage pour 3 ans, Pierre Régnier, des Sièges, « pour luy monstrer et enseigner lestat « de cirurgien et ce dont il se mesle ». Il lui sera payé 24 l. t.; — 1576 (E. 481), Jean Lauverjat, chirurgien à Auxerre, prend en apprentissage pour 3 ans, François Josmier du dit lieu. Il devra le nourrir, loger, etc. et lui montrer et enseigner « à son possible « lart et estat de barbier et syerurien ». Durant les 3 années, le tuteur lui délaisse pour l'entretien de son pupille, le revenu de toutes les vignes qui lui appartiennent. Il n'y est question ni de participation au produit de la tirelire, ni d'objets à donner à l'apprenti à la fin du contrat; — 1630 (E. 481). Acte par lequel Jean Fernier, chirurgien à Auxerre, s'engage envers l'évêque d'Auxerre, Gilles de Souvré, à prendre en apprentissage pour 3 ans, Louis Laurin (1), natif de Cosne, « ci-devant serviteur domestique » du dit évêque. Il devra le « nourrir et héberger bien et honnestement » et lui apprendre « lart de la chirurgie à son pouvoir... moyennant « la pention de deux cens livres pour les d. trois années » (2) — 1635 (E. 481). François Brisset, chirurgien à Auxerre, prend en apprentissage pour 2 ans, Louis, fils de Nicolas Rigault, procureur au bailliage d'Auxerre. Il devra le nourrir, le loger et lui apprendre sa profession. Il recevra du père 135 l.; — 1639 (E. 481). Etienne Carrouge, chirurgien à Auxerre, prend en apprentissage pour 3 ans, Edme, fils de Nicolas Rogelin, procureur au bailliage de Saint-Florentin, aux mêmes conditions que dans le contrat précédent, mais il recevra 200 l.; — 1642 (E. 481). Etienne Boucheron, chirurgien à Auxerre, prend en apprentissage pour 2 ans, Antoine Duchesnoy, mineur émancipé, aux mêmes conditions que ci-dessus, mais moyennant 150 l.

Cordonnier. — 1475 (E. N. N. Protocole Tartarin provenant de la

(1) Il signe Lorin.

(2) Gilles de Souvré, évêque d'Auxerre (1626-1631), signe cet acte.

Côte-d'Or). Edmond de Pierrenfot, cordonnier à Tonnerre, prend en apprentissage pour 5 ans, Pierre Moreau, dudit lieu. Il devra pourvoir à tous ses besoins et à la fin de son apprentissage l'habiller d'une robe de *brunête*, d'un pourpoint de futaine, d'une paire de chausses de couleur, d'un bonnet et d'un chapeau; — 1476 (E. N. N. Minutes de la Côte-d'Or). Geoffroy Petitfiot, cordondonnier à Tonnerre, prend en apprentissage pour 5 ans, Guillaume Petitfiot. Il devra pourvoir à tous ses besoins et à la fin de son apprentissage l'habiller « tout à neuf » et lui donner « deux « devantiers, un tranchet et deux aloignes » (1); — 1490 (E. 371). Jean Fauchot, cordonnier à Auxerre, prend en apprentissage pour 4 ans, Jean Grégoire, de Chemilly, aux conditions ordinaires. Le père s'engage à entretenir son fils de chemises; — 1497 (E. 373). Jean Lessoré, cordonnier à Auxerre, prend en apprentissage pour 4 ans, Pierre Camuset, de Chevannes « lès Montenoison » (2). Il devra seulement *le nourrir et l'entretenir de* « chausseure de « soliers » et à la fin de l'apprentissage, lui donner « une robe, un « pourpoint, chapeau, bonet et chausses bons et honnestes selon « son estat et tout neufz. » En cas d'abandon par l'apprenti la famille paiera 10 l. t. d'indemnité; — 1568 (E. 392). Jacques Malaquin, cordonnier à Auxerre, prend en apprentissage pour 2 ans, Germain, fils de Jean Maignain, sergent royal au dit lieu. Le père nourrira et logera son fils la première année, le patron la deuxième. Il lui sera payé 4 écus d'or soleil; — 1570 (E. 394). Le même patron prend en apprentissage pour un an, Jean Guiot. Il devra le nourrir et le loger, mais recevra 10 écus d'or sol.

Corroyeur. — 1476 (E. N. N. Minutes de la Côte-d'Or). Jean Lhermitte, corroyeur à Tonnerre, prend en apprentissage pour 3 ans, Pierre Bourbon, dit Moreau. Il devra pourvoir à tous ses besoins, et à la fin l'habiller d'une jaquette de pers doublée de doublure commune et lui donner « ung couteau à ranvers ».

Couturier. — 1475 (E. N. N. Min. Côte-d'Or). Denis Mamussot, couturier à Tonnerre, prend en apprentissage pour cinq ans, Jean Froment. Il devra pourvoir à tous ses besoins, même habillement et chaussure, et à la fin de son apprentissage l'habiller d'une robe de gris, doublée, d'un pourpoint de futaine, d'une paire de chausses de tanné, d'un chapeau et d'un bonnet; — 1481 (E. 368). Guillaume Lemaire, couturier à Auxerre, prend en apprentissage pour 5 ans, Edmond Bazou. Il devra pourvoir à tous ses besoins,

(1) *Alène*. La Curne de Sainte-Pallaye donne les variantes : *alesne*, *alaine*, *alerne*, *aloine*, *aloisne* (*Dictionnaire historique*).

(2) Chevannes, canton de Brinon (Nièvre).

moins l'entretien de chemises. A la fin de son apprentissage il devra lui donner une paire de ciseaux.

1498, 20 juillet. —(E. 373). Contrat *in extenso* comme le spécimen le plus complet des actes de ce genre :

« Comparurent en leurs personnes Phelisot Mamerot laisné « bourgois d'Aucerre, Phelisot Mamerot le jeune son filz. Lequel « Phelisot laisné recongnut et confessa avoir baillé à tiltre de « louaige le dit Phelisot Mamerot le jeune son filz, à Benoist Bu- « cière costurier demourant à Aucerre à ce présent, et le dit « Benoist a pris et retenu du dit Phelisot laisné le dit Phelisot « Mamerot le jeune pour estre son apprentis ou dit mestier de « costurier, durant le temps et terme de deux ans commençans le « premier jour d'aoust prouchainement venant et finissant à sem- « blable jour les dits deux ans accomplis; durant lequel temps « icelui Benoist sera tenu et a promis monstrer et apprandre « au dit Mamerot le jeune le dit mestier de costurier et aussi la « taille d'icelluy, de tout son povoir, et lui administrer sa vie et sa « chausseure de souliers bien et honnestement selon son estat. Et « le dit Mamerot le jeune, sera tenu et a promis de lauctorité de « son dit père, servir le dit Benoist durant le dit temps, en toutes « ses besongnes licites et honnestes; et en ce faisant le dit Phelisot « Mamerot laisné sera tenu paier au dit Benoist la somme de cent « solz tournoys à la fin des dits deux ans. Et a esté accordé entre « les dites parties que se le dit Phelisot le jeune délaisse son dit « service sans l'accomplir entièrement, en ce cas le dit Phelisot « Mamerot laisné sera tenu paier au dit Benoist les dits cent solz « tournoys, ou faire sans long délay par achever par le dit Phe- « lisot le jeune son dit service sans linterrompre ne délaisser. Et « sera tenu le dit Benoist de donner congié au dit Phelisot le « jeune ung moys entier durant les dits deux ans, pour durant « iceluy aller à lescolle de lire et escripre, lequel moys icelui « Mamerot le jeune sera tenu de servir le dit Benoist oultre les « dits deux ans passés. Car ainsi, etc..... »

Couturière. — 1570 (E. 394). Guillemette Callendre, couturière, demeurant chez son père, à Héry, prend en apprentissage pour 6 mois; Claudine Mesgrot, fille d'un cordonnier du dit lieu. Elle recevra 6 l. t., mais nourrira et logera son apprentie.

Drapier (1). — 1481 (E. 368). Jean Dangois, drapier et « foleur de « drap », à Auxerre, prend en apprentissage pour 4 ans, Simon Sourdeau, du même lieu, aux conditions ordinaires d'entretien.

(1) Sont compris dans cette profession, les foulonniers, tisseurs, cardeurs et peigneurs de drap.

Il devra le « rendre bien et deuement abillé et vestu dune robe de « coleur ». — 1183 (E. 369). Colas Lemoyne, drapier à Auxerre, prend de Pierre Langlois, tanneur à Avallon, en apprentissage pour 3 ans, Jean Martin, son pupille, aux conditions ci-après : Lemoyne sera tenu, pendant le dit temps, « introduyre et ensei-« gner son dit mestier au dit Martin, et avec ce, le vestir, chaus-« ser, nourrir, alimenter et luy administrer toutes ses nécessitez ; « et à la fin des dites annéez, le rendre bien et deument abillé. Et « pour ce plus convenablement faire, sera tenu et a promis le dit « Langlois, ou dit nom, paier, rendre et bailler au dit Lemoine, « chascun an des dites trois annéez, en cette ville d'Aucerre, seize « bichés par moitié froment et avoine et ung boisseau de pois ou « fèves ». — 1485 (E. 370). Jean Dangois, « tisserand de drap » à Auxerre, prend en apprentissage pour 5 ans, Louis Brethon, natif de « Narbou en Bresse, du gré, congié et licence » de Georges Chasne, maréchal à Auxerre, Guillaume et Jean Chasne, ses oncles, aux conditions ordinaires d'entretien. Il devra lui donner, à la fin de son apprentissage, 10 s. t., « une paire de pignes et une « paire de cardes ». — 1485 (E. 370). André Masurier, cardeur à Auxerre, prend en apprentissage pour 2 ans, Jean Panchan, de Cham-« paignac-les-Enseau, ou conté de Bourgongne », aux conditions ordinaires. A la fin de son apprentissage, il devra le « vestir et abiller « à neuf de robe, propoinct, chausses, chapeau et bonnet, et avec ce, « luy bailler une paire de pignes et une paire de cardes toutes neuf-« fes » et demy escu dor... Et au cas que le dit Panchant se despar-« tit du dit service, en devant ung an, en ce cas, Jehan Bouchet, « demourant à Aucerre, à ce présent, cest constitué debteur et a « promis paier au dit Masurier tous les vestemens quil baillera au « dit Panchant pendant le dit an ». — 1490 (E. 371). Simon Sourdeau (1), « cardeulx, pigneulx et tisserand de drap » à Auxerre, prend en apprentissage pour 4 ans, Nicolas Maulnoury, de Ligny en Barrois, aux conditions ordinaires d'entretien et d'habillement. En outre, il devra lui montrer à tondre les draps ; et à la fin de son apprentissege, l'habiller à neuf et lui « bailler une paire de « pignes et une paire de cardes reparoèses (2) ». — 1491 (E. 372).

(1) Voir plus haut, Simon Sourdeau, entrer en apprentissage en 1481, pour 4 ans, chez Jean Dangois.

(2) Ce contrat est du 17 novembre 1490. Deux mois après, le 20 janvier 1491 (v. s.), un Nicolas Maulnoury, également de Ligny-en-Barrois (sans doute le même) entre pour 3 ans chez Jean Leclerc, « cardeulx et « pigneux » à Auxerre. Par ce dernier acte, il devra être habillé à neuf et recevoir « une paire de pignes et deux paires de cardes, une *brisoères* et « lautre *parouères* ».

30

Jean Boucher, « tisserand de drap, cardeulx et pigneulx » à Auxerre, prend en apprentissage pour 3 ans, « du consentement de « son père », Martin Pelletier, de Chaussy en Beauce (2) », aux conditions ordinaires d'entretien. A la fin de son apprentissage, il devra l'habiller à neuf de : « une robe au pris laune de 20 s. t., « chausses et propoinct de drap de semblable pris, de chapeau et « bonet au pris de 12 l. 6 d. t., de soliers neufz », et lui donner « deux paires de cardes, lune reparouères et lautre brisères, une « paire de pignes ». Durant ce temps, il devra le tenir deux mois « ensuivant à lescoulle pour apprandre à lire et escripre ». — 1491 (E. 372). Jean Maillart, drapier à Auxerre, prend en apprentissage pour 3 ans, Anthoine Barthet, de Saint-Julien-du-Sault. Il devra, pendant ce temps, le *soigner* de souliers, lui fournir une paire de chausses et un pourpoint ; et, à sa sortie d'apprentissage, lui donner « une paire de pignes, deux paires de cardes, lune bri- « seures, lautre répareuses ». — *1502* (E. 508). Jean Martin, drapier à Auxerre, prend en apprentissage pour 3 ans, Claude de Brinon. Il devra pourvoir à toutes ses « nécessitez corporelles et « de bouche », mais il recevra de ses tuteurs 9 l. t. par an. — 1509 (E. 376). Louis Berton, drapier, cardeur, tisserand de drap et foulonnier à Auxerre, prend en apprentissage pour 3 ans, Étienne Richard, de Neuilly. Il devra pourvoir à tous ses besoins et, à la fin de son apprentissage, lui donner « une robbe de colleur, une « paire de chausses de drap roge, ung propoinct de drap vert, « une paire de chausses, ung chapeau, ung bonet et deux paires « *de cardes convenables* ». — *1519* (E. 413). Jean Dangois, drapier à Auxerre, prend en apprentissage pour 3 ans, Mathieu Peslier, de Noyers. Il sera tenu de le « garder de faim et de froit, « luy enseigner son mestier, assavoir : pigner, carder, tiltre et « feuller », et, à la fin des trois années, lui donner une jaquette de drap de couleur, un pourpoinct et une paire de chausses de couleur, un chapeau, un bonnet et une paire de souliers. — 1521 (E. 379). François Johan, « drapier, cardeur et pigneur » à Auxerre, prend en apprentissage pour 5 ans, Guillot Friolot, de Migennes. Il devra l'entretenir de tout et l'habiller à neuf à la fin de son apprentissage. — 1563 (E. 475). Toussaint Blanchard, drapier à Villeneuve-l'Archevêque, prend en apprentissage pour 3 ans, Paul Jubin, de Foissy-sur-Vanne. Il devra l'entretenir de tout et, à la fin du contrat, le « rendre bon ouvrier foulonnier et drapier ». Il recevra 12 l. t.

(1) Chaussy, arrondissement de Pithiviers (Loiret) ou Chaussy, arrondissement de Mantes (Seine-et-Oise).

Libraire, imprimeur, relieur. — 1497 (27 novembre) (E. 373). Jean de Maisantaiz, « libraire et relieur de livres » à Paris, rue Saint-Denis, à l'hôtel des Filles-Dieu, prend en apprentissage pour 4 ans, Jean Orry, d'Auxerre. Il devra le nourrir, loger, vêtir et chausser, lui « monstrer le mestier et marchandises de libraire « et autres denrées et marchandises dont il se mesle et entre- « mect », et, à sa sortie, l'habiller et chausser « selon son estat ». — 1504 (E. 375) (Acte *in extenso*). « Le xxi[e] jour de décembre, lan « mil v[c] et quatre, Jehan Rapy, natif d'Amilly (1) ou diocèse de « Sens, usant de ses droiz comme il disoit, confessa soy estre aloué « à Jehan Gally, libraire, demeurant à Aucerre, à ce présent, pour « le servir en son mestier de libraire et autres choses licites et « honnestes, du jour de la Magdeleine derrenierement passée, « jusques à troys ans après ensuivant. Pendant lequel temps le « d. Gally sera tenu et a promis nourrir et coucher led. Rappy et « luy administrer toutes ses neccessités corporelles, luy monstrer « et enseigner de son povoir led. mestier de libraire, assavoir : « à imprimer, relier et autres choses dud. mestier. Et oultre, sera « tenu led. Gally paier aud. Rappy la somme de cent solz tour- « noys, avec une paire de chausses et une chemise, sans autre « chose et par porcion du temps quil servira. Et ou cas que led. « Rappy sen va hors de sa maison, sans cause raisonnable, en ce « cas il sera tenu et a promis paier aud. Gally pour ses interestz, « la somme de xv l. t. Car ainsi, etc... (2) ».

Maçon. — 1481 (E. 368). Guillaume Guillemynot, maçon à Auxerre, prend en apprentissage pour 3 ans, Pierre Canon. Il devra l'entretenir de tout et, à la fin des trois années, lui donner 60 s. t., une robe de drap gris ou pers (bleu), un pourpoint et une paire de chausses, le tout de drap neuf, « ung marteau taillant, un « testu, une truelle, ung ciseau, ung maillet et une esquarre (3) ». — 1485 (E. 370). Guillaume Guérin, maçon à Auxerre, prend pour

(1) Amilly-Saint-Firmin, canton de Montargis (Loiret).

(2) Par un acte du même jour et qui suit, Gally prend pour le même temps Thibault Amyer, natif de Bourbilly-lez-Semur ». Il devra « lui admi- « nistrer toutes ses neccessités corporelles tant seullement, sans luy four- « nir ne bailler habillemens ne aucunes choses, fors la somme de cent « cinq solz t., une paire de solliers... et luy monstrer et enseigner de son « povoir le d. mestier de libraire ». (Il n'est question ni d'impression ni de reliure.) En cas de rupture de contrat du fait de l'apprenti, il devra 15 l. au patron pour indemnité.

(3) Par cette série d'outils, on voit qu'alors la profession de tailleur de pierres se confondait avec celle de maçon et *vice versa*.

6 ans, Jean, fils de Jean Lescolo, de Sementron, aux conditions ordinaires de nourriture, logement et entretien. A sa sortie d'apprentissage, il devra lui donner, outre son habillement, « ung « marteau taillant, ung testu, une truelle et deux ciseaulx ». — 1485 (E. 370), Perrinet Guillemynot, maçon à Auxerre, prend pour 3 ans, Jean Gardembois, de Breugnon (1), aux conditions ordinaires d'entretien. A la fin de son apprentissage, il devra le « vestir « tout à neuf dune robe au pris dun escu dor, bonet, chapeau au « pris de 10 s. t., chausses, propoinct et soliers tous neufz au pris « dun escu dor, deux chemises neufves, deux marteaulx, lun « taillant, lautre testu, une truelle et ung cyseau ». — 1491 (E. 372). Guyon Davyot, maçon à Auxerre, loue pour un an, Germain Cotenon, *maçon*, natif de « Cuson, paroisse d'Ozouez en Morvant ». Il devra le nourrir, le loger, l'entretenir, « luy monstrer son mes- « tier », et, à la fin de la dite année, lui donner 8 l. 10 s. t. (2).

Marchand (indéterminé). — 1497 (E. 373). Jean de Cambray, marchand à Paris, prend à nourriture et en apprentissage pour 8 ans, Germain Guillon, d'Auxerre, son neveu. Durant ce temps, il sera tenu de le « nourrir, gouverner, vestir et habiller selon son « estat, lui faire apprendre le mestier et marchandise dont il se « mesle; et à la fin des dits huit ans, lui bailler la somme de 10 l. t. « Durant lequel temps, il prendra à son profit les louages des « héritages du dit Germain, lesquelz héritages, les tuteurs et cu- « rateurs bailleront à faire au mieulx et plus proufitables que « faire se pourra ».

Maréchal. — 1483 (E. 369). Georges Chasne, maréchal à Auxerre, prend pour 3 ans, Jean Clerc, de Nuits-sous-Ravières, aux conditions ordinaires d'entretien. A la fin de son apprentissage, il devra lui donner 4 l. t., 3 chemises et un bonnet. — 1491 (E. 372). Edmond Colinet, maréchal à Auxerre, prend pour 3 ans, Guéneau Mesnageot, natif de Genève. Entretien complet. Il devra lui donner, à la fin de son apprentissage, « ung marteau, une tenailles et « ung botouet ». — Acte *in extenso*. 1497 (E. 373). « Le pénultième « jour de décembre mil IIII C IIII^xx XVII (1497), Laurens Charbuy, « filz de feu Colin Charbuy, en son vivant demourant à Escan- « Saint-Germain (3), aagié de XVI ans ou environ. Lequel de « lauctorité et licence de Robert Griveaul, à présent mary de la « mère du d. Laurens, et de Perrin Fabuseaul, son oncle, à ce

(1) Breugnon, canton de Clamecy (Nièvre).

(2) On doit voir dans ce acte autant un contrat de *fin* d'apprentissage qu'un louage d'ouvrier non *accompli*.

(3) Escamps, canton de Coulanges-la-Vineuse (Yonne).

« présent et consentant, s'est alloué et baillé à tiltre de louage à « Jehan Michaul, maréchal, demourant à Aucerre, à ce présent, « pour le servir comme son apprentis au d. mestier de mareschal, « et en toutes autres choses licites et honnestes, durant le temps « et terme de trois ans, commençans le premier jour de janvier « prouchain et finissant à semblable jour les d. trois ans finis et « acomplis; durant lequel temps icelui Laurens sera tenu et a « promis de servir le d. Jehan Michaul, son maistre, son proufit gar- « der et son domaige, esthever (1) comme bon serviteur et apprentis « doit faire. Et en ce faisant, led. Jehan Michaul sera tenu lui « monstrer et apprendre sond. mestier de mareschal, et lentre- « tenir de tous habillemens, tant vesture et chausseure que autres « durant led. temps. Et à la fin dicelui le habillera tout de neuf, « ou à tout le moins ung demy an avant la fin du d. terme, bien « et honnestement, de tous habillemens selon son estat. Et « avecques lui baillera ung marteaull triquoyses, botoer et devan- « tier, bons et convenables, avec dix solz t.. Et se le d. Laurens « delaisse son d. service avant les d. trois ans, sans bonne et rai- « sonnable cause, en ce cas le d. Laurens sera tenu de paier au « d. Jehan Michaul la somme de dix livres t., et à ce a obligé et « oblige son corps et ses biens. Promectant, etc... »

Marinier (Voiturier par eau), *pêcheur*. — 1491 (E. 372). Etienne Gerbault, marinier et pêcheur à Auxerre, prend pour 3 ans, Jean Chaumard, de « Bierry-lez-Moustier-Saint-Jehan », aux conditions ordinaires. A sa sortie d'apprentissage, il devra lui donner « une « robe de drap pers à son usage, une paire de chausses, ung pro- « poinct de blanchet, ung seurpelis et deux chemises, et luy payer « 6 l. t. ». — 1505 (E. 374). Robin Regnart, marinier et pêcheur à Auxerre, prend, de son oncle, pour 4 ans, Jean Nicole, de Cravant. Entretien complet. A la fin de son apprentissage, il devra l'habiller et lui donner 6 l. t. « Et au cas quil sen voise hors de la « maison du d. Regnart, sans cause raisonnable, le d. Pierre « Nicolle [son oncle] sera tenu le ramener et faire continuer le dit « service, ou luy payer les interestz et dommages qui pourra avoir « pour deffault de service non accompli ». — 1505 (E. 375). Germain Gerbault, *voiturier par eau* à Auxerre, prend pour 3 ans, Edmond Ferrant, de Cousin près Avallon, à charge de nourriture et logement, de 20 l. t., d'une paire de chausses, et de le *soigner* de souliers.

Menuisier (2). — 1513 (E. 508). Guillaume Cormier, menuisier à

(1) Esquiver, éviter. (Voir La Curne, *Dictionnaire historique* au mot *eschiver*).

(2) Voir *Chambrilleur*.

Auxerre, prend pour 5 ans, Charlot Tremblay, du dit lieu, à charge d'entretien complet. — 1668 (E. 444). Jérôme Bourgeois, menuisier, « demeurant et travaillant de présent au château de Chastel« lux », prend pour 4 ans, Léonard Tabourcau, de Brassy (1). Il devra le nourrir, le loger, le chauffer et lui donner un habit de drap dans l'intervalle des deux premières années. — 1672 (E. N. N. Minutes Chevillotte, liasse nº 5). Regnault Martin, menuisier à Bousson (2), prend en apprentissage, du *12 décembre 1672 au 1ᵉʳ avril suivant* (3), Jean Pasquellet, du *pays de Dauphiné*. Il devra le nourrir et le loger, mais recevra 7 l. t.

Mercier (marchand). — 1491 (E. 372). Louis Barrault, marchand mercier à Auxerre, prend pour 2 ans, Guillaume Forestier, « mer« cier », natif de Montbard (Côte-d'Or), du consentement d'Antoine Disson, son frère, teinturier à Auxerre, aux conditions ordinaires. Il devra lui « monstrer et enseigner le mestier de ses « marchandises et ouvrages ». — 1513 (E. 376). Barthélemy Gontier, marchand mercier à Seignelay, prend pour 2 ans, Louis Sanglé, d'Auxerre. Entretien complet, moins de l'habillement, « quil sera tenu cependant de faire réparer ». A la fin de l'apprentissage, il recevra 8 l. t. des parents.

Pâtissier. — 1493 (E. 373). Jacquinot Barbier, pâtissier à Auxerre, prend pour 5 ans, Toussaint, fils de Jean Saiget, tisserand en toile, âgé de 9 ans, à charge d'entretien et d'habillement. A la fin de son apprentissage il devra le « vestir de robe, chausses, pour« point, souliers, chapeau et bonnet tous neufz, selon son « estat ». En cas de rupture du fait de l'apprenti, il sera payé cent sols d'indemnité. — 1521 (E. 379). Guillaume Bailly, pâtissier à Auxerre, prend pour 3 ans, d'Antoine de Bandouillers, chanoine d'Auxerre, seigneur de Varennes près Montereau, Charles Corault, natif dudit Varennes, âgé de 14 ans. Il devra pourvoir à tous ses besoins, moins d'habillements, et recevra 100 s. t. à la fin de l'apprentissage.

Potier d'étain. — 1504 (E. 508). Claude Viguereux, potier d'étain à Noyers, prend pour 5 ans, Pierron Delye d'Auxerre. Il devra lui « administrer toutes ses nécessités corporelles » et l'entretenir de souliers. — 1571 (E. 396). Germain le Bergue, potier d'étain à Auxerre, prend pour 2 ans, Germain Bonneprinse. Il devra le

(1) Canton de Lormes (Nièvre).

(2) Hameau de la commune de Quarré-les-Tombes (Yonne).

(3) C'était probablement un apprenti qui n'avait pas fini son apprentissage, car il semble impossible d'apprendre une profession en trois mois et dix-huit jours.

nourrir et le loger et recevra 6 écus d'or soleil, pour la première année seulement.

Royer (charron). — 1490 (E. 371). Jean Lebon, royer à Auxerre, prend pour 2 ans, Benoit Lausmonier, de Saint-Aubin-en-Charolais, aux conditions suivantes : Il devra le « soigner de bouche et « laberger tant seullement, luy bailler trois chemises, et à la fin « des dites années luy bailler une ache, une plaine, deux tai- « sières, ce est assavoir ung tortis et ung gojonier ». Il recevra du dit Lausmonier 20 s. t. à sa sortie d'apprentissage.

Sellier. — 1504 (E. 374). Jacquinot Leconte, sellier à Auxerre, prend pour 3 ans, Jean Petit, dit Hardy. Il devra lui « administrer toutes ses nécessités corporelles ». Mᵉ Vincent Souef, chanoine d'Auxerre, s'engage à l'entretenir d'effets et à payer au patron 4 écus d'or.

Sellier-lormier. — 1560 (388). Blaise Huder, sellier-lormier à Auxerre, prend de M. Claude Gonthier, chanoine d'Auxerre, en apprentissage pour 3 ans, Pierre Bobain, *son serviteur*. Il devra le nourrir, le loger et lui enseigner « son estat tellement que au bout « des trois années le dit Robain puisse gaigner vie du dit estat ». Il recevra du dit chanoine 12 écus sol.

Serrurier. — 1481 (E. 368). Eliot Fortin, serrurier à Auxerre, prend pour 3 ans, Bertrand Charron, natif de « Chasteney, près « la ville de Bourgoing en larchevesché de Lyon ». Entretien et un habillement convenable à la fin de son apprentissage. — 1483 (E. 369). Jean Douet, serrurier à Auxerre, prend pour 8 ans, Laurent Thomas. Entretien complet et 4 l. à la fin de l'apprentissage. — 1565 (E. 475). Jacques Charpentier, serrurier à Villeneuve-l'Archevêque, prend pour 3 ans, Jacques Callot, de Chigy. Nourriture et logement; mais recevra à la fin de l'apprentissage 15 l. t. par tiers à la fin de chaque année et 20 s. pour « *les vins du* « *marché* ». En cas de fuite par l'apprenti, il lui sera dû 100 s. t. d'indemnité.

Taillandier. — 1508 (E. 375). Bail à nourriture et contrat d'apprentissage (*in extenso*) :

« Comparut en sa personne Hymbert Colas laboureur demou- « rant à Bessy sur Queure, lequel a confessé avoir aloué Denis « Colas son filz aagé de six ans à Edmon Verdot, taillandier de- « mourant à Aucerre, à ce présent et acceptant, pour le servir ou « dit mestier de taillandier et autres choses licites et honnestes, « du jourduy jusques à quatorze ans prouchains venans. Pendent « lequel temps le dit Verdot a promis nourrir, vestir, chausser, « habiller, alimenter et administrer toutes ses neccessités corpo- « relles, luy monstrer et enseigner de son povoir le dit mestier

« de taillandier et luy faire aprandre à lire et escripre et faire « avoir sa tonsure. Et à la fin des dites annéez, le rendre bien et « honnestement habillé, et luy rendre et paier 35 s. t. Et s'il « advient quil sen voise hors de la maison du dit Verdot sans « cause raisonnable, en ce cas le dit Colas a promis le ramener et « faire continuer le dit service durant ledit temps ou en deffault « de ce, luy paier dix l. t. pour ses interestz. « Promectant, etc... »

Tailleur d'habits. — 1568 (E. 392). Edme Delapierre, tailleur d'habits à Auxerre, prend en pension et en apprentissage pour 3 ans, de ses tuteurs, François Baudesson, du dit Auxerre. Il lui sera payé 20 l. t. par an. — 1570 (E. 394). Yves Bescot, tailleur d'habits à Auxerre, prend de Claude Le Prince, chanoine d'Auxerre, pour 2 ans, François Desgranges, son serviteur. Il devra le nourrir et le loger, mais il recevra du chanoine 20 écus d'or sol.

Tanneur — 1483 (E. 369). Contrat *in extenso* :

« Le xII[e] jour du dit mois d'aoust ou dit an (1483) fut present en « sa personne Gillet Thoiseau, natif de Tannay (Nièvre), usant de « ses drois, lequel recognut et confessa soy estre aloue à Guillemin « Hainnot tanneur demourant à Aucerre, à ce present, pour luy « servir dujourdhuy jusques à la feste de Toussains, et de la dicte « feste jusques à trois ans prochain et après ensuivant, en son « mestier de tanneur et autres choses licites et honnestes, en telle « manière et soubz telles condicions que le dict Guillemin Hainnot « sera tenu et a promis pendant le dict temps le dict Gillet « nourrir gouverner et luy administrer toutes ses necessitez de « pié et bouche tant seullement, et lui monstrer son dict mes- « tier etc. Et aussy que le dict Gillet sera tenu paier et bailler au « dict Guillemin Hainnot, en dedans la feste de la Nativité Nostre « Seigneur prochainement venant soixante solz t., et soixante solz « t. en dedans la feste qui sera lan mil IIII[c] IIII[xx] et quatre (1484). « Pour lequel service mieulx et plus seurement entretenir et faire « entretenir par le dict Gillet au dict Hainnot, Simon Bigny, « laboureur demourant à Nanteau (1) à ce présent, a promis faire « entretenir au dict Gillet le dict service, à paine de dix livres « et autres interestz. Promectant, etc. »

1483 (E. 369). Claude Dozeau, tanneur à Auxerre, prend en apprentissage pour 2 ans, Guillaume, fils de Jean Bertram, drapier à Noyers, aux conditions suivantes : ledit Dozeau a promis durant ce temps de nourrir, loger et entretenir de souliers « *bien et deuement* » le dit Guillaume, « et lui monstrer de son povoir son « mestier de tanneur. Et pour ce faire plus convenablement, le dit

(1) Hameau, commune de Migé (Yonne).

« Jean Bertram en a paié et baillé content au dit Dozeau la « somme de soixante solz tournois; et avec ce sera tenu et a promis « paier et bailler au dit Dozeau la somme de neuf livres t., en « dedans les termes qui sensuivent, cest assavoir : soixante solz « en dedans la dite feste de Noé (*sic*) prochainement venant et six « livres t. en dedans ladite feste de Noel qui sera lan mil IIII[c] « IIII[xx] et cinq (1485). Et sil advient le dit Guillaume Bertram « aler de vie à trespas pendant les dits deux ans, en ce cas le dit « Jehan Bertram ne sera tenu paier au dit Dozeau, dicelles neuf « livres t. que au pris du temps quil aura esté et demoré en lostel « dicelluy Dozeau ».

Tisserand de toile. — 1481 (E. 368). Jean Joly, tisserand de toile à Auxerre, prend pour 5 ans, Guérin Johannot, de *Comps* (*sic*), près Château-Chinon (1). Il pourvoira à tous ses besoins et à la fin de son apprentissage, il devra le « vestir de chausses, propoint et « robes toutes neufves, de drap au pris de 8 gros l'aulne, et luy « bailler ung bonet et ung chapeau tous neufz et une navette ». — 1483 (E. 369). Pierre Legendre, d'Auxerre, prend pour 10 ans, Guérin, fils de Perrin Jarry, laboureur à Provency. Entretien complet. Il devra lui donner 10 l. t. à sa sortie d'apprentissage (2). — 1485 (E. 370). Jacquemin Le Coureulx, tisserand en toile à Auxerre, prend pour 3 ans, Guillaume Guyche, aux conditions ordinaires. A la fin de son apprentissage, il devra lui donner 100 s. t., son « *devantier* » (tablier) et une navette. — 1653 (E. N. N. Minutes Chevillotte, liasse n° 5). Pierre Ficquet, *tissier* en toile, single (3) et autres toiles, à *La Chaume* (4), paroisse de Saint-André en Morvan (*sic*), prend pour un an, Germain Leriche, fils d'un vigneron de Sœuvre (5). Il n'est question ni de nourriture, ni de logement, ni d'entretien. Il recevra 12 l. t. en argent et un muid de « boisson à prendre à chasteau de Chastellux et telle quelle sera délivrée au dit Leriche » (6).

(1) Sans doute *Comme* (*La*), hameau de Château-Chinon-Campagne, dont la forme ancienne du nom était *Cons* (*villa de Cons*, *1311*, Dictionnaire topographique de la Nièvre.)

(2) La durée de ce contrat permet de croire qu'il y faut voir en outre un bail à nourriture. *Dix ans* pour faire un tisserand ! !

(3) *Sangle.* (Voir La Curne, au mot *Saingle.*)

(4) La Chaume est une ferme dépendant aujourd'hui de la commune de Chastellux.

(5) Hameau de la commune de Fontenay près Vézelay (Yonne).

(6) Le père était probablement un des vignerons de M. de Chastellux, qui possédait à Sœuvre un clos de 140 ouvrées. (Voir au ch. V un marché à façon de ces vignes en 1669.)

Tonnelier. — 1476 (E. N. N. Minutes versées par la Côte-d'Or). Jacquot Clocher, tonnelier à Lignières, prend pour quatre ans, Colas Doranges. Entretien complet. A la fin de son apprentissage, il devra lui donner 100 s. en argent, une jaquette de gris, un pourpoint de blanchet, une paire de chausses de gris, un chapeau, un bonnet, « une doloère, ung chien, ung david, une planchecle, « ung rabot, une jablouère, ung bondonnet, une frette et une « hasse ».

Tonnelier et vigneron. — 1483 (E. 369). Guillaume Guyart, d'Auxerre, prend pour 4 ans, Pierre Mathieu, aux conditions ordinaires d'entretien. Il devra luia pprendre ces deux professions et lui donner 60 s. t. à sa sortie. — 1490 (E. 371). François Hérard, d'Auxerre, prend pour 4 ans, Jean Senet, de Semur en Auxois. Entretien complet. A la fin de son apprentissage il devra l'habiller à neuf et lui donner « dolouère, david, tretouère, clouet, « maillet et tyrefons ». — 1496 (E. 373). Contrat d'apprentissage et de louage d'ouvrier ou domestique. — Etienne Malines, tonnelier et vigneron à Auxerre, prend à son service pour 2 ans et 1 mois, Huguenin Breiny, de Courson, pour le « servir en toutes « choses licites et convenables, tant au mestier de tonnelerie que « des vignes, et aussi aller à Paris, à Rouan et ailleurs, là où il « plaira au dit Malines de l'envoyer, tant pour le fait de la mar- « chandise des vins que autrement. Et moyennant ce, le dit « Malines sera tenu et a promis de nourrir, gouverner et ali- « menter le dit Breiny, luy montrer et apprendre le mestier de « tonnellerie, le fournir de chaussure de souliers, lui bailler ung « surpelis, une chemise, ensemble et avec la somme de 6 l. t., qu'il « sera tenu paier au dit Breiny à la messure et ainsi quil le ser- « vira.... ». — 1508 (E. 375). Apprentissage et louage d'ouvrier. — Engagement par Marc Tallard, de Maizières près Saint-Liénard, de se « louer à Jean Tranchant, tonnelier et vigneron à Aucerre, pour « le servir au mestier de tonnelerie et vigneron pendant troys « ans, pendant lequel temps, le dit Tranchant sera tenu le nourrir « et laberger bien et convenablement et luy administrer ses né- « cessitez corporelles, le soigner de soliers et guettres, lui bailler « chacun an deux chemises et ung surpelis, luy monstrer le mes- « tier de vigneron, luy re[illegible]re et bailler la somme de 18 l. t. « payables au bout des dites années. Et sil a besongne dargent « pour acheter une robe, pourpoint au chausses, il sera tenu luy « avancer sur la dite somme ». — 1511 (E. 376). Jean Chappon, vigneron et tonnelier à Auxerre, prend pour 4 ans, Léger Moret. Il devra pourvoir à tous ses besoins, et à la fin de son apprentissage l'habiller à neuf « de robbe, jaquette, chappeau,

« bonet, chausses, pourpoint et soliers, sans y comprendre ses « bagues (1) qu'il aura pour lors », luy donner 4 l. t. en argent, une « doloère, une tretoère et davyd, et luy fera avoir sa tonsure « à ses despens dedans Pasques prouchain venant ». — 1511 (E. 376). Pierron Regnault, d'Auxerre, prend pour trois ans, Gillet des Roizes dit Chambéry. Il devra lui apprendre ces deux métiers, lui « administrer toutes ses nécessités corporelles et l'entre« tenir de soliers et guestres seullement, et à la fin desdites « années lui bailler 10 l. t., ung davy, une tretoère, une doloère, « une colome et quatre chemises. Et se durant le dit service le « dit Chambéry a besongue d'habillement, le dit Regnault a « promis luy en aider et bailler sur la dite somme de 10 l. t. »; — 1516 (E. 377). Jean Gauthier, tonnelier et vigneron à Auxerre, prend en apprentissage pour 3 ans, Jean Drot, dudit lieu, orphelin. Nourriture et logement. Il devra le « soigner et guestrer, « et chascun an luy bailler deux chemises et deux suppeliz à son « usage, et avec ce luy payer 12 l. t., » 50 s. chacune des deux premières années et le reste à la fin de la troisième. Par contre, il recevra une indemnité de 10 l. t. si lapprenti « sen va hors de « sa maison sans cause raisonnable avant le dit service ac« compliz ».

Vigneron. — 1483 (E. 369). Guillemain Belaine, vigneron à Auxerre, prend pour 3 ans, Jean de Bussy. Entretien complet. A la sortie d'apprentissage, il devra lui donner 8 l. t. en argent, « avec une robe toute neufve doblée de blanchet, le drap au pris « chacune aulne de 12 s. 8 d. t., et au seurplus bien et deuement « abillé selon son estat ». — 1483 (E. 369). Guillemin Monin, vigneron à Auxerre, prend pour 3 ans, Huguet Loyet, aux conditions suivantes : il devra pendant « le dit temps le nourrir de « bouche, lui soigner toute chausure, luy bailler pendant le dit « temps, trois chemises et trois seurpelis neufs à son usage » et lui donner 7 l. t. à sa sortie. — 1483 (E. 369). Jean Bedan, vigneron à Auxerre, prend pour 3 ans, Mathelin Sourdeau, aux conditions ci-après : il devra le « nourrir, aberger, luy soigner « pié et bouche, de guestres et soliers, et pendant le dit temps, « luy bailler trois seurpelis, trois chemises, un chapeau et un « bonnet à son usage » et à sa sortie lui donner 100 s. t. — 1485 (E. 370). Jean Bernard, vigneron et *tisserand de drap* à Auxerre, prend pour 5 ans, Jean Henry, aux conditions ordinaires. Il devra lui apprendre ces deux professions et à sa sortie, l'habiller et

(1) Synonyme de *bagage*, ce qui composait l'avoir meuble. (Voir Larousse au mot *bague*.)

chausser à neuf et lui donner une « bonne sarpe à tailler et ung « serceau » (1). — 1509 (E. 376). Louage de domestique et contrat d'apprentissage. — Robert Pourcin, curé de Saint-Regnobert d'Auxerre, prend à son service pour 2 ans, Charles Noblet. Il devra pourvoir à tous ses besoins, même habillement et chaussure, *lui faire apprendre le métier de vigneron*, et à la fin des deux années, l'habiller à neuf et lui donner 40 s. t. — 1509 (E. 376). Guillemin Dubois, vigneron à Auxerre, prend pour 3 ans, Jean, fils d'Etienne Aucernet, menuisier au dit lieu. Il devra pourvoir à tous ses besoins *corporels* et l'entretenir d'habillement, et à sa sortie l'habiller à neuf. « Et se le cas advenoit que le dit Duboys « alast de vie à trespas avant le temps accomply, en ce cas le dit « Jehan sera tenu parfaire son service en ce qui restera, à la « femme du dit Duboys ou à Jehan Duboys son filz ».

BAUX A NOURRITURE D'ENFANTS MINEURS.

1483 (E. 369). Bail à nourriture de mineurs, à leur mère, remariée (*In extenso*) :

« Le VIe jour du mois de décembre ou dit an (1483), furent present en leurs personnes Jehan Monin et Guillaume Monin, « vignerons, demourant à Aucerre, au nom et comme eulx disant « et portans tuteurs et curateurs de Germain et Guillemin, mi- « neurs dans, enfans de feu Guillemin Monin et de Johanne, en « son vivant sa femme, pour eulx dune part; Jehan Navarre et la « dite Johanne, a present sa femme, pour eulx dautre part. Les- « quelles parties recognurent et confessèrent avoir fait assemble- « ment les bail et prise diceulx mineurs, qui sensuivent, cest « assavoir : les dits Jehan Monin et Guillemin Monin avoir baillé « ausdits Jehan Navarre et Johanne, sa femme, et iceulx Navarre « et sa dite femme de lauctorité etc., avoir pris à nourrir, gouver- « ner, vestir, alimenter lesdits Germain et Guillemin, et leur « administrer toutes leurs necessites du jourdhuy et feste de la « Nativité Nostre Seigneur jusques a six ans prochains et après « ensuivant, pour les pris et sommes qui sensuyvent, cest assa- « voir : por le dit Germain, de la somme de huit livres tournois, « et le dit Guillemin pour le pris et somme de dix-huit livres « tournois, ensemble et avec toutes les revenues des héritages

(1) *Houe*. La Curne, dans son Dictionnaire historique, donne *cercél*, *cerceau*, *chercel*. Les éditeurs de son dictionnaire ajoutent : « Au registre « J.J. 176, p. 624, année 1448, *chercel* doit désigner une houe : « Le suppliant qui tenoit un *chercel* à ouvrer *ès vignes* ».

« diceulx mineurs, lesquelz héritages les dits Navarre et sa dite « femme seront tenus chascun an faire de toutes facons deuez, et « iceulx soustenir, maintenir et delaissier a la fin des dites six « anneez en bon et suffisant [estat]. Et avec ce seront tenus et ont « promis iceulx Navarre et sa dite femme, tenir et entretenir « chascun diceulx mineurs deux ans à lescolle. Promettant, etc. »

1490 (E. 371). Les tuteur et curateur de Jeannette Pignon, d'Augy, la confient pendant sa minorité à son père, Thomas Pignon, aux conditions ci-après : Ils abandonnent en toute propriété au dit Pignon « tous les héritages et biens meubles à la dite Jehannette « advenus par le trespas de sa dite feue mère », à l'exception d'un demi arpent de vigne et d'un demi-arpent de *désert*, « moyennant « que le d. Pignon sera tenu et a promis la dite Jehannette, sa fille, « nourrir, vestir, chausser et luy administrer toutes ses necessitez, « dujourduy jusques à huit ans prochainement venant ; icelle ac- « quicter de toutes debtes et marier et assigner selon son estat, et « faire les frais de robes nupcialles, despens de bouche, et luy « bailler ung lict garny de quattre draps, deux chefz de robes « nupcialles, ung chaperon, et aussy que le dit Pignon aura et « tiendra durant le dit temps les dits héritages appartenant à la « dite myneure, et iceulx fera et sera tenu faire et maintenir, « rendre et délaissier à sa dite fille à la fin des dites anneez en « bon et suffisant estat. » — 1491 (E. 372). Bail à nourriture pour 8 ans par les tuteur et curateur de Pierre, fils de feu Guillot Mangin, d'Auxerre, à Edmonne, sa mère. Elle devra le « nourrir, gar- « der, gouverner, vestir, chausser, luy administrer ses nécessitez, « luy apprandre sa créance et luy faire avoir couronne », moyennant l'abandon de la moitié des biens meubles « demorez du « décès du dit feu, et qui au jour et heure du trespas du dit Guillot « Mangin estoient communs entre elle et le dit deffunct, sauf « et réserve au dit myneur demy millier de merrien, un millier de « souches à faire muys et ung cent de merrien nommé *bobillat* « et trente moles dozier de quartier, que les dits tuteurs et cura- « teurs ont réservé au dit myneur ». Ce bail est suivi d'un acte contenant partage de biens entre la mère et l'enfant. — 1495 (E. 373). Bail à nourriture et louage à leur père par les tuteurs et curateurs de Etienne (12 ans) et Jeanne Chasseigne (14 ans), enfants mineurs de Pierre Chasseigne, vigneron à Auxerre, et de feue Anne Bruant. Le père devra garder son fils 6 ans et sa fille 4 ans. Ils devront le « *servir en toutes choses licites et honnestes* » ; il devra pourvoir à tous leurs besoins et « *à la fin diceluy temps* « les délaisser bien et honnestement habillez suivant leur estat. Et « aussi sera tenu de faire avoir coronne au

« dit Estienne, lui faire aprandre sa créance et lui monstrer et « aprandre le mestier des vignes. Et quant à la dite Jehanne, il « sera tenu de la tenir ung an a cousture pour lui faire apprendre « le mestier de couture. Et avec ce sera tenu icelui Chasseigne paier « et bailler a ses dits enfans a chascun deulx par chascun an durant « les années du dit alouage, la somme trente solz tournois qui « sont trois frans par chascun an ; durant lesquelles années du « dit alouage et moyennant icelui, le dit Chasseigne joyra et pran-« dra les fruits et revenues dun arpent de vigne ou environ, appar-« tenant ausditz enfans, assis au finage dAucerre, partant par « indivis avec leur dit père, ès lieux ditz la *Plastrière*, *Brisecher*, « *Montblanc*, *Boussicaz* et *Boyvin* et ung cloux seant près la porte « dEsgligny, soulz tele condicion quil sera tenu faire et entre-« tenir les dits héritaiges de toutes façons bien et convenable-« ment, etc... » — 1497 (E. 373). Bail à nourriture pour 9 ans par les tuteur et curateurs, commis par le bailly d'Auxerre, de Simon Charpin, orphelin de père et mère, âgé de trois ans, à son grand-père Guillot Chaillot. Il devra, durant ce temps de « neuf ans « entiers et ensuyvans lun lautre, le nourrir, gouverner et alimen-« ter, le vestir, chausser et habiller et garder de fin et de froit, « bien et convenablement selon son estat, et le tenir à lescolle le « temps et terme de deux ans entiers et luy faire aprendre sa « créance, ses pseaulmes, et à la fin des dits neuf années le vestir « et habiller de tous habillemens neufz... » Il lui est fait abandon de tous les biens meubles advenus au mineur par le décès de sa mère, et des revenus des immeubles lui appartenant, à charge de les maintenir en bon état. En cas de décès de l'enfant avant l'expiration du contrat, le grand-père n'aura pas à rendre les meubles ci-dessus. — 1497 (E. 373). Bail à nourriture pour 8 ans de Claudine Guillon, d'Auxerre, à Jean Guillon, son oncle. Entretien complet. Il devra lui donner, même au cas où elle se marierait avant la fin du contrat, deux robes neuves, une noire et une rouge, un chaperon et 6 l. t. Il aura droit, pendant ce temps, aux revenus des biens appartenant à la mineure. — 1505 (E. 374). Bail à nourriture pour 10 ans par les tuteur et curateur de Jean Lebrun, mineur, fils de défunts Jean Lebrun, en son vivant boucher à Auxerre, et de Jeanne Rogeot, à Etienne Rogeot, tonnelier au dit Auxerre. Il devra le nourrir, vêtir, chausser, etc., et « lentretenir aux escolles en façon quil puisse lire, escripre et luy « faire avoir sa tonsure ». Pendant ce temps, il jouira de tous les biens du mineur à la charge de les entretenir en bon état. Il prendra à son profit les laines des brebis et moutons et les « *fruitz* « *venant des mosches* », mais « sil advient vendre aucuns moutons

« ou brebis durant le dit temps, il sera tenu mectre largent au « prouffit du dit myneur ». — 1506 (E. 374). Baux à nourriture des enfants mineurs de Germain Borotte, d'Auxerre, et de Marie, sa femme. 1° Jean Boneau prend pour 5 ans Pelerine Borotte. Il devra pourvoir à tous ses besoins, l'envoyer à l'école, lui faire apprendre ses « pseaumes et ses heures et la mectre à la cou« ture ». Il jouira du revenu de ses biens, à charge de les bien entretenir. Au cas où elle se marierait avant l'expiration du contrat, il devra se désister du présent bail et lui rendre, outre ses biens, la somme de 27 l. 10 s. t. qui lui appartient. 2° Toussaint Hynnot prend Jean Borotte pour le même temps et aux mêmes conditions d'entretien et d'envoi à l'école. Il jouira de ses revenus; à la fin du contrat, il rendra, outre les biens, 10 écus au soleil « de largent du dit mineur ». 3° Germain Ancelot, boucher à Auxerre, prend pour la même durée et aux mêmes conditions (1) Guillaume Borotte. Il devra lui apprendre le métier de boucher. A la fin des cinq ans, en lui rendant ses biens, il devra lui rembourser la somme de 23 l. 10 s. t. et payer à Pelerine et à Jean, 4 l. 10 s. t. à chacun. — 1517 (E. 412). Par un acte qui suit le traité de mariage de Hugues Suet, menuisier à Auxerre, avec Marguerite, veuve Guillaume Mercier, les tuteur et curateurs des deux enfants nés du mariage Mercier, Guillaume et Simonne, consentent aux nouveaux époux un bail à nourriture de ces deux enfants, aux conditions suivantes : Ils seront tenus de garder la fille jusqu'à 12 ans et le garçon jusqu'à 18, de les « nourrir, gouverner, alimenter, leur « administrer toutes leurs nécessitez corporelles, les garder de « faim et de froict, les entretenir durant le d. temps de tous « vestemens et habillemens servans à leur usage et selon leur « estat; les envoyer à lescolle, faire avoir coronne au d. Guillaume, « mectre la d. Simone à cousture et le d. Guillaume apprendre « son d. mestier de menuzier, tant seullement sil plaist au d. « Guillaume et non aultrement. Et à fin desd. années iceulx « myneurs seront tenuz les rendre bien vestuz et abillez selon « leur estat. Et quant lad. Simone sera marié ilz seront tenuz luy « bailler un lict garny de coettes, cuissin, couverture, six draps, « ciel et dociel, chaslit, une robe noire doublée de frize de coleur, « ung chapperon et ung cotton, avec la somme de 10 l. t. Et aud. « Guillaume, avec les choses dessus dites, luy bailler à la fin des « d. années, la somme de 100 s. t. ». Pour subvenir à tous ces frais, les tuteurs abandonnent aux dits époux tous les biens

(1) Moins cependant l'obligation de l'envoyer à l'école. On voit que c'est en même temps un contrat d'apprentissage.

paternels appartenant aux mineurs. Il est en outre convenu que si les enfants meurent avant leur mère, une somme de 9 l. sera employée à « faire prier Dieu pour lâme du d. feu Guillaume Mer-« cier, leur père, en ensuivant lordonnance par luy faite par son « testament et non aultrement ». — 1520 (E. 413). Bail à nourriture pour 10 ans, portant contrat d'apprentissage, de Alexandre Châlon, par Thienette, sa mère et tutrice, à Jean Dutartre, vigneron à Auxerre. Il devra subvenir à tous ses besoins, lui montrer son métier de vigneron et, à la fin des dites années, lui donner les objets ci-après : habillements neufs : un pourpoint de drap de couleur, une paire de chausses de drap rouge, une jaquette de drap *morée* (?), un chapeau, un bonnet, deux chemises; une serpe, un *piot*, un *pict*, une maigle et, en argent, un écu soleil. — 1526 (E. 414). Bail à nourriture pour 6 ans, portant contrat d'apprentissage, par les tuteurs de Jean Monyn, chez son oncle Pierre Monyn, vigneron à Auxerre. Il devra l'entretenir complètement, lui enseigner son métier de vigneron, « le faire tailler (1) à ses « despens, luy faire avoir couronne aussi à ses despens »; et à la fin des six années, « le rendre bien vestu et habillé tout à neuf ». Il lui est abandonné en toute propriété les biens meubles appartenant au mineur « à cause de son père » et le revenu des immeubles, à charge d'entretien. — 1642 (E. N. N. Minutes Chevillotte, Liasse n° 5). Acte par lequel Clément Regnard, de Marigny-l'Eglise (Nièvre), prend à bail à nourriture pour un an, Edme et Blaise, fils de Edme Bachelin, son beau-frère, moyennant 10 quartes de froment, 4 bichets d'orge, 5 bichets 1/2 de seigle et 2 pintes de sel.

Contrats de louage de commis, ouvriers et domestiques.

1481 (E. 368). « Le 24e jour du mois de septembre, ou dit an; fut « présent en sa personne Phelisot Blandin, maçon, lequel recognut « et confessa soy estre aloué à Denis Buteau, maçon, demorant à « Aucerre, à ce présent et acceptant, pour luy servir dujourduy « jusques à Pâques prochainement venant, et du dit jour jusques à « ung an après ensuivant, en son mestier de maçonnerie, pour le

(1) S'agit-il de la taille de la vigne ou de l'opération guérissant de la pierre? On sait qu'autrefois, par suite de la mauvaise qualité du sel délivré par la gabelle, la maladie de la pierre était fréquente. (Voir Rambaud, *Histoire de la Civilisation française*, et l'inventaire des archives de l'hôpital d'Auxerre, qui contient de nombreuses mentions d'opération). Il est probable cependant qu'il est question de la taille de la vigne.

« pris et somme de chacun mois de huit solz dix deniers obole tour-
« noiz, que le dit Buteau sera tenu et a promis leur paier au bout
« dun chacun mois. Et avec ce, que le dit Buteau sera tenu et a pro-
« mis pendant le dit temps, le dit Blandin soigner de boise [boire],
« manger et le aberger bien et convenablement, et pendant le dit
« temps luy bailler deux chemises et deux paires de soliers à son
« usage. Obligeant, etc. Présens à ce : Estienne Johannon, Andoche
« Blandin et Huguet Dessertaines, demorans à Blain-les-Chasteau-
« Chignon. Et soubz telle condicion que se le dit Buteau deffault à
« paier le dit Phelisot au bout de chacun mois ou huit jours après,
« la dite somme de huit s. dix d. obole t., que le dit Phelisot pourra
« licitement délaissier et corrumpre son alouage et service ». — 1485 (13 janvier, v. s.) (E. 370). Pierre Picart et Jean, son fils, demeurant à *Brasnay-lez-Dolot* (1), se sont loués à Jean Pageot, charpentier à Auxerre ; « pour eulx servir ou dit mestier et autres
« choses licites et honnestes, dujourduy jusques à la feste de la
« purification Nostre-Dame prochainement venant, et dicélluy pour
« jusques à ung an après ensuyvant. En telle manière et soubz
« telles condicions que le dit Pageot sera tenu et a promis les dits
« Pierre Picart et son dit filz, nourrir et aberger, et leur adminis-
« trer leurs neccessitez de boire, manger, chausser et coucher. Et
« avec ce, pendant le dit temps, paier au dit Picart la somme de
« vint livres t. par esgalles porcions à la fin dun chascun mois.
« Promettant... » — 1491 (5 mars, v. s.) (E. 372). « Comparut
« Claude Blonde, mercier, demourant à Rouvray-lez-Avallon (2),
« lequel confessa avoir baillé et aloué Marie, sa fille, à Colas
« Lemoyne, drapier, demourant à Auxerre, pour luy servir en
« toutes choses licites et honnestes, dujourduy jusques à six ans
« prochainement venant. En telle manière et soubz telles condi-
« cions que le dit Lemoyne sera tenu et a promis la dite Marie,
« pendant le dit temps, nourrir, vestir, chausser et luy adminis-
« trer toutes ses neccessitez ; et à la fin des dites années rendre et
« paier à la dite Marie la somme de trante solz t. ». — 1505 (E. 374). Germain Gerbault, *voiturier par eau* à Auxerre, prend pour 3 ans Jean Ylaire, de Clamecy, pour le « servir en son mestier de *marinier* (3) ». Il devra le nourrir, lui « administrer toutes ses neccessités corporelles, et le soigner de soliers tant seullement » et, à la fin des trois années, lui donner 20 l. t. et un pourpoint *selon son estat*.

(1) Brannay, canton de Chéroy (Yonne).

(2) Rouvray (Côte-d'Or).

(3) On voit, par cet acte, que les termes voiturier par eau et marinier étaient employés indistinctement.

« Et sil advient que le dit Ylaire a besongne dargent pendant le « dit service, le dit Gerbault sera tenu luy en bailler pro rata ». — 1515 (E. 508). Edme Du Clou, coutelier à Auxerre, prend à son service pour un an, comme ouvrier, Simon Sécart, du diocèse de Besançon, sans indication d'autres charges que celle de lui payer la somme de 10 l. t. Au cas où le dit Du Clou décéderait, avant la fin du contrat, cet ouvrier devra finir son temps avec son fils. — 1521 (E. 379). Colas Perrot, ouvrier menuisier, natif de Chalons en *Champaigne* (sur Marne), s'engage à travailler pendant 2 ans chez Guillaume Darlot, menuisier à Auxerre, qui devra lui « adminis- « trer toutes ses nécessités corporelles » et lui payer 100 s. t. pour la première année, et 9 l. t. pour la seconde. — 1521 (E. 379). Contrat de louage et marché à façon (*in extenso*) : « Le 22e jour de « juillet, lan 1521, Simon Sourdeau et Jehan Le Bon, cardeux, « pigneux, tisserant de draps [à Auxerre], ont promis et promec- « tent à Françoys Johan, aussi tisserant, cardeur et pigneur, de « le servir ou dit mestier, et aussi le dit Johan de leur bailler à « besongné, dujourduy jusques à la purification Nostre-Dame « prouchaine venant (la Chandeleur, 2 février), et les paier pour « chacune aulne de drap, demy blanc 20 d. pour le pezon et 10 d. « pour la livre destam, qui leur sera paiée en besongnant. Et où « deffault y aura et seront deloyaux de servir où dit mestier le dit « Johan, ils seront tenuz et promectent paier au d. Johan, pour « chacun jour 20 d. chacun deulx ; et aussi le dit Johan pour « faulte de leur bailler la besongne et pour leur séjour et pour « chacun jour à chacun deulx, sera tenu leur paier 20 d. Car « ainsi... » — 1522 (E. 508). Un sieur Masson, apothicaire, natif de Nevers, se loue pour un an à Jean de Charmoy, apothicaire à Auxerre, pour le prix de 10 l. t. Il n'est question à l'acte ni de logement ni de nourriture. — 1560 (E. 388). Engagement par Girard Périer, vigneron à Auxerre, de servir pendant un an Germain Blanchard, voiturier par eau, « de son estat de vigneron et autres « choses licites et honnestes » aux conditions suivantes : il devra être nourri, logé, fourni de souliers et recevoir 2 chemises, « ung « rocquet de thoille (1) » et 8 l. t. — 1562 (E. 389). Marché par lequel François Bigne, vigneron, s'engage à servir pendant 3 ans Simon Bourgoing, voiturier par eau à Auxerre, « de son estat de vigne- « ron, de aller par la rivière, et de faire toutes choses licites et « honnestes », pour le prix de : 100 s. t. la 1re année, 6 l. t. la 2e « et 7 l. t. la 3e. Il devra en outre être nourri, logé, entretenu de

(1) *Blouse* de toile (La Curne de Sainte-Pallaye, *Dictionnaire historique*, voir *rocquet*, *rochet*, dérivé du mot *roque*, aube courte, surcot).

souliers et recevoir un bonnet chaque année. — 1562 (E. 389). Engagement par Bonnet Gelé, vigneron à Auxerre, et Simon Regnauld, *son serviteur*, de servir M. Etienne Lamoignon, chanoine d'Auxerre, de leur « mestier de vignerons et à toutes autres « choses licites et honnestes, » du 15 février 1562 (v. s.) au jour de Pâques *prochain venant* (1), pour la somme de 12 l. t., la nourriture et le logement. — 1567 (E. 659). Engagement par François Rouard et Dominique Guilleminot, maçons à Tonnerre, de travailler au château d'Yrouère pour le compte et sous la direction de Guillaume Petit et Jean Chollier, maçons au dit Tonnerre, du 28 février 1567 (v. s.) au 15 août prochain (1568), sans discontinuer, pour le prix de 7 s. t. par jour chacun. Au cas où l'un d'eux serait malade durant ce temps, il ne sera tenu ni de continuer ni de se faire remplacer. — 1568 (E. 392). Marché par lequel Etienne Farleau, marinier et charpentier de bateaux, s'engage à servir, du 1er octobre 1568 à Pâques (1569), Jean Froby, voiturier par eau au dit lieu, moyennant la nourriture, le logement et 27 l. t. — 1570 (E. 394). Engagement par Pierre Aniquier, compagnon de rivière et manouvrier, de servir, du 1er octobre 1570 à Pâques 1571, Georges Bezanger, voiturier par eau au dit lieu, « à toutes ses « affaires et coucher au batteau quand requis en sera », moyennant la nourriture, le logement, 17 l. t. en argent, « deux paires « de soulliers entretenuz de carlures, un rocquet (blouse) de « thoille, ung bas de chausse de valleur de 12 s. t. ». — 1570 (E. 394). Lazare Dhostel, tonnelier, se loue pour un an à Colas Evrat, tonnelier à Auxerre, « pour le servir de son mestier de ton- « nelier ou à toutes autres choses », moyennant la nourriture, le logement, 100 s. t. en argent, une paire de souliers avec une *carreure* (ressemelage), un bonnet de la valeur de 8 s. t. et une chemise. — 1574 (E. 399). Engagement par Pierre Gléron, pêcheur à Auxerre, de servir, du 24 avril à la saint Rémy (1er octobre), les sieurs Loiseau et Colon, voituriers par eau, « de son estat de « pescheur, et à aller par la rivière tant nuit que jour ». Il sera nourri, logé et recevra 35 l. t. payables « par esgalle portion de « sepmaine en sepmaine ». Le dit Gléron leur prête, pour jusqu'au jour de la Toussaint, « cinq *portes* (*sic*) à pescher ». — 1578 (E. 402). Marché par lequel Baptiste Chevalier, tonnelier à Auxerre, s'engage à travailler chez Laurent Demyn, du 13 juillet jusqu'au commencement des vendanges, pour le prix de 5 s. t. par jour. Son

(1) 1563. L'année commençait à Pâques. Ce n'est qu'à partir de 1582, lors de la réforme *officielle* du calendrier par le pape Grégoire XIII que l'année a commencé au 1er janvier.

patron devra le nourrir et le fournir d'outils. — 1581 (E. 402). Engagement par Jean Lagrange, marinier à Appoigny, de servir, pendant un an, Etienne Blandin, voiturier par eau à Auxerre, en qualité de marinier, et de coucher dans le bateau quand il en sera requis, pour la somme de 6 écus et 2/3 d'écu, la nourriture, le logement, l'entretien de souliers, un bas de chausses de drap de la valeur de 35 s. t. et un chapeau du même prix. — 1581 (E. 403). Engagement par Jean Collinet, cardeur à Auxerre, de servir de son métier Jean de Beaulche, cardeur au dit lieu, du 10 septembre à « saint Martin d'hiver » (11 novembre) 1581, pour le prix de 2 écus sol. et un tiers d'écu, la nourriture, le logement et la fourniture des outils. — 1641 (E. N. N. Minutes Chevillotte. Liasse n° 9). Engagement par Lazare Rousseau, laboureur à Querson (1), de servir pendant 6 mois, à partir du 1er mai, Simon Sagette, marchand à Chamon (2), pour 24 l. en argent et une « carrelure de soulliers ». — 1563 (13 juillet) (E. N. N. Minutes Chevillotte. Liasse n° 9). Edme Girard, manouvrier à Marigny (Nièvre), s'engage à servir « pen« dant la présente desbleure durant un mois », Aubbin Normand, *apothicaire à Crotefoux* (3), moyennant 6 l. en argent et une gerbe de froment. — 1659 (E. N. N. Minutes Chevillotte. Liasse n° 5). Jean Petitjean, maçon du *pays de la Marche*, s'engage à travailler pour le compte de Paquet Chevrison, maçon également du *pays de la Marche*, du 15 mars à la saint Martin (11 novembre 1659). Pendant ce temps, il devra être nourri « feste et non feste » ; il recevra 45 l. t. et aura droit à quatre journées dans la saison des moissons. — 1667 (E. N. N. Minutes Chevillotte. Liasse n° 6). Fiacre Robert, de Marigny-l'Eglise, s'engage à servir pendant un an, comme charretier, et autres services qui lui seront commandés, Gabriel Thollot, « *voiturier par terrre* » à Tormancy (4), moyennant la nourriture, le logement, 36 l. t. en argent, une paire de souliers, un bas de chausses de drap et un chapeau. — 1673 (E. N. N. Minutes Chevillotte. Liasse n° 9). Engagement par Simon Bernard, de Marigny, de servir Georges Bernard, laboureur au dit lieu, du 8 juin à la saint Martin (11 novembre) 1673, moyennant 23 l. t. et deux *jougs de bœuf*.

(1) Queuson, hameau, commune de Marigny-l'Eglise (Nièvre).

(2) Cette localité n'existe pas dans l'Yonne. Le *Dictionnaire topographique de la Nièvre* en mentionne cinq ; duquel s'agit-il ?

(3) Crottefou, hameau de Marigny-l'Eglise (Nièvre).

(4) Hameau de Massangis (Yonne).

CONTRATS D'ASSOCIATION.

1511 (E. 376). Association pour 2 ans entre Jean Rothy et Jean Huet, mariniers et pêcheurs à Auxerre, pour la pêche de deux lots dans la rivière d'Yonne, l'un à Lézigny (1), l'autre à la Rippe (2). Comme ils sont amodiataires d'un lot chacun, ils seront de moitié, tant pour la location que pour le produit. Mais s'il « advient que lun deulx voise en voyage sur leaue et « lautre voise pescher ès dites rivières durant le voyage, celluy « qui sera empesché es dites rivières aura et prendra la moitié du « dit voyage ». — 1530 (E. 381). Association entre Tholart et Oger, mariniers à Auxerre, pour transport de marchandises « à pertes « et acquetz », du 15 septembre à Pâques suivant. Leurs bateaux seront en communauté. « Et sil advient que lun deulx face aulcun « marché touchant marchandise qui se conduit par eaux, lautre « laura pour aggréable ». — 1565 (E. 390). Association pour un an entre Edmond La Conche et Jean Froby, mariniers à Auxerre, pour « conduire et mener en leurs batteaux toutes marchandises « quils verront bon estre ». Ils fourniront chacun deux bateaux garnis, l'un de 8 pilles et l'autre de 7; seront moitié dans les bénéfices et pertes, même dans les blessures des bateaux, et ne pourront durant ce temps « faire aultre voicture ». — 1565 (E. 390). Association pour 3 ans entre Etienne Pillard, Léger Pillard, Pasquet Yore et Louis Loppin « joueurs d'instrumens » à Auxerre, « pour jouer de leurs instrumens à toutes festes et aultrement, « ainsi que les affaires se présenteront, et les prouffictz quilz en « feront se partiront entre eulx par égalle portion, etc. ». En outre, il est convenu que si l'un d'eux refuse de concourir à un marché consenti, il n'aura pas sa part des bénéfices. — 1568 (E. 392). Association pour un an entre Jean Memet et Jean Creux, voituriers par eau à Auxerre, pour transporter, de perte et de gain, jusqu'au 1er octobre prochain, la marchandise qui se présentera. A l'expiration du contrat, chacun reprendra ses bateaux, avec les « ancres, singes, mas, quillettes, polaie et polies »; les autres agrès se partageront par moitié. — 1568 (20 novembre) (E. 392). Association entre Ursin Favas et Toussaint Horset, mariniers à Auxerre, pour conduire « ès batteaux quilz ont de pré- « sent » toute la marchandise qui se présentera de ce jour jusqu'au 1er octobre prochain. Ils seront de moitié dans les pertes, mais le

(1) Hameau, commune de Mailly-la-Ville (Yonne).

(2) Hameau de Merry-sur-Yonne (Yonne).

sieur Horset n'aura droit qu'au tiers des bénéfices. — 1571 (E. 506). Association pendant un an par les sieurs Gallerand, Gendre, Finot et Chamaillard, *bisetiers* (1) à Auxerre, pour entreprendre et servir en commun des banquets, dîners et soupers, sous peine d'amende pour ceux d'entre eux qui entreprendraient pour leur propre compte. — 1574 (E. 399). Jean Loiseau, voiturier par eau à Auxerre, prend Pierre Colon, du même état au dit lieu, pour associé par moitié dans l'amodiation de la pêche des « rivières appellé « le bouchet Preuilly (2), leaue Levesque et Orgelaine (3)... En ce « faisant, le d. Loiseau a vendu au d. Colon la moictié de vingt-« sept tant *portes* (?) que non (*sic*), deux bachotz, deux grands et « ung petit fillé (filet), une scisaie (?), ung batour (4), ung tra-« millon (5) et ung hablier (6), deux sacqs, deux hallier (7), vingt « nasserons, troys roybles et aultres ustancilles que le d. Loiseau « a servant à pescherie ; desquelz ustancilles cy-dessus sen servi-« ront par ensemble pendant le temps de la présente association ». « Cette vente est faite pour la somme de cent livres sur laquelle « Loiseau a reçu celle de 60 l. t. « et ung bateau de sept pilles » (8). — 10 décembre 1673 (E. 445). Association entre maçons, pour un an, avec conditions particulières (*in extenso*) : « Sont comparus en « leurs personnes, Nicolas Grosset, m^{e} maçon du pays de la Mar-« che, du village de Ratheau, paroisse de Bonnas (9), d'une part ; « André Gallynat, aussy m^{e} maçon du d. pays et paroisse, daultre « part ; tous deux travaillant de présent en ce pays de Bourgongne.

(1) La Curne donne bien *biset*, pain moins noir que le pain bis, puis *bisette*, petit pain. — Larousse désigne également *bisette*, petit pain bis pesant un demi-kilogramme. Ni l'un ni l'autre ne mentionne *bisetiers*. Cependant, la profession ne fait aucun doute.

(2) Preuilly, commune d'Auxerre.

(3) Aujourd'hui les Iles, ferme, commune d'Auxerre. Une terre on orgelaine avec quatre îles y attenant avait été donnée en 1229 par Guillaume, comte de Nevers, et Mahaut, sa femme, aux religieuses des Celles (commune de Saint-Georges) pour y transférer leur monastère. (Quantin, Histoire de la rivière d'Yonne. *Bull. Soc. des Sc.*, 1885).

(4) Batour, *battue*. Battre l'eau avec des perches pour rassembler le poisson (La Curne).

(5) Trémail, trammail ou hallier. Genre de filet (Littré).

(6) Hablier, abléret, filet carré attaché au bout d'un bâton pour pêcher des ables ou petits poissons (La Curne).

(7) Voyez trémail ou abléret.

(8) Le 29 avril, c'est-à-dire cinq jours après cet acte, un autre annule cette association dont les conventions nous ont paru, quand même, intéressantes à faire connaître.

(9) Bonnat, commune de la Creuse.

« Lesquelz ont déclaré et confessé estre associés ensemble de « tous les ouvrages, tant maçonnerie que tailles, queulx et les « valetz feront lannée prochaine, à frais commungs et ce par moy- « tié, tant de marchef passé par escript que verballement, lesquelz « ilz seront tenus de rapporter et rendre compte lun à laultre en « conciense et fidellité, pour les sommes en revenant estre par- « tagé par moytié, à la réserve de vingt livres que led. Grosset « prandra sur la masse et totalité de leurs marchefz et avant le « partage des deniers en provenant(1). Laquelle scociété ilz seront « tenus de commenser à travailler aussytot que led. Grosset sera « de retour de son pays ou il sen va à présent, et sera tenu le « d. Gallynat de tenir les marchés des louages quil fera pour les « ouvriers et valletz quil amènera dud. pays de la Marche, et luy « tenir compte ce quil aura desbourcé, tant pour les advances que « deffraye quil aura faict pour les amener en ce pays. Lesquelz « seront payés à commungs frais et par moytié aussy bien que les « d. louage et tous utilz et aultre chose comme noriture seront « fourny par moytié. Et a esté accordé entre lesd. parties que les « despence que lun ou laultre fera hors de la compagnie de leurs « ouvriers nentra en compte, si ce nest pour aller faire des mar- « chefz, tirer payement diceulx, ou agir à leurs affaires com- « munes ; comme aussy tiendront compte lun à laultre des jour- « nés quilz manqueront par faulte, soit pour aller en leurd. pays, « malidie ou aultre chose, à raison de dix solz pour chascugne « journé. Et à lesgard de leurs ouvriers, silz en ont besoing pour « parachever les ouvrages quilz ont achevé de la présente année, « ils les payeront lun à laultre suivant quilz en demeureront dac- « cord. Deans laquelle société demeure comprise tous les marchefz « quilz ont faict et passé despuis la St Martin, lesquelz demeure à « commenser pour l'année prochaine, à la réserve de celuy qua « faict led. Gallynat avec Mgr. le comte de Chastellux pour rom- « pre la roche au-dessoulz du grand canal qui luy demeure en son « particulier. Et a led. Gallynat donné présentement en présence « du juré soubzsigné et des tesmoings soubzscripts aud. Grosset, « la somme de dix livres pour ayder à subvenir aux frais des « louages et amener des valetz de leurd. pays, desquelz dix livres « led. Grosset tiendra compte sur lesd. deffrais. Le tout ainsi « accordé, etc., etc. »

(1) Ce privilège de 20 l. t. en faveur de Grosset est assurément la conséquence de la réputation dont il jouissait dans le Morvan comme entrepreneur, car nous le voyons choisi par M. de Chastellux pour réparer son château et construire le chœur de l'église de Saint-André-en-Morvan.

CHAPITRE VII

INDUSTRIE ET COMMERCE

1. — **Industrie.** — Navigation. — Moulins et Usines. — Marchés a façon.

2. — **Commerce.** — Vente de : Matériaux de construction, Bois de chauffage, Écorces ; Vin et Vendange ; Vinoterie ; Animaux, Voitures et Harnais ; Peaux et Suif ; Denrées alimentaires ; Habillement ; Armes ; Objets divers ; Locations.

Quand, de nos jours, on parcourt ces ateliers fantastiques où des milliers d'ouvriers grouillent autour de puissantes machines qui en représentent des milliers d'autres, on se demande, dans la surprise du premier moment, ce que pouvait être l'industrie avant leur création Puis, peu à peu, le calme succède à l'affollement, la pensée remonte le cours des temps et se fixe sur ces modestes échoppes où nos artisans produisaient, pour les besoins d'une région restreinte c'est vrai, mais sans *machines perfectionnées*, les objets et étoffes d'usage courant.

Point n'était besoin alors de demander au midi de la France, les draps communs. Chaque ville de province avait ses drapiers qui les fabriquaient eux-mêmes. Il en était de même des toiles communes, pour lesquelles il était inutile de s'adresser au nord de la France ou en Belgique. Partout les femmes et même les dames et *gentes damoiselles* filaient leurs quenouilles ou leurs rouets et les *tixiers*, avec leur simple navette, convertissaient leur fil en toile. Chaque localité avait aussi ses tanneurs et ses mégissiers pour les cuirs, ses parcheminiers, etc., et même pour les beaux-arts ses sculpteurs, peintres-verriers et chasubliers-brodeurs.

Inutile également d'aller au loin chercher le fer, qui s'exploitait dans la région. Celui nécessaire à la construction de la tour de l'Horloge d'Auxerre est sorti des ateliers de Martinet Duchesne, maître des forges de Sougères-sur-Sinotte, à une lieue et demie de la ville. En 1493, un marchand (métallurgiste sans doute), de Moulins-sur-Ouanne, vend 3 milliers de fer à un coutelier d'Auxerre. Le chapitre de Sens, lors des grands travaux qu'il fit faire, aux xve et xvie siècles à sa cathédrale, se pourvoit de clouterie à Coulours et à Rigny-le-Ferron.

Quant aux matériaux et objets de choix, on n'hésitait pas, coûte que coûte, à s'adresser aux bons endroits : Les pierres tumulaires sont prises à Thisy, « *au banc des tumbes* » ; les blocs pour sculpture sortent du *banc des ymages* des carrières de Bailly (près St-Bris). Le chapitre de Sens, lors des travaux dont il est question plus haut, fait venir, en quantité considérable, la pierre de Saint-Leu (1). Mais il convient de reconnaître que, jusqu'aux guerres du Milanais, c'est de l'étranger et notamment de l'Italie que la France tirait les étoffes précieuses et les objets artistiques. Pendant et après ces guerres, la Renaissance italienne fut introduite en France sous toutes ses formes, même en ce qui concerne les arts industriels.

Avec un système industriel aussi rudimentaire, il aurait fallu, à cette époque, entreprendre un *voyage circulaire* d'un certain développement avant de découvrir ces *fabriques* qui offrent au public des produits *à des prix défiant toute concurrence*.

Le commerce n'était pas moins rudimentaire. Les banques (2), le papier commercial, qui en est l'accessoire, et les tribunaux de commerce, connus sous le nom de Juges-Consuls (3), n'existaient pas ou n'étaient encore qu'à l'état embryonnaire.

(1) Saint-Leu d'Esserent, commune du canton de Creil (Oise).

(2) La première banque a été créée à Lyon par le cardinal de Tournon en 1543.

(3) Les Juges-Consuls ont été établis par déclaration royale de mars 1564, à Auxerre, Sens, Troyes, Orléans, etc. (Ch. Demay, *La Juridiction consulaire d'Auxerre* (*Bull. Soc. des Sc. Yonne*, 1894).

Le marchand proprement dit, par opposition au marchand qui n'écoulait que les produits qu'il confectionnait, faisait commerce de tout, spéculait sur tout. Cela se comprend. S'il allait jusqu'à prêter de l'argent à ceux de ses clients dont la solvabilité n'était pas douteuse, par contre, pour conserver ses *pratiques* et pour rentrer dans ses fonds (à cette époque le numéraire était encore rare), il acceptait volontiers des paiements en nature, plutôt que de s'exposer à perdre ce qui lui était dû. Dans de pareilles conditions, et tout en ayant peut-être commencé par ne vendre qu'un ou plusieurs produits déterminés, il était fatalement amené à commercer sur des marchandises variées à l'infini pour se débarrasser de celles qu'il avait reçues en paiement. Au besoin, il faisait fabriquer pour vendre à bénéfice, car il pouvait ou savait attendre le bon moment (1).

On peut dire qu'aux XVe et XVIe siècles, le marchand était roi et pouvait prétendre à tout avec son argent. La vénalité des charges et les nombreux biens nobles à vendre favorisaient ses désirs les plus secrets. En achetant les deux, il s'ouvrait toutes grandes, immédiatement ou à brève échéance, les portes de la noblesse. Telle est l'origine des ducs de Villeroy, comtes de Joigny (Neufville), des marquis de Champlay (Gerbault) et des comtes de Saint-Sauveur (Nigot), etc.

Par contre, deux grands génies manquaient d'argent pour leurs expériences et mouraient presque de faim : Gutenberg et Bernard Palissy.

Parmi les documents qui composent ce chapitre, beaucoup sont particulièrement intéressants, tant au point de vue technique qu'à celui de la valeur de l'argent, comparée avec notre époque. Quelques citations suffiront pour appeler l'attention.

Industrie : Marchés de construction de bateaux qui se différencient entre eux. Un seul de ces bateaux est construit hors de la région, en 1593. Or, à cette date, les guerres de la Ligue battaient encore leur plein dans l'Auxerrois et les pays environnants. Dans cette exception, on doit d'autant moins voir une coïncidence, que le voiturier par eau auxerrois qui le commande à un constructeur de *Chalons en Champagne*, doit fournir un charpentier de bateaux, qu'il paiera, mais qui devra être nourri et logé par le construc-

(1) Voir à ce sujet le curieux compte commercial de 1570 d'un nommé Delorme, § 1er de ce Recueil, p. 51 et suivantes. Dans les trois pages de ce compte, on le voit, outre les prêts d'argent, faire des achats ou ventes de vin, grains, futailles, bois, merrain, fumiers, vêtements, draps, étoffes, salaisons, etc.

teur. Nul doute que cet ouvrier a pour mission de veiller à ce que ce bateau soit fait *à la façon d'Auxerre* ; — 1563, traité entre les habitants d'Auxerre et un marinier du dit lieu, pour conduire à Paris 240 muids de vin destinés au service du roi ; — 1570, confection de trains de bois et transport ; — 1476, création d'une fabrique de papier dans les moulins d'Argentenay donnés à bail à 3 vies par l'abbaye de Quincy (1) à des paupelleurs [papetiers] de Troyes (2). Les bailleurs devront y faire établir une « grant roue et « rouet, deux abres [arbres], lesquelx meneront chacun quattre « pilles, une cuve et ung cuveau ferré de seiccles de fert, deux « presses à presser papier et des estandons à estandre papier, et « fournir des perches à bouter les cordes (3) » ; baux de moulins et usines et mention (en italique) de celles de ces usines, non citées dans le *Dictionnaire topographique de l'Yonne* ; — en 1603, deux marchés à façon : l'un pour le sciage du bois nécessaire à un bateau, l'autre pour sa construction.

Pour le *Commerce :* la vente, en 1565, d'une quantité considérable de merrain et d'échalas à un marchand d'Auxerre par les *maistres de la forge* de Tannerre (4) ; en 1505 et 1515, celles à des voituriers par eau d'Auxerre, de grandes quantités de bois à brûler (5) ; en 1516, celle de 2500 bottes de *genèvres* par un voiturier par eau d'Auxerre à un marchand de Paris ; en 1650, la vente, par

(1) Commune de Commissey (Yonne).

(2) Cet acte, intéressant une industrie que l'invention récente de l'imprimerie (1437) a considérablement développée, est donné *in extenso*.

(3) En ajoutant à ces quelques objets les *formes* et les *feutres*, l'outillage était complet.

Depuis l'invention des machines, on a distingué ce papier sous le nom de papier à la *main*, à la *cuve*, à la *feuille*, à la *forme*. Il se faisait à l'aide d'une *forme*. Les feuilles de papier recevaient l'empreinte de cette forme comme de véritables objets moulés. Une courte visite aux archives départementales permettra de se rendre compte de ces empreintes incrustées dans la pâte et formant des lignes claires. Elles sont connues sous les noms de : *Vergeures* (lignes horizontales), *pontuseaux* (lignes verticales), *filigrane* (ornement représentant la marque du fabricant.) Aujourd'hui encore on emploie ce procédé pour certains papiers forts et durables.

(4) Acte publié *in extenso*.

(5) Ces *voituriers par eau* ne se bornaient pas seulement à faire des transports. On rencontre souvent des traces de leurs négoces, surtout en bois pour l'approvisionnement de Paris, qui a toujours été une des grandes préoccupations de tous les gouvernements. En réalité, les plus riches mariniers étaient plutôt ce que l'on pourrait appeler des *armateurs d'eau douce*.

un carrier de Bailly, à Mre Charles de Vienne, comte de Commarin, lieutenant du roi au gouvernement de Bourgogne, de « 60 pierres « d'appareil, propres à faire figures »; celles à des marchands d'Auxerre de : fromages de Vacherin (1), fromages du Quantard (2), de savon de Castol (3), d'huile d'olive et d'amidon ; celles d'armes et armures, chevaux de bataille, d'effets d'habillement, d'outillage, mobilier, etc. (4).

§ Ier. — INDUSTRIE

1° Navigation (5)

Batellerie, Vente de Bois (1502-1571).

1502 (E 504). Vente, par deux habitants de Joigny, à Guillaume Fauleau, « voiturier par eau » à Auxerre, d'un chêne de 5 toises et 4 pieds de longueur, et de largeur « au menu bout dun pied et « ung espan (6) », qui devra fournir 10 planches et « 2 dousses »(7) de l'échantillon fourni, pour le prix de 10 s. t., livrable sur le port de Joigny, à la fosse *Fromageot*. — 1504 (E. 375). Vente, par Pierre Boireau, charpentier à Gurgy, à Etienne Contesse, voiturier par eau (8) à Auxerre, du bois *plat* nécessaire à la construction d'une nacelle *courbée* et *rablée*, de 12 toises de longueur, *ou plus*, et de 12 pieds de largeur, pour 15 l. t. « Et se le boys est plus long à « faire la dite nacelle de deux piedz, oultre ce (ce prix), le dit « Contesse sera tenu luy bailler une paire de chausses blanches,

(1) Fromage des montagnes du Dauphiné et de la Savoie.

(2) Fromage du Cantal.

(3) Cateau (?) (Nord) où aujourd'hui sont exploitées des savonneries.

(4) Dans ces actes, on rencontre souvent des particuliers qui vendent des objets peu en rapport avec leur profession. (Voir ci-après, § habillement). N'est-ce pas pour éviter la délivrance d'effets d'occasion que le patron doit donner à son apprenti des habillements « *à son usage* », c'est à dire faits exprès pour lui ? (Voir plus haut, contrats d'apprentissage).

(5) Cf. *Histoire de la Rivière d'Yonne*, par M. Quantin (*Bull. Soc. des Sc. Yonne*, 1885).

(6) *Empan*, espace compris entre les extrémités du pouce et du petit doigt écartés.

(7) *Dosse*, forme féminine de *dos*. Première et dernière planche d'un arbre débité.

(8) Nous nous dispenserons, dans ce paragraphe, de répéter inutilement cette profession, qui sera toujours celle de l'une des parties et quelquefois des deux.

« et sil ny a quun pié, sera tenu luy bailler ung bonet de gris ». — 1504 (E. 375). Vente, par Gillet Chevalier, charpentier et *cieux*, et Pierre Delorme, chapentier, à Guillaume Henriet, tous à Auxerre, « de deux chesnes convenables à faire nacelles et bateaulx, « assavoir : lun de 5 toises 4 piedz de long, pié et demy au menu « bout, le surplus à léquipolant [équivalent], et lautre de 4 toises « et 4 pieds de long et pié et ung apan au menu bout, chacun « chesne fournissant 8 planches et les deux dousses », à livrer sur le quai de la fontaine Saint-Germain, pour le prix de 8 l. 10 s. t. — 1505 (E. 375). Vente, par Philippe Gibelot, meunier à Merry-sur-Yonne, à Jacques Friquet, d'Auxerre, de 2 chênes à *faire bateaux;* l'un de 4 toises 1/2 de long, de l'épaisseur d'un pied et un empan au petit bout, l'autre de 6 toises et d'un pied 1/2 au petit bout; chacun fournissant 8 planches et deux dosses et « des« chantillon de troys pointes de doys », pour le prix de 16 l. t. — 1505 (E. 375). Vente, par Gaulon, de Surgy (Nièvre), à Jean Girault, d'Auxerre, d'un chêne de 6 toises de long, un pied et demi au petit bout et de 3 doigts d'échantillon, livrable au quai de la fontaine Saint-Germain, pour 6 l. t. — 1508 (E. 375). Vente, par plusieurs habitants de Pourrain, à Jean Herbelot, d'Auxerre, « de « la fourniture quil fauldra à une nacelle de 13 toises 4 piedz [de « long] et de 14 piedz de large, c'est assavoir : corbes et rables(1), « galluzes, hausses, asselières devant et derrière(2), convenables à « la besongne, cel, bide(3), bolétans(4), suches(5), coings, matière(6) « par le millieu et matière devant et derrière, gargnie de chanti« gnolles(7), et deschantillon convenable à la besongne », à livrer à l'endroit où se construira la nacelle, pour la somme de 19 l. t. — 1516 (E. 377). Engagement par Guérin Bonet, de *Chasteau Sansoy* [Châtel-Censoir], de livrer à Louis Henriet, d'Auxerre, « 25 rables « de 12 piedz de long, demy pié ou ung dors (8) de vivarecte, avec

(1) Pièces de bois qui soutiennent le fond du bateau.

(2) Pièces de bois cintrées.

(3) Pièce de bois servant à amarrer le bateau à l'avant; biton, autre pièce remplissant le même but à l'arrière.

(4) Pièces de bois aux deux bouts du bateau servant à mettre les cordages nécessaires aux bâtons à *bouter*.

(5) *Suche, souche, huche,* grosse pièce à l'arrière du bateau, boulonnée sur les arseillères.

(6) On désigne sous ce nom, les pièces de bois qui relient les deux côtés supérieurs d'un bateau, pour éviter l'écartement.

(7) Pièces de bois qui soutiennent les pannes d'une charpente.

(8) *Dour*, un quart de pied.

« ung gouvernal de 7 toises 4 piedz de long, garny de panons, (1) « le tout léal et marchant », pour le prix de 4 l. 7 s. 11 d. « Et lesquelz rables et gouvernal il a promis livrer devant la fontaine « Sainct-Germain d'Aucerre, en leaue flotant dedens la Penthe« coste prochaine venant; et sera tenu le dit Henriet envoyer « homme au dit lieu pour recevoir le dit gouvernal et panons ». — 1516 (E. 377). Vente, par Guillaume de Roches et Guillaume Voille, dit Saint-Sauge, de Monéteau, à Jean Theault l'aîné, d'Auxerre, de 4 chênes pour bateaux : le premier, de 6 toises de long, un pied et demi au petit bout; le deuxième, 5 toises et demi, un pied et demi au petit bout; le troisième, de 4 toises et demi de long et d'un pied et un empan au petit bout, et le quatrième, de 4 toises de long et d'un pied et un empan au petit bout; chacun d'eux fournissant 8 planches et 2 dosses, d'échantillon convenable; avec 4 *hailles* [ailes] (2) et 4 asselières, pour 21 l. t. Le tout livrable au port de Monéteau. — 1521 (E. 379). Vente, par Pierre le Tourneux, marchand à Saint-Loup-d'Ordon, à Jean Thomas, dit Jacquier, d'Auxerre, de 2 chênes « à faire bateaux, fournissant « chacun sept planches dont il y en aura 4 quarrées en chacun « chesne, et les deux dousses, dont lune sera de leschantillon « des dites planches ; le premier, de longueur de sept toises, pié et « demy de large au menu bout et le reste à léquipolant ; et lautre « chesne de 5 toises 1/2 de long, pié et demi de large au menu « bout, et au gros bout à léquipolant et deschantillon ainsi quil « est cy portraict, et de bon boys... à livrer au port de Villeval« lier sur le bort de leaue » pour la somme de 12 l. 10 s. t. — 1571 (E. 396). Vente, par Claude Farcy à Claude Lenfant, tous deux voituriers par eau à Auxerre, d'un chêne de 6 toises de longueur « de grosseur de 2 piedz au gros bout et dun pied et demy « au menu bout, et en icelluy faire 9 planches deschantillon de « 3 doigs chacune planche, sans comprendre les dousses, de bon « boys vif, loyal et marchand », à livrer au pont d'Auxerre, pour le prix de 50 l. t. (3). — 1603 (E. 434). Vente par Pierre Chappuis, de *Chazières* (4), *paroisse de Lormes*, à Jean Pellé, charpentier de bateaux à Auxerre, d'un chêne, bon bois, de 6 toises de longueur,

(1) La partie basse du gouvernail moins la flèche.

(2) Pièces de bois cintrées à l'avant et à l'arrière, au fond du bateau, qui relient les semelles.

(3) Prix à rapprocher de celui des actes précédents. Quelle différence du pouvoir de l'argent à soixante ans de distance seulement !

(4) Charrière, commune de Lormes (Nièvre).

« depesseur décarrissage », de 2 pieds et demi en tous sens au gros bout et de 20 pouces au petit. Il devra être « écarri, sié en « quattre ou cinq quartelles » et livré au port d'Arquien (Nièvre), pour le prix de 69 l. t.

Construction de bateaux (1504-1603). — 1504, 23 juillet (E. 375) (1). « Comparut en sa personne Anthoine Pinolet voicturier par « eaue, demorans à Sermirelles. Lequel confessa avoir vendu « et promis livrer à Jehan Cornemiche et Thienon Fauleau, « voicturiers par eaue, demorans à Aucerre à ce present et ac- « ceptans. Une nacelle corbée et rablée, à pille de queue de la « longueur de 12 toises 2 pieds, et de largeur de 12 piedz et ung « apan en son millieu, et sur les levéez en ses torteretz (2) unze « piedz et deux dors, sur le devant de haulteur de bors en son « millieu troys piedz et demy, et le surplus à léquipolant [équi- « valent], hausses et les asselières dun pié de large et demy pié « dapesseur, et les galuzes dessoubz, garnye de cel, bide, bole- « tans, elles, chatignoles, huche et les matières devant et « derrière, et une autre par le millieu, coings et de gourvenal, et « le boys plat de troys doys deschantillon. Le tout léal et mar- « chant. Et ce moyennant le pris et somme de 60 l. t. (suivent les « conditions du paiement). Laquelle il sera tenu faire et parfaire, « et icelle leur rendre et livrer en place toute faite et parfaite, et « après ce la mettre en leaue à ses despens. Laquelle besongne ou « cas quelle soit blessée en la mettant en leaue le dit Pinolet ne « sera tenu réparer le domaige. Car ainsi, etc... »

1504 (E. 375). Engagement par Jean Gaulon, de Surgy (Nièvre) de livrer à Laurent Fauleau, d'Auxerre « la sainture dune corne- « muze de *14* toises de long et *15* piedz de large (3), cest assavoir : « les hausses, galuzes, asselières devant et derrière, la matière « du milieu et les deux des leveez, souches et coings, cel, bite, « bolétans, gouvernail et panons, avec les rables, grands et petitz

(1) Ce marché est donné *in extenso* comme spécimen. D'autre part, il contient beaucoup plus de détails techniques que celui publié par M. Quantin dans son *Histoire de la Rivière d'Yonne* (*Bull. Soc. des Sc. Yonne*, 1885) et lui est antérieur de soixante-quatorze ans.

(2) Pièces de bois servant à relever les deux bouts du bateau.

(3) Cet acte rectifie, en les augmentant, les dimensions indiquées par M. Quantin qui, dans une histoire de la rivière d'Yonne, dit, page 471 et 472 : « Les bateaux n'avaient pas alors les dimensions des bateaux ac- « tuels. Les plus grands appelés *nacelles*, avaient de 10 à 12 toises de « longueur sur 10 à 13 pieds de large ; *une nacelle seule a 13 toises de « long sur 14 pieds de large.* »

« et soixante corbes (1) et les chantignoles. Et avec ce ung chesne « de cinq toises et demye de long, pié et ung apan de large au « menu bout, et deschantillons de troys pointes de doigs, four- « nissant huit planches et les deux dousses ; le tout servant à la « dite cornemuze, de bon boys léal et marchant. Et ce moyennant « le pris et somme de 24 l. t. et une paire de chausses de blanc ».. Le tout livrable « depuis le pont de Pouceaulx (2) en aval et en lieu « chargeable ». — 1505 (E. 375). Marché par lequel Antoine Jamet, de Clamecy, s'engage à faire pour Jean Cas, dit Hervillon, d'Auxerre, « une nacelle sangle (3) de 10 toises 4 piedz de longueur et de 11 « piedz et ung dor (4) en son millieu et deschantillons de troys « pointes de doys, un plat bort feuille garnye delles [ailes] devant « et derrière, huché, moutonné et chanlatée, et le gouvernal « garny de panons suffisant à la besongne » ; pour la somme de « 55 l. t. Il devra livrer la dite nacelle « dedens leaue flotant au « port de Clamecy » aux dépens de l'acquéreur. « Et laquelle « nacelle le dit Jamet sera tenu ambroyer de bray (5) en fournis- « sant par le dit Hervillon le bray nécessaire à brayer la dite « nacelle. Et sil advient qu'elle soit blessée en la mectant en leaue, « le dit Jamet sera tenu le réparer à ses dépens » (6). — 1508 (E. 375). Engagement par Philippe Gibelot, meunier à Merry-sur-Yonne, de livrer à Germain Gerbault d'Auxerre, une nacelle de 11 toises 4 pieds de long « 11 pieds et 2 dors en son millieu et le « résidu à l'équipolant, de haulteur de bors 3 piedz et demy, cor- « bée et rablée, à pile de queue, hausse, feuille sur bort de demy « pied d'appesseur et ung pied de large, cil et bide, matière en « son millieu et devant et derrière, une huche, garnye de gouver- « nal convenable à la besongne et deschantillon que les troys ches- « nes que le dit Gerbault sera tenu bailler au dit Gibelot. Et icelle « faire et parfaire bien et deuement, et fournir au reste desdits troys « chesnes ce quil fauldra pour la dite besongne et le brayer en « fournissant le bray », pour la somme de 30 l. t. Ce bateau devra être livré près du moulin de Merry-sur-Yonne « en leaue flotant ».

(1) Pièces de bois courbées, ainsi que le nom l'indique, qui lient le bord du bateau à son fond.

(2) Pousseaux (Nièvre).

(3) Nacelle munie de tringles de bois pour couvrir les joints des planches et la rendre étanche.

(4) Dour, quart de pied.

(5) Goudron.

(6) Par un acte suivant, Hervillon transporte à Perrin Tholart du dit Auxerre, son marché aux mêmes conditions et prix.

— 1570 (E. 394). (*In extenso*). « Comparut en sa personne Blaise « Chapellain, voicturier par eau, demeurant à Sermirelles, lequel « cognut et confessa avoir vendu et promis livrer à Thoussaintz « Auset, du dit estat demeurant à Aucerre, présent; ung batteau « neuf de onze pilles de longueur, de douze toises et de quatorze « piedz de largeur et de haulteur de troys piedz ung apan devant « et par son mielleu trois piedz deux dors, et par le derrière de « haulteur de quatre piedz quatre doys de bord sans comprendre « les haulses, fourny de gallure et de deux bolletantz devant, avec « une matière par son milleu et deux boullons devant et derrière, « avec les levés garnyes de planchers; et icelluy ferré aux escars(1) « du d. batteau de quatrez bandes de fert, et le melleu dicelluy « avec six chevilles de fer et deux rableaux, lung devant et laultre « derrière, les panons et sumelles cotellées (2) et les planchers « du dict batteau. Sera tenu led. Chappellain faire despesseur de « trois dois, et encores deux chevilles de fert au deux bolle- « tans garny de son gouvernel de la longueur telle que le bat- « teau le requiert; icelluy gouvernel garny de paneaulx. Lequel « batteau le dict Chappellain a promis rendre faict et parfaict « en eau flottant au grand deport (*sic*) du d. Sermirelles a dict de « gens ad ce cognoissans. Le tout de bons boys neuf de chesne « loyal et marchant, ensemble les ferrures et cloux neufves etc... « pour la somme de cinq cens vingt livres etc..... Car ainsi etc.. »

— 1571 (E. 369). Claude Farcy d'Auxerre s'engage à livrer à Pierre Sallé, du dit lieu, « ung batteau neuf de la longueur de 8 toises et « 5 pieds de largeur, de 11 piedz 1/2 par son parmy, de haulteur « de bords 3 piedz 1/2 par son parmy, le derrière d'icelluy « bateau de 3 piedz et 2 dours, le devant de 3 piedz 4 doigs, cor- « bé et rablé par pilles, chacun rable ayant 5 poulces en quarré, « les corbes avec les blochets quil y conviendra mettre, à l'équi- « polant; icelluy batteau garny de 4 harsellières, dune hausse par- « tie en deux de chacun costé dun pied de largeur et 1/2 pied dap- « pesseur, avec 2 boulletans, de 3 corbes en levée de chacun costé « avec les d. boulletans; les boullons devant et derrière, garny « de son gouvernel de 5 toises 1/2, empané et tasselé, servant au « d. batteau. Le dit batteau ferré d'une bande sur chacun escart, 2 « affiches à chacune bande et 2 cloux; et ferrer la matière du millieu « comme il appartient. Le dit batteau deschantillon convenable. » Il devra le livrer flottant dans l'eau, à Cravant ou à Auxerre, et employer le brai qui lui sera fourni par l'acquéreur. Ce marché est

(1) Écart, fer qui lie deux planches ensemble.

(2) Pièce de bois méplate rapportée sous une autre pour la renforcer.

fait pour le prix de 200 l. t. « Et a esté accordé que sil ny avoit « eaue en rivière suffisamment pour descendre ledit batteau du lieu « de Sermirelle (1) jusques aux portz de la livraison en temps « dicelle, en ce cas le dit Sallé a promis attendre la livraison jus- « ques à la première eaue qui viendra après le dit terme escheu. « Et encores le dit Farcy a promis rendre et livrer au dit Sallé au « lieu de Cravant ung cent de merrein à vin, vellu, demy quar- « teron de corbes de 2 pieds 1/2 de patte et 3 pieds 4 doigs de « teste et de 6 pousses dappesseur, moyennant le d. Sallé a pro- « mis bailler au d. Farcy ung bonnet de valleur de 25 s. t. et une « aulne de drap noir ou aultre colleur de valeur de 4 l. t., ou « bien au lieu des d. bonnet et drap les sommes cy-dessus.... ». — 1571 (E. 396). Marché par lequel Claude Farcy, charpentier de bateaux, s'engage à faire pour Antoine Darras, au dit lieu « un *bachot* « de 6 toises 1/2 de longueur et de largeur « par son millieu de 4 « piedz et 4 doigs, de haulteur de bords par son millieu de 2 piedz « et le reste à l'équipolant, corbé et rablé de 6 pilles, chacun rable « ayant une paulme de largeur, et de leschantillon en fond cy por- « traict (2) et le panon de bordaige deschantillon aussi cy portraict, « .... et le rendre en eaue flottant au lieu de Pierre Perthuis » (3) pour le prix de 50 l. t. « Et a esté accordé que si le d. bachot se faict « de plus grand largeur que cy dessus est déclaré, en ce cas le d. « Darras a promis en satisfaire le d. Farcy selon qu'il en sera advisé « par gens ad ce cognoissans ». — A la même date le sieur Farcy fait pour Guillaume Maulyon, d'Auxerre, un bachot de 5 toises 1/2 de longueur... avéc une paire de *quillettes*, de la longueur de 24 pieds, à livrer également en eau *flottante* à Pierre-Perthuis. — 1590 (E. 427). Antoine Farcy, d'Auxerre, s'engage à faire pour Pierre Sallé, pêcheur au dit lieu, « ung bachot servant à pêcheur :

(1) Quoique habitant Auxerre, le constructeur avait un chantier à Sermizelles ou sous-traitait cette construction à un charpentier de bateaux de cette localité.

(2) Conforme au croquis (non joint à l'acte malheureusement).

(3) Aujourd'hui la navigation de la Cure ne va pas au-delà de Vermenton. Le tonnage certainement n'était pas aussi fort que celui de nos bateaux actuels et les forêts, en plus grande quantité, entretenaient un volume d'eau plus considérable que de nos jours. Pourtant le bassin des Settons n'existait pas.

M. Quantin, dans son *Histoire de la rivière d'Yonne*, cite un bateau commandé par les habitants d'Auxerre, pour servir à la restauration de leur pont, à des ouvriers de Cure (Domecy) plus haut encore que Pierre-Perthuis. Il est vrai qu'il ne dit pas que le bateau a été mis à l'eau en cet endroit.

longueur 5 toises 2 pieds, largeur en fond, 3 pieds; hauteur 1 pied 1/2, épaisseur de bois, 2 doigts, garni de *tinglage* en chêne neuf, livrable dans le bief des grands moulins d'Auxerre ; pour le prix de 11 écus d'or soleil. — 1591 (E. 427). Marché par lequel Jean Guion, de Blaunay, s'engage à faire pour Jean Havard, d'Auxerre, « ung batteau appelé passechevaulx, de longueur de 8 toi- « ses 2 piedz, compensé en 8 pilles, de largeur en son milieu de 7 « pieds 4 doibs, de haulteur de bords de 3 piedz 1/2 en son tour « et derrière et sur le devant à l'équipolant, les planches dé- « pesseur de 2 poulces 1/2 franciers (1), icelluy corber et râbler « de corbes et rables suffisans, suivant la qualité du d. bat- « teau, et garnir icelluy de son gouvernel et levée devant « et derrière, et y mettre 4 asselières par le dedans » en chêne neuf, et à livrer au bief de Cravant ; pour le prix de 70 écus d'or soleil. — 1591 (E. 427). Engagement par Antoine Farcy, d'Auxerre, de faire pour Pierre Bourgoin le jeune, du dit lieu, un bateau appelé passechevaux : longueur 7 toises 1/2 *ou plus*, largeur en fond 7 pieds *ou plus* ; hauteur de bords 3 pieds 4 doigts sur le derrière, et 2 pieds 2 *dours* sur le devant, *lespanon* (sic) épaisseur 2 pouces 1/2, le garnir de corbes et rables, 4 *asselières*, une *gallure*, une *huche*, *son gouvernet* et levées et de tout « de ce quil y « convient et prest à voicturer »; en chêne neuf, *loyal et marchant*, à livrer dans le bief des moulins de Cravant, pour la somme de 55 écus soleil. Les 15 derniers écus payables seulement après le premier voyage à Paris. — 1591 (E. 427). Marché par lequel Antoine Farcy charpentier de bateaux à Auxerre, et *Marie Girard, sa femme* s'engagent à fournir à Etienne Fernier, du dit lieu, un bateau appelé passechevaux : longueur 7 toises 1/2 ; largeur sur râble 7 pieds 1/2 ; hauteur de bords sur le derrière, 3 pieds 2 doigts, sur le devant à *léquipolant*, épaisseur partout de 2 pouces « francz les sumelles cotteles » le garnir de 4 « asselières, 4 helles, « coings, souches, scel, 2 levées, et dune huche ferment, corbé et « rablé suffisament. Et oultre, garnir icelluy de *clantz* (2) avec le « gouvernel de telle longueur, largeur et grosseur quil convient « et suffisant pour servir au d. bateau, et icelluy faire de bon boys « de chesne neuf, royal et marchant, que ce soyt ny *roche* ny *poullieux* ; tingler icelluy avec cloux à batteaux et lacousturer avec « cloux neufz de demy pied de longueur, et y mettre lesd. cloux à « encouturer de pied en pied et plus proche sy le cas y eschet ;

(1) 2 pouces 1/2 *francs* après sciage.

(2) Morceaux de bois de quelques centimètres de côté pour permettre le boulonnage des planches du bord du bateau.

« clouer les d. asselières et huche, ensemble tout ce quil y con-« vient clouer » ; livrable au port de Vermenton ou à celui de Cravant, au choix du dit Fernier; pour le prix de 53 écus d'or sol. et un chapeau de la valeur d'un écu sol. — 1593 (E. 429). Acte par lequel Claude Mafflard, voiturier par eau à Châlons *en Champagne* (1), s'engage à fournir à Jean Dallendat, du dit état à Auxerre, un bateau neuf de 11 toises 3 pieds de longueur « à compter 6 piedz pour toise » ; largeur en fond 14 pieds; hauteur 4 pieds 2 pouces sur le derrière « en son tourleret » et 3 pieds 1/2 sur le devant, « et en son corps à l'équipolant, les sumelles et panons « de cottelage, et le reste des planches du d. batteau de 2 poulces « dépesseur franc sciez, les rables par moitié brum (2) et siage (3) « de 6 poulces dépesseur sur tous sens, les rableaux de mesme « bois et qualité, les corbes de cinq à six poulces en carré, les « baulces de treize poulces de largeur et sept poulces dépesseur par « les menuz boutz, les portelotz (4) ou galleures de dix poulces de « largeur et six poulces dépesseur, garnir icelluy de levées et gou-« vernet bon et suffisant pour le d. batteau, avec deux bouletantz « deux boutants et champignolles et une mathière au milieu ; et « icelluy ferrer de trois bandes de fert de longueur chascune de « deux piedz sur chascun des d. escardz, avec deux museaux de « fert sur le devant, et braier icelluy par dedans; fournissant par « le d. Dallandat, au lieu de Paris, en la maison de Loys Lefebure « (ou Lefebvre) à Paris ung baril de bray, en laquelle maison icel-« luy vendeur sera tenu le recepvoir, demander et transporter. « Le dit bateau compensé en dix pilles de vin et à joinct. Le tout « de bon bois de chesne neuf, loial et marchant, rendu faict et par-« faict garny comme dict est, bien et deuement a dict de gens ad « ce cognoissant, au lieu de Paris en lisle Nostre Dame, dans le jour « de Pasques prochain venant ou quinze jours après, auquel lieu « le d. Dallendat sera tenu le recepvoir. Pour faire lequel batteau « le d. Dallendat sera tenu fournir un homme de lestat de char-

(1) Les guerres de la Ligue et le peu de sécurité des voies de communication, même navigables, pour aller d'Auxerre à Paris sont, à n'en pas douter, les causes de la construction de ce bateau à Châlons ou à Paris. Les charpentiers de bateau étaient en temps normal assez nombreux dans l'Auxerrois, pour n'avoir pas à recourir à ceux d'une autre contrée

(2) Sans doute *grume*, bois avec son écorce et non débité par opposition au bois scié ci-après.

(3) Bois scié, *un cent de siage* (La Curne).

(4) Pièce de bois reliant deux *about* du plat bord du bateau, autrement dit les deux écarts.

« pentier de batteaux, qui sera paié de ses gaiges par le dict Dallendat, et lequel ledict Mafflard sera tenu norir et héberger pendant quil sera à la construction du d. batteau ; lequel Mafflard sera tenu fournir pour faire la construction deux aultres hommes pour chascun jour qui seront par lui esfraiez [défrayés] et paiés. Et ce moiennant la somme de cent escuz sol, que le dict Dallendat a promis et sera tenu paier au dict Mafflard vendeur, en livrant le dict batteau neuf en la d. isle comme dessus. Et néantmoings est accordé entre les parties que sy la trève de la guerre civille qui règne à présent est rompue dans ce jour de Chandeleur prochain et que la d. guerre continue, en ce cas le présent contract demeurera nul et résolu cy bon semble à lune ou laultre des parties. Car ainsi etc... »

Réparations de bateaux. — 1540 (E. 384). Simon Pavillon et Jean Blandin, charpentiers de bateaux à Auxerre, s'engagent envers Jean Cuvillé, du dit lieu, « à repariller ung bateau de 13 pilles et y mettre sumelles, 3 courbes et 3 rables s'il est besoing, et ung aultre bateau de 11 pilles ouquel ilz seront tenuz mettre ung cens de tinglage ; le recheviller, y mettre 3 courbes, 3 rables sil est besoing ; et sil y conviendra mettre planches ilz seront tenuz les y mettre en leur paiant la somme de 7 s. 6 d. t. par pièce ; en fournissant le dit Cuvillé toutes matières en place » ; pour le prix de 45 l. t. « Et a esté accordé que sil convient mettre au dict bateau de 11 pilles plus de tinglage que la quantité dessus dite, le dit Cuvillé sera tenu leur paier 60 s. t. pour chacun cent quilz mettront en besongne ». — 1562 (E. 389). Marché par lequel Edme Tiercellain l'*aîné*, et Edme Tiercellain, le *jeune* son fils, charpentiers de bateaux à Auxerre s'engagent envers Pierre Berger, meunier du moulin Judas, « à tyrer hors de leaue et mettre en chantier à leurs propres coustz, ung batteau de 8 pilles au dit Berger appartenant, et le mettre en chantier en la place aux *confrères* ou ès environs près la Tournelle d'Aucerre, de ce jourduy en 15 jours. Ce faict, lesd. Tiercellains seront tenuz de repariller par lung (sic) en fournissant par eux enthièrement le tinglage, clou, mousse, chevilliage, et chevillier sur le d. tinglage ; et si besoing est, retressir le dict batteau de 3 doix chasque costé et si bon semble au dict Berger », pour le prix de 13 l. t. pour « chacun cent de tinglage mis en œuvre ». — 1570 (E. 394). Engagement par Grégoire Guion l'aîné, charpentier de bateaux à Auxerre, envers Blaise Chapellain, voiturier par eau à Sermizelles, de *repariller* un bateau de 10 pilles qui sera mis en chantier au bout du pont de Cravant, à l'endroit appelé *la Gravelle*, et « à icelluy batteau mettre deux helles, une hausse, deux boulétans, con-

« souer et semelles se mestier est, ung panon de levée et tinglay « bord et levée, et le recheviller au lieu où il sera nécessaire ». Le sieur Chapellain fournira toutes les *estoffes* qu'il faudra. Ce marché est fait moyennant 17 l. t. en argent, un bonnet du prix de 25 s. t., un muid de vin clairet, 4 bichets de blé, moitié froment et méteil et une pinte d'huile. — 1571 (E. 396). Claude Farcy, charpentier de bateaux à Auxerre, entreprend de réparer un bateau de 10 pilles appartenant à Germain Perreau, du dit lieu. Il devra mettre : « 4 helles de la longueur de 18 pieds chacune et deschantillon « convenable, plus 2 semelles cotellées ; reborder le d. batteau de « boys neuf, sçavoir : de haulteur de bords de 3 piedz 1/2 sur le « devant, sur son millieu 3 piedz, 2 dor (dours), derrière 4 piedz 2 « doigs, deschantillon commun et convenable ; plus mettre 4 har-« selières et une hausse deschantillon, la d. hausse dun apand « [empan] dapesseur et 14 poulces au menu bout de largeur, et « les d. harsellières semblables ausd. hausses ; 16 rables de 6 poul-« ces dappesseur en tous sens ; 12 rableaux de 6 poulces dappes-« seur ; 12 corbes au corps du d. batteau ». Le sieur Perreau devra mettre le bateau en chantier en l'endroit le plus commode de la ville, et le dit Farcy, fournir « toutes les pièces cy dessus « declarez, de bon boys, vif, loyal et marchant » ; les 12 vieux rableaux lui appartiendront, mais tout le bois des autres pièces remplacées, reviendront à Perreau. En outre, Farcy a promis de fournir et « mettre une galleuze et aultres pièces de bois que led. « Perreau y vouldra mettre, et de rejoindre les planches dud. « batteau lune contre lautre ». Ce marché est fait pour le prix de 195 l. t. plus un chapeau de feutre de la valeur de 40 s. t.

Vente de bateaux. — (1481-1581). — 1481 (E. 368). Ventes : par Pierre Bonot à Ferrand Delaveaul meunier au Saulce (1), d'un *bachet* (batelet) pour 100 s. t. — 1490 (E. 371). Par Thevenin Thuault à Colas Pertuis (2) mariniers à Auxerre, d'une nacelle « du port de cent à six^{xx} (120) muys » pour 30 l. t. — 1495 (E. 373) par Jean de Nevers, d'Auxerre, à Vincent Tholart, marchand à Paris, d'un bateau garni de son gouvernail et d'une *flete*, à livrer à Paris, pour 140 l. t. — 1506 (E. 374) par Jacques, Jean et Robert Brocard frères, à Louis le Cuvillé, tous mariniers a Auxerre, d'une « nacelle corbée et rablée » pour 33 l. t. — 1508 (E. 374) engagement par Jean Friquant, marinier à Auxerre, de payer à Robert Brocart, contrôleur au grenier à sel du dit lieu 39 l. t. pour vente d'une « nacelle corbée et rablée ». — 1509 (E. 376) Vente par Jean Seurrat à Jean

(1) Hameau de la commune d'Escolives (Yonne).
(2) C'est bien un nom de marinier.

Le Monde, marinier à Auxerre, d'un *bachot* pour 2 écus sol — 1511 (E. 376). Reconnaissance de 65 l. t. par Jean Creux au profit de Thevenin Brocart et de la veuve Guillemin Leclerc, tous voituriers par eau à Auxerre pour vente de « deux nacelles corbées « et rablées garnies de leurs gouvernaulx, une ancre, perches et « avirons avec le cordage servans aus dits bateaux ». — 1524 (E. 380). Reconnaissance de 95 l. t. par Jean Gillet au profit de Jean Theault *le jeune*, *fils* de Jean Theault, *l'aîné*, mariniers à Auxerre pour vente d'une nacelle courbée et rablée.—1562 (E. 389). Vente par Pierre Bollin à Jean Viguereux, mariniers à Auxerre, d'un bateau de 7 piles « estant de présent sur la rivière » pour 25 l. t. — 1565 (E. 390). Vente par la veuve Simon Brocard, contrôleur du grenier à sel d'Auxerre, à Germain Brocard, marinier au dit lieu, de deux bateaux, l'un de 10 piles. l'autre de 11, munis de gouvernail, pour 160 l. t. — 1568 (E. 392). Quittance de 600 l. t. donnée par Jean Brocard à Nicolas Galimard, mariniers à Auxerre ; 200 l. t. en espèces et un bateau de 11 piles garni de son gouvernail, compté pour 400 l. t. — 1568 (E. 392). Vente par Philippe de la Baulme et Guillaume Favey, de Sermizelles, à Nicolas Bezanger, d'Auxerre, tous voituriers par eau, d'un « batteau de 11 piles entrant 6 « muyds en fonds », garni de son gouvernail, pour 160 l. t. —1571 (E. 396). Vente par Nicolas Galimard à Jean Brocard, mariniers à Auxerre, de 2 « batteaux de chacun 14 pilles, garnis de leurs gou« vernelz et de leurs équipages enthièrement » l'un appelé la *Régie* et l'autre *La Martine*, pour 650 l. t. — 1574 (E. 399). Vente d'un bateau de 11 piles, garni de son gouvernail (provenant d'une succession) pour 500 l. t. —1581 (E. 403). Vente par Jean Beaufils à Pierre Bourgoin, mariniers à Auxerre, de deux bateaux appelés *Marnoys* (1), l'un de 11 piles, garni de son gouvernail et de sa levée, l'autre de 8 piles ; et d'un 3e appelé *passechevau*, de 8 piles « entrant « 3 muyds en fond » pour 150 écus d'or soleil.

Location de bateaux.— (1516-1603).— 1516 (E. 377). Location par Jean Maulion à Jean Creux, mariniers à Auxerre, du 6 octobre au 15 février 1516 (v. s.) « une nacelle corbée et rablée, moyennant « pour chacune sepmaine quil la tiendra et occupera, le d. Creux « paiera au d Maulion 35 s. t. à paier de mois en mois ». Il devra rendre la dite nacelle en bon état, *hors usure*. Si elle était rompue ou *débrisée*, Creux serait tenu de payer 30 l. t. *pour la prisée*. Et s'il « y fait aucune réparation qui est de présent à faire, le d. Mau« lion a promis luy déduire sur le dit louage ». — 1570 (E. 394). Location du 10 octobre 1570 au jour de Pâques 1571, par Jeanne

(1) Provenant de la Marne, ou construits comme ceux de cette contrée.

Caulchois veuve Cloppin, à Jean Trubert, tous d'Auxerre, d'un bateau de 9 piles, garni de son gouvernail, pour 80 l. t. — 1578 (E. 402). Location par Antoine Bodier d'Auxerre à Nicolas Boursain, de Cravant, d'un bateau de 6 pilles garni de son gouvernail et *équipage* (1), pour le prix de 2 écus 2/3 d'écu sol. par semaine. — 1581 (E. 403). Location du 12 octobre à la Pentecôte suivante, à Jean Bourgoin, par Jean Deschintres, mariniers à Auxerre, de sa personne et d'un bateau de 8 pilles « entrant 4 muydz en fond » muni de ses agrès, et lui appartenant, pour la somme de 66 écus sol. et 2/3 d'écu, l'entretien de souliers, « ung chapeau bon et rai« sonnable, avec une paire de chausses de la valeur de 3 écus sol. » — 1594 (E. 429). Location pour 3 semaines par 2 mariniers d'Auxerre, à un vigneron demeurant à Vaux, d'un *bachet* portant 6 muids de vin, garni de sa chaîne, cordeaux, d'une perche et d'une écoppe, pour 2 écus sol. — 1603 (E. 434). Location pour un an par Gervais Levesque à Etienne Housset, mariniers à Auxerre, d'un bateau appelé passechevaux, de 8 pilles, portant 4 muids en fond, garni de son gouvernail et de ses levées, pour 72 l. t.

Marchés de transport par bateaux. — (1505-1603). — 1505 (E. 375). Pierron Olivier et Jean Fèvre, de la Rippe (2) s'engagent à amener par eau de Merry-sur-Yonne à Auxerre, pour le compte de Laurent et Guillaume Fauleau, 7 à 8 cents (3) de bois équarri, achetés à Edme Berou et autres pour le prix de 25 s. t. le cent. — 1508, 13 novembre (E. 375) *in-extenso* :

« Fut présent en sa personne Pierre Amyot Perrier, demeurant « à Vincelottes, lequel confessa avoir marchandé, promis et accordé « à Jacquet Trubert et Perrinet Lenfent, voicturiers par eaue, à ce « présens, de conduire et amener depuis le port de Bailly en leurs « bateaux, toutes les pierres tant quartiers que pierres dapareil « quil fera en la dite perrière dujourd'huy jusques à la Saint-Rémy « prouchaine venant (1er octobre 1509). Et ce moiennant le pris et « somme, pour chacun cent de membre de 60 s. t., et pour chacune « pierre dapareil pris au pied quarré, de 40 d. t., et pour 100 [illegible] erres « dapareil, pris sur le dit port et menées à Joigny, au pris pour « chacun pié quarré de 6 d. parisis. Lesquelles il ne sera tenu « charger qui ny ait pied et ung apan deaue en rivière et les aider « à charger es bateaux ; et les autres pierres amenéez à Aucerre, « sera tenu les charger en leurs bateaux sans descharger. Et les-

(1) Agrès.

(2) Hameau de la commune de Merry-sur-Yonne.

(3) Voir le marché d'achat de ces bois de construction, § II (*Bulletin de la Société des Sciences de l'Yonne* 1899, p. 294).

« quelles sommes dessus dites, pour raison desdites voitures et « pierres, le dit Amyot a promis paier ausdits Lenfent et Trubert « en livrant les dites pierres, etc... »

1541 (E. 501). Pierre Prudhomme, voiturier par eau à Auxerre, s'engage à conduire du port de la perrière de Cravant au port de Sens, au-dessus du pont, 516 pieds de pierre, pour le prix de 20 deniers par pied. — 1562 (E. 389) François Miquellet, d'Auxerre, s'engage envers l'évêque d'Auxerre, à conduire à Paris, *en ses bateaux*, 108 muids de vin à charger aux ports d'Auxerre et de Regennes (1) et 67 *grands mosles* de bois à charger au port de Regennes, pour le prix de 18 s. t. par muid et 28 s. t. par grand moule de bois. — 1562 (E. 389). Marché in extenso pour conduire d'Auxerre à Paris 248 muids de vin, dont 15 pour le remplissage, de la part des habitants d'Auxerre pour le service du roi.

« Le 19e jour de décembre (1562) comparut en sa personne « honnorable homme Germain Brocart, marchand voicturier par « eaue, demeurant à Aucerre, lequel a marchandé aux manans et « habitans de la ville d'Aucerre, stipulants par honnorables hom- « mes Mathieu Contesse, Yves de Chosses, Jehan Cloppet, Germain « Armant, Pierre Mathieu, Pierre Delye, Anthoine Marye et Pierre « Rousselet, tous eschevins de la d. ville, et en la présence de « Me Gabriel Thierriat, gouverneur [du fait commun] et Me Fran- « cois Le Roy, procureur, de mener et conduire par eaue et en « toute dilligence, de ceste ville d'Aucerre jusques en la ville de « Paris au port des Célestains, la quantité de deux centz vingt « cinq muydz de vain dun costé et quinze muydz daultre, et iceulx « délivrer ès mains de noble homme Me Estienne Gerbault (2), « recepveur du roy, commis pour la réception des d. vains jusques « au d. nombre de deux centz vingt cinq muids pleinz et à hul- « liez (3), les aultres quinze muydz estant pour le remplage [rem- « plissage] ; faire la dicte conduicte en la plus extrême dilligence « que faire se pourra et sans aulcune retardation ; à quoy il a pro-

(1) Commune d'Appoigny (Yonne).

(2) Etienne Gerbault, originaire d'Auxerre, descend d'une riche famille de « voicturiers par eau ». C'est luiqui, en 1560, fait construire 4 à 500 toises de murs pour terminer la clôture d'une propriété sise rive droite de l'Yonne en face le port Saint-Loup d'Auxerre, connue sous le nom de la *maison Gerbault* ou de fief de la *Basse Maison*. Le château fut démoli en 1590, par ordre du gouverneur de la ville. (Voir chap. II marchés de travaux de construction *Bulletin de la Société des Sciences de l'Yonne* 1899, p. 204, 306 et 307).

(3) *Œuillage* « action de remplir un tonneau jusqu'à la bonde, jusqu'à l'œil. » (La Curne de Ste-Pallaye).

« mis satisfaire et commencer sil tost que le d. vain luy sera déli-
« vré, aux us et costumes de la rivière ; et de la quantité de deux
« centz vingts cinq muydz en apporter acquit et descharge selon le
« mandement et intantion du Roy, et quil est plus amplement
« porté par les commissions et procès-verbal de messieurs les
« Esleuz d'Aucerre. Et ce moyennant la somme de vingt solz pour
« chacun muyd, dont le d. Brocard se paiera par les mains des
« deniers qu'il recepvra pour la conduicte du dict vain, par les
« habitans, particulliers des villes et villages de la d. élection,
« selon la cotte qui en a esté faicte par mes d. sieurs les esleuz, et
« du surpluz des deniers, en rendre compte quant et à qui il
« appartiendra » — 1571 (E. 396). Engagement par Jean Dallendat d'Auxerre, envers Allard Drinud, marchand à Arras, de conduire dans ses bateaux, du port d'Auxerre au port de Paris, « au lieu « accostumé de descharger les vins d'Aucerroys » la quantité de 100 muids de vid, pour le prix de 30 s. t. par muid, « à rabatre vingt et ung pour vingt et la boisson ». — 1574 (E. 399). Marché par lequel Pierre Lenfant et Ursain Favas d'Auxerre, s'engagent envers Jean Seurrat, contrôleur pour le roi au grenier à sel d'Auxerre, de conduire dans leurs bateaux, du port de Paris à celui d'Auxerre, 150 muids de sel qui seront mis en futailles, revenant à la quantité de 1200 *poissons* [poinçons], pour le prix de 32 s. 6 d. t. par muid trentain « à rabatre le vingt et ung pour vingt et quatre demye « queue pour troys muydz ». — 1576 (E. 504). Engagement par Simon Robert, d'Auxerre, envers Jean Méré, marchand à Paris, de conduire par bateaux, du port de Mailly-la-Ville à celui de St-Paul à Paris, 80 pièces de cendres, pour le prix de 45 s. t. la pièce. — 1578 (E. 402). Lazare Marion, voiturier par eau à Bailly (1), s'engage envers plusieurs vignerons de Saint-Bris, à conduire dans ses bateaux 109 muids de vin, à prendre au port de Champs-sur-Yonne et à mener au port de Grève à Paris, « *pour y tenir vante huict jours consécutifz* » (2), pour le prix de 45 s. t. par muid « à « rabatre vingt et ung pour vingt et la boisson ». — 1586 (E. 407). Engagement par Germain Lestoffé, demeurant à Cure (3), envers Jean Seurrat, contrôleur pour le roi à Auxerre, de *conduire et me-*

(1) Aujourd'hui hameau de la commune de St-Bris (Yonne).

(2) Il y a 30 ou 35 ans, des propriétaires de l'Auxerrois conduisaient encore, sans qu'il soit vendu préalablement, du vin à Paris, qu'ils appelaient « mener en fouaille ».

Quoique destinés aux marchés de Paris, ces vins, à l'occasion, étaient vendus durant le trajet.

(3) Hameau de la commune de Domecy-sur-Cure (Yonne).

ner par eau « soyt en batteau ou en flotte » du port d'Asquins au bief St-Pélerin d'Auxerre, la quantité de 100 milliers d'échalas à 50 *bâtons* par botte et 20 bottes pour millier et 20 milliers de perches « *si elles se tiennent* », pour le prix de 12 s. t. par millier flotté et de 20 s. t. par millier transporté par bateau, « tant de la perche que « pesseau » — 1594 (E. 429). Acte par lequel Laurent Fauleau, d'Auxerre, s'engage à conduire par bateau, du port de Cravant au port St-Paul à Paris, pour le compte de la marquise de Nesle, représentée par noble Jean de la Chaulme son maitre d'hôtel, 46 muids de vin et 14 muids tant de blé que de meubles, pour le prix de un écu sol. 1/3 d'écu et 5 sols par muid, tous frais de péage ou autres frais ordinaires remboursés. Il est également convenu que les vins, grains et meubles devront être mis dans des muids trentains enfoncés. — 1603 (E. 434). 3 voituriers par eau de Villeneuve-le-Roi [sur Yonne] s'engagent envers Pierre Bonnet, marchand bourgeois à Paris, à conduire par bateaux, du port d'Auxerre à celui de la Tournelle à Paris « lieu accoustumé à faire dessen. : des vins de l'Aucerrois » 120 muids 1/2 de vin « tant reliez que non reliez » pour le prix de 42 s 6 d. t. par muid.

Remonte de bateaux. — 1574 (E. 399). Nicolas Galimard s'engage envers Etienne Gauthier, tous deux mariniers à Auxerre, à remonter du port de Bassou (au-dessous du pertuis) à la râcle d'Auxerre, 2 bateaux « appellez passechevaux, chacun de sept pilles » pour la somme de 20 l. t. (1), sur laquelle somme Galimard a reçu 4 écus d'or soleil ; le reste lui sera payé « en rendant les bateaux au dit port d'Aucerre ». — 1590 (E. 427). Engagement par Nicolas Pichard envers Siméon Pavillon, tous deux mariniers à Auxerre, de « monter à ses fraiz avec les premiers traictz de batteaux qui monteront par la rivière, du dit lieu de Paris en ceste ville d'Aucerre » deux bateaux : l'un de 9 pilles portant 6 muids en fond, l'autre de 8 pilles portant 4 muids en fond, chacun de ces bateaux, garni de ses gouvernail et levées, pour la somme de 25 écus d'or soleil et « ung chableau de cordes » (2).

Confection de trains de bois, marchés de transport (3). — (1565-

(1) 200 l. environ d'après Leber. Le prix, quoique non douteux, semble élevé pour un trajet de 3 lieues 1/2 à 4 lieues. Il est vrai que ce marché est du 8 décembre et qu'il y avait peut-être urgence et danger à effectuer ce halage à cette époque de l'année.

(2) Câble (La Curne).

(3) Le transport des bois en trains a cessé vers 1870, avec la navigation continue obtenue par la substitution des écluses aux pertuis, et conséquemment la suppression des éclusées.

1584). — 1565 (E. 390). Louis Delaplace, de Chatel-Censoir, s'engage envers Jean Seurrat, marchand à Auxerre, à conduire en 15 jours depuis le port d'Asquins jusqu'à celui d'Auxerre, la quantité de « deux à trois mil pièces de boys, quatre bois à revenir, à « compter cent quatre pièces pour cent » pour le prix de 110 s. t. par chacun cent de bois « en fournissant le dit Delaplace toutes « routes [rouettes] (1) et scentiers, lesquelz le d Seurrat prandra « les flottes ainsi quelles seront faictes ». — 1570 (E. 504). Germain Fouché, de Nailly (2) s'engage envers Martin Lecomte, marchand à Paris (3), à conduire « par eau par le port d'Aucerre jus« ques au port des Sélestins à Paris, la quantité de six trains de « boys ayant unze couppons, chacun train flotté à troys buches « lune sur laultre, montant le tout à unze cents unze mosles de « boys à compter soixante busches pour mosle », moyennant 21 l. 10 s. chaque train. — 1570 (E. 394). Engagement par Thiénon Corot et Blaise Dandeau, de Coulanges-sur-Yonne, de mettre en trains pour le compte de Régnier [Réné] Arnoul (4) marchand à Paris. tous les bois qu'il peut avoir sur le port de Merry-sur-Yonne, pour le prix de 13 l. 5 s. t. par train ; chaque train « ayant unze « couppons flotté à troys busches lune sur laultre, et chacun cop« pon de la longueur accostumée, et rendre iceulx trains hault et « droit, prest à monter les compagnons pour les mener à Paris », et à la charge par les dits Corot et Dandeau de fournir tous chantiers et rouettes qui seront nécessaires, et deux perches non ferrées pour la conduite de chaque train. — 1570 (E. 394) Engagement par les mêmes envers le même, de conduire en *flotte* et en trains, à leurs risques et périls, de Merry-sur-Yonne à Paris, au port des Célestins ou à celui de la Tournelle, tous les bois que le dit Arnoul peut avoir sur le port du dit Merry, pour le prix de 26 l. t. par train. Chaque train se composera de « unze couppons, « flotté à troys busches lune sur laultre et chacun coppon de lon« gueur accoustumée ». — 1584 (E. 504). Laurent Berthier, de

(1) *Rouette*, « branche menue et flexible dont on fait un lien pour assembler les parties d'un train de bois » (Larousse).

(2) Hameau de la commune de Saint-Moré (Yonne).

(3) Sans doute un parent de Charles Lecomte, qui, d'après M. Quantin (*Histoire rivière d'Yonne, Bulletin de la Société des sciences de l'Yonne* 1885) fut le premier à faire flotter des bois de moule en trains de l'Yonne à Paris (1547).

(4) Voir note sur ce personnage au chapitre V (Biens) à propos d'une maison canoniale qu'il prend à bail du chapitre d'Auxerre en 1570 (*Bulletin de la Société des Sciences de l'Yonne* 1900, p. 106).

Châtel-Censoir, s'engage envers François Thierriat, d'Auxerre, « à « voiturer par flotte » (1) 2917 grands moules de bois à 60 bûches le moule, du port du dit Châtel à ceux de Champs, Vaux, Augy, St-Pèlerin d'Auxerre, Appoigny et Chichery, à la volonté du dit Thierriat, pour le prix de 20 écus soleil « chacun cent des grands « mosles ». Le sieur Berthier devra fournir « perches, rouottes, « vaisseaulx, perches ferrées et tout ce quil conviendra pour flot- « ter le dit bois »

Pêche, pisciculture. — 1481 (E. 368). Jean Tenelle et Colas Dappoigny, fabriciens de St-Pèlerin d'Auxerre, donnent à bail pour 12 ans à Simon Chauneri « un croteau (2) ainsi quil se compourte « assis en la rivière Dionne, au-dessus du pont d'Aucerre, avec un « saulcis assis au-dessus et près du dit croteau » moyennant la rente annuelle de 18 s. 8 d. t — 1497 (E. 373). Bail pour 3 ans par Louis de Gaillart, mari de Ysabeau Trouvé et procureur de Perrette et Laurence Trouvé, ses belles sœurs, à Etienne Borot, marinier à Clamecy, du droit de pêche dans les « trois pièces de rivière « de la seigneurie de Chèvre Roche (3) à elles appartenant » pour le prix de 9 l. t. par an. — 1502 (E. 375). Bail pour 3 ans par noble Jean Boisselet, écuyer, de Mailly-la-Ville, à Robin Martinot et Pierre Béry, pêcheurs et mariniers à Auxerre, de la pêche dans la portion de la rivière d'Yonne lui appartenant « depuis le gué daval sous « Mailly-le-Chasteau jusques à la queue de lisle soubz le gué de « Lésigny (4) actenant de la rivière de Chevroche (5) » pour le prix de 7 l 13 s. 4 d. t. par an. — 1505 (E. 375). Bail pour 3 ans par Jean Creux, Germain Ylhéron, Pierre Béry et Perrin Maulion, mariniers à Auxerre, fermiers de la rivière dite *de la Trémoulle* dans la rivière d'Yonne, appartenant à Mme la douairière de Nevers, des lots de pêche « de menue pescherie » ci-après :

A Guillemin Leclerc « depuis leaue le Conte jusques à leau de « Preuilly » pour 8 l. t. par an ; — à Claude Evrard « depuis leaue « de la teste de Cheuilly (6) jusques au pertuys d'Aulgy » pour 7 l. 10 s. t. par an ; — à Adenet Evrard « depuis le pertuys d'Aulgy jus-

(1) C'est-à dire en trains. Du reste la fin du marché le dit assez clairement.

(2) *Crot*, anse, fossé, trou (La Curne).

(3) Chevroches, commune du canton de Clamecy (Nièvre).

(4) Lézigny, hameau de Mailly-la-Ville (Yonne) aujourd'hui détruit.

(5) Hameau de la commune de Brosses (Yonne) à proximité de la rivière d'Yonne. Il ne peut être question de Chevroches (Nièvre) beaucoup trop éloigné de Mailly-la-Ville.

(6) *Chouilly*, château, commune d'Auxerre, lieu détruit.

« ques à leau de Rigny (1) » pour 7 l. 10 s. t. par an ; — à Guénin Cauchois « depuis le pertuys de Bailly jusques au pertuys d'Arme-« nault (?) » pour 9 l. t. par an ; — à Guillaume Delacroix et Jean Herbelot « depuis la teste de Toussac jusques au pertuys de Bailly » pour 14 l. t. par an ; — à Pierre Prévost, « depuis le pertuys de « Rivote (2) avec une autre porcion de rivière appelée Le Jarron » pour 16 l. t. par an ; — à Perrin Bernier et André Huet, « depuis « le pertuys des Saulées (3) jusques au bout de leaue d'Aulgy » pour 105 s. t. par an ; — à Jean Tache et Jean Le Monde, « depuis « le rû des fontaines Botisses jusques au pertuys des Saulées » pour 7 l. t. par an. — 1508 (E. 374). Bail à trois vies par Thibault Masle, tanneur et Guillaume Cordier, fabriciens de Saint-Pèlerin d'Auxerre, à Jean Godart, pêcheur au dit lieu, d'un « crotheau à « pescher poisson, estant en la rivière d'Yonne, au-dessus du pont « d'Aucerre, ainsi qu'il se compourte, tenant à la rivière du Conte « et de toutes autres pars au pré des religieulx de St-Jehan de Jhe-« rusalem » pour la rente annuelle de 7 s. 6 d. t. — 1511 (E. 376). Bail perpétuel par Claude de Savoisy, seigneur de Seignelay et de Beaumont, à Thevenin Sauvage, du dit Beaumont, de la rivière de Beaumont (4) « ensemble la pesche dicelle depuis le pont de Beau-« mont jusques à la rivière d'Yonne, avec ung quartier et demy « de concise deça leaue, s'il se peult trouver, à la charge de faire et « édiffier sur icelle rivière ung molin à blé et autre chose que bon « sembleroit au dit Sauvage, dedans trois ans » moyennant la rente annuelle de 10 l. t. et un denier de censive. — 1541 (E. 384). Vente par Jean Brun, laboureur à St-Maurice-le-Vieil, à Sébastien Bossuat et autres bouchers d'Auxerre « de la pesche de toutes les « carpes qui se troverront en lestang de Perreux, du peau (5) de « treize poulces et au-dessus ; laquelle pesche se fera dedans douze « jours à compter dujourd'huy (13 janvier v. s.), dedans lequel « temps le dit Brun sera tenu livrer la dite pesche des dites carpes « sur la chaussée du dit estang, réservé les fortunes des eaues « haultes, pour le prix de 14 l. 10 s. t. chacun cent, quatre sur « cent ». — 1654 (E. N. N. liasse n° 9 des minutes Chevillotte) Marché par lequel Lazare Breneau, de Mézignien (6) s'engage envers

(1) *Reigny-le-Petit*, ferme, commune de Vaux (Yonne).

(2) Rivotte (de) moulin, commune de Vincelottes (Yonne).

(3) *Cholle* (maison de). Le même que Chouilly ci-dessus.

(4) Le Serain.

(5) *Pau*, mesure. La Curne, à ce mot, cite une ordonnance de 1344 concernant la pêche dans la Somme. Elle permet d'y pêcher les anguilles de la longueur de 10 *paux*, la carpe de 9 *paux* et la brême de 7 *paux*, etc.

(6) Mazignien, hameau de la commune de Marigny-l'Eglise (Nièvre).

les amodiataires du revenu de la terre de Marigny l'Eglise, à mettre dans le délai d'un mois, dans l'étang de la Proux, sis à Mazignien, des truites en quantité suffisante pour leur en fournir 200 à Pâques prochain, moyennant la somme de 12 l. t. En outre, il est convenu que lors de la pêche, l'excédent se partagera par moitié.

2° Moulins et Usines (1476-1667) (1)

Aillant. — 1572 (E. 397). Moulin *Paluot*, à blé et foulon à drap. — Andryes, 1591 (E. 427). Moulin *Pouisson*. — Argentenay, 1476 (E N.N. Minutes réintégrées par la Côte-d'Or). Bail in-extenso des moulins d'Argentenay à convertir en moulin à papier :

« Le derrenier jour de juing lan mil iiii^c LXXVI (1476) recognurent.
« Didier Feure (ou Fèvre) et Nicolas Lebon demourant à Troyes,
« paupelleurs (2), avoir prins et retenu à tiltre de rente annuelle
« des religieux abbé et convent de Nostre-Dame de Quincy de l'Or-
« dre de Cisteaux ou diocèse de Lengres, aux vies deulx deux, de
« Symonne et Jehannette, leurs femmes, de leurs enfens nez
« et à naistre, et à la vie des enfens de leurs enfens et du
« derrenier survivant deulx tous tant seullement, leur maison et
« molins à blez d'Argentenay, ainsi que tout ce comporte. Item ung
« molin à faire papier atenant des d. molins à blez ou lieu ou
« *estoient les foulons* ; ensemble toutes les appartenances dicellui,
« lesquelx religieulx sont et seront [tenuz] de leur rendre en bon
« et souffisant estat, cest assavoir : dune grant rouee et rouet,
« deux petis abres lesquelx meneront chacun quatre pilles et
« fourny ainsi quil appartient ou d. molins. Item seront tenuz les
« d. religieulx de faire à faire aus d. reteneurs une cuve et ung
« cuveau, ferrés de seiccles de fer. Item deux presses à presser
« papier et des estandons à estandre papier ; fournir des perches
« à bouter les cordes. Item seront tenuz les d. religieulx de mectre
« les d. molins à blef, le maisonnement d'icellui, ensamble les
« vannaiges et escluses en bon et souffisant estat de toutes répara-
« tions quelxconques y nécessaires, et le tout rendre par la ma-
« nière que dessus par les d. religieulx dedans Pasques charnelz

(1) Les extraits de ces actes sont classés par ordre alphabétique de commune. En dehors des baux, il ne sera fait mention que des moulins non cités dans le dictionnaire topographique de l'Yonne. Les noms des moulins ou usines non cités au dictionnaire sont en italique.

(2) *Pappelleur*, papetier. La Curne cite cet article des statuts des artisans de Troyes, année 1398 : « Item pour ce qu'il nous a esté relaté et affermé que « les *pappelleurs* ou ouvriers de papier... »

« prouchain venant, et dillec en avant. Les d. reteneurs, leurs d.
« femmes et enfens seront tenuz de les mectre, maintenir, souste-
« nir et laisser au bot des d. vies en bon et souffisant estat. Item
« ont prins et retenu toutes les terres, prez, désers et vignes appar-
« tenant aus d. religieulx quelxque part quilz soient scituez, trou-
« vez ou assis en la ville, finaige et territoire d'Argentenay. Item
« deux pièces de prey ainsi quelles ce comportent : lune séant au
« goullot de Presle, tenant dune part à la rivière [l'Armançon] et
« dautre part à Alexandre Escanlate, lautre pièce séant au goul-
« lot des Gravons, tenant dune part à la rivière et dautre part à
« la haye. Pour les d. moulins et choses dessus d. avoir etc.; parmi
« paiant chacun an au terme de Pasques charnelz la somme de
« vingt deux livres tournoys de rente annuelle et une rame de pa-
« pier; et sera le premier terme et paiement à la d. feste de Pas-
« ques qui seront lan mil quatre cens soixante et dix huict, et
« ainsi etc. Et se les d. reteneurs entrent pour demourer es d. mo-
« lins et choses dessus d. avant Pasques charnelz prouchains ve-
« nant, ilz seront tenuz de paier de la d. rente pro rata temporis.
« Item les d. reteneurs, les d. femmes et enfens, durant les vies
« que dessus auront leur usaiges ès bois des d. religieulx tant pour
« maisonner, réparer et hédiffier les d. molins et maisonnement,
« comme pour leur chauffaige. Et ont conscenty les d. religieulx
« que ceste presente soit confirmé par Monseigneur de Pontigny,
« comme leur père abbé, toutes et quantes fois que requis en
« seront ou de Monseigneur de Cisteaulx. Et en deffault de paie
« ou de reparation des choses dessus d. après sommacion deue-
« ment faite deux termes passez et escheuz sur les d. rete-
« neurs, les d. religieulx pourront forcloue, expulcer et mec-
« tre hors des choses dessus d. les d. reteneurs leurs d. fem-
« mes et enfens. Et se par fortune de guerre les d. reteneurs
« leurs d. femmes et enfens ne se osent tenir seurement es d. mo-
« lins et choses dessus d., tellement quil les convieigne délaisser
« le lieu, les d. religieulx seront tenuz de leur rabatre de la d.
« rente prò rata temporis, et de rehédiffier silz estoient brulez ou
« desperilz, à leurs propres coustz, missions et despens. Et se la
« femme ou enfens dessus d. après le deceps des d. reteneurs ou
« de lun deulx vuellent tenir les d. molins et choses dessus d., ilz
« et chacun deulx seront tenuz deulx venir obliger envers les d.
« religieulx comme les d. reteneurs sont. Si comme etc , obligeant
« etc., renonceant etc. Présens : Jacquin Fournerat, Loys Loupat et
« autres. »

Augy. — 1574 (E. 399). Moulin *Bersant*.

Auxerre. — 1491 (E. 372). Bail pour 3 ans par Guillaume Guyart à Guillaume Bardot, meunier, du moulin à blé de St-Martin, avec les biefs et dépendances, pour la redevance hebdomadaire de 4 bichets de froment et 5 s. t. « et avec ce la nourriture des porceaulx « gélines et autres bestes faire à moitié par le preneur » ; et à la charge d'entretenir les moulins et vannage de « *tout bois volant* ». — 1491 (E. 372). Bail pour un an par Jean Evrard, dit de la Rivière, meunier, à Estienne Chasneau tanneur, tous deux à Auxerre, d'un « *batouez à escorce* », avec le vannage et dépendances, pour 30 l. t. par an, payables par mois, par « esgalles porcions... soubz telles « condicions que le d. preneur sera tenu et a promis le d. batouez « la roue d'icelluy, ensemble les pillons et pilles, mettre » et rendre en bon état. « Et se, de cas davanture les eaues estoient ou « devenoient si basses que les molins à blef et le dit batouez « ne peussent bonnement tourner, et le dit batouez cesser de « batre, que en ce cas le d. bailleur sera tenu et a promis « rabatre au d. preneur, de la pension au pris le pris ». — 1491 (E. 372). Bail pour 3 ans par Jean de Marcilly, huilier, à Geoffroy Charpentier, tous deux à Auxerre, d'une maison et dépendances « avec ung bassin, meulle, pressouer, 2 poilles, une à chaufer et « l'autre à recepvoir, une painte, chopine et demye chopine d'es- « tain et *antourez de bois*, convenables au mestier duillier et à faire « huille » pour 100 s. t. paran « et soubz telles condicions que le « d. preneur a promis les d. bassin, meulle et pressouer estans « près et au tenant de la d. maison, les faire mettre à ses despens « en lovroer dicelle maison, et approprier à faire huille » ; le tout maintenir et rendre en bon état *avec les améliorations*. Il est convenu, en outre, que le preneur fera l'avance des 3 années de fermage « pour la dite maison parfaire au premier estage seulle- « ment ». — 1505 (28 mai) (E. 374). 4 actes successifs découlant d'un bail initial

1° Bail de 31 ans par les frères Perrenet et Guillaume Fauleau, voituriers par eau à Mathieu Guillemet et Claude Menebroc foulonniers et drapiers, tous à *Auxerre* « d'un sault deaue estant sur « la rivière d'Yonne ou grand bief *Serf* (1) avec les deux pars de « la pescherie situées au dessus du molin diceulx bailleurs, pour « sur icelluy sault deauc faire un vanage enfonsé de planches, « escluses pour y faire folon et maison bonne et convenable pour

(1) L'acte n'indique pas sur quel territoire se trouve ce bief, mais l'acte suivant de 1507 par lequel il est vendu une part de succession sur le moulin de Quaille, provenant du décès de la veuve *Guillaume Fauleau*, ne laissa aucun doute sur l'emplacement de ce bief. Même propriétaire et désignation d'un *émouloir* dans les deux actes.

« louger les draps des dits foloniers, avec une planche pour pas-
« ser au travers le dit biefz pour aller au folon. Duquel folon les « dits preneurs seront tenuz fournir et faire le surplus à icelluy « convenable comme rouetz, pilles, mailletz et toutes autres cho- « ses etc. » pour la rente annuelle de 9 l. t.

2° Bail de même durée par les mêmes à Pierre Himbert, coutelier à Auxerre, dune autre chute d'eau au même lieu avec la tierce partie de la pêche, à la charge d'y faire « ung vanage enfonsé de « planches et maison bonne et convenable pour aberger le dit « preneur ou dit vannage ou maison, et sur icelluy faire ung amo- « loez (1) servant à son mestier de costelier » moyennant la rente annuelle de 110 s. t.

3° Le même jour, les dits Guillemet et Menebroc ont promis au dit Himbert que « ou temps des basses eaues en telle manière « que ne puisse tourner que une roue des dits folons et amoloez, « en ce cas le dit Himbert ne besongnera et ne pourra besongner « ou dit amoloez, sinon autant qui paie de rente et les dits Guille- « met et Menebroc pour autant qui paie de pension ou rente et « laisser besoigner le dit Humbert ».

4° « Ce dit jour les dits Guillemet et Menebroc ont promis et « accordé lun à l'autre que quant le cas eschera que lun deux « deulx auroit a besongner du dit folon pour foler leurs draps, « quilz auront chacun une pille ; et quant lun deulx naura que « besongne lautre sen pourra aider entièrement sans ce que l'au- « tre le puisse empescher, et seront tenuz les dites parties pren- « dre et avoir chacun une clefz différante à lautre de la vane de la « roue. Et aussi qu'ilz ne pourront envoyer aucunes personnes, « sinon du consentement de lun ou de lautre. Et se aussi estoit « que lun deulx permettent dy besongner ce sera par moitié le « prouffit aux dites parties. »

1507 (E. 374). Vente par Jean Cornemiche, à Pierre Maletin, voiturier par eau à Auxerre, de tout le droit qu'il peut avoir par suite du décès de la veuve Guillaume Fauleau, sa belle-mère, en « ung « molin folon à draps, biefz esmoloez, escluses, vanages, prez, « isles et dépendances du dit molin, communément appelé le mo- « lin de Quaille (2) assis sur la rivière d'Yonne » et en une partie de maison paroisse St-Loup pour le prix de 38 l. t.

(1) Emouloir, dérivé de *Emolere*, émoudre, aiguiser sur la meule (La Curne).

(2) Moulin Brulé ou d'Escale, *Esquellez*, *Quaille*, territoire d'Auxerre, en aval de la ville, moulin aujourd'hui détruit. Cet endroit s'appelle encore actuellement l'*Ile brûlée*.

1511 (E. 376). Bail pour 29 ans, par Jacques Brocart et Robert Brocart, contrôleur du grenier à sel d'Auxerre, à Colin Germain, boulanger, et Jean Mandelier, meunier au dit lieu, d'un « molin « a blé, vanage, avec la moitié de la pescherie des dites vanes, « ensemble la moitié dune ysle actenant les dits molin et vanages, « assis et situé sur la rivière dYonne au-dessus du pont d'Au- « cerre, ou soloit avoir anciennement molin communément ap- « pellé le molin *des prez* (1), avec six arpens tant prez que terre « actenant du dit molin ou lieu dit la *foliote*, tenant par dessoubz « aux *pastiz commungs* », moyennant la rente annuelle, pour les deux premières années, de 120 bichets de blé froment, livrables par partie chaque semaine, et à la charge d'entretenir les dits moulin et écluses. Pendant ce temps, ils ne pourront pêcher ni faire pêcher dans les biefs du moulin. Les preneurs pourront renoncer au bail après un terme de trois ans, à la condition d'en prévenir les bailleurs trois mois avant l'expiration du dit terme, sinon ils seront obligés de le continuer jusqu'à la fin du délai de 29 ans. Dans le cas où ils voudraient y construire un *batouez* a escorce, ils devront y procéder durant les deux premières années ; les bailleurs fourniront la *pille du batouez pour une fois* et avanceront aux dits preneurs la somme de 20 l. t. pour sa construction, laquelle devra être rendue un an après le prêt. En *recevant* et *prenant* la dite somme, les preneurs devront déclarer s'ils continueront le bail jusqu'à son expiration. Si les preneurs construisent une étable attenant au moulin, les bailleurs « *seront tenuz la* « *prandre* et rambourser les dits preneurs des dits batouez et « estable a la prisée des gens de bien. Et pourront les dits pre- « neurs les dites anneez finiez, avoir le dit molin et choses dessus « dites pour vingt solz t. moins que ung autre nen donrra ». — 1562 (E. 389). Bail pour 4 ans, par la veuve Simon Brocart, le jeune, à Jean Baudouyn, meunier, de tout son droit sur un moulin à blé et un battoir à écorces, « appelé *vulgairement le moulin neuf* », situé sur la rivière d'Yonne, territoire d'Auxerre, avec les maison, grange, consise, terres et prés, contenant 9 arpents 1/2, et les îles, etc., en dépendant, tenant d'une part au rû de Saint-Julien, d'autre part et au-dessus au chemin commun, et par-dessous aux prés de l'hôpital de la Madeleine, moyennant la redevance annuelle de 37 bichets de blé froment. — 1570 (E. 394). Sous-bail pour un an, par Edme Berger, meunier, demeurant « de présent » à Champs, à Florentin Coypeau, meunier, des *deux moulins* du Bardeau (Bâtardeau) avec les terres, prés, consise, jar-

(1) Aujourd'hui, moulin du Bâtardeau.

din, etc., assis au-dessus du pont d'Auxerre, que le dit Berger tient à bail de Jean Villon, procureur à Auxerre, « auquel iceulx « molins et choses susd. appartient », moyennant 130 bichets de blé froment, livrables par 5 boisseaux chaque semaine. — 1574 (E. 309). Bail pour 19 ans, par l'abbaye Saint-Marien d'Auxerre, à Jean Gaillard, *maistre meusnier et charpentier de molins*, demeurant à Joigny, des trois moulins de Brichou, deux tournants et « ung ruyné », dénommés : moulin de *Brichou*, moulin des *Boulangers* et moulin de *Sainte-Brigide*, avec leurs dépendances, la pêche du bief, le droit du pertuis de la *Chaîne*, l'île *dentre deux eaues*, le pré appelé le closeau de Brichou « environné de haye « vyve, au-dessoubz des d. molins, attenant le bief, le sentier « entre deux »; un arpent de pré au-dessous des moulins tournants, aux redevances et charges ci-après : 3 bichets 1/2 de blé, une moitié froment, l'autre moitié mouture par semaine, conduits chaque samedi aux greniers de l'abbaye ; deux plats de poisson par an, l'un le jour des cendres et l'autre le jeudi absolut (1) ou 15 s. t. (« Et néantmoings fera quelque honnesteté de poisson par « an, à sa volonté, au dit abbé ou à ses commis ou recepveur ») ; deux couples de volailles par an, le jour de Noël ; moudre le blé des religieux, qu'il devra aller chercher à première réquisition, à Saint-Marien ou à Notre-Dame-la-D'Hors, et le moudre « sitost « que la tramée sera vuyde » et le ramener. De plus, il devra mettre en bon état les deux moulins tournants ; le troisième, celui de Sainte-Brigide, « *qui est hors du grand fil de leaue* » sera démoli et les matériaux en provenant serviront à la réparation des deux autres, surtout à la reconstruction du moulin des « Boulangers, qui est totallement ruyné ». Des pierres pourront également être prises « aux vielles maisons de labbaye sans tou- « cher aulcunement aux pierres qui proviennent de la démolition « de *l'église* ». — 1578 (E. 402). Bail à trois vies, par l'abbé de Saint-Marien (2), *à honorable homme* Claude Morlet (3), marchand

(1) Le jeudi saint (Ducange et La Curne).

(2) François Guierry, aumônier, chantre et chapelain ordinaire du roi. Sa signature figure à la fin de ce bail.

(3) M. Quantin, dans son *Histoire anecdotique des rues d'Auxerre*, en citant, page 359, un moulin *Mourlet*, sur l'Yonne, paroisse *Saint-Martin-lès-Saint-Marien*, qu'il a trouvé mentionné dans un terrier du roi, en 1679, ajoute : « Je n'ai pu en reconnaître la situation ». Ce présent bail et un acte de 1591 (E. 427, f° 53), où il est fait mention du *moulin Morlet*, paroisse Saint-Martin-lès-Saint-Marien, la font suffisamment connaître. Brichou ou Morlet, du nom du meunier qui les a reconstruits et gardés

à Auxerre, de deux moulins, « lesquelz sont de présent en déca-« dence, lun quon dict *le grand moulin*, laultre appellé le moulin « Saincte *Bride* (1), estant en ruyne... vulgairement appelez les « moulins de Brichou », moyennant la redevance annuelle de deux bichets de blé par semaine, moitié froment et mouture, « durant « le temps quil ny aura que led. grand moulin moulant. Et a esté « accordé entre lesd. parties que lors que led. sieur bailleur aura « fourny au d. preneur jusques à la somme de 50 escuz dor soleil, « venant à 150 l. t., tant en boys, bled, argent que marchandise « pour ayder à la refection du moulin des *bolangers* que le d. pre-« neur a promis refaire bastir et construire à neuf », il devra ajouter à la redevance un autre bichet. Cette redevance sera enfin de 4 bichets lorsque le bailleur aura donné une autre somme de 50 écus pour aider à leur reconstruction ou réparation. Le preneur devra en outre donner à l'abbé par an 6 volailles *bonnes et raisonnables*, trois à la saint Jean-Baptiste et trois à Noël ; donner un plat de poisson pour les religieux le jeudi *absolu* ou 15 s. t. « Aussi sera tenu le d. preneur faire recueil (réception) au d. ré-« verend et à ses successeurs toutesfoys et quantes quil se trans-« portera es d. molins et luy offrir et donner le disner ou à son « commis, à la volonté du d. sieur réverend, selon sa quallité sil « se veult trouver avec deux de ses gens, et ce par chascun an, le « jour St-Martin ». Il devra moudre les grains qu'il plaira à l'abbé et aux religieux de faire moudre « incontinant la tramée vuide et « sil tost que leurs d. bleds seront arrivez et menez », et il sera obligé d'en faire le transport ; payer 25 s. t. de censive portant lods, ventes, défaut et amende, « le jour des mors, soubz le portail « de Nostre-Dame-la-Dehors » ; entretenir le tout en bon état « et « sil ne les faict [les réparations] troys moys après la sommation, « en ce cas il sera privé du d. bail et sen fera la visitation aux « despens de qui il appartiendra, scavoir : que sil se treuve quil « y ayt à réparer, sera la d. visitation aux despens du preneur et « ou il ny fauldra aulcune réparation se sera aux despens du d. « sieur abbé », mais il est permis au preneur, pour réparer les dits moulins, écluses, etc., de prendre, en présence de l'abbé ou de son délégué, des pierres et « *repoux* ès vielles démolitions et « masures des maisons ruynées de la d. abbaye » ; il devra faire à ses frais un pont pour communiquer d'un moulin à un autre. Il

près d'un siècle. Ces moulins, etc., avaient été détruits par les Huguenots, en 1567.

(1) Le notaire (Armant Pierre) a substitué le nom de *Bride* à celui de Brigide.

est accordé au preneur de « faire tourner deux, troys, quatre « roues » à son profit, mais à la condition de laisser le tout en bon état à la fin du bail. Le bailleur aura la faculté d'expulser les locataires « sil estoient deffaillans de paier la d. reddevance de « bled, moture et aultres par le temps et espace de deux moys ». L'abbé se réserve le droit de pêcher « pour son usaige », tant au-dessus qu'au-dessous des moulins (1).

Avrolles. — 1571 (E. 470). Bail à rente, par le procureur du cardinal de Guise, archevêque de Sens et baron de Brienon, à Nicolas Fernex, d'un « sault deaue sur la rivière d'Avroles, aul-« trement appellée la rivière Créanton », pour la redevance annuelle de 14 s. t. de rente et 12 d. de cens, et à la charge d'y construire « ung bon mollin à faire tan descorces ».

Beaumont (2).

Beine. — 1507 (E. 374). Vente, par Claude Blanvillain, meunier à Beine, à Pierre Fauleau, receveur du roi à Auxerre, d'un moulin avec maison et dépendances « estant dancienneté » du dit moulin, situé au dit Beine, pour le prix de 56 l. t. Le vendeur ayant le droit de racheter ces biens à la condition de rembourser les 56 l. t. dans le délai de 6 ans, les reprend à titre de bail pour la durée du réméré, moyennant la redevance annuelle de 4 setiers de froment, livrables à Auxerre.

Béon. — 1541 (E. 384). Bail à rente, par les frères Fauleau, d'Auxerre, à Jean Midre, de Chamvres, *paroisse de Béon*, d'un moulin à blé et d'un moulin à écorce, sur le Tholon, paroisse de Béon, moyennant la rente annuelle de 65 bichets de blé froment.

Bussy-en-Othe. — 1494 (E. 373). Bail emphythéotique par les religieuses de l'abbaye de Saint-Julien d'Auxerre, à Richard de Saint-Aubin, prêtre du diocèse de Coutances, de « toutes les terres, boys, « buissons, prez et héritaiges quelzconques quelles ont, assis et « situez es lieux, justices, finaiges et territoueres de Saint-Ange « et de Chastele, es boys dote, [d'Othe] pres *Bucy les Joigny* », moyennant la rente annuelle de 60 s. t. « Et pour ce que les dits « lieux et finaiges sont en boys, ruyne et désert, le dit preneur ne « paiera aucune chose » les quatre premières années. A la charge par le preneur de « faire maison et demourance au dit lieu de « *St-Ange*, bonne et convenable, de la longueur de huit toises et « de largeur de quatre toises, dedans deux ans, et une grange

(1) Par ce bail, on voit que celui consenti en 1574, pour dix-neuf ans, n'a été suivi d'aucune exécution, quant aux travaux tout au moins.

(2) Voir le bail de la rivière de *Beaumont*, imposant la construction d'un moulin, en 1511 (E. 376, chap. VII. *Pêche*).

« bonne et convenable dedans dix ans; et deffricher, essarter et « mettre en nature de labour les dits lieux dedans quinze ans..... « Et se le preneur peut trouver es finaiges et lieux dessus dits, « lieu propice et convenable pour y faire ung ou plusieurs molins, « il les y pourra construire et édiffier et en prendre à son prouffit « les fruis et revenues, sans pour ce paier aucune chose, fors seu- « lement la dite rente et pension des dits soixante solz t.; pourveu « toutesvoyes quil ne les pourra faire ne edifier sur la chaussée « de lestang du dit Saint-Ange, ne y faire chose prejudiciable au « dit estangne à la chaussée dicelui.... Et entant que touche le « puys estant au-dessus de la chapelle du dit Saint-Ange, icelui « preneur et ceulx qui de lui auront cause, y auront leur aisance « pour y puiser et prendre eaue pour leurs necessitez et pour « leur bestail. Et est assavoir que en ce présent bail ne sont en « riens comprins la chapelle du dit Saint-Ange, demy arpent de « terre atenant de la dite chapelle pour laisance dicelle, selon ce « quil sera limité et bosnié [borné], les offrandes, oblacions di- « celle chapelle », l'étang et dépendances, les dimes, la justice, les droits et revenus seigneuriaux.

Champvallon. — 1541 (E. 384). (Mention du *moulin de*). — Charbuy, 1603 (E. 434). Moulin de *Cirquedan*, dépendant de la seigneurie de Vieuxchamps. — Chassy, 1586 (E. 407). Moulin *Poultereau*. — Chastenay, 1591 (E. 427). Moulin *Maillault*. — Chevannes, 1517 (E. 413), 1567 (E. 391), 1581 (E. 403). Moulin de la *Villotte*. — Collan, 1652 (E. 652). Laurent Foynat, meunier du *moulin à vent*. — Courcelles, 1583 (E. 404). Transaction entre le chapitre d'Auxerre et noble Jacques de la Rible, écuyer, seigneur de Bazarne et de Maulusant, « gentilhomme servant la Maison « de Monsieur », et Marguerite de Pernay, sa femme, au sujet d'un moulin que le dit La Rible a commencé à construire au lieu de Chièvre (1), sur le cours d'eau appelé la rivière de Chièvre, sans la permission du chapitre, seigneur du lieu. Malgré que la partie de rivière et le terrain sur lequel la construction du moulin a été commencée appartiennent au dit La Rible, il est convenu qu'il ne pourra le terminer qu'en reconnaissant tenir du chapitre le dit moulin à titre de bail perpétuel, moyennant la rente *foncière annuelle et perpétuelle* de 10 s. t. et de 3 deniers de cens. Le dit de la Rible a déclaré ne savoir signer; sa femme a signé. — Crain, 1511 (E. 510). Hubert Gallier, maître des *forges de Crain*. — Domecy-sur-Cure, 1501 (E. 438). Bail perpétuel, par Philippe

(1) Chivres, hameau de la commune de Courcelles (Nièvre).

de Chastellux et Lucas de Vésigneux, co-seigneurs d'Usy (1), à Jean Farcy, de Chore (2), « dune place à faire moulin ainsi quelle « se comporte, séant au finage d'Usy, appellé le moulin *Gobelot*, « ensemble le sault, escluse, cours deaue, chaulsée, aisances et « appartenances, pour en icelle faire ung molin ou aultre tel en- « gin que bon luy semblera, tenant dune part aux usages de » Précy (3) », moyennant la redevance annuelle de 6 s. 8 d. t. de rente et de 2 deniers de cens, et à la charge d'y construire les dits moulin et écluse et de les entretenir en bon état. — Dyé, 1579 (E. 402 *bis*). Terre au lieu dit près le moulin *Escotte sil plaist* (Ecoute, s'il te plait). — Escamps, 1508 (E. 374). Constitution, par Philibert Lecourt, meunier à Avigneau (Escamps), au profit de Claude Guiart, ciergier à Auxerre, de 28 bichets de blé froment de rente, moyennant la somme de 50 l. t. Il assigne cette rente tant sur un moulin, appelé le moulin de la *Chaulme* (4), tenant d'une part au chemin d'Ouanne à Auxerre, par-dessus au chemin du dit moulin à Pestau (5), par-dessous à la rivière, que sur d'autres biens situés sur Avigneau. — Fleury, 1574 (E. 399), 1590 (E. 427). Baux du moulin *Béchereau*, sur le rû de ce nom. — Gurgy, 1601 (E. 431). Mention du moulin *Maupas*. — Jaulges, 1504 (E. 374). Vente par Jean Blancvillain, prêtre, à Perrenet Fauleau, voiturier par eau, tous deux à Auxerre, de la moitié d'un moulin, biefs et dépendances, appelé le moulin de *Bassouez*, sur la rivière d'Armançon, paroisse de Jaulges, pour le prix de 80 l. t. et à la charge de payer les rentes suivantes dont le moulin est grevé : 100 s. t. à noble Gaulcher de Bruillat, écuyer, seigneur de Coursant et en partie de Jaulges, et 50 s. t. à noble Jean de Thiart, écuyer, seigneur de Mont-Saint-Sulpice et de Jaulges en partie. — La Chapelle-Vaupelteigne, 1574 (E. 400). Vente de la 22e partie d'un *moulin sis sur ce territoire*, pour 12 l. t. — Lézinnes, 1476 (E. N. N. Minutes versées par la Côte-d'Or). Bail pour 20 ans, par Pierre de Dinteville, seigneur de Lézinnes, Vireaux et Samboc [Sambourg], et Louise *Dalesgre* [d'Allègre], sa femme, à Bertin Mathieu, du moulin banal de Lézinnes, d'une petite île qu'il pourra mettre en *courtillaige* (6), et droit de pêche, moyennant

(1) Usy, hameau, commune de Domecy-sur-Cure (Yonne).

(2) Chore, aujourd'hui *Cure*, hameau, commune de Domecy-sur-Cure (Yonne).

(3) Précy-le-Mou, hameau, commune de Pierre-Perthuis (Yonne).

(4) Le Dictionnaire topographique n'indique pas ce moulin. Etait-il sur le territoire d'Escamps, d'Ouanne ou de Merry-Sec?

(5) Pesteau, hameau, commune de Merry-Sec (Yonne).

(6) Courtillage, mettre en culture, en jardin.

90 bichets de grain, moitié froment et orge, à la mesure de Lézinnes, et 25 anguilles ou 20 deniers t. pour chacune, au choix des bailleurs. Il aura le droit de pêcher en dessous du moulin et au-dessus, depuis le dit moulin jusqu'au bout des écluses du côté de Frangey (1) et encore dans « deux bouchées de costé le d. moulin « en la petite ysle ». Il pourra pêcher à tous engins, « *réserve du* « *feu et la fouine* », et devra présenter tout le poisson aux bailleurs ou à leurs lieutenants, qui prendront ce qui leur conviendra en le payant comptant. Le preneur pourra en outre tirer des bois du seigneur tout le bois nécessaire à la réfection du moulin. — Lindry, 1546 (E. 386). Bail, par le chapitre d'Auxerre, à Pierre Mannoury, châtelain de Beaulche, du moulin de *Ruot* et dépendances, situé justice de Lindry. — 1574 (E. 400). Mention d'un moulin à blé, étang, etc., sis à Lindry, lieu dit le pré *Bringer* ou *gué de la Pierre*. — Mailly-la-Ville, 1541 (E. 384). Mention du *moulin de la Mothe*. — Marigny-l'Eglise, 1641 (E. N.N. Liasse n° 5. Minutes Chevillotte). Bail pour 6 ans, par les frères Normand, de Crottefou, à Nicolas Roy, de Marigny, du moulin à farine de Crottefou (2) avec l'huilerie et dépendances du dit moulin, pour le fermage annuel de 40 l. en argent, 2 pintes d'huile et 40 livres de chanvre. — 1667 (E. 444). Bail pour 12 ans, par César, comte de Chastellux, à Philippe Ménétrey, huilier à Queuson (3), d'une huilerie, sise sur la rivière du dit Queuson, pour le prix de 60 l. t. et 10 livres de chanvre femelle, battu. De plus, le preneur sera tenu, dans les cinq premières années, de couvrir la dite huilerie d'assaulne (bois) ; cependant, si elle vient à brûler pendant qu'elle sera couverte en paille, le preneur en sera responsable ; il devra entretenir l'écluse et le drainage, ainsi que le matériel industriel (le bois nécessaire sera fourni *sur place* par M. de Chastellux). Il aura le droit de pêche à 100 pas en amont et 100 pas en aval de l'usine, mais devra donner à M. de Chastellux les saumons, brochets et autres poissons *de qualité* (4). A la fin du bail, les frais de visite seront supportés par le locataire. (Bail signé Chastellux). — Marolles (Aube), 1568 (E. 658). Bail des deux moulins de Charrey, appartenant à Guillaume Flougny, notaire et praticien à Marolles. — Monéteau, 1574, (E. 400). Bail, par le chapitre d'Auxerre, d'un

(1) Aujourd'hui Forges de Frangey (les), hameau, commune de Vireaux (Yonne).

(2) Hameau, commune de Marigny-l'Eglise (Nièvre).

(3) Id. Id.

(4) L'acte fait connaître que cette huilerie a été reconstruite à neuf après un incendie.

moulin et îles à « lendroict de léglise et chappelle de St-Quentin (1) « et la Croix Champigny (2) ». Ce moulin n'existe plus. — Parly, 1572 (E. 427 *bis*). Mention du moulin *Coustan*. — Perrigny près Auxerre, 1586 (E. 408). Permission accordée par l'abbaye Saint-Germain d'Auxerre, à Dominique Rousseau, drapier au dit lieu, de construire à ses risques et périls, dans un pré lui appartenant, situé à Perrigny, dans la justice de l'abbaye, « ung *molin*, aultre-« ment appellé foullon à fouller draps..... et de tyrer et soy « ayder de leaue de la rivière de Beaulches », à la charge de payer 10 s. t. de rente annuelle. Cette permission est accordée en considération « quil ny a aulcun molin aultrement foullon à draps « proche de ceste ville d'Aucerre, et que cest le grand et utille « prouffict du publicq y en faire..... et après en avoir conféré à « leur conseil gens notables de ceste ville d'Aucerre et aultres, « leurs amys et expérimentez ». — Pourrain, 1527 (E. 415). Mention du moulin *des Rosiers*. — Précy, *près Joigny* [sur Vrin], 1513 (E. 376). Colas Mercier, maitre de la forge de Précy. — Quincy-le-Vicomte (Côte-d'Or), 1562 (E. N. N. Minutes versées par la Côte-d'Or). Bail pour 6 ans, par Marguerite de la Roère, veuve François de la Rivière, le jeune, dame de Quincy-le-Vicomte, des moulins du dit Quincy, moyennant la redevance annuelle de 160 bichets de grain par tiers, froment, seigle et avoine. — Rouvray, 1521 (E. 379). Bail pour 29 ans, par Jean Ancelot, bourgeois d'Auxerre, à Sanson Gaudoyn, charpentier à Rouvray, du moulin de *la Bische* et dépendances, moyennant la redevance de 90 bichets de blé et à charge d'entretenir le matériel industriel et de faire les frais de construction d'une cheminée dont le propriétaire fournira les matériaux. — 1602 (E. 432). Mention, sur le territoire de Rouvray, du moulin *Parcereau*, sur le rû de Buchin. — Saint-Aubin-Château-Neuf, 1491 (E. 372). Moulin *sous Choiseau*, tenant au chemin conduisant à la Chapelle Notre-Dame de Champagne. — Saint-Germain-des-Champs, 1597 (E. 464). Transaction entre Philibert de Lanty, écuyer, seigneur de Railly, etc., et Guillaume Robert qui, ayant pris à bail pour 4 ans le moulin du dit *Railly* (3), à charge d'y construire un battoir à chanvre, a abandonné le dit moulin, « de présent en ruyne à cause des guerres, « pénurie de temps, cherté de bled, poureté du peuple et autres

(1) Hameau de la commune de Monéteau (Yonne.)

(2) Aujourd'hui, hameau des Dumonts, du nom d'un bailleur emphythéotique au xve siècle, commune de Monéteau (Yonne)

(3) Railly, château et ferme, commune de Saint-Germain-des-Champs (Yonne).

« incommoditez », par laquelle Robert renonce à son bail et s'engage à « mettre en moullage le dit moullin seullement » et à payer au sieur de Lanty, à titre d'indemnité, 10 écus royaux, 30 livres tournois et 6 poulets. — 1681 (E. N. N. Minutes Chevillotte). Amodiation, par le procureur du comte de Chastellux, à Claude Croslard, de la tuilerie de Saint-Germain-des-Champs, moyennant la redevance annuelle de 2 milliers de tuile « bonne, bien cuite et « de recette ». Cette amodiation est consentie au dit Croslard et aux siens tant qu'il demeurera à Saint-Germain. — Sougères-sur-Sinotte, fonderie (1). — Tannerre, 1565 (E. 390). Mention de forges. — Toucy, 1507 (E. 374). Bail perpétuel, par Jean Baillet, évêque d'Auxerre, baron de Toucy, à Guillaume Billebault, chanoine de la collégiale de Toucy, d'un moulin à « eaue à mouldre « blé, assis en la justice du dit Toucy, communément appellé le « *molin de la terre de lestang ou le molin neuf* (2) », avec les bief, maison, vivier et dépendances, contenant un demi-arpent, tenant d'une part à la « Cour des Crançons (3), un chemin « entre « deux. Item une isle à faire pré estant de présent en désert, « séant entre les deux eaues du dit moulin, contenant trois « arpens. Item deux arpens de pré séant en la prarie du Verne, « tenant à la rivière d'Ouanne, et par le dessus et dun long aux « Cransons, à cause de la maisure Cormier », moyennant la rente annuelle de 100 s. t. — 1543 (E. 493). Droits de Louis de la Borde, seigneur de Bazin (4), et Jean, son frère, sur le *moulin de la Poterne les Toucy*. — Treigny, 1584 (E. 406). Mention d'un moulin à eau du nom de *La Folie* (5). — Trucy-sur-Yonne, 1539 (E. 510). Donation par Jean Marchant, drapier à Montargis, à Louis Chrestien, greffier de l'officialité d'Auxerre, du *moulin de Trucy-sur-Yonne* et dépendances. — Vallan, 1517 (E. 378). Bail perpétuel, par Edmond et Jean Dangois, drapiers à Auxerre, à Jean Barron, laboureur à Vallan, de « ung sault de molin à blé estant sous le « folon à draps de Billy, sur le rû qui descend du molin de Vallan, « ainsi que le sault se comporte dencienneté, avec demy quartier « de concise ou environ à lentour du sault, chargés de 8 d. t. de

(1) Voir au chapitre V, *Biens*, des actes qui constatent l'existence de cette fonderie, aux XVe et XVIe siècles.

(2) Probablement celui connu aujourd'hui sous le nom de moulin des Crançons.

(3) Crançons (les), hameau et moulin, commune de Toucy (Yonne).

(4) Bazins (les), tuilerie, commune de Toucy (Yonne).

(5) Le Dictionnaire topographique cite une ferme de ce nom sur Treigny (Yonne).

« cens annuel envers le commandeur du Saulce », moyennant la rente annuelle de 20 bichets de blé froment, et à la charge « sur « le saull de molin faire dedens ung an prochain venant, une « maison et molin à blé tournant, bon et convenable ». — Venoy, 1481 (E. 368). Bail pour un an, par l'abbaye de Pontigny, à Colas Mortier, meunier à Thorigny (1), du *moulin de la Coudre* et dépendances, moyennant la redevance d'un bichet de froment par semaine, et à la charge « le dit molin soustenir et maintenir de « bois volant tant seullement et refaire à neuf la roue du dit mo- « lin ». Le preneur ne « pourra pescher ne riens prandre en « lestam estant au-dessus du molin, mais icelluy estam garder et « tenir en eaue convenable ». — 1495 (E. 373). Bail pour 6 ans, par Louis de Gaillart, écuyer, seigneur de Soleine (2), à Guiot Rupillot, du dit lieu, d'une *tuilerie* et dépendances, pour la redevance annuelle de 7.400 tuiles et un cent de carreaux. — 1513 (E. 410). Mention du *moulin de Gimoy* (3). — Villeneuve-Saint-Salve, 1524 (E. 380). Bail du *moulin à vent et dépendances, situé sur le thureau de Saint-Denis*. — Villiers (4), 1524 (E. 380). Pierre Lévesque, maître *de la forge de Villiers*. — Villiers-Vineux, 1502 (E. 375). Certificat attestant que, de tout temps, ont appartenu à l'abbaye Saint-Germain d'Auxerre, le *moulin de Villiers-Vineux* et des bois détaillés à l'acte. — Vincelles, vers 1580 (E. 510). Bail d'un moulin sur la rivière d'Yonne appelé le *moulin Claude Dupont*.

3°. — Marchés a façon (1508-1673)

Bateaux. — 1603 (E. 434). Jean Demeure, scieur de long à Auxerre, s'engage envers Germain Guillure, cordier au dit lieu, « à sier tout le bois qui luy sera fourni sur le quai d'Aucerre, « pour faire ung batteau de 11 à 12 pilles, soict : planches, helles, « mathières de levée et sur le bord, coings, cartelage de 6 à « 7 poulces, soit en rables, boullons, clancz à lavenant des rables, « dépesseur de 3 poulces..... moyennant la somme de 3 solz t. « pour le sciage de chacune thoise sié en planches, helle, ma- « thières de levées et mathières sur bords et coings, et pour le « surplus 18 d. t. pour chacune thoise ». — 1603 (E. 434). Jean

(1) Hameau de Bleigny-le-Carreau (Yonne).

(2) Hameau de Venoy (Yonne).

(3) Commune de Venoy. Lieu détruit depuis longtemps. Le moulin fonctionnait encore à cette date Le meunier s'appelait Guillaume Moriteux.

(4) S'agit-il de Villiers-sur-Tholon ou de Villiers-Saint-Benoît, tous deux communes du canton d'Aillant?

Bourgoing, Jean Pelé, Jean Motheré et Jean Monjot, charpentiers de bateaux à Auxerre, s'engagent à faire à façon pour Germain Guillure, cordier au dit lieu, « ung bateau neuf composé de « 12 pilles, de longueur de 13 toises 1/2, ung pied plus ou moins, « de largeur de 15 piedz en fond, de haulteur de bordz de 4 piedz « 8 poulces sur le derrière, et sur le devant à léquipolant, garny « de ce quil conviendra de leur estat; fournissant par le dit Guil- « lure toutes les estouffes quil conviendra, soit : bois, cloud, que « aultres estouffes, lesquelles il devra rendre en place sur le « quai d'Aucerre », pour la somme de 126 l. t. et un chapeau de feutre de 60 s t. à chacun des charpentiers entrepreneurs.

Futailles. — 1565 (E. 390). Marché par lequel Jacques Duplecix (*sic*) [Duplessis] et Edmond Chappotin, tonneliers à Auxerre, s'engagent envers Nicolas Sonnet, drapier au dit lieu, à faire 100 muids neufs, « à donner quatre muydz par-dessus » et 50 feuillettes « tant que demye queue » au choix du dit Sonnet, pour le prix de 13 l. t. pour les 100 muids et 6 l. 10 s. t. pour les 50 feuillettes « revenant à raison des d. muydz ». En outre ils devront « refuster vingt muydz huidances [vidanges] tellement « quelles soient prestes à mettre vain, sans aulcune chose synon « que à les nourrir quands ils vacqueront à refuster les d. « muydz ». — 1578 (E. 402). François Le Roy, tonnelier à Auxerre, s'engage envers Ydenet Decault, du dit état au dit lieu, « de enfoncer ung cent de muydz et doller les fons pour ce faire, « lesquelz sont liez et rognez en la maison du sire Pierre Arnol- « lin », pour la somme de 10 l. t. — 1578 (E. 505). Jean Daulmoy, marchand à Auxerre, donne à faire à façon à deux tonneliers de Taingy et d'Usselot (1), 400 muids et 200 feuillettes neufs pour le prix de 43 écus 1/3.

Cendres. — 1591 (E. 427). Jean Sindre, « *cendrier* et moleur de « bois, demourant en Brinnon (2), pais de Morvan », s'engage envers Jean Seurrat l'aîné, marchand à Auxerre, à « faire et façon- « ner la quantitté de vingt piedz de cendres et plus grande quan- « titté sil en trouve en la forest des Mocherons, appartenant au « d. Seurrat que le d. Sindre a dict savoir, et faire icelles cendres « bonnes, noires et anmoteaux (3) loialles et marchandes; et « icelles rendre entonnées à la grange de Loys Le Biefvre, quil

(1) Hameau, commune d'Ouanne (Yonne).

(2) Brinon-les-Allemands, chef-lieu de canton de la Nièvre (arrondissement de Clamecy).

(3) Pour *en moteaux*, en motte. La Curne donne les mots moteau et motiau.

« sera tenu conduire, rendre et livrer au lieu de Champenots (1) « en la maison de Gervais Baillaudet, et icelles rendre plaines au « d. lieu de Champelots, moiennant la somme dung escu sol. et « deux tiers descu pour chacune pièce des d. cendres que le d. « Seurrat sera tenu payer, scavoir : seize escuz deux tiers au lieu « ou le d. Sindre aura prins et achepté du bled (2) et aux termes « quil prendre (*sic*), qui seront au mois doctobre prochain ve- « nant.........., dont le d. Sindre sera tenu le faire assavoir au « d. Seurrat, et le reste, cy reste y a, payable au dit Sindre après « la délivrance faite des d. cendres au lieu que dessus d.. Car « ainsi, etc....... »

Vannerie. — 1590 (E. 427). Louis Guiot, vannier à Auxerre, s'engage envers Etienne Lescuier, du dit état au dit lieu, à faire à façon 30 hottes d'osier de « largeur et longueur raisonnable » pour le prix de 5 s. 6 d. par hotte, et 15 chazerons (3), « bons et raisonnables, à six pièces, « pour 15 s. t. Outre ce prix, le sieur Lescuier devra « héberger et norir le d. Guiot de viandes, fors de pain « et de vin ». Guiot, qui doit commencer à un jour fixé à l'acte, ne devra pas interrompre son travail.

Bois à brûler. — 14 octobre 1578 (E. 402). Barthelémy Partiot, marchand demeurant à Montsaulche (4), s'engage, pour le compte de Pierre Delye et François Thierriat, marchands à Auxerre, à « façonner en boys de mosle bien et duement tout le bois de la « forest de Serault (5), assise en Morvant, ausd. Delye et Thierriat « appartenant. Et pour ce, faire abattre par le d. Partiot à ses « fraiz le d. boys, a laquelle besongne le d. Partiot a promis et « sera tenu encommencer a y besongner de jour en jour sans dis- « continuation et dans dhuy en huit jours, tant luy que ses mer-

(1) Le Dictionnaire topographique de la Nièvre n'indique pas cette localité, évidemment mal orthographiée à l'acte. Mais il donne *Chantenot*, hameau et écluse sur le canal du Nivernais, dépendant de la commune de Chevroches, canton de Clamecy. La proximité avec Brinon et la situation de ce hameau sur l'Yonne où le chargement peut se faire dans les bateaux, ne laissent aucun doute.

(2) Que vient faire ce blé dans le marché ? Ce malheureux ouvrier n'aurait peut-être pu trouver à s'en procurer sans paiement par son patron.

(3) Chasseret, petit chassis à fromages (Larousse). Dans l'Auxerrois, le mot chaseron est encore appliqué aux récipients dans lesquels se vendent les fromages frais.

(4) Montsauche, chef-lieu de canton de l'arrondissement de Château-Chinon (Nièvre).

(5) Serault (bois de), commune de Planchez, canton de Montsauche (Nièvre).

« cenaires; et encores quil promect dy faire travailler esquelz « boys il sera tenu par chacun an, tant que le d. boys se pourra « estandre, faire et façonner, la quantité de six mil grands mosles « de boys, à compter 60 busches par mosle loyal et marchant, « lequel boys le d. Partiot, par chacune année, sera tenu à ses « fraiz rendre, conduire et livrer sur le bord de leaue de la riviere « de Qure, prouche de la dite forest, dedans le jour Sainct-Remy « durant le d. temps, dont les premiers six mil mosles se livreront « au jour de St-Remy prouchainement venant, et en continuant « la d. livraison tant que le d. boys se estandra. Et ce moyennant « la somme de 6 solz 6 deniers t. pour la d. façon et charroy de « chacun grand mosle du d. boys, que les d. Delye et Thierriat « ont promis et seront tenuz paier au d. Partiot, par moys conse- « cutifz, la somme de cent cinquante livres t., jusques au paie- « ment de dix-neuf centz cinquante livres tournoiz, à quoi revient « lenthière façon et charroy des d. six mil premiers mosles; et « les semblables paiemens, les d. Delye et Thierriat promectent « faire au d. Partiot aux consécutives années, selon la d. quantité « de six mil mosles de boys, quil promect faire par chacun an, « tant que la d. forest durera, etc... » — 1591 (E. 504). Noël Marest, marchand à Champs de Bournoul (1), s'engage envers Jean Seurrat, contrôleur au grenier à sel d'Auxerre, à façonner 1.200 moules de bois, à raison de 60 bûches par moule, à prendre dans la forêt des Moucherons, « pays de Morvant », appartenant au dit Seurrat, pour le prix de 5 s. t. pour « façon et couppaige « de chacun grand mosle du d. boys au compte que dessus, reve- « nant à la totalité de cent escuz sol. ». Le dit Marest devra d'abord façonner le bois abattu; il n'en coupera que pour achever les 1 200 moules. — 1642 (E. N. N. Minutes Chevillotte). Chasteillier, de Dun (2), s'engage envers les sieurs Madelénat et Belin, de Challaux (3) et de Buzon (4), de tirer ou faire tirer, dans un délai déterminé, tous les bois canards qui se trouveront dans la rivière de Chore [Cure], depuis le « pont de Saullieu en aval « jusques à la planche des Isles de Ménéfrier (5) », pour le prix de 14 d. le moule.

(1) Bornoux, hameau, commune de Dun-les-Places (Nièvre). *Bournoult* en 1480 (Dictionnaire de la Nièvre).

(2) Dun-les-Places, commune, canton de Lormes (Nièvre).

(3) Challaux, commune, canton de Lormes (Nièvre).

(4) Hameau, commune de la Roche-Millay (Nièvre).

(5) Iles-Ménéfriers (les), hameau, commune de Quarré-les-Tombes (Yonne).

Bois de construction, sciage. — 1524 (E. 380). Michau Nourry et Jean Hervy, *cieux* de long à Joigny, s'engagent envers Pierre et Guillaume Fauleau et Jean Godet, d'Auxerre, « à cyer le cent daiz « de six à sept piedz et la mimboure (1) de neuf à dix piedz, les « dictz hais revenans à treize pousses de large, et dun pousse es- « caché (2), deschantilon, et les mimboures de troys doy dappes « seur et demy pié sur leur large ; 26 pour le quarteron et troys « dousses pour deux pièces, et jusques à la quantité dun mil- « lier », pour le prix de 40 s. t. pour chaque cent. Les dits Godet et Fauleau « seront tenus bailler boys esquarry, rougné par les « deux botz, aux bois de la Faye, au lieu dit Volnay ».

Ecorce. — 1508 (E. 375). — Marché entre Jean Maubert, meunier, et Jean Foucher, tanneur, tous deux à Auxerre, par lequel « le dit Maulbert a promis et sera tenu durant les vies deux deulx « tant seullement, de batre et faire batre bien et deuement, au « dict douvriers et gens à ce congnoissans, toute lescorce qui « sera neccessaire pour le mestier de tanneur du dit Foucher, et « tant quil en vouldra faire bastre pour son usage et pour luy « tant seullement, au folon à escorce situé près et autenant des « molins de Saumur [Sous Murs] et non ailleurs, et tant quil sera « musnier et tiendra les dits molins, et le servir en tout temps et « à la neccessité du dit Foucher. Pourveu aussi que le dit Foucher « ne pourra aller ailleurs en faire bastre. Et aussi quil sera tenu « mener et porter son escorce au dit folon quant il en aura à « besongné. Et ce moiennant chacun muy descorce batue de « 35 s. t. quil sera tenu paier au dit Maulbert ».

§ II. — COMMERCE

Vente de matériaux de construction (1481-1686). — 1° *Bois.* — 1481 (E. 368). Vente par Pierre Raffin, de Mailly-le-Château, à Guillaume Guérin, maçon à Auxerre, de 14 milliers *dasses* (*aissil*, *assif*, ais, planches) de chêne, « bon, léal et mar- « chant et bien aulboré (3), dun dor (4) le moindre, en élargissant

(1) *Mainbour*, tuteur (La Curne).

(2) *Escachier*, expulser (La Curne). Peut-être ais [planches] d'un pouce, *l'écorce et l'aubier expulsés.*

(3) Ce mot vient probablement de *aulbe, aube.* A ce sujet, La Curne, d'après G Guiart, M[ss] f° 334 recto, dit que « le mot *aubes* subsiste encore « pour signifier les petits ais de la roue d'un moulin à eau, et on les appe- « lait aussi *auves* ».

(4) Dour, mesure d'un quart de pied.

« à demy pié et dung espan (empan); dapaisseur dung doy à ung « pousse » et de 1,600 lattes; le tout livrable au port des moulins d'Auxerre, pour le prix de 12 l. 16 s. 8 d. t. — 1481, 19 janvier (E. 368). Vente par Simon Goys, charpentier à Egleny, à Jean Cousin, *royer* (charron) à Auxerre, de 100 toises « deschenez (1) « léaulx et marchans, la moitié à deux eaues et lautre moitié à « une eaue; quatre de sept toises, la moitié de six toises et le « résidu de quatre à cinq toises, pour le prix et somme de 40 s. t. « paiez content et 10 l. t. que le dit Cousin sera tenu paier au dit « Gois au prix (au fur et à mesure) quil luy rendra les dits esche- « nez en ceste ville d'Aucerre, lesquelz il a promis rendre et livrer « au dit Cousin par moitié en dedans caresme prenant, et lautre « moitié à Pasques prochain venant ». A la suite de cet acte, se trouve celui-ci : « Ce dit jour, le dit Gois confessa devoir au dit « Cousin, fermier de l'imposicion du bois ovré et non ovré, la « quantité de unze toises deschenez pour lamortissement de la « dite imposicion pour la présente année ». — 1483 (E. 369). Vente par Phelisot Pomier, de Gurgy, à Jean Patron, couvreur à Auxerre, d'un millier *dassis* [ais, planches, etc.], de chesne, gar- « nis de lates », pour le prix de 12 gros. — 1483 (E. 369). Vente par Guyot de Cheulx Jehan, d'Appoigny, à Perrin Goderoncin, *alias* Durand, boucher à Auxerre, d'un millier d'assis de chêne garnis de lattes, livrable à Auxerre, pour 20 s. t. — 1485 (E. 370). Vente par Jean Bizat, royer au Mont-Saint-Sulpice, à Jean Lamirault et à Jean Darlot, *chambrilleurs* [menuisiers] à Auxerre, « dun cent « dais à faire pans de coffres, de deux petis pousses dapaisseur, « de longueur de six pietz, et de deux pietz de large, et de plus « grandes longueur et largeur, revenans jusques à six pietz, et « deux cents de *trespans* (*sic*) communs dun pié de large, dun pié « et quatre dois et dun pié et ung doi [d'épaisseur], et de lon- « gueurs jusques à neuf pietz, revenans au pié et à la corde, pour « le pris et somme de 16 l. 10 s. t. »; à livrer au port de la fon- taine Saint-Germain à Auxerre. — 1509 (E. 507). Acte par lequel Thomas Chapeau, meunier à Pontigny, reconnait devoir à Jean Maubert, meunier à Auxerre, 400 ais : 200 de 7 pieds 1/2 de long, 1/2 pied de large et un doigt d'épaisseur, et 200 de 8 pieds de long, 1 pied 2 doigts de large et 1/2 doigt d'épaisseur, en échange d'une « cye harnachée servant à cyer des hayz à molin à eaue ». — 1516 (E. 377). « Loys Chevillon a confessé avoir vendu et promect

(1) *Eschenet*, « gouttière de bois que l'on met sur les toits », d'après Colgrave (La Curne de Sainte-Pallaye). Ce mot est encore employé dans le même sens dans la région.

« livrer à Loys Galetat, musnier à ce présent, cinquante-huit « toises de boys *quarré, dont il y aura deux* pièces chacune de « quatre toises de long, lune dicelles de demy pié dapesseur et un « apan (empan) de large, et l'autre de deux dors (dours) en tous « sens, et le reste convenable à faire solives, chacune de XI piedz « de long, fournissant jusques à la dite quantité de cinquante-« huit solives ; le tout de bon boys léal et marchant », pour le prix de 4 l. t. — 1521 (E. 379). Vente par Jean Robin et Guénin Veugny (résidence non indiquée à l'acte), à Pierre Bouloy, prêtre, de « cent toises de boys quarré à solives, dapesseur de demy pié « et ung apan, et de longueur de 9 piedz, dont il y aura 6 poteaulx « de deux dors et ung apan en quarré, de longueur de 9 piedz, « une pièce de 3 toises 1/2, dun apan en quarré ; le tout de bon « boys, etc. » ; à livrer à Auxerre, pour le prix de 9 l. t. — 1521 (E. 379). Vente par Jean Musnier, dit Ségault, de Châtel-Censoir, à Philippon Challefart, de « une barre servant au pertuys de Champs-« sur-Yonne, de la longueur de sept toises, dappesseur dun pié au « gros bout et au menu bout dun apan en suivant le pié au droit « du pivot et en tirant au menu bout dun apan, et de largeur dun « pié quatre doiz ; item six tronses (*sic*) de boys, chacune tronse de « neuf piedz de long, de deux dors sur le premier sens et sur lautre « dun pié deux doiz, et de largeur ung pié deux doiz, le tout de « bon boys léal et marchant, etc. », à livrer au port de Champs, pour le prix de 4 l. t. — 1521 (E. 379). Vente par le même à Guillaume Darlot, menuisier à Auxerre, « dun demy millier de « paneaulx de 3 piedz 1/2 de longueur et dun espan (empan) ou « dun demy pied de largeur deschantillon dun posse », à livrer en deux fois à Auxerre, pour le prix de 4 l. 5 s. t. — 1522 (E. 504). Vente par Jean Sarge, dit Venot, boucher à Auxerre, à Pierre Lambelin, cordonnier au dit lieu, de : « 8 solives à tête pourtant « boches solive, de 5 toises de longueur et en tous sens par le « mureau (*sic*), devant de 3 piedz de longueur, dapesseur dun « arpan (empan) en tous sens ; 10 tyrans de longueur de 4 toises « 2 piedz et de grosseur dun pié ; 8 poteaulx, chacun de 2 toises « de long et un pié de grosseur tout quarré ; 3 sablières de la « *longueur de 6 toises chacune ; 8 poteaulx de poultre, 4 de 9 piedz* « de long et les autres de 2 toises, et chacun poteau dung piez « 2 doiz en ung sens, et en lautre sens dun arpan ; 16 petitz po-« teaulx de 9 piedz de longueur chacun et 2 dois en quarré ; et « tout le reste du boys, de boys commun dun apan et 1/2 pié en « tout sens. Le tout fournissant jusques à la quantité de « 600 toises de bois quarré léal et marchant. Ce présent marché « fait moyennant 68 l. t. » — 1527 (E. 380). Vente par André

Bihourt, de « *Chemilly*, paroisse d'*Escau-Saint-Germain* (1) », à Blanchet Simonet, d'Auxerre, de « 3 pièces de boys quarré, chacune de la longueur de 5 toises, et de « 2 dours en tous sens et dun « pied dapesseur en teste, et la teste de chacune solive 3 piedz de « boucle », pour le prix de 4 l t. (2). — 1661 (E. N. N. Liasse 6. Minutes Chevillotte). Vente par Jacques de la Chasse, *scieur dhayes* (ais) à Berges, paroisse de Saint-Martin-du-Puits, à Georges Robin, de Marigny, de 30 solives de bois de sciage de 9 pieds de longueur et 5 pouces « en carré de large, bonnes et de recette, « et le moings daubier que faire ce pourra, à compter 32 sollives « pour 30 », pour le prix de 10 s. chaque solive.

Pierre, sable, tuile, ardoise. — 1481 (E. 368). Vente d'un millier de tuiles pour 10 s. t. — 1401 (E. 372). Vente par Milot Mortier, tuilier à Seignelay, à Thévenin Thault, d'Auxerre, de 13 milliers de tuiles garnies de faitières, livrables à son *fourneau*, pour le prix de 10 l. t. — 1508 (E. 375). Vente par Jean Carreau et Thiénon Gaulcher, vignerons, à Oger Duban, dit Callet, tous d'Auxerre, de « *cent tumbelerées darènes* », livrables sur le port Saint-Pélerin, pour 60 s. t. — 1578 (E. 501). Vente par Jean Guignot, *pierrier* à Saint-Bris, à Etienne Desprès, d'Augy, de 200 charretées à 2 chevaux, de pierre appelée *horneaulx*, livrables à Augy, pour le prix de 8 s. t. la charretée. — 1610 (E. 501). Vente par Etienne Leaue, pierrier à Thizy (3), d'une pierre de la « perrière de Thiry, de « 8 pieds 4 pouces de longueur, de 4 pieds 4 pouces de largeur, « dépaisseur de 7 à 8 pouces, du *bon banc des tumbes et non* « *dailleurs*, pour servir de tumbe sur la sépulture de noble Pierre « Bérault, chanoine d'Auxerre », pour le prix de 50 l. Cette pierre devra être livrée proche la porte de l'église Saint-Etienne d'Auxerre. — 1650 (E. 501). Vente par Nicolas Blaiseau, carrier à Bailly (4), à Mre Charles de Vienne, comte de Commarin, lieutenant pour le roi au gouvernement de Bourgogne, de 60 « blotz ou « pierres d'appareil propres à faire figures » ; chaque bloc de la longueur de 3 pieds 1/2 au moins et de 18 pouces d'équarissage ; pour le prix de 25 s. le bloc. M. de Commarin fera transporter cette pierre à ses frais. — 1686 (E. 507). Vente par Prix Dauban-

(1) Semilly, hameau, commune d'Escamps (Yonne).

(2) La même année, Germain Audibert, charpentier, fait à la maison de Simonet Blanchet, sise paroisse Saint-Eusèbe, pour 48 l. t. de travaux (E. 380, f° 498) ; François Darge y fait pour 45 l. t. de maçonnerie (E. 380, f° 502).

(3) Thizy, commune, canton de Guillon (Yonne).

(4) Bailly, hameau, commune de Saint-Bris (Yonne).

ton et Jean Pinot, marchands à Auxerre, à Etienne Jeuray, marchand à Dijon, de 30 milliers d'ardoises *rosenoire*, livrables à Dijon. à raison de 47 l. le millier.

Bois de chauffage (1481-1571). — 1481 (E. 368). Vente par Claude Bochardin, de Lucy-sur-Cure, à Claude Joly, procureur à Auxerre, de « VI^{xx} (120) moles de bois, de 5 pietz de longueur, « bois de chesne, pomiers, périers [poiriers], trembles et aultres « bois », pour le prix de : 35 s. t. payés comptant, 45 s. t. « quant « le dit Bochardin vouldra charger le dit bois sur leaue, et 70 s. t. « quant il livrera le dit bois au port de la perrière de Bailly ». — 1483 (E. 369). Guillaume Belecart, charpentier à Saint-Bris, reconnaît devoir à noble Gaucher de Brullot, écuyer, seigneur de Saint-Cyr (1), 8 l. t. pour la vente « de la tonture dune monstre (2) de « bois appellée les aupineez, tenant dune part aux usagez de « Preis (3), dautre part à la vallée de Vaulcherme [Vaucharme] et « par lun des botz à la vallée qui vient de la fontaine de Colons..., « pour en icelle monstre prandre bois à son plaisir et faire son « prouffit dujourdui jusques en trois ans ». — 1502 (E. 375). Vente par Guillaume Voille, de......, à Droin Jomier, d'Auxerre, de 52 moules de bois, pour 45 s. t. — 1505 (E. 375). Vente par Colas Moreau et Jean Beaujean, de Gurgy, à Guillaume Fauleau, voiturier par eau à Auxerre, de 100 moules de bois, « au compte « du boys qui est de 50 bûches par mosle, livrables sur le pré « Rotier et lieu chargeable », pour le prix de 16 l. t. « Et se ainsi « est que les dits vendeurs facent plus grande quantité de boys, « en ce cas ilz seront [tenus] le bailler au dit Fauleau, au dit pris, « et ne le pourront vendre à autre personne sinon en son ref-« fuz ».

1508 (E. 375). Vente par Jean Foynat, de Pien, (Sougères-sur-Sinotte) à Pierre Valot, voiturier par eau à Auxerre de 100 moules de bois à brûler « XXVI (26) bûches pour le quarteron et une bûche « par dessus », pour le prix de 7 l. t. — 1508 (E. 375). Vente par Hymbert Foin et Pierre de Montigny, de Bazarne, à Jean Herbelot, voiturier par eau Auxerre « dun demy cent de boys à brusler 26 « busches pour le carteron, de longueur de troys piedz » à livrer

(1) Saint-Cyr-les-Colons, canton de Chablis (Yonne).

(2) La Curne détermine ce mot ainsi : « En terme de forêt, c'est la marque apparente des ventes ou coupes de bois antérieures à celles qu'on veut faire. « S'il y a bois et autres forêts... la veuve les peut « vendre... en en suivant les *monstres* et ventes anciennes et selon ce « que son mary vendoit ».

(3) Préhy, commune, canton de Chablis (Yonne).

au gué de Bazarne, pour le prix de 60 s. t. — 1508 (E. 375). Vente par Jean Beaujean, de Gurgy, à Guillaume Fauleau, voiturier par eau à Auxerre, de 200 moules de bois à brûler, pour 11 l. t. — 1511 (E. 376). Vente par Etienne Charlot et Pierre Deschaintres, de Bazarne, à Jean Girault, marinier à Auxerre, de 100 moules de bois à brûler, livrables moitié au pertuis de Bazarne et moitié au-dessous du pont du dit lieu, pour 6 l. 10 s. t. — 1515 (E. 377). Vente par Simon Gibelot, de Merry-sur-Yonne, à Jean Girault, voiturier par eau à Auxerre, de 200 moules de bois à brûler « de 4 piedz de « long, 26 pour le quarteron et la bûche sur chacun mosle », a livrer au pertuis de Merry, pour 11 l. t. — 1541 (E. 384). Vente par Etienne Gerbault, marchand à Auxerre, receveur de la terre de Regennes pour l'évêque d'Auxerre, à Guillemin Tremblay, de Charbuy, de 100 moules de bois « 26 pour le quarteron » à livrer aux bois de Charbuy appartenant au dit évêque, pour le prix de 30 l. t. — 1544 (E. 504). Vente par Nicolas Bidault, de Châtel-Censoir, à Germain Creux et Jean Gerbault, voituriers par eau à Auxerre de 400 grands moules de bois au « grand compte », à 50 bûches pour moule et 26 moules pour le quarteron, et 400 moules de bois de laigneau (1), bon bois, vif et marchand, livrable aux ports de Terre rouge et Mailly-le-Château, pour le prix de 312 l. t — 1566 (E. 658). Vente par Simon Quantin et Jean Leclerc, de Fresnes, à Eymé Clerey, boucher à Tonnerre, de 20 cordes de bois à brûler à prendre dans le bois de l'Affichot (2), la corde ayant 8 pieds de longueur sur 4 de hauteur, pour le prix de 35 l. t. — 1570 (E. 394). Vente par le chapitre d'Auxerre à Jean Seurrat, marchand au dit lieu, de la coupe de 100 arpents de bois de haute futaie à prendre dans la forêt de Merry (3) à raison de 30 l. t. par arpent [l'arpent de 100 cordes et la corde de 22 pieds]. Comme il prend le lieu et place de Nicolas Gras, marchand à *Jully* (4) auquel cette coupe avait été précédemment adjugée et qui lui a été retrocédée, ledit Seurrat devra acquitter les frais d'adjudication, d'arpentage, etc., à la charge de Gras, et laisser les baliveaux prescrits par l'ordonnance des eaux et forêts. Sur la somme de 3000 l. t. qu'il doit au chapitre pour son adjudication, il devra payer comptant 500 l. t. ; acquitter le chapitre : 1°

(1) *Laigner, laignier*, « bûcher, bois à brûler fourni au seigneur à Noël ou à la Toussaint (La Curne de Ste-Pallaye).

(2) Affichot (l') bois, commune de Fresne (Yonne).

(3) Merry-la-Vallée, commune, canton d'Aillant (Yonne).

(4) Jeuilly, hameau, communes de Merry-la-Vallée et Saint-Martin-sur-Ocre (Yonne).

de 900 l. t. restant dües à Jean Lauverjat, seigneur de *Manteau* (1); 2° de 12 à 1300 écus envers « aulcungs particulliers du dict chap- « pistre qui se seroient obligez pour le dict chappistre ». De plus, il est convenu que la glandée appartiendra au chapitre « jusques « le d. boys soyt couppé ». — 1570 (E. 394) Vente par Jean Seurrat, marchand à Auxcrre, à Edmond et Claude Gendot, marchands à Chamvres, de 400 moules de bois et 200 milliers d'échalas, à prendre dans la forêt de Merry-la-Vallée « à compter 52 busches « pour mosle de boys, et les d. eschalatz à compter 21 bouttes pour « millier » pour le prix de 45 s. t. le millier d'échalas et 30 s. t. le moule de bois. — 1570 (E. 394). Vente par Jean Seurrat, contrôleur au grenier à sel d'Auxerre, à son frère Germain, marchand au dit lieu, de 2400 moules de bois, à 56 bûches le moule, pour le prix de 4320 l. t. — 1571 (E. 504). Vente par Pierre et Philippe Prévost, de Ruère (2) à Jean Seurrat, marchand à Auxerre, de 5000 moules de bois, à 60 bûches par moule, livrables au-dessus des grands moulins de Cravant, pour la somme de 5.000 l. t. — 1571 (E. 396). Vente par Jacques Guillemotte, de Palmarou (3), à Jean Seurrat marchand et contrôleur du grenier à sel d'Auxerre, de 20.000 moules de bois, à 60 bûches par moule, livrables sur plusieurs ports de la Cure, pour le prix de 12 s. 6 d. t. le moule, « qui est pour chacun cent la « somme de soixante deux livres, dix solz t. ». — 1578 (E. 402). Vente par Léonard Partiot, curé de *Monsaulche* (4) et Barthélemy Partiot, marchand au dit lieu, à Pierre Delyc et François Thierrat, marchands à Auxerre, de 3000 grands moules de bois « à compter « 60 busches par mosle », livrables sur le bord de la Cure « empillé « au-dessoubz de *Montalesme* (5), en lieu propre pour le gecter en « leaue », pour le prix de 600 écus d'or. + 1673 (27 février) (E.N.N.) liasse n° 9 des minutes Chevillotte). Marché par lequel Lazare Taboureau, de Brassy (6) s'engage à façonner vendre et livrer à la St-Remy (1er octobre), à Georges Robin, marchand à Marigny (Nièvre) 40 cordes de bois de moule à 21 pour 20, les bûches de 7, 8 et 9 pouces de rotondité le moins, empilées sur le bord de la rivière de *Querson* (7), pour le prix de 105 s. la corde. Si jusqu'à l'époque

(1) Nanteau, hameau de la commune de Migé (Yonne).
(2) Hameau de la commune de Saint-Léger-Vauban (Yonne).
(3) Palmaroux, hameau de Montsauche (Nièvre).
(4 Montsauche, chef-lieu de canton (Nièvre).
(5) Montelême, hameau de Montsauche (Nièvre).
(6) Commune, canton de Lormes (Nièvre).
(7) Queuson, hameau, commune de Marigny-l'Eglise (Nièvre).

de la livraison il en fait une plus grande quantité, il devra vendre le surplus au dit Robin, aux mêmes conditions et prix.

Vente d'écorces. — 1491 (E. 372). Vente par Jean Breteau, *baulcherons* [bûcheron] à Jean Lejeune, dit Phélisot, tanneur, tous deux à Auxerre, de 212 gerbes d'écorce de chêne « chacune gerbe « faisant et fournissant son bichet », à livrer à la tannerie, pour le prix de 100 s. t. — 1562 (E. 389), Vente par Pierre Pichard et Bertrand Roy, de Seignelay, à Claude Bourdin, Laurent et Claude *Sofflot*, tanneurs à Auxerre, de « 16 muydz d'escorce de boys de « chaisne, provenant des taillis de Villeneufve-Saint-Salles, apparte- « nant à M. de la Rivière, à compter 180 jarbes pour muyd, 3 « pieds 1/2 de roy de tour et 3 pieds 1/2 de long pour chacune, « jarbes bonnes, loyailles et marchandes », livrables à Auxerre, pour le prix de 12 l. 10 s. t. le muid. Ce marché est subordonné à la visite de l'écorce. Comme les vendeurs ont un autre marché avec d'autres tanneurs d'Auxerre, il est convenu qu'aussitôt qu'il sera fait 3 muids d'écorce, les preneurs en auront deux ; le 3e sera livré aux autres acheteurs.

VITICULTURE (1481-1662).— *Echalas et perches*(1).— 1481 (E. 368). Vente par Jean Odot, de Quenne, à Guillaume Guérin, maçon à Auxerre, de « 2 milliers dataches de quartier de chesne, dont les « 600 seront de 5 pietz 1/2 de long et le résidu de 4 pietz 1/2 tou- « tes esguysé, ung cent de pesseau esguysé et 12 javelles de per- « ches de quartier », pour le prix de 20 s. t. que l'acquéreur devra payer au vendeur lors de la livraison dans ses vignes. — 1524 (E. 380). Vente par Himbert Delaville, de la Rippe (2) à Jean Godet, marinier à Auxerre, de 5 milliers « desclatz à vigne « pour 8 l. « 9 s. 7 d.

Merrain. — 1490 (E. 371). Vente par les frères Maugras, de Varennes (Yonne) à Guillemin Belaine, d'Auxerre, « dun mil- « lier de merrain à vin à faire muys fournissant 60 muys tant en « doves que en enfonçure » pour le prix de 5 l. t. — 1496 (E 373). Vente par deux cultivateurs d'Aillant-sur-Tholon à Jacquot Vincent, tonnelier à Auxerre, « dun millier de merrien à vin et ung quar- « teron de fons » pour 6 l. t. — 1564 (E. 493). Vente par de Souches, d'Entrains, à Jean Lemuet, sieur de Toussac (3) de 100 milliers de merrain « garny de ses enfonssure avec 2 milliers

(1) Voir d'autres ventes d'échalas dans les marchés de merrain de 1564, 1565, 1570 et 1586.

(2) Hameau, commune de Merry-sur-Yonne.

(3) Hameau, commune de Champs (Yonne).

« de fondz carrez », 200 milliers d'échalas et 100 milliers de « perches, pour le prix de 1900 l. t. — 1565 (6 novembre) (E. 390) (1). — « Comparurent en leurs personnes Pierre Voelle et « Estienne Françoys, maistres de a forge de Tannerre(2) demeu- « rant au dit lieu. Lesquels et chacun deulx seul et pour le tout, « renonceans au bénéfice de division et discution ; cognurent et « confessèrent avoir vendu à honorable homme Pierre Delye, « marchant demeurant à Auxerre, présent et acceptant, la quan- « tité de cent cinquante milliers de merrein à vain, garny de son « enfonsure, la moictié doullée (3) et lautre moictié vellu, au « compte et moison de l'Aucerroys ; fournissant pour chascun « millier soixante et quatre sarches (4) le tout bon boys, loyal et « marchant, quilz seront tenuz et ont promis rendre, conduire et « livrer au bourg de Tannerre, en une court que nommera le d. « Delye, en laquelle court ilz seront tenuz empeller le d. merrein « qui proviendra de 40 arpens de boys quilz ont acheptez de M. de « Saint-Fargeau, au lieu de Villeneufve-la-Genet. Et encoures ont « vendu au d. Delye tous les charnyers (5) qu'ilz feront et pour- « ront faire esd. quarenle arpens de boys, sauf et à la réserve de « mil javelles et quinze milliers de merrein, lesquelz charniers ilz « seront tenuz livrer au d. Delyc au lieu de Tannerres, à la chartée « qui se comptera au compte et moison d'Orléans, assavoir : cent « milliers du d. merrein à vain dedans la mige Caresme prou- « chaine venant et les aultres cinquante milliers au jour de Tous- « sainctz aussi prouchain venant. Et des d. charnyers ont promis « en livrer au lieu que dict est deux centz chartré (*sic*) dedans le « jour de Pantecoste prouchain venant. Et le surplus des d. char- « nières qui se trouverra appartenir aus d. Voelle et François, pro- « venant des d. boys, seront tenuz les livrer dedans ung an pro- « chain venant. Et a esté accorddé que sil se treuve plus èsd. boys « que les d. cent cinquante milliers de merrein à vain garny de « son enfonsure, telle que déclarée est par ces présentes, les d. « Voelle et Françoys ont promis la livrer et fournir aud. Delye et « sans ce qui la puissent vendre à aultre ; lequel Delye a promis la « prandre luy livrant au d. lieu de Tannerre, en payant par le d. « Delye toutefoys à la raison du pris cy après déclaré pour chas- « cun millier. Et ce moyennant le pris et somme de douze livres t.

(1) Cet important marché est donné *in-extenso* à titre de spécimen.
(2) Commune du canton de Bléneau (Yonne).
(3) Dolé, préparé à la doloire
(4) Corche, cercle, cerceau (La Curne).
(5) Echalas (voir Larousse et La Curne au mot charnier).

« pour chescun millier du d. merrein garny comme dict est. Et « pour chescune charlée de charnyers trente solz t. Sur les« quelles sommes et présent marché, les d. Voelle et Francoys ont « confessé avoir eu et receu du d. Delye la somme de quatre cents « livres t., dont ilz sen sont tenuz pour bien contans par devant le « juré et tesmoings soubz criptz. Et le reste, le d. Delye a promis « leur paier, assavoir: en luy livrant les d. cent milliers la somme « de douze centz livres t. dun costé; et encoures la somme de six « centz livres t. pour les cinquante milliers qui resteront à livrer « au jour de Toussains, qui seroyt dix-huit centz livres t. Et en ce « faisant, les quatre centz livres receuz sur le présent marché « se desduiront sur le pris des d. charniers quilz seront tenuz « livrer au jour de Pantecoste prochain. Et a esté accordé que la « marchandise de merrein à vain et charniers qui se trouverra au « d. boys par dessus la quantité vandue et déclarée par ces pré« sentes, les d. Voelle et Françoys seront tenuz la laisser au d. De« lye, lequel a promis paier à la raison susdicte en faisant la livrai« son. Et pour seurté plus grande des présentes, les d. Voelle et « Francoys ont obligé et ypothecqué tout et chescungs leurs biens « etc., etc. » — 1570 (E. 394). Vente par le procureur de Charles Pelletier, élu pour le roi à Mantes, et de la veuve Mathurin Chevalier, demeurant à « Druze en Normandie », à Charles Trudié, marchand à Paris, de 9 milliers de merrain « à vin, garny denfonsure, à « compter 28 flèches pour quart de dovaille (douve), et pour quart « denfonsure 34 flèches; et oultre le d. boys garny de deux quarts « d'enfonsure davantaige, avec la quantité de 12 milliers deschalatz de quartier à mettre aux vignes », à livrer sur le port de Clamecy « dedans huit jours prochains venans, à peine de tous « despens, etc. » pour le prix de 25 l. t. le millier de « merrein « garny comme dessus » et 50 s. t. le millier d'échalas. Ce bois provient de la forêt de *Charneveau* (1). — 1586 (E. 407). Vente par Jacques Varache et Pierre Rucy, de St-Agnan en Morvan (2) à Jean Seurrat d'Auxerre, de 50 milliers de merrain « à vin, à compter 28 « fleiches pour quart et six vingt douze (132) pièces pour l'enfon« sure de chacun quart », pour le prix de 8 écus sol et 1/3 d'écu par millier « garny d'enfonsure comme dit est »; de 100 milliers d'échalas carrés de 4 pieds 1/2 de long « à compter 50 bastons « pour botte et 21 bottes pour millier » pour le prix de 45 s. t. le millier; et de 20 milliers de perches [pour vigne], de la longueur

(1) Charnouveau (forêt de), communes de St-Bonnot et de Champlemy (Nièvre).

(2) Commune du canton de Montsauche (Nièvre).

de 9 pieds, « à compter 21 pour 20 », pour le prix de 4 l. 10 s. t. le millier. Le tout livrable à Cussy-les-Forges (Yonne) « en la maison « de René Gros ». En outre « il avait esté accordé que sur la quan- « tité de merrin à vin il seroit tricqué (1) 5 milliers, qui est ung mil- « lier de rebut sur chacun dix milliers, lequel triccage demeurera « aus d. vendeurs ». — 1594 (E. 429). Vente par Gabriel de Colombiers, écuyer, seigneur de *Cogny*-en-Morvan, y demeurant (2), à Etienne de Brielle, notaire royal et procureur au bailliage d'Auxerre, de vingt milliers de merrain à vin, garni d'enfonçure, en bon bois non flotté, à livrer au port de Sermizelles, pour le prix de 200 écus d'or sol.

Cercles. — 1515 (E. 377). Vente par Jean Hennequin, de Fontenailles, à Guillemin Charretier, de Vallan, de 3 milliers de cercles à muid, moyennant un muid de vin. — 1524 (E. 507). Vente par Benoît Chevillon, de Magny (3) à Colas Lasnier d'Auxerre, de 2 milliers de cercles à muid, livrables à la poterne St-Pèlerin d'Auxerre, pour le prix de 60 s. t. — 1662 (E. N. N. Liasse n° 6 minutes Chevillotte). Façon de cercles. Annibal Bernard, cerclier, à Grottefou (4) s'engage à livrer à Jacques Robin, marchand à Marigny, tous les cercles qu'il pourra faire du 16 avril au 24 juin 1662, pour le prix de 3 l. 10 s. chaque millier. La livraison devra se faire par grands et petits cercles, « bien faits et de recette » à raison de 21 javelles pour 20. De plus, durant cette période, le dit Bernard ne pourra en vendre à aucune autre personne « au préjudice du présent mar- « chief ».

Futailles. — 1496 (E. 373). Vente par Antoine Loreau, tonnelier à Auxerre, à Germain Chrestien, bourgeois, de 16 muids neufs pour 4 l. 12 s. 8 d. — 1505 (E. 375). Vente par Simon Thomain, tonnelier, à Jean Geuffron, bourgeois d'Auxerre, de « 42 muys trentains « et 42 demy-muys neufs » pour le prix de 5 s. pièce « non com- « pris les deux muys et les deux filletes qui font 21 pour 20 ». — 1509 (E. 376). Vente par Robin Vaulevriat, tonnelier, à Pierre Fauleau et Jean Seurrat, tous d'Auxerre, de 50 muids trentains « de « jauge » pour le prix de 5 s. 10 d. t. le muid, « et oultre à chacun « deulx une tyne ». — 1525 (E. 505). Vente par Berthier Richou,

(1) Aujourd'hui encore on appelle trique un morceau de bois qui sert d'étalon pour mesurer la longueur.

(2) Cougny, hameau de la commune de St-Jean-aux-Amognes (Nièvre).

(3) Hameau, commune de Merry-sur-Yonne (Yonne).

(4) Hameau de la commune de Marigny-l'Eglise (Nièvre).

tonnelier à Annay-la-Côte, à frère François Desmolins, célerier d'Irancy (1) de 24 muids trentains et 24 « fillettes » neufs, pour le prix de 10 l. t. — 1578 (E. 402). Vente par Pierre Jobeleau, tonnelier à Serin (2) à Odes Thierriat, marchand à Auxerre, de 100 muids neufs, *reliés en cercles de Paris*, pour le prix de 27 s. t. le muid.

Cuves. — 1483 (E. 369). Vente par Jean Fauchot et autres, d'Auxerre, à Jacques Contat, de St-Bris, d'une cuve pour 40 s. t. — 1519 (E. 507). Vente par Pierre Pautot, de Montigny (la Resle) à Pierre Champeaux, de Rouvray, d'une cuve de 9 muids, à clef, « léale et « marchande à dit douvriers à ce cognoissans » pour le prix de 105 s. t.

Pressoirs. — 1509 (18 mars E. 376). « Comparut en sa personne « Pierre Boireau, charpentier, demourant en Pien, en la parroisse « de Gurgy, lequel a confessé debvoir et loyaument estre tenu « rendre et livrer à Jehan Maubert, musnier demourant à Aucerre, « à ce présent. Tout le boys convenable à faire ung pressouer cy « après déclaré, cest assavoir : quatre arbres de quatre toises et « quatre piedz de long, deux tessons, ung fourcher et ung autre « non fourcher, deux jumelles derrière, chacune de trois toises de « long et depesseur ung pié et troys doitz et de largeur dun pié « et demy, et deux jumelles devant, chacune de quatorze piedz de « long, dun pied en un sens et ung piedz et demy en lautre, et de « largeur d'un pié et demy; avec ung soubz arbres de quatre piè- « ces de dix-sept piedz de long, chacune pièce depesseur dun pié « en un sens et en lautre dun pied et quatre doitz. Et avec ce four- « nir tout lautre boys, reservé la vifz et la roue ; lequel boys sera « tenu ledit Boireau rendre et livrer audit Maubert, depuis les boys « de Pontigny en ça. Et ce moyennant que ledit Maubert a promis « et sera tenu charroyer et amener en ceste ville dAucerre autant « que semblable quantité de boys au dit Boireau quil en y a cy « dessus declaré, à faire ung autre pressouer, lequel boys il sera « tenu charroyer et livrer dedens la feste de la Nativité Saint- « Jehan-Baptiste prouchaine venant. Et sera tenu ledit Boireau « ayder à charger le dit boys au dit Maubert. Et se lencas adve- « noit que les chevaulx feussent pris ès boys ou sera fait le boys « desdits pressouers par la faulte du dit Boireau, il sera tenu des- « dommager et en rendre indempne le dit Maulbert. Car ainsi,

(1) Irancy était une seigneurie appartenant à l'abbaye Saint-Germain d'Auxerre.

(2) Hameau, commune de Chevannes (Yonne).

« etc., etc. » —1513 (E. 376). Vente par Robert Brocart, contrôleur du grenier à sel d'Auxerre, à Pierre Béguin, du dit lieu, d'un pressoir, pour le prix de 80 l. t. L'acheteur devra l'enlever à ses frais. — 1521 (E. 379). Vente par Louis Maublanc, de Lindry, à Robert Angevin, charpentier à Auxerre, d'un « soubzabre (sous-arbre) « servant à pressouer, de longueur de 15 à 16 piedz, de 2 piedz en « carré, une jumelle de devant dun pié et 4 dois sur un sens et « dun pié et 2 dois sur lautre, avec 4 corbes pour faire la roue du « pressouer, le tout de bon boys, etc. » pour le prix de 4 l. 12 s. « 6 d. t.—1574 (E. 399). Engagement par Léonard Goix, charpentier à Auxerre, envers Claude Petitfou, contrôleur pour le roi au dit lieu, de faire à un pressoir existant dans une maison près l'église St-Regnobert, les réparations suivantes : « ramoyser les jumelles « de derrière, faire ung faubreyer, plus deux clefz à une des ju- « melles garnies de leurs blochetz de dessoubz les moyses, plus « deux estaiges sur le soubz arbre, de 16 piedz chacun de longueur « rejoindre la mect, lampaster, mectre des clous où il sera besoing, « desterrer les tessons pour sçavoir silz seront suffisantz pour en « user durant le temps de la vendange, et ce fait, les renterrer... « En fournissant par le d. Goix tout boys quil conviendra pour ce « faire. Et oultre fournira le d. Goix au d. pressouer, ung poitral, « six margouillatz de six esguilles et six envynoères, et faire ung « huys pour mettre sur le mart au d. pressouer... moyennant le « pris et somme de 40 l. t. ». - 1578 (E. 402). Vente par la veuve Guillaume Verpillon, de Jonches (Auxerre), à Jean Rouze, maréchal à Auxerre, d'un « hacquet à presurer le vin, avec lhuis et « margoullats » pour le prix de 7 écus d'or soleil. — 1603 (E. 434). Vente par noble Nicolas Bargedé, seigneur de la Grange du Bois (1) et Buisson-Héry (2) avocat au bailliage d'Auxerre, à Jean Bourgoing, procureur et « adjoint nécessaire » au dit bailliage, d'un pressoir complet, bois, pierres, etc., pour le prix de 180 l. t. — 1622 (E. 510). Marché par lequel François Bonin, charpentier à Auxerre, s'engage à faire pour Louis Thomas, notaire royal au dit lieu « ung pressouer à deux roues en forme de hacquet... ; les bois « duquel pressouer marchandé par le présent contrat seront sca- « voir : les deux jumelles à teste des deux boutz, de longueur chas- « cune de quinze piedz, depesseur sur ung cens de douze poul-

(1) Deux anciens fiefs de ce nom non cités dans le *Dictionnaire topographique de l'Yonne*, l'un sur la commune du Vault de Lugny, l'autre sur celle de Venoy. Il doit être question ici de ce dernier, à proximité d'Auxerre, où résidait la famille Bargedé.

(2) Hameau, communes de *Lain* et *Saints* (Yonne).

« ces et sur lautre cens de quinze poulces, garnies de clefz par le
« hault et de moises par le bas, depesseur raisonnable, qui seront
« chascune moise de dix poulces en tous cens, en nombre de quatre moises et les d. clefz de grosseur convenable. Plus quatre
« soubz arbres de grosseur chascun de douze poulces sur ung
« cens et de treize sur lautre. Faire la maict de neuf piedz et demy
« entre les deux jumelles et dix piedz de long, non compris leschené, de grosseur chascune pièce de six poulces sur ung cens
« et de large de dix à douze poulces ; garnir icelle maict de lhuis
« de cinq piedz et demy de large, garny de bras et vinoises, icelles
« vinoises depesseur de deux poulces, les d. huis depesseur dung
« poulce avec cheville à teste. Plus faire deux vifz chascune depesseur de dix poulces sur tous cents [sens] par les deux boutz ; la
« poire (1) qui se levera entre les deux jumelles acollés, de grosseur par le meillieu d'icelle, demy pied. La roue de dessus la dicte
« maictz garny de tassaux, sera chevillée avec une cheville de fert
« et dix grappes de fert pour porter le cable, les d. bras de six
« piedz de long et les courbes depoisseur de cinq poulces et les d.
« bras de mesme grosseur ; deux escots de quatorze poulces chascun sur ung cens et de largeur de dix-huict poulces au-dessoubz
« du d. escrot ; mettre deux soubz arbres pour le soubstenir, de
« grosseur chascun dung pied sur tous cens, qui seront enmanchez dans les jumelles, et lesquelx escrotz seront de largeur convenable pour froter contre les deux jumelles, avec tenons. Plus
« deux autres arbres sur le d. escrot qui embrasseront semblablement les deux jumelles, avec deux clefz, iceulx arbres de
« grosseur chascung dung pied sur ung cents [sens] et de quinze
« (*sic*)[poulces?] sur lautre. Plus faire treize margouilliatz (2) de grosseur chascun de huict à dix poulces, et de longueur de cinq piedz
« et de quatre piedz. Plus le guindard de dix poulces ; la roue de
« quatre piedz garny de bras et de coures [courbes ?], de grosseur
« comme dessus et de chevilles ; ung cable neuf de cinq poulces
« de tourt et longeur convenable, fournir la platine, garnir la
« poire de goupilles et gondz de fert, garny le tout de pivoctz où il
« conviendra, avec une frotte de fert à lune des vifz, et mettre des
« jartiers pour soubstenir les d. jumelles, chascune de huict poulces en carré. Mettre soubz le d. pressouer huict quartiers de

(1) Grand bâton, d'après La Curne qui tire ce mot du Languedoc.

(2) Les margouillats étaient des madriers superposés en long et en travers sur un plateau circulaire (appelé maie), posé sur le marc, et permettaient une plus forte pression. Ils sont encore en usage avec les nouveaux pressoirs et ont conservé ce nom peu poétique.

« pierre, en terre, pour suporter le d. pressouer, et oultre, fournir « et garnir icelluy pressouer de tous autres bois necessaires, propre, « conmode et convenable et mesme dune solive depesseur raison- « nable pour suporter le guindard dicelluy pressouer et toutes au- « tres bois exprimez et non exprimez par les présentes. Le tout de « bon bois de chesne et non rellé ?; le tout de bois decarissage, à « la réserve de la metz qui sera de siage ; à réserve des deux « escrotz et vifz qui seront de noier, chesne ou corbier [cormier], « que le d. Bonin sera tenu de fournir; ensemble toutes autres « matières et estoffes qui seront nécessaires, et rendre icelluy « dressé et prestz à faire vin dans la Sainct-Jehan-Baptiste. Moyen- « nant la somme de huict vingtz-cinq livres (165 l.)....Et le d. Bo- « din sera tenu mener et conduire le d. pressouer en vendanges « prochaines, racommoder et refaire ce qui se pourra rompre en « icelluy les d. prochaines vendanges, sans prendre aulcune ré- « compense des mars qu'il fera pour le d. Thomas ; et de tous au- « tres mars que le d. Thomas y voudra faire faire, le d. Bonin aura « dix soulz pour chascun. Car ainsy, etc., etc. »

Vin. — 1483 (E. 369). Vente d'un muid de vin vermeil d'Auxerre pour 8 l. 10 d. t. — Id. 10 l. t. — Id. 7 l. t. — Id. de 14 muids pour 56 l. t. — 1485 (E. 370). Id. de 24 muids pour 100 l. t. — 1490 (E. 371). Vente de 3 muids de vin vermeil de Quenne, à un boucher de Champeaux, près Melun, pour 25 l. t. — 1490 (E. 371). Vente à Edmonne Aubert, *marchande publique* (1) à Auxerre, de 2 muids de vin pour 20 l. t. — 1490 (E. 371). Vente par Jean Chapillon, de Fleury, à Pierre Billard, d'Auxerre, d'un « muy de vin « vermeil du meilleur du cru de ses vignes et quil déblavera en « ces prochaines vendanges », pour 4 l. t. — 1493 (E. 373). Vente par des vignerons d'Auxerre à un marchand de Pontaubert, de 17 muids de vin vermeil pour 136 l. t. — Id. Vente d'un muid de vin clairet pour 30 s. t. — 1504, 6 juillet (E. 375). Achat de vin avant la récolte (2). « Comparut en sa personne, Jaquinot Fro- « ment, vigneron, demeurant à Aucerre, lequel confessa avoir « vendu et promis délivrer à Jehan Poillot, aussi vigneron, de- « meurant au d. Aucerre, toute la desbleure des vignes que le d. « Froment aura et cuillera ceste année, de laquelle desbleure il « sera tenu cuiller et envasseler moitié en vasseaulx neufz et « lautre en autres futailles vielles, bonnes et léalles ; faire le vin « de telle sorte quil plairra au d. Poillot ; lequel vin le d. Froment

(1) D'après La Curne de Sainte-Pallaye, on appelait ainsi la « maîtresse « en quelque métier que ce soit, comme lingère, couturière ».

(2) Acte curieux donné *in extenso*.

« sera tenu faire à ses despens et en temps deu. Et ce moyennant « le pris et somme de chacun muy de 40 s. t. et 20 s. t. (*sic*). « oultre la quantité de vin qui se trouverra; que le d. Poillot « sera tenu et a promis rendre et payer au d. Froment dedens la « feste de Chandeleur prouchaine venant, et dilec, etc.; sur « peine, etc., obligeant, etc... » — 1505 (E. 375). Vente par des vignerons de Saint-Bris et d'Auxerre, à Pierron Tholart, d'Auxerre, de 4 muids de vin « vermeil ou clairet, à choisir entous leurs vins « quilz auront et cuilleront ceste année », pour le prix de 48 s. « 8 d. t. le muid. — 1506 (E. 374). Vente de 4 muids de vin vieux d'Auxerre pour 14 l. 15 s. t. — 1508 (E. 375). Vente de 10 muids de vin clairet d'Auxerre pour 65 l. t. — 1511 (E. 505). Vente par l'évêque d'Auxerre (1), à Germain Gerbault, voiturier par eau, et Huguet Delafaye, marchand, d'Auxerre, de 95 muids de vin, pour la somme de 265 l. t. — 1513 (F. 376). Vente de 17 muids de vin d'Auxerre pour 119 l. t. — 1521 (E. 379). Vente de 4 muids de vin clairet pour 24 l. t. — 1522 (E. 505). Vente par Jean Mourreau, de Saint-Maurice-Thizouaille, à Jean Clopin, voiturier par eau à Auxerre, de 23 muids de vin clairet et vermeil pour le prix de 101 l. 10 s. t. — 1524 (E. 380). Id. de 6 muids de vin pour 42 l. t. — 1525 (E. 505). Vente par un vigneron de Chichery, d'un muid de vin, de sa prochaine récolte, à choisir, pour 60 s. t. — 1527, 24 juillet (E. 380). Engagement par Germain Lessouré, cordonnier à Auxerre, de livrer à Germain Drynot, tanneur au dit lieu, 10 feuillettes (5 muids) de vin nouveau, moitié claret et moitié blanc, « bien envasselées, incontinant que le vin sera rasis après « vendanges », en échange d'une « grosse (144) de veaulx tan-« nez ». — 1527 (E. 380). Id. d'un muid de vin pour 65 s. t. — 1550 (E. N. N. Liasse n° 2. Minutes Chevillotte). Claude Noël, marchand à Vézelay, reconnaît devoir 80 l. t. à Pierre Filzjean, marchand à Avallon, pour livraison de 10 muids de vin (7 de rouge et 3 de blanc). — 1570 (E. 394). Vente par noble Germain Delye, conseiller au présidial d'Auxerre, à la veuve Berry et à Terrier, pâtissier au dit lieu, de 3 muids 1/2 de vin clairet vieux, pour le prix de 52 l. 10 s. t. — 1610 (E. 505). Philippon Chignard, principal du collège de l'Ave Maria, fondé en l'Université de Paris, et Martin Couttan, marchand à Paris, rue « de Hermerie, paroisse Saint-Jacques-de-la-Boucherie », reconnaissent devoir à Germain Daulmay, procureur au bailliage d'Auxerre, 372 l. t. pour délivrance de 18 muids de vin clairet.

Vendange. — 1562 (E. 389). Vente par Guillaume Tupinier, à

(1) Jean Baillet (1477-1513).

Pierre Buffé, dit Gody, tous deux voituriers par eau à Auxerre, de la vendange d'un arpent de vigne, pour le prix de 115 s. t. le muid trentain, les frais de vendange restant à charge de l'acheteur. — 1570 (E. 394). Vente par Pierre Petit, vigneron à Vallan, à Germain Billard, marchand à Auxerre, de 10 muids de vendange provenant des *vignes* du dit Petit, pour le prix de 8 l. t. le muid.

VENTE D'ANIMAUX, VOITURES ET HARNAIS (1475-1578). — 1475 (E. N. N. Minutes provenant de la Côte-d'Or). Vente par Jean Cormeissat, de Germigny, à Pierre Picardat, de Tonnerre, d'un cheval sous poil rouge, pour 7 l. t. — 1475 (id.). Vente par Jean Coulon, de Roffey, au commandeur de Saint-Antoine de Tonnerre, d'un cheval sous poil *grisart*, « *lequel est borne dun eul du costé* « *droit* (*sic*) », pour 100 s. t. — 1481 (E. 368). Vente d'un cheval sous poil rouge, pour 70 s. t. — Id. d'un cheval sous poil *boyard*, pour 100 s. t. — Id. (1) d'un cheval sous poil *moreau*, pour 4 l. 6 s. 8 d. t. — Id. par un habitant de Villeneuve-les-Genets, à un boucher d'Auxerre, d'un cheval sous poil grison, pour 9 l. t. — Id. par Guillaume Jorran, sergent à Auxerre, à Guillaume Robinet, de Quenne, d'une charrette ferrée, d'une selle et d'une sous-selle, pour 60 s. t. — Id. d'une charrette, pour 4 l. t. - 1483 (E. 369). Id. d'une jument sous poil noir, pour 100 s. t. — Id. d'un cheval et d'une jument, pour 8 l. 10 s. t. — Id. d'un cheval sous poil *fauveau*, pour 105 s. t. — Id. Echange d'un cheval sous poil grison contre 53 moules de bois de « moule de bon « chesne ». — Id. Vente d'un bœuf, pour 60 s. t. — Id. Echange d'un cheval sous poil moreau contre 24 moules de bois de chêne. — Id. Vente d'un cheval et d'une charrette, pour 10 l. t. — Id. Vente par Sarradin, « *berger de la proye de la porte du pont d'Au-* « *cerre* », à Laurent Rousseau, bonnetier au dit lieu, de 3 vaches et un taureau, pour 13 l. 16 s. 8 d. t. — 1485 (E. 370) Vente d'une charrette, pour 33 s. 4 d. t. — Id. de 5 chefs de bêtes *aumailles* (2), pour 7 l. 10 s. t. — Id. de 2 chevaux « soubz poil boyart et dune « charrette tous arnechez de leurs harnois », pour 12 l. 1 s. 8 d. t. — Id. d'un cheval sous poil moreau, pour 6 l. t. et un moule de bois. — 1490 (E. 371). Id. d'un cheval sous poil *breton*, pour 6 l. 5 s. t. — Id. d'un poulain sous poil *boyart*, pour 8 l. 5 s. t. — Id. d'un taureau, pour 100 s. t. — Id. Engagement par Jean Moreau, de Coulanges-sur-Yonne, de payer à Phélisot Bort, demeurant à la « *Monnoye d'Aucerre* », tant pour vente d'un cheval sous poil grison et d'une charrette, que pour « *despence de bouche* ». —

(1) Même date et même article.

(2) Gros bétail comme bœuf, cheval, etc.

9 avril 1496 (E. 373). Vente par Simon Popardin, à Claude Delaplace, « dun porceau, pour le prix et somme de 13 gros, sur quoy « le d. Delaplace a baillé 9 gros et lui doit le d. vendeur garder le « dit porceau duy jusques à la St-Georges [22 avril] prochaine« ment venant, en propaiant le reste, qui soit 4 gros ». — 1497 (E. 373). Vente d'une vache de 3 ans, pour 50 s. t. — 1507 (E. 493). Vente par Hutin, archer de la compagnie de M. Robert de Franceilles, à noble Jean de la Roche, homme d'armes de la même compagnie, d'un cheval sous poil boyard, pour 30 écus d'or au soleil. — 1507 (E. 507). Vente par Delacourt, archer de la compagnie de M. de Francielles, à noble Pierre de Marcheville, écuyer, homme d'armes de la dite compagnie, d'un cheval sous poil grison, pour le prix de 40 écus d'or sol., payables à 10 écus chaque montre (1). — 1508 (E. 374). Vente d'un cheval sous poil grison, pour 13 l. t. — 1508 (E. 375). Vente d'un cheval à un charretier de Troyes, pour 7 l. t. — 1508 (E. 375). Reconnaissance par noble Mathurin de Roux, écuyer, « seigneur de Boulle, près Mun, dio« cèse d'Orléans », au profit de noble François Dardre, seigneur de *Cirsecque* (*sic*), de la somme de 50 écus d'or sol. « avec deux « poinsons de vin, pour la vente et délivrance dun cheval soubz « poil grison pomelé, à luy vendu et déclaré, et dont il sest tenu « pour content par devant le dit juré. Et laquelle somme de 50 escuz « dor au soleil et deux poinsons de vin, le dit Le Roux a promis « paier au dit créancier, cest assavoir : dix escuz dor soleil à ceste « prouchaine monstre qui se fera en ce dit moys de septembre, et « dix escuz dor à chacun quartier de chacune monstre qui se fera « de la compagnie, jusques à fin de paiement de la dite somme de « 50 escuz dor ; et les dits deux poinsons de vin à la Toussains « prouchaine venant. Et a volu et consenty le dit Le Roux que sil « est déffaillant de paier à chacun quartier de chacune monstre la « dite somme de dix escuz dor, où qui se mette hors de la com« pagnie et que le dit créancier face aucune poursuite à lencontre « de luy, en ce cas le dit Roux a promis paier tous les fraiz et « despens que le dit créancier fera contre luy, avec le coust de ces « présentes et tous autres loyaulx coustz ». — 1511 (E. 507). Reconnaissance de 21 l. t. par Thierry, boulanger à Auxerre, au profit de Mre Michel Le Caron, chanoine et « lictre » [lecteur] de l'église d'Auxerre, pour vente de 2 chevaux sous poil grison, avec les harnais et la charrette. — 1513 (E. 376). Vente par un tanneur, à un armurier d'Auxerre, d'un cheval sous poil boyard, pour 7 l. t. — 1515 (E. 377). Vente par Jean Couchon,

(1) Revue des troupes.

d'Auxerre, à Jean Le Foul, prêtre à Clamecy, d'un cheval sous poil boyard, pour 18 écus d'or sol. — Id. d'une vache sous poil brun, pour 100 s. t. — 1516 (E. 377). Vente par un vigneron d'Auxerre, à un laboureur de Saint-Cyr-les-Colons, d'un cheval sous poil boyard, pour 14 l. t. — 1524 (E. 507). Vente par Jean Daulmoy, boucher à Auxerre, à Jean Goé, du dit lieu, d'un cheval sous poil moreau et d'un mulet sous poil rouge, pour 15 l. t. — 1527 (E. 507). Vente par noble Pierre Chuyn, écuyer, seigneur de Chéry (1), à Etienne Houllot, prévôt des maréchaux à Auxerre, d'un cheval sous poil rouan, pour 19 écus d'or soleil. — 1578 (E. 507). Vente par Etienne Bergerat, de Lormes (Nièvre), à Julien Mathieu et Guillaume Defrance, bouchers à Auxerre, de 100 moutons « *ves-* « *tuz* », de l'âge de 2 ans, livrables à Auxerre, pour le prix de 133 écus et un tiers d'écu d'or soleil.

Peaux (1508-1694). — 1508, 11 juillet (E. 375). Vente par Thibault Daiz, pelletier à Sens, à Jean de Fédry, du même état à Auxerre, d'une « douzaine de panes descorieux (*sic*), contenant « 72 peaulx la pane », pour le prix de 15 l. t. « Et si le dit Thi- « bault est défaillant de livrer les dites peaulx dedans le 9e jour « daoust, il sera tenu paier au dit de Fédry 17 s. 6 d. t. pour les « interestz et dommages, sans les autres intérestz et fraiz quil en « pourroit faire à la poursuite ». — 1516 (E. 507). Engagement par Geuffroy Chamgorin, boucher à Cravant, de livrer à Edmond de Cresonsac, tanneur à Auxerre, toutes les peaux de vaches, moutons et veaux qu'il fera du 10 juin 1516 à *carême prenant*, pour le prix, « le cent de veaux et moutons, 13 l. t. et la vache 21 s. « 8 d. t. » — 1522 (E. 507). Vente par Jean Sauguenet, d'Auxerre, à Jean Landry, cordonnier au dit lieu, de 6 peaux de vache, tannées, pour 15 l. t. — 1524 (E. 507). Vente par Jean Aulmont, pelletier à Troyes, à Guillaume Venrat, du même état à Auxerre, de 100 peaux de renard, livrables à Sens, pour 36 l. t. — 1527 (E. 380). Echange par Germain Lessouré, cordonnier à Auxerre, avec Germain Drynot, tanneur au dit lieu, de 10 feuillettes de vin nouveau, moitié rouge et moitié blanc, « bien envaiselées, incontinant « que le vin sera rasis après vendanges », contre « une grosse (144) « de veaulx tannez ». — 1538 (E. 507). Vente par Bastien Boussuat, boucher à Auxerre, à Louis Foucher, tanneur au dit lieu, de 100 peaux des moutons qu'il tuera de la Saint-Rémy à carême prenant, à raison de 26 au quarteron, pour 27 l. t. — 1574 (E. 399). Vente par Claude Delaforêt et Benoît Delagoutte, marchands à

(1) Hameau, commune de Coulangeron (Yonne).

Auxerre, à Jean Boucher et François Lechat, marchands à Troyes, de toutes les peaux de mouton ou de brebis qu'ils pourront se procurer de Pâques à carême prenant suivant, livrables à Auxerre, pour le prix de 22 l. t. le cent, « à compter 26 au quarte- « ron », pour celles qui seront livrées le jour de la Madeleine (22 juillet), et 35 l. t. celles qui seront livrées à carême prenant ou plus tôt. — 1578 (E. 507). Vente par Henri et Nicolas Regnard, bouchers à Auxerre, à François et Nicolas Nyvelle, marchands à Troyes, de toutes les peaux de mouton ou brebis qu'ils feront tuer du 21 juillet à carême prenant (à 26 au quarteron), pour le prix de 18 écus d'or sol. le cent. — 1578, 17 mars (E. 507). Marché par lequel Mathurin Gendot et Edmond Parly, *bisetiers* (1) à Auxerre, s'engagent à livrer à Germain Valuet, marchand au dit lieu, toutes les peaux de moutons, brebis, agneaux, veaux, chevreaux, « chevreulx sauvages, conyns (lapins) », lièvres et *levrots* qu'ils tueront ou feront tuer de Pâques prochain à carême prenant suivant, livrables à Auxerre, au fur et à mesure, pour les prix de : la douzaine de peaux d'agneau, 27 s. 6 d. t. ; la douzaine de peaux de chevreau, 10 s. t. ; chaque peau de mouton « vestu » [non tondu], 8 s. t. ; chaque peau de veau, « chevreu sauvage », mouton et brebis « bas tondu », 4 s. t. ; le cent de peaux de lapin, lièvre et levreau, 40 s. t. — 1587 (E. 507). Vente par Merlas Grujon et Guillaume Borotte, bouchers à Auxerre, à Augustin Champenois, parcheminier au dit lieu, de cent peaux de mouton (à 26 au quarteron), pour 8 écus 1/3. — 1594, 13 mai (E. 429). Acte par lequel Jean Soufflot, tanneur à Auxerre, s'engage à livrer à Guillaume Collot, François Chantray et Louis Nault, cordonniers au dit lieu, « toutes et chacunes les peaux de « veau tannez quil a de présent et sont en ses fousses, que ceulx « quil tannera et fera tanner du jourdhuy, datte des présentes, « jusques au jour de Toussainctz prochain, et du dict jour de « Toussainctz en ung an, bonnes, loialles et marchandes de mar- « chant à aultre, lesquelles il sera tenu livrer au feur quelles « seront tannées. Et ce moiennant la somme de deux escuz sol, « deux tiers descu et 10 solz t. pour chascune douzaine des d. « peaux bien et deuement tannées, que les d. Collot, Chantret (il « signe Chantray) et Nault, chascun deulx seul et pour le tout, « sans bénéfice de division et discussion, ont promis et seront « tenuz paier au dit Soufflot au feur de la délivrance des d.

(1) Restaurateurs, serveurs, etc. (Voir chapitre VI, contrat d'association entre bisetiers d'Auxerre).

« peaux... » (1). — 1678, 10 mars (E. 507). Vente par Bourdin, Defrance, Papon, Dujon, Daoust, Hérisson, Calandre, Henri et Pierre Tangy, bouchers à Auxerre, à Gilles Jacquier, marchand à Troyes, de toutes les peaux des moutons et brebis qu'ils pourront tuer jusqu'à carême prenant prochain, pour le prix de 45 l. t. le cent de peaux, à compter 104 au cent. — 1678, 11 avril (E. 507). Vente par Bougault et Séguin, bouchers aux Bréaux (2), à Jacques Roux, tanneur à Auxerre, de toutes les peaux des vaches qu'ils tueront jusqu'à carême prochain, pour le prix de 36 l. t. la douzaine. — 1686, 14 août (E. 507). Vente par Lemblin, Rothier et Tangy, bouchers à Auxerre, à Antoine Aubry, tanneur à Orléans, de toutes les peaux des brebis et des moutons qu'ils tueront jusqu'à carême prenant (à 104 au cent), pour le prix de 48 l. t. le cent. — 1694 (E. 507). Actes par lesquels Claude Chollet, mégissier et parcheminier à Sens, déclare, conformément à l'arrêt de la Cour des Aides, qu'il a acheté des bouchers d'Auxerre, en 1693, 863 peaux de veau et 2.872 peaux de mouton.

Suif. — 1521 (E. 507). Vente par Jacques Geuffron, d'Auxerre, à Simon Bade, marchand à Paris, de « ung millier de suif », livrable à Auxerre, au prix de 6 l. 10 s. t. le cent.

Denrées alimentaires (1401-1678). — *Grains*. — 1481 (E. 368). Vente de 24 bichets, moitié froment et moitié orge, pour 15 l. t. — 1483 (E. 369). Id. de 6 bichets de froment, pour 4 l. 10 s. t — Id. de 6 bichets froment, *mesure de Gurgy*, pour 30 s. t. (*sic*). — Id. de 6 bichets de froment, mesure d'Auxerre, pour 20 s. t. (*sic*). — 1491 (E. 372). Vente à un boulanger d'Auxerre de 50 bichets de froment, pour 16 l. 12 s. 6 d. t. — 1504 (E. 374). Vente de 24 bichets de froment, pour 8 l. 10 s. t. — 1505 (E. 375). Id. de 22 bichets de froment, pour 10 l. 3 s. 4 d. t. — 1515 (E. 377). Reconnaissance de 50 s. t. pour vente de 8 bichets de seigle. — 1516 (E. 377) Vente de 30 bichets de froment, pour 15 l. t. — 1541 (E. 384). Vente par Etienne Gerbault, d'Auxerre, à Pierre Colas, marchand à Clamecy, de 300 bichets de blé froment et 300 bichets d'avoine, à la mesure de Varzy, « qui est deux boisseaux pour « bichet », de bon grain, livrable à Varzy, pour la somme de 225 l. t. — 1581 (E. 403). Achat par des marchands d'Auxerre, à

(1) Par un acte subséquent, les acheteurs acceptent dans leur association, pour un quart et au même titre qu'eux, Guillaume Lessoré, l'aîné, cordonnier à Auxerre. Cet acte fait connaître que Nault est gendre de Collot.

(2) Bréau (le), hameau, commune de Lindry (Yonne).

un marchand de Paris, de 76 muids 1/2 de froment, à raison de 29 d. t. le bichet. — 1588 (E. 507). Vente par Jacques et Nicolas Aubelain, marchands à (mot effacé) en Champagne, à Jean Seurrat, contrôleur pour le roi, Claude de Tournay, élu pour le roi à Auxerre, et autres, de 1.500 bichets de blé et 1.500 bichets de seigle, à livrer au port Saint-Nicolas d'Auxerre, pour le prix de 2.250 écus soleil.

Viande de Boucherie. — 1483 (E. 369). Reconnaissance de 40 s. t. par Jean Boulé, de Courgis, au profit de Perrin Tangy, boucher à Auxerre, pour « vente et délivrance de char de bocherie, pour la « solempnité des noces de Loyse, sa fille ».

Huile. — 1490 (E. 371). Vente par Guillaume Prévost, de Saint-Maurice-Thizouailles, à Laurent Jasier, d'Auxerre, de 4 muids d'huile de noix, « bonne, loyalle et marchande », pour le prix de 35 l. t.

Poisson de mer. — 1497 (E. 373). Edme Besle, marchand à Clamecy, reconnaît devoir 8 l. 10 s. t. à Thomas Duru, marchand à Paris, pour vente d'un « millier de seches », livré par Jacquot Marchant, dit Vincent, son facteur à Auxerre. — 1497 (E. 373). Guillaume Duchaisne, de Vézelay, reconnait devoir 22 l. t. à Jean Dubuisson, marchand à Rouen, pour vente de 4 barils de harengs blancs, livrés par Jean Vincent, son facteur à Auxerre. — 1502 (E. 375). François Moreau, de Chemilly près Seignelay, reconnait devoir 4 l. 10 s. t. pour vente *dun caque* de harengs blancs par Huguet Delafaye, facteur à Auxerre, de Thomas Burgealone, marchand à Paris. — 1511 (E. 376). Reconnaissance de 16 l. 10 s. t. par Germain Maistre, arbalétrier à Auxerre et des habitants de Saint-Martin-sur-Armançon, au profit de Michel Soly, marchand à Paris, pour vente de 3 caques de harengs blancs, livrées par Huguet Delafaye, son facteur à Auxerre. — 1515 (E. 377). Vente par Guillaume Fauleau, d'Auxerre, à trois habitants de Jussy, de deux barils de harengs blancs, pour 14 l. t.

Fromages, huile et épicerie. — 1649 (E. 507). Vente par François Rousseau, marchand *papetier* à Vaise, près Lyon, à la veuve Jean Delagoutte, d'Auxerre, d'un millier de fromages de *Vachelin* (1), à compter 21 pour 20 fromages, livrables à Auxerre, pour le prix de 15 l. t. le cent. — 1678 (E. 507). Vente par Antoine Dutour, marchand à *Quiers en Auvergne* (2), à Claude Girardin, marchand à

(1) Vacherin. Fromage des montagnes du Dauphiné et de la Savoie, connu encore sous le même nom.

(2) Thiers.

Auxerre, de 600 « pesant » d'huile d'olive, pour 32 l. les 100 livres; de 600 « pesant » de fromage de Quantard (1), pour 20 l. les 100 livres ; de 500 « pesant » de savon de *Castot* (2), pour 32 livres les 100 livres; et de 200 « pesant » d'amidon, pour 12 l. les 100 livres; le tout livrable à Auxerre en sept semaines.

Habillement. — 1431 (E. 368). Jean Ronsin, de Nantou (3) reconnaît devoir 20 s. t. à Jacques Bolé, hôtelier et couturier à Auxerre, pour « vente d'une paire de chausses de drap ». — 1483 (E. 369). Engagement par un habitant de Chevannes de livrer à Noël Bersant, tanneur à Auxerre, 20 moules de bois « loyal et marchand, en paiement d'une robe de drap gris. — 1490 (E. 371) Barthélemy Borgne, d'Augy, reconnaît devoir 4 l. t. à Thierry Du Ru, boucher à Auxerre, pour soulte d'une robe grise contre une autre de même couleur. —1491 (E. 372). Simon Delourme, de Chevannes, reconnaît devoir 16 s. 8 d. t. à Pierre Billard, couturier à Auxerre, pour « délivrance dun propoint à son usage ». — 1491 (E. 372). Vente par Jean Maletesle, couturier à Auxerre, à Guillaume Jousse d'Augy, d'une robe pour 28 s. 4 d. t. — 1491 (E. 372). Vente de 2 aunes 1/2 de drap pour 4 l. 13 s. 4 d. t. — Id. Vente par Pierre Billard couturier, à Nicolas Guillemin, charpentier, tous deux d'Auxerre, d'un pourpoint et d'une paire de chausses pour 40 s. t. — Id. vente par Pierre Gorleau dit Caillaut à Jean Girardot dit Grant Jehan, d'Auxerre, d'une robe « à son usage » pour 70 s. t. — 1497 (E. 373). Charlot Privé, boucher à Auxerre, reconnaît devoir à Guillaume Chanu, cordonnier au dit lieu, un demi-écu d'or au coin du roi pour vente d'une paire de « *penthofle* ». — 1508 (E. 375). Christophe et Germain Daulmay reconnaissent devoir 22 l. 13 s. 4 d. t. à Jean Leprince, pelletier, tous d'Auxerre, pour vente de fourrures. —1509 (E 376). Vente par Jean Oger le jeune, à Robinet Vauluriet, tonnelier, d'une « jaquette à plain fons, tanné » pour 4 l. 10 s. t. — 1509 (E. 507). Les sieurs Leclerc, Lenfant, Thomas et Blanchard, mariniers à Auxerre, reconnaissent devoir chacun 42 s t. à Guiot Evrard *également marinier* au dit lieu, pour vente d'une paire de chausses (4). — 1511 (E. 376). Dans un compte entre le tuteur des enfants de Germain Chrestien d'Auxerre et leur mère, le tuteur a payé pour l'un de ses pupilles, Germain, clerc, « à deux fois pour « payer le peletier de la fourreure de sa robe » 26 l. 7 s.

(1) Cantal.

(2) Cateau (Nord) (?) Des savonneries importantes y sont exploitées aujourd'hui.

(3) Hameau, commune de Pourrain (Yonne)

(4) Voir note à l'avant-propos.

9 d. t. (1). — 1511 (E. 507). Edmond Buffé reconnait devoir 110 s. t. à Thevenon Roncin, *vigneron*, tous deux d'Auxerre, pour vente d'une robe de drap noir doublée de soie perse. En garantie il hypothèque un quartier de vigne. — 1515 (E. 277) Engagement par Jean Lardain, vigneron, de payer à Gillet Bernon, vigneron, tous deux à Auxerre, 6 l. 10 s. t. pour vente d'un muid de vin et d'une « *aulne et demye de drap gris meslé* ». — 1524 (E. 380). Jean Bardout le jeune, de Vincelles, reconnait devoir 4 l. 15 s. t. à Noël Simonet, marchand à Auxerre, pour vente de « demye ostade (2) et dune tocque noire ». — 1524 (E. 380). Noble Antoine de Lignières, gruyer de l'évêque d'Auxerre dans sa terre d'Appoigny, reconnait devoir à Pierre de Monjot, chanoine d'Auxerre, scelleur de l'évêché, la somme de 84 l. 5 s. t. que le dit de Monjot a payée à Robin Tournay, marchand à Auxerre, pour vente de « velours noir et tanné, damaz, taffetas et aultres marchandises ». — 1527 (E. 507) Vente par Laurent Régnier à Jean Ythéron, le jeune, tous deux d'Auxerre, d'une paire de chausses de 45 s. t.

Armes et effets de guerre. — 1490 (E. 371). Jean Lejon, vigneron, reconnait devoir 30 s. t. à Etienne Pelletier, tous deux d'Auxerre, pour vente d'une « orbaleste dassier ». — 1491 (E. 372). Vente par Jean Berger, tisserand de toile à Auxerre, à Antoine Roussillon, de Bleigny [le Carreau] d'une arbalète d'acier garnie de son bandage pour 40 s. t. — 1491 (E. 372). Vente par Jean Hurlot, serrurier à Auxerre, à Thibault Vérot, d'Egriselle (Venoy), d'une arbalète d'acier avec son bandage pour 50 s. t. — 1493 (E. 373). Vente par Yvonet de Léon, coutelier, à Guillaume Guénier, tous deux à Auxerre, d'une arbalète d'acier garnie de son bandage, pour 60 s. t. — 1507 (E. 374). Vente par Eusèbe *des taiz* [d'Etais] à Perrinet Beaufils, mariniers à Auxerre, d'une arbalète garnie de « bandage à quatre polions » pour 70 s. t. —1512 (E. 507) Jean Regnault, armurier de « Mgr de Bussy », vend à nobles Louis de Rancuin, seigneur de Bolay, et à Jean de Lannaulx, seigneur de la Brosse, à chacun « ung harnoys complet, les troys pièces à lespreuve, le tout de « mesure; ensemble ung solier (sic) de maille avec la pointe, la « grève (3) garnye de solerectz (4) » pour le prix chaque armure de 27 écus d'or au coin du roi, valant chacun 35 s. t. — 1512 8 octo-

(1) Environ 700 fr. de notre monnaie d'après Leber qui prétend que dans le premier quart du XVIe siècle 50 l. équivalaient en 1847 à 1350 fr.

(2) Etoffe. (Voir La Curne au mot ostade).

(3) Grève, grevettes, jambières ou trumellières.

(4) Soleret, chaussure de l'homme d'armes, faite de lames d'acier articulées.

bre, (E. 507). Vente par le même avec promesse de livrer « pour les Roys » (6 janvier 1512 v. s.) à Châlons-sur-Saône, à nobles Louis de Clugny, seigneur de Confortgyen, Philippe de St-Léger, seigneur de Reully, Pierre de Rye, seigneur de Cotebrune, Claude de Clugny, seigneur des Fours, Paule de Clugny, seigneur de Meneserre, à chacun un harnais complet, les 3 pièces à l'épreuve, le tout sur mesure, avec une salade « conductière » (1) garnie de (mot effacé) pour les prix de (chiffres effacés). — 1521 (E. 507). Vente par Agnan Couchet, chanoine d'Auxerre, à Germain Bazot, vigneron à Gy-l'Evêque, d'une arbalète d'acier garnie de son bandage, pour 40 s. t. — 1622 (E. 507). Acte par lequel Boivin Nicolas, procureur-syndic de Brienon [l'archevêque, aujourd'hui sur Armançon] reconnait devoir au nom des habitants, la somme de 83 l. 8 s. à trois marchands d'Auxerre, pour vente des objets ci-après : 49 l. 8 s. t. pour quatre « mosquetz garnyz de blanderolles, fourchettes char-« gées, quatre poictrinaulx, les saincteures, deux livres de pouldre, « 48 brasses de mêche et deux livres de balles » ; 20 l. pour 4 épées (accessoires illisibles, effacés) ; et 14 l. pour 4 chapeaux gris garnis de cordons.

Objets divers. — 1477 (E. N. N. Minutes réintégrées par la Côte-d'Or). Jean Bault, de Cruzy-le-Châtel, reconnait « devoir et estre tenu » de livrer à Pierre le Gambillart, de Tonnerre « ung double mortier tournois (2) de la perrière de Gigny, tel et semblable que lui mesme lavoit jà auttrefois fait au d. demandeur, lequel est en lostel de Jehan Garnier ». L'acte ne porte pas de prix de vente. — 1481 (E. 368). Simon Tronsoneau, de Rouvray (Yonne) reconnait devoir à Colas Guyart *ciergier* à Auxerre, 20 s. 8 d. t. pour vente de deux torches de cire. — 1483 (E. 369) Jean Thibault, de Saint-Bris, reconnait devoir à la veuve Jacquet Flouribus, 6 l. t. pour vente d'un lit de plume et d'une couverture. — 1493 (E. 373). Vente par Jean Senedoc, marchand à St-Martin-sur-Ouanne et Bernard Robert, vigneron à Auxerre, à Yvonet de Léon, coutelier à Auxerre « de la quantité de trois milliers de fer comprins en chascun mil-« lier cinq petis quarres et deux platenes, au prix de forge, rendu « et conduit à l'ostel du dit Yvonet ; icelui fer bon et loyal et mar-« chand sans nulles cornettes (3) gros quarre ne coltres » pour la

(1) Salade comme celle des capitaines des compagnies de gendarmes. La Curne au mot *conductier* dit : « On nommoit ainsi les capitaines des « compagnies de gendarmes selon le P. Daniel M. fr. t. I., p. 378 ».

(2) Probablement un mortier à la façon de ceux que l'on fait à Tours.

(3) Cornette, sorte de fer en barres (Larousse).

somme de 32 l. t. (2). — 1496 (E. 373). Engagement par Antoine Champmartin, de Béon, de livrer à Denis Levesque, 40 bichets de froment « à cause de vente et délivrance de fer et de deux paires « des roes de charrete ferrées ». — 1508 (E. 375). Vente par la veuve Etienne Fricquant, d'Auxerre, à son fils Edmond de : « ung « chaslit, deux courtines de lin, les verges de fert, ung coffre de « noyer, une table, deux tréteaux, ung banc à perche et 5 scabel- « les, ung tablier et deux longières ouvrées à leuvre de Damas, et « 20 livres destain » pour la somme de 14 l. t. — 1511 (E. 501). Vente par Rolet Blondeau à Pierre Folin, serruriers à Auxerre, 1° d'une enclume à pied et d'une paire de soufflets pour 16 l. 10 s. t. ; 2° d'un marteau pesant 10 livres et de 2 paires de tenailles pesant 4 livres 1/2, pour 13 s. 4 d. t. — 1512 (E. 507) Vente par Pierre Le Roy, à Jacques Daridan, tisserands à Auxerre, d'un métier « à faire toilles » pour 18 s. t. — 1515 (E. 377) Georges Prestat, serrurier à Auxerre, reconnait devoir à la veuve Jean Maillon, du dit lieu, 26 l. t. pour vente « d'une enclume, « une paire de soffletz, une bigorne, deux bigorneaux, troys tas- « seaulx, quatre estotz et plusieurs autres instrumens de son dit « mestier de sarrurier ». — 1516 (E. 377) vente par Denis Monin, de Mailly-le-Château, à Jean Polier, de Vincelles, d'une cognée pour 35 s. t. — Avril 1516 (E. 377) Vente par Guillaume Fauleau, voiturier par eau à Auxerre, à Philippe Lelarge, marchand et bourgeois de Paris, de 2.500 bottes de « genevres semblablez que lui a livrez « par cy devant, bon et léal marchant » pour le prix de 13 l. t. les 100 bottes ; à livrer sur le port de Grève à Paris, moitié à la Saint-Martin d'hiver et moitié à la Chandeleur. De plus il sera dû pour frais de transport, 100 s. par 100 bottes. — 1519 (E. 413). Vente par Jean Lescolier, de Perrigny, à Germain Ythéron, voiturier par eau à Auxerre, de « vingt tombelerées de fien à trois chevaulx pour « chacune tombellerée » pour le prix de 2 s. 6 d. t. (*sic*) le tombereau, transport compris, à livrer au fermier du dit Ythéron à Perrigny. « Et a esté accordé que où il en seroit trouvé plus oud. fu- « mier le d. Ythéron a promis le prendre ou pris que dessus ». — 1565 (16 novembre) (E. 390). Vente par Etienne Poguet, maçon, à Louis Deheully, vigneron, tous deux à Auxerre, des meubles ci-après : « ung lict de plume garny de deux taix, ung cuissin aussi « de plume, ung drap, deux custodes, avec ung chaslict de boys « de chesne fermant à clef, ung petit couffre de boys de foul (hêtre)

(1) Nous donnons cet acte malgré une note marginale qui fait connaître que ce marché n'a pas reçu son exécution, l'intérêt historique n'en subsistant pas moins.

« aussi fermant à clef, une maict et une chaize de boys de chesne, « une petite chaudière darin, une pincte destain, une sallière, ung « goudet et une tasse, le tout destain, et ung pot de fert, pour de- « meurer quicte (1) par le dit Poguet envers le dit Deheully de « deux années de louage de la chambre, escheues au jour Saint- « Jehan-Baptiste, sans préjudice du louage puys le dit jour jusques « à huy ». — 1566 (E. 659). Vente par Jean Beaulin, charbonnier à Tanlay, de 100 hottées *combles* de charbon à Laurent Renvoyé et de 50 à Pierre Guillot, serruriers à Tonnerre, livrables à Tonnerre à raison de 12 hottées par semaine, pour le prix de 3 s. t. la hottée. — 1590 (E. 427) Vente par Michel Lejeune, cordonnier à Auxerre, à Jean Purorge, orfèvre au dit lieu, des meubles ci-après, pour la somme de 13 écus sol : « ung chaslict de bois de noier à pilliers « tournez, garny denfonsure ; une table sur quatre pilliers de bois « de noier, ung banc de mesme bois, une couverture de Mante ». — 1639 (E. 507). Vente par Michel Ruault, d'Argenteuil, à Jean Regnard, voiturier par eau à Auxerre, de 120 grands muids de charbon, livrables à diverses époques, les 2/3 au port de Cravant et l'autre tiers à celui de Bonnard, pour le prix de 17 l. 10 s. le muid. — 1642 (E. N. N. minutes Chevillotte, liasse n° 9). Vente par Claude Girard, de Marigny, à Etienne Girard et Simon Guyard, du dit lieu, de deux pièces de cendres, bonnes, bien cuittes, en mouittons et « de recettes » pour le prix de 14 l. t. Les vaisseaux devront être fournis par les acheteurs. — 1659 (id. liasse n° 5). Vente par Albin Normand, *apothicaire* à Crottefou (2), à Jacques Pierre, son gendre, d'une « may huche, d'une paire de chenests de fonte et d'un buffect « de bois de chesne, fort usé, » pour le prix de 12 l. t. — 1662 (id. liasse n° 5). Engagement par Georges Ravissot, royer (charron) à Quarré, de fournir, du 29 juin 1662 au 1er mai 1663, à Jean Buddé, « *entrepreneur de transport par terre* », de Marigny, 20 paires de roues à charrette, de 5 pieds de hauteur, bonnes, en bon bois et de recette, pour le prix de 3 l. 10 s. t. la paire. — 1668 (id. liasse 14 bis). Vente par Jean Puissin, de St-Martin-du-Puits (3), à Georges Robin, de Marigny-l'Eglise, d'une pièce de « cendres, bien cuitte, en morceau et de recepte, » pour le prix de 27 l.

Location d'objets divers. — (1505-1594). — 1505 (E. 374). Location

(1) Les mots « *pour demeurer quicte* » ont été substitués à ceux « *moyennant la somme de douze livres* ». La vente de ces meubles peut donc être admise pour le prix de 12 l. t., somme sans doute équivalente à celle du loyer dû.

(2) Hameau, commune de Marigny (Nièvre).

(3) Commune du canton de Marigny (Nièvre).

pour 6 ans par Malot et Guillaume Charlot d'Auxerre, à la veuve Jean Charlot, d'une forge enclume « avec les outils appartenant à « la dite forge » pour 20 s. t. par an. — 20 juin 1508 (E. 375). Location par Jean Carillon à Jean Chauvigny, tisserands de toile à Auxerre « d'une table avec les tréteaux, ung banc, une forme, une « met à faire pain, et ung chaslit, de cejourd'huy à la Saint-Rémy « prochain » (1er octobre), pour le prix de 3 s. 4 d. t. (*sic*). — 1515 (E. 377). Location pour un an par Pierre Jougny, marinier à Auxerre, à Michel Dijon, serrurier au dit lieu, d'un « estot servant au mestier de « sarrurier » pour 8 s. t. — 1524 (E. 380). Location pour 2 ans par Pierre Sauvageot, serrurier à Auxerre, à Claude Bard, Jean Dupré et Guiot Pain, demeurant à St-Bris « dune paire « de souffletz à forge et une enclume de fer, ung estoc (étau) et « une bigorne » pour la somme de 50 s. t. par an. A la fin de la location les preneurs devront rendre les objets ci-dessus en bon état « hors lusure raisonnable. Et sil advient pendant les dites « années, le dit Claude Bard allast de vie à trespas, en ce cas le dit « Sauvageot sera tenu reprandre les dits soufletz, enclume et choses « dessus dites en paiant prorata... (1). » — 1541 (E. 384). Sous-location pour 6 ans par Nicolas François, charpentier à Auxerre, à Jean Panyer, scieur de long au dit lieu, d'un pressoir paroisse St-Loup, qu'il tient lui-même à bail de Simon Brocard et autres, moyennant la somme annuelle de 10 l. t. et 4 l. 10 s. t. pour les réparations faites au pressoir par le dit bailleur, et « à la charge et « soubz telle condition que le dit preneur sera tenu faire les vins « des dits Brocard au dit pressouer chacun an le dit temps du- « rant, sans ce quilz en soient tenuz paier aulcune chouse. Avec ce « le dit preneur sera tenu le dit pressouer entretenir de bois voul- « lant seullement, et faire l'année qui sera 1542, une met neufve à « ses dépens excepté les quatre chanteaux, et huider chacun an « le mart du dit pressouer a ses propres coustz et despens. Oultre, « si le cas advient que pendant les dites années sil vient inconvé- « nient des jumelles, tasson, arbres du dit pressouer ou autre boys « autre que le boys voullant, en ce cas le dit bailleur sera tenu le

(1) Le chœur et le sanctuaire de l'église de Saint-Bris ayant été construits vers le commencement du XVIe siècle et dédiés en 1520; la plupart des verrières ayant été exécutées de 1520 à 1550 (Les Verrières de Saint-Bris, par M. l'abbé Bonneau, *Bulletin de la Société des Sciences de l'Yonne* 1898); il est permis de supposer que ces outils ont été loués par les serruriers venus pour travailler à cet édifice. Il est difficile d'admettre que des artisans ayant leur résidence dans cette localité ne possédaient pas les outils nécessaires à leur profession.

« fournir et le dit preneur le mettre et asseoir. Et où le dit boys « ne se pourroit treuvé en temps et lieu, le dit preneur ne sera « tenu paier que pro rata du temps qu'il aura besongné jusques « au jour que les chouses dessus dites seroient rompues... » — 1562 (E. 389). Location pour 2 ans par la veuve Edmond Gautard, d'Auxerre, à Jean Bonnette du dit lieu, absent, sa femme présente et acceptant, des meubles et objets qui suivent, « assavoir : ung « lict garny de couette, cuissin, deux draps, ung lodier, une « couverture de tapisserie, ung aultre lict de couchette, garny « dung cuissin, deux draps, une couverture de layne rouge ; « deux chaslitz, lun de noyer et laultre de chesne, à pilliers « tournez, garniz de leurs enfonçures ; ung aultre chaslit sur « lequel y a ung lict garny de draps, une couverture de gris ; « une table garnye de ses treteaulx et banc, avec deux coffres de « chesnes ; avec deux asnes pour la d. bailleresse acheptez de « Claude Lamy et sa femme de ceste ville d'Aucerre », pour le prix de 10 l. t. par an. « A la charge que le d. Bonnette ne pourra « vendre ne engager les meubles ci-dessus ne partie diceulx ; et à « la fin du d. temps les rendre en bon estat sauf lusure ». — 1562 (E. 389) Location pour un an par François Sauvajot, serrurier, à Jean Ferratier et Jacques Courtois, maréchaux au dit lieu, d'une enclume de fer à forger, pour le prix de 60 s. t. « A esté accordé « que si lasseruze (*sic*) du quarré gaulche dicelle enclume portant « troys doibts de large, teste ronde, les d. preneurs rendront la « pièce sans ce quilz soient aulcunement tenuz pour ce regard « icelle réparer ». — 1590 (E. 427). Location pour 5 ans par Laurent Leprince, seigneur de Soleine (commune de Venoy) à Claude Marthus, vigneron à Irancy, des meubles ci-après, moyennant la redevance annuelle d'un écu sol. et un tiers d'écu : « ung banc à « coucher à doulciel de bois de noier non ferrée, une grande table « garnie de deux treteaux tournez, avec une grande forme, ung « grand banc, le tout de bois de chesne ; trois grosses escabelles « de bois de chesne, trois chenetz de fert, lung garny de sa chauf- « ferette ; ung banc à coucher, ferré, de bois de chesne ; ung chas- « lict à pilliers faict à paneaux sans aucune enfonsure, garny de « trois verges de fert ; ung lict garny de cuissin, de plume, le tout « pesant environ quinze livres ; ung siel de thoille de gros plain « à demy usé, deux custodes de thoille avec ung lodier de laine, « une couverture de poil de chien ; ung grand couffre de bois « de chesne, fermant à clef, deux metz de bois de foul, lune « sans couvescle ; une petitte table de chesne garnie de ses « deux treteaux, deux escabelles et une forme, le tout de bois « de chesne, six escuelles creuses destain, deux platz destain, six

« essiettes destain, ung broc de pinte, ung broc de trois tréquil-
« lons, une grande salière, le tout destain ; ung gros pot de fert
« avec sa cuillier; une grand chaudière dairin tenant ung seau;
« une petite chauderotte dairin; ung poislond acier, quattre draps
« de lict, de six aulnes chascun, de toille destouppe, neufz. » — 1594 (E. 429) Location pour 3 ans par Jérome Marie, procureur au bailliage d'Auxerre, à Antoine Farcy, charpentier de bateaux au dit lieu et à sa femme, « d'un gros lict de plume avec son cuissin, de « la valleur de cinq escuz », pour la redevance de 20 s. t. par an. A la fin des trois années, ils devront rendre ces objets en « suffisant estat sauf lus raisonnable », ou bien payer au dit Marie la somme de 5 écus. La solution sera laissée à son choix.

CHAPITRE VIII

COMMUNAUTÉS D'HABITANTS. — INSTRUCTION PUBLIQUE. — ÉTABLISSEMENTS HOSPITALIERS

Nos minutes sont d'une pauvreté désespérante en ce qui concerne les sujets de ce chapitre. Elle est d'autant plus regrettable que, d'une part, ces sujets sont particulièrement intéressants et que, d'autre part, il faut craindre la perte des documents qui s'y rattachent, les notaires, au moyen-âge et au commencement de l'ancien régime, étant presque toujours, surtout pour les petites localités, les *secrétaires de mairie*, etc. C'est à eux qu'était confiée la rédaction des actes d'assemblées d'habitants, des marchés divers, des emprunts, des procès-verbaux, etc. Il est inutile d'insister sur ce point, car la preuve n'est plus à faire.

La moisson, sans être abondante, permet cependant de signaler les pièces intéressantes suivantes :

Communautés d'habitants. — Actes d'assemblées des habitants des paroisses de : Brienon-l'Archevêque, Ervy (Aube), Laignes (Côte-d'Or), Ligny-le-Châtel, Nitry, Ravières, Sainte-Vertu, Saint-Vinnemer et Tanlay, contractant des emprunts pour frais de logement et nourriture de garnison, et levée d'hommes et de chevaux pour les armées royales (1).

Instruction primaire (2). — Un curieux traité de maître d'école pour la paroisse de Saint-Germain-des-Champs (1695), et un non moins curieux traité avec un maître d'école pour faire l'instruction des enfants d'un particulier de Marigny-l'Église (Nièvre) (1664).

Établissements charitables. — Un très intéressant procès-verbal d'installation du maître de l'hôpital de Tonnerre (1550).

(1) Ces emprunts sont la conséquence d'un épisode de la guerre de 30 ans qu'il convient de rappeler en peu de mots. Les Espagnols des Flandres, après avoir battu le général français d'Harcourt, se dirigeaient sur Paris et étaient déjà arrivés à Corbie qu'ils avaient prise. Quelque temps après cette ville fut reprise par Louis XIII et l'armée ennemie battue à son tour, dut se retirer définitivement.

(2) Ce § n'est qu'un supplément à l'*Histoire de l'Instruction primaire dans l'Yonne avant 1790*, publiée par M. Quantin dans l'*Annuaire de l'Yonne* de 1875.

I. — Communautés d'habitants.

Athie. — 1560 (E. 448). — Transaction entre le procureur de Jacques de Savoie, duc de Nemours, etc., seigneur d'Athie, et les habitants, par laquelle ceux-ci rachètent un droit de blairie (1) et de ruesserie (2) prétendu par le seigneur, moyennant la redevance annuelle d'un boisseau d'avoine par feu.

Auxerre. — 1581 (E. 403). — Location pour 4 ans par les maire et échevins, à Étienne Poullot, chaudronnier, « de la maison du « corps de garde de la porte d'Égleny, assise en dedans de la « ville d'Aucerre, attenant de la dite porte, en laquelle maison y « a deux chemynées », pour la redevance annuelle de 3 écus sol., et à la charge d'en entretenir la couverture de menues réparations. Au cas où la ville aurait besoin d'y faire monter la garde, le bail sera annulé de plein droit; le preneur n'en paiera la location qu'au prorata du temps d'occupation. — 1581 (E. 403). Location pour 3 ans par les mêmes à Jean Chartier, vigneron, « de lestaige dembas de la tour de Joye » pour le prix d'un écu sol. et 2/3 d'écu par an. Le preneur ne pourra y faire « aulcune chose qui puisse préjudicier à la ville, qu'il n'y « pourra faire choucher [coucher] aulcune personne; et qu'il ne « pourra contraindre la ville à faire aulcunes réparations au d. « estaige ».

Billy (Nièvre). — 1583 (E. 404). — Traité entre le chapitre d'Auxerre et les habitants, par lequel le premier, sur la requête en réduction formée par les seconds, accorde que la dime ne sera prélevée qu'au 30e au lieu du 25e, quotité à laquelle cependant l'avait fixée un arrêt de la Cour des requêtes, confirmé par un arrêt du Parlement. Les frais de cette procédure se sont élevés à la somme de 120 écus d'or soleil (3).

Bleigny [le Carreau]. — 1648 (E. 498). — Obligation de 600 l. par les habitants, au profit du sieur d'Arbanne, capitaine du prince de Conty, abbé de Saint-Germain d'Auxerre, pour « demeurer par « eulx quitte des frais et despens faictz par luy pour obtenir la « sauvegarde pour les habitants du dit Bleigny ».

Chablis. — 2 septembre 1568 (E. 498). — Acte par lequel les habitants de Chablis, représentés par Adrien Crespey et Pierre Geoffroy, échevins, « ont promis aux maire, gouverneurs et eschevins de la

(1) Droit seigneurial sur le blé.

(2) Droit de garde des récoltes.

(3) 202 habitants de Billy sont désignés nominativement.

« ville d'Aucerre, stipulant par Baptiste Bergerat procureur du « faict commung de la d. ville; de livrer en ceste ville d'Aucerre « la quantité de sept vingts livres moictié métaille (1) et partie « potin (2), moyennant que les dictz habitans soubz le bon plaisir « de Mgr le Gouverneur ont permis aus d. Crespe (3) et Geoffr... « tirer de ceste ville [Chablis] semblable quantité de sept vingts « livres potin et métaille, en paiant toutesfoys par les eschevins « de ceste ville [Auxerre] au fur (4) de vingt livres tournoys pour « cent... » (5).

Courotte (6). — 1645 (E.N.N. Minutes Chevillotte. liasse n° 6). — Dimanche Finot, charpentier à la Troussoie (7), s'engage envers les habitants « à refaire à neuf le pont du d. Courotte, à prendre « despuis le fond jusques en hault », pour le prix de 25 l. t. Les habitants fourniront le bois nécessaire à cette reconstruction. Il est spécifié dans l'acte que ledit Finot « sera tenu de nourrir luy et ses compaignons ».

Gy-l'Évêque, — 1542 (E. 498). — Concession perpétuelle à titre usager, par l'évêque d'Auxerre, seigneur de Gy-l'Évêque, aux habitants dudit lieu, d'une pièce de 45 arpents de bois et buissons « vaccant à présent et sans détempteur, comme les d. habitans « preneurs l'ont baillé à entendre au d. Révérend », sise lieu dit la Gevrenière, « tenant d'une part aux bois et justice de Migé... », moyennant la redevance annuelle de 12 deniers t. par feu. Ils auront droit d'usage, de coupe de bois, de pâturage « en tout « temps et saison et prandre toutes commoditez afférans à usage ». Mais « ne pourront les d. habitans ou aulcun deulx vendre ou « aliéner le boys par eulx couppé en lad. pièce, ne icelluy trans- « porter ou applicquer en aultre lieu que en la d. terre et justice « de Gy-l'Evesque, sous peine d'amende de 60 s. t. pour la pre-

(1) Ferraille, mitraille (La Curne).

(2) Mélange de cuivre et de plomb ou étain.

(3) Il signe Crespey.

(4) Prix, valeur (La Curne).

(5) M. Quantin, dans un article « De l'intérêt historique des anciens actes notariés » (*Bull. Soc. Sc. Y.*, 1848), relate ainsi ce fait : « Les éche- « vins de Chablis s'engagent à conduire, en la ville d'Auxerre, 140 livres, « moitié *métaille*, moitié potin, à condition que les habitants d'Auxerre « leur rendront ce prêt. Le fait se passa le 2 septembre 1568, au milieu « des guerres de religion. » Si peu claire que soit la rédaction de cet acte, on ne peut y voir non un *prêt*, comme le prétend cet auteur, mais bien une *vente* au prix de *20 l. t. les 100 livres*.

(6) Hameau, commune de Marigny-l'Eglise (Nièvre).

(7) Idem.

« mière foys... ; et où il y auroit récidivation, destre privez, forcloz « et déboutez du d. droict dusaige à temps ou a tousjours selon « l'exigence du cas... » (1).

IRANCY. — 1505 (E. 375). — Serment réciproque du célerier d'Irancy, François des Molins, religieux et aumônier de Saint-Germain d'Auxerre, et des habitants, d'observer la charte de privilèges, franchises et libertés donnée par les religieux de Saint-Germain (2).

JUNAY. — 1553 (E. 653). — Acte par lequel Louise de Clermont, épouse de François du Bellay, comte de Tonnerre, accorde aux habitants le droit de « mener, pasturer et champoyer toutes et « chascunes leurs bestes grosses et menues, fors les chèvres et « chevraulx, en toutes saisons, en sa garenne du dict Tonnerre en « tel lieu et endroict que bon semblera ausditz habitans », excepté dans les taillis qui n'auront pas sept ans, moyennant la redevance annuelle de 5 s. t. par habitant, redevance qui ne se confondra pas avec celle due pour droit de bourgeoisie. Les veufs ne paieront que la moitié (3).

MONÉTEAU. — 1508 (E. 498). — Procès-verbal constatant les protestations des habitants de Monéteau contre la saisie faite par le prévôt d'Appoigny à la requête des habitants de ce lieu, de leurs porcs dans les bruyères d'Appoigny.

Les habitants de Monéteau prétendent avoir dans les bois, usages et bruyères d'Appoigny, les mêmes droits que les habitants de cette localité. A l'appui de leurs prétentions, ils produisent une copie de la charte qui concède ces usages (4).

OISY (Nièvre). — 1581 (E. 403). — Désignation d'arbitres pour juger sur le différend existant entre les habitants de la ville et ceux des faubourgs, relativement au droit de guet et garde du dit lieu.

OUDAN (Nièvre). — 1592 (E. 428), — Bail perpétuel et en *droit d'usage* par l'évêque d'Auxerre (Jacques Amyot) aux habitants, d'une pièce de 106 arpents en « chaume, buisson et menu bois » appelée la grande Étoile, pour la redevance par feu de 3 s. t. de rente, 6 d. de cens et 100 écus d'or soleil pour l'entrée en jouissance. Ces 106 arpents devront être conservés en nature de bois

(1) A cet acte 102 habitants signent nominativement.

(2) La charte d'affranchissement des habitants d'Irancy est du 9 novembre 1328.

(3) A cet acte est joint celui de l'assemblée des habitants, 39 y figurent nominativement.

(4) M. Bouvier, dans son *Histoire de Monéteau* publiée dans le *Bull. de la Soc. des Sc. de l'Yonne* de 1897, ne mentionne pas ce fait intéressant.

pour la nourriture du bétail des habitants d'Oudan, leur chauffage, etc.

QUEUSON (2). — 1669 (E. N.N. Minutes Chevillotte, liasse n° 6). — Bachelin, charpentier à Marigny, s'engage envers la communauté d'habitants de Queuson et hameaux intéressés, à faire sur l'emplacement où il existait déjà, un pont de bois « consistant en « quattre planches de la longueur qu'il faull pour le d. pont et de « quattre piedz de large, et de la qualité de bois que les habitans « luy fourniront; faire et meittre une loure ? en leau fondue, bien « et dheuement soustenue de deux harbeletiers, deux carreaux « pour soustenir les d. planches avec une platine pour soustenir « d. planches, et six carreaux pour soustenir les garde foux du d. « pont; faire une croix au bout du d. pont en la place qui sera « jugée par les d. habitans. Et au cas que les d. bois soient tropt « pesans pour les d. planches, ils seront partaigés par le d. Ba-« chelain et à ses frais, pour estre tous les bois charoyés et rendus « en place par les d. habitans ». Ce marché est fait pour la somme de 12 l. t. En outre les habitants devront fournir chacun une journée au d. Bachelin « pour ayder et maittre en heuvre les d. « bois et acester [assister] à la levée du d. pont ».

ROFFEY. — 22 mars 1575 (E. 667). — Accord entre les habitants et leurs seigneurs, noble Philippe Boucher et l'hôpital de Tonnerre, duquel il résulte que les habitants sont autorisés à aliéner pour mettre en culture au profit des gens du pays et non à *personnes étrangères*, ou à donner à bail, 82 arpents et demi-quartier, à prélever sur les usages et communaux pour en affecter les deniers à la clôture du village « pour obvier aux incursions, tene-« ment de champs et forces, que plusieurs gens de cheval et de « pied, eulx disans aller au service du Roy, font au bourg du d. « Roffey, par le moyen de ce quil nest close ny fermé, pour donner « empeschement dy loger à telles manières de gens, chose qui « leur apporte tel préjudice et dommage, que si de brief, ilz ne « donnent ordre à la closture et fermette du d. bourg, ilz seront « et demoureront ruynez, et par mesme moyen contrainctz de « laisser le lieu du d. Roffey et s'en aller résider allieurs ; et ne « trouvent moyen plus prompt pour pervenir à la d. fermette et « closture que de mestre en nature de labeur partye de leurs « usages, etc... » Cet accord est subordonné à l'obtention de lettres-royaux autorisant la clôture (1). Si l'accord est suivi d'effet,

(1) Hameau, commune de Marigny-l'Eglise (Nièvre).

(2) Il n'a été trouvé aucun document faisant connaître la suite donnée à ce projet.

les habitants paieront à leurs seigneurs 12 d. t. de cens portant lods, etc., pour chaque arpent mis en culture, leur feront abandon de 4 arpents de leurs usages au lieu dit Mortaulx en Mortaiz et s'engageront à leur payer une indemnité équivalente au préjudice que peut leur causer la fermeture du bourg.

A la suite de cet acte sont transcrites *in extenso* la requête des habitants, visée et approuvée par les seigneurs, et la procuration donnée par 61 habitants désignés nominativement, à 7 des leurs pour suivre l'affaire. — 1631 (E. 751). Acte par lequel les habitants de Roffey s'engagent à payer annuellement et à perpétuité comme droit seigneurial à Philibert de Thelys (?), écuyer, seigneur de Roffey en partie, et à ses successeurs, un moiton de blé froment par ménage entier et 1/2 moiton par les veufs, en compensation de la somme de 820 l. t. qu'il leur a fournie pour amortir leurs dettes. Cette redevance sera également due par les particuliers qui viendront résider à Roffey.

TONNERRE. — 1553 (E. 653). — Transaction entre les échevins de Tonnerre et la veuve Ogier Le Vuyt au sujet de la propriété de la tour de la poterne.

Les échevins avaient autorisé « quelques gens de guerre logez « en garnison en ce lieu de Tonnerre, de prandre la tour de la « pouterne pour loger leurs chevaulx », dans la conviction que cette tour était encore la propriété de la ville. La veuve Le Vuyt produisit des titres constatant que depuis plus de 80 ans cette tour avait été délaissée à Jean Delacosne qui, de bonne foi, y avait construit un bâtiment au-dessus, mais qu'en remboursant le prix des travaux faits elle en ferait l'abandon à la ville. Pour arrêter un procès coûteux il est convenu que la ville rentrera en possession de la tour en question, mais que, pour compenser les améliorations apportées par les détenteurs, ils en jouiront gratuitement pendant 8 ans.

TRUCY-SUR-YONNE. — 1524 (E. 380). — Engagement par les habitants de réparer la maison presbytérale « toutes et quantes fois « que requis en seront par le curé du dit lieu » (Jean Charretier).

Emprunts par les communautés d'habitants pour frais de logement, etc., pendant la guerre de Trente ans. (1636-1637) (1). — BRIENON-L'ARCHEVÊQUE. — 18 mars 1636 (E. 758). — Emprunt par les habitants, à René Jazu, seigneur de Méreuil (2) et de Junay, d'une somme de 3,000 l. à charge de constitution de 166 l. 13 s. 4 d. de rente rachetable.

(1) Voir note, avant-propos.
(2) Village détruit, commune de Fulvy (Yonne).

Cet emprunt a été nécessité par les frais de logement de *cinq compagnies de gens de pied*, malgré les démarches faites par des personnes envoyées exprès auprès de l'archevêque de Sens, du duc de Bellegarde et même à Paris « pour essayer de divertir les « habitans du d. logement. » Pour satisfaire à ces démarches dont il est rendu compte à l'assemblée des habitants du 11 mars 1636 et pendant laquelle a été décidé l'emprunt ci-dessus, il avait déjà été emprunté 125 l. à la fabrique de l'église de Brienon, dépense que les habitants approuvent. — 12 novembre 1636 (E. 758). Emprunt par les mêmes au même, de la somme de 500 l., à charge d'une rente constituée de 27 l. 15 s. 6 d., rachetable, conformément aux délibérations des 20 juillet et 2 novembre 1636. D'après celle du 2 novembre insérée à la suite de ce contrat (celle du 20 juillet ne s'y trouve pas), cette somme est empruntée pour « survenir à toutes les affaires de la communaulté ».

Ervy (Aube). — 2 mars 1636 (E. 758). — Constitution par les habitants d'une rente rachetable, de 127 l. 15 s. 6 d., au profit de Claude Leclerc, marchand à Tonnerre, qui a prêté à la communauté 2,300 l. Cette somme a été employée à subvenir aux frais de logement et de nourriture des troupes devant tenir garnison à Ervy. L'acte d'assemblée des habitants (1) tenue la veille donne les détails intéressants ci-après : Les syndic et eschevins « ont « remontré aus d. habitans avoir envoyé par devers le sieur de « Vanteau capitaine comandant à la garnison qui leur est en- « voyée, et mandé de recevoir, auquel les députez ont faict « entendre la necessité du peuple, incomodité de logement et la « dificulté que lon trouve de loger ses compagnies, lequel auroit « faict response qu'il falloit quil entrast incessamment en gar- « nison, désirant obéir aux comandemens du roy. Et sur ce que « les d. députez luy auroient faict entendre que difficilement les « d. habitans pouvoient satisfaire et fournir de vivres, sinon en « payant, auroit respondu quil failloit obéir aux comendemens, « leur fournir vivres ou deniers pour la nourriture des dictes « compagnies nayant receu leurs monstres [solde], et que lorsque « les d. soldatz auroient receu monstres ilz pourroient satisfaire, « mais quil n'asseuroit pas, les affaires du roy retardant leurs mons- « tres et nen ayant receu aucune depuis six mois. Pourquoy les d. « scindicz et eschevins interpellent les d. habitans à ce présent et « représentant la plus grande et seine partie de la d. ville et « paroisse, de leur donner advis comme ilz se gouverneront en

(1) A cet acte 72 habitants sont désignés nominativement, quelques-uns avec leur qualité ou profession.

« cesto affaire ny ayant aucuns en leur communaulté. Lesquelz « tous dune mesme voix ont dict qu'il est impossible de fournir « à laise nourriture et payer les tailles qui se lèvent, estant en- « cores endebtez de grandz dettes pour semblables logemens « dont ilz payent rente, et de quoy ilz ne sont encores rembour- « sez. Neantmoings pour obeyr aux mandemens de Sa Majesté « comme ses très humbles subjectz, sont dadvis que lon em- « pruncte la somme de trois mil livres, pour fournir par avance « aus dictes troupes, à charge de recouvrer, et aux frais et voyage « quil conviendra faire pour parvenir à la descharge et sil plaist « à Sa Majesté de bailler aultre ordre, si les scindicz et eschevins « en peuvent trouver à empruncter » A cet effet les habitants donnent procuration aux syndic et échevins : « pour empruncter « lad. somme et en estre dicelle baillé par chacun jour à M. de « Vautoir (*sic*) commandant à cinq compagnies ayant garnison « en ce lieu, du régiment de Normandie, la somme de neuf vingtz « l. t. » ; — pour obliger les habitants au paiement de la somme et à celui des arrérages de la rente, qui seront pris sur les droits d'octroi et de courte pinte, la ville n'ayant « aucuns deniers en « oultre », — et pour en poursuivre le rachat ou le rembourse-ment.

LAIGNES (Côte-d'Or). — 14 juin 1636 (E. 758). — Emprunt par les habitants aux tuteurs des enfants de noble Simon Girardin, avocat, conseiller élu en l'élection de Tonnerre, de la somme de 600 l. t., moyennant constitution d'une rente rachetable de 33 l. 6 s. 8 d. t. L'acte d'assemblée des habitants du 20 mai (1) fait connaître que cet emprunt est motivé par le rachat pressant de plusieurs rentes constituées, « et aussy pour rendre aultres de- « niers quilz sont esté contrainctz dempruncter pour les affaires « de la communaulté, qui sont esté employés au temps que les « gens de guerre ont passé en ces quartiers, tant pour les voyages « quon a esté contrainct faire pour aller au devant des d. gens « de guerre pour savoir quelles routes ils prenoient, ayant appellé « personnes notables et de qualité qui les ont assisté ».

LIGNY-LE-CHATEL. — 9 juin 1636 (E. 758). — Emprunt par les habitants à Suzanne Turreau, veuve de noble Guillaume Rossel, président en l'élection de Tonnerre, de la somme de 400 l. à charge de 22 l. 4 s. 6 d. de rente constituée et rachetable. D'après l'acte d'assemblée des habitants (2) (8 juin) annexé à ce contrat, cette somme est surtout destinée à procurer au marquis de Ta-

(1) A cet acte 198 habitants sont désignés nominativement.
(2) Idem. 64 habitants idem.

vannes, vicomte du dit Ligny, qui en a exprimé le désir, « *quel- « ques soldats pour le service de Sa Majesté* ». Les syndic et échevins sont donc priés d'en chercher « et de leur avancer « quelque somme convenable, aux frais de la communauté ». — 30 août 1636 (E. 758). Emprunt par la communauté de Ligny-le-Châtel, à François Canelle, sieur de Bragelonne, prévôt des maréchaux à Tonnerre, de la somme de 1,000 l., à charge de constitution de 55 l. 11 s. 1 d. de rente rachetable. D'après l'acte d'assemblée des habitants (1) du 24 août précédent, inséré à la suite de ce contrat, cette somme est destinée tant à l'extinction de quelques dettes qu'aux frais d'entretien de 6 soldats, « 4 mousquetaires et « 2 piquiers, habillez et armez deuement, suyvant qu'il est porté « en la d. commission, lesquelz seront choisis par les d. habitans « sur la d. communaulté ». 343 l. sont affectées à ce dernier objet : 133 l. pour leur solde et 210 pour leur équipement et leur armement.

Nitry. — 9 mai 1636 (E. 758). — Emprunt par les habitants, à Jean Mouchot, conseiller du roi, élu en l'élection de Tonnerre, de la somme de 1,000 l. à charge de constitution d'une rente (rachetable) de 55 l. 11 s. 2 d. Cette somme est hypothéquée sur tous les biens des habitants, même sur *tous les communaux* du dit Nitry. Elle a été employée à « l'accomodement et composition tant en « principal que frais de procès meu aus d. habitans par et soubz « le nom du sieur de Trémont, capitaine au régiment de M. le « marquis de Thonins, au subject du logement qui a naguières « esté au d. Nitry de quelque compagnie du d. régiment con- « duicte par le d. sieur de Trémont ».

Ravières. — 30 août 1636 (E. 758). — Emprunt par les habitants à Suzanne Turreau, veuve de noble Guillaume Rossel, président en l'élection de Tonnerre, de la somme de 900 l., à charge de constitution d'une rente (rachetable) de 50 l. Cette somme est destinée à acquitter les frais de la fourniture aux armées de 6 chevaux « bien « scellez, bridez et arnachez », contingent imposé à la communauté par M. Sirou, trésorier de France et général des finances, en exécution de lettres patentes du « douziesme » (la date n'a pas été complétée).

Avant de consentir cet emprunt, les habitants, par leur acte d'assemblée (2) du 24 août précédent, avaient offert de fournir les chevaux, mais après examen par des experts « il ne sy en trou-

(1) A cet acte 56 habitants sont désignés nominativement.

(2) Idem. 76 habitants idem.

voit en iceulx dassez forts pour satisfaire. . » Cette somme de 900 l. sera imputée sur le rôle des tailles.

SAINTE-VERTU. — 27 mai 1636 (E. 758). — Emprunt par les habitants, à Jean Mouchot, élu en l'élection de Tonnerre, de la somme de 320 l. à charge de constitution d'une rente (rachetable) de 17 l. 15 s. 7 d. L'acte fait seulement connaitre que cette somme doit être employée « aux debtes et urgentes affaires des d. habi- « tans ». Si les actes d'assemblée des 13 et 21 mai précédents, cités dans ce contrat, avaient été insérés à sa suite, on connaitrait mieux les raisons qui ont motivé cet emprunt pressant, puisqu'en 15 jours il est effectué. Il est supposable que les événements d'alors n'y sont pas étrangers, rapprochement fait des dates des emprunts par des communautés voisines et aux mêmes prêteurs.

SAINT-VINNEMER. — 3 août 1636 (E. 758). — Emprunt par les habitants à Réné Jazu, écuyer, seigneur de Junay, de la somme de 1,500 l. à charge de constitution de 83 l. 6 s. 6 d. de rente (rachetable), pour acquitter les dettes de la communauté. Pour les motifs qui ont nécessité cet emprunt, nous renverrons d'autant plus aux probabilités ci-dessus (Sainte-Vertu), que 8 jours après, Tanlay, succursale de la paroisse de Saint-Vinnemer, contracte également un emprunt motivé par *les frais d'une levée d'hommes*.

TANLAY. — 10 août 1636 (E. 758).— Emprunt par les habitants à noble Jean Mouchot, élu en l'élection de Tonnerre, de la somme de 1,000 l. à charge de constitution d'une rente (rachetable) de 55 l. 11 s. 1 d. Cette rente est assise tant sur les biens particuliers des habitants que sur onze arpents de pré appartenant à la communauté. L'acte d'assemblée des habitants (1), du même jour, inséré à la suite de ce contrat, fait connaitre que cette somme est destinée aux « affaires urgentes de la communauté, spécialement à « la levée des hommes ».

TRONCHOY. — 12 mai 1637 (E. 758). — Emprunt par les habitants de Tronchoy et *Lisle* (2), à Élisabeth Phelipeaux, veuve de Henri Canelle, seigneur de Bragelonne, demeurant à Tonnerre, de la somme de 200 l. à charge de constitution d'une rente (rachetable) de 11 l. 2 s. 3 d. Ce contrat ne fait pas connaitre les motifs de cet emprunt et l'acte d'assemblée des habitants, *du même jour*, qui comblerait cette lacune n'a pas été inséré à la suite de cet acte.

(1) 57 habitants sont désignés nominativement à cet acte.
(2) Ile sous Tronchoy (L'), hameau de cette commune (Yonne).

II. — INSTRUCTION PRIMAIRE.

Liste des maîtres ou recteurs d'école (1).

ANCY-LE-FRANC. — 1615 (E. 732). — Jean Mitaine.

AUXERRE (2). — 1586 (E. 408). — Grandin Pierre, maître d'école. — 1597 (E. 430). Jean Tourcoin, recteur des écoles. — 1603 (E. 434). Prix Henry, maître d'école.

BEAUMONT. — 1574 (E. 399). — Jean Barton.

CHEVANNES. — 1583 (E. 404). — Michel Bernard.

CHICHERY. — 1496 (E. 373). — Philibert Delatour.

DANNEMOINE. — 1567 (E. 658). — Eloi Carrey (3).

GURGY. — 1573 (E. 427 *bis*); 1603 (E. 433). — Léonard Charpentier.

QUARRÉ-LES-TOMBES. — 1548 (E. 452). — Gérard Martynat; — 1648 (E. N.N. Liasse n° 5, minutes Chevillotte). — Jacques Morin (4).

SAINT-GERMAIN-DES-CHAMPS. — 1695 (E. N.N. Minutes Chevillotte, liasse n° 18). — Edme Coquard (5).

STIGNY. — 1595 (E. 690). — Claude Benoist.

TANLAY. — 1590 (E. 471). — Edme Jamet.

TONNERRE. — 1626 (E. 743). — Jean Sébille, « maistre des petites escoles ».

(1) Cette liste n'est qu'un supplément à celle publiée par M. Quantin dans son *Histoire de l'Instruction primaire dans l'Yonne avant 1790* (*Annuaire de l'Yonne*, 1875).

(2) Nous donnons en note les maîtres d'écriture ci-après : 1573 (E. 398). Louis Aurelle dit de La Garde. Se marie avec Martine Moreau, veuve Jean de Brie. Son traité de mariage est écrit de sa main ; — 1584 (E. 406). Jean Guillebert, « maistre descolle d'escripture ». En 1574 il fait un antiphonaire en 2 volumes pour le curé de Seignelay, et en 1576 il écrit également un antiphonaire pour la fabrique de l'église Saint-Mamert d'Auxerre (voy. p. 239 et 246 de ce recueil); — 1586 (E. 407). Jacques Estranvie; — 1601 (E. 431). Etienne Descelles, « maistre escrivain et arémathicien » (*sic*); — 1603 (E. 434). Pierre Duchactz, « maistre descolle d'escripture »

(3) Ce recteur des écoles « estant sur le train de faire quelque voyage », laisse à son gendre, qui le reconnaît par cet acte, des meubles et 4 muids de vin estimés 63 l. Au cas où il décéderait durant son voyage, le *reconnaissant* devra partager avec Jeanne Carrey sa belle-sœur.

(4) En 1654 (même liasse) il est désigné maître d'école à Marigny-l'Église (Nièvre). (Voir ce recueil p. 304.)

(5) Voir ci-dessous le traité qu'il passe avec les habitants.

Traité des curé et habitants de Saint-Germain-des-Champs avec le sieur Coquard, maître d'école (1).

(22 août 1695)

Traité de maître d'école consenti pour 9 ans par le curé et les habitants de la paroisse de Saint-Germain-des-Champs, à Edme Coquard, marchand au dit lieu. En outre des habitants de Saint-Germain, les hameaux de Lingoult, Ruissotte, le Meix de Ruissotte, Vaupitre, Le Meix, Montigny, Chezelles et Lautreville y sont représentés par quelques-uns de leurs habitants. Les conditions du traité sont les suivantes : Le sieur Edme Coquard « a promis « et cest obligé pendant neuf années à commencer ce jourdhuy « pour finir à pareil jour après les dits neuf années finies et expi- « rées, de servir de maitre décolle au dit Saint-Germain pendant « le dit temps, pour instruire la jeunesse et leur monstrer à lire « et escrire et le get (2), ensemble assister le sieur curé à tous les « services divins comme en messes [déchirure] vespres et com- « plie et assister le sieur curé pour [déchirure] pendant le dit « temps aux enfans, et faire toutes fonctions au fait de mai- « trise. Cette convention faite moyennant que les ditz habitans « susditz, tant pour eulx ceulx absens, soient tenus de payer aud. « Coquard acceptant, au jour et feste St-Martin dhivert de chacun « an, dont le premier terme sera au dit St-Martin dhivert pro- « chain, scavoir : que les laboureurs payeront chacun un bois- « seau de bled seigle comble, mesure d'Avallon, chacun an, et « les maneuvres chacun cinq sols, payable au d. jour. Et pour « son assistance aux enterrement des grand personnes au dessus « de quinze ans, cinq sols, et où il assisteroit le sieur curé pour « aller hors du village du dit Saint-Germain et aller lever le « corps en la maison il en sera payé dix sols, et mesme somme « de dix sols pour chasque libera à morts, qui seront payés par les « héritiers des deffuntz, pour chasque grand messe où il assistera « au service des deffuntz cinq sols, et mesme somme de cinq « sols pour son assistance au grand messe des mariages, et à « diner ; et pour les services des petiz enffans luy sera payé deux « solz six deniers, et ce incontinent après les ditz services faiz.

(1) M. Quantin, dans son *Étude sur l'Instruction primaire avant 1789*, publiée dans l'*Annuaire* de 1875, n'a pu donner ce traité qui se trouve dans des minutes qui n'ont été déposées aux archives qu'en 1883.

(2) Le *get* était une manière de compter avec des cailloux, comme on le fait dans les salles d'asile avec le boulier-compteur.

« En considération du présent traité les ditz habitans du dit « Saint-Germain tant pour eulx que autres absens, promettent « dexempter le dit Coquard de tailles ordinaires, à reserve de « vingt sols à quoy il sera cottisé chacun an sans quilz le « puissent comprendre ny cottiser plus hault en la dite taille « royalle ordinaire. Sera en outre le dit Coquard payé des mois « des enfans qu'il instruira, scavoir : pour ceulx qui feront leur « première escolle cinq sols pour chacun mois, et pour ceulx qui « voudront escrire et getter à get dix sols, semblable payement « de dix sols pour ceulx qui voudront apprendre le plain chant « et solfier.

« Et à faute de payement par les ditz habitans au temps et « terme sus ditz, il sera loisible au dit Coquard de quitter la dite « maitrise après lannée quil auroit commencé finie, sans interetz. « Le tout convenu, accordé et stipullé entre les parties comme « ilz déclarent, dont ilz sont contens. Au payement de ce que « dessus promis, les dittes parties obligent chacun en droit soy, « leurs biens, souz seel royal, et le dit Coquard à lentretenement, « aussy ses biens, souz seel royal, etc., etc. Fait, etc. »

Enseignement privé. — 1656 (E. N.N. Minutes Chevillotte, liasse n° 9). — Acte par lequel Edme Croslard, maitre d'école à Quarré-les-Tombes (1) s'engage envers Pierre Bargert, hôtelier à Queuson (paroisse de Marigny-l'Eglise, Nièvre), à prendre son fils chez lui, le nourrir, le loger et lui « montrer et enseigner à lire, escripre et « chanter, le mieux que faire se pourra », pour le prix de 100 sols par mois, payables de mois en mois et « aussi longuement que le « dit Bergert fera sa demourance chez le dit Croslard ». — 1664 (E. N.N. Minutes Chevillotte, liasse n° 6). François Bietrix, maitre d'école, demeurant actuellement à Saint-Martin-du-Puits (2), s'engage envers Georges Robin, marchand à Marigny, « à montrer et « enseigner aux enffens du dit Robin et qui luy seront envoyés, « bien et dheuement et du mieux que faire se pourra, pendant le « temps de quattre années consécutives, moyennant que le d. « Robin a promis et cest obligé de fournir au dit Bietrix pour « faire sa demeure pendant le d. temps, une maison assise au d. « Marigny, avec louche et jardin attenant à la d. maison, dans « laquelle le d. Bietrix a cy-devant fait sa demeure, et outre luy « payer chacun an sept bichets de seigle mesure de Lormes et un

(1) M. Quantin, dans son *Histoire sur l'Instruction primaire dans l'Yonne avant 1790* (*Annuaire* de 1875), ne fait remonter ce maitre d'école qu'à 1667.

(2) Commune du canton de Lormes (Nièvre).

« bichet fromant mesme mesure, la somme de douze l. t. en ar-
« gent; donner aussi chacun an un journel de terre au d. Bietrix, « qui sera cultivé et semé aux frais du d. Bietrix, et pourra le d. « Bietrix prendre dans les terres vaines du d. Marigny, de la « terre pour semer deux bichets de bled, sans en payer aucune « tierce pendant que le d. Robin sera amodiateur, deux char-« dées (1) de bois que l. d. Bietrix sera tenu coupper, et faire aussi « deux jouz de bœufz pour icelluy Bietrix en tel temps qu'il lui « plaira ».

Par ce contrat, les deux parties se réservent le droit de résilier le traité au bout de deux ans à la condition de se prévenir 3 mois à l'avance.

III. — Établissements hospitaliers.

Augy. — Maladrerie. 1533 (E. 422). — Claude Berthelot, « malade de lèpre », y demeurant, vend un bien.

Auxerre. — 1° Hôtel-Dieu de la Madeleine. — 1508 (E. 374). François Le Duc, chanoine d'Auxerre, maître et administrateur,— 1511 (E. 376). Etienne Pérille, prêtre (2), id. — 1535 (E. 422). Jean de Chaussigny, chanoine d'Auxerre, id. — 1545 (E. 426). Laurent Chancy, prêtre, id. — 2° Léproserie Sainte-Marguerite-les-Saint-Siméon. — 1483 (E. 369). Jean Auverjat, prêtre, maître et adminis-teur. — 1493 (E. 373). 1514 (E. 411). Etienne Moncel, id. — 1581 (E. 403). Jean Château, praticien, id. — 3° Hôtel-Dieu Sainte-Catherine-des-Aulx. — 1508 (E. 374). Jean Giroust, prêtre, maître et administrateur perpétuel.

Charentenay. — 1517 (E. 378). Mention de la maladrerie du dit lieu.

Coulanges-la-Vineuse. — 1503 (E. 438). — Mention de l'Hôtel-Dieu « fondé en lhonneur de Monsgr Saint-Vincent ».

Coulanges-sur-Yonne. — 1571 (E. 427 *bis*). — Mention de l'Hôtel-Dieu.

Gy-l'Évêque. — 1481 (E. 368). — Mention de la *Charité* dudit lieu.

Monéteau. — 1491 (E. 372). — Loiseau Guyot, laboureur, demeurant à *lhospital de Monéteau*.

Tonnerre. — 1° Hôtel-Dieu de Notre-Dame-de-Fontenille. — 1556 (E. 655). Pierre Sal'[illegible]t, prêtre, maître de l'hôpital (3). — 1560 (E. 656). Frère Nicole Becquet, religieux de Saint-Augustin, du

(1) De *char* (charriot).

(2) En 1515, il était décédé (E. 377).

(3) Voir plus loin le curieux procès-verbal *in extenso* de son installation.

monastère de Saint-Victor de Paris, maitre de l'hòpital par suite du décès de M. Salliat. — 1570 (E. 661). Morille de Lymelle, maitre de l'hôpital. — 2° Maladrerie. — 1475 (E. N N. Minutes réintégrées par la Côte-d'Or). Alexandre Tausson, maitre.

Procès-verbal d'installation de M. Pierre Salliat, choisi par le comte de Tonnerre pour maître de l'hôpital du dit lieu (in extenso).

(15 novembre 1556)

« Le dimanche quinziesme jour de novembre mil cinq cent « cinquante et six, nous, notaires ou conté de Tonnerre, soubz- « criptz, certiffions à tous qu'il appartiendra. Que le d. jour, « heure de sept heures du matin ou environ, nous sommes » transportez en lhospital Nostre-Dame de Fontenilles du d. « Tonnerre, au mandement de hault et puissant seigneur messire « Anthoine de Crussol, conte du d. lieu, et de Tonnerre, que « avons trouvé seul qui se promenoit en la selle du d. hospital. « Lequel nous a requis que ussions à lacompaigné pour bailler « acte de ce qu'il entendoit faire, ce que nous avons faict. Et peu « de temps après est survenu ung nommé Me Pierre Salliat qui « sest promené longuement avec ledit seigneur conte, devisans « et parlans ensemble. Ce faict, le d. seigneur conte auroit « mandé et faict venir en la d. selle tous les religieulx et sœurs « d'icelluy hospital, qui y auroient comparuz par frère Symon Le « Maistre, vicaire, Phelippe du Pond, Jehan Milon, Michel Mar- « tynot, Phelippes Marrey, prebstres; seurs Jehanne Boullard, « Katherine Midrey, Sebille Maigrot et Marie de Sainct Sierge. Et « encores avec eulx estoient honnorables hommes maistre Pierre « Teurreau, licencié ès loix, lieutenant ou bailliage du d. Ton- « nerre, Claude Jazu, lieutenant en la prévosté du d. lieu, Pierre « Ancellot elleu pour le Roy au d. Tonnerre, Nicolas Milon, Alain « Berthier, notaires et praticiens au d. bailliage, Claude Boucher « licencié ès loix, procureur du d. seigneur conte, Aignain Lher- « mitte, Pierre Hérard, marchans, Pierre Gaillard, sergent ou d. « conté; noble homme Pierre de la Croix, Dimanche Aubert, « Pierre Langlois, Christofle de Chevreville et plusieurs aultres. « Et eulx estans ainsi assemblez, le d. Salliat auroit vestu ung « surplis blanc et se seroit aproché près du d. seigneur conte, « tenant en ses mains ung bréviaire ou aultre livre, avec une « lectre en parchemyn. Ce faict, le d. seigneur conte auroit dict « et remonstrer aus d. religieulx en présence des dessus d., que « pour la maulvoise administration faicte au d. hospital par

« Me Toussainct de Mallesec, dont il estoit dheuement advertyr et « certioré par information et aultres justes causes à ce le mou- « vans en son absence et pour la descharge de sa conscience, il « avoit destitué icelluy Mallesec et en son lieu institué Me Pierre « Salliat présent, lequel il mectoit en possession en la maistrise, « charge et administration totalle du d. hospital, pour icelluy « deuement régir et administrer en tous et chacunes ses affaires, « selon les condicions contenues ès lectres de fondation dicelluy. « Faisant par le d. seigneur conte commendement aus d. reli- « gieulx et religieuses de obeyr au d. Salliat. Quoy faict auroit « icelluy Salliat présenté au d. seigneur conte les d. lectres en « parchemin qui tenoit en ses mains, desquelles il auroit or- « donné estre faicte lecture par les d. jurez, ce qui auroit esté « faict de mot à aultre à haulte et intelligible voix en présence de « tous les dessus d., par Anthoine Petit Jehan notaire soubzcript; « desquelles lectres la teneur sensuyt : Nous Anthoine de Crussol « et Loyse de Clermont, conte et contesse du d. lieu de Crussol « et de Tonnerre, certiffions que le jourdhuy dacte de ces pré- « sentes, après que pour certaines, justes et manifestes causes « venues à nostre congnoissance et à ce nous mouvans, avons « destitué et privé maistre Toussainct de Malessec de toute et « quelconque maistrise et administration de lhospital nostre « Dame de Fontenilles, situé et fondé en nostre d. ville de Ton- « nerre, suyvant la puissance de instituer et destituer à nous « réservée par feue nostre ancestre que Dieu absolve, Margueritte, « royne de Hierusalem et de Sicille, fondatrice du d. hospital, dont « elle a chargé nostre conscience. Nous, désirans de tout nostre « pouvoir, faire et entretenir de poinct en poinct lintencion de « tant illustre et vertueuse dame, spéciallement en chose si « saincte et charitable; nous confians aussi des suffisance, inté- « gritté et prudhommie de M. Pierre Sallyat, icelluy Salliat avons « institué et instituons par ces présentes en la maistrise, charge « et administracion totalle de nostre d. hospital de Tonnerre, « pour icelluy deuement régir et administrer en tous et chacunes « ses affaires et négoces, selon les condicions déclarées ès lectres « de fondacion (1). Sy mandons et commendons à nostre bailly et « à tous nos aultres officiers du d. Tonnerre, à chacun en son « regard, quilz ayent à installer, introduire et mestre en posses- « sion le d. Salliat de la d. maistrise et administration du d. hos-

(1) 9 avril 1293. Voir à ce sujet. *Annuaire de l'Yonne* de 1867, p. 75 et suiv. — *Bulletin de la Soc. des Sc. de l'Yonne*, p. 151 et suiv., Notice historique sur l'Hôpital de Tonnerre, Bibiothèque d'Auxerre, C. 38.

« pital ; ensemble de tous les biens, rentes et revenuz y apparte-
« nans sans aulcune chose réserver, en prenant touteffoys préala-
« blement le serment de fidellité du d. Salliat et en observant
« toutes solempnitez en tel cas requises et accostumées davan-
« taige, en faisant commendement de par nous aux chappelains,
« frères et seurs du d. hospital de recepvoir et souffrir le d.
« Salliat et luy obéyr sans aucunement contrevenir à ceste pré-
« sente nostre institution que nous avons signée de noz propres
« mains, et à icelle faict apposer le seau de noz armes, le trei-
« ziesme jour du moys de novembre mil cinq cent cinquante
« et six, à Sens, en la maison archiepiscopalle du d. lieu. Signé :
« de Crussol, Loise de Clermont; et par commendement des d.
« seigneur et dame, conte et contesse, Ormancey, et sellé de cire
« rouge. Et la d. lecture faicte, auroit le d. seigneur conte au d.
« Me Pierre Teurreau lieutenant sus d. de prandre le serment du
« d. Salliat, ce qu'il auroit faict. Et auroit le d. Salliat juré et
« affermé de bien et deuement régir, gouverner et administrer le
« bien du d. hospital, et promis faire bon traictement des pauvres
« estans malades en icelluy, et faire comme ung bon maistre doibt
« faire, et le tout selon la fondacion dicelluy. Et le d. serment
« faict, seroit le d. Salliat, par commendement dud. seigneur,
« sorti hors la d. salle et seroit allé en léglise du d. hospital
« baisé le livre et grand austel, acompaigné du d. seigneur
« conte, du d. Teurreau lieutenant, des d. jurez et de tous les
« dessus d. Et ce faict se seroit allé seoir au siège, lieu accos-
« tumé où se mect le maistre du d. hospital, en signe de posses-
« sion. Dont et de tout ce que dessus, le d. seigneur conte et le d.
« Salliat nous ont requis acte, que leur avons octroyé en ceste
« forme, pour leur servir et valloir ce que de raison ».

(Signé) Petitjehan et Bouldrey notaires.

(Arch. de l'Y., E. 655, f° 5 et suivants.)

CHAPITRE IX

MŒURS ET USAGES. — PROCÉDURES ET TRANSACTIONS

Ce chapitre est certainement un de ceux qui permettent le mieux de se rendre compte de la diversité des actes rédigés par les notaires.

On sait qu'à cette époque, la rédaction par ces officiers ministériels, était la seule garantie d'authenticité.

La coutume d'Auxerre n'était pas encore rédigée ou rendue officielle (1), les usages locaux, qu'elle a du reste confirmés, en tenaient lieu; c'est dire que la codification était des plus rudimentaires. D'autre part, le papier commercial pour le recouvrement des créances était inconnu ou peu employé (2), et le sous-seing privé, avant le droit de marque qui ne fut créé qu'en 1652 (le papier marqué comme disent encore les gens des champs), n'ayant que la valeur de la bonne foi des parties contractantes, devait être très peu usité. Puis, pour rédiger ces sous-seings, il fallait savoir écrire, ce qui n'était pas donné alors à tout le monde. Pour parer à cet inconvénient il y avait bien des écrivains publics,

(1) Elle fut rédigée et arrêtée en 1507, puis révisée et définitivement enregistrée en 1562.

(2) Voir les reconnaissances passées à ce sujet, ch. VII de ce recueil.

mais du moment qu'il fallait recourir à une tierce personne, autant s'adresser au notaire dont les actes faisaient foi. Par ce moyen toutes craintes étaient dissipées et tous malentendus et mécomptes évités.

En réalité ces actes n'étant le plus souvent qu'une convention entre les parties, il devait être extrêmement difficile au pauvre notaire d'y insérer les désiderata des contractants dont les intérêts étaient naturellement opposés, mais une fois signés, ils recevaient leur exécution, car alors le notaire était la loi vivante.

Aujourd'hui encore, le souvenir de l'autorité de leurs actes n'est pas éteint. Lorsque deux particuliers font un marché verbal il est rare que pour affirmer la pureté de l'intention il ne soit déclaré, en tapant dans la main (1), que c'est *comme si le notaire y avait passé*. Du fait de cette déclaration, les transactions sont rarement rompues ou non respectées.

Comme dans les chapitres précédents, nous signalerons les actes les plus typiques :

Mœurs et usages. — 1475. Acte relatif à un paiement de rançon de guerre. — 1502. Attestation par deux commerçants d'Auxerre qu'une maison louée 40 s. t. de rente en vaut bien 100, et qu'ils sont prêts à la prendre en location pour ce prix si l'occupant veut la leur laisser. L'acte ne dit pas à quel propos ces deux négociants ont été amenés à émettre leur opinion, mais il y a lieu de présumer que c'est à titre d'arbitres entre le propriétaire et son locataire. Qu'ils soient ou non les *compères* du propriétaire, leur conclusion est excessivement adroite. Elle sent même un peu le *maquignonnage*. En effet, en envisageant la question sous l'aspect présenté, le propriétaire est assuré de garder son locataire et celui-ci doit se trouver trop heureux de conserver une maison qui lui a été laissée dans des conditions aussi avantageuses. — 1505. Un marchand « voiturier par eau » de Paris, nommé Guillaume Benoit, meurt à l'hôtel de l'Ecu de France à Auxerre. Le commis du prévôt des marchands de Paris, chargé de la police de la rivière, fait dire des prières pour le défunt, fait transporter à Paris son corps par bateau et acquitte tous les frais. Parmi les quittances qui lui sont données figure notamment celle de 32 l. 5 s. t. pour mesures sanitaires et embaumement. — 1511. Abonnements annuels pour entretien de souliers à des familles à des prix déterminés. — En 1578, abonnement pour fournir de souliers pendant un

(1) M. Paul Viollet, dans son *Histoire du droit public*, p. 595, à propos de cet usage de taper dans la main, dit : « La *paumée* ou poignée de main « est à mon sens très ancienne, et c'est aussi une forme germanique. »

an, un voiturier par eau d'Auxerre. Mais il ne pourra lui être délivré des souliers neufs que sur la présentation des vieux — En 1581, id. à un huissier d'Auxerre, souliers neufs et ressemelages. En outre il aura droit à deux paires de mules et escarpins. — 1550. Transport d'un marchand, accompagné de deux notaires, au domicile du duc de Nevers, tenant alors garnison à Tonnerre, pour réclamer le reste du paiement d'une fourniture faite aux hommes de sa compagnie à Châlons-sur-Marne en 1544. A défaut du duc, il est reçu par son enseigne, M. de Veilhan, qui le renvoie auprès du payeur de la compagnie. Celui-ci lui déclare : qu'il y a plusieurs années que les hommes débiteurs ne font plus partie de la compagnie; que lui-même n'en était pas trésorier à cette époque; qu'il n'a pas les comptes de son prédécesseur décédé, et que sa seule ressource est de s'adresser à ses héritiers. — 1565. Pension de 28 l. t. accordée par l'abbaye Saint-Germain d'Auxerre, à un soldat blessé au service du roi « pourveu dune place de « frère lai en la d. abbaye », qui, sur le point de se marier, ne peut continuer à résider dans le monastère; en 1576, accord de même nature entre l'abbaye Saint-Père et un soldat « albanoys » qui désire demeurer hors de l'abbaye. - 1570. Lettres de Charles IX exemptant les terres du seigneur de Mandelot, gouverneur de Lyon, Lyonnais et Beaujolais, seigneur de Pacy-sur-Armançon, Vireaux, Lézinnes et Sambourg, des charges du passage des gens de guerre, à moins de payer les produits, et encore ne pourra-t-on en exiger la délivrance sans le consentement des fermiers ou habitants. — 1603. Compromis entre un tonnelier d'Auxerre et un vigneron de Quenne, de ne jouer à aucun jeu durant un an, sauf « l'arc à la main » pour l'un et « la grand boulle » pour l'autre, sous peine par le perdant de payer au gagnant un habit de 18 l. t. (1) (2). — 1665. Engagement par un charron de Marigny-l'Église (Nièvre) d'entretenir durant un an, en ce qui concerne sa profession, tout le matériel agricole d'un laboureur du lieu, pour

(1) 70 francs environ de notre monnaie, d'après Leber.

(2) Cf. *Revue des Sociétés savantes*, t. VI, 7e série, 1882, p. 20-26, où M. Molard a publié un certain nombre d'actes concernant l'existence d'associations économiques ou de tempérance à Auxerre pendant le XVIe siècle.

Nous profitons de cette citation de source pour donner un petit détail. Parmi les actes publiés par M. Molard, il s'en trouve un par lequel Yves Prix et Jean Cornouaille, peintre-verrier à Auxerre, s'engagent, en 1564, à ne pas dépasser, pendant un an, à quelque jeu que ce soit, l'enjeu de 3 deniers t. Or, ce Jean Cornouaille est le peintre-verrier dont nous avons inséré dans ce recueil, p. 81, le curieux inventaire après décès (1586).

le prix de 4 l. et un joug à bœufs; mais le bois lui sera fourni. — 1669. Même engagement par un maréchal, moyennant 20 s t. et une quarte de seigle.

Procédures et transactions. — 1494. Engagement par quatre particuliers de Sacy, de payer la moitié des frais de l'instance entre l'évêque et le chapitre d'Auxerre d'une part et Chistophe de Plailly, bailly de Sens, de l'autre. — 1496. Engagement par six barbiers d'Auxerre, de payer les frais d'un procès soutenu par un de leurs confrères contre un autre barbier de la ville. — 1507. Transaction par laquelle un vigneron d'Auxerre donne deux denrées de vigne pour arrêter, devant l'official, un procès qui lui est intenté par une femme qu'il a entretenue pendant deux ou trois ans, qui a eu plusieurs enfants de lui et qui prétend que le mariage lui a été promis. — 1541. Désistement d'une plainte pour rapt, les coupables n'étant pas ceux désignés dans la plainte. — 1547. Abandon de sa part de succession par une mère à son fils dont elle a mal géré les intérêts durant sa minorité et qui la menace d'un procès. — 1574. Transaction entre deux chanoines d'Auxerre dont l'un a été victime de voies de fait. — 1578. Transaction pour fait de grossesse. — 1578. Indemnité accordée par l'abbé de Saint-Marien d'Auxerre, à un particulier accusé à tort d'avoir dérobé un grand bassin de pierre du monastère et qui a fait un long temps de prison préventive. — 1586. Opposition par un prêtre de Seignelay aux poursuites commencées contre lui par le commissaire du roi « à la recherche des usures », attendu qu'étant homme d'église il doit être poursuivi devant l'official d'Auxerre, son juge naturel. — 1513, 1541, 1542, etc. Transactions à la suite d'accidents, de rixes ayant souvent entraîné la mort, et de meurtres perpétrés. — 1590. Transfert à Jacques de Rigny, marchand à Auxerre, par Claude Ferrant, voiturier par eau au dit lieu, et Thomasse Bougault, sa femme, de leur droit de poursuivre en partie civile Pierre Durant et autres, auteurs de la mort de leur fils, moyennant la somme de 50 écus d'or.

Il est bien spécifié à l'acte que le cessionnaire est subrogé à tous leurs droits; que toutes les pièces de la procédure entamée lui seront remises, et que « tout ladjuge qui pourra en advenir » lui appartiendra.

Parmi les centaines de transactions rencontrées dans les 292 registres ou liasses dépouillés, c'est la seule ayant ce caractère (1).

(1) Nous souvenant avoir vu dans des rapports de curés de paroisses à l'évêque d'Auxerre, mention de *vendeurs et acheteurs de procès*, nous avons entrepris tout exprès la compilation de tous les dossiers de la juri-

Il n'y est pas question, en effet, de la vente d'un droit ordinaire, d'une créance plus ou moins douteuse, qui font reculer devant l'aléa de procès pouvant devenir ruineux ou l'issue incertaine, mais bien de la vente d'un droit en dommages-intérêts pour meurtre d'un enfant dont l'un des auteurs est désigné dans l'acte et contre lequel le procès est déjà engagé.

Les précautions prises par le notaire, quant aux droits de la femme, en vertu du sénatus consulte Velleien, que l'on rencontre rarement aussi détaillés dans ses autres actes, laisseraient croire que les cessions de ce genre n'étaient pas d'un usage courant.

Dans quel but ce transfert est-il fait? Est-ce une spéculation? Est-ce un tiers qui intervient pour arrêter les suites d'une affaire désagréable à un ami? Comment ce tiers pourra-t-il faire plaider la question du dommage causé? Ce sont là autant de conjectures auxquelles nous ne voulons même pas nous livrer; mais le document constatant un fait précis de droit privé peut être peu connu, nous avons cru devoir nous y arrêter plus longuement.

MOEURS ET USAGES

1° *Foi et hommage, dénombrement.* — (1477-1617). 1477 (E. N. N. minutes reçues de la Côte-d'Or). Procuration donnée à plusieurs par Marion le Mignot, dame de la terre et seigneurie de « Montlion

diction épiscopale (G. 1651-1668) pour en retrouver la trace. La seule que nous ayons rencontrée dans ce fonds si intéressant et si curieux pour les mœurs locales, se trouve dans un rapport du curé d'Appoigny en 1679 (G. 1651). En signalant cette coutume du pays, le curé l'explique de la façon suivante : « Les vendeurs de procès sont des personnes qui font « trafiques d'actions mal intentées et au sujet de peu, les transportent « à d'autres plus puissantes qu'elles, affin d'en tirer quelque argent et « donner par là occasion à leur partie de succomber par de grands frais, « longueur d'actions et chicanes.

« Les acheteurs de procès promettent de l'argent sans en guère donner « affin de troubler des familles pour commancer des procès et intenter des « actions de longtemps assoupies; ce qui cause beaucoup de haines « secrètes et publiques dans les familles ».

On comprend et on peut partager son opinion en ce qui concerne les vendeurs, mais non celle qu'il émet sur les acheteurs qui, à son avis, n'auraient eu pour but que de troubler des familles et de semer la haine en reprenant des procès assoupis. Nous pencherions plutôt à y voir de la spéculation pure et simple, comme dans notre document, car aussi bien que de nos jours on faisait autrefois argent de tout.

La Curne de Sainte-Pallaye, dans son glossaire au mot *vendre*, cite cette expression qu'il emprunte à Cotgrave : « Où pain faut, tout est à vendre ». N'en peut-on dire autant où il y a chance de bénéfice?

et Granche Barrault (1) assise en la chastellenie de Cézy », pour rendre foi et hommage de cette terre à Adrien Cosinot, conseiller du roi et président à Paris, seigneur en partie de Cézy, ou « envers qui il appartient ». — 1507 (E. 491). Noble Charles Lemuet, seigneur de Merry-Sec, fait acte de foi et hommage à François de Marafin, seigneur d'Avigneau (2). — 1524 (E. 380). Acte de foi et hommage par les héritiers Desleau, représentés par Edme Morlon, conseiller au bailliage d'Auxerre, à l'abbé de Saint-Germain d'Auxerre (3) des fiefs de Révillon (4), La Mothe (5) et l'Orme-du-Pont (6), tenus en fief dudit abbé, à cause du prieuré de Moutiers. — 1525 (E. 491). Jean Divolé, Léger et Guillaume Du Puys, seigneurs de Nantenne (7), donnent le dénombrement de leur terre à noble Guion de Champs, seigneur d'Avigneau. — 1555 (E. 654). Acte de foi et hommage fait entre les mains des officiers du comte de Tonnerre, par noble Jacques de Neufviz (8), écuyer, seigneur de Thorigny-sur-Oreuse, etc., de la 16e partie de la seigneurie de Carisey (9). — 1556 (E. 655). Relation du transport par Claude Pinagot, marchand bourgeois de Troyes, en la ville de Tonnerre, pour faire au comte foi et hommage de la 6e partie de la seigneurie de Vézannes. Comme le jour où il s'est présenté il n'y avait à Tonnerre ni comte, ni comtesse, ni officiers de justice ayant pouvoir de recevoir son acte, il a requis les no-

(1) Cette Grange-Barrault (ferme) n'est pas citée au *Dictionnaire topographique de l'Yonne.*

(2) Avigneau, hameau, commune d'Escamps. Autrefois seigneurie importante.

(3) Cet abbé était François de Beaujeu. Ne le trouvant pas à son abbaye, les requérants, sur l'indication qui leur fut donnée, allèrent se présenter dans la maison de M. de Beaujeu, son frère, où effectivement ils trouvèrent l'abbé. Ce M. de Beaujeu s'appelait Claude, était seigneur de la Maison-Fort et habitait à Auxerre la maison située dans le fond de l'impasse Maison-Fort, nom venant peut-être de ce personnage, mort en 1541. Sa femme, qui se nommait Marie des Ulmes, donna, en 1542, de grands biens à l'abbaye de Saint-Germain à charge de services religieux.

(4) Fief et métairie, lieu aujourd'hui détruit. Commune de Sainte-Colombe-sur-Loing (Yonne).

(5) Hameau, commune de Sainte-Colombe-sur-Loing.

(6) Château et ferme, communes de Sainte-Colombe-sur-Loing et Moutiers.

(7) Hameau, commune d'Escamps (Yonne).

(8) Forme ancienne de Neuvy-Sautour, commune de l'Yonne.

(9) Jacques de Neuvy venait d'hériter des terres de Thorigny et Carisey par le décès, en 1553, de son oncle Juvénal de Belleville.

taires Petitjehan et Gauthier de l'accompagner « en un viel chastel « forme de masure qui est assiz au dessus de la ville du d. Tonnerre; et illec à genoulx et teste nue a appellé à haulte et intelligible voix, par troys foys, les d. seigneurs comte et comtesse « de Tonnerre, pour leur faire les d. foy et hommage. Et après « que personne nest comparu, a faict foy et hommage de lad. « sixiesme partie de la seigneurie de Vézannes, etc... Et ce faict, « a baisé le dessus de l'huis du d. viel chastel à cause quil ny a « huis ny verrou ». Il requiert des notaires acte de cette démarche, sans laquelle il s'exposait à voir saisir sa terre pour défaut de foi et hommage. — 1578 (E. 402). Dénombrement au roi à cause de son comté d'Auxerre, de deux parts du fief de Magny (1) par noble Pierre Delaborde, écuyer. — 1587 (E. 491). Dénombrement du fief de Ribourdin (2) par Louis de Mauny, seigneur d'Avigneau et de Ribourdin, à Claude d'Étampes, seigneur de Mont-Saint-Sulpice, Villefargeau, etc., à cause de sa tour de Serin (3). — 1617 (E. 491). Acte de foi et hommage par noble Louis de Franay, receveur du domaine royal à Auxerre, de son fief de Vaurobert (4) à Claude de la Rivière, seigneur de La Borde (5), des Rameaux (6), etc.

2° *Affaires diverses.* — (1475-1661). 2 avril 1475 (v. s.) (7) (E. N. N. Protocole versé par la Côte-d'Or). Paiement de rançon (8). Acte par lequel Pierre Batheraut reconnait devoir à Jaquottin de Lusigny, écuyer, demeurant à Lézinnes, 15 écus d'or « restant de la « somme de 27 escuz 1/2 en quoy il estoit obligé envers Mathieu « Daguyn, homme darmes soubz la charge de monseignenr le « sénéchal *Dagenes* (*sic*) [d'Agenois] et ses compaignons.... » Il paiera en deux termes dont le dernier n'excédera pas le 1er octobre.

Par un autre acte du même jour, le dit Jaquottin de Lusigny « a promis acquicter led. Batheraut envers le d. Mathieu Daguyn « et ses compaignons, de la somme de 27 escuz d'or 1/2 dont le d.

(1) Hameau de la commune de Merry-sur-Yonne.
(2) Ferme, commune de Chevannes (Yonne).
(3) Hameau, commune de Chevannes, id.
(4) id. id. de Levis, id.
(5) id. id. de Leugny, id.
(6) id. id. de Lalande, id.
(7) Fin de 1475. L'année ne commençait qu'à Pâques et cette fête pour 1476 est tombée le 14 avril. (Trésor de Chronologie, par M. de Mas-Latrie.)
(8) Cf. Un épisode inconnu de l'histoire de la ville de Tonnerre. (*Bull. Soc. Sc. Y.*, 1898.) Ces actes se rattachent à la même campagne.

« Batheraut estoit pleige et principal respondant pour et ou « nom de Jehan Biznot, destenu prisonnier de bonne guerre du « d. Mathieu Daguyn et de ses d. compaignons, ou de luy rendre « lobligation en quoy le d. Batheraut est obligé, et quictance val« lable; ensemble de toutes les monstres que le d. Mathieu et ses « d. compaignons pourroient demander au d. Bateraut, pour « faulte de paie au jour et terme contenu en la dicte obligation et « de tous les interestz, préjudices et dommaiges qui luy en « pourroit survenir.... » — 1475 (E. N. N., même protocole). Acte par lequel Jaquot Chigny, mercier demeurant à Ricey-le-Haut (1), lieutenant, etc., en présence de marchands merciers de Paris, Troyes, Chaource, Ravières, Joigny et Tonnerre, « avons receu le « serment (2) de Martin Amé, mercier demourant au d. Ton« nerre ». — 1485 (E. 370). Rupture de communauté de biens entre deux particuliers (*in extenso*) :

« Le Xe jour du mois de janvier ou dit an (1485), furent presens « en leurs personnes; Jean Mathieu charpentier demourant à « La Broce, en la paroisse de Venoy, pour luy dune part, et Guérin « Jousse laboureur demourant au dit lieu pour luy d'autre part. « Disans comme il soit ainsy que dès piéça ilz se feussent et « soient associez en communaulté de tous biens que pour lors ilz « avoient ou pourroient avoir et acquérir ainsy que plus ample« ment est contenu ès lettres dicelle associacion. Néantmoings « icelles parties recognurent et confessèrent eulx estre despartis « et separeez dicelle communaulté et associacion. En telles ma« niere et soubz telles condicions que le dit Mathieu sera tenu et « a promis le dit Josse et sa femme acquiter de toutes debtes « quelzconques en quoy ilz pourroient estre tenus envers plu« sieurs créanciers à cause dicelle associacion. Et aussy que le « dit Mathieu sera tenu de laissier la debleure dune pièce de « terre emblavée de froment contenant trois quartiers ou en« viron.... Item et avec ce luy bailler franchement demy lard, « deux bichez froment, quatre bichez davoine, et tous ses biens « que le dit Jousse porta en lostel dudit Mathieu. Et paiera le dit « Jousse la moison de la terre ou est amblavé le dit froment. Et « par ce moyen est le dit Mathieu quicte envers le dit Jousse de « toutes choses quelzconques, sauf et réserve des choses dessus « dites. Promettant etc..... »

(1) Un des trois bourgs composant la ville des Riceys (Aube).

(2) Il était d'usage, pour les nouveaux membres admis dans une corporation, de prêter le serment d'observer les statuts. (Voir La Curne au mot *serment*.)

1493 (E. 373). Les sieurs Menault de Venesse et Antoine de Brueillat, seigneurs de Lose (1), Digoine (2) et Arcy [sur-Cure] en partie « par cry public se sont faiz maintenir et garder en posses« sion et saisine deulx dire seigneurs propriétaires et possesseurs, « tant en justice haulte moienne et basse que de propriété des « bois (suit l'énumération) situez et assis en la d. terre, justice et « seigneurie de Lose, Digoine et Arcy en partie, appartenant aus d. « Menault et Antoine, c'est assavoir : aud. Antoine les trois pars « et au d. Menault la quarte partie, sans préjudice de lusaige « des habitants d'Arcy. Le d. exploit fait par vertu dune garde du « bailly d'Aucerre datée du xiii juillet ou dit an par Henry Preu« domme sergent royal. » — 1495 (E. 373). Désistement par François Brunet *lépreux*, de la propriété d'une vigne, le vendeur ayant remboursé le prix de vente dans les délais permettant le rachat (vente à réméré).— 19 septembre 1496 (E. 373). Abandon par Henry Leclerc à Laurent Hoble, tous deux à Auxerre, d'un « cheval soubz « poil boyard, les deux piez derrière blancs, avec le harnois tout « complet à lymoner », en paiement d'une dette de 6 l. t. Par ce même acte le dit Leclerc reprend les dits cheval et harnais « à « tiltre de louaige dujourduy jusques à la Toussains » moyennant une redevance de 20 d. t. par semaine et à charge d'entretien.

1496 (27 février (v. s.) (E. 373) Communauté partielle (*in extenso*) « Comparut en sa personne Jehan Paillot vigneron demourant au « bourg St-Père d'Aucerre pour lui dune part, et Marguerite vefve « de feu Martin Corot pour elle d'autre part. Disans icelles parties « que xx ans a ou environ que le dit feu Martin délaissa la dite « Marguerite chargée de deux petits enfans aagés l'un de cinq ans, « lautre de trois, lun nommé Guillaume et lautre Marie a présent « femme du dit Paillot. Duquel Guillaume qui à présent est marié « icelle Marguerite sa mère na eu aucun secours ne aide, combien « quelle feust et soit poure [pauvre] et neust aucuns biens meu« bles ne heritaiges à leure que son dit feu mary la délaissa, et « na icelle Marguerite esté secourue, nourrie ne entretenue que « par le dit Paillot son gendre, avecques lequel elle sest tenue et « par lui a esté nourrie et entretenue depuis sept ou huit ans en « ça qu'il a espousée la dite Marie sa fille, se comme icelle Mar« guerite disoit. Toutesvoyes icelui Jehan Paillot, considérant la « poureté de la dite Marguerite et afin quelle se puisse mieulx

(1) Louze, commune d'Arcy-sur-Cure (Yonne).

(2) Digoigne, fief, commune d'Arcy-sur-Cure, château détruit pendant la Révolution.

« entretenir avecques lui et quelle soit plus encline de servir et « aider de sa peine le dit Paillot, sa dite femme et enfans, icelui « Paillot a associé, acompaigné et mis en communauté avecques « lui et sa dite femme en son hostel et en tous les biens meubles « et héritaiges quilz ont cy devant acquis et quilz pourront cy « après acquérir, pour une quarte partie. Et quant aux autres « trois quars des dits meubles et conquestz, ilz seront et demour- « ront aus dits Paillot et Marie sa femme pour eulx, leurs hoirs et « ayans cause. Et sera tenu et a promis ledit Paillot de nourrir, « gouverner, vestir et habiller la dite Marguerite durant le temps « que la dite communaulté tiendra, bien et convenablement son « estat. Et aussi la dite Marguerite sera tenue et a promis de soy « tenir en la dite communaulté et aider audit Paillot en ses affai- « res sans le délaisser. »

1497 (E. 373). Engagement par Guérin du Garet, de Val de Mercy, de payer à Guillemin Lureau, de Vincelles, 10 s. t. « pour despens « de bouche fait en sa taverne ».— 1497 (E. 373) Vente par Perri- not Belin de Nangy-sur-Voye (1) frère et seul héritier de sa sœur Félison en son vivant femme de Pierre La Noire, d'Auxerre, au d. La Noire, « son sezorge » (2) de tout ce qui lui revient dans cette succession, moyennant la somme de 12 l. t., une robe de drap noir « fourrée de vielle pane, ung coton de morée doublé de blanchet « et ung chaperon de drap noir, tout à usage de femme », et à la condition d'être exempt de toutes charges, tant du testament de la défunte que de ses dettes. — 1498-1514 (E. 438). Nombreux actes d'affranchissement personnel, pour services rendus ou moyennant finance. A celui inséré au folio 64, on lit : « considérant que tous « les suppostz de nature humaine hommes et femmes sont yssuz « et procreez de Adan et Eve nos premiers père et mère.... — 1502 (E. 375). Attestation par Didier Louis, couturier et Jean Lessouré, cordonnier, que la maison « en laquelle Jehan Bonhomme, bar- « bier, et Jehanne sa femme, font leur demourance, assise ou « bourg saint Renobert d'Aucerre, en la rue de la Fricauderie, « qui tiennent à 40 s. t. de rente, de Germain Chrestien, potier « destain, vault bien 100 s. t. et autant quant à présent en baille- « roient les dits actestans quant les dits Bonhomme et sa dite « femme la vouldroient délaisser à ce dit pris ». — 1505 (E. 375) Procuration donnée par Jean Théault, mesureur de blé à Auxerre, à noble Edme Le Rothier, écuyer, seigneur de Villefargeau et gou-

(1) Nangis, hameau, commune de Quenne (Yonne).

(2) Beau-frère (voir La Curne au mot *Serurge*, et glossaire français de Ducange au mot *Serorge*).

verneur de la ville et comté d'Auxerre, pour suivre la résignation de son office de mesureur au profit de Perrin Bourgoin. A cette résignation se rattache l'acte curieux suivant : 1505 (E. 374) (*in extenso*) « Jehan Theault, voicturier par eaue, disant comme il « soit ainsi que le jourduy date de ces présentes, Perrin Bour-« goin, sergent royal en la conté d'Aucerre, ce soit obligé envers « luy en la somme de six vingts livres tournoyz pour prest a luy « fait paiable à sa volunté. Et pour seurté dicelle somme il ait « obligé au dit Theault plusieurs héritages et biens declarez ès « lectres obligatoires. Ce néantmoins ledit Bourgoin a promis et « accordé au dit Theault que jusques à ce que ledit Bourgoin luy « ait fait solucion et paiement de la dite somme, que le dit Theault « aura et prandra la moitié des émoluments venans de loffice de « mesureur à blé que le dit Bourgoin obtiendra et pourra obtenir « cy après, en vertu de la procuracion à luy ce jourduy passée, de « la résignacion du dit office. Et quand il aura fait solution et « paiement de la moitié de ladite somme, le dit Theault naura des « dits émolumens que la quarte partie. Et sel advient que le dit « Bourgoin voise de vie à trespas sans faire solucion et paiement « de la somme dessus dite, en ce cas il veult et consent que les « héritages contenus ès dites lettres obligatoires soient et demeu-« rent affaitz et ypothequez au dit Théault tant pour la dite somme « que pour les dits émolumens du dit office, jusques à ce quil soit « paié et satisfait entièrement de la dite somme, duquel office « obtenu ledit Bourgoin fera sa diligence. »

1505. (E 375) Transaction entre les habitants de Chichery et Benoît Vinot, du dit lieu, se prétendant exempt d'impositions, taille, cens etc., en qualité de messager de l'Université de Paris, par laquelle il est convenu que tant que ledit Vinot jouira de ce privilège, il ne paiera que 5 s. t. par an. — 1508 (E. 375). Décès d'un marchand de Paris dans un hôtel d'Auxerre. Quittances y relatives :

10 septembre. 1° Quittance de 60 s. t. donnée par Jean Tacher, marinier à Auxerre, à la femme de Jean de Maizières, bourgeois de Paris, « pour avoir conduit et mené par eaue ou moys de juillet « cinq cens et cinq, le corps de feu Guillaume Benoist depuis Au-« cerre jusques à Paris, et par marché fait avec Guillaume Sauget « commis au décombrement de la rivière de Sene » ;

2° Quittance de 43 s. t. donnée par frère Henry Banqueville, docteur en théologie et gardien du couvent des frères mineurs d'Auxerre à Guillaume Sauget « *commis au descombrement de la rivière « de Seine* », pour « avoir dict et fait plusieurs suffrages pour le « remedde de lâme de feu Guillaume Benoist, marchand voiturier « par eau, de Paris ».

3° Quittance de 24 s. t. donnée par Simon Jussot, prieur du couvent des frères prêcheurs d'Auxerre, confirmative de celle donnée à Guillaume Sauget par frère Jean Pionier, procureur du dit couvent « pour vigilles dictes et procession faite au convoy du corps de feu Guillaume Benoist, de Paris ».

4° Quittance de 32 l. 5 s. t. donnée par Germain Barrault, marchand à Auxerre, à Guillaume Sauget pour « avoir baillé certaine « quantité de drap, cire, ancens et plusieurs autres choses qui ont « esté converties au corps de feu Guillaume Benoist, marchand « voiturier de Paris, lequel trépassa à Aucerre en *lostel de lescu « de france* (1), et fut mené à Paris ».

5° Attestation par deux témoins que le 10 juillet 1505, Simon Desportes, en son vivant vicaire de St-Loup d'Auxerre, a donné quittance « des frais funéraulx de feu Guillaume Benoist ». Ils l'ont « veu escripre et signer ». Le montant de ces frais n'est pas indiqué.

6° Quittance de 15 s. t. donnée par la femme de Benoit Lejon au dit Guillaume Sauget, « pour ses journées et vaccacions davoir gar« der durant la maladie du dit feu Guillaume Benoist en l'ostel de « l'escu de France (2) au dit Aucerre, ouquel hostel il alla de vie à « trespas »,

7° Quittance de 20 d. t. donnée par Benoit Lejon d'Auxerre, au dit Guillaume Sauget « pour ses peines d'avoir quérir du vin en « ville pour offrir aux offrandes du dit feu Benoît ».

8° Quittance de 40 s. t. donnée par Thévenin Brocart, Droin Jome et Jean de Troyes, procureurs de la fabrique St-Loup d'Auxerre, au dit Guillaume Sauget, « pour le repoux du corps de feu Guil« laume Benoist, qui fut durant le service fait pour salut de son « âme ou cueur du dit saint Loup ». — 1509 (E. 376). Cession de biens, meubles et bestiaux pour éteindre une dette, et reprise à titre de bail (*in extenso*). « Comparut en sa personne Jehan Regnault, « laboureur, demourant à Blégny [le Carreau], lequel confessa avoir « vendu et livré à honorable homme Robert Brocart, contherolleur « du grenier à sel à Aucerre, acheteur à ce présent : deux charret« tes, deux tombereaux et une charrue à laborer, quatre chevaulx, « les troys soubz poil boyard et l'autre moreau, avec leurs harnoys, « troys lictz garnyz de coetes, cuissins et couvertures et dix draps, « huit escuelles destain, une pesle (poêle) de fert, une pesle ronde « darin, ung pot de fer, deux truyes couchonières, six couchons

(1) Le nom de l'hôtel de l'*Ecu de France* a été substitué à celui des *Troys Roys* primitivement écrit.

(2) Idem.

« de six à huit moys, troys vaches soubz poil rouge et deux veaux, « et vingt-sept chefz de bestes à laine. Et ce moyennant le pris et « somme de 46 l. t. en quoy le dit Jehan Regnault estoit tenu et « obligé envers le dit controlleur, du prest à luy fait, et dont il « demeurra quicte moiennant ces présentes. Et lesquels biens « dessus déclarez, ledit Regnault confessa avoir pris à tiltre de « bail, du dit controlleur, pour les tenir et diceulx joyr tant quil « plaira au dit Brocart, soubz la pension de cent bichetz de blé « froment, compris les terrages des terres et le pourpris tant en « maison grange et autres héritages, que le dit Brocart a puis « nagueres acquises de Messieurs de St-Germain (abbaye de), « rendu, conduitz et livrer à Aucerre ».

1511 (E. 376). Acte par lequel Claude Ravillon, cordonnier à Auxerre, s'engage à *carreler les soliers* pendant un an, d'Edmond Chevalier et de sa femme « toutes et quantes foys quilz auront à « besongner», et à fournir « le cuir neuf à carreler les dits soliers », pour la somme de 26 s. 8 d. t. — Par un acte qui suit le même cordonnier prend un engagement semblable envers Colas Garet, pour le prix de 50 s. t. (entretien des chaussures de l'homme, de la femme, de 2 enfants et d'un domestique). — 1513 (E. 376). Transport par Pierre le Lourrain, bourgeois et marchand de Paris, à Jean Marchant dit Vincent, d'Auxerre, de nombreuses créances à lui dues pour vente de blé à des habitants de Migé, Guerchy, Chevannes, Gy-l'Evêque et Coulanges-la-Vineuse Suit le détail des débiteurs et des sommes dues. « Ce présent transport fait moyennant semblable pris et somme que le d. Lourrain en a pour ce confessé avoir eue et receue du d. Vincent. » (1). — 1521 (E. 379). Acte par lequel Robert Gaveau, clerc, reconnait devoir à Pierre Rathier, la somme de 15 l. t. « de reste de plus grand somme, à cause de la « résignation d'une sergenterie à cheval du bailliage de Sens » (2). — 1525 (E. 508). Paiement par Robert Mercier, serrurier à Auxerre, à la confrèrie Saint-Eloi « célébrée » en l'église Saint-Regnobert, de la somme de 9 l. t. pour droit de maitrise de serrurier au dit lieu. — 1530 (E. 381). Serment de fidélité prêté par Etienne Lemuet, curé de Moutiers (3) à l'abbaye St-Germain, seigneur du dit lieu.

1550 (E. 650). Habillements militaires. Démarches pour paiement (*in extenso*):

« Cejourdhuy cinquiesme jour du moys dapvril len mil cinq cens

(1) L'acte est muet sur la question de courtage.

(2) Christophe Gaveau, curé de Levis s'est constitué caution de Robert.

(3) Cette cure lui a été résignée par Philippe Lemuet son oncle. Ce prêtre était en outre chantre de la collégiale de Varzy.

« cinquante ; cest adresser à nous notaire ou conté de Tonnerre « soubzsignez, honnorable homme Thomas Flache marchant plu- « massier de monseigneur le duc du Nivernoys, gouverneur de « Champaigne et Brys [Brie]; lequel nous a requis nous transporté « avec luy ou logis ou pend pour enseigne *lesnel de France* à « Tonnerre, ce que avons faict; et estant au dict logis sest adresser « le dit Flage à messire Anthoine de Vellan, chevalier, seigneur « de Giry et enseigne du d. seigneur de Nivernoys, auquel il a « montrés et exhiber ung papier contenant six roulles, commen- « ceant au premier feuillet: « Restes des saiz que doibve les hommes « darmes et archiers de la compaignye de monseigneur le duc de « Nevers », et à la fin dicelluy est escript : « je certiffye que les « hommes darmes et archiers cy dessus nommez doibvent de « reste de leur saiz le contenu y mentionné. Faict le vingt- « deuxiesme may cinq cens quarante sept, signé Deschamps. » « Auquel papier sont escriptz plusieurs nons dhommes darmes « et archiers. Lequel Flache a remontré et dit quil estoit venu « exprès en ceste ville du d. Tonnerre pour recouvrer les deniers « à luy deubz et à Pierre Parens brodeur du dict seigneur le duc, et « à luy avoient esté baillez en payement les dénommez en icelluy « papier. Lequel de Giry, après avoir veu le dict papier en la pré- « sence de nous notaires, a fait response aud. Flache que sont « environ quattre ou cinq ans que les hommes darmes et « archiers dénommez au dict papier, ne sont de la compagnye du « d. duc de Nevers ; et encores quilz en fussent, se trouvera au vray « quilz ont payé, et a receu les d. deniers Estienne Deschamp en « son vivant payeur de la d. compaignye, luy déclarent [déclarant] « quil sadressat au trésorier de la d. compaignye qui estoit aud. « Tonnerre, et quil luy monstrast le d. papier, ce que a faict le d. « Flache. Et en la présence de nous cest icelluy Flache trans- « porté en lhostellerye ou pend pour enseigne *le Dauphin*, en « laquelle a trouvé noble homme Phelippes de Castilles à présent « paieur de la d. compaignye, auquel aussy en la présence de « noble homme Jehan Dallenay, maréchal des logis dicelle com- « paignye, a monstré et exhibé unes lectres missives addressant « au d. payeur, contenant comme il disoit quil eust à retenir et « luy faire paier les deniers à luy deubz, des sais jaulnes que le d. « Flache auroit delivrez à la d. compaignye au lieu de Chalons en « Champaigne, en lan cinq cens quarente quattre; ensemble du « papier par luy monstrer au d. seigneur de Giry, lesquelz après « avoir veu les d. papier et lectres missives, ont dit et déclaré au « d. Flache que sont environ quattre ou cinq ans que les dé- « nommez en icelluy papier ne sont plus de leur d. compaignye,

« et croyoient que auparavant le d. temps, le d. deffunct Deschamp, « lors paieur dicelle compaignye, avoit détenu les d. deniers dé- « nommez au d. papier. Et pour le recouvrement diceulx deniers « fauldroit que le d. Flache sadressast aux héritiers du d. Des- « champs. Dont et de toutes lesquelles choses le d. Flache nous a « requis lectres de sa comparition et dilligence que luy avons « octroyé en ceste forme, pour luy servir et vailloir en temps et « lieu comme de raison. En tesmoing de ce, nous garde dessus d., « au rapport des d. jurez, avons sellé ces présentes des d. seaulx. « Ce fut faict en la ville de Tonnerre les an et jour dessus d.

« (Signé :) PETITJEHAN, notaire.

« (Pardevant Guillaume Fouley et A. Petitjehan, tabellions.) »

1562 (E. 389). Attestation par quatre marchands d'Auxerre, de la moralité et catholicité d'Etienne Pasquier, mercier au dit lieu, « au sujet des nouvelles sectes et ezéries [hérésies]. » — 1565 (E. 390). Transaction entre l'abbaye Saint-Germain d'Auxerre et Jean Halez, demeurant à Troyes, soldat blessé d'un « coup de « harquebuzade » au service du roi, et « pourvu d'une place de « frère lay en la d. abbaye », par laquelle le dit Halez, qui ne « peult faire service ny résidence en la d. abbaye pour ce que « puys limportacion dicelles lectres, il est fiancé et pour estre « marié », recevra en compensation une pension de 28 l. t. payable en deux termes. — 12 juin 1568 (E. 392). Vente d'un office de gruyer (*in extenso*) : « Comparurent en leurs présences noble « homme Pierre Darlot, dict de la Fontenne, homme darme de la « compagnie de monseigneur le duc de Guise, et Me Loys Marye « procureur ou bailliage d'Aucerre, ayant charge de messire Fran- « coys des Essartz, chevalier de lordre du Roy, escuyer ordinaire « de sa maison et enseigne de cent hommes darmes soubz la « charge de mon d. seigr de Guise, seigr et baron de Sautour « [Neuvy-Sautour] Sormery, Taix, Vaulx et la Neufville le Roy, « pour faire les promesses qui sensuivent : Lesquelz ont promis « et promectent à honble homme Nicollas Hollot marchant de- « meurant à Aucerre, de faire admettre au nom du dict Hollot, « loffice de gruyer en la ville et bailliage dAucerre, que soulloyt « cy devant tenir feu Claude Charles; et duquel office ilz ont « promis en rendre au d. Hollot et mectre en ses mains les lec- « tres de provision dicelluy, telles que le cas le requiert, et ce « dedans dhuy en six sepmaines prouchainement venant. Et « moyennant, ce le dict Hollot a promis et sera tenu payer aus d. « Darlot et Marye pour le d. seigr de Sautour la somme de deux « centz escuz dor soleil dans dhuy en six sepmaines prouchaine- « nement venant. Et ou les lectres seroyent délivrez plustost que

« des d. six sepmaines au dit Hollot, a esté accordé quil ne pourra « estre contrainct de paier les d. deux centz escuz, sinon que le d. « terme de six sepmaines soyt escheu. Aussi a esté accordé que les « d. lectres ne seroyent délivrez au d. Hollot dans les d. six sep- « maines ou aultre temps après, il ne sera tenu paier les d. deux « centz escuz, synon que en luy mettant les d. lectres au poing. « Car ainsi.... » — 1570 (E. 394). Attestation par deux vignerons d'Auxerre, qu'ils ont, à la requête de Pierre Arnollin, marchand au dit lieu, tuteur des enfants de Jean Arnollin, visité « puys troys « moys en ça », un quartier de vigne lieu dit Morot, appartenant aux dits mineurs, et constaté que la dite vigne « estoit dénué « enthièrement de perches et pesseau »; que pour éviter une « pys « vallu, ilz dient avoir mis et employé ung millier et demy dé- « chalats et deux javelles de perches pour faire la haye ès lieux « nécessaires, et dient que la ruyne dicelle vigne provient par le « moyen que la mère des d. myneurs est de la novelle relligion ». De laquelle attestation le dit Pierre Arnollin requiert acte « à luy « octroyé pour luy servir ainsi que de raison ». — 1er novembre 1572 (E. 664). Lettres de Charles IX exemptant les terres du sieur de Mandelot, gouverneur de Lyon, Lyonnais et Beaujolais, des dépenses des gens de guerre, notamment les terres de « Passy » [Pacy-sur-Armançon], Vireaux, Lézinnes et Sambourg. Ordre aux officiers de guerre et de justice de ne « loger ni souffrir loger « aucuns de nos d. gens de guerre, soit de cheval ou de pied, ni « en icelles maisons ou villaiges prendre, fourraiger ou emporter « aucuns bledz, vins, chairs, lardz, poullailles, avoynes, foings, « pailles, fourraiges, ne chose que ce soit, synon de gré à gré « et en payant raisonnablement. Et semblablement que le dict « sieur de Mandelot, ses gens ou fermiers ne soyent aucune- « ment tenuz contribuer aux fraiz et nourritures de nos d. gens « de guerre passans, soit en espèce de fourniture ou argent.... » — 1576 (E. 401). Transaction entre l'abbaye Saint-Père d'Auxerre et Nicole de Mouzac, soldat *albanoys*, *religieux lay*, par laquelle le dit de Mouzac, désirant demeurer hors de l'abbaye, « de présent « ruynée », il est convenu que l'abbaye lui servira une pension annuelle de 57 l. t. 10 s. t. et lui accordera la jouissance d'un arpent de vigne en *Mignotte*, à la charge de l'*entretenir* en bon *père de famille*, sinon il pourra en être dépossédé de droit après deux sommations. « Le tout sans tirer à conséquence à l'advenir « et par aultres qui pourroient prétendre semblable place ». — 1578 (E. 470). Marché par lequel François Boussuat, cordonnier à Auxerre, s'engage à entretenir de souliers, pendant un an, Pierre Billiard, voiturier par eau au dit lieu, pour le prix de 3 écus d'or et 10 s. t. Il doit « lentretenir de souliers neufs quand besoing en « sera, lesquelz il sera subject d'entretenir de carrelure, les pour- « tant par icelluy Billiard en la maison du d. Boussuat, et lequel « Billiard sera tenu apourter tous les vieulx souliers quil aura « heu du d. Boussuat auparavant que den aveoir de neufz, et pour « commencement du d. marché le d. Boussuat a donné ce jour- « dhuy au d. Billiard une paire de soulliers neufz. » — 1580 (E. 498). Refus par les habitants d'Appoigny de laisser visiter leurs caves par les commis des aides, malgré la production de lettres de commission données aux fermiers de ces droits par les élus de Tonnerre. — 1581 (E. 479). Marché par lequel André Magot, cordonnier à Auxerre, s'engage à entretenir de souliers neufs pendant un an et à fournir « deux paires de meulles [mules] et escarpins « de maroquin ou moton passé en galle (1) », le sieur Claude Piordé, sergent royal au bailliage d'Auxerre, moyennant la somme de 3 écus 2/3. Par ce traité il est convenu que le dit Piordé rendra les vieux souliers « incontinent qu'il ne les vouldra « plus porter », au dit Magot qui lui en fournira des neufs.— 1593 (E. 249). Désignation par Ythier Fanon, prieur de Branches, curé de Laignes, et Millot Jean, prêtre à Auxerre, de Jean Chevallard et Victor Camus, chanoines d'Auxerre, pour juger le différend existant entre eux « pour raison dung cheval qui a esté perdu et prins « entre les mains du d. Millot, que le d. sieur Fanon avoict em- « prunté pour aller au lieu de Laignes ». Les deux parties produiront leurs dires par écrit et s'en rapporteront à la sentence des dits arbitres, à peine de 6 écus que le refusant donnera à l'autre. — 1603 (E. 434). Déclaration faite par Gaspard Damy, Droin Chaucuard et Louis Damy, chanoines d'Auxerre, que malgré leur demeure en commun « dans la mesme maison et vivans à une « mesme table à commung pot et sel, et quils espèrent, aydant « Dieu continuer à l'advenir », il n'existe entre eux aucune communauté de meubles et conquêts. — 1603 (E. 434). Compromis entre deux particuliers pour ne plus jouer pendant un an (*in extenso*) : « Le dixiesme jour de juing mil six cens et trois, compa- « rurent personnellement : Sébastien Fricquet le jeune, tonnelier « demeurant à Aucerre pour luy dune part, et Nicolas Contat vi- « gneron demeurant à Queyne pour luy daultre part ; lesquelles « parties ont ensemblement faict les compromis qui sensuivent. « Cest assavoir : quilz promettent de ce jourdhuy en ung an pro- « chain, ne jouer à quelque jeu que ce soict, soict à la paulme « courte et longue, courteboule, jeux de cartes ni de dez, ny aultres

(1) Mouton passé à la noix de galle?

« jeux quelz que ce soit, durant le temps dung an, à commencer « cejourdhuy, fors et réserve que le dict Fricquet poura sy bon luy « semble jouer de l'arc à main, et le d. Contat à la grand boulle « seullement. Le présent compromis faict à la charge que celluy « des parties qui ce trouvera et veriffira avoir joué à quelque jeu « que ce soict, aultres que les cy dessus réservez, sera tenu paier « à laultre qui naura joué, ung habit de telle estouffe que bon sem- « blera à scelluy qui naura joué, de valleur icelluy habit de dix « huict livres tournoiz seullement. Au paiement duquel habit « celluy qui naura joué le pourra contraindre par extraordinaire « et vente de ses biens, mesme par emprisonnement de sa per- « sonne, incontinant quil sera vériffié contre le defaillant aux pré- « sentes. Car ainsi, etc., etc... » — 1661 (E. N. N., minutes Chevillotte, liasse n° 5). Michel Roullot, meunier à Crottefou (1), s'engage envers Jacques Girard, du dit lieu, à moudre pendant un an tous les grains qui lui seront nécessaires, « au lieu et place que le d. « Girard arrivera au d. moullin », pour le prix de 6 l. t. et 10 s. « d'*épingles* à la femme Roullot. — 1665 (E. N. N., id.). Georges Bachelin, charpentier et royer [charron] à Marigny, s'engage envers César Bouriot, laboureur au dit lieu, à entretenir pendant un an « tout son harnois de charoy et charue de son estat de « royer » pour la somme de 4 l. en argent et un joug à bœuf; mais le dit Bouriot devra lui fournir le bois nécessaire à ces réparations. — 1669 (E. N. N., id.). Régis Girard, maréchal, s'engage envers Esmelard Robin, de Chalaux (2), à « faire de son métier de « maréchal, toute charge de charue et aultre besongne qui sera « nécessaire au d. Robin », pendant un an, moyennant 20 s. t. et une quarte de seigle, mesure de Lormes.

PROCÉDURES, TRANSACTIONS, ETC. (1475-1694).

1475 (20 février (v. s.) (E. N. N. Minutes versées par la Côte-d'Or. Protocole Tartarin). Transaction entre Guillaume Arnoul, dit Pinot, Petitjean Fagot, Lucas Mangoyn et Perrinot Michecoppin, de Vézinnes, d'une part, et Jean Veignen, charpentier à Tonnerre, d'autre part, pour arrêter un procès pendant par devant le gouverneur de Champagne à Troyes « pour raison et à cause de xxv escuz dor « que les d. demandeurs disoient avoir paié à Monseigneur de « Pizy [Antoine de Mandelot] pour certaine rançon pour laquelle « icelluy deffendeur avoir esté mis par le d. seig[r] de Pizy, pour

(1) Hameau, commune de Marigny-l'Eglise (Nièvre).

(2) Commune du canton de Lormes (Nièvre).

« laquelle somme et pour faulte du paiement d'icelle les d. de « Vesines avoient esté détenus prisonniers du d. s[r] de Pizy par la « faulte et coulpe (1) du d. deffendeur lespace dun moys et plus. . » L'affaire se termine par l'engagement du sieur Veignen de payer 36 l. t. — 1476 (E. N. N. Minutes versées par la Côte-d'Or. Protocole Tartarin). Commission donnée par Jacquet Charles, maître des comptes du roi, seigneur de Viviers, à un sergent royal, pour informer contre ceux qui ont commis des dégâts dans les bois de sa seigneurie. — 1494 (E. 373). Engagement par quatre particuliers de Sacy, de payer la moitié des frais dans l'instance entre l'évêque et le chapitre d'Auxerre « à lencontre de Christophe de « Plailly, chevalier, bailli de Sens, à loccasion des terres quilz « tiennent en la justice de l'évêque d'Aucerre ». — 1496 (E. 373). Compromis entre six barbiers d'Auxerre pour payer les frais d'un procès intenté à un confrère de la ville (*in extenso*) : « Le XXII[e] jour « daoust mil IIII[c] IIII[xx] et XVI (1496) comparurent en leurs per- « sonnes : Guillemin Violete, barbier demourant à Aucerre, pour lui « dune part, et Jehan Barbier, barbier, Pierre Denis, Jehan Cousin. « Loys Galerant et Jehan Galerant, barbiers demourant à Aucerre, « pour eulx dautre part ; lesquelz barbiers chascun en droit soy, « ont promis et par ces présentes promectent au dit Violete de « fournir et contribuer aux frais et despens du procès qui est « pendant par devant monsieur le bailli dAucerre entre le dit « Violete impétrant de lectres royaulx délivrées et registrées lent- « terinement d'icelles, contre Jehan Bonhomme, aussi barbier, « defendeur, chascun par égale porcion. Car ainsi.... »

1497 (E. 373). Transaction entre Claude et Philippe de Savoisy frères, écuyers, seigneurs de Lainsecq et Ormoy, fils et héritiers de feu Henry *bastart* de Savoisy, et Pierre Poignat, chanoine d'Auxerre, au sujet d'une pièce de terre en *désert*, et depuis plantée en vigne, située à Coulanges-la-Vineuse, que le dit Poignat avait acquise de Jeanne de Martigny, veuve de Henry de Savoisy, par acte passé par devant Simon de Machea, notaire au dit Coulanges. Les parties, pour éviter un procès qui leur ferait beaucoup *despendre du leur*, conviennent que le dit Poignat restera en possession de la dite vigne à condition de payer 8 l. t. aux dits de Savoisy, qui s'engagent à faire ratifier cette transaction par noble Charles Vuny, écuyer, officier d'armes de Mgr de Bourbon et Louise de Savoisy, sa femme, leur sœur. Témoins à cet acte : Jean de Savigny, écuyer, et Jean de Montaigu, bourgeois de Coulanges.

(1) *Coulpe*, même signification que faute.

Par un acte qui suit, les dits de Savoisy se désistent également de leurs prétentions sur une masure et jardin à Coulanges, vendue par la *dite damoiselle* (Jeanne de Martigny et Philippe de la Mothe, écuyer, son mari (*sic*) à Jean de Montaigu, moyennant 65 s t. que le dit Montaigu paye aux dits Savoisy (1). — 1504 (E. 374). Donation par Pierre Nyot, d'Auxerre, à la fabrique de l'église de Saint-Loup, d'un demi-quartier de vigne lieu dit Boivin, « en récompense dès « despens que les dits procureurs et proviseurs avoient faitz en « la poursuite contre le d. Nyot à cause de la maladie de lèpre « de laquelle il a esté trouvé malade, et dont procès avoit esté « meu envers les d. procureurs ou leurs prédécesseurs tant par « devant le bailly d'Aucerre que ailleurs ». - 1507 (E. 374). Transaction entre Mathieu Soerat, vigneron à Auxerre, et Françoise, fille de feu Huguet de Cleny, du dit lieu, « disant icelles parties « comme procès feust meu et pendent par devant M. lofficial « d'Aucerre, entre la d. Françoise demanderesse et le d. Sorrat, « deffendeur; pour raison et à cause de certains intérestz et dom- « mages quelle maintenoit et querelloit à lencontre du d. Soerat, « à cause de ce quelle disoit que le d. Soerat lavoit entretenue par « l'espace de deux ou trois ans, et delle avoit eu plusieurs enfens. « et aussi luy auroit promis la prendre à femme ». Pour arrêter le procès et *nourrir paix et amour* (2), ledit Soerat cède et délaisse « dès maintenant et à tousjours ». à la dite Françoise, deux denrées de vigne à Auxerre lieu dit *en Aloete*. — 1513 (E. 376). Transaction à la suite d'une rixe ayant entrainé mort d'homme (*in extenso*) :

« Comparurent en leurs personnes : honnorable homme Colas « Mercier, maistre de la forge de Précy [près Joigny] tant en son « nom que soy faisant et pourtant fort pour Ysabeau Passeraut sa « femme, Henry Passeraut, Laurent Passeraut, Lynon Passeraut « femme de Guénin Oille, frères et seurs de feu Perrinet Passe- « raut, et aussi ou nom et comme procureur des dessus dits, ayant « povoir par icelle de transiger, pausier et accorder du contenu « en ces présentes, et ausquelz il a promis faire ratiffier le contenu « en ces dites présentes à peine de tous intérestz, toutes et quantes

(1) Ces transactions, insignifiantes quant aux sujets, sont intéressantes quant aux personnages cités. Ce bâtard de Savoisy et ses quatre enfants (Claude, Philippe, Henri et Louise) doivent certainement se rattacher à la puissante maison de ce nom qui a possédé longtemps Seignelay, dont Ormoy est peu éloigné.

(2) Cette expression généralement employée dans les transactions, manque quelque peu d'à-propos dans le cas actuel !

« fois que le cas y escherra, d'une part; et Guillaume Dugué filz « de Estienne Du gué marchant demeurant à Cravant et soy « faisant fort pour son père et Pierre Du gué son frère, auxquelz « il a promis etc. d'autre part. Disans les dites parties comme « procès feust meu et pendent devant monseigneur le bailly « d'Ostun ou son lieutenant, entre le dit Pierre Du gué filz du dit « Estienne Du gué, impétrant de lettres de rémission, qua len- « contre des dessus dits, pour raison de ce que le jour Saint-Sipho- « rien xxve (25e) jour daoust derrenier passé, le dit Du gué impé- « trant estant au lieu de Moncenys avec la compagnie de noble « homme (blanc à l'original) Bougars qui se disoit capitaine « dicelle compagnie en laquelle estoit le dit deffunct Perrinet « Passeraut qui eut noise et dissencion avec le dit Pierre Du gué « impétrant; au moy (*sic*) (moyen) de quoy ils ruèrent et gettèrent « plusieurs coups despées lun contre lautre, tellement que le dit « Du gué impétrant donna ung coup au dit Perrinet Passeraut en « la teste, duquel coup mort sen est ensuivye, comme plus à plain « est contenu et déclaré ès lectres de grâce; desquelles le dit « Mercier ès noms que dessus, de present a consenty et consent « les dites lectres estre enterinez par le dit bailly d'Ostun ou son « dit lieutenant. Et moiennant ce, le dit Guillaume Du gué au dit « nom, pour linterestz des dessus dits quilz ont et peuvent avoir « pour raison du dit mutre [meurtre], a solu, paié et baillé content « au dit Messier ou dit nom, la somme de quatorze escuz dor au « soleil, tant pour les dits interestz que pour les despens et toutes « choses quelzconques. Et dicelle somme de quatorze escuz d'or « en a quicté le dit Pierre Du gué et les dessus dits. Car ainsi etc. »

Acte en suite (nantissement) :

« Le dit jour le dit Guillaume Du gué a confessé devoir ou dit « Colas Messier ou dit nom, la somme de unze escuz dor soleil de « reste de la somme dessus dite, pour seurté de laquelle est de- « meurée en ses mains ung signet d'or ouquel est gravé un E et « ung B entre lesquelz y a ung laz damours, une verge ronde et « une autre petite verge émaillée, et une petite pierre de coleur « verte, lesquelles bagues il sera tenu rendre au dit debteur en « luy paiant dedans le dit jour de Noel prouchainement venant la « dite somme de xi escuz dor soleil avec le coust des pre- « sentes, etc., etc. »

1513 (E. 376). Transaction par laquelle Jean Picard et son fils, de Fontaines (1), s'engagent à donner, à titre d'indemnité, une pièce de terre ou 14 l. t. aux enfants Arrault, dudit lieu, pour ce

(1) Commune du canton de Toucy (Yonne).

que « puis ung an en ça la d. Jehanne vefve du dit Arrault auroit « esté oultragée et blessée dun levier de boys en la teste et d'au- « cunes choses dont certain temps la mort se seroit ensuivie, en « laquelle blessure les dits Picards estoient présens, au moyen de « quoy ilz auroient obtenu le pardon.... » — 1524 (E. 380). Transaction par laquelle Jean Sergent, meunier à Monéteau, reconnait devoir à Pierre Jaquot, dudit lieu, 8 l. t. sur les 10 l. t. convenues « pour raison des excès, baptures et violences atroces, faites par « le fils du d. Sergent, en la personne de Jean Martin gendre du d. « Jaquot ». — 1524 (E. 380). Quittance de 28 écus soleil donnée par Jean Tholart le jeune, voiturier par eau à Auxerre, à Noël Bretet, serviteur de Marguerite Menant, veuve de Jacques le Boussu, bourgeoise de Paris, tant pour éviter un procès, que pour indemniser *des excès faits* par le dit Bretel au dit Tholard, payer les frais de poursuite et le « salaire des barbiers et cirurgiens « qui ont aplicqué plusieurs médicamens en la personne du dit « Tholart ». — 1541 (E. 384). Transaction entre Jean Ratort, praticien, comme procureur de Denis Ratort son frère, d'une part; et Jean Raffin, marchand, et Pierre Galliot, son beau-frère, d'autre part ; tous d'Entrains; pour arrêter les frais d'une procédure pour voies de fait, renvoyée par devant le bailli d'Auxerre. Galliot est accusé par Denis Ratort de « *luy avoir coppé le nez* et aultres excès « faitz à sa personne », et Galliot accuse Denis Ratort de lui avoir brûlé son bonnet, « ensemble plusieurs obligations quil disoit « estre en icelluy bonnet ». Aux termes de cette transaction Raffin et Galliot doivent payer 45 l. t. à Ratort. — 1541 (E. 384). Désistement par Edmont Mérat, vigneron à Auxerre, de sa plainte contre Claude Guérin, serviteur du commandeur du Saulce à Auxerre, qu'il accusait, avec d'autres, « davoir ravye et emmenée » Germaine Bourgeois sa femme, qui revenait de vendange, et « lavoir détenue par longue espace de temps », attendu que depuis le dépôt de sa plainte « il a esté adverty que le dit délict « navoit esté fait par eulx ». Le rapt aurait eu lieu rue des Lombards. — 1542 (E. N. N. Liasse n° 2 des minutes déposées par M. Chevillotte). Abandon par Philibert Desgranges, écuyer, seigneur d'Arnay-le-Duc (1), demeurant à *Thury* (*sic*) (2) aux ayants-droit de feu Nicolas Bertrand dit Gaulbenat, marchand à Avallon, de biens en divers endroits, en compensation de 200 l. t. qu'il leur doit par transaction intervenue « à cause du meurtre et homicide du d. Bertrand » commis par lui. Cet abandon

(1) Commune du canton de Nolay (Côte-d'Or).

(2) Nous pensons qu'il faut lire *Thory*, près d'Avallon, et dans le voisinage d'Arnay-le-Duc, et non *Thury*, à l'opposé du département.

est fait pour ne pas entraver l'entérinement de lettres royaux portant grâce, pardon et rémission, qu'il a obtenues. — 1547 (E. 387). Transaction par laquelle Catherine de Monjot, veuve de Nicolas Regnauld, pour éviter un procès dont elle est menacée pour avoir mal géré, pendant sa minorité, les intérêts de son fils, Gaucher Regnauld, chanoine d'Auxerre, lui cède la part qui doit lui revenir dans la succession de Pierre de Monjot son frère. Non seulement cette dame n'a pas tenu la promesse qu'elle avait faite lors de la mort de son mari, en 1520, de « faire bastir et rendre parfaicte la maison neufve de *Sainct* « *Hubert*, assise au lieu de Bard sur Seine », appartenant à son fils mineur, mais encore elle a disposé d'une chaîne d'or que le père avait laissée à son fils pour lui faire faire un calice. — 1560 (E. 388). Procuration donnée par Charles Grillot, chanoine d'Auxerre, archidiacre de Puisaye et curé de Mézilles, pour suivre une instance contre Guyon de Rochemotet, écuyer, prétendant des redevances sur le champ ou terre de la Chaulme, paroisse de Mézilles, à cause de son fief du Portail (1). — 1562 (E. 389). Promesse faite par Marc Jourdain, drapier à Noyers, à Nicolas Roux, hôtelier à Auxerre, de « nourrir et allimenter ou faire nourrir et « allimenter bien et honnestement, lenfant soyt filz ou fille qui « viendra au monde, sil plaist à Dieu, de Marye Jollye, fille de feu « Pierre Jolly, de présent demeurant à Noyers, du jour de sa « nativité en deux ans prouchains venans, finissants à pareil « jour », moyennant la somme de 20 l. t. pour les deux ans. « Et « ou l'enfant dicelle Marye yroit de vie à trespas pendant le dit « temps, en cas le dit Roux ne sera tenu paier que au pris le pris « du temps de sa nourriture ». — 1562 (389). Transaction entre la veuve André Fauleau et son fils Lazare Fauleau, marchand et bourgeois d'Auxerre, et Germaine Gerbault sa femme, au sujet de la somme de 10,000 l. t. que la veuve avait promis de donner à son fils lors de son mariage, pour son droit paternel (2). — 1565 (E. 390). Déposition par Perrette de Beaulieu « pour éviter les « censures ecclésiastiques de la monition impétrée par Me Edme » Thevenon chanoine et chantre de Saint-Estienne d'Aucerre, etc.; « que elle estant devant la maison de vénérable et discrète per- « sonne Mr Pierre de Beaulieu son frère, regardant en la rue, « veyt ung jeune homme nommé Mathias Berault, lequel sadressa

(1) Commune de Mézilles (Yonne), lieu détruit.

(2) Les Fauleau et Gerbault étaient des familles de voituriers par eau. D'après les tableaux de Leber cette somme représente 103,000 francs d'aujourd'hui.

« au d. Thevenon ainsi quil sortoit de sa maison canoniale, estant « vestu de son surplis, ayant son aulmuce sur son bras et allant « à léglise du d. Saint-Estienne, environ lheure de huit à neuf « heures du matin jour Sainct Pellerin dernier passé 16e du pré- « sent moys, veyt le d. Mathias Berault frapper le d. Thevenon de « deux coups de la main sur le visage, tellement que le bonnet du « d. Thevenon tomba par terre, et incontinant après veyt donner « par le d. Bérault ung coup de pied à lune des jambes du d. « Thevenon sans ce quelle entendist quilz eussent ensemble aul- « cungs propost, synon que le d. Thevenon ayant receu les d. « excès, dist au d. Berault : Pourquoy esse que me octroyez en « ceste sorte et en appella les gens illec presentz à tesmoings. Et « encoures veyt le d. Berault mettre la main à une dague quil « avoit lors sur luy, laquelle il ne tira hors de son forreau ; quoy « voyant, fut la d. Perrette contrainge ce retirer en la maison du « d. de Beaulieu, son frère. Laquelle déclaration ainsi dicte et « déclarée, la d. Perrette men a requis lectre, à elle octroyée en « ceste forme, pour icelle délivrer au curé ou vicaire de Saint- « Pierre en Chasteau (1) ou à aultre, pour descharger sa cons- « cience et éviter les censures dicelle monition ». — 1565 (E. 390). Transaction entre Simon Robert, marchant, et Robert Edme, chirurgien et barbier, tous deux à Auxerre, dans le but d'arrêter un procès criminel intenté par Robert qui a reçu dudit Edme un coup de dague dans le bras gauche. La victime recevra de l'agresseur 12 l. t. à titre d'indemnité. Si cependant le dit Robert « demoure estroppiat de son bras au moyen du d. coup, « en ce cas les présentes demoureront nulles, et cessera le pré- « sent accord (2). — 1568 (E. 392). Procuration donnée par Louis Charlot, voiturier par eau à Sermizelles, à Jean Jossier dit Rousseau, son associé, au dit lieu, pour suivre un procès pendant par devant le prévôt des marchands de Paris, au sujet d'une *voiture* de vin transportée dans leur bateau, pour le compte de Guillaume Delastre, marchand à Lille *en Flandre*. — 1568 (E. 658). Transaction pour arrêter un procès criminel, entre une veuve et un des meurtrier de son mari, détenu aux prisons de Tonnerre (*in extenso*) : « Furent présens en leurs personnes, Nicolas Bally mousnier, de- « mourant à Chavigney (3) de présent prisonnier ès prisons de Ton-

(1) La paroisse où elle avait entendu la lecture du monitoire.

(2) C'est-à-dire que cette transaction sera nulle si l'accident est plus grave.

(3) Chavigny fief, territoire de Cussangy, aujourd'hui détruit, dépendait de la seigneurie de Chaource (Aube).

« nerre, d'une part, et Marguerite Jausson vefve de feu Pierre Nico « en son vivant bonnetier, demourant à Chaource(1), en son nom « et encores soy faisant et portant fort en ceste partye pour Noé « Nico son filz aagé de six ans... Les d. parties disant que puis « dix jours en ça le d. Nico acompaigné de Blaisin Bavois, demou- « rant aux Bordes de Lantagis(2), ung nommé Jehan Guichard, de « Jugney la Crotte(3) et Grosjehan Deline dict Chrestien, demourant « à Vanlay (4) et aultres, tous soldatz s'acheminant de Commissey « et venans de labbaye de Sainct Martin, eurent quelque noise et « querelle ensemble pour raison dun couchon et dune vo- « laille que avoit le d. Nico; de sorte quilz mirent la main aux « armes tellement que le d. Nico fut atainct dun coup despée qui « lui fut baillé par le d. Delue dict Chrestien à lendroict et au « *travers du cou*, duquel coup il mourut soudainement en la « place, etc..... » — 1571 (E. 395). Transaction entre Germain David (5), chanoine de la Cité d'Auxerre et curé d'Ormoy, et quelques habitants du hameau de la Malmaison, paroisse du dit Ormoy, au sujet de la propriété d'une pièce de 3 arpents de terre sise aux *Malmaisons*, que les deux parties revendiquent; par laquelle il est convenu que le curé, malgré les prétentions de son prédécesseur qui avait déjà porté l'affaire devant le bailli de Sens, renonce d'autant plus volontiers à la propriété de cette pièce de terre, que les habitants reconnaissent qu'elle est grevée d'une rente de 20 s. t. au profit de la cure d'Ormoy.

Par un acte de la même date et qui fait suite à cette transaction il est convenu que sur la « plaincte qui a esté faicte par Jehan de « Noyson, tant pour luy que pour aultres habitans du d. Malmai- « son qui ne peulvent assister au jour du dimanche à leur messe « parrochialle au d. lieu d'Ormoy, à l'occasion des mauvais che- « mins ; le d. David leur a permis que en la chappelle estant bas- « tye aud. lieu des Malmaisons, les habitants puissent faire, dire et « célébrer chacun dimanche, une messe à laquelle pourront les d. « habitans soyent hommes ou femmes qui auroient attainct lage « de soixante ans, ensemble les femmes enceintes et petitz enffens « au dessoubz de huict ans, assister pour le temps seullement qui « commencera à la Saint-Martin dhiver jusques à la fin de febvrier;

(1) Chaource, chef-lieu de canton, arrond. de Bar-sur-Seine (Aube).

(2) Bordes (Les), hameau, commune de Lantages, canton de Chaource (Aube).

(3) Jeugny, canton de Bouilly (Aube).

(4) Vaulay, canton de Chaource (Aube).

(5) Il signe *Davy*.

« le tout toutesfoys soubz le bon plaisir, auctorité et permission « de Monseigneur le cardinal de Pellevé, archevesque de Sens, « leur prélact, par devant lequel les d. habitans se pourront re- « tirer pour faire confirmer la d. permission... »

1574 (E. 399). Transaction entre deux chanoines d'Auxerre dont l'un a été victime de voies de fait (extrait). « Conparurent en « leurs personnes, vénérable et discrète personne Me Florant Mio- « che prestre, chanoine semy prébendé en leglise sainct Etienne « dAucerre, pour luy dune part, et Me Pierre Board [il signe « Bouard] chanoine de la d. eglise daultre part. Disants les dictes « parties mesme le d. Mioche, quil auroyt mis en procès par « devant messieurs du chappitre d'Aucerre ou leur official, le d. « Board, pour raison de linjure et excès quil maintenoyt luy avoir « esté faict par le d. Board dun coup au cousté droict dont il est dé- « tenu malade, allencontre duquel il a faict faire informations, « icelle decretté et prinse de corps donnée allencontre du d. Board, « qui auroyt esté executée. Et de la part du dict Board, disoit que si « injures et excès auroyt esté par luy faict au d. Mioche, se seroyt « avec une importunité qui luy auroyt esté faicte par le d. Mioche « qui estoit motif et cause des propos noizis dentre les parties, de « façon quil esperoit sen deffandre ». Pour éviter un procès Board donne 61 l. 10 s. t. à Mioche qui le tient quitte. — 1578 (E. 402). Transaction entre Benedicte Denis et Guillaume Planche, charpentier à Auxerre, par laquelle, pour arrêter l'instance portée par devant l'official d'Auxerre, le dit Planche s'engage, au nom de Laurent Gillot, son parent, à nourrir et entretenir à ses frais l'enfant dont la dite Bénédicte est *grosse* et enceinte des œuvres du dit Gillot, et à payer à la mère 3 écus et un tiers, *malgré qu'il ne croye pas à la culpabilité de Gillot*, puisque l'acte contient les dires suivants : « Et de la part du d. Planche disant le d. Gillot estre son parent, « nestimant qu'il aye faict ce que dont la d. Denise maintient allen- « contre de luy, parce quil est homme de bien ayant tousiours « vécu jusques à présent en bonne réputation, mais au contraire « ne vouldroit panser a telle chose. Toutes foys, pour éviter à scan- « dalle et combien quil ne soyt aulcune chouse de ce que la d. « Benedicte a maintenu et proposé par devant le d. seigneur offi- « cial, pour raison de ce que dessus, allencontre du d. Gillot ; et « pour hoster les occasion de plaider lun allencontre de laultre et « les rellever dexposer grande somme de deniers quilz pourroient « employer tant en demandant que en deffendant. Ont les d. par- « ties transigé, etc... » (1). — 1578 (E. 402). Transaction sur une

(1) Par un autre acte du même jour, Laurent Gillot s'engage à rembour-

question de succession entre Pierre Geuffron, marchand à Auxerre et Jean Guillaume, sergent royal au bailliage, par laquelle l'affaire est abandonnée à la condition « que le dit Guillaume sera tenu « délivrer au d. Geuffron et à Loup Bourgeois, son procureur, à « chacun ung chappeau à leur usaige, loyal et marchant, doublé de « velours, garny de crespe, les d. chappeaux de feutres fins. » — 1578 (E. 402). Transaction entre l'abbé St-Marien d'Auxerre et Simon Robert, marchand au dit lieu, accusé à tort de l'enlèvement d'un « *grand bacin* » de pierre, « lequel auroyt esté prins au lieu « de Saint-Marien, prouche la ville d'Aucerre, et icelluy mené et « conduict au dedans du cymetière de St-Loup ». Comme le dit Robert a « esté constitué prisonnier par la ville jusques ad ce que « les tesmoings luy eussent esté recollez et confrontez » l'abbé lui accorde 75 écus soleil à titre d'indemnité. — 1586 (E. 407) Procuration donnée par Pierre Ségault, prêtre à Seignelay, accusé d'usure « estant de présent prisonnier aux prisons épiscopal d'Aucerre », pour s'opposer aux poursuites commencées par maître Pierre Lambert, conseiller du roi en son grand conseil, commissaire-député « à la recherche des usures », attendu qu'il est déjà comme homme d'église poursuivi par devant l'official d'Auxerre, son juge naturel.

1590 (E. 427). Transfert à un marchand d'Auxerre, par un voiturier par eau et sa femme, du dit lieu, de leur droit de poursuivre en partie civile les auteurs de la mort de leur fils, moyennant la somme de 50 écus d'or (*in extenso*) :

« Le vingtneufiesme jour de septembre mil cinq cens quattre « vingtz et dix. Comparurent personnellement Claude Ferrant, « voicturier par eaue, demeurant à Aucerre, et Thomasse Bou- « gault, sa femme, de luy suffisamant aucthorisée quand adce. « Lesquelz chascun deulx seul et pour le tout, renonceant au bé- « néfice de division et discution, mesme la d. femme renon- « ceant au bénéfice du sénatus consulte Velleyan à elle déclaré et « donné entendre par le notaire soubzsigné, qui est tel que femme « ne ce peult obliger ne intercedder pour aultruy, mesme pour le « faict de son mary, sans par expresse renonciation èsd. droictz. « Ont ceddé et transporté à honnorable homme Jacques de Rigny « marchant, demeurant à Aucerre, présent, tout le droict civil et « réparations quilz pouvoient prétendre et leur peult compecter et « appartenir pour raison de lomicide et excès commis à la per-

ser à Planche toutes ses dépenses. Comme il ne fait valoir aucune raison contre la transaction précédente, il sait probablement mieux que son parent *à quoi s'en tenir*.

« sonne de Germain Ferrant leur filz, déceddé au lieu de Ville- « neufve-le-Roy puis dix ou douze jours ; soict allencontre de « Pierre Durant et tous aultres; et pour raison duquel excès et « homicide ilz avoient mis en procès le d. Durant par devant mon- « sieur le prevost d'Aucerre, ou son lieutenant, et contre luy prins « plusieurs deffaultz par faulte de comparution. A laquelle pour- « suitte, par ces mesmes presentes, ilz subrogent le d. de Rigny « en leur lieu pour en faire telle poursuitte que bon luy semblera ; « lequel de Rigny en ce faisant prendra tout ladjuge qui poura « advenir pour raison de ce. Ce transport faict moiennant le pris « et somme de cinquante escuz dor soleil, à eulx paiez, et quilz ont « confessé avoir eu et receu du d. de Rigny dont ilz ce tiennent « pour contans. A la charge de paier par les d. Ferrant et sa « femme les fraiz dessus d. et les médicamens applicquez au d. « deffunct Germain Ferrant, et sépulture du d. deffunct, le tout au « lieu de Villeneufve-le-Roy seullement; et en acquicter les d. de « Rigny, Durant et aultres, comme estant comprins au présent « transport. Et en ce faisant, mettront les d. Ferrant et sa femme, « les exploictz et prinse de corps quilz ont obtenuz pour raison de « ce, ès mains du d. de Rigny. Car ainsy etc., obligeant etc., etc. « Faict après midy au bureau du juré, ès présences de saiges « maistres Jherosme Marie et Jacques Foultrier, procureurs au « bailliage d'Aucerre, tesmoings; les d. ceddans ont déclaré ne « savoir signer ».

Signé à l'acte : de Rigny, Marie, Foultrier et Rousse notaire.

1694 (E. N. N. Liasse n° 18 des minutes déposées par M. Chevillotte). Transaction entre Claude Pillin, curé de Saint-Léger de Foucheret (1) et les habitants de la paroisse, par laquelle ceux-ci, pour éviter un procès qui leur est intenté pour réparations au presbytère, consentent à donner 300 l. au curé qui, moyennant cette somme se charge de faire faire les réparations nécessaires. Le même jour le curé passe avec Gabriel et Mathieu Magnat « ma- « çons du pays de la Marche, travaillant de présent à St-Léger » un marché en vertu duquel ils s'engagent, moyennant 163 l., à faire, en ce qui concerne leur profession, les travaux dont l'acte donne le détail.

(1) Aujourd'hui commune de Saint-Léger-Vauban (Yonne).

CHAPITRE X

SEIGNEURS ET PERSONNAGES (1). — SIGNATURES PARLANTES OU MARQUES. — SIGNATURES ÉCRITES

Ainsi que le titre l'indique, la première partie de ce chapitre se compose d'une liste de seigneurs et non d'une liste de nobles. Une parenthèse n'est peut-être pas inutile pour expliquer cette distinction. On sait que nos minutes proviennent surtout de notaires d'Auxerre, d'Avallon et de Tonnerre. Or dans les villes la plupart des charges administratives, judiciaires et financières (et elles étaient plus nombreuses qu'on ne le croit généralement)

(1) Pour ne pas surcharger inutilement le texte et les notes, nous avons abrégé comme suit, les mots qui se répètent souvent :

Arrond.	Arrondissement.
Auj.	Aujourd'hui.
Autref.	Autrefois.
Cant.	Canton.
Cap.	Capitaine.
Chât.	Château.
Chev.	Chevalier.
Comm.	Commune.
Comp.	Compagnie.
Cons.	Conseiller.
Dict. top.	Dictionnaire topographique.
Min.	E N. N. (Min. Côte-d'Or) série E (non numéroté) minutes réintégrées par la Côte-d'Or 1894). E N. N. (Min. Chevillotte) Série E. (non numéroté) Minutes versées par M. Chevillotte notaire à Quarré-les-Tombes (1883).
Ec.	Ecuyer.
Gén.	Général.
Hom. d'arm.	Hommes d'armes.
Lieut.	Lieutenant.
Lieut. gén.	Lieutenant général.
Niév.	Nièvre.
Seign.	Seigneur ou sieur.
Y.	Yonne.

conféraient la noblesse. Si on y ajoute les nobles qui ne possèdent aucune terre, et les fonctionnaires et riches bourgeois qualifiés nobles par une aimable attention des notaires, on arrive à un total considérable. En en publiant la liste, nous ferions plutôt de la généalogie que de l'histoire et nous estimons qu'à ce dernier point de vue (le seul où nous nous plaçons) le plus petit seigneur du plus petit fief, fût-il roturier, est plus intéressant que M. X.., conseiller au bailliage et que M. Y.., contrôleur au grenier à sel, si nobles qu'ils soient.

Loin de nous la pensée qu'un travail de ce genre serait inutile, mais il n'entre pas dans notre cadre qui est surtout de donner des renseignements historiques ; ceux généalogiques ne sont que secondaires. Nous n'avons fait qu'une exception ; elle est en faveur des nobles appartenant aux armées, saisis à leur passage de garnison ou de congé, ces mentions pouvant être des jalons sur des personnages devenus, plus tard, historiques.

Ces explications données, revenons à notre liste.

La lecture de ces minutes est si difficile surtout pour les noms propres, qu'en cas de doute nous les donnons comme ils sont écrits ou comme nous avons cru devoir les lire. Les sources nous font, du reste, absolument défaut pour identifier les noms de personnes et déterminer l'emplacement des seigneuries étrangères au département. Même pour l'Yonne, dont nous avons cependant le dictionnaire topographique, il ne nous a pas toujours été possible de déterminer les fiefs lorsqu'il y en a plusieurs du même nom.

Pour donner une idée de la grande difficulté de ces identifications nous citerons les deux exemples suivants : En 1577 (E. 491) Pierre des Haldes est seigneur de Beaulches (commune de Chevannes, Yonne). Dans l'acte figure Léon de *Magny* ; il est dénommé frère du précédent, mais il signe Léon de *Mauny*. Or Mauny ou Maulny est un fief situé également sur la commune de Chevannes. Le nom de Magny est donc forcément une erreur. En 1566 (E. 492) un archer, dans une procuration qu'il donne, signe A. de Beaurepayre. Dans le corps de l'acte où son nom figure deux fois, les deux fois il est dénommé A. de Beaulieu. Ne faut-il pas voir dans cette synonymie l'œuvre d'un clerc qui a voulu faire de l'esprit... relatif.

Enfin nous devons ajouter que les notaires d'autrefois se souciaient peu du respect dû à l'orthographe des noms propres. On voit fréquemment dans un acte le même nom orthographié différemment. Pour eux cela ne « tirait pas à conséquence » comme on disait alors.

SIGNATURES PARLANTES OU MARQUES

Pour cette partie de notre recueil, il nous suffira pour ainsi dire, d'emprunter quelques passages d'un article fort intéressant publié sur ce sujet par le *Magasin Pittoresque* (1) sous la signature « Jacques d'Esnée ».

Ce genre d'écriture symbolique a pour devanciers : le monogramme qui fut longtemps réservé aux souverains et aux princes, et la croix dont l'usage, comme signature parlante, « était adopté « en général par les artisans illettrés sur les actes authentiques de « leur existence ou civile ou privée ; la croix était primitivement « le signe par excellence ; c'était une garantie de vérité exigée des « parties et des témoins.

Mais depuis le xve siècle, on rencontre « de très fréquentes « exceptions à cet usage de signer les actes par une croix. Les arti- « sans illettrés, et ils l'étaient alors presque tous, prirent l'habi- « tude pittoresque de signer les actes où ils étaient appelés à com- « paraître soit comme parties principales, soit comme témoins, « par des marques symboliques représentant les outils usuels et « spéciaux de leurs professions, manifestation parlante dont « l'usage, assez restreint d'abord, se vulgarisa promptement, et « dont l'emploi fréquent et général est assez peu connu mainte- « nant. »

Assez souvent ceux qui savaient écrire les ajoutaient à leur signature en guise de paraphe (voir signatures Tiers Etat) ; quelquefois même ils négligeaient de signer leurs noms se contentant d'y apposer leurs marques.

Sur la planche des fac-similés les signatures parlantes portent des numéros correspondant à ceux d'une liste, établie par ordre alphabétique de nom et qui indique les sources, dates et professions. Cet ordre cependant rationnel, a l'inconvénient de disséminer les marques d'une même profession. Pour y remédier dans la mesure du possible nous pensons qu'il n'est point inutile de grouper ces signes afin d'en rendre les significations plus sensibles.

Ont fait figurer : bonnetier, 1577 (n° 2) une paire de forts ciseaux ou cisailles ; — boucher, 1570 (n° 9) un couperet ; — boulanger, 1583 (n° 22) pelle à enfourner et une corbeille ; — bourrelier, 1563 (n° 32) un collier ; — charpentiers et charrons (*alias royers*) ; — 1575 (n° 1) 1565 (n° 6) hache et cognée ; — cordonnier, 1570 (n° 43) une aleine très bien dessinée ; — couvreurs, maçons, tailleurs de

(1) Année 1899, p. 195 et 213.

pierre 1566, 1573 (nos 3, 4, 5), 1566 (no 21), 1571, 1581, 1601 (nos 26, 27, 28), 1566 (no 39), 1571 (no 47), 1576 (no 64), 1570 (no 66) toutes sortes de marteaux et de brettures, 1582 (no 67) un marteau accosté d'initiales ; — horloger 1577 (no 69) une horloge ; — maréchal, 1569 (no 23) une enclume ; — mariniers (*alias* voituriers par eau) 1591 (no 29), 1574 (no 46), 1584 (no 57) une ancre, 1568 (no 31) une perche ou aviron ; — menuisier, 1562 (no 45) un ciseau et un autre outil (inconnu) ; — mercier, 1572 (no 53) une paire de balances ; — orfèvre, 1590 (no 59) ses initiales en capitale au-dessus d'un quadrillé (la marque qu'il gravait sur ses travaux) ; pâtissiers, 1565 (no 25) 1587 (no 51) couteau et couperet, 1570 (no 13) un moule à gâteau ; — pêcheur 1565 (no 7) un poisson après ses initiales ; — peintres-verriers, 1603 (no 19), 1576, (no 34), 1571 (no 58), 1581 (no 61) un écusson (toujours à trois pièces 2 et 1) ; — sculpteur, 1588 (no 30) ses initiales en capitale, reliées par une banderolle ; — serrurier, 1566 (no 56) une penture ; — tailleurs d'habits, 1601 (no 52) une paire de ciseaux précédée d'initiales en capitale, 1574 (no 63) une paire de ciseaux ; — tisserands, 1571 (no 20), 1565 (no 35), 1579 (no 37) des navettes et une bobine ; — tonneliers, 1565 (no 8) une batte (maillet plat pour faire sortir le bondon en frappant autour), 1601 (no 41) un maillet ; — vignerons, 1565 (no 44) une maigle, 1566 (no 65) un entonnoir.

Signatures parlantes indéterminables sans recourir à l'hypothèse... trop dangereuse dans ce cas : charpentiers, 1571, (no 38), 1556 (no 54), 1571 (no 68) ; — charpentiers de bateaux et mariniers, 1565 (no 16), 1603 (no 18), 1579 (no 36), 1571 (no 48), 1579 (no 50) ; — laboureur, 1568 (no 12) ; — maçons 1571 (no 11), 1577 (no 17), 1565 (no 27), 1571 (no 49) ; — marchand, 1591 (no 10) ; — meunier, 1602 (no 42) ; — tonneliers, 1567 (no 14), 1566 (no 28), 1583 (no 33), 1573 (no 60) ; — vigneron, 1570 (no 55) ; — vinaigrier, 1574 (no 15) ; — vivandier, 1583 (no 62) un A ornemental fort bien dessiné ; — d'un artisan à profession non indiquée (1), 1571 (no 24) ; — d'une femme, 1583 (no 40).

Inutile d'ajouter que parmi des centaines, nous avons choisi les plus originaux de « ces petits monuments naïfs d'un art populaire « qu'on ne soupçonne pas » selon la juste expression de M. d'Esnée. Quant à la croix employée par les illettrés comme signature parlante, nous n'en avons tenu aucun compte considérant moins intéressant un usage qui subsiste encore.

Signatures écrites. — De même que pour les signatures parlan-

(1) Cet artisan a les mêmes nom et prénom qu'un pâtissier de la même localité, à la même époque.

tes nous avons relevé les signatures écrites les plus originales. A ce choix nous avons ajouté celles de personnages importants tant par leur science ou leurs talents que par leur origine. Elles ont bien aussi leur originalité celles des savants Jacques Amyot, Lebeuf, Pierre Pithou, La Curne de Sainte-Pallaye, de l'évêque janséniste Caylus, des deux plus fameux peintres-verriers auxerrois *Germain Michel et Guillaume Cornouaille*, des membres des familles : Amboise, Chabot, Chastellux, Courtenay, Dinteville, Etampes, Jaucourt, La Roche-Aymon, Prie, Rochechouart, Rochefort, Uzès, etc.

Bien que comprises dans une liste à numérotage unique, elles ont été divisées en cinq séries : personnages importants, clergé, artistes, artisans, femmes. Pour la facilité du lecteur nous signalerons rapidement la caractéristique des plus remarquables d'entre elles.

Tout d'abord il convient de remarquer qu'un grand nombre de signatures de femmes, surtout de la noblesse, ont une hardiesse et une énergie qui ne se rencontrent même pas souvent dans celles des hommes. Sans le prénom et la mention de l'époux, on attribuerait plutôt ces signatures à des hommes, et encore à quels hommes, à ces rudes guerriers qui traçaient leurs noms comme avec un sabre. Ne pourrait-on pas voir, dans cette chose insignifiante en soi, la conséquence de l'éducation virile donnée à ces époques aux jeunes filles nobles? Citons dans ce cas : n° 165, 1590, Marguerite d'Amboise (1); n° 170, 1593, Blanche de Chastellux ; n° 177, 1605, Renée d'Etampes ; n° 179, 1605, Jeanne de Hautemer (2); n° 181, 1567, Anne de Léviston ; n° 184, 1573, Marguerite de Prades ; n° 185, 1572, Louise des Réaulx ; n° 186, 1582, Claude de Rochechouart ; n° 187, 1618, Anne de Veilhan.

Quel contraste avec les signatures des autres femmes qui décèlent une indécision et une timidité très prononcée, sauf cependant celles de Marie Dupin n° 176, 1601, d'une écriture très courante, et de Jacquette Boyau n° 168, 1575, qui a l'application d'une page d'écriture quoique contenant un charmant dessin entre les prénom et nom.

Quant aux signatures des hommes, voici la décomposition des plus saillantes : ***régulières ou à main posée*** : n° 1, 1585, Jacques d'Amboise; n° 5, 1573, Chastellux; n° 17, 1565, Maraffin; n° 19, 1575,

(1) Signature à comparer avec celle de son père Jacques d'Amboise, n° 1, 1585 ; la conformité de l'écriture en est remarquable malgré la différence d'âge et surtout de sexe.

(2) Voir à son sujet, note n° 4, p. 395 de ce recueil.

P. Pithou, n° 22, 1586, Jacques Amyot; n° 25, 1562, Darcy; n° 31, 1562, Kerner; n° 36 1594, Thomereau; n° 51, 1573, Lagarde; n° 60, 1602, Vatard, n° 64, 1591, Ballet; n° 100, 1569, Ferrey (superbe); n° 120, 1590, Le Rable; n° 136, 1570, Petit; n° 150, 1568, Roze (avec une fleur du même nom au dessous); n° 156, 1562, Sauvajot (jolie penture en guise de paraphe); n° 162, 1570, Vézoullet, boulanger (en dessous joli ornement paraissant figurer une corbeille), n° 163, 1582, Vincenot, menuisier (comme paraphe le dessin d'une tête ressemblant à celle d'un sphinx).

Avec marques (1). — n° 56, 1573 Monyn, arpenteur (un compas); n° 58, 1573, Pescheur, verrier [peintre] (un mortier); n° 61, 1562, Aubert, pâtissier (marque incertaine); n° 66, 1570, Barraut, serrurier (une clef); n° 67, 1567, Belin, maçon (un marteau); n° 68, 1593 Berthier, drapier (une espèce de battoir); n° 71, 1566, Buchotte, charpentier (un compas accosté de ses initiales); n° 73, 1565, Callot, apprenti serrurier, (une clef); n° 75, 1584, Chasnée, tailleur (une paire de ciseaux); n° 84, 1567, Darbon, carreleur (une fleur de carreau émaillé); n° 86, 1592, T. Debriat, vigneron (un pampre blasonné à ses initiales : aux 1 et 4 d'un *t*, aux 2 et 3 d'un *d*); n° 103, 1565, Germain, boucher (un couperet); n° 105, 1583, Guillet, maçon une bretture); n° 106, 1609, Halley, couvreur d'ardoises (un marteau); n° 107, 1571, Henrisson, serrurier (une clef); n° 109, 1586, Héron, marinier (un ancre); n° 111, 1613, Jacquesson, drapier, (un marteau); n° 116, 1572, Lafille, orfèvre (ses deux initiales en capitales fantaisistes; évidemment la marque qu'il gravait sur ses travaux); n° 117, 1578, La Loge (2) « artillier » (une flèche); n° 121, 1592, Lombard, charpentier (marque incertaine); n° 125, 1571, Masson, tailleur (une paire de ciseaux); n° 130, 1587, Milon, hôtelier (un couperet avec anneau pour l'accrocher); n° 134, 1584, Pasquier, tonnelier (marque indéterminable); n° 137, 1577, Petitjean, (une splendide clef); n° 143, 1594, Prestat, boucher (un couperet); n° 146, 1563, Quesnoy, drapier (une espèce de marteau); n° 148, 1586, Renvoyé, serrurier (une clef); n° 151, 1574, Roze, maçon (une bretture fort bien dessinée); n° 154, 1567, Sarré, charpentier (une remarquable épure entre ses nom et prenom); n° 158, 1593, Seurre, « blanchisseur » [plâtrier] (une truelle); n° 159, 1574, Tatois, boucher (crochet en forme de fourche pour suspendre les pièces de viande).

(1) C'est avec raison que M. d'Esnée, dans l'article cité plus haut, dit que l'habitude de la signature parlante « était si enracinée que les ouvriers lettrés y obéirent longtemps. Elles ne sont pas rares les signatures qui se composent à la fois d'un nom et d'un dessin ».

(2) Il signe « La Louze ».

Avec chiffres (1). — N° 44 bis, 1597, Lemuet; n° 27, 1567, Delavault; n° 29, 1568, Droyn; n° 30, 1571, Girost; n° 33, 1574, Louat (en chiffres romains et arabes); n° 62, 1565, Aulbert; n° 64, 1591, Ballet; n° 72, 1597, Bussière; n° 77, 1590, Chevallier; n° 78, 1602, Chrestien (2); n° 79, 1586, Colas; n° 80, 1603, Colinet; n° 81, 1584, Conte; n° 84, 1567, Darbon; n° 85, 1573, David; n° 92, 1565, Delye; n° 102, 1597, Frèrebeau; n° 108, 1590, Herbelot; n° 122, 1568, Maignain; n° 127, 1582, Matherat; n° 133, 1590, Ozileau; n° 136, 1570, Petit; n° 142, 1565, Poyton; n° 155, 1574, Sauguenet; n° 161, 1582, Vallenson; n° 162, 1570, Vézoullet; n° 164, 1574, Vitou; n° 167, 1602, Boucher (Marie).

Avec ecus. — Seuls, les peintres-verriers ajoutent à leurs signatures un écu de 3 pièces, 2 et 1. N°s 40, 1577, 41, 1566, (Cabasson); n°s 43 à 46, 1565, 1586 Cornouaille); n° 57, 1569, Mourtinat; n° 59, 1571, Testevuide.

En lettres capitales. — n° 12, 1568, Bastide (capitaine qui a bataillé dans la contrée pendant les guerres de religion); n° 47, 1590, B. Dujon, couvreur d'ardoises à Tanlay. (Il travaillait sans doute au château).

Signature-monogramme. — N° 63, 1570, Jean Augé.

Signature-rébus.— N° 96, 1575, Desmaisons, charpentier. Il écrit *Dai* et dessine deux pignons de maison.

En écriture allemande. — N° 101, 1613, Henri Filé.

Bizarres. — N° 2, 1556. Bruillart; n° 9, 1564, Esquérat; n° 23, 1562, Arthus; n° 70, 1584, Boivin; n° 104, 1601, Girard; n° 132, 1587, Nobertz.

Informes. – N° 62, 1565, Jean Aulbert (à cause de tremblement); n° 69, 1603 Billaudet. (3); n° 129, 1567, Joseph Mignard; n° 141, 1567, Pourrin.

Terminons cette énumération en appelant tout particulièrement

(1) Les chiffres isolés ou groupés en nombres, qui accompagnent ces signatures ne correspondent ni à une date ni à l'âge des signataires. Est-ce une fantaisie, une habitude locale, ou un signe symbolique comme la croix pour les prêtres ou les trois points pour les francs-maçons ? Malgré toutes nos investigations ils restent une énigme pour nous. La question a même été posée dans l'*Intermédiaire des Chercheurs*; il n'y a point été répondu.

(2) De plus, dans cette signature on remarque la conservation de l'antique abréviation de *Christi*, X. P. qui est l'abréviation traditionnelle de *Chrestien*.

(3) Elle est tellement informe que le notaire a énoncé dans l'acte que Billaudet ne *savait signer*.

l'attention sur la signature empâtée et hésitante du célèbre peintre-verrier auxerrois G. Michel, dont on peut encore admirer les travaux à la cathédrale.

I. — LISTE DE SEIGNEURS ET DE PERSONNAGES.

Acarie (Jean d') seign. de Montigny-le-Roi (1) et de Vergigny (2), 1571 (E. 491).

Albret (princesse Françoise d') douairière du Nivernais, dame de Beaulche (3), 1512 (E. 491).

Alepée (Alexandre) éc. seign. de Villeneuve, Lignières, Tronchoy (4) et l'ile sous Tronchoy en partie (5), 1588 (E. 683).

Amyot (Jacques) évêque d'Auxerre 1576, etc. (E. 401, etc.)

Ancienville (Jean d') vicomte et seign. de Verteuil, Flogny (6), Argenteuil (7) « et autres lieux », 1565 (E. 657).

Andry (David), seign. de Tronchoy et l'ile sous Tronchoy, en partie, 1617 (E. 733).

Anglure (Antoinette d'), veuve Léonard de Prades, éc. seign. d'Aran (8) et d'Ouanne (9) en partie, 1550 (E, 493).

Anglure (Jacques d') (10), chev. de l'ordre du *« roi de France »* (sic , cap. de 50 hom. d'arm. de ses ordonnances, seign. d'Etampes, Sommière, Normez, 1580 (E. 492).

Anlezy (Louis d') (11) chev., seign. de Chazelles Montignerot, Versoy, Creusot, Clamerey et Lardins, 1605 (E. 492).

Annyn (Michel), éc. seign. du Bouchet (12), 1541 (E. 384).

Anstrude (Robert d') éc. seign. de Tronchoy (13), 1575 (E. 668).

Anstrude (David), éc. archer des gardes du corps du roi, demeurant à Tanlay (Y.) 1588 (E. 685).

(1) Comm., cant. de Ligny (Y.)

(2) Comm., cant. de Saint-Florentin (Y.).

(3) Ferme et moulin, comm. de Chevannes (Y.) autref. chât.-fort et châtellenie importante.

(4) Comm., cant. de Flogny (Y.)

(5) H. comm. de Tronchoy (Y.)

(6) Cant., arrond. de Tonnerre (Y.)

(7) Comm., canton d'Ancy-le-Franc (Y)

(8) H. comm. de Parly (Y.)

(9) Comm., cant. de Courson (Y.)

(10) Sa femme s'appelle Vaudelline de Nicey. Elle est dame de Quenne (cant. d'Auxerre) et de Nangis (h. comm. de Quenne).

(11) Sa femme : Renée d'Etampes, fille de feu Claude, baron de la Ferté-Imbault, etc, et de Jeanne de Hautemer.

(12) Ch. comm. de Bazarne ou de Mailly-la-Ville.

(13) Cf. supra.

Anstrude (Joseph d') éc. demeurant à Tanlay, 1588 (E. 685).

Armant (Germain) seign. du Carrouge et Monsault « en la seigneurie de Dreux » (1), 1565 (E. 491).

Assigny (Michelle d') veuve Jean de Lenfernat (2), 1566 (E. 493).

Assigny (Gabriel d') éc. seign. de Bruère (3), Sauilly (4), Pesteau (5) et de la forêt d'Aran (6), 1586 (E. 407), 1597 (E. 491).

Assigny (Jean d') (7), éc. seign. de la Mothe-Proteau (8), 1597 (E. 430).

Assigny (François d'), éc., seign. de la Roche (9), 1599 (E. 492).

Assue (Alexandre d'), éc., seign. de Chastenoy (10), 1525 (E. 493).

Aulnay (Edme d') (11), seign. d'Arcy-sur-Cure (12), 1566 (E. 492).

Aumont (Jean d'), seign. de Châteauroux (Indre), chev. de l'ordre du roi, cons. en son conseil privé, cap. de 50 hom. d'arm. de ses ordonnances, 1578 (E. 493). (Voir Sapiens).

Aux Espaulles (Jacques) (13), vivant seign. de Pizy (14), 1559 (E. 448).

Babutte (Jean), chanoine d'Auxerre, seign. de la Bruère « en la parroisse de La Ferté Loupière » (15), 1536 (E. 382).

Badouilliers (Antoine de), chanoine d'Auxerre, seigneur de « Varennes » près Monterau, 1521 (E. 379).

Bacoin (Philippe du), seign. de la Mothe de Sainte-Pallaye (16), 1565 (E. 448).

(1) Druyes, cant. de Courson (Y.) Ces terres d'après l'acte sont en effet chargées de droits envers le duc de Nevers, seign. de Druyes.

(2) Père et mère de Louis et Arthus de Lenfernat, seign. de la Motte-Prenoy. (*Le dictionnaire topographique de l'Yonne n'indique pas cette localité*). Ce fief avec manoir était sur la paroisse de Charbuy (E. 16 bis famille de Bernage et E. 493, notaires).

(3) Fief, comm. de Villiers-St-Benoit (Y.)

(4) H. comm. de Diges (Y.)

(5) Fief, comm. de Merry-Sec (Y.) ; moulin, comm. de Venoy (Y.).

(6) H. comm. de Diges (Y.)

(7) Sa femme : Jeanne Michau.

(8) Fief, comm. d'Egleny (Y.)

(9) Nom de lieu en trop grande quantité, même dans l'Y. pour être identifié sûrement.

(10) Probablement Chastenay, le haut ou le bas, cant. de Courson (Y.). Le dict. top. de l'Y. ne cite pas Chastenoy.

(11) Sa femme : Antoinette des Réaulx.

(12) Comm., cant. de Vermenton (Y.)

(13) Sa femme : Christine de Ferrières.

(14) Comm., cant. de Guillon (Y.)

(15) H. auj. appelé La Bruyère.

(16) Ste-Pallaye, Comm , cant. de Vermenton (Y.)

Baillet (Pierre), éc., seign. de Villiers-Rigaut, 1502 (E. 492).

Balanfert (André de), seigneur de Saint-André, argentier, secrétaire du comte de Charny et hom. d'arm. de sa comp., 1568 (E. 392).

Balthazar (Roch), éc., seign. de Toutevoyes (1) et de l'étang de la Coudre, 1577 (E. 492).

Balthazar (Jean), seign. du Carreau (2), gentilhomme de la duchesse douairière d'Orléans, 1668 (E. 492).

Barat (Jean) président et proviseur du collège de Reims à Paris, 1562 (E. 389).

Bareau (François), éc., archer de la comp. de Mgr le duc de « Monpancier » (3), 1541 (E. 384).

Bargedé (Nicolas), avocat, puis président du bailliage d'Auxerre, seign. de Villesavoie (4), 1567 (E. 391), 1577 (E. 492).

Bargedé (Nicolas), seign. de la Grange-du-Bois (5) et de Buisson Héry (6), 1601 (E. 431).

Barges (Guillaume de), éc., seign. de Barges, 1508 (E. 438).

Barrault (Jean), éc., seign. en partie de Vézannes (7), 1552 (E. 652), 1556 (E. 649).

Barrault (Germain), seign. de Duenne (8), 1572 (E. 492).

Bastard (Gabriel) (9), éc., seigneur de Tarlant « en Berry », 1536 (E. 382).

Bastard de la Rivière (Guillaume) (10), éc. seign. de Charmoy (11), 1516 (E. 377).

Beauchâteau (Pierre de), éc., seign. en partie de Lérigny (12), 1543 (E. 493).

(1) Ancien nom de Nangis. H. comm. de Quenne (Y.)

(2) Comm. de Bleigny le Carreau (Y.), lieu auj. détruit.

(3) Ses fondés de procuration pourront élire domicile en son hôtel à Angoulême.

(4) H. comm. d'Andryes (Y.)

(5) Le dict. top. ne mentionne pas cette localité. Cependant en 1551 (C. 169) on trouve Grange du Bois, comm. du Vault près Avallon ; Grange du bois de Bar, près La Borde, comm. d'Auxerre 1614, (H. 1253) ; dénommée Grange du Bois « finage de la Brosse », comm. de Venoy en 1580 (E. 491). C'est probablement de celle-ci qu'il s'agit.

(6) H. dépendant des comm. de Lain et de Saints (Y.)

(7) Comm., cant. de Tonnerre (Y.)

(8) H., comm. d'Ouanne (Y.)

(9) Sa femme : Antoinette de Faulville.

(10) id. Catherine de la Brosse.

(11) Ce nom de lieu est trop commun même dans l'Yonne. Cependant des rapprochements donnent la presque certitude qu'il s'agit de la seigneurie de Charmoy, comm. de Leugny (Y.)

(12) Lézigny, h comm, de Mailly-la-Ville (Y.)

Baudon (... de)(1), seign. en partie de Charmoy(2) et de la Motte de Chantelou (3), 1516 (E. 377).

Beaudon (Gabriel de) (4), éc. seigneur de Leugny en partie (5), 1516 (E. 377).

Beaujeu (Claude de) (6), chev., seign. de la Maison Fort (7), de Coutarnoux (8), etc, 1524 (E. 380) 1525 (E. 492).

Beaujeu (Jean de), éc., seign. de Choiseul, 1516 (E. 377).

Beaujeu (Jean de), éc., seign. de Jaulges (9), 1525 (E. 492).

Beaujeu (Jean de), l'aîné seign. du dit lieu et de Chaseul, 1527 (E. 380).

Beaujeu (Edmée de), veuve Adrien du Chesnoy, seign. de Longueron (10), 1573 (E. 491).

Beaulieu (Antoine de) (11), éc., archer des gardes du roi sous le sénéchal d'Agénois, 1566 (E 492).

Beaulieu (Pierre de), éc., demeurant à Venouse (Y.), 1582, 1584 (E. 405, 406).

Béligny (Denis de), vivant éc., seigneur de la Forêt « près Fresne » (12), 1560 (E. 656).

Bellanger (Gilles), archer « soubz la garde de ladmiral de France », 1535 (E. 422).

Bellanger (Louis de), éc., seign. de la Mothe (13), demeurant à Venouse, 1680 (E. 492).

Bellanger (Marie de), veuve de Claude-René de Damoiseau, éc., seigneur de Villesablon, 1705 (E. 492).

(1) Sa femme : Marguerite d'Assigny.

(2) Comm. de Leugny (Y.)

(3) Champtelou (la motte de), fief, comm. de Leugny (Y.) lieu détruit.

(4) Sa femme : Marguerite d'Assigny. Donc probablement le même personnage que *Baudon*.

(5) Comm. cant. de Toucy (Y.)

(6) Sa femme : Marie des Ulmes, veuve de Jacques de Giverlay.

(7) Le Fort, h. comm. de Mézilles (Y.) Autref. appelé le Fort d'Assigny.

(8) Comm., cant. de l'Isle-sur-Serein (Y.)

(9) Comm., cant. de St-Florentin (Y.)

(10) H., comm. de Champlay (Y.)

(11) Deux fois dans cet acte — qui est une procuration — il est nommé Beaulieu, cependant il signe A. de Beaurepayre.

(12) Seigneurie, comm. de Fresne (Y.) « Lieu déjà détruit avant 1789 ». (Dict. topog. Y.)

(13) Peut-être la Motte-sous-Buchin, comm. de Rouvray (voisine de Venouse).

Bellanger (Germain de) (1), éc., seign. de Villeneuve-sous-Buchin (2), cap. d'infanterie, 1705 (E. 492).

Belleville (Charles de), comte de Costac (3), 1577 (E. 493).

Benoist (Jean), docteur et régent en l'Université de Paris, curé de Poilly (Y.) 1562 (E. 389).

Berault (Guillaume), l'aîné, seigneur de Pierrefitte (4), 1597 (E. 430).

Bernault (Philibert de), éc., seign. de St-Bris (5) et de Monmort, 1555 (E. 491).

Berthier (Etienne), seign. en partie de Bazarne (6), 1527 (E. 421).

Berthier (André de), éc., mousquetaire du roi, seign. de Chemilly [sur Serein] (7) et Vaucharmes (8), 1750 (E. 491).

Bertrand (Jean), seign. de Montigny (9), 1538 (E. 492).

Bigny (Philippe de) chev., cap. d'infanterie, seign. de Beuvron, 1700 (E. 492).

Blosset (Charles de), seigneur de St-Maurice Thizouaille (10), 1524 (E. 380).

Blosset (Jean), seign. de Fleury (11), 1525 (E. 492).

Blosset (Pierre de), éc., seign. de Roncemay (12), 1565 (E. 390).

Blosset (Marguerite de), veuve de Charles de Mongarny, éc., dame en partie de Roncemay, 1565 (E. 390).

Blosset (Marguerite de), dame de Saint-Maurice Thizouaille, 1605 (E. 491).

Boileau (Nicole), veuve Pierre Chaizière, baron de Courson (13), 1593 (E. 429).

Bolé (Simon), chev. de l'*ancien* ordre du roi, cons. et maître d'hô-

(1) Sa femme : Catherine Louise de Bellanger.

(2) H. comm. de Venouse (Y.) ; lieu auj. détruit

(3) Sa femme : Marie Claude de Rochechouart, fille de feu Charles, seig. de St-Amand.

(4) H., comm. d'Ouanne (Y.)

(5) Comm., cant. d'Auxerre (Y.)

(6) Comm , cant. de Vermenton (Y.)

(7) Comm., cant. de Chablis (Y.)

(8) H. de Chemilly sur-Serein (Y.)

(9) Ce nom de lieu très fréquent, ne peut être identifié sûrement même pour l'Yonne.

(10) Comm., cant. d'Aillant (Y.)

(11) id. id.

(12) Fief, comm. de Chassy, canton d'Aillant (Y.) Non cité par le dict. top. (Y.)

(13) Cant., arrond. d'Auxerre.

tel ordinaire du roi, seign. de Champlay (1), des Voves (2) et de Villemer en partie (3), 1668 (E. 492).

Bolangers [Boulangers] (Laurent de), éc., seign. de Buchin (4), 1483 (E. 369), 1495 (E. 373).

Bolangers (Mathieu de) (5), éc., seign. de la Mothe-sous-Buchin (6), 1579 (E. 402 bis).

Boneau (Blaise), vivant seign. d'Aran (7) et de Maurepas « paroisse de Toucy » (8), 1513 (E. 376).

Bonneau (Pierre), éc., seign. d'Aran, 1490 (E. 371).

Boniers (Gilles de) (9), vivant seign. de Ris, 1583 (E 404).

Bonnefoy (Claude de), éc. seign. de la Care, 1601 (E. 431).

Bordes (Jean des Bordes), éc., seign. de Serin (10), 1508 (E. 374).

Boucher (Philippe), seign. de Milly (11), 1565 (E. 657).

Boucher (Philippe), seign. de Roffey (12) en partie, 1575 (E. 667).

Boucher (Edme), éc., commissaire des guerres, seign. de Flogny (13), Argenteuil (14) et Marcey, 1583 (E. 678).

Boucher (Claude de), vivant, éc., seign. de Linant (15), 1658 (E. 491).

Boucher (Charlotte de), veuve Claude de Morant, éc. de la Resle (16), 1680 (E. 492).

Boulainvilliers (Louis de), seign. de Fouronnes (17), 1698 (E. 492).

Bourgeois (Claude), chev., maître des requêtes, seign. de Crespy, de Chevance et du Cloux de Genay, 1559 (E. 448)

(1) Comm., cant. de Joigny (Y.)
(2) H., comm. d'Epineau (Y.)
(3) Comm. cant. d'Aillant (Y.)
(4) Fief à manoir, comm. de Rouvray (Y.)
(5) Sa femme : Jeanne de Germigny.
(6) Fief, comm. de Rouvray (Y.)
(7) H., comm. de Parly (Y.).
(8) Non cité par le dict. top. (Y.) qui cite Maurepas, comm. de Merry-la-Vallée, fief relevant du baron de Toucy. Est-ce le même ?
(9) Sa femme : Louise Lesourt.
(10) H., comm., de Chevannes (Y.)
(11) Comm., cant. de Chablis (Y.)
(12) Comm., cant. de Flogny (Y.)
(13) Cant., arrond. de Tonnerre (Y.)
(14) Comm., cant. d'Ancy-le-Franc (Y).
(15) H., comm. de Turny (Y.)
(16) Fief, comm. de Montigny (Y.)
(17) Comm., cant. de Courson (Y.)

Bournonville (Philippe de) (1), seign. de Champeigny, 1564 (E. 448).

Bourdillon (le maréchal de), (voir La Platière).

Bourdin (Jean), seign. d'Arcy (2), 1513 (E. 410).

Bourotte (Claude), seign. d'Asnières, demeurant à Auxerre, 1601 (E. 431).

Boyard (Louis-Pierre de Forterre), seign. d'Egriselles (3), 1750 (E. 491).

Branche (Pierre de), éc., seign. de Poilly [sur-Serein] (4) et de Châtel-Gérard en partie (5), 1588 (E. 683).

Branche (Nicolas de), éc., seign. de Chaveret, 1683 (E. NN. Min. Chevillotte).

Brannay (Guillaume), éc., seign. de la Brosse) (6), la Grange-du-Bois (7) et « Nangy soubz Voye » (8), 1513 (E. 410).

Bretagne (Antoine de), chev., baron seign. de Juilly (9), Stigny (10), « etc. » 1668 (E. N. N. Min. Côte-d'Or).

Broc (Edme du), seign. des Granges (11) « près Donzy », 1529 (E. 416).

Brueillat (Antoine de), seign. en partie d'Arcy-sur-Cure (12), Louze (13) et Digoigne (14), 1493 (E. 373).

Bruillart (Gaulcher de), éc., seign. de Coursan (15) et de Jaulges en partie (16), 1504 (E. 374).

Bruillart (Gabriel de), éc., seign. de Coursan, Plannoy, Saint-Cyr-les-Colons (17) et Chemilly [sur-Serein ?] 1556 (E. 491).

(1) Sa femme : Barbe de Thoisy, fille de Rolland, seign. de Poligny, et de Savinienne de Tornebranle.

(2) Achète une vigne à Auxerre, d'où sa famille paraît être.

(3) H., comm. de Venoy (Y.)

(4) Comm., cant. de Noyers (Y.)

(5) Comm., cant. de Noyers (Y.)

(6) Fief, comm. de Venoy (Y.)

(7) Comm. de Venoy (Y.), cf. supra, p. 552.

(8) Nangis, h., comm. de Quenne (Y.)

(9) Jully, comm., cant. d'Ancy-le-Franc (Y.)

(10) Comm., cant. d'Ancy-le-Franc (Y.)

(11) Fief, comm. de Suilly-la-Tour (Nièvre), d'après les extraits des archives du château de Segange (Allier), publiés en 1895 par M. G. du Broc de Segange.

(12) Comm., cant. de Vermenton (Y.)

(13) Fief, comm. d'Arcy-sur-Cure, non cité par le dict. top., (Y.)

(14) Fief, comm. d'Arcy-sur-Cure.

(15) Comm., cant. d'Ervy (Aube).

(16) Comm., cant. de Saint-Florentin (Y.)

(17) Comm., cant. de Chablis (Y.)

Brullot (sic) (Gaulcher de), éc., seign. de Saint-Cyr-les-Colons, 1483 (E. 369).

Dureau (sic) (1) (Jean), éc., seign. en partie de Richebourg (2), 1484 (E. 491).

Bureau (Guiot), éc., seign. de la Vallée (3) de Richebourg et de Duenne (4), 1502, 1506 (E. 491).

Bureau (Jean), éc., seign. en partie de Richebourg et de Duenne, 1512, 1519 (E. 491).

Bureau (Jean) (5), éc. de la Vallée et de Richebourg, 1530 (E. 491.)

Burois [Bureau] (André), chev., comte de la Rivière, seigneur de Beine (6), Quincy, etc. 1702 (E. 491). (Voyez La Rivière).

Cabrieu (Philippe), médecin ordinaire de la « feue reyne-mère » [Catherine de Médicis] 1591 (E. 427).

Camus (Pierre), bailli et gouverneur d'Auxerre, seign. de Vallenay, de (illisible) en Beauce, de Serin en partie (7), 1630 (E. 491).

Camus (Gilles) (8), éc., seign. de Rafigny, 1668 (E. 493).

Camus (André), éc., seign. de Chastenay près Courson, 1668 (E. 492).

Canelle (Jean), élu pour le roi à Tonnerre, seign. de Bernouil (9), des Millots (10) et des Souillats (11), 1553 (E. 653).

Canelle (Henry), élu pour le roi à Tonnerre, seign. de Vaulichères (12), 1596 (E. 697).

Canelle (Jacques), bailli du comté de Tonnerre, seign. de Bernouil, 1597 (E. 697).

Canelle (Henry), seign. de Bragelonne. 1637 (E. 758).

Canouville (François de) (13), chev., seign. de Ravetot, 1605 (E. 492).

(1) Il faut lire Bureau. (Pour la famille Bureau, voir la Rivière).

(2) H., comm. de Sementron et Taingy (Y.)

(3) Comm. de Diennes (Nièvre), ancien fief cité en 1699 sous le nom de Vallée Bureau (Dict. top. Nièvre).

(4) H., comm. d'Ouanne (Y.)

(5) Sa femme : Jeanne de Morcellange.

(6) Comm., cant. de Chablis (Y.)

(7) H., comm. de Chevannes (Y.)

(8) Sa femme : Marie Colas.

(9) Comm., cant. de Flogny (Y.)

(10) Les Millois, h., comm. de Bernouil (Y.)

(11) Fief, comm. de Bernouil.

(12) H., comm. de Tonnerre (Y.)

(13) Sa femme : Jeanne de Hautemer, veuve de Claude d'Etampes, baron de la Ferté-Imbault, seign. du Mont-Saint-Sulpice et de Villefargeau.

Chabannes (Antoine de), comte de Dampmartin, baron de Toucy (1), seign. de Puisaye (2), de Marcy, Grand maître d'hôtel de France, 1484 (E. 491).

Chabannes (Jean de), comte de Dampmartin, baron de Toucy, du Thour (en Champagne) et de Champignelles (3), seign. de Saint-Fargeau (4), Saint-Morice (5), Courtenay (6), Charny (7), Marcy, Villemonble et des pays de Puisaye, 1502 (E. 491).

Chabot (Philippe), chev., amiral de France, lieut. gén. pour le roi en Bourgogne, comte de Charny et de Busançay, seign. de Saint-Cyr-les-Colons (8), Chemilly-sur-Serein (9), etc., 1541 (E. 384).

Chacheré (Jeanne), veuve Jean Rosse, seign. de Thorigny (10), 1572 (E. 491).

Chaillot (Louis du), seign. d'Etrizy (11), 1516 (E. 377), 1525 E. 492).

Chaillot (Robert du) (12), éc., seign. d'Etrizy, 1547 (E. 387).

Champignelles (Jean de), (13), éc., seign. de Chanteraine en Nivernais, 1511 (E. 376).

Champignolles (Philippe de), éc., seign. de Barges en partie, 1503 (E. 438).

Champs (Guion de), éc., seign. d'Avigneau (14) et de Taingy en partie (15), 1516 (E. 377), 1524 (E. 380).

Champs (Guillaume de). éc., seign. de Pesselières (16) et de la forteresse de Saint-Amand (Nièvre), 1524 (E. 380).

Changy (Hugues de) (17), éc., hom. d'arm. des ordonnances du

(1) Cant., arrond. d'Auxerre.
(2) Région dont les seign. de Saint Fargeau se qualifiaient seigneurs.
(3) Comm., cant. de Bléneau (Y.)
(4) Cant., arrond. de Joigny (Y.)
(5) Saint-Maurice-sur-Aveyron (Loiret).
(6) Cant., arrond. de Montargis (Loiret).
(7) Cant., arrond de Joigny (Y.)
(8) Comm., cant. de Chablis (Y.)
(9) Comm., cant. de Chablis (Y.)
(10) H., comm. de Bleigny-le-Carreau (Y.)
(11) Fief, comm. d'Ouanne (Y.)
(12) Sa femme : Huberde Blosset.
(13) Sa femme : Huguette de Gribourg, fille de Gilles et de Marie Régnier parente de Jean, poète et bailli d'Auxerre.
(14) H., comm. d'Escamps (Y.)
(15) Comm., cant. de Courson (Y.)
(16) H., comm. de Sougères-en-Puisaye (Y.)
(17) Sa femme : Cornille de Lichain.

roi sous le maréchal de Bourdillon, seign. de Villeneuve-les-Presles (1), de Corombie et de Bart en partie, 1560, 1561 E. (448).

Chaugy (Michel de), seign. de Sauvigny-le-Bois (2) et de Savigny-les-Etangs, 1527 (E. 439).

Chaugy (Michel de), seign. de Sauvigny-le-Bois, 1572 (E. 492).

Chaugy (Melchior de), éc., seign. en partie de Vézannes (3), 1610 (E. 719).

Chappeau (Pierre), archer de la comp. de Mgr de Prye, 1568 (E. 392).

Charles (Jacquet), maitre des comptes du roi, seign. de Viviers (4), 1476 (E. N N. Min. Côte-d'Or).

Charles (Marie), veuve Etienne Gerbault, notaire, secrétaire du roi et fermier général de son domaine à Paris, seign. de Champlay (5) et de la Basse-Maison (6), 1584 (E. 492).

Charles (Jean), seign. en partie de la Brosse (Venoy), 1586 (E. 408).

Charmes (Antoine de), trésorier gén. des guerres, seign. en partie de Junay (7), 1584 (E. 680).

Chasserat (Antoine), éc., seign. d'Aillant (8) et de Villiers-sur-Tholon (9), demeurant à Avignon, 1476 (E. N. N. Min. Côte-d Or).

Chastellux (Philippe de), seign. d'Uzy (10), 1501 (E. 438).

Chastellux (Philippe de), chev., seign. du dit Chastellux (11) et de Bazarnes (12), 1505 (E. 375).

Chastellux (Philippe de), seign. du dit lieu, de Coulanges-la-Vineuse (13) et d'Escolives en partie (14), 1508 (E. 438).

Chastellux (Louis de), chev., baron du dit lieu et lieutenant de la comp. du maréchal de Bourdillon, vers 1550 (E. 540), 1579 (E. 464).

(1) H., comm. de Sainte-Magnance (Y.)
(2) Comm., cant. d'Avallon (Y.)
(3) Comm., cant. de Tonnerre (Y.)
(4) Comm., cant. de Tonnerre (Y.)
(5) Comm., cant. de Joigny (Y.)
(6) Fief, comm. d'Auxerre, (non cité par le dict. top. Y.)
(7) Comm., cant. de Tonnerre (Y.)
(8) Cant., arrond. de Joigny (Y.)
(9) Comm., cant. d'Aillant (Y.)
(10) H., comm. de Domecy-sur-Cure (Y.)
(11) Comm., cant. de Quarré-les-Tombes (Y.)
(12) Comm., cant. de Vermenton (Y.)
(13) Cant., arrond. d'Auxerre (Y.)
(14) Comm., cant. de Coulanges-la-Vineuse (Y.)

Chastellux (comte César de) baron de Quarré-les-Tombes (1), 1667 (E. 444).

Chastellux (Antoine de) (2), éc., seign. de Bazarnes et en partie d'Avigneau (3), 1597 (E. 491).

Chastellux (Olivier de), baron du dit lieu, 1616 (E. 464).

Chastellux (Léon de) (4), seign. d'Avigneau, etc., 1645 (E. 500).

Chastellux (comte César-Philippe de) (5), seign. du dit lieu, etc., 1666 à 1692 (E. 444), etc.

Chaulmont (Etienne de), éc., seign. de Guitry (6) et de la Cour-des-Prés (7), 1601 (E. 431).

Chenuz (Nicolas de) (8), éc., seign. en partie de Barges, 1503 (E. 438).

Chenu (Pierre de), seign. de Charentenay (9), Carisey (10) et en partie de Jussy (11), 1560 (E. 491).

Chéry (Michelle-Cécile de), veuve de Jean-François de Meung, chev., dame de Suzau (12), Toulouse (13) et Berville « en Nivernois », 1698 (E. 493).

Chesnay (Jean du) (14), chev. de l'Ordre du roi, gentilhomme ordinaire de sa Chambre, seign. de Neuvy (15), Longueron (16) et des Barres (17), 1582 (E. 491).

Cheurot « alias Bureau » (Guyot), éc., seign. en partie de Richebourg (18) 1483 (E. 491). (Voy. Bureau et La Rivière).

(1) Cant., arrond. d'Avallon (Y.)

(2) Sa femme : Claude de la Bussière.

(3) H., comm. d'Escamps (Y.)

(4) Sa femme : Anne de Moroge.

(5) Sa femme : Judith de Barillon.

(6) H., comm. d'Argenteuil (Y.)

(7) H., comm. de Treigny (Y.)

(8) Sa femme : Marie de Barges.

(9) Comm., canton de Coulanges-la-Vineuse (Y.)

(10) Comm., cant. de Flogny (Y.)

(11) Comm., cant. de Coulanges-la-Vineuse (Y.)

(12) Suzeau, h., comm. de Saint Parize-le-Châtel (Nièvre).

(13) Toloze (la) ? Fief relevant de Prémery, mentionné par Marolles (dict. top. Nièvre).

(14) Sa femme : Claude de Rochechouart.

(15) Neuvy-Sautour, comm., cant. de Flogny (Y.)

(16) H., comm. de Champlay (Y.)

(17) Lieu en trop grande quantité, même dans l'Yonne, pour être sûrement identifié.

(18) H., comm. de Taingy et Sementron (Y.)

Chevalier (François, seign. de Ris (1), Pressures (2), Monceaux-le-Comte et Neuffontaines (3), 1530 (E. 491).

Chevallier (Germain), seign. de Miniers (Nièv.), 1591 (E. 427).

Chevalier (Claude), seign. de Ris, 1723 (E. 491).

Chevigny (Simon de) (4), éc., seign. en partie de Richebourg et de Duenne (5).

Chigny (Germain de), éc., lieut. gén. du bailli d'Auxerre, 1481 (E. 368)..

Chitry (Jean de), seign. du dit lieu (6), 1582 (E. 678).

Chrestien (François), seign. de Saint-Thibault (7), 1582 (E. 495).

Christianon (Nicole), régent de l'Université de Paris, 1574 (E. 400).

Chuyn (Philibert), éc., seign. de Serin (8), 1490 (E. 371), 1513 (E. 410).

Chuyn (Pierre), éc., seigneur de Chéry (9), 1517 (E. 412), 1527 (E. 507).

Chuyn (Guillaume de), éc., seign. de Chéry, 1541 (E. 384).

Clermont (Louis de), seign. de la *Selle-Saincy* (10), La Coudre (11) et Morizoys (12).

(Clermont (Louise de), comtesse de Tonnerre, duchesse d'Uzès, etc., 1553, etc. (E. 653. etc.)

Clugny (Claude de), seign. de Fours, 1512 (E. 507).

Clugny (Louis de), seign. de Confortgyen (sic), 1512 (E. 507).

Clugny (Paule de), seign. de Meneserre, 1512 (E. 507).

Clugny (Guillaume de), chev., baron de Confort et Gien (voir plus haut), 1605 (E. 492).

Coingnet (Jean), vivant trésorier de France, et seign. de Soleine (13) en 1403, 1586 (E. 409).

(1) Fief, comm. de Varenne-les-Nevers ou comm. de Cossaye (Nièvre).
(2) Fief, comm. de Clamecy (Nièvre).
(3) Fiefs, comm. de Tannay (Nièvre).
(4) Sa femme : Edmée de Frétoy.
(5) Cf. supra.
(6) Comm., cant. de Chablis (Y).
(7) H., comm. de Pourrain et de Chevannes (Y.)
(8) H., comm. de Chevannes (Y.)
(9) H., comm. de Coulangeron (Y)
(10) La Celle-Saint-Cyr, comm., canton de Saint-Julien-du-Sault (Y.)
(11) Lieu trop commun pour être sûrement identifié.
(12) Morissois (les), h., comm. de Perreux (Y.), autrefois prévoté, lieu auj. détruit.
(13) H., comm. de Venoy (Y.)

Colombiers (Gabriel de), éc., seign. de Cougny-en-Morvan (1), 1594 (E. 429).

Compaing (Jean, alias de Champignolles) (2), éc., 1508 (E. 438).

Comte (Nicolas de) (3), vivant éc., seign. de Fouronnes (4) et Asnus (5), 1630 (E. 493).

Cosinot (Adrien), cons. du roi, président à Paris, seign. en partie de Césy (6), 1477 (E. N. N. Min. Côte-d'Or).

Courcelles (Emery de), docteur régent de la faculté de théologie, principal du collège du Plessis, curé d'Epineuil (Y.) 1543 (E. 648).

Courcelles (Louis de), éc., seign. de Thorigny (7), 1491 (E. 372).

Courtenay (François de), seign. de Bléneau (8), 1516 (E. 491).

Courtenay (François de), seign. de Bontin (9), Beaulne et de Beauregard, 1565 (E. 448).

Crechetet (Antoine du), seign. en partie de Gleire, 1541 (E. 384).

Creté (Anne), veuve Philippe de Thomars, seign. de Jussy (10), 1668 (E. 493).

Crevecœur (François de), chev., cap. de dragons au régiment de Lalande, 1685 (E. 491).

Crussol (Antoine de), duc d'Uzès, comte de Tonnerre, 1556, etc. (E. 655, etc.)

Damoiseau (Richard de), éc., seign. de Pierrefaute et Vergy, 1680 (E. 493).

Damoiseau (Claude-René de), éc., seign. de Villesablon, 1680 (E. 493).

Dampierre (Claude de), seign. de Serrigny en partie (11), 1596 (E. 695).

Dampierre (Edme de) (12), éc., seign. en partie de Blannay (13), 1624 (E. 741).

(1) Cougny, fief, comm. de Saint-Pierre-le-Moutier (Nièvre).

(2) Sa femme : Huguette de Guerchy.

(3) Sa femme : Antoinette Davantois.

(4) Comm., cant. de Courson (Y.)

(5) H., comm. de Fouronnes (Y.)

(6) Comm., cant. de Joigny (Y.)

(7) H., comm. de Bleigny-le-Carreau (Y).

(8) Cant., arrond. de Joigny (Y.)

(9) Fief, comm. des Ormes (Y.)

(10) Comm., cant. de Coulanges-la-Vineuse (Y.). A cet acte figure la lignée des Thomard, seign. de Jussy, mais sans indication de dates.

(11) Comm., cant. de Tonnerre (Y.)

(12) Sa femme : Claude de Monceaux.

(13) Comm., cant. de Vézelay (Y.)

Damy (Marie), veuve Jacques de Meung, *dit* de la Ferté, seign. de Boisjardin et Escolives (1), 1618 (E. 493).

Dangeliers (Jean), éc., seign. de Bèze (2), 1602 (E. 432).

Dappoigny (Pierre), l'aîné, éc., seign. d'Asnières, 1483 (E. 369.)

Dappoigny (Pierre), seign. d'Asnières, 1582 (E. 405).

Dardre (François), seign. de Corsecque (sic), 1508 (E. 375).

Darlot (Pierre, dit de la Fontaine), hom. d'arm. du duc de Guise, 1568 (E. 392).

Darthe (Pierre), seign. d'Arnus (3), 1529 (E. 416).

Davantois (Benjamin), éc., seign. de Beaumont (4), 1630 (E. 493).

Davau (Laurent), seign. du Buisson (5) et des Vergers (6), 1571 (E. 427 bis).

Davy (Blanchet), lieut. gén. au bailliage d'Auxerre, seign. d'Escolives (7), 1511 (E. 376).

Davy (Tristan), seign. en partie d'Egriselles (8), 1542 (E. 491).

Deffand (Loup du), éc., seign. du Tremblay (9), 1563 (E. 492).

Deffand (Germain du), seign. de Sementron (10), 1568 (E. 392).

Deffand (Louis du), vivant chev., lieut. au régiment des gardes françaises, seign. du Tremblay (Saints, (Y.), 1685 (E. 491).

Deffand (Loup du), éc., seign. du dit lieu (11), du Tremblay, Lalande (12), Champ-le-Roi et Foineaux (13), 1586 (E. 407).

Deffand (René du), vivant seign de Sementron, 1685 (E. 491).

Deffand (Guillaume (14) et Louis du), père et fils, cités anciens seign. de Tremblay, 1685 (E. 491).

Deffand (Louis du, chev., seign. de Lalande « et autres lieux », lieut. gén. pour le roi aux pays d'Orléanais, Dunois et Vendômois, 1685 (E 491).

(1) Comm., cant. de Coulanges-la-Vineuse (Y.)
(2) Fief, comm. de Lucy-sur-Yonne.
(3) Fief, comm. d'Auxerre.
(4) Comm., cant. de Seignelay (Y.)
(5) Fief, comm. de Venoy (Y.)
(6) Fief, comm. de Coulanges-sur-Yonne.
(7) Cf. Supra.
(8) H., comm. de Venoy (Y.)
(9) H., comm. de Fontenoy (Y.)
(10) Comm., cant de Courson (Y.)
(11) Deffand (Le), h., comm. de Saints (Y.)
(12) Comm., cant. de Toucy (Y.)
(13) Fief, comm. de Lalande (Y.)
(14) Sa femme : Charlotte d'Estut.

Deffand (François du) (1), chev., seign. du d. lieu (2), Genouilly (3) et Prey (4), 1565 (E. 448).

Déon (Pantaléon), éc., seign. d'Aigremont (5), 1644 (E. 763).

Desgranges (Philibert), éc., seign. d'Arnay-le-Duc, 1542 (E. N. N. Min. Chevillotte).

Desleau (héritiers), seign. de Ré villon (6), La Mothe (7) et l'Orme-du-Pont (8), 1524 (E. 380)

Dinteville (Pierre de) (9), panetier du roi, seign. de Lézinnes (10), Vireaux (11) et Sambourg (12), 1476 (E. N. N. Min. Côte-d'Or).

Dinteville (Charlotte de), veuve Jacques Ragnier, chev., gentilhomme de la chambre du roi, seign. de la Motte-Tilly (13).

Dinteville (Marin de), baron seign. de Saint-Bris (14), 1567 (E. 391).

Dinteville (15) (Joachim de), chev. de l'ordre du roi, cons. d'Etat en « petit Conseil », cap. de 50 hom. d'arm. de ses ordonnances, lieut. gén. et gouverneur de Champagne et Brie, « soverin de Fogerolles », baron d'Avallon (?), Grignon, Huchon, Saint-Brisson (16) et Lormes (17), 1581 (E. 491).

Divolé (Jean), seign. en partie de Nantenne (18), 1525 (E. 491).

Dongois (Jean), « cap. de 100 hommes de pied françois ordonnés pour le service du roy en la ville de Tonnerre », 1593 (E. 690).

Dongois (Jean), éc., seign. de Béru (19), 1618 (E. 733).

(1) Sa femme : Louise aux Espaules.

(2) Deffant (le), chât. comm. d'Island (Y.), auj. détruit.

(3) H., comm. de Provency (Y.)

(4) Tour de Pré (la), h., comm. de Provency.

(5) Comm., cant. de Chablis (Y.)

(6) Fief, comm. de Sainte-Colombe-sur-Loing (Y.)

(7) H., comm. de Sainte-Colombe-sur-Loing.

(8) Ch. et ferme dépendant des communes de Sainte-Colombe-sur-Loing et Moutiers (Y.)

(9) Sa femme : Louise d'Alègre.

(10 Comm., cant. d'Ancy-le-Franc (Y.)

(11) id.

(12) id.

(13) Comm. de Nogent-sur-Seine (Aube).

(14) Comm., cant. d'Auxerre.

(15) L'acte porte Joachim de Inteville.

(16) Comm., cant. de Montsauche (Nièvre.)

(17) Cant., arrond. de Clamecy (Nièvre.)

(18) H., comm. d'Escamps (Y)

(19) Comm., cant. de Tonnerre (Y.)

Dorigny (Edme), « cap. entretenu par le roy », demeurant à Tanlay (1), 1626 (E. 743).

Drouard (Philippe de), seign. de Curly (2), 1641 (E. 493).

Drouard (Octave-Louis de) (3), éc., seign. de Maupas (4), 1668 (E. 491).

Drouard (Philippe de), seign. de Curly, 1668 (E. 492).

Drouard (Etienne), seign. de Corbelin (5), 1668 (E. 492).

Drouard (Octave de), seign. de Maupas, 1658 (E. 492).

Duisant (Arthur de), éc., seign. de la Genète (6) et Ouanne (7), 1597 (E. 491).

Dumas (demoiselle Marie), dame de la Celle-sur-Loire (8) et de Villiers-Vineux (9), 1566 (E. 492).

Dumoustier (Jean) (10), éc., seign. des Tournelles (11), 1532 (E. 418).

Dupont (Edme) (12), chev., seign. de Villiers? 1658 (E. 491).

Du Pré (Jean), secrétaire du roi, seign. de Cossigny-en-Brie, La Brosse (13) et *Nangy soubz Voye* (14), 1533 (E. 419).

Dupuis (Pierre, Jean, Guillaume et Léger), seign. de Nantenne (15), 1525 (E. 491).

Espaillas (Jeanne d'), veuve Jean de Lombert, éc., seign. de Marcy, 1564 (E. 448).

Essarts (François des), chev. de l'ordre du roi, éc. ordinaire de sa maison, enseigne de 100 hom. d'arm. sous le duc de Guise, baron de Saultour (16), seign. de Sormery (17), etc., 1568 (E. 392).

(1) Comm., cant. de Cruzy-le-Châtel (Y.)

(2) H., comm. de Villeneuve-Saint-Salve (Y.)

(3) Sa femme : Marguerite de Chaugy. Elle était veuve de Claude de Menegault, éc., seign. de Trénol et de la Mothe-Reugny.

(4) Ferme, comm. de Vézelay (?) (Y.)

(5) H., comm. de La Chapelle-Saint-André (Nièvre.)

(6) Fief, comm. de Dracy (Y.)

(7) Comm., cant. de Courson (Y.)

(8) Comm., cant. de Cosne (Nièvre.)

(9) Comm., cant. de Flogny (Y.)

(10) Sa femme : Marie Delaporte.

(11) Tournelle (la haute et la basse), h., comm. de Saints (Y.)

(12) Sa femme : Claude de Chaulne.

(13) Fief, comm. de Venoy (Y.)

(14) Nangis, comm. de Quenne (Y.)

(15) Cf. supra.

(16) Saultour, château-fort détruit, comm. de Neuvy-Sautour (Y.)

(17) Comm., cant. de Flogny, Y.

Estrelin (Philippe d') (1), chev., seign. de Sainte-Pallaye (2), 1694, 1698 (E. 492)

Estut (Edme François d') (3), chev., seign. d'Assay et de Chatenay (4), 1698 (E. 492).

Etampes (Louis d') (5), baron de la Ferté-Imbault, seign. de Salleber, Mont-Saint-Sulpice (6), Bouilly (7), Villefargeau (8), Verin (9), et Maillot en partie (10), 1541 (E. 492), 1543 (11) (E. 491).

Etampes (Claude d'), seign. du Mont-Saint-Sulpice, Villefargeau et de la Tour-de-Serin, 1587 (E. 491).

Etampes (Claude d') (12), vivant chev. des ordres du roi, cap. de 50 hom. d'arm., baron de la Ferté-Imbault, seign. du Mont-Saint-Sulpice, etc., 1605 (E. 492), (probablement le même que le précédent).

Faultrey (François de), éc., seign. de Tingey et La Loge en partie, 1569 (E. 661).

Ferrières (Jean de), chev., seign. de Maligny (13), 1559 (E. 448).

Ferrières (Christine de), veuve de Jacques aux Epaules, dame dudit lieu, de Pisy (14) et de Presles (15), 1560 (E. 448).

Ferroul (Germain), seign. de Junay (16), 1544 (E. 648).

Ferroul (Claude), seign. en partie d'Egriselles (17), 1547 (E. 491), 1579 (E. 402 *bis*).

Ferroul (Claude), seign. d'Egriselles et en partie de la Grange-du-Bois (18), 1603 (E. 434).

(1) Sa femme : Marie Marguerite du Chastelier.
(2) Comm , cant. de Vermenton (Y.)
(3) Sa femme : Marie Antoinette de Loron.
(4) Chât fief, comm. d'Arcy-sur-Cure, dans l'intérieur du bourg.
(5) Sa femme : Edmée Le Rothier.
(6) Comm., cant. de Seignelay (Y.)
(7) Comm., cant. de Saint-Florentin (Y.)
(8) Comm., cant. d'Auxerre.
(9) H., comm. de Chevannes (Y.)
(10) H., comm. de Chevannes, lieu détruit.
(11) Par cet acte, il fait foi et hommage à l'abbaye de Saint-Germain d'Auxerre de la terre du Mont-Saint-Sulpice « sur la châsse de Saint-Germain »
(12) Sa femme : Jeanne de Hautemer, remariée avec François de Canouville.
(13) Comm., cant. de Ligny-la-Châtel (Y.)
(14) Comm., cant. de Guillon (Y.)
(15) H., comm. de Cussy-les-Forges (Y.)
(16) Comm., cant. de Tonnerre (Y.)
(17) H., comm. de Venoy (Y.)
(18) Fief, comm. de Venoy (Y.)

Ferroul (Eusèbe), élu pour le roi à Auxerre, seign. de Serin en partie (Chevannes), 1591 (E. 427).

Forges (Florimond de), éc., seign. de la Lantelvoye (?), hom. d'arm. de la comp. du seign. de Prye, 1568 (E. 392).

Fort (Michel du), chev. de l'ordre du roi, seign. de Pibrac, 1605 (E. 492).

Fortin (Jacques dit Dampierre), cap. de Meullan, l'un des 100 gentilshommes de la maison du roi, hom d'arm. du seign. du Péron, seign. de Gué-Neuf, 1564 (E. 494).

Foudriat (Adrien), seign. d'Escolives (1), 1568 (E. 392).

Foudriat (Olivier), seign. de Lalande-les-Foineaux (2) et Champ-le-Roi, 1584 (E. 491).

Fournier (Pierre), éc., cap. de Tonnerre, 1476 (E. NN., Min. Côte-d'Or).

Franay (Louis de), receveur du domaine du roi à Auxerre, seign. de Vaurobert (3), 1618 (E. 491).

Franay (Claude de), chanoine d'Auxerre, et (Louis de), receveur du domaine du roi à Auxerre, seign. de Vaurobert, 1668 (E. 492).

Fritard (Gilles de), éc., seign. de Vézannes (4), 1549 (E. 650).

Fritard (Jacques de), éc., seign. en partie de Vézannes, 1610 (E. 719).

Frontin (Jacques), cons. du roi et auditeur de la Chambre des comptes de Normandie, seign. en partie de Montboulon (5), 1590 (E. 427).

Frontin (Arthus), cons. du roi et lieut. gén. du bailli de Gisors, seign. en partie de Montboulon, 1590 (E. 427).

Gaillart (Louis de), éc., seign. de Soleine (Venoy), 1495 (E. 373), 1516 (E. 377).

Gaillard (Pierre de), vivant éc., seign. du Carreau (6) ; « faisait partie de la comp. de M. de Guyse », 1570 (E. 492).

Gaillard (Louis et Etienne (7) de), seign. du Carreau, 1570 (E. 392 et 492).

Gauville (François de), chev., seign. de Panercy et d'Ascot, 1605 (E. 492).

(1) Cf. supra.
(2) Cf. supra.
(3) H , comm. de Levis (Y.)
(4) Comm., cant. de Tonnerre (Y.)
(5) Fermes, comm. de St-Georges et de Perrigny (Y.)
(6) Fief, comm. de Bleigny-le-Carreau (Y.), auj. détruit.
(7) Sa femme : *Marie de Borron.*

Gênes (Pierre de), éc., cap. de Beaulches (1), seign. de la Motte (2), Fontaine-Madame (3), 1521 (E. 379).

Geney (Philibert de), seign. de Montilley (4), Magny (5), Sennevoy (6), et en partie de Jussy (7), 1560 (E. 491).

Gentil (Yves de), seign. de Fleury (8), 1605 (E. 492).

Gérard (Paul de) (9), éc., seign. baron d'Azy (10), 1648 (E. 492).

Gerbault (Etienne) (11), seign. de Champlay (12) et de la Basse-Maison (13), 1567 (E. 391), 1580 (E. 492).

Geresme (René de) (14), seign. du dit lieu, de Ponthieu, Larpiné et Dampmartin, 1560 (E. 448).

Gervais (Félix), seign. en partie de Junay (15), 1584 (E. 680).

Giverlay (Jacques de), chev., seign. de Champoulet (16), de la Rivière en Burly (sic), 1524 (E. 380).

Glapyon (Louis de), archer de la comp. du duc de Nevers, seign. du dit Glapyon « parroisse de St-Ecollace au diocèze d'Alençon », 1550 (E. 650).

Gontier (Germaine), veuve Jean-Robert, éc., seign. de Villeneuve-St-Salves (17), 1526 (E. 495).

Gontier (Palamèdes), secrétaire du roi et trésorier de Bretagne, 1547 (E. 387).

Gornay (Balthazar de), éc., maréchal des logis de la comp. de M. de Prye, seign. de Toulanges, 1568 (E. 392).

Goye (Hélion de), éc., seign. de Jaulges (18), 1549 (E. 650).

(1) Seigneurie importante, comm. de Chevannes (Y.)

(2) H., comm. de Chevannes.

(3) Fief, comm. de Chevannes.

(4) Montillot (?), comm., cant. de Vézelay (Y.)

(5) Il y a 3 Magny dans l'Yonne ?

(6) Comm., cant. de Cruzy-le-Châtel (Y.)

(7) Comm., cant. de Coulanges-la-Vineuse (Y.)

(8) Comm., cant. d'Aillant (Y.)

(9) Sa femme : Catherine de la Bussière.

(10) Il y a plusieurs localités de ce nom dans la Nièvre ; aucune dans l'Yonne.

(11) Sa femme : Marie Charles.

(12) Comm., canton de Joigny (Y.)

(13) Fief, comm. d'Auxerre.

(14) Sa femme : Louise aux Epaules, fille de Jacques et de Christine de Ferrières.

(15) Cf. supra.

(16) Loiret.

(17) Comm., cant. de Ligny-le-Châtel (Y.)

(18) Comm., cant. de St-Florentin (Y.)

Grasset (Guillaume), seign. de Tracon (1), 1586 (E. 408).

Grasset (Jean), seign. des Barres, 1698 (E. 492).

Grave (Henri de), chev., seign. de Villefargeau (2), 1680 (E. 492).

Gravier (Bernardin de), éc., maitre-d'hôtel du duc de Nemours, seign. de Noyer et de Chastelard, 1560 (E. 448).

Grenon (Guyon), ec., seign. d'Hérisson (3), 1568 (E. 392).

Guedon (Pierre), éc., seign. de Presle « en Brye », 1571 (E. 492).

Guerbles (Lancelot, Loup et Louis de), vivants seign. de Croisy et du Boullay, 1563 (E. 492).

Guerneron (Antoine de) (4), éc., seign. de la « Mote de Blégny » (5), 1491 (E. 372).

Guerrard (Imbault de) (6), éc. à Epoisses, 1560 (E. 448).

Guillaume (Barthélemy), chev., lieut. gén. d'épée au baillage d'Avallon, cap. d'infanterie au régiment d'Artois, seign. de Sermizelles (7), 1734 (E. 492).

Guiot (Achille), éc., seign. de Verron, 1603 (E. 434).

Gutoy ou Gutry (Edme de) (8), éc., seign. de Tronchoy (9), 1560 (E. 656).

Haldes (Pierre du), baron d'Avril ou d'Avoil, premier valet ordinaire de la chambre du roi, seign. de Beaulches (10), 1577 (E. 491).

Haulbert (Jacques), éc., seign. de Junay, (cant. de Tonnerre), 1626 (E. 743).

Haubert (Charles), seign. de Junay, 1630 (E. 751).

Henay (Joseph de) (11), éc., seign. de Tholes, 1561 (E. 448).

Hodouard (Potentien) (12), éc., seign. de Michery (13), 1561 (E. 492).

Hospital (Elisabeth de l'), dame de Bassou (14), 1668 (E. 493).

(1) Ferme, comm. d'Ouanne (Y.)
(2) Comm. cant. d'Auxerre.
(3) H. comm. de Fontaines (Y.)
(4) Sa femme : Guillemette de Vauldré.
(5) Blégny, H., comm. de Coulangeron.
(6) Sa femme : Barbe Dinteville.
(7) Comm., cant. d'Avallon (Y.)
(8) Sa femme : Jeanne de Clercy.
(9) Comm., cant. de Flogny (Y.)
(10) Fief, comm. de Chevannes (Y.)
(11) Sa femme : Eugénie de Trone.
(12) Sa femme : Anne de Bolangiers.
(13) Comm., cant. de Pont-sur-Yonne (Y.)
(14) Cant. de Joigny.

Hubynes (.... de), éc., seign. de la Mothe-les-Rouvray, (1) 1530 (E. 439).

Hubynes (René de), seign. de la Mothe-les-Rouvray, 1576 (E. 492).

Hue (Jean) (2), baron de Courson (3), et de la Cour Ligny, 1593 (E. 429).

Igny (Christophe d'), éc., seign. de Réjaulcourt, d'Anglux en partie, en partie de Montjalin (4), et en partie de Santigny (5), 1528 et 1530 (E. 439).

Imperatore (Claude), pensionnaire du roi et hom. d'arm. de la comp St-Vallier, 1547 (E. N. N. Min. Chevillotte).

Jaucourt (Anne de), dame des Bordes (6), d'Estrées (7), de Marrault (8), et de Villeneuve-les-Presles (9), 1561 (E. 448).

Jaucourt (mineurs François, Jean, Jacques, Louis, Bernard, Edme, Pierre et Edmée de), seign. de Villarnoult (10), et de Rouvray (11), 1565 (E. 390, E. 448).

Jaucourt (Jacques de), vivant éc., seign. du Vault (12), 1584 (E. 491).

Jazu (René), éc , seign. de Mareuil (13), et de Junay en partie (14), 1630 (E. 751).

La Barre (François de), doyen du chapitre d'Auxerre, seign. en partie de la Vernière « parroisse de Chasnay » (15), 1579 (E. 493).

La Barre (Edme de), seign de Gérigny (16), 1579 (E. 493).

La Barre (Jacques de), éc., seign. de Fouronnes en partie (17), 1630 (E. 493).

(1) Probablement la Motte-sous-Buchin, comm. de Rouvray, cant. de Ligny-le-Châtel (Y.)

(2) Sa femme : Michelle Chaizière.

(3) Cant., arrond. d'Auxerre.

(4) H., comm. de Sauvigny-le-Bois (Y.)

(5) Comm., cant. de Guillon (Y.)

(6) Lieu trop fréquent pour être sûrement déterminé.

(7) H., comm. de Magny (Y.)

(8) H., comm. de Magny (Y.)

(9) H , comm. de Ste-Magnance (Y.)

(10) H., comm. de Bussières (Y.)

(11) Comm. Côte-d'Or.

(12) Vault-de-Lugny, cant. d'Avallon (Y.)

(13) Comm. de Fulvy (Y.), village détruit.

(14) Cf. supra.

(15) Chasnay, comm., cant. de la Charité (Nièvre).

(16) Ancien château et ferme, comm. de la Charité (Nièvre).

(17) Comm., cant. de Courson (Y.)

La Bastide (Antoine de), éc., cap. de 200 hommes du régiment de M. de Strocy (sic), [Strozzi], 1568 (E. 493).

La Berge (Alpin de), éc., seign. de Grinpray « près Esparnay », hom. d'arm. de la comp. de Monsieur, frère *unique* du roi, 1580 (E. 491).

La Borde (Jean de), éc., seign. de Serin en partie (1), 1509 (E. 491).

La Borde (Louis de), seign. des Bazins (2), 1543 (E. 493).

La Borde (Claude de), éc., seign. de Mouffy (3), 1571 (E. 396).

La Borde (Jean de), éc., seign. de Misery (4) et des Vergiers (5), 1571 (E. 427 bis).

La Borde (Pierre de), éc., seign. en partie de Magny-sur-Yonne (6), 1578 (E. 402).

La Borde (Germain de), éc., seign. en partie de Magny-sur-Yonne, 1680 (E. 492).

La Bourdaisière (cardinal de), évêque d'Auxerre, 1568 (E 392).

La Bussière (Guillaume de), éc., seign. de Chesnoy (7), 1570 (E. 394).

La Bussière (Guillaume de) (8), éc , seign. de la Bruère (9) et de Bourdin, 1572 (E. 493).

La Bussière (Claude de), éc., seign. de la Bruère « paroisse de Treigny » et du Chesnoy, 1584 (E. 406).

La Bussière (Louise de), veuve de Jacques de Paris, éc., seign. d'Arthé (10), 1579 (E. 491).

La Bussière (mineur Jacques de), fils de Guillaume et de Marie de Chuyn, 1597 (E. 491).

Lac (Marie du), dame de Villefargeau (11), 1541 (E. 384).

La Chateigneraie (Macé de) éc., prévôt d'Auxerre, seign. de Fournyl, 1509 (E. 376).

La Chaulme (Benigne de) (12), éc., seign. en partie du « Saulsoy

(1) H. comm. de Chevannes (Y.)
(2) Fief, comm. de Toucy (Y.)
(3) Comm., cant. de Courson (Y.)
(4) H., comm. de Crain (Y.)
(5) Fief, comm. de Coulanges-sur-Yonne, non cité au dict. top.
(6) H., comm. de Merry-sur-Yonne (Y.)
(7) Fief, comm. de Levis (Y.)
(8) Sa femme : Marie de Chuyn.
(9) La Bruyère, fief, comm. de Treigny (Y.)
(10) Fief, comm. de Merry-le-Vallée (Y.)
(11) Comm., cant. d'Auxerre.
(12) Sa femme : Catherine de Boutillat.

dylan » (1) et de la Valette (2) « paroisse de Chydes (3), diocèse d'Autun », 1529 (E. 439).

La Coudre (Jean de) (4), éc., lieut. de cavalerie et aide-major au régiment de Lambert, seign. de Maisonneuve, 1677 (E. 493).

La Coudre (Jacques de), éc., seign. de Maisonneuve, 1718 (E. 493).

La Croix (Pierre de) éc., cap. du comté de Tonnerre, seign. de Pimelles (5) et Villedieu, 1579 (E. 674).

La Curne de Sainte Pallaye, célèbre historien, 1729 (E. 493).

La Due [Laduz] (Louis de), éc., seign. de la Pommeraie (6), 1541 (E. 384) et de Vieux-Champs (7), 1546 (E. 386).

Laduz (Claude de), éc., seign. de Vieux-Champs, 1603 (E. 434).

Laduz (François de), chev., seign. de Vieux-Champs, 1675 (E. 493).

La Fontaine (François de), seign. en partie d'Egriselles (8), 1542 (E. 491).

La Grange (Jean de), vivant éc., seign. de Dracy (9), 1566 (E. 493).

Lalande (Alexandre de), éc., seign. du dit lieu (10), 1543 (E. 493).

La Motte (Claude de), chev. de l'ordre du roi, gentilhomme de sa chambre, seign. en partie de Soleine (11), 1584 (E. 407).

La Mousse (Antoine de), le jeune, éc., seign. de la Faye (12), 1563 (E. 492).

Lamy (Pierre), seign. du petit Monéteau (13), 1508 (E. 375).

Lang (Claude de), veuve Jean Stuart, éc., seign. de Vézinnes (14) et Fontaine Géry (15), 1552 (E. 652).

(1) Le Saulce, fief, comm. d'Island (Y.)

(2) Le dict. top. de la Nièvre ne cite pas ce fief.

(3) Chiddes, comm., cant. de Luzy. La plus ancienne forme donnée par le dictionnaire « Chides » est tirée d'un pouillé d'Autun du XIVe siècle. L'indication contenue dans l'acte de 1529 est donc certaine.

(4) Il est fils de feu Jacques de la Coudre, seign. de Vincelles et d'Anne de Paluau.

(5) Comm., cant. de Cruzy-le-Châtel (Y.)

(6) Pommeraie (Haute et Basse), h., comm. de Treigny (Y.)

(7) H., comm. de Charbuy (Y.)

(8) H., comm. de Venoy (Y.)

(9) Comm., cant. de Toucy (Y.)

(10) Lalande, comm., cant. de Toucy (Y.)

(11) H., comm. de Venoy (Y.)

(12) Ferme, comm. de Saint-Bris (Y.)

(13) Létau, h., comm. de Monéteau (Y.)

(14) Comm., cant. de Tonnerre.

(15) Fief, comm. de Tonnerre.

Langhac (Marc de, dit de Lespinasse) (1), seign. du dit lieu et d'Esnon (2) 1544 (E. 493).

Langhac (François de) chev., seign. baron du dit lieu, de Villeneuve, Monclair, Cottenges, d'Arlec, Domeracq et Bressac, vicomte de la Mothe, 1544 (E. 493).

Langues (Chatherine de), veuve Hélyon de Mailly, seign. de Flogny (3) etc., 1565 (E. 657).

Launaulx (Jean de), seign. de la Brosse (4), 1512 (E. 507).

Lanty (Philibert de), éc., seign. de Railly (5), 1597 (E. 464).

La Perrière (Raphaël de), éc., seign. de Fresnes (6), 1624 (E. 742).

La Plâtière (Imbert de) (7), maréchal de France, gouverneur du pays de Piémont et marquisat de Saluces, seign. de Bourdillon, baron d'Epoisses, seign. de Ragny (8), Montréal (9), etc, 1565 (E. 448).

La Porte (François de), éc., seign. en partie de Soleine (Venoy) (Y.), 1560 (E. 491).

La Porte (Denis de) (10), éc., seign. de Chouilly (11), 1572 (E. 493).

La Porte (Elisabeth de), veuve Joseph du Mottet, chev., seign. d'Arthé (12), 1673 (E. 493).

La Plume (Antoine de), éc., hom. d'arm. du duc de Guise, 1576 (E. 669).

La Plume (Louis de), éc., seign. de Lantages, cap. pour le roi au donjon de Semur, 1576 (E. 669).

La Rible (Jacques de) (13), éc., seign. de Maulusant et en partie de Bazarne (14), « gentilhomme servant la maison de Monsieur », 1583 (E. 404).

(1) Sa femme : Françoise Raguier.
(2) Comm., cant. de Brienon (Y.)
(3) Cant., arrond. de Tonnerre.
(4) Ferme, comm. de Venoy (Y.)
(5) Fief, comm. de Saint-Germain-des-Champs (Y.)
(6) Comm., cant. de Noyers (Y.)
(7) Plus connu sous le nom de maréchal de Bourdillon.
(8) H., comm. de Savigny-en-Terre-Plaine (Y.)
(9) Comm., cant. de l'Isle-sur-Serein (Y.)
(10) Sa femme : Philiberte de Mathelan.
(11) Fief, comm. d'Auxerre, lieu détruit.
(12) Fief, comm. de Merry-la-Vallée (Y.)
(13) Sa femme : Marguerite de Pernay.
(14) Comm., cant. de Vermenton (Y.)

La Rivière (François de) (1), éc., seign. du dit lieu, 1516 (E. 377).

La Rivière (Jean de) (2), seign. baron du dit lieu, 1555 (E. 493).

La Rivière (Hubert de), chev. chambellan, « de monseigneur le duc, filz et frère de roy » [Monsieur], seign. et baron de la Rivière, vicomte de Quincy, seign. de Beine (3), de Corvol d'Embernard (4), 1583 (E. 493).

La Rivière (Gabrielle de), veuve François de Beaujeu, éc., seign. de Serrigny (5), etc., 1591 (E. 689).

La Rivière (Claude de), seign. de La Borde (6), des Rameaux (7), etc., 1617 (E. 491).

La Rivière (Edme de), seign. de Migé (8), 1618 (E. 493).

La Roche (Jean de), éc., seign de la Vayre, 1510 (E. 438).

La Roche (Gaspard de), éc., seign. de Percey (9), 1549 (E. 650).

La Roche Esmon (sic) (Augustin de), archer de la comp. de M. de Prye, 1568 (E. 492).

La Roère (Marguerite de), veuve de François de la Rivière, le jeune, dame de Quincy le Vicomte, 1562 (E. N. N. Min. Côte-d'Or).

La Rue (Henri de), chev., seign. de Montfé (10), 1659 (E. 493).

Larville (Pierre), cap. de Girolles (11), 1513 (E. 376).

La Sauvin (Simon de), seign. du dit lieu (12), 1505 (E 375).

La Toille (Jean), vivant prêtre, seign. en partie de Fley (13), 1509 (E. 376).

La Tournelle (Nicolas-François de) (14), comte du dit lieu, seign. de Leugny (15), Etrizy (16), Cussy, le Souchet « et autres lieux », 1695 (E. 493).

Lauverjat (Jean), seign. de Nanteau (17), 1570 (E. 394), 1597 (E. 430).

(1) Pour les la Rivière voir Bureau.
(2) Sa femme : Isabeau de Dinteville.
(3) Comm., cant. de Chablis (Y.)
(4) Comm., cant. de Brinon (Nièvre).
(5) Comm , cant. de Tonnerre.
(6) Fief, comm. de Leugny (Y.)
(7) H., comm. de Lalande (Y.)
(8) Comm., cant. de Coulanges-la-Vineuse (Y.)
(9) Comm., cant. de Flogny (Y.)
(10) Montfey, comm., cant. d'Ervy (Aube).
(11) Comm., cant. d'Avallon.
(12) La Sauvin, h., comm. d'Etais (Y.)
(13) Comm., cant. de Tonnerre.
(14) Sa femme : Anne-Marie-Louise Le Vayer.
(15) Comm., cant. de Toucy (Y.)
(16) Fief, comm. d'Ouanne (Y.)
(17) H., comm. de Migé (Y.)

Laveau (Henri de), éc., hom. d'arm. de la comp. du duc de Savoie, 1560 (E. 448).

Lavau (Claude), éc., seign. de Provency (1), 1659 (E. 492).

La Violette (Bonaventure de), lieut. de la comp. des gens de pied du baron de Lux, 1601 (E. 431).

Le Bascle d'Argenteuil (Marie), veuve d'Edme de Boucher, chev., seign., baron de Milly (2), 1680 (E. 492).

Le Bascle (Louis), chev., comte d'Argenteuil (3), seign. de Beauregard, etc., 1680 (E. 492).

Le Bascle (Charles), chev., baron de Moulins (4), seign. en partie d'Argenteuil, etc., 1680 (E. 492).

Le Bourgoin (Charles), chev., seign., marquis de Faulin (5), Lucy (6), Rèze (7), Coulanges-sur-Yonne (8) « et autres lieux », 1680 (E. 493).

Le Bryois (François) (9), seign. de Vincelottes (10), 1567 (E. 391), 1583 (E. 404).

Le Caron (Michel), chanoine d'Auxerre, docteur en médecine, seign. de Milly près Chablis (Y.), 1508 (E. 375).

Le Chaintier (Guillaume), seign. de Moulins [sur Ouanne] (11), 1517 (E. 412).

Leclerc (Jean) (12), seign. de l'Isle-sous-Tronchoy (13), 1549 (E. 650), argentier de la maison du prince de Condé, 1565 (E. 657).

Leclerc (Claude André), éc., seign. de Château du Bois « et autres lieux », 1668 (E. 493).

Leclerc (Edme), vivant cons. du roi, « premier président » au présidial d'Auxerre, seign. des Barres, 1698 (E. 492).

Lecourt (François), seign. de Béru (14), 1636 (E. 756).

(1) Comm., cant. de l'Isle-sur-Serein (Y.)
(2) Comm., cant. de Chablis (Y.)
(3) Comm., cant. d'Ancy-le-Franc (Y.)
(4) Moulins-sur-Armançon, comm., cant. de Noyers (Y.)
(5) Seigneurie, comm. de Lichères près Vezelay (Y.)
(6) Lucy-sur-Yonne, comm., cant. de Coulanges-sur-Yonne.
(7) Fief, comm. de Lucy-sur-Yonne.
(8) Cant., arrond. d'Auxerre.
(9) Sa femme : Gabriel Hodouard.
(10) Comm., cant. de Coulanges-la-Vineuse (Y.)
(11) Comm., cant. de Toucy (Y.)
(12) Fils de Jean, seign. de l'Ile-sous-Tronchoy et d'Adrienne de Piget.
(13) H., comm. de Tronchoy (Y.)
(14) Comm., cant. de Tonnerre.

Le Marchant (Claude), chev., élu pour le roi à Auxerre, seign. du Bouchet (1), 1521 (E. 379).

Le Marchant (Germain), seign du Bouchet « près Cravan » (2), 1583 (E. 404).

Le Mignot (Erard), éc., valet de chambre du roi, élu de Tonnerre, seign. de Rameau (3), etc., 1476 (E. N. N. Min. Côte-d'Or).

Le Mignot (Marion), dame de Montlion et Grange Barrault « en la châtellenie de Césy » (4), 1477 (E. N. N. min. Côte-d'Or).

Lemuet (Claude et Charles), seign. de Merry-Sec (5), 1507 (E. 491).

Lemuet (Jean), seign. de Toussac (6), 1564 (E. 493).

Lemuet (Charles), seign. de Merry-Sec et d'Ardeau (7), 1567 (E. 491).

Lemuet (François), seign. de Vevre, 1576 (E. 401).

Lemuet (Léonard), seign. de Corbelin (8) « proche Varzy », 1582 (E. 408).

Lemuet (François), seign. de Vesvres et d'Ardeau (9), 1597 (E. 430).

Lenfernat (Louis et Artus de), seign. de la Mothe-Frenoy (10), 1566 (E. 493).

Lenfernat (Louis de), éc., seign. de la Mothe Frenoy, Fleury (11), Neuilly (12) et Chasnay (13) en partie, 1579 (E. 402 bis).

Lenfernat (Jacques de) (14), éc., gentilhomme de la chambre de « Monseigneur le duc, fils et frère de roy » [Monsieur], seign. de Prunières (15), Lalande (16), les Fourneaux (17) Champ-le-roi, près Toucy (18), 1584 (E. 491).

(1) Fief, comm. de Bazarne (Y.)
(2) Fief, comm. de Bazarne (Y.)
(3) H., comm. de Collan (Y.)
(4) Fief, non cité par le dict. top.. Cézy, comm., cant. de Joigny (Y)
(5) Comm., cant. de Courson (Y.)
(6) H., comm. de Champs (Y.)
(7) Fief, comm., de Merry-Sec (Y.)
(8) Fief, comm., de la Chapelle-St-André (Nièvre).
(9) Cf. supra.
(10) Fief, comm. de Charbuy (Y.)
(11) Comm., cant. d'Aillant (Y.)
(12) Comm., cant. d'Aillant (Y.)
(13) Comm., cant. de la Charité ou h. de la comm. de Marzy (Nièvre).
(14) Sa femme : Madeleine de Courtenay.
(15) Fief., comm. de Branches (Y.)
(16) Comm., cant. de Toucy (Y.)
(17) Foineaux (les), fief, comm. de Lalande (Y.)
(18) Non cité par le dict. top. de l'Yonne.

Lenfernat (François de), éc., seign. de la Mothe de Gurgy (1), 1597 (E. 491).

Lenfernat (Jacques de), baron de Prunières (2), 1605 (E. 492).

Lenfernat (Edme de) (3), éc., gendarme de la garde du roi, seign. de la Mothe Gurgy, 1605 (E. 493).

Lenfernat (Edme de), éc., seign. de la Mothe Gurgy, 1725 (E. 493).

Le Prévost (Pierre) (4), éc., seign. de Volgré (5) et de Senan (5), 1550 (E. 493).

Leprince (François), vivant seign. de Villeneuve-Saint-Salve (6), 1572 (E. 493).

Leprince (Laurent) (7), seign. en partie de Soleine (8), 1584 (E. 407) et du Buisson (9), 1601 (E. 431).

Leprince (Gaspard), seign. de Villeneuve-Saint-Salve (10), 1594 (E. 429).

Leprince (Jean), seign. de Soleine et du Buisson, « maire de ceste ville d'Aucerre », 1603 (E. 433).

Leprince (François), seign. de Soleine, 1622 (E. 493).

Leprince (Louis et Pierre), seign. de Soleine, 1668, 1678 (E. 493).

Leprince (Olivier) (11), vivant seign. de Soleine, 1668 (E. 493).

Leprince (Edmée), veuve Jacques du Tillet, seign. de la Bussière (12), 1668 (E. 493).

Le Rotier (Edme) gouverneur de la ville et comté d'Auxerre, seign. de Villefargeau (13), 1505 (E. 375).

Le Royer (Jean), éc., seign. en partie de la Motte de Jully (14), 1571 (E. 395).

(1) Non cité par le dict. top. de l'Yonne, Gurgy, comm. du cant. de Seignelay (Y.)

(2) Cf. supra.

(3) Sa femme : Marie Muiot.

(4) Qualifié gendre de Léonard de Prades, seign. d'Aran.

(5) Comm., cant. d'Aillant (Y.)

(6) Comm., cant. de Ligny-le-Châtel (Y.)

(7) Sa femme : Perrette Sainctyon. — 1586 (E. 409).

(8) H., comm., de Venoy (Y.)

(9) H., comm., de Venoy.

(10) Dans un acte de 1582 (E. 405) il est cité frère de Laurent, fils de Louise de Villemort, dame de Soleine et de Villeneuve-Saint-Salve, veuve de François Leprince.

(11) Sa femme : Marie Martin.

(12) Fief, comm. de Treigny (Y.)

(13) Comm., cant. d'Auxerre.

(14) Jeuilley, h., comm. de Merry-la-Vallée et Saint-Martin-sur-Ocre. Le dict. top. cite encore en 1709 « *la Mote Juilly* ».

Le Royer (Sébastien) chanoine d'Auxerre, seign. en partie de la Motte de Jully, 1571 (E. 395).

Le Royer (Edme) (1), éc., seign. de la Vallée, 1578 (E. 402).

Le Royer (Jean), vivant éc., seign. de la Mothe Cudot (2), 1584 (E. 493).

Lescolle (Denis de), éc., archer de la Compagnie du roi de Pologne, demeurant aux Molinards, paroisse d'Escamps (Y.), 1574 (E. 399).

Lesourt (Louise), veuve de Gilles de Boniez ou Boviez, seign. de Ris (Nièvre), 1580 (E. 493).

Lesourt (Robert) (3) seign. de la Maison neuve, 1586 (E. 408).

Lespinasse (Claude de), éc., seign. de Brion (4), 1559 (E. 498).

Leviste (Antoine), éc., cons. du roi, rapporteur et correcteur de la chancellerie à Paris, seign. de Vézinnes (5), et Fontaine-Géry (6), 1505 (E. 375).

Lichy (Catherine de), veuve de Claude de Hubynes, dame de la Mothe-les-Rouvray (7), et en partie de Montjalin (8), 1530 (E. 439).

Loinse (Charles de), seign. de Bapaume (9), 1574 (E. 400).

Lombard (Antoine), éc., cap. des francs archers des élections de Troyes, Tonnerre et Vézelay, seign de Poilly [sur Serein ?] (10), 1476 (E. N. N. Min. Côte-d'Or).

Lombert ou Lonbard (François de) (11), éc., cap. d'Epoisses, hom. d'armes de la compagnie du maréchal de Bourdillon, seign. de Marcy, 1562, 1564 (E. 448).

Lombard (Pierre), cons. du roi en son grand conseil, commissaire député « à la recherche des usures », 1586 (E. 407).

Longneau (Jean de), vivant seign. de Parville et de Thorigny (12), 1517 (E. 378).

Loron (Jean de), éc., hom. d'arm. de la compagnie de M. de Bourdillon, seign. de Domecy-sur-Cure (13), vers 1550 (E. 440).

(1) Sa belle-mère est Madeleine de Saint-Estienne, veuve de noble Jean Dacarie.

(2) Fief, comm. de Neuilly (Y.)

(3) Sa femme : Nicolle de Bausset.

(4) Comm., cant. de Joigny.

(5) Comm., cant. de Tonnerre.

(6) Fief, comm. de Tonnerre.

(7) Côte d'Or ou cf. supra, p. 570 du recueil.

(8) H., comm. de Sauvigny-le-Bois (Y.)

(9) H. dépendant des comm. de Dollot et de Vallery (Y.)

(10) Comm., cant. de Noyers (Y.)

(11) Sa femme : Jacqueline Leblond.

(12) H., comm. de Bleigny-le-Carreau (Y.)

(13) Comm., cant. de Vézelay (Y.)

Loron (David de) (1), vivant chev., seign. de Châtenay (2), 1698 (E. 492).

Loron (Louise de), veuve Charles de Boulainvilliers, seign. de Fouronnes (3), 1698 (E. 492).

Lotin (Robert), cons. du roi à la cour des aides à Paris, seign. en partie de Charny « en France », 1541 (E. 384).

Loyset (Claude), seig. d'Escolives (4), 1601 (E. 431).

Luze (Johannes de), éc., maréchal de camp d'un régiment « de gens de pied françoys », 1591 (E. 493).

Lys (Louis du), éc., hom. d'arm. de la compagnie de M. de Rochefort, gouverneur d'Auxerre, 1570 (E. 394).

Maillard (Léonard de), vivant chev., seign. de la Boissière, 1698 (E. 492).

Mailly (Hélyon de) (5), vivant chev. de la cour du Parlement de Bourgogne (*sic*), seign. de Flogny (6), etc., 1565 (E. 657).

Mailly (African de), chev., lieut. de 50 hom. d'arm. des ordonnances du roi, co-seigneur d'Ars-sur-Thil (7), Flogny, etc., 1565 (E. 657).

Mailly (Jacques de), chev., co-seign. d'Ars-sur-Thil, Flogny, etc., 1565 (E. 657).

Mais (Claude de) (8), éc., archer de la garde du corps du roi, demeurant à Thorey (9), 1556 (E. 655).

Malan (Charles de), chev., baron de Seignelay (10), et Hauterive (11), 1605 (E. 492).

Malleret (Pierre de), éc., « naguières » hom. d'arm. de la compagnie de Monsieur [frère du roi] et « de présent » hom. d'arm. de la compagnie de M. de Rochefort, gouverneur d'Auxerre, 1570 (E. 394, E. 493).

Mandelot (Antoine de), seigneur de Pizy (12), 1475 (E. N. N. Min. Côte-d'Or).

(1) Sa femme : Claude d'Aulnay.
(2) Fief, comm. d'Arcy-sur-Cure (Y.), dans l'intérieur du bourg.
(3) Comm., cant. de Courson (Y.)
(4) Comm., cant. de Coulanges-la-Vineuse (Y.)
(5) Sa femme : Catherine de Langues.
(6) Cant. arrond. de Tonnerre.
(7) Arc-sur-Tille, comm. (Côte-d'Or).
(8) Sa femme : Marie Danneguy.
(9) Comm. cant. de Cruzy (Y.)
(10) Cant., arrond. d'Auxerre.
(11) Comm., cant. de Seignelay (Y.)
(12) Comm., cant. de Guillon (Y.)

Mandelot (Guillaume de), éc., seign. de Fontaine Géry (1), 1549 (E. 650).

Mandelot (Georges de), éc., seign. de Pacy-sur-Armançon (2), 1550 (E. 651) ; gouverneur de Lyon, du Lyonnais, etc., seign. de Pacy-sur-Armançon, Vireaux (3), etc., 1572 (E. 664).

Maraffin (François de), seign. d'Avigneau (4) 1507 (E. 491).

Maraffin (François de) (5), chev., seigneur d'Avigneau, de Guerchy (6), 1565 (E 493), enseigne de la compagnie de M. de Coligny, 1572 (E. 493).

Marcey (Jean et Christophe de), seign. en partie de Santigny (7), 1530 (E. 439).

Marcy (Thomas de), demeurant à Santigny, 1561 (E. 448).

Marsay (Sébastien de), éc., seign. de Souchet (8) « en la paroisse de Branches » (9), 1580 (E. 493).

Marsay (François de) (10), seign. en partie du petit Monéteau (11), 1580 (E. 493).

Marsay (Jean de), éc., seig. de Monéteau, 1583 (E. 404).

Martigny (Jeanne de) veuve de Henry *bastard* de Savoisy, 1497 (E. 373).

Martineau (Claude), seigneur de Monjou et de Véron (12), 1680 (E. 493).

Martineau (Claude), seign. des Chesnez (13), 1712 (E. 493).

Masquin (François de), éc., seign. de *Malleefontaine* (14), 1584 (E. 406).

Massé (Ambroise), seign. de Pesteau (15), 1633 (E. 493).

Mathelain (Charles de), éc., seign. de Marainville et des Tabouraux (16), 1596 (E. 695).

(1) Fief, comm. de Tonnerre.
(2) Comm., cant. d'Ancy-le-Franc (Y.)
(3) id. id.
(4) H. comm. d'Escamps (Y.)
(5) Sa femme : Marie de Champs.
(6) Comm., cant. d'Aillant (Y.)
(7) Comm., cant. de Guillon (Y.)
(8) Le dict. top. ne mentionne pas ce fief.
(9) Comm., cant. d'Aillant (Y.)
(10) Sa femme : Louise de la Motte.
(11) Létau, h., comm. de Monéteau (Y.)
(12) Comm , cant. de Sens.
(13) H., comm. d'Auxerre.
(14) Malfontaine, ferme comm. de Brosses (Y.), auj. détruite.
(15) H , comm. de Merry-Sec (Y.)
(16) H., comm. de la Ferté-Loupière (Y.)

Mauldre (Etienne de) (1), éc., seign. de la Guibardière (2), y demeurant « paroisse de Champignelles » (3), 1605 (E. 493).

Magny (Léon de) (4), valet de chambre du roi et de la reine 1577 (E. 49 1) ;« gentilhomme servant de la maison du roy » (5), seign. d'Avigneau (6), 1585 (E. 491).

Mauny (Louis de), seign. de Ribourdin (7) et d'Avigneau en partie, 1587 (E. 491).

Mauregart (Audry de), trésorier du Dauphiné, 1483 (E. 369).

Meung (Jean-Michel de la Ferté de), chev., seign. de la Cour Beaumont, 1723 (E. 493).

Michau (Gilles), éc., seign de la Mothe-Proteau (8), 1553 (E. 493).

Michau (Jean), seign. d'Alpin (9), 1562 (E. 389).

Michau (Reynault), éc., seign. d'Alpin, 1603 (E. 433).

Millault (Pierre de), éc., seign. de *Vaulx-lez-Esgleny* (10), 1530 (E. 420).

Monjeu (Antoine de), seign. de Percey (11) et de Butteaux (12), 1566 (E 492).

Montalembert (André de). éc., seign. de Dessey, cap. de 200 chevaux, puis lieut. « de par le roy » de Mgr le duc de Montpensier, 1541 (E. 493).

Montbellert (Thomas de), vivant éc., seigneur en partie de Santigny (13), 1561 (E. 448).

Monteau (Jean de), éc., seign. de Jaulges (14) et de Chéu (15) en partie, 1605 (E. 492).

(1) Sa femme : Perrette de Manieux.

(2) Le dict. top. ne mentionne pas ce fief.

(3) Comm., cant. de Bléneau (Y.)

(4) Nom erroné par le notaire. Il signe Léon de Mauny et est, d'après l'acte, frère du seigneur de Beaulches, Pierre du Haldes. Or, Mauny est un fief sur la même paroisse que la seigneurie de Beaulches (Chevannes). (Voir note à l'avant-propos de ce chapitre.)

(5) Sa femme : Marie de Chuyn.

(6) H., comm. d'Escamps (Y.)

(7) Fief, comm. de Chevannes (Y.)

(8) Fief, comm. d'Egleny (Y.)

(9) H. comm. de Lindry (Y.)

(10) Vaux, h., comm. de Merry-la-Vallée (Y.)

(11) Comm., cant. de Flogny (Y.)

(12) id. id.

(13) Comm., cant. de Guillon (Y.)

(14) Comm., cant. de Saint-Florentin (Y.)

(15) id. id.

Montgarny (Barbe de), veuve en première noces de Jacques de Ruel, éc., cap. de 50 hom. d'arm., seign. de la Boissière, et en seconde noces de Pothal Anthoni, éc., seig. de Cartignan, 1605 (E. 491).

Monjot (Pierre de), seigneur en partie des Brions (1), 1552 (E. 652).

Morant (Jean de), éc., seigneur de la Resle (2) en partie, 1601 (E. 431).

Morant (Claude de) (3), éc., seig. de la Resle, 1641 (E. 493); seign. en partie de Linant (4), 1658 (E. 491).

Morant (Louise de), veuve Edme de Bellanger, éc., seign. de Villeneuve-sous-Buchin (5), 1680 (E. 492).

Mordunce (Jean), gentilhomme napolitain « demeurant à présent à Coursan » (Aube), 1591 (E. 687).

Moreau (Hubert), seign. de Courtenay (6), 1603 (E. 434).

Morin (Hérard), seig. de « Rozay-les-Sens » (7), 1508 (E. 375).

Moroge (Anne de), veuve Léon de Chastellux, seign. d'Avigneau (8), 1645 (E. 500).

Mottet (Henri du) (9), chev., seign. d'Arthé (10), 1675 (E. 493).

Mourellin (François de), éc., seign. de Monceaux, 1680 (E. 493).

Murot (Edme) (11), seign. de Jaffort (12) et de La Borde de Serain (13), 1691, 1695 (E. 493), 1692 (E. 495).

Née (Pierre), secrétaire du prince de Condé, 1630 (E. 493).

Neufviz [Neuvy] (Jacques de), éc., seign. de Thorigny [sur Oreuse] (14) et en partie de Carisey (15), 1555 (E. 654).

Nicey (Jean de), seign. du dit lieu, de Quenne (16) et de Nangis (17), 1527 (E. 380).

(1) H., comm. de Tonnerre (Y.)
(2) Fief, comm. de Montigny (Y.)
(3) Sa femme : Charlotte de Boucher.
(4) H., comm. de Turny (Y.)
(5) H., comm. de Venouse (Y.)
(6) H., comm. de Vermenton (Y.)
(7) Rozoy, comm., cant. de Sens (Y.)
(8) H., comm., d'Escamps (Y.)
(9) Son père Joseph avait été seign. de ce lieu.
(10) H., comm. de Merry-la-Vallée (Y.)
(11) Sa femme : Jeanne de La Chasse.
(12) Fief, comm. de St-Aubin-Château-Neuf (Y.)
(13) Borde (la) château ruiné, comm. de Chevannes (Y.)
(14) Comm., cant. de Villeneuve-l'Archevêque (Y.)
(15) Comm., cant. de Flogny (Y.)
(16) Comm., cant. d'Auxerre.
(17) H., comm. de Quenne.

Nizon (François), seign. de la Patinière et de la forêt Gazelin, 1668 (E. 493).

Normant (Jean Le), éc., seign. de Jaulges (1) et de Beaumont (2), 1541 (E. 492).

Odibert (Louis), chanoine d'Avallon, maitre et principal du collège de Cambray, à Paris, 1531 (E. 494).

Paroy (Jacques de), seign. de Maureparé (3), 1516 (E. 377).

Partenay (Guillaume de), vivant seign. de Poinchy (4), Fley (5), etc., 1509 (E. 376).

Pé (Hervé du), seign. de la Bruère, 1541 (E. 384).

Pé (Pierre du), seign. de Tannerre (6), 1541 (E. 384).

Petit (Guillaume), éc., seign. de Véteulx (*sic*) en partie, 1517 (E. 412).

Petitfou (Laurent), abbé de Saint-Père d'Auxerre, archidiacre d'Auxerre, seign. en partie de Thorigny (7), 1570 (E. 393).

Petitfou (Claude), seign. de Bounon (8), 1579 (E. 402 bis).

Picard (Pierre) (9), seign. en partie de Thorigny (Bleigny-le-Carreau), 1570 (E. 393).

Pierron (François), aumônier ordinaire du roi, abbé de l'abbaye de Quincy, etc., 1596 (E. 697).

Piget (Adrienne de), veuve Jean Leclerc, seign. de l'Ile-sous-Tronchoy (10), 1549 (E. 650).

Piget (Henri), seign. en partie de Vézannes (11), 1555 (E. 654).

Pignard (Pierre) (12), cons. du roi, maître ordinaire de ses comptes à Paris, seign. de Chasenfet, Varennes et Vincelles (13), 1566 (E. 491).

Pin (Jean du), éc., seign. de Vézannes (Yonne), 1560 (E. 656).

Pinagot (Claude), seign. en partie de Vézannes, etc., 1556 (E. 655).

(1) Comm., cant. de Saint-Florentin (Y.)
(2) Comm., cant. de Seignelay (Y.)
(3) H., comm. de Tannerre (Y.)
(4) Comm., cant. de Chablis (Y.)
(5) Comm., cant. de Tonnerre.
(6) Comm., cant. de Bléneau (Y.)
(7) H., comm. de Bleigny-le-Carreau (Y.)
(8) H., comm. de Merry-Sec (Y.)
(9) Sa femme : Anne Chacheré.
(10) H., comm. de Tronchoy (Y.)
(11) Comm., cant. de Tonnerre.
(12) Sa femme : Françoise du Tillet.
(13) Comm., cant. de Coulanges-la-Vineuse (Y.)

Pinon (Pierre) (1), seign. de La Sauvin (2), 1505 (E. 375).

Pion (Germain), éc., seign. du Bourg et de Bazarne (3), 1594 (E. 429).

Plailly (Christophe de), chev., bailli de Sens, 1476 (E. N. N. Min. Côte-d'Or).

Pontaille (Gratien de), éc., seign. de Vulaines (Aube), 1564 (E. 475).

Pontalier (Philibert de) (4), chev. de l'ordre du roi, seign. baron de la Motte-Lovain et de Lauge, 1592 (E. 491).

Potherat (Benoit), éc., seign. de Clermont, mousquetaire du roi (2e comp.), 1750 (E. 493).

Prades (Liénard de), éc., seign. d'Aran (5) et d'Ouanne (6) en partie, 1513 (E. 376).

Prades (Jean de), éc., seign. d'Aran, 1537 (E. 384).

Prades (Marguerite de), veuve de Philippe de Duisant, dame d'Ouanne en partie, 1573 (E. 491).

Pramy (Jean de), éc., seign. de Vorcura (?), 1505 (E. 375).

Prye (Aymard de), chev., seign. baron de Toucy (7), seign. de Prye, Moupopon, Lézilles, Cheureau et Cermoise, 1506 (E. 491); en 1519 (E. 492) qualifié de cons., chambellan du roi et grand maitre des arbalétriers de France.

Prye (Edme de), chev. de l'ordre du roi, cap. de 50 hom. d'arm. de ses ordonnances et son lieut. dans l'Auxerrois, seign. de Prye, 1568 (E. 392).

Prye (Réné de), baron de Toucy, lieut. de 50 hom. d'arm. sous la charge de Mgr de Prye, 1568 (E. 493).

Puy (Madeleine du), veuve Jean Rochefort, chev., seign. du dit Rochefort, dame du Lyot en Sologne, 1563 (E. N. N. Min. Côte-d'Or).

Puys (Léger et Guillaume du), seign. en partie de Nantenne (8), 1525 (E. 491).

Quiestrelin (Olivier de), seign. du Bouchet (9), Prégilbert (10), Sainte-Pallaye (11), 1594 (E. 429).

(1) Sa femme : Marie de Sacquereau.
(2) H., comm. d'Etais (Y.)
(3) Comm., cant. de Vermenton (Y.)
(4) Sa femme : Marie de Veilhan.
(5) H., comm. de Parly (Y.)
(6) Comm., cant. de Courson (Y.)
(7) Cant., arrond. d'Auxerre.
(8) H., comm. d'Escamps (Y.)
(9) Fief, comm. de Bazarne ou comm. de Mailly-la-Ville (Y.)
(10) Comm., cant. de Vermenton (Y.)
(11) Comm., id.

Quiquellet (Pierre de) (1), éc., seign. de la Brosse, « paroisse « de Vilmandeur près Montargis » (2), 1543 (E. 493).

Quoquart (Adrien), éc., seign. de Junay(3) et de « Pommart » (4), 1475 (E. N. N. Min. Côte-d'Or).

Rabutin (Christophe de), seign. de Bourbilly, 1529 (E. 439).

Racault (Roch de), éc., gendarme de la comp. du Dauphin, seign. de Reuilly (5), Bertheau (6), Berceau (7) et Beaurin (8), 1605 (E. 491).

Raguier (Jean), éc., seign. d'Esternay, 1544 (E. 493).

Rambures (Jean de) (9), baron seign. de Toucy, 1538 (E. 491).

Rancuin (Louis de), seign. de Bolay, 1512 (E. 507).

Raoulx (Odes de), éc., seign. d'Armélye, 1579 (E. 402 bis).

Reaulx (Louise des), veuve René de Jaucourt, seign. du Vau (10), 1572 (E. 492), et en secondes noces de Pierre de Gallet, seign. de Guéret, 1584 (E. 491).

Regnaudin (Jean-Etienne), seign. de Thorigny (11), 1668 (E. 494).

Régnier (Jean), éc., lieut. gén. du bailliage d'Auxerre, seign. de Montmercy (12), 1494 (E. 373).

Régnier (Edme), éc., seign. de Guerchy (13), 1537 (E. 383).

Régnier (Claude de), chev., seign. baron de Guerchy, de Bazarne (14) « et autres lieux », 1648 (E. 492).

Régnier (Marie), veuve Giles Lamy, éc., seign. du petit Monéteau (15), 1508 (E. 374).

Rémigny (Guillaume de), éc., seign. de Joux (16) 1509 (E. 376).

(1) Sa femme : Marguerite de Lalande.
(2) Villemandeur, comm., cant. de Montargis (Loiret).
(3) Comm., cant. de Tonnerre.
(4) Pomard, chât., comm. du Val de Mercy (Y.), auj. détruit.
(5) Reuillis (les), ferme, comm. de Leugny (Y.)
(6) Bertheaux (les), h., comm. de Parly et de Toucy (Y.)
(7) Berceau (le), fief, comm. de Saint-Aubin-Château-Neuf (Y.)
(8) Beaureins, ferme, comm. de Saint-Georges (Y.)
(9) Sa femme : Françoise d'Anjou, veuve du comte de Dampmartin.
(10) Vault-de-Lugny (le), comm., cant. d'Avallon. Au XVIIIe siècle, il est appelé Vault-Jaucourt.
(11) H., comm. de Bleigny-le-Carreau (Y.)
(12) H., comm. de Saint-Georges (Y.)
(13) Comm., cant. d'*Aillant* (Y.)
(14) Comm., cant. de Vermenton (Y.)
(15) Létau, h., comm. de Monéteau (Y.)
(16) Joux-la-Ville (?), comm., cant. de l'Isle-sur-Serein (Y.)

Ribière (Claude de) (1), éc., seign. de Tronchoy (2) et l'Ile en partie (3), 1617 (E. 733).

Richer (Marie), veuve Charles de Foudriat, éc., seign. du Bouchet (4), 1668 (E. 493).

Richer (Jean) (5), éc., garde du corps de Monsieur, « frère unique du roi », seign. du Bouchet, 1698 (E. 492).

Richer (Prix) (6), seign. de Lucy-le-Bois (7), 1734 (E. 493).

Riglet (Nicolas), cons. du roi, son receveur gén. à Bourges, seign. de Morye (*sic*), 1566 (E. 492).

Robée (Louis), éc., seign. de Domecy [sur le Vault] (8), 1527 (E. 439).

Robert (Jean) (9), vivant éc., archer du corps du roi, 1526 (E. 414).

Robert (Pierre), écuyer de Madame la duchesse de « Bruguinguam, au royaume d'Angleterre » [Buckingham], 1646 (E. 765).

Rochechouart (Hugues) (10), éc., archer de la garde du corps du roi, 1528 (E. 439).

Rochechouart (Christophe de), chev., seign. de la Mothe-Champdemer et de Marigny-sur-Ouche, 1530 (E. 439).

Rochechouart (Charles de), vivant seign. de Saint-Amand, 1577 (E. 493).

Rochefort (Réné de), chev.. seign. de Rochefort, 1563 (E. N. N. Min. Côte-d'Or).

Rochemontet (Guion de), éc., seign. du Portail (11), 1560 (E. 388).

Roux (Mathurin de), éc., seign. de Boulle près Mure, « diocèse d'Orléans », 1508 (E. 375).

Rye (Pierre de), seign. de Cotebrune, 1512 (E. 507).

Saint-Aulbin (Louis de), éc., guidon de la comp. de Mr de Prye, seign. de la Vareyne, 1568 (E. 392).

Saint-Benoist (Jean de), éc., seign. de Révillon (12) et Jouy-le-Comte, 1516 (E. 377).

(1) Sa femme : Colombe d'Anstrude.
(2) Comm., cant. de Flogny (Y.)
(3) L'Ile-sous-Tronchoy, h., comm. de Tronchoy.
(4) Fief, comm. de Mailly-la-Ville (Y.)
(5) Sa femme : Marie Leclerc.
(6) Sa femme : Marie-Claude Barse.
(7) Comm., cant., d'Avallon.
(8) Comm., id.
(9) Sa femme : Germaine Gontier, dame de Villeneuve-Saint-Salve (Y.)
(10) Fils d'Alexandre et de Cécile de Barges.
(11) Fief, comm. de Mézilles (Y.)
(12) Il y avait un fief de ce nom comm de Sainte-Colombe en Puisaye (Y.) Est-ce de lui dont il est question ?

Saint-Léger (Philippe de), seign. de Reully, 1512 (E. 507).

Sainte-Maure (Louis de), chev., seign. d'Origny (1), 1685 (E. 491).

Saint-Phalle (Claude de), seign. de Neuilly-sur-Ravillon (2), 1597 (E. 430).

Saint-Quantin (3) (Olivier de), éc., seign d'Asnus (4) et de Fouronne (5) en partie, 1630 (E. 493).

Saint-Six (Philippe de) (6), seign. du petit Monéteau (7), 1524 (E. 380).

Salazart (François de), baron de Courson « le Chastel » (8), 1564 (E. 491).

Salonnier du Pavillon (Erard-César), « fourrier de Madame de Bourgogne », seign. de Tannay (9), 1698 (E. 492).

Salyns (Antoine de), seign. de Corabœuf, Santigny (10), Lézinnes (11), Vireaux (12) et Sambourg (13), 1571 (E. 396).

Sapiens (Denis) (14), seign. de la Pierre, « concierge et gouver« neur du chastel du parc des Chasteau Roulx », appartenant à Me Jean d'Aumont, 1578 (E. 493).

Sauvigny (Jean de), seign. de Montifaut (15), 1521 (E. 379).

Savoie (Prince Jacques de), duc de Nemours, comte de Genève et du Genevois, seign. et baron d'Epoisses, d'Athie (16), etc., chev. de l'ordre du roi et colonel de sa cavalerie légère, 1560 (E. 448).

(1) Comm. de Sainte-Colombe près l'Isle (Y.)

(2) Neuilly, comm., canton d'Aillant (Y.) L'acte fait connaître qu'en 1568 cette seigneurie était possédée par Nicolas de Saint-Phalle.

(3) Il signe : de Senquantin.

(4) H., comm. de Fouronne (Y.)

(5) Comm., cant. de Courson (Y.)

(6) Dans un acte de 1525 (E. 493), son nom est écrit *Sainxist* ; dans un autre de 1526 (E. 414), *Saint-Syt*. Sa femme est Jeanne de Gribourg.

(7) Léteau, h., comm. de Monéteau (Y.)

(8) Courson, cant., arrond. d'Auxerre.

(9) Comm., cant. de Châtillon (Nièvre).

(10) Comm., cant. de Guillon (Y.)

(11) Comm, cant. d'Ancy-le-Franc (Y.)

(12) Comm., cant. d'Ancy-le-Franc (Y.)

(13) Comm., cant. d'Ancy-le-Franc (Y.)

(14) Sa femme : Claude Lamy, « native d'Auxerre ».

(15) Trois hameaux de l'Yonne portent ce nom, comm. de Rogny, Leugny et Chevannes. Il s'agit probablement de celui situé sur cette dernière commune, car, d'après l'acte, il achète à Auxerre une rente constituée. Or Chevannes n'est qu'à 6 kilom. d'Auxerre.

(16) Comm., cant. de l'Isle-sur-Serein (Y.).

Savoie (Madeleine de), duchesse de Montmorency, dame de Thorey (1), Lignières en partie, etc., 1571 (E. 661).

Savoisy (Claude de), éc., seign. de Seignelay (2), 1491 (E. 372).

Savoisy (Claude et Philippe de) (3), éc., seign. de Lainsecq (4) et Ormoy (5), 1497 (E. 373).

Savoisy (Louise de), épouse de Charles Vuny, éc, officier d'armes de Mgr de Bourbon, 1497 (E. 373).

Scacabaroce (Louis de) (alias de Laude), seign. en partie de Virolle (duché de Milan), hom. d'arm. du duc de Nivernais, 1550 (E. 651).

Séguier (Nicole), receveur des aides en la ville et élection de Pa..s (6), 1509 (E. 376).

Séguier (Dominique), évêque d'Auxerre, 1633 (E. 500).

Senally ou Sevally (Nicolas de) (7), éc., seign. du dit lieu, 1561 (E. 448).

Sennevoy (Georges de) (8), chev., seign. du dit Sennevoy (9) et en partie du Tremblay (10), Fontenoy (11), Saints (12) et Sementron (13), 1685 (E. 491).

Senquantin (Voy. Saint-Quantin).

Seurrat (Louise), veuve Claude de Tournay, chev., cons. du roi, trésorier gén. en Bourgogne et Bresse, 1630 (E. 493).

Seurrat (Jean), seign. de Crosle (14), 1668 (E. 492).

Simple (Jean), éc., seign. de la Court, 1562 (E. 448).

Sotiveau (Etienne), seign. de Villeneuve-Saint Salve (15), 1618 (E. 492).

(1) Comm., cant. de Cruzy le-Châtel (Y.)

(2) Cant., arrond. d'Auxerre.

(3) D'après cet acte, ils sont fils et « héritiers » de Henry *bastart* de Savoisy et de Jeanne de Martigny. Louise épouse Vuny, est leur sœur.

(4) Comm., cant. de Saint-Sauveur (Y.)

(5) Comm., cant. de Seignelay (Y.)

(6) Dans cet acte est citée Thomasson Séguier, *en son vivant* femme de Thomas de Brageulongne *en son vivant*, bourgeois et marchand de Paris.

(7) Sa femme : Germaine du Meix.

(8) Sa femme : Suzanne de Crèvecœur.

(9) Comm., cant. de Cruzy (Y.)

(10) H., comm. de Fontenoy (Y.)

(11) Comm., cant. de Saint-Sauveur (Y)

(12) — —

(13) Comm., cant. de Courson (Y.)

(14) H., comm. d'Escamps (Y.)

(15) Comm., cant. de Ligny-le-Châtel (Y.)

Souvré (Gilles), évêque d'Auxerre, 1630 (E. 481).

Stainville (Gabrielle de), veuve Jean de Dinteville, chev., seign. du dit lieu, 1555 (E. 493).

Stuart (Guillaume) (1), éc., seign. de Vézinnes (2), Fontaine-Géry (3) et Lignières en partie, 1571 (E. 661).

Stuart (Paul) (4), chev., seign. de Vézinnes et Fontaine-Géry, 1601 (E. 708).

Tenarre (Antoine de), chev., seign. de Souterrain, Flogny (5), etc., 1565 (E. 657).

Thyart (Jean), éc., seign. en partie de Mont-Saint-Sulpice (6), 1485 (E. 370).

Thiart (*sic*) (Jean de), éc., seign. du Mont-Saint-Sulpice et en partie de Jaulges (7), 1504 (E. 374).

Thibault (Edme), seign. du Cachot (8), 1560 (E. 388).

Thierriat (Jean) (9), éc., seign. de Véron (10), 1560 (E. 656).

Thoisy (Antoinette de), dame de Tannerre (11), Champlay (12) et la Bruère (13), 1541 (E. 384).

Thoisy (Rolland de) (14), éc., seign. de Poligny, 1564 (E. 448).

Thomard (Laurent), seign. de Jussy (15). 1601 (E. 431).

Thy (Antoine de), éc., seign. de Thrigny (16), 1534 (E. 420).

(1) Sa femme : Roberte de Haye, 1571 (E. 660).

(2) Comm., cant. de Tonnerre (Y.)

(3) Fief, comm. de Tonnerre.

(4) Fils du précédent. En effet, dans cet acte il est désigné « héritier par bénéfice d'inventaire de son père feu Guillaume, etc. »

(5) Cant., arrond. de Tonnerre.

(6) Comm., cant. de Seignelay (Y.)

(7) Comm., cant. de Saint-Florentin (Y.)

(8) Probablement Cachon, fief, comm. de Treigny (Y.). Dans cet acte il s'agit d'arrêter un procès devant le bailli d'Auxerre.

(9) Sa femme : Claude Piget, fille de Jean et de Anne de Parceval ; sa grand'mère était Claude de Dinteville.

(10) Comm., cant. de Sens (Y.)

(11) Comm., cant. de Bléneau (Y.)

(12) Champlay (la Motte), ancien château-fort considérable, aujourd'hui détruit. Comm. de Tannerre (Y.)

(13) Lieu en trop grand nombre même dans l'Yonne, pour être sûrement déterminé.

(14) Sa femme : Savinienne de Tornebranle.

(15) Comm., cant. de Coulanges-la-Vineuse (Y.)

(16) Le mot de Thrigny a éte substitué à celui de Thorigny, h., comm. de Bleigny-le-Carreau (Y.). C'est sans doute le même que le notaire aura cru avoir mal écrit.

Tillet (Jean du) (1), baron de la Bussière (2), 1591 (E. 493), 1592 (E. 428), 1601 (E. 431).

Tillet (Elie du), seign. de Nogent, 1591 (E. 493).

Tissier (Edme), seign. de Joue (3), 1536 (E. 382).

Tornes (Guy de) (4), éc., seign. de Ferrières et de Thottes, 1582 (E. 493).

Tournay (Claude de) (5), cons. du roi, trésorier gén. de France au pays et duché de Bourgogne, 1603 (E. 433).

Tournay (Claude de), fils du précédent, éc., seign. de Raffigny, 1633 (E. 493).

Tribolé (Germain), seign. de la Motte (6), 1505 (E. 375).

Tribolé (Jean), éc., seign. de Pesteau (7), 1506 (E. 374).

Tribolé (Jean) le jeune, seign. de Chéry (8), 1508 (E 375).

Tribolé (Nicolas), seign. de Chouilly (9), 1603 (E. 433), seign. de Perrigny (10), 1605 (E. 492), et seign. en partie de Chéry, 1609 (E. 491).

Tribolé (Louis), seign. en partie de Chéry, 1604 (E. 491).

Tribolé (Germaine), veuve Laurent Petitfou, seign. de Bounon (11), 1639 (E. 493).

Troyes (Guillaume de), éc., seign. de Maulcourant en Brie, 1508 (E. 375).

Tupin (Jean et Edme de), seign. de Toucheboeuf (12), 1561 (E. 448).

Ulmes (Marie des), veuve Claude de Beaujeu, dame de la Maison Fort, 1543 (E. 385) et dame d'Ouanne (13), 1550 (E. 493).

(1) Sa femme, d'après E. 428, E. 431, s'appelait Edmée Le Prince.

(2) Fief, comm. de Treigny (Y.)

(3) Peut-être Joux-la-Ville, comm., cant. de l'Isle-sur-Serein, appelé Jou en 1525.

(4) Sa femme : Claudine de Loron.

(5) Sa femme : Louise Seurrat.

(6) Cette seigneurie ne devait pas être loin d'Auxerre, où résidait cette famille. Ce Tribolé exerçait à cette date les fonctions de garde du scel de la prévôté d'Auxerre.

(7) H., comm. de Merry-Sec (Y.)

(8) H., comm. de Coulangeron (Y.)

(9) Fief, comm. d'Auxerre, aujourd'hui détruit.

(10) Comm., cant. d'Auxerre.

(11) H., comm. de Merry-Sec (Y.)

(12) Ce lieu est en trop grand nombre même dans l'Yonne pour être sûrement déterminé.

(13) Comm., cant. de Courson (Y.)

Vanteau ou Vantoir (de), capit. commandant la garnison d'Ervy (1) 1636 (E. 758).

Varatz (Noël de), éc., seigneur de « Romant en Lorisse », 1513 (E. 376).

Veelu (Antoine de) chev., seign. de Passy, 1680 (E. 492).

Veilhan (Antoine de), chev. enseigne du duc de Nivernais, seign. de Giry, 1550 (E. 650).

Veilhan (Antoine de), seign. de Pénacres et de St-Morre (*sic*), 1576 (E. 492).

Veilhan (Antoine de) (2), éc., seigneur de Pénacres, de Bois d'Arcy (3) et de La Brosse en partie (4), 1584 (E. 491).

Veilhan (Antoine de), chev. de l'ordre du roi, cons. en son conseil privé, cap. de 50 hom. d'arm. de ses ordonnances, seign. de Giry, Champlau (ou Champlay) près Michaulgue, Beaulieu et Merry-sur-Yonne (5), 1592 (E. 491).

Veilhan (Adrien de), chev., baron de Giry, seign. de Merry-sur-Yonne, 1604 (E. 491).

Veilhan (6) (Edme de) (7), éc., seign. de la Faie (8), 1601 (E. 431).

Veilhan (Anne de) veuve de François de la Rivière, chev. de l'ordre du roi, gouverneur et bailli du Nivernais, cap. de 50 hom. d'arm. des compagnies de Sa Majesté, dame douairière de Mouffy (9) et autres lieux, 1618 (E. 493).

Venesse (Menault de), seign. en partie de Louze (10), Digoigne (11) et Arcy-sur-Cure (12), 1493 (E. 373).

Verne (Pierre du), éc , seign. d'Etaules (13), 1511 (E. 438).

Verne (Pierre du), éc., seign. de Merry-Sec (14), 1512 (E. 491).

Verne (Charles du), seign. de Serrigny (15), 1566 (E. 492).

(1) Canton de l'Aube.
(2) Sa femme : Madeleine d'Aunay.
(3) Comm., cant. de Vermenton (Y.)
(4) H., comm. de Venoy (Y.).
(5) Comm., cant. de Coulanges-sur-Yonne.
(6) Son nom est écrit Veleyan.
(7) Sa femme : Madeleine du Deffand.
(8) Faye (la) fief, comm. de St-Bris (Y.)
(9) Comm., cant. de Courson (Y.)
(10) Fief, comm. d'Arcy-sur-Cure (Y.) (Non cité au Dict. top.)
(11) Fief, comm. d'Arcy-sur-Cure.
(12) Comm., cant. de Vermenton (Y.)
(13) Comm., cant. d'Avallon (Y.)
(14) Comm., cant. de Courson (Y.)
(15) Comm., canton de Tonnerre.

Vésigneux (Lucas de), seign. d'Uzy (1), 1501 (E. 438).

Vésigneux (Bastien de), éc. seign. de Mazignien (2), 1510 (E. 438).

Vésigneux (Sébastien de), chev., seig. du dit lieu (3) et d'Island (4), 1527, 1528 (E. 439) et de Jaulgey, 1530 (E. 439).

Vézon (Claude et Hugues de), seign. de Annol (5), 1528 (E. 439).

Vézon (Hugues de) (6), vivant éc., seigneur d'Annoux, 1583 (E. 404).

Vézon (Hugues de) (7), éc., seign. de Cussy-le-Châtel (8), 1583 (E. 404).

Vézon (Jean et Sébastien de), écuyers, 1583 (E. 404).

Vézon (Antoine de), seigneur de Mignard ou Nugnard, 1591 (E. 427), seign. de la Brosse (9), 1602 (E. 432).

Vielchastel (François de) (10), éc., seigneur de Montalan, 1584 (E. 493).

Vienne (Charles de). chev., comte de Commarin, lieut. du roi au gouvernement de Bourgogne, 1650 (E. 501).

Villemort (Louise de), veuve de François Leprince, seign. de Villeneuve-St-Salves (11), du Buisson Goudeau (12) dame de Soulaines (13), 1571 (E. 395), 1572 (E. 493).

Vincent (Lazare), seig. de Vaux [sur Yonne] (14), 1571 (E. 396).

Vincent (Jean), seign. de Vaux [sur Yonne], 1583 (E. 404).

Vincent (Claude), éc., seign. de Vaux et Champs (15), 1600 (E. 491).

Vincent (Edme), président en l'élection d'Auxerre, seign. de Tréfontaine (16), 1619 (E. 492).

Violaine (Daniel de), chev., seign. en partie de la Cour des Maillys (17), 1680 (E. 493).

(1) H., comm. de Domecy sur-Cure (Y.)
(2) H., comm. de Marigny l'Eglise (Nièvre).
(3) Vésigneux, h., comm. de St-Martin-du-Puits (Nièvre).
(4) Comm., cant. d'Avallon.
(5) Annoux, comm., cant. de l'Isle-sur-Serain (Y.) (Cf. dict. top.)
(6) Sa femme : Michelle de Marsay.
(7) Sa femme : Gabrielle de Boniers.
(8) Fief, comm. de Blacy (Y.) Ch. auj. détruit.
(9) H., comm. de Venoy (Y.)
(10) Sa femme : Marie Le Royer.
(11) Comm., cant. de Ligny-le-Châtel (Y.)
(12) Fief, commune de Poilly-sur-Tholon (Y.)
(13) Soleine, h., commun. de Venoy (Y.)
(14) Comm., cant. d'Auxerre.
(15) Comm., cant. d'Auxerre.
(16) Fief, comm. de Villefargeau (Y.)
(17) H., comm. de Mailly-la Ville (Y.)

Vizeton (François de), archer des gardes écossaises du roi « estant de présent à la suitte de M. de Chaulmault » [Chaumot], 1594 (E. 429).

Volant (Charles), éc., seign. de Dollot (1), 1532 (E. 418).

Vones (Pierre de), éc., seign. Deschemilly ?, 1476 (E. N. N. Min. Côte-d'Or).

Vrolant (Hugues de), éc., seig. d'Etrizy (2), 1530 (E. 381).

II. — Signatures parlantes ou marques

Nos

1. — Barat (Jean), charpentier à Tonnerre, 1575 (E. 667).
2. — Baurittes (Pasquet), bonnetier à Tonnerre, 1577 (E. 670).
3. — Berger (Claude), couvreur à Tonnerre, 1566 (E. 657).
4. — Berger (Regnault) id. id. 1566 (E. 657).
5. — Berger (Pierre) id. id. 1573 (E. 664).
6. — Berthou (Noé), royer [charron] à Tonnerre 1565 (E. 657).
7. — Blandin (Germain), marinier et pêcheur à Auxerre, 1565 (E. 390).
8. — Bonnaire (Simon de), tonnelier à Tonnerre, 1565 (E. 657).
9. — Bourdin (Germain), boucher à Auxerre, 1579 (E. 402 bis).
10. — Cassin (Julien), marchand à Seignelay, 1591 (E. 427).
11. — Chanvin (Toussaint), maçon à Auxerre, 1571 (E. 396).
12. — Cointe (Nicolas), laboureur à Marolles-sous-Lignières, 1568 (E. 658).
13. — Cottan (Jean), pâtissier à Tonnerre, 1570 (E. 661).
14. — Crépin (Nicolas), tonnelier à Tonnerre, 1567 (E. 658).
15. — Darbou (Pierre), vinaigrier à Tonnerre, 1574 (E. 667).
16. — Dareines (Hubert), voiturier par eau à Auxerre, 1565 (E. 390)
17. — Desmaisons (Jean), maçon à Tonnerre, 1567 (E. 659).
18. — Domino (Etienne), voiturier par eau à Joigny, 1603 (E. 434).
19. — Ducoroy (Claude), peintre verrier à Auxerre, 1603 (E. 434).
20. — Duguard (Jean), tisserand de toile à Auxerre, 1571 (E. 427 bis).
21. — Euvrard (Jean), maçon à Tonnerre, 1566 (E. 657).
22. — Finot (Jean), boulanger à id. 1583 (E. 678).
23. — Fontaine (François) (3), à Collan, 1569 (E. 661).

(1) Comm., canton de Chéroy (Y.)

(2) Fief, comm. d'Ouanne (Y.)

(3) Profession non indiquée à l'acte, mais sa marque — une enclume —

24. — Fournery (Claudin) (1), à Tonnerre, 1571 (E. 662).
25. — Fronery (Claudin), pâtissier à Tonnerre, 1565 (E. 657), 1572 (E. 664).
26. — Gourrier (Pierre), 1° maçon à Auxerre, 1571 (E. 396); 2° tailleur de pierres, 1581 (E. 499); 3° maître tailleur de pierres, 1601 (E. 431) (3 marques).
27. — Granger (François), maçon à Tonnerre, 1565 (E. 657).
28. — Guidou (Jean), tonnelier id. 1566 (E. 658).
29. — Havard (Jean), voiturier par eau à Auxerre, 1591 (E. 427).
30. — Hubert (Pierre, dit Ducrez), sculpteur à Auxerre (2), 1588 (E. 500).
31. — Jossier (Jean, dit Rousseau), voiturier par eau à Sermizelles, 1568 (E. 392).
32. — Lanson (Etienne), à Villeneuve-l'Archevêque, 1563 (E. 475).
33. — Leconte (Christophe), tonnelier à Auxerre, 1583 (E. 404).
34. — Legros (Jean), peintre (verrier) à Auxerre, 1576 (E. 401).
35. — Lingey (Jean), tisserand de draps à Tonnerre, 1565 (E. 657).
36. — Loiseau (André), voiturier par eau à Auxerre, 1579 (E. 402 bis).
37. — Lopin (Hugues), tisserand de toiles à Tonnerre, 1579 (E. 673).
38. — Louat (Loup), charpentier à Auxerre, 1571 (E. 395).
39. — Mathieu (Pierre), couvreur à Tonnerre, 1566 (E. 658).
40. — Mathieu (Perrette, femme Amond), d'Auxerre, 1583 (E. 404).
41. — Mesnager (Jean), tonnelier à Tonnerre, 1601 (E. 708).
42. — Métaix (Oger), meunier à Auxerre, 1602 (E. 432).
43. — Mortinat (Jean), cordonnier à Tonnerre, 1570 (E. 661).
44. — Morelinat (Noël), vigneron id. 1565 (E. 657).
45. — Paris (Jean), menuisier à Auxerre, 1562 (E. 389).
46. — Philibert (Jean), voiturier par eau à Auxerre, 1574 (E. 400).
47. — Picard (Michel), couvreur à Auxerre, 1571 (E. 395).
48. — Poullain (Pierre), charpentier de bateaux à Voutenay, 1571 (E. 396).
49. — Prudhomme (Vigile), maçon à Auxerre, 1571 (E. 395).

permet de le qualifier de maréchal, Collan étant une trop petite localité pour *avoir un serrurier*.

(1) Profession non indiquée à l'acte. Sa marque s'oppose à une détermination certaine. D'autre part, ne serait-elle pas du même artisan que celui indiqué au n° 25, mais dénommé *Fronery*. Mêmes prénom, résidence et date.

(2) Voir chap. III, p. 239, sculpte un crucifiement.

50. — Ravillon (Jean), voiturier par eau à Auxerre, 1579 (E. 402 bis).
51. — Regnault (Pierre), pâtissier à Tonnerre, 1587 (E. 684).
52. — Regnault (Noël), tailleur d'habits à Tonnerre, 1631 (E. 708).
53. — Sarjat (François), mercier à Auxerre, 1572 (E. 503).
54. — Sarrey (Claude), charpentier à Tonnerre, 1556 (E. 654).
55. — Selau (Jean), vigneron à Auxerre, 1570 (E. 394).
56. — Tartarin (Etienne), serrurier à Dannemoine, 1566 (E. 657).
57. — Terrier (Jean), voiturier par eau à Auxerre, 1584 (E. 406).
58. — Testevuyde (Georges), peintre verrier à Tonnerre(1), 1571 (E. 662).
59. — Tillault (Denis), orfèvre à Auxerre, 1590 (E. 427).
60. — Tranchant (Germain), tonnelier à Auxerre, 1573 (E. 427 bis).
61. — Use (Nicolas), peintre verrier à Auxerre, 1581 (E. 403).
62. — Vaillant (Pierre), vivandier à Coulanges-la-Vineuse, 1583 (E. 404).
63. — Vallerot (Guillaume), tailleur d'habits à Tanlay, 1574 (E. 667).
64. — Verdot (Joseph), tailleur de pierres à Auxerre, 1576 (E. 669).
65. — Vernier (Robert), vigneron à Tonnerre, 1566 (E. 657).
66. — Vernier (Jean), couvreur à Tonnerre, 1570 (E. 660).
67. — Verrier (Antoine), couvreur à Cheney, 1582 (E. 677).
68. — Viardot (Etienne), charpentier à Tonnerre, 1571 (E. 661).
69. — Viviain (Pierre), horloger à Tonnerre, 1577 (E. 670).

III. — Signatures écrites (2).

I. — HOMMES.

1°. — Noblesse ou personnages de marque.

Nos

1. — Amboise (Jacques d'), chev., marquis de Reynel, capit. de 50 hom. d'arm., etc., 1585 (E. 492).
2. — Bruillart (Gabriel de), éc., seign. de St-Cyr-les-Colons, etc., 1556 (E. 491).
3. — Chabot (Jacques), marquis de Mirebeau, gouverneur de Bourgogne, seign. de Tanlay et Saint-Vinnemer, 1598 (E. 472).

(1) Voir sa signature n° 59.

(2) Aux planches les signatures portent le numéro correspondant à cette liste.

4. — Chalon (Albert de), seign. de Soilly (*sic*) (1), 1592 (E. 441).
5. — Chastellux (Philippe de), seign. de Bazarne, 1573 (E. 492).
6. — Chastellux (Louis de), chev., baron du dit Chastellux, 1579 (E. 463).
7. — Courtenay (François de), seign. de Bontin, etc., 1567 (E. 492).
8. — Crussol (Antoine de), comte de Tonnerre, etc., 1570 (E. 662).
9. — Esquérat (Hector d'), éc., seign de la Vernade en partie (près Sens), 1564) E. 475).
10. — Fortin (Jacques dit Dampierre, seign. du Gué Neuf, cap. de Meulan, l'un des cent gentilshommes de la chambre du roi, 1564 (E. 494). (Voir son testament, ch. VI).
11. — Gerbault (Etienne), seign. de Champlay et de la Basse-Maison (2), 1565 (E. 390).
12. — La Bastide (Antoine de), éc., capit. de 200 hommes du régiment de Strozzi, 1568 (E. 493).
12 bis. La Curne de Ste-Pallaye (Jean-Baptiste), savant historien auxerrois, 1729 (E. 493).
13. — La Roche Esmon (Augustin de), archer de la comp. de M. de Paye (en garnison à Auxerre), 1568 (E. 492).
14. — Lemarchant (Germain), seig. du Bouchet (3) 1590 (E. 427).
14 bis. Lemuet (François), seign. de Vesvre et d'Ardeau (4), 1547 (E. 427).
15. — Lys (Louis du), éc., hom. d'arm. de la comp. de M. de Rochefort, gouverneur d'Auxerre, et auparavant de la comp. de Monsieur, frère du roi, 1570 (E. 394).
16. — Malan (Charles de) chev., baron de Seignelay, etc., 1605 (E. 492).
17. — Maraffin (François de), chev., seign. de Guerchy et Avigneau, etc., enseigne de la comp. de M. l'amiral de Coligny (1565 E. 493).
18. — Moncorps (Edme de), éc., seign. de Beauvais, hom. d'arm. de la comp. de M. de Rochefort, 1570 (E. 373).

(1) Il signe *Soully*. Le département comprend deux Sully dans l'Avallonnais dont la forme ancienne était Soilly ; duquel s'agit-il ?

(2) Famille de riches voituriers par eau d'Auxerre. C'est lui qui fit construire un petit château en face du port d'Auxerre que mentionne *Belleforest* dans sa *Cosmographie*. (Voir ch. II, Travaux de construction).

(3) Le dictionnaire topographique de l'Yonne cite deux localités de ce nom, l'une, commune de Bazarne, l'autre, commune de Mailly-la-Ville.

(4) Ardeau, fief, commune de Merry-Sec (Y.).

19. — Pithou (Pierre), seign. de Savoye, bailli de Tonnerre, célèbre jurisconsulte et bibliophile, 1575 (E. 667).
20. — Prye (Edme de), seign. du dit lieu, chev. de l'ordre du roi, capit. de 50 hom. d'arm. de ses ordonnances, 1568 (E. 392).
21. — Rochefort (René de), seign. du dit lieu, gouverneur d'Auxerre, 1570 (E. 493).

2°. — *Clergé.*

22. — Amyot (Jacques), évêque d'Auxerre (1), 1588 (E. 500).
23. — Arthus (Simon), vicaire de Saint-Loup d'Auxerre, 1562 (E. 389).
24. — Bouchet (Jacques), chanoine d'Auxerre et curé de Chemilly près Seignelay, (Paraphe, deux cœurs renversés), 1576 (E. 401).
24 bis. Caylus (Charles-Daniel, Gabriel de Pestel de Lévis de Tubières de), évêque d'Auxerre, célèbre janséniste, 1712 (E. 500).
25. — Darcy (Jean), prieur de Saint-Eusèbe d'Auxerre, 1568 (E. 392).
26. — Delatour (Robert), clerc à Auxerre, 1562 (E. 389).
27. — Delavault (Antoine), curé de Chemilly près Seignelay, 1567 (E. 391).
28. — Donadieu (François de), évêque d'Auxerre, 1602 (E. 432).
29. — Droyn (Jean), vicaire de Villeneuve-Saint-Salve, 1568, (E. 392).
30. — Girost (Nicole), prêtre à Viviers (Yonne), 1571 (E. 661).
31. — Kerner (Michel), curé de Taingy, 1562 (E. 389).
32. — Lebeuf (Jean), le savant abbé, 1712 (E. 494).
33. — Louat (Germain), vicaire de St-Gervais d'Auxerre, 1574 (E. 399).
34. — Morillot (Mathieu), chantre ordinaire de la chapelle du roi, chanoine d'Auxérre, 1565 (E. 390).
35. — Souvré (Gilles de), évêque d'Auxerre, 1630 (E. 481).
36. — Thomereau (Jacques), vicaire de Villemer, 1594 (E. 429).
37. — Viole (Georges), prieur de St-Germain d'Auxerre, auteur de travaux sur l'histoire de l'Auxerrois, 1633 (E. 500).

(1) A remarquer que le savant évêque écrit Auxerre avec un x, rare application à cette époque. Bien que M. Quanlin, dans son dictionnaire topographique, cite cette forme dans les titres communaux de 1469, les notaires jusque vers 1630 ont toujours écrit Aucerre.

3° — *Artistes.*

38. — Cabasson (Aignan) peintre-verrier à Tonnerre, 1567 (E. 658).
39. — — (Didier), — 1565 (E. 657).
40. — — (François), — 1577 (E. 670).
41. — — (Jean), — 1566 (E. 659).
42. — Cornouaille (Guillaume), peintre-vitrier à Auxerre (1), 1565 (E. 390).
43. — Cournouaille (Jean), peintre-vitrier à Auxerre, 1586 (E. 408).
44. — — (Claude), — 1586 (E. 407).
45. — — (Louis), — 1586 (E. 407).
46. — — (Pierre), — 1586 (E. 407).
47. — Dujon (Blaise), couvreur d'ardoises à Tanlay 1590 (E. 471).
48. — Germain (Jean), sculpteur à Tonnerre, 1570 (E. 661).
49. — Guillebert (Jean), maître d'écriture à Auxerre, 1574 (E. 399).
50. — Labour (Pierre), peintre verrier à Nevers, 1602 (E. 432).
51. — Lagarde (Louis Aurelle dit), maître d'écriture à Auxerre, 1573 (E. 398).
52. — Longue Rue (Geoffroy de), peintre-verrier, à Auxerre, 1571 (E. 396).
53. — Michel (Germain) (2), peintre-verrier, à Auxerre, 1565 (E. 500).
54. — Michel (Mathurin), peintre-verrier à Auxerre, 1583 (E. 404).
55. — Monnard (Claude), sculpteur à Tonnerre, 1576 (E. 669, 1579 (E. 671).
56. — Monyn (Pierre), arpenteur à Auxerre, 1573 (E. 398).
67. — Mourtinat (François), peintre-verrier à Tonnerre, 1569 (E. 661).
58. — Pescheux (François), verrier à Tonnerre, 1573 (E. 665).
59. — Testevuyde (Georges), peintre-verrier à Tonnerre (3), 1571 (E. 663).
60. — Vatard (Pierre) imprimeur à Auxerre, 1602 (E. 432).

4°. — *Artisans.*

61. — Aubert (Nicolas), pâtissier à Auxerre, 1562 (E. 389).
62. — Aulbert (Jean), à Venouse, 1565 (E. 390).
63. — Auger (Jean), vigneron à Auxerre, 1570 (E. 392).
64. — Ballet (Paul), à Vaux-sur-Yonne, 1591 (E. 427).

(1) Voir chapitre III, note sur cette famille.

(2) Id.

(3) Voir la marque de cet artiste nº 58.

65. — Baron (Jean), manœuvre (*sic*), à Escamps, 1597 (E. 430).
66. — Barrault (Nicolas), serrurier à Auxerre, 1570 (E. 393).
67. — Belin (Guillaume), maçon à Tonnerre 1567 (E. 659).
68. — Berthier (Nicolas), drapier à Auxerre, 1593 (E. 429).
69. — Billaudet (Jean), vigneron à Pesteau (Merry-Sec), 1603 (E. 434).
70. — Boivin (Nicolas), tonnelier et vigneron à Auxerre, 1584 (E 406).
71. — Bucholte (Jean), charpentier à Tonnerre, 1566 (E. 657).
72. — Bussière (Jean), menuisier à Auxerre, 1597 (E. 430). (Au-dessous de son nom il a écrit « tesmoing » en abrégé.)
73. — Callot (Jacques), apprenti serrurier à Villeneuve-l'Archevêque, 1565 (E. 475).
74. — Chartrier (François), tonnelier à Auxerre (1), 1602 (E. 432).
75. — Chasnée (Nicolas), tailleur d'habits à Epineuil, 1584 (E. 680).
76. — Chaumet (Edmond), menuisier à Auxerre (2), 1573 (E. 398).
77. — Chevallier (Claude), orfèvre à Auxerre, 1590 (E. 427).
78. — Chrestien (Guillaume), marchand à Auxerre, 1602 (E. 432).
79. — Colas (Lazare), de Voutenay, 1586 (E. 408).
80. — Colinet (Pierre), maréchal à Auxerre, 1603 (E. 433).
81. — Conte (Edouard), praticien à Venouse, 1584 (E. 406).
82. — Contesse (Mathieu), marchand à Auxerre, 1576 (E. 401).
83. — Corbigny (Jérémie de), cordonnier à Auxerre, 1571 (E. 395).
84. — Darbon (Nicolas), carreleur à Auxerre, 1567 (E. 391).
85. — David (Tristan), marchand à Auxerre, 1573 (E. 398).
86. — Debriat (Toussaint), vigneron à Auxerre, 1592 (E. 428).
87. — Dechezjehan (Edmond), boucher à Appoigny, 1602 (E. 432).
88. — Delabaulme (Jean), voiturier par eau à Sermizelles, 1570 (E. 394).
89. — Delandart (Jean), voiturier par eau à Auxerre, 1579 (E. 402 bis).
90. — Delatour (Laurent), chirurgien à Auxerre, 1574 (E. 400).
91. — Delatresse (Jean), tailleur de pierres à Auxerre, 1573, (E. 427 bis).
92. — Delye (Pierre), marchand à Auxerre, 1565 (E. 390).
93. — Deschamps (Philibert), potier d'étain à Auxerre, 1586 (E. 408).

(1) Le paraphe représente un attribut d'outils rencontré fréquemment dans les signatures des artisans qui travaillent le bois.

(2) C'est lui qui en 1565, fit la grande porte de l'église Saint-Regnobert d'Auxerre (V. ch. III, p. 241.)

94. — Desclère (Jean), vigneron à Auxerre. 1594 (E. 429).
95. — Deserin (Pierre), tonnelier à Auxerre, 1597 (E. 430).
96. — Desmaisons (Pierre l'aîné), charpentier à Tonnerre (1), 1575 (E. 668).
97. — Dissier (Pierre), taillandier à Tonnerre, 1566 (E. 657).
98. — Evrat (Claude), charpentier de bateaux à Auxerre, 1573 (E. 398).
99. — Febvre (Philibert), cordonnier à Tonnerre, 1583 (E. 679).
100. — Ferrey (Pierre), tailleur de pierres à Saint-Florentin (2), 1569 (E. 601).
101. — Filé (Henri), (profession non indiquée) à Tonnerre (3), 1613 (E. 728).
102. — Frèrebeau (Germain), tailleurs de pierres à Auxerre, 1597 (E. 430).
103. — Germain (Jean), boucher à Tonnerre (4), 1565 (E. 657).
104. — Girard (Michel), praticien aux Voves (Epineau), 1601 (E. 431).
105. — Guillet (Nicolas), maçon à Auxerre, 1583 (E. 404).
106. — Halley (Jean Aubert dit), couvreur d'ardoises à Tonnerre, 1609 (E. 700).
107. — Henrisson (Edmond), serrurier à Auxerre, 1571 (E. 396).
108. — Herbelot (Germain), voiturier par eau à Auxerre, 1590 (E. 427).
109. — Héron (Jean), voiturier par eau à Auxerre, 1586 (E. 408).
110. — Horset (Toussaint) id. id. (5), 1571 (E. 395).
111. — Jacquesson (François), drapier à Dannemoine, 1613 (E. 726).
112. — Jehan (Etienne), voiturier par eau à Auxerre, 1570 (E. 393).
113. — Jousse (Vincent), vigneron à Augy (6), 1592 (E. 428).
114. — Label (Louis), maçon à Saint-Cyr-les-Colons (7), 1574 (E. 400).
115. — Laconche (Blaise), voiturier par eau à Auxerre (8), 1567 (E. 391).

(1) Signature en forme de rébus.

(2) Signature splendide.

(3) Signature en écriture allemande.

(4) Signe Jean Bocher. Plus tard il signe Jean Germain.

(5) Signe Housset, singulière ressemblance avec les signatures des Housset du XVIIIe siècle.

(6) Signe Josse.

(7) Signe Labelle.

(8) Signe seulement par initiales et sa marque.

116. — Lafille (Jean), orfèvre à Tonnerre, 1572 (E. 663).
117. — Laloge (Jean), *artillier* à Tonnerre, 1578 (E. 672).
118. — Lasnier (Claude), marchand à Auxerre, 1573 (E. 398).
119. — Leclert (Guillaume), tonnelier à Auxerre, 1586 (E. 408).
120. — Le Rable, principal des grandes *escolles* d'Auxerre, 1590 (E. 427).
121. — Lombard (Etienne), charpentier à Auxerre, 1592 (E. 428).
122. — Maignain (Germain), apprenti cordonnier à Auxerre, 1568 (E. 392).
123. — Mailly (François de), vigneron à Auxerre, 1573 (E. 398).
124. — Mailly (Germain de), marchand à Auxerre, 1590 (E. 427).
125. — Masson (Claude), tailleur d'habits à Auxerre, 1571 (E. 396).
126. — Manicard (Bon), tailleur de pierres à Auxerre, 1586 (E. 408).
127. — Matherat (Nicolas), taillandier à Epineuil, 1582 (E. 676).
128. — Méré (Jean), marchand à Paris, 1576 (E. 504).
129. — Mignard (Joseph), drapier à Ligny-le-Châtel, 1567 (E. 391).
130. — Millon (Jean), hôtelier à Dyé, 1587 (E. 676).
131. — More ou Moré (Pierre), marchand à Auxerre, 1565 (E. 390).
132. — Nobertz (Abraham), parcheminier à Tonnerre, 1587 (E. 676).
133. — Ozileau (Mathurin), maître d'école à Auxerre, 1590 (E. 427).
134. — Pasquier (Guillaume), tonnelier à Auxerre, 1584 (E. 406).
135. — Perreau (Benoît), voiturier par eau à Auxerre, 1581 (E. 403).
136. — Petit (Claude), maçon à Auxerre, 1570 (E. 393).
137. — Petitjean (Jean) (1), à Tonnerre, 1577 (E. 670).
138. — Picard (François), de Seignelay, 1565 (E. 390).
139. — Piot (Claude), pâtissier à Auxerre 1583 (E. 404).
140. — Pote ou Poté (Jean dit Damiens), menuisier à Auxerre, 1565 (E. 390).
141. — Pourrin (Pierre), cordonnier à Cravant, 1567 (E. 391).
142. — Poyton (Edme), d'Héry, 1565 (E. 390).
143. — Prestat (Jean), boucher à Dannemoine, 1594 (E. 692).
144. — Prudhomme (Louis), cordonnier à Auxerre, 1574 (E. 400).
145. — Quatranvault (C.), d'Auxerre (2), 1571 (E. 395).

(1) Il est qualifié d'arquebusier dans un acte de 1588 (E. 676) ; sa signature est également accompagnée d'une clef.

(2) Désigné ainsi dans l'acte. Il signe Chatranvault. Cette famille est nombreuse à Auxerre aux XVIe et XVIIe siècles et tous les membres signent *Qu*atranvault.

146. — Quesnoy (Blaise), drapier à Villeneuve-l'Archevêque, 1563 (E. 475)
147. — Rappeneau (André), vigneron à Jussy, 1603 (E. 434).
148. — Renvoyé (Edme), serrurier à Tonnerre, 1586 (E. 682).
149 — Robert (Germain), vigneron à Auxerre, 1571 (E. 527 bis).
150. — Roze (Guillaume), maçon à Tonnerre, 1568 (E. 658).
151. — Roze (Edmond), id. id. 1574 (E. 667).
152. — Roze (Jean), maréchal à Auxerre, 1570 (E. 394).
153. — Roze (Jean), tailleur de pierres à Auxerre, 1591 (E. 427).
154. — Sarré (Edme), charpentier à Tonnerre, 1567 (E. 659).
155. — Sauguonet (Jean), boulanger à Auxerre, 1574 (E. 400).
156. — Sauvajot (François), serrurier à Auxerre, 1562 (E. 389).
157. — Sellier (Nicolas), charpentier à Auxerre, 1581 (E. 403).
158. — Seurre (Adrien), *blanchisseur* [plâtrier] à Tonnerre, 1593 (E. 691).
159. — Tatois (Jean), boucher à Auxerre, 1574 (E. 400).
160. — Testuot (Guillaume), charpentier à Tonnerre, 1567 (E. 658).
161. — Vallenson (E.), de Chevannes, 1582 (E. 405).
162. — Vézoullet (Regnobert), boulanger à Auxerre, 1570 (E. 393).
163. — Vincenot (Timothée), menuisier à Auxerre, 1582 (E. 405).
164. — Vitou (Nicolas), vigneron à Cravant, 1571 (E. 395).

II. — FEMMES

165. — Amboise (Marguerite d'), épouse d'Olivier de Chastellux, 1590 (E. 464).
166. — Bargedé (Gabrielle), d'Auxerre, 1593 (E. 429).
167. — Boucher (Marie), veuve d'un avocat du roi en l'élection d'Auxerre, 1602 (E. 432).
168. — Boyau (Jacquette), femme de Claude Pinagot, co-seigneur de la forêt de Bricon (?), 1575 (E. 667).
169. — Chacheré (Marguerite), épouse de Mathias Bérault, d'Auxerre, 1597 (E. 495).
170. — Chastellux (Blanche de), femme de Bernard de Chevron, seign. de Gyé et de Ponvoyer en Savoie, 1593 (E. 492).
171. — Courtenay (Madeleine de), femme de Jacques de Lenfernat, seign. de Prunières, 1584 (E. 491).
172. — Delafaye (Marie), veuve Bérault, marchand d'Auxerre, 1597 (E. 495).
173. — Delorme (Jeanne), fille d'un drapier d'Auxerre, 1572 (E. 495).
174. — Depernay ou d'Epernay (Marie), femme de Jacques de La Rible, seign. de Bazarnes, 1583 (E. 404).

175. — Dinteville (Ysabeau de), femme de Jean de La Rivière, baron du dit lieu, 1515 (E. 493).

176. — Dupin (Marie), veuve Collinet, demeurant à Magny (Merry-sur-Yonne), 1601 (E. 431).

177. — Estampes (Réné d), fille de Claude, baron de la Ferté-Imbault, etc., 1605 (E. 492).

178. — Grossone (Anne de), veuve Olivier de Chastellux, seign. de Coulanges-la-Vineuse, 1581 (E. 492).

179. — Hautemer (Jeanne de), veuve Claude d'Estampes, seign. du Mont-Saint-Sulpice, etc., 1605 (E. 492).

180. — Jaucourt (Louise de), femme de François de Courtenay, seign. de Bontin (Les Ormes), etc., 1567 (E. 492).

181. — Leviston (Anne de), femme Cordellier, éc., de Montigny-sur-Vingeanne (Côte-d'Or), 1567 (E. 658).

182. — Moroge (Anne de), veuve de Léon de Chastellux, seign. d'Avigneau, etc., 1675 (E. 500).

183. — Muteley (Germaine), veuve Guillaume, d'Auxerre, 1603 (E. 433).

184. — Prades (Marguerite de), dame d'Ouanne en partie, veuve Philippe de Duisant, 1573 (E. 491).

185. — Reaulx (Louise des), veuve Réné de Jaucourt, seign. du Vault-de-Lugny, 1572 (E. 492).

186. — Rochechouart (Claude de), femme Jean du Chesnay, chevalier, etc., 1582 (E. 491).

187. — Tournay (Germaine de), veuve Pierre Camus, chev., trésorier général de France en Bourgogne et Bresse, seign. de Fontaine-Madame (Chevannes), 1644 (E. 492).

188. — Veilhan (Anne de), veuve François de La Rivière, gouverneur et bailli du Nivernais, 1618 (E. 493).

CHAPITRE XI

VARIA

Le titre sous lequel ont été groupés les documents du dernier chapitre de ce recueil, sans avoir en réalité beaucoup plus de valeur que la fallacieuse rubrique : *affaires diverses*, a cependant sur celle-ci l'avantage de faire ressortir l'embarras que nous a créé une classification assez compliquée.

Donc ce chapitre comprend les documents considérés n'avoir pu entrer dans aucun des paragraphes précédents. Comme pour ses devanciers, nous mentionnerons les actes les plus curieux.

1483 (E. 369). Paray-le-Monial est écrit Paroy-le-*Moynyau* (corruption de moineau, encore usitée). — 1513 (E. 376). Visite d'un cheval malade; relation de la maladie et du remède. — 1517 (E. 378). Mention d'un potier de terre à Leugny (1). — 1521 (E. 379). Inondations à Tonnerre. — 1537 (E. 383). Sur la feuille de garde de ce registre un clerc de notaire avise ses confrères qu'en 1745 et 1746, les recherches faites dans le minutier d'Armant, notaire au XVIe siècle, ont été payées 6 livres et qu'ils ne doivent pas en faire « à moins ». — 1544 à 1560 (E. 649). Nombreuses concessions de terrains à bâtir, au faubourg Saint-Michel de Tonnerre « tenant « par derrière aux roches ». — 1547 (E. N. N. Minutes Côte-d'Or). Vente de la prévôté d'Avallon. — 1550 (E. 651). Ordonnance

(1) Leugny est à proximité de Treigny où se fait encore de la poterie très estimée.

publiée à Lyon portant défense de refuser en paiement les treizains, douzains et dixains, tant à la grande qu'à la petite croix, forgés aux monnaies du roi, sous peine de prise de corps et de confiscation de biens (1). — 1556-1557 (E. 655). Nombreuses ventes d'emplacements de maisons détruites à Tonnerre par le grand incendie du 8 juillet 1556. A propos d'une lettre ornementale qui figure sur la couverture de ce registre nous demandons la permission d'entrer dans quelques détails.

Le notaire Antoine Petitjehan à qui appartient ce registre a dû être fortement impressionné par cet événement qu'il mentionne deux fois : l'une sur la couverture « lan du grand feu du d. Ton- « nerre »; l'autre au 1er feuillet, où après l'intitulé il ajoute en plus petites lettres, à la suite de ses nom et qualité « demourant de « présent en Bourberault à cause de la ruyne de la ville dud. « Tonnerre bruslée le VIIIe juillet Ve cinquante et six ».

De plus, le splendide *R* majuscule de la couverture (V. planche *in fine*) pourrait bien être une allégorie de cette terrible catastrophe. Le jambage droit de la lettre est formé de deux personnages superposés, les jambages courbes le sont par deux dragons dont les queues se rejoignent au point rentrant, tandis que les gueules vont happer, l'une, le bras du personnage supérieur, l'autre, la jambe du personnage inférieur. La patte du monstre inférieur est rejetée en dehors pour simuler la partie ouverte de la lettre *R*. Les deux personnages, l'air épouvanté, cherchent à repousser les deux animaux qui veulent les dévorer.

Le dessinateur parait être le notaire lui-même, qui semble encore y faire allusion par la mention de la litanie *Jesu preceptor miserere mei* Aucun de ses autres volumes ne comporte de mention de cette nature.

Les raisons qui nous amènent à voir dans cette composition originale une allégorie de l'incendie sont les suivantes :

1° Les archives de l'Yonne possèdent de ce notaire 15 registres d'actes allant de 1543 à 1580. Un seul a sa couverture ornée d'une capitale remarquable; c'est justement E. 655;

(1) On s'étonnera moins de la présence d'un document de ce genre dans un protocole de notaire de Tonnerre, quand on saura que Georges de Mandelot, seigneur de Pacy-sur-Armançon, Vireaux, Sambourg, etc. (localités voisines de Tonnerre), était en 1572 gouverneur de Lyon, du Lyonnais, etc. (Voir p. 580 de ce recueil où il est déjà qualifié seigneur de Pacy en 1550). Si, en 1550, il n'était pas encore lui-même gouverneur de Lyon, il devait déjà à cette date, exercer, par lui ou par un membre de sa famille, une certaine action dans le gouvernement de cette région.

2° Pour faire happer par l'animal la jambe du personnage inférieur, il a fallu fermer le bas de la lettre qui, en réalité, devient un B.

Le dessinateur a donc *voulu* ce qu'il a fait : allusion au feu prenant aux deux bouts de la ville. En effet, dans le récit de l'incendie qu'en fait, en 1592, P. Petitjean (1), il est dit que le feu « y fut mis en quatre ou cinq endroicts ».

Nous donnons de ce récit peu connu quoique fort intéressant (2), quelques extraits qui font d'autant plus voir la destruction presque complète de la ville, que les habitants ont eu un moment l'intention de la rebâtir sur le pâtis. Ils n'ont renoncé à ce projet que devant l'impossibilité d'avoir, dans cette partie basse de la ville, des caves et des celliers :

« Voilà comme ceste ville de Tonnerre s'est maintenue en son « entier et prospérité jusques à une aultre et totalle ruyne de feu, « qui luy survint le huictiesme de juillet lan mil cinq cens cin-« quante six, que toutes les églises et maisons qui estoient serrées « dans ceste belle ceinture de muraille neufve, garnye de belles « portes et tours, furent totallement bruslez et consommez, ré-« servé ledict hospital. Ce feu, qui y fut mis de guet à pens, en « *quatre ou cinq endroicts*, se continua sy soubdainement et impé-« tueusement, joinct la grande chaleur qu'il faisoit, et que la plus « grande partye de la moisson des bledz estoit retirée dans les « granges, que les paouvres habitans, après avoir (au hazard de « leurs vyes) faict tous les debvoirs et effortz à eulx possibles « pour y résister et remédier. Se voyans la plus part bruslez et « offensez du dict feu, furent contrainctz avec leurs femmes et « enffans, sortir, quitter et abandonner soudainement leur ville,

(1) Description de l'ancienne, moderne et nouvelle ville de Tonnerre, etc. (Volume manuscrit de la bibliothèque de Tonnerre, 1592.)

(2) Seuls des historiens tonnerrois, M. l'abbé Bureau, vicaire de Notre-Dame, en donne la plus grande partie dans l'*Histoire de l'église et de la paroisse Notre-Dame de Tonnerre*, 1886, p. 150 ; mais son texte diffère quelque peu de celui du manuscrit de 1592. Peut-être l'a-t-il puisé dans une copie du XVIIIe siècle qui se trouve également à la bibliothèque de Tonnerre. D'autre part, l'abbé Bureau, dans sa notice *Les Tonnerrois illustres* (Tonnerre, 1888), et M. Quantin dans son *Histoire du Tiers-État à Tonnerre* (*Bull. Soc. Sc. Y.*, 1886), attribuent le manuscrit de 1592 à Antoine, notre notaire en 1556, bien que le premier auteur déclare que ce notaire est mort en 1582. Ce qui est certain, c'est que ce manuscrit n'est pas de son écriture, qu'il est daté de 1592 (dix ans après sa mort) et qu'il est signé *P. Petitjean*. Ce dernier ne serait-il que le copiste ou le metteur en œuvre du travail d'Antoine ?

« maisons et meubles, aultrement ilz eussent peiri par la grande « viollance de ce feu; lequel fut si insassiable qu'en moings de « cinq heures, les églises Nostre-Dame, Saint-Pierre, toutes les « maisons et couvertures des portes, tours et murailles furent « consommez avec tous les biens meubles.

« Ce désastre de feu commencea à se manifester sur les quatre « heures et demye du soir, lequel dura en sa grande force et viol» lance jusques à neuf heures, qui fut lors, que la dicte église « Saint-Pierre s'estant tout ambrasée de feu, lorologe flamboyant « et bruslant sonna pour sa dernière foys neuf heures avec ung « son si lent et mélancolique qu'il sembloit que les timbres et « appeaulx (contre le naturel de leur incensible matière) feissent « ung dœuil et lamentation de la prochaine et soubdaine consom« mation de leur dernière essence. Sy ce son fut pitoyable et « lamentable à entendre, encores estoit-il plus de voir l'un des « beaux clochers de la France, couvert tout de plomb d'un ma« gnifique ouvrage dressé sur la croisée de la dicte église Nostre « Dame, lequel de la vehemente flambe dont il estoit environné et « oppressé de sa dernière fin, déplorant la fin de son éminent « édiffice, gettoit, ploroit et dégouttoit tout à l'entour de soy, « grosses larmes et ruisseaux de plomb..... Mais aussi toutes les « maisons et couvertures des portes, tours et murailles, faisoient « ung sy horrible et espouvantable dœuil, que par leurs entre« meslées et confuses cheuttes, ensemble des murailles, chemy« nées et esclattementz des thuilles et pierres. Toute la nuit, les « paouvres habitans furent espars par les vignes, jardins et ver« gers avec infiniz gémissemens et pleurs, du grand désastre de « perte de ville et biens qu'ilz se voyoient reluyre devant les « yeux, il ne leur fallut chandelle pour eulx conduyre ceste piteuse « nuict, daultant que à leur grande et inestimable perte, ceste « cruelle flambe rendoit sy grande lueur que deux lieues à l'en« viron les ténèbres furent convertyes en clarté.

« Le landemain, regardans l'un l'aultre, s'escartèrent ça et là, « comme à demy mortz, les ungs ès villages et mestairies circon« voisines, et les aultres par le pays, mendians leurs vyes, atten« dans que les masures qui leur restoient eussent passé leur « grand et véhémente chaleur; laquelle estant amortye, retour« nèrent pour recongnoistre à grande peyne, les rues, places et « masures de leurs jadis demourances, la chaleur qui estoit « esquelles ils amortissoient de leurs continuelles larmes et « pleurs.

« Une grande partye de ces paouvres habitans n'ayans moyens « de eulx loger et héberger furent contrainctz eulx retirer dans

« les caves des masures, esquelles leurs visages devindrent sy « hallez et enfumez qu'ilz ressembloient plustost mores affamez « que françoys. Et en cest estat y en mourut une grande quan- « tité que Dieu appella à soy pour les retirer de ceste misère. Les « aultres se retirèrent ça et là où ilz peurent. » (A cet endroit il est question du projet de rebâtir la ville au pâtis, mais on y renonça, vu l'impossibilité d'y faire des caves et des celliers). Ce projet définitivement abandonné, « ilz (les habitants) com- « mencèrent à remuer les cendres, charbons et bétuns de leurs « places et masures el d'y rebastir petit à petit chacun selon « son moyen et commodité. Ce qui a esté continué jusques à « présent comme elle se veoict rebastye avec grandes peines et « travaulx... ».

Nous avons cru devoir donner un fac-simile de cette lettre qui, même au cas où elle ne représenterait pas ce que nous croyons y voir, a toujours la valeur d'un document inédit du XVIe siècle. La reproduction de ce charmant et curieux dessin est dû au talent de notre honorable collègue M. Emile Bouché qui, avec sa bonne grâce ordinaire, a bien voulu le mettre à notre disposition. Nous ne pouvons faire moins que de lui adresser ici nos plus vifs remerciements.

1550-1570. Nombreuses procurations données par des hommes d'armes pour recevoir leur solde. — 1568 (E. 392). Bail de chevaux saisis ou donnés en nantissement de sommes dues par les habitants de Précy-le-Sec aux *soudards* du capitaine La Bastille (*sic*) (1). — 1571 (E. 395). Autorisation par le bailliage d'Auxerre à la femme Robert, de gérer les biens de la commumunauté pendant la démence de son mari. -- 1579 (E. 463) Octroi par le baron Louis de Chastellux, d'un office de notaire. — 1581 (E. 403). Procès-verbal de constat de l'ouverture forcée d'un ballot de marchandises appartenant à autrui. — 1593 (E. 429) — Le chapitre de la cathédrale d'Auxerre prive des bénéfices de son bail tout adjudicataire de ses revenus, etc., qui ne sera pas « catholique selon l'Eglise apostolique et romaine ».—1603 (E. 434). Cession d'une étude de notaire. — 1603 (E. 434). Sommation aux officiers de l'élection d'Auxerre de remplir leurs fonctions. — 1603 (E. 434). — Procureur d'Auxerre empêché de se rendre à Paris où il est assigné au Parlement, pour cause de maladie contractée dans les prisons d'Auxerre où il est détenu « sans cause » par ordre de l'évêque.

(1) Voir aux documents, note sur ce personnage.

DOCUMENTS

1481 (E. 368). Un témoin demeure à *Paroy-le-Moynyau* (Paray-le-Monial).

1483 (E. 369). Formule de quittance (*in extenso*) :

« Ce dit jour (30 décembre 1483) Perrin Tangy, bocher, demou-
« rant à Aucerre, quicta et clama quicte à tousiours Jehan Tuillant
« maçon, demourant au dit Aucerre, à ce présent et acceptant,
« de toutes choses en quoy il povoit estre tenu envers luy, tant
« par lectres, obligacions que autrement ; lesquelles sont et de-
« meurent dès maintenant cassés et de nul effect, du consente-
« ment du dit Tangy. »

1489 (E. 371). Germain Beguyné, d'Auxerre, « confesse devoir à « Guyot Beaufils, la somme de 7 l. 5 s. t. pour résignacion de son « office de sergent à verge, résignée par luy ès mains de M. le « bailly d'Aucerre ou son lieutenant pour et au profit du dit « debteur ». — 1508 (E. 375). Transport par Lyonet Le Cirier, marchand à Paris, à Jean Vincent, marchand à Auxerre, de quatre créances formant un total de 25 l. 19 s., en échange de 3 muids de vin « tant vermeil que cléret ». — 1510 (E, 408). Pièce de pré « sise à Avallon « au dessoubz de lermittage de Cousin-le Pont ». — 1511 (E. 438). Sincey-les-Rouvray désigné *Sainctxist*. — 1513 (E. 376). Attestation par Gilbert du Creuset et Pierre Pierre, maréchaux à Auxerre, qu'ils ont « veu et visité à la requeste de Jehan « Seard, charretier et serviteur de Guillaume Benoist, marchand « et voiturier demeurant à Paris, ung cheval soubz poil rouan qui « devint hier malade jour saincte Anne xxve jour du dit moys, « près la croix de Champigny [les Dumonts] lez le village de « Monesteau, distant de cette ville d'une lieue ou environ, et fut « amené du dit lieu en ceste dite ville pour le panser et gary ; « lequel pour ce quil estoit enflé et plein de venyn, luy ont fait « boire une chopine ou environ dhuille dolive pour le faire vuider, « et y avoir fait du mieulx selon leur art et industrie de leur « mestier, avec autres, comme ilz ont peu et sceu faire, et ny « auroient sceu remédier au moyen que ladite enflure auroit « surmonté le dit cheval tellement que environ six heures du « soir il seroit mort. Et après ce le dit Seard fit ouvrir le dit « cheval pour savoir de quelle maladie il estoit mort, mais les « dessus dits ny ont trouvé aucune chose, fors que venyn et eaue « rousse, et estoit si fort enflé que ny ont sceu mettre remède, etc. » — 1513 (E. 507). Quittance de 60 s. t. donnés par Marie Régnier, veuve de Gilles de Gribourg, propriétaire des prisons de Vermenton, à Pierre Fauleau, receceur du domaine royal, pour un terme de location des dites prisons. — 1517 (E. 378). Jean Ballinet, *potier de terre* à Leugny (1). — 1521 (E. 379). Attestation par Pierre de Monjot, chanoine d'Auxerre et scelleur de l'évêque, que Germain de Chamoy n'a pu recevoir des lettres attendues, que son neveu n'a pu apporter « à cause quil navoit peu passer au lieu de « Tonnerre, pour les grandes et impétueuses eaues qui y estoyent, « et disoit avoir lessé son dit nepveu au dit Tonnerre attendant « les eaues estournez, qui ne povoient estre de six jours comme « la commune oppinion, etc.; desquelles choses...., ledit de « Charmoy a demandé lectres pour luy servir.... » — 1524, 21 février (E. 481). Obligation par Jean Gaubin, de Jussy, de payer au 1er octobre à Guillemin Mymart, chirurgien-barbier à Auxerre, la somme de 20 s. *t.* « *pour lavoir savé et guéry de quelque ma-* « *ladie* ». — 1537 (E. 383). Sur la feuille de garde de ce registre on lit cet avis daté de 1746 : « Messieurs les clercs avenirs, « Martin (2), cler, vous fait sçavoir que chaque recherche des « minuttes de Me Armand ayant été payez pendant le cours des « années 1745 et 1746 six livres, et que vous ne faisiez pas à « moins ». — 1541 (E. 384). Paiement par Denis Quarré « naguère « prieur de Saint-Saulveur en Puisaye » de deux années de la rente de 4 s. t. due au chantre de l'abbaye Saint-Germain d'Auxerre, *pour la garde des chartes et titres du dit prieuré.* — 1541 (E. 324). Au sujet d'une contestation entre propriétaires, cinq vignerons d'Auxerre attestent qu'à la prière et en présence de Jean Regnard, ils ont vendangé 7 muids de raisin dans deux vignes contiguës, lieu dit Boynot, « que le dit Regnard disoit luy appartenir ». — 1544 à 1560 (E. 649). Nombreuses concessions par le comte de Tonnerre, de terrains à bâtir, au faubourg Saint-Michel de Tonnerre, tenant par derrière aux roches, à la réserve de ce qui se trouve « abattu et égratiné [égratigné des d. roches », dont l'abandon a été fait à l'abbaye Saint-Michel. — 1547 (E. N. N. Minutes Chevillotte, liasse no 2). Acte par lequel Pierre Symon, bourgeois d'Avallon et prévôt en *chefz* de la prévôté d'Avallon, reconnait devoir encore à Claude Impératore, pensionnaire du roi et homme d'armes de la compagnie de M. Saint-Vallier, à Thibery Imperatore son frère, et à Frédéric de Venthevole, 250 l. t. sur la vente de la prévôté d'Avallon qui lui a été faite pour le prix de 600 écus soleil.

(1) Leugny est peu éloigné de Treigny remarquable par sa poterie de terre.

(2) Ce Martin était en 1746 maître clerc chez Heuvrard, notaire à Auxerre.

Ordonnance publiée à Lyon portant défense de refuser en paiement certaines monnaies forgées aux Monnaies du Roi, sous peine de confiscation de corps et de biens.

(5 décembre 1550.)

Suyvāt les précédentes cryés, pour ce que indifferēmēt et sans aulcune consideraōn, un chūn en ceste ville de Lyon et pays de lyonnois et aultres pays estrangers, et sans propos, refusēt les boñes moñoyes du Roy, tant vieilles que nouvelles, non rōgnées, au grand préiudice et domage du pauvre peuple et de toute la Républicque.

A ceste cause, il est enjoinct de la part dudict seignē, à toutes personnes, de quelque estat ou condition que ilz soient, quilz ayent à prande et ne refuser en payemēt, soit en gros ou en menu, tous traizains, douzains, dixains, tant à la grande que petite croix, par cy-devant forgez ès mounoyes du Roy et qui aparoistra lēes (léalles) et non rōgnez.

Et ce sur pène destre declarez avoir cōmis crime de leze maiesté et davoir du fouet, et comme telz estre punyz par ꝗfiscation de corps et de biens ; et aussi estre enjoinct à toutes personnes de venir dénōcer à justice ceux q̄ seront touvez (*sic*) refusans les dictes espèces nō rōgnées du tout. Ausquelz denōciateurs sera donné la quarte de la ꝗfiscaōn ou amende qui adviendra par lad. denōciation, suyvant la volunté du dict seignē.

Faict à Lion le cinqiesme jō de decēbre mil cinq cens cinquante.

DUPUYS.

Verso. — La presente ordoñance cy dessus escrypte, a été criée, leue et publiee à haute voix, cry public et son de trompe par tous et chūns le carrefours et places publicques de ceste ville de Lion, par moy Gilles Goyet, clerc et cōmis de maistre Jean Bruyères, crycur public de la dicte ville, le cinqiesme jour du moys de décembre lan mil cinq cens cinquante.

(Arch. de l'Yonne, E 651, f° 227. — Minutes de A. Petitjehan, notaire à Tonnerre.)

Vers 1550 (1) (E. 440). Procuration donnée par Louis de Chastellux, chevalier, baron du dit lieu, etc., et lieutenant de la com-

(1) La désignation de l'année manque à l'acte. Cette pièce qui fait partie d'une liasse est de la main d'Aillon, notaire à Chastellux à cette époque.

pagnie de M. de Bourdillon (1), à Jean de Loron, écuyer, seigneur de Domecy-sur-Cure, homme d'armes de la dite compagnie, pour le représenter et au besoin l'excuser, aux prochaines *monstres* de la compagnie, et pour recevoir à la prochaine *monstre* la somme de 271 l. 10 s. t. échue « tant pour lestat de lieutenant que place « de gendarme ». — 1554 (E. 653). Vente par Marin Leblanc, « maistre hanouart (2), pourteur de sel à Paris », à François Coucherin, demeurant à Paris, de son office de porteur de sel, pour le prix de 299 l. t. Le paiement est fait en écus d'or soleil dont chacun est déclaré valoir 46 sous (3). — 1556-1557 (E. 655). Ce volume contient de nombreuses ventes d'emplacements de maisons détruites par le grand incendie tonnerrois du 8 juillet 1556. — 1560 (E. 388). Jean Granger, sergent royal au bailliage d'Auxerre, *âgé de 22 ans ou environ* (4) — 1562 (E. 389). Acte par lequel Pierre Regnauld, commis à l'exercice du greffe du bailliage d'Auxerre, atteste à Nicolas Rémy, procureur au Parlement de Paris, qu'il ne peut comparaitre à une assignation, attendu que « le chemin « d'Aucerre à Paris nest de seur accès pour les dangers qui y sont « de présent ». — 1562 (E. 389). Démarche faite par frère Jacques Binet, procureur et facteur du couvent des Jacobins de Paris, venu en Bourgogne pour acheter 80 muids de vin pour la provision du couvent, auprès de Jean Geuffron le jeune, amodiataire du pertuis de la *Chaîne* à Auxerre, pour laisser passer 30 muids de vin sans exiger aucun droit de péage, en vertu du privilège accordé par les papes et les rois de France à l'Université de Paris. Cet acte est suivi de la copie d'une lettre délivrée au dit procureur par frère Gérard du Mesnil, docteur en théologie, prieur des Jacobins de Paris. — 1562 (E. 389). Démarche faite par Mathurin Pinagier, facteur de Guillaume Hastevillain, l'un des 12 marchands privilégiés de Paris *suivant la cour du roi*, auprès de Jean Geoffron, marchand et amodiateur du pertuis de la Chaîne à Auxerre, pour le prier de laisser passer sans exiger le droit de péage, 75 muids de vin « *pour iceulx mener la part ou sera la court du Roy* ». Sur la

(1) Humbert de la Platière, connu sous le nom de maréchal de Bourdillon, terre dont il était seigneur.

(2) *Hanouard*. « Ce sont officiers au fait de la saunerie de Paris, au nombre de 24, qui sont en possession d'ainsi porter le corps des défunts roys, afin de faire voir que leur mémoire, ainsi que le sel, se conserve toujours ». (J. Chartier, *Hist. de Charles VII*, p. 317), cité par La Curne de Sainte-Pallaye.

(3) L'acte est passé à Tonnerre au « *logis de l'Escu de France* ».

(4) On pouvait donc alors être officier ministériel avant 25 ans ?

déclaration de Geoffron qui, ne reconnaissant ni l'écriture ni la signature du privilège qui lui était montré « sen rapporteroit à ce « que en diroit le juge ordinaire de ceste ville », le dit Pinagier, « pour obvyer aux fraiz du surjour, tant du marinier que de la « marchandise, a payé contant pour lacquict du dit vain la somme « de 50 s. t. attandu que par son marché avec le voiturier (Ger« main Girault, voiturier par eau à Auxerre) il est tenu de l'ac« quitter de tous péages et passages jusques au port de Paris ». Il est évident que Geoffron devra rembourser le droit de péage si le privilège est reconnu vrai. — 1566 (E. 481). Acte par lequel Simon Leprince, chirurgien à Auxerre, reconnaît avoir reçu de Barbe Leprince 115 l. 11 s. 3 d. sur 140 l. qui lui reviennent pour un transport fait à la dite Barbe et autres. Cette somme lui a été délivrée « tant pour survenir aux fraiz qui luy a convenu faire « pour se faire passer maistre cisurgien en notre ville, que « semblablement pour luy survenir à l'achapt de bassins et aultres « ustancilles de son estat, qui luy a convenu avoyr et acheptó pour « leuer [louer] bouticle, que semblablement pour luy survenir à « achepter et avoir vestemens et aultres choses qui luy estoient « necessaires... » — 1568 (E, 492). Procuration donnée par Florimond de Forges et Augustin de la *Roche Esmon*, homme d'armes et archer de la compagnie de M. de Prie, pour toucher leur solde. Témoin Vincent de la Menne, chirurgien de ladite compagnie. — 1568 (E. 392). Procuration donnée par André de Balanfert, seigneur de St-André, argentier et secrétaire du comte de Charny, et homme d'armes de sa compagnie, à Etienne Roussard, juge de Marsangis, pour poursuivre le partage de la succession de Paul de Balanfert, procureur fiscal du prince de Condé. — 1568 (E. 392). — Procuration générale donnée par Edme de Prie, chevalier de l'ordre du roi, capitaine de 50 hommes d'armes de ses ordonnances, lieutenant du roi dans l'Auxerrois, à Guillaume Aubert, avocat au Parlement de Paris, tant pour recevoir les deniers qui lui sont dus que pour suivre le procès pendant contre le seigneur de Tigny. — — 1568 (E. 392). Procuration donnée par Louis de Saint-Aulbin, écuyer, seigneur de la Vareyne, guidon de la compagnie de M. de Prie, à Balthazar de Gorney, écuyer, seigneur de Toulanges, maréchal des logis de la dite compagnie, pour recevoir ce qui peut lui être dû tant pour son « estat de guidon que pour sa place d'homme « d'armes, pour les moys dont la monstre fut dernièrement faicte « à la rupture du camp ». — 1568 (E. 392). Procuration donnée par Florimond de Forges, écuyer, homme d'armes de la compagnie de M. de Prie, à Pierre Chappeau, écuyer, archer de la dite compagnie, pour recevoir du payeur de cette compagnie 200 l. t. qui lui sont dues « à cause de ses gages à luy ordonnez par le roy nostre « sire ». — 1568 (E. 392). — Acte par lequel Jean Thuet, Etienne Baudot, Claude Bischot, Martin Baudot et Jean Barillot le jeune, de Précy-le-Sec, prennent à bail, de Claude de Vernillat, procureur au bailliage d'Auxerre, présent, « la quantité de dix chevaulx « qui ont esté cejourdhuy délivrez aud. Vernillat par André Dol- « lebeau sergent royal, pour certaines sommes de deniers deubz « par les habitans de Précy pour la soubte des soulders du cap- « pitaine La Bastille (1). Lesquelz chevaulx ilz ont confessé avoir « receuz par les mains dud. Dollebeau, pour les tenir dujourd'hui « en troys moys prouchains venans, moyennant 4 l. t. pour chacun « moys, quilz ont promis paier de moys en moys par esgalle « portion, à la charge de délivrer à la fin dud. temps les d. che- « vaulx au d. bailleur en bon estat et suffisant ». — 1568 (E. 392). Bail pour 7 ans par Etienne Gerbault, seigneur de Champlay, secrétaire du roi, greffier civil, criminel et d'*appeaulx* du bailliage d'Auxerre, à François Coquard, procureur audit bailliage, des profits, gages et revenus des dits greffes avec l'annexe du greffe de la prévôté d'Auxerre, moyennant la somme annuelle de 2,400 l. t. — 1570 (E. 493). Procuration donnée par Pierre de Malleret, écuyer, « naguières estant homme d'armes de la com- « pagnie de Monsieur [frère du roi] et de présent homme d'armes » de la compagnie de M. de Rochefort, gouverneur d'Auxerre, au receveur de M. de Rochefort, pour recevoir les gages qui lui restent dus comme homme d'armes de la compagnie de Monsieur. — 1570 (E. 394). Semblable procuration donnée par Louis du Lys, écuyer, homme d'armes de la compagnie de M. de Rochefort, pour recevoir de... Castille, trésorier et payeur de la compagnie de Monsieur, frère du roi, la somme de 100 l. t. pour le quartier des mois d'octobre, novembre et décembre 1568, « due « au dit constituant comme estant lors homme d'armes de la « compagnie de mondit seigneur frère du Roy ». — 1570 (E. 394). Procuration du même pour recevoir 100 l. pour ses gages d'homme d'armes de la compagnie de M. de Rochefort (mois d'août et septembre 1569). — 1571 (E. 395). Sentence du bailliage d'Auxerre autorisant Simonette G[er]bault, femme de Germain

(1) C'est la Bastide qu'il faut lire. Il n'y a aucun doute à ce sujet. Noble Antoine de la Bastide, écuyer, capitaine de 200 hommes du régiment de Strozzi, cède le 25 septembre 1568, à Regnier de Prie, baron de Toucy, une créance de 170 l. qu'il a sur les habitants de *Précy-le-Sec*, pour le prix des vivres qu'ils lui devaient lorsqu'il y tint garnison (E. 493). (Voir sa signature, ch. x).

Robert, *à régir et gouverner* les biens de la communauté pendant « la maladye, furye et frénarye [frénésie] en laquelle le d. Robert « est tumbé et de présent détenu ». — 1573 (E. 398). A propos de la demande de paiement d'une rente constituée au profit de la confrérie Saint Alexandre fondée en l'église Saint-Etienne d'Auxerre, il est répondu à la requête des débiteurs demandant avant paiement, connaissance de l'acte de constitution, que cette communination ne peut être faite « par le moyen que du temps « des troubles et que les huguenots occupoient la ville dud. « Aucerre, tous les tiltres de lad. confrérie auroient esté perduz, « bruslez et adisez ». Pour éviter un procès une transaction intervient. — 1579 (E. 463). Octroi par Louis de Chastellux, chevalier, baron dudit Chastellux, à Claude Jossier, de l'*état et office* de notaire dans sa baronnie. — 1581 (E. 403). Procès-verbal de constat de l'ouverture forcée d'une balle de marchandises appartenant à autrui : (*in extenso*) « Par devant moy notaire royal à « Aucerre et en la présence des tesmoings cy après nommez, « comparut en sa personne honnorable homme Guillaume Chres- « tien, marchant demeurant à Aucerre; lequel m'a exposé que « pour la conservation de deux balles de marchandise apparte- « nant à sire Zacharie Thévenet marchant tapissier, bourgeoys de « Paris, lesquelles estoient en la halle aux cuirs, près du jeu de « paulme, en péril et dommaige par le moyen de leaue qui tum- « boit sur icelles, et pour le désir et amitié qu'il porte au d. « Thevenet, il a aujourdhui faict transporter lesd. deux balles « en une vynée près de Saint-Euzèbe, aud. Chrestien appartenant. « Et néantmoings en la présence des tesmoings cy après nommez « a desballer la plus grand desd. deux balles en laquelle c'est « trouvé : troys lodiers de thoille blanche, ung aultre de thoille « rouge doublé de jaulne, trante troys couvertures, tant grandes « que petites, de laine rouge avec fillet, vingt quatre couvertures « vertes, quarante cinq couvertures blanches de fillet et laine, « deux tapis, l'un vert et rouge et lautre jaulne et blanc, huit « tappis barrez de divers coleurs. Et quand à laultre balle après « avoir icelle visitée autour et quil ne c'est trouvé quil y eust « dommaige de porriture, elle n'a esté deballée, et a esté laissée « en telle sorte quelle a esté tirée de la d. halle. Dont et desquelles « choses led. Chrestien m'en a requis acte, à luy octroyé en ceste « forme pour s'en servir et ayder en temps et lieu ainsi que de « raison. Faict après mydy en la vynée dud. Chrestien..... » — 1586 (E. 407). Acte par lequel Nicolas Goureau, marchand à Auxerre, associe Hugues Sonnet, marchand au dit lieu, à l'adjudication qui vient de lui être consentie « des habitz de sept vingts

« onze (151) pionniers qui se liévent en l'élection d'Auxerre ». Les bénéfices et les pertes se partageront par moitié. — 1593 (E. 429). Dans un cahier des charges imposées aux adjudicaires des revenus, etc. de domaines appartenant au chapitre d'Auxerre, il est dit que « les preneurs vinront [deviendront] catholiques selon « lesglise apostolique et romaine à peine de privation de bail ».— 1601 (E. 431). Transport de 4 écus 10 s. de rente constitué par Edmée Le Prince, femme de Jean du Tillet, l'aîné, baron de la Bussière, à Laurent Le Prince, sieur de Soleine et du Buisson, pour paiement d'un cheval vendu 40 écus par le dit Laurent à Etienne Foudriat, fils de la dite Edmée, « pour aller au service du « Roy ». — 1603, 3 août (E. 434). Vente par Jean Thomas, notaire royal à Auxerre, à Louis Thomas, procureur au bailliage du dit lieu, « de son estat et office de notaire tabellion royal et garde notte « héréditaire aud. bailliage et prévosté d'Aucerre » pour la somme de 600 l. payée comptant (1). — 1603 (E. 434). Assignation à la requête de Denis Dabout, conseiller et élu pour le roi en l'élection d'Auxerre, sommant les officiers de la dite élection de remplir l'office de leur charge. Ces officiers sont : Philippe Vincent, président; Claude Martineau, 2e président; Pierre Bérault, lieutenant; Edme Leclerc, Claude Loyset, Jean Bézanger, élus; Claude Symonnet, contrôleur et procureur du roi; et Jacques Béry, greffier. — 1603 (E. 434). Certificat devant notaire, signé par deux procureurs, un chirurgien et un apothicaire, constatant l'état de maladie de Jean Armant, procureur au bailliage d'Auxerre, maladie causée par une détention par ordre de l'évêque, contre lequel Armant a un procès au Parlement et au sujet duquel il est appelé à Paris où il ne peut se rendre. L'acte dit : « provenant la « dite indisposition des incommoditez quil a receuz en une prison « fort infecte, puante et humide où le dict sieur révérand evesque « d'Aucerre l'auroit sans cause retenu par lespace de trois sep- « maines enthières sans prendre aulcunement air. » Les attestants ajoutent que « cejourdhuy on lui a faict prendre médecine « pour essayer de restraindre le flux de ventre et déposent que à « cause de l'évacuation et débilité d'estomach, le dict Armant a

(1) On ne s'explique pas un autre acte de la même date, entre les mêmes parties, où il est déclaré que cet office est vendu 1,200 l. et dont il est donné quittance des 900; les 300 autres livres devant être payées dans un an. Pourtant il est dit : « receu sçavoir 600 l. » pour la vente « du d. « estat et office de notaire, etc. », alors que plus loin il est donné quit- « tance de 900 l. « faisant portion de la somme de douze centz l. t. pour « le sort principal de la vente du dit estat. »

« besoing de garder le liot et la chambre et estre nourriz de « bonnes viandes.... » — 1614 (E. 731). Hardy Broth, *balladin des pages de Monsieur, frère du roi*, vient à Tonnerre régler une question d'intérêts. — 1624 (E. 741). Regnault Michelot, *tapissier d'ouvrages de Turquie*, à Tonnerre (se marie). — 1653 (E. N. N. Minutes Chevillotte, liasse n° 9). Cession pour un an par le procureur du maréchal de Turenne, propriétaire des droits d'aides en l'élection de Vézelay, à Pierre Bargert, hôtelier à Querson (1), de la ferme des aides dans Queuson et les *villages en dépendant*, moyennant la redevance de 36 l. — 1653 (E. N. N., même liasse). Droit concédé par le même, à Olivier Bachelin, hôtelier à Marigny-la-Ville (2), de « vendre vin à pot et à assiette, en sa maison seullement », du 1er avril au 31 décembre 1653, moyennant la redevance de 12 l. (3).

Quelques noms bizarres. — Armedieu, prêtre, 1508 (E. 375); — Beaurouge, 1481 (E. 368); — Beodoye, 1485 (E. 370); — Cornemiche, 1491 (E. 372; — Decheuljehan. 1483 (E. 369); — Deulxbichetz, 1566 (E. 658); — Doulcevie, 1508 (E. 374); — Du Cymetière, 1481 (E. 368); — Grasdepain, 1581 (E. 402); — Grosborgne, 1483 (E. 369); — Labonne, 1509 (E. 376); — Lacrampe, 1483 (E. 369); — La Crote, 1513 (E. 376); — Lescorné. 1497 (E. 373); — Le Turc, 1494 (E. 373); — Maillon (serrurier), 1508 (E. 375); — Mouillefarine, 1579 (E. 402 *bis*); — Pellican, 1491 (E. 372); — Potage, 1493 (E. 373); — Tournemeule, 1481 (E. 368); — Toutblanc, 1496 (E. 373).

CONCLUSION

Le but que nous poursuivions en entreprenant ce recueil était de montrer par les documents eux-mêmes, l'existence publique et la vie intime de nos pères.

L'avons-nous atteint? Nous sommes en mauvaise posture pour en juger; on est si indulgent pour les siens!

Cependant si nous n'avons rien laissé dans l'ombre — de cela nous pouvons nous en porter garant, — si nous avons présenté nos documents avec clarté et méthode, si nous leur avons donné une classification à peu près normale — classification qui ne procède d'aucun type, — nous avons presque réussi.

(1) Queuson, hameau, *comm.* de Marigny-l'Eglise (Nièvre).

(2) Hameau, comm. de d°.

(3) Dans cette liasse n° 9 des minutes notariales du comté de Chastellux, versées par M. Chevillotte, les actes de ce genre sont nombreux.

C'est en connaissance de cause que nous disons presque. Dès le début de nos recherches, nous n'ignorions pas que les innombrables et si différentes identifications nous créeraient des difficultés insurmontables et des lacunes impossibles à combler.

Comment, en effet, sans avoir à sa disposition une science historique, archéologique et bibliographique considérable, déterminer sûrement et complètement, pour les XVe, XVIe et même XVIIe siècles, les produits pharmaceutiques et objets si divers relatés dans les inventaires après décès; les termes techniques de construction, les noms, formes et fonctions de l'outillage; le prix des denrées par rapport à la valeur actuelle de l'argent; les noms des seigneurs; les noms et l'emplacement des seigneuries et fiefs; la signification des chiffres ou nombres qui accompagnent les signatures, etc., etc.; enfin d'établir pour chacun des sujets si différents compris dans ce recueil, un parallèle entre cette période et la nôtre.

En réalité, nous avions promis un recueil de documents; en le donnant nous avons rempli notre engagement. Cela suffit.

SOMMAIRE DES CHAPITRES

INDEX ALPHABÉTIQUE DES PRINCIPALES MATIÈRES (1)

(1) Pour limiter cette table aux plus strictes proportions, nous avons groupé autant que possible les éléments — les plus importants — sous la rubrique de leurs localités. Quant aux noms des personnes, on les trouvera en grande partie dans les listes suivantes : artistes et ouvriers d'art, p. 219-231 ; prêtres paroissiaux, p. 256-280 ; seigneurs et personnages, p. 543-593 ; signatures parlantes et écrites, p. 593-603

INDEX DES PLANCHES

ERRATA

Page 26, ligne, 15 : *au lieu de* couriaidre, *lire* coriande.
— 43, note 1 : *au lieu de* septembre 1587, *lire* septembre 1567.
— 120, ligne, 20 : *au lieu de* Anne Gervais, *lire* Anne Fermier.
— 164 : *remplacer la note 2 par* : *Dour*, mesure d'un quart de pied (La Curne).
— 185, ligne 19 : *après* 17 juin, *ajouter* 1692.
— 264, ligne 25 : *au lieu de* Coussegré, *lire* Coussegrey.
— 267, lignes 4 et suiv. : *au lieu de* Goix, *lire* Gouaix.
— 277, ligne 26 : *au lieu de* Thon, *lire* Thou.
— 500, note 1 : *au lieu de* 102 habitants signent, *lire* 102 habitants figurent.
— 547, ligne 10 : *au lieu de* : Uzès, *lire* de Crussol d'Uzès.

PLANCHE (S) EN 2.
PRISES DE VUE

1° MARQUES PLANCHE I

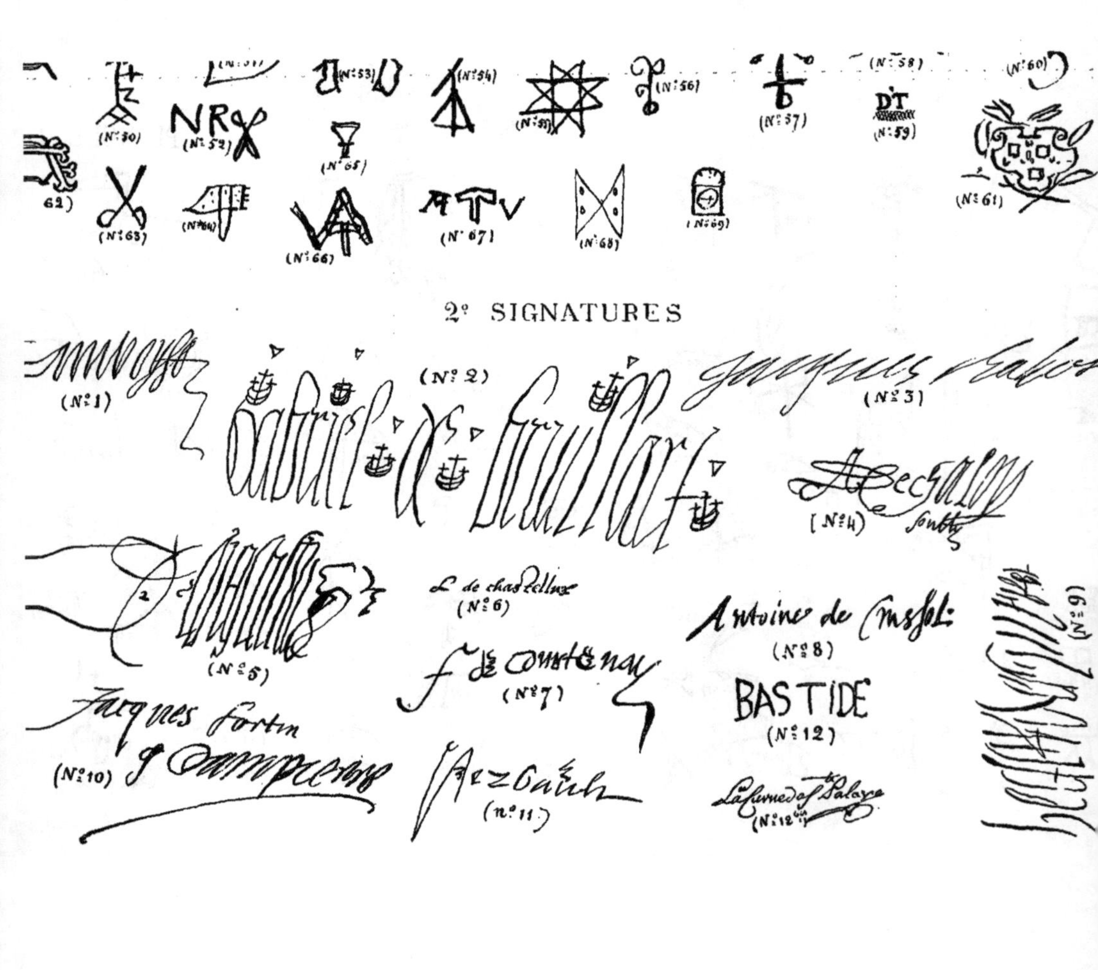
(N° 50)
(N° 52)
(N° 53)
(N° 54)
(N° 55)
(N° 56)
(N° 57)
(N° 58)
(N° 59)
(N° 60)
(N° 61)
(N° 63)
(N° 64)
(N° 65)
(N° 66)
(N° 67)
(N° 68)
(N° 69)
2° SIGNATURES
(N° 1)
(N° 2)
(N° 3)
(N° 4)
(N° 5)
(N° 6)
(N° 7)
(N° 8)
(N° 9)
(N° 10)
(N° 11)
(N° 12)
BASTIDE

PLANCHE II

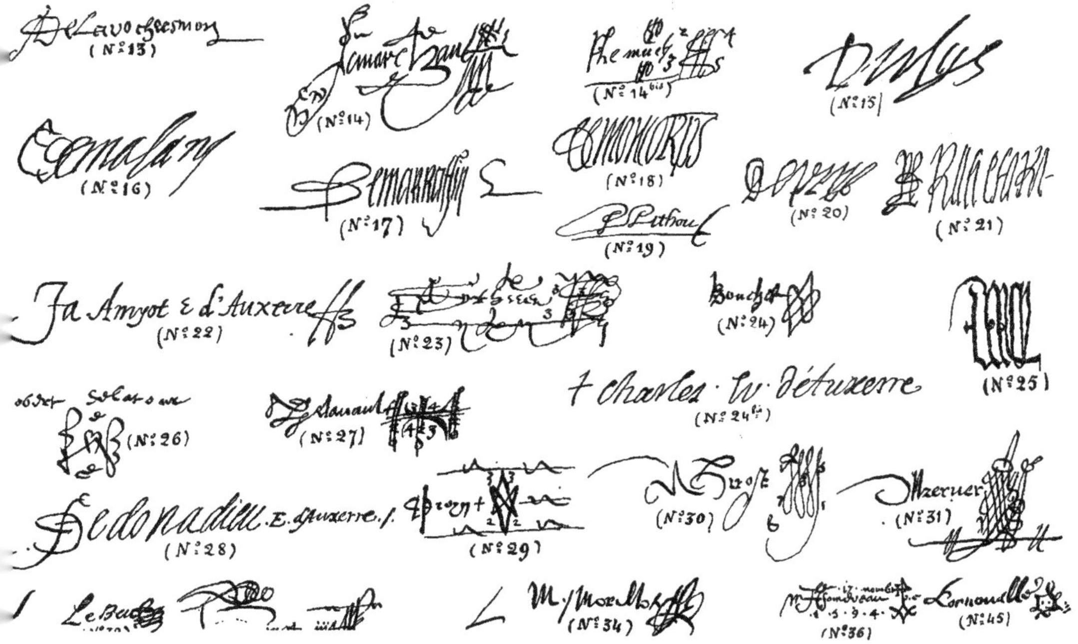

(N° 13) (N° 14) (N° 14 bis) (N° 15)

(N° 16) (N° 17) (N° 18) (N° 19) (N° 20) (N° 21)

(N° 22) (N° 23) (N° 24) (N° 25)

(N° 26) (N° 27) (N° 24 bis)

(N° 28) (N° 29) (N° 30) (N° 31)

(N° 34) (N° 36) (N° 45)

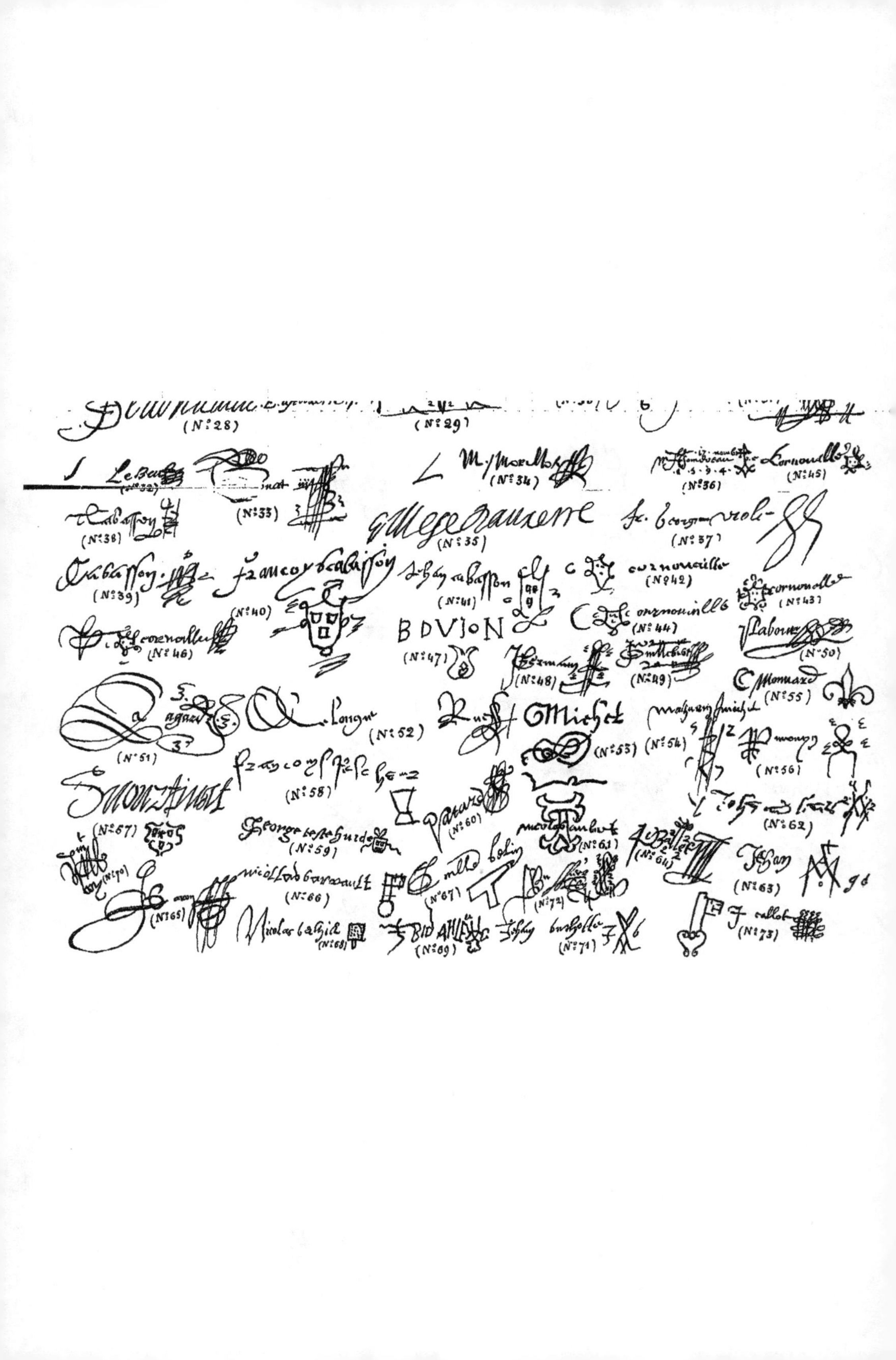

(N° 28) (N° 29)

(N° 32) (N° 34) (N° 36) (N° 45)

(N° 38) (N° 33) (N° 35) (N° 37)

(N° 39) (N° 40) (N° 41) (N° 42) (N° 43)

(N° 46) (N° 47) (N° 44) (N° 50)

(N° 48) (N° 49) (N° 55)

(N° 51) (N° 52) (N° 53) (N° 54) (N° 56)

(N° 58) (N° 57) (N° 60) (N° 61) (N° 62)

(N° 59) (N° 64) (N° 70) (N° 63)

(N° 66) (N° 67) (N° 72) (N° 65)

(N° 68) (N° 69) (N° 71) (N° 73)

PLANCHE III

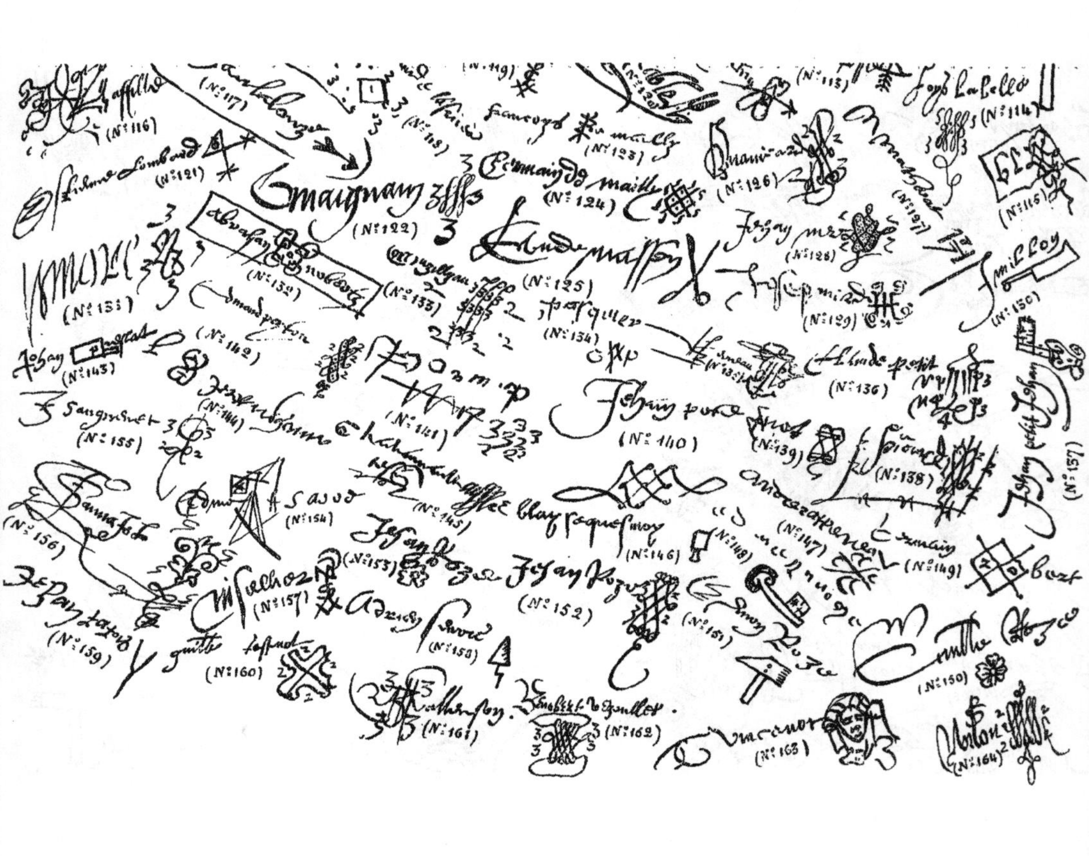
(N° 116)
(N° 117)
(N° 118)
(N° 119)
(N° 113)
(N° 114)
(N° 121)
(N° 123)
(N° 122)
(N° 124)
(N° 126)
(N° 127)
(N° 115)
(N° 131)
(N° 132)
(N° 133)
(N° 125)
(N° 128)
(N° 129)
(N° 130)
(N° 142)
(N° 134)
(N° 135)
(N° 136)
(N° 143)
(N° 144)
(N° 141)
(N° 140)
(N° 139)
(N° 138)
(N° 137)
(N° 155)
(N° 145)
(N° 154)
(N° 146)
(N° 148)
(N° 147)
(N° 149)
(N° 156)
(N° 153)
(N° 157)
(N° 152)
(N° 151)
(N° 159)
(N° 160)
(N° 158)
(N° 150)
(N° 161)
(N° 162)
(N° 163)
(N° 164)

PLANCHE IV

(N° 165) (N° 166) (N° 167)

(N° 169) (N° 168) (N° 171)

(N° 174) (N° 170) (N° 172)

(N° 173) (N° 175) (N° 176)

(N° 177)

(N° 178) (N° 179) (N° 180)

(N° 182) (N° 183)

(N° 184) (N° 181)

(N° 185)

(N° 186) (N° 187) (N° 188)

DOMINUS A PETIT JEHAN
egistre du
tabellionnage
de tonnerre pour
neuf moys cōmē-
cant au Jour et
feste Sainct
remy vc lvi et
finissant au jour st
Jehan baptiste vc lvii lan du
grand feu dudict tonnerre appart
a anthoine petit Jehan notaire
et tabellyon
P. Petit Jehan Tabell
E. Bouché. del

Registre du
tabellionnage
de tonnerre pour
neuf moys cõmẽ-
cant au Jour et
feste Sainct
remy vc lvi et
finissant au jour st
Jehan baptiste vc lvii lan du
grand feu dudict tonnerre appart
a anthoine petit Jehan notaire
et tabellyon

Petit Jehan Tabell

Jesu præceptor
miserere mei